Frank W. Putnam
Diagnose und Behandlung der
Dissoziativen Identitätsstörung
Ein Handbuch

Ausführliche Informationen zu weiteren Büchern aus dem Bereich Trauma und Traumatherapie sowie zu jedem unserer lieferbaren und geplanten Bücher finden Sie im Internet unter **www.junfermann.de** –

mit ausführlichem Infotainment-Angebot zum JUNFERMANN-Programm

Reihe »*Konzepte der Psychotraumatologie*«
Herausgegeben von Arne Hofmann, Luise Reddemann, Ursula Gast

Band 1: B. Hudnall Stamm (Hrsg.) »*Sekundäre Traumastörungen*«
Band 2: Frank W. Putnam »*Diagnose und Behandlung der Dissoziativen Identitätsstörung*«
Band 3: Judith L. Herman »*Die Narben der Gewalt. Traumatische Erfahrungen verstehen und überwinden*«

Frank W. Putnam

Diagnose und Behandlung der Dissoziativen Identitätsstörung

Ein Handbuch

Aus dem Amerikanischen von Theo Kierdorf
in Zusammenarbeit mit Hildegard Höhr

Junfermann Verlag · Paderborn
2003

Copyright © der deutschen Ausgabe: Junfermannsche Verlagsbuchhandlung, Paderborn 2003
Copyright © The Guilford Press 1989
Published by arrangement with Paterson Marsh Ltd.
Originaltitel: *Diagnosis and Treatment of Multiple Personality Disorder*
Erschienen bei The Guilford Press, A Divison of Guilford Publications, Inc.
Übersetzung aus dem Amerikanischen: Theo Kierdorf, in Zusammenarbeit mit Hildegard Höhr
Fachliche Beratung: Christa Wirtz-Stützer

Satz: SpaceType, Köln

Bibliografische Information Der Deutschen Bibliothek
Die Deutsche Bibliothek verzeichnet diese Publikation in der Deutschen Nationalbibliografie; detaillierte bibliografische Daten sind im Internet über http://dnb.ddb.de abrufbar.

ISBN 3-87387-490-3

Meiner liebenden
Frau Karen gewidmet

Inhalt

Vorwort der Reihen-Herausgeber

Gibt es ein Buch, in dem ich mich über die Diagnostik und Behandlung der disso-ziativen Identitätsstörung (DIS) belesen kann«, werden wir oft von Kolleginnen und Kollegen gefragt. Dieser Frage gehen in der Regel viele andere voraus: »Wie kann ich eine DIS erkennen? Wie kann ich sie von einer Borderline-Störung oder einer Schizo-phrenie unterscheiden?« Oder »Wie gehe ich bei der Behandlung vor? Wie reagiere ich auf die unterschiedlichen ›Persönlichkeiten‹ der DIS-Patienten?« Häufig werden wir aber auch kritisch gefragt: »Ist denn das wirklich eine seriöse Diagnose?«Viele Kolleginnen und Kollegen haben den Wunsch, sich ein eigenes Bild über die Erkran-kung zu machen, oder sind möglicherweise zum ersten Mal mit einer DIS-Patientin oder einem DIS-Patienten konfrontiert und suchen eine Orientierung zur diagnosti-schen Einschätzung und Behandlungsplanung.

Es ist für uns eine große Erleichterung, daß wir nicht, wie der Autor Frank Put-nam vor zwanzig Jahren in einer ähnlichen Situation, erst ein eigenes Buch schreiben müssen, um dem Informationsbedarf nachzukommen. Wir können vielmehr auf das vorliegende Buch *Diagnose und Behandlung der multiplen Persönlichkeitsstörung* zurückgreifen, das bei seinem Erscheinen in der Originalausgabe 1989 als umfassen-des Standard-Werk gelobt wurde, welches über lange Zeit als solches Bestand haben würde (von Bessel A. van der Kolk an der Harvard Medical School). Diese Vorhersa-ge hat sich als absolut zutreffend erwiesen.

Um die wichtigste Antwort von Frank Putnam gleich vorwegzunehmen: Es gibt sie, die dissoziative Identitätsstörung. Es gibt sie sowohl im Sinne eines traditionel-len psychiatrischen Krankheitsbildes als auch als modernes, wissenschaftlich gut be-gründetes, valides Konzept, auf dessen Basis man den betroffenen Menschen von ih-ren schweren und quälenden Symptomen Linderung und Heilung verschaffen kann. Hierzu hat Putnam eine beeindruckende Fülle an Daten und Fakten zusammenge-tragen und diese gut verständlich und praxisnah für den Leser aufbereitet. Auf diese Weise ist ein Buch entstanden, das sich als Einführung und als Nachschlagewerk glei-chermaßen hervorragend eignet.

Bevor Putnam auf sein eigentliches Thema, die Diagnostik und Behandlung der DIS, eingeht, beschreibt er die breiten geschichtlichen Fundamente, auf die unser heutiges wissenschaftliches Modell zum Thema Dissoziation und DIS gegründet ist.

Er geht dann auf die ätiologischen Faktoren in Form von Kindheitstraumata, insbesondere Kindesmißbrauch, ein und stellt ein Entwicklungsmodell der DIS als posttraumatische Störung innerhalb eines sensiblen Entwicklungsfensters vor. Auf dem Boden dieses Modells beschreibt er die charakteristische Phänomenologie der DIS-Patientinnen und -Patienten und baut darauf seine Behandlungstechniken der Stabilisierung und Traumabearbeitung auf.

Über die reine Wissensvermittlung hinaus hat sich Putnam in seinem Buch auch das Ziel gesetzt, das Krankheitsbild der DIS zu entmystifizieren und die wissenschaftliche Diskussion darüber zu versachlichen. Dies ist aus verschiedenen Gründen besonders notwendig: Die psychische Konstellation in Form selbständig agierender Persönlichkeitszustände ruft gleichermaßen Faszination und Protest hervor und führt häufig zu einer polarisierenden Debatte. Hinzu kommt die brisante wissenschaftliche Erkenntnis, daß schwere kindliche Traumatisierungen bei der Entstehung der DIS eine entscheidende Rolle spielen (Gleaves 1996). Es gehört zum Wesen der Erkrankung unmittelbar dazu, daß die betroffenen Patientinnen und Patienten Schattenseiten von sich und ihrer Lebensgeschichte nicht oder nicht vollständig wahrnehmen können. Ebenso verheimlichen sie die dadurch bedingten dissoziativen Symptome vor ihren Mitmenschen und vor sich selbst.

So ist die Dynamik der Erkrankung durch ein Nicht-Sehen-Können und ein Nicht-Glauben-Können gekennzeichnet. Damit korrespondiert eine gesellschaftliche Abwehr, wie sie für alle posttraumatischen Störungsbilder (Herman 1992/2003, van der Kolk *et al.* 2000) charakteristisch ist, sich am Krankheitsbild der DIS mit den schwersten Traumatisierungen aber besonders ausgeprägt zeigt. Ross (1995) spricht in diesem Zusammenhang von der Gefahr der gesellschaftlichen und professionellen negativen Gegenübertragung schwer traumatisierten Patienten gegenüber. Gerade wegen dieser Gefahr ist eine Entmystifizierung des Krankheitsbildes und die strenge Orientierung an den allgemein gültigen wissenschaftlichen Standards außerordentlich wichtig. Frank Putnam fühlt sich mit seinem hier vorliegenden Buch diesen wissenschaftlichen Standards in besonderer Weise verpflichtet.

Obwohl die von Putnam beschriebenen Diagnose- und Behandlungstechniken im wesentlich bis heute gelten, haben in einigen Bereichen seit Erscheinen seines Buches wichtige Weiterentwicklungen stattgefunden. Dies gilt vor allem für die Diagnostik der Dissoziativen Störungen, für die inzwischen verschiedene standardisierte Meßinstrumente vorliegen, sowie für die mittlerweile recht differenzierten Behandlungsmethoden der Traumabearbeitung. Der interessierte Leser sei hier auf zwei neue Übersichtswerke (Eckhardt-Henn u. Hoffmann 2003; Reddemann, Hofmann und Gast 2003) und auf die Behandlungsrichtlinien der *International Society for the Study of Dissociation* (ISSD 1997) verwiesen.

Hinsichtlich der Übersetzung sei angemerkt, daß in der Originalausgabe von Putnam der damals noch gebräuchlichen Begriff der *multiplen Persönlichkeitsstörung* verwendet wurde. Inzwischen erfolgte bei der Bearbeitung der DSM-IV-Kriterien eine Umbenennung in die *dissoziative Identitätsstörung*, zumal es sich bei dem Krankheitsbild nicht um eine Persönlichkeitsstörung (im Sinne einer Achse-II-Diagnose des DSM) handelt. Der Begriff der dissoziativen Identitätsstörung soll deutlich machen, daß es sich bei der Phänomenologie der verschiedenen »Persönlichkeiten« um dissoziierte Aspekte der Gesamtpersönlichkeit handelt. In der Übersetzung wird daher überwiegend der aktuellere und treffendere Begriff *dissoziative Identitätsstörung* benutzt.

Es soll an dieser Stelle noch einmal betont werden, daß es sich bei den verschiedenen »Persönlichkeiten« um **psychische Strukturen** handelt, nicht um »viele Personen« in einem Körper, auch wenn sich die Betroffenen so erleben. In der neueren Literatur wird daher auch von Persönlichkeitszuständen *(personality states)* oder Selbstzuständen *(self states)* gesprochen. Wegen der besseren Lesbarkeit wurde in der vorliegenden Übersetzung überwiegend der von Putnam gewählte Originalausdruck »*personality*« mit »Persönlichkeit« übersetzt. Gemeint sind jedoch psychische Strukturen im Sinne von Persönlichkeits- oder Selbst-Zuständen.

Frank Putnam darf als einer der Pioniere der klinischen und empirischen Forschung auf dem Gebiet der dissoziativen Identitätsstörung gelten. In dieser Position mußte er den oben beschriebenen gesellschaftlichen und wissenschaftlichen Abwehrbewegungen in besonderer Weise standhalten. Daher verstehen wir diese Ausgabe auch als Würdigung seines herausragenden persönlichen Engagements für die betroffenen Patientinnen und Patienten und als Dank dafür.

Wir freuen uns, dieses wichtige Buch in deutscher Sprache vorlegen zu können. Wir danken Herrn Gottfried Probst vom Junfermann Verlag für seinen Einsatz für Publikationen im Bereich der Psychotraumatologie und Herrn Theo Kierdorf und Frau Hildegard Höhr für die Mühe der Übersetzung des Buches.

Ursula Gast
Luise Reddemann
Arne Hofmann

Eckhardt-Henn, A. u. Hoffmann, S.O. (Hrsg.) (2003): *Diagnostik und Behandlung Dissoziativer Störungen*. Stuttgart, Schattauer-Verlag.

Gleaves, D.H. (1996): The sociocognitive model of dissociative identity disorder: A reexamination of the evidence. *Psychological Bulletin, 120*, 4-59.

Hermann, J.L. (1992): *Trauma and recovery.* New York, Basic Books; dt.: (2003) *Die Narben der Gewalt. Traumatische Erfahrungen verstehen und überwinden.* Paderborn, Junfermann.

International Society for the Study of Dissociation (ISSD). (1997). *Guidelines for treating dissociative identity disorder (multiple personality disorder) in adults.* (http://www.issd.org./isdguide.html)

Janet, P.: *L' automatisme psychologique.* Paris, Félix Alcan, 1889. Reprint: Société Pierre Janet, Paris, 1889/1973.

Reddemann, L. Hofmann, A. u. Gast, U. (Hrsg.) (2003): *Lindauer Psychotherapie Module: Dissoziative Störungen.* Stuttgart, Thieme.

Ross, C.A.: The validity and reliability of dissociative identity disorder. In: Cohen L., Berzoff J., Elin M. (Editors): *Dissociative identity disorder.* New Jersey, Jason Aronson, 1995, 65-84

Van der Kolk, B.A., McFarlane, A.C. u. Weisaeth, L. (Hrsg.) (2000): *Traumatic Stress. Grundlagen und Behandlungsansätze.* Paderborn, Junfermann.

Vorwort

Auf die Idee, dieses Buch zu schreiben, kam ich aufgrund täglicher Anrufe von Kollegen, die mich baten, ihnen Ratschläge für die Behandlung von Patienten mit dissoziativer Identitätsstörung (DIS) zu geben. Gewöhnlich drei- bis viermal pro Woche und oft drei- bis viermal täglich hörte ich immer wieder die gleichen Fragen. Allmählich ging ich dazu über, die telefonischen Konsultationen durch Zusenden von Literaturlisten und Kopien ausgewählter Artikel über häufig auftauchende Fragen und Probleme zu ergänzen. Weil ich das Kopieren und die Versendung der Briefe selbst erledige, war diese Art der Hilfe für mich äußerst zeitraubend. Deshalb entstand in mir allmählich der Wunsch nach einem Einführungswerk für Therapeuten, die mit dieser Störung und ihrer Behandlung noch nicht vertraut waren. Irgendwann wurde mir dann klar, daß ich ein solches Buch selbst würde schreiben müssen.

Diagnose und Behandlung der dissoziativen Identitätsstörung ist für Therapeuten gedacht, die mit dissoziativen Störungen noch nicht vertraut sind. Es beschreibt Ideen, Techniken und Behandlungsphilosophien, die in diesem Bereich erfahrene Therapeuten im Laufe der Behandlung vieler Patienten entwickelt haben. Das mit zahlreichen Literaturangaben versehene Buch ist so aufgebaut, daß es sich sowohl als Einführung als auch als Nachschlagewerk eignet. Mein Hauptziel bei seiner Niederschrift war eine möglichst pragmatische Darstellung.

Ich habe mich um eine ausgewogene Beschreibung bemüht und bin all jenen zu Dank verpflichtet, die zu unserem Wissen über das Thema Wichtiges beigetragen haben. Häufig läßt sich schwer feststellen, auf wen bestimmte Ideen oder Interventionen tatsächlich zurückgehen, da sich ihre Ursprünge in der mündlichen und klinischen Überlieferung verlieren, der Basis all unseren Wissens. Allen Zeugen der heutigen explosionsartigen Zunahme des Interesses an der DIS fällt auf, wie oft verschiedene Therapeuten die gleichen Beobachtungen machen und die Nützlichkeit bestimmter Interventionen und Techniken parallel entdecken. Insofern ist es kaum verwunderlich, daß viele gleichzeitig die Entdeckung bekannter Ideen und Techniken für sich beanspruchen.

Eines meiner Ziele ist, die DIS zu entmystifizieren und dieser Störung die ihr im historischen Kontext zukommende zentrale Stellung einzuräumen, die entscheidend zur Entwicklung einer dynamischen Psychiatrie und der psychologischen Wissenschaft beigetragen hat. Meiner Meinung nach wird die DIS in und für die Zukunft eine wichtige Rolle spielen und ihre vormalige Funktion als Dreh- und Angelpunkt für Modelle des menschlichen Bewußtseins wiedererlangen. Die DIS ist ein Experiment der Natur, das uns Erkenntnisse über das Spektrum menschlicher Möglichkeiten erschließt, und ein Fenster zu den psychobiologischen Beziehungen zwischen psychischen und körperlichen Zuständen. Die Behandlung der DIS ist eine natürliche Erweiterung der psychotherapeutischen Kunst und gibt uns viel Aufschluß darüber, wie die »Redetherapien« heilen. Wir sollten das, was die DIS uns lehren kann, nutzen, statt uns in sinnlosen Debatten darüber, ob sie »real« ist, zu erschöpfen.

Ich möchte Julie Guroff für ihre Hilfe und Unterstützung während der Entwicklung dieses Buches und Evan DeRenzo für ihre Arbeit als Lektorin danken. Den Kollegen Richard Loewenstein, Robert Post, David Rubinow und Richard Wyatt danke ich für die Ratschläge und Ermutigungen, durch die sie mich über Jahre unterstützt haben. Ganz besonderen Dank schulde ich meinen unter DIS leidenden Patienten und Freunden, die mir ihre Gedanken, Gefühle und Lebensgeschichten mitgeteilt und mir so geholfen haben, mit der dissoziativen Identitätsstörung vertraut zu werden.

1 | Dissoziation

Das Interesse an der psychopathologischen Rolle der Dissoziation bei zahlreichen psychiatrischen Störungen ist heute neu erwacht. Man hat eine Anzahl spezifischer dissoziativer Störungen identifiziert und entsprechende Diagnosekriterien festgelegt *(American Psychiatric Association* 1980a, 1987). Auch der Anteil des dissoziativen Prozesses an anderen Störungen (z.B. an der posttraumatischen Belastungsstörung, an Angststörungen, an somatoformen Störungen, an Störungen der Impulskontrolle sowie an sexuellen und Geschlechtsidentitätsstörungen) ist erforscht worden (Bernstein u. Putnam 1986). Traditionell wurden dissoziative Störungen als akute, zeitlich beschränkte Reaktionen verstanden, die einem traumatischen Ereignis unmittelbar folgen. Daß auch eine chronische dissoziative Pathologie existiert, und zwar entweder als primäre Störung (wie im Fall der multiplen Persönlichkeit) oder als in Zusammenhang mit anderen Störungen auftretender bedeutender pathophysiologischer Prozeß (wie bei der posttraumatischen Belastungsstörung), wird erst jetzt erkannt. Außerdem wird der dissoziative Prozeß heute zunehmend als Tür zum Verständnis der psychophysiologischen Mechanismen psychosomatischer Phänomene verstanden und als Modell für das Verständnis der Wirkung von Traumata auf so wichtige Aufgaben wie die Entwicklung eines Selbstgefühls.

Die Geschichte der Dissoziation

Janets Werk

Die meisten Wissenschaftler, die sich mit der Geschichte der Dissoziation beschäftigen, beginnen mit dem Werk von Pierre Janet (1859-1947) (Hart 1926; White u. Shevach 1942; Kirshner 1973; Hilgard 1977). Janet selbst jedoch wies, nachdem er das Werk der »Magnetiseure« wie Puységur und Bertrand wiederentdeckt hatte, stets gewissenhaft darauf hin, daß er diesen frühen Pionieren viel verdanke (Ellenberger 1970). Den Beitrag der »Magnetiseure« und die Ursprünge der dynamischen Psychiatrie beschreibt Ellenberger (1970) in seiner imposanten Geschichte der dynamischen Psychiatrie. Jean-Martin Charcot, der lehrte, daß bei einer Hysterie der Bewußtseinsstrom sich in verschiedene Elemente aufspaltet, hat Janets Konzept der

Dissoziation und seine Wahl von Metaphern zur Beschreibung derselben ebenfalls beeinflußt (West 1967). Doch kann Janet als der erste unter allen Klinikern und Wissenschaftlern gelten, der sich mit dem Wesen der Dissoziation auseinandergesetzt hat.

1859 in eine Familie der oberen Mittelklasse hineingeboren, war Janet ein brillanter Student, der viele nationale Wettbewerbe gewann und sich für eine Position an der französischen Elite-Akademie *École Normale Supérieure* qualifizierte. Obwohl er zunächst Philosophie studierte, verfolgte er mit großem Interesse die Ideen von Jean-Martin Charcot, der zu jener Zeit bemüht war, die Hypnose wieder zu einem legitimen Gegenstand wissenschaftlicher Untersuchung zu machen. 1883 nahm Janet eine Stellung als Philosophieprofessor am Lyceum in Le Havre an, wo er vom Augenblick seiner Ankunft an Patienten für seine Doktoraldissertation suchte. Ein ansässiger Arzt, Dr. Gilbert, machte Janet mit einer seiner Patientinnen bekannt, Léonie, die aus der Distanz hypnotisierbar war. Janet führte mit Léonie eine Reihe von Experimenten durch, die er in einem Aufsatz beschrieb, der im Herbst 1885 von seinem Bruder Jules auf einem wissenschaftlichen Kongreß in Paris verlesen wurde. Diese ersten Experimente weckten das Interesse von Charcot, Frederick Myers, Charles Richet und anderen berühmten Wissenschaftlern und Klinikern jener Zeit, und viele von ihnen suchten Janet in Le Havre auf, um Léonie persönlich zu untersuchen. Die Resultate von Janets Arbeit mit Léonie wurden auf diese Weise bestätigt, und dieser Erfolg in Verbindung mit weiteren Veröffentlichungen festigten bald seinen Ruf in philosophischen und psychologischen Kreisen.

1889 kehrte Janet nach Paris zurück und begann mit dem Studium der Medizin. Da man ihm bestimmte Bestandteile eines normalen Medizinstudiums erließ, konnte er einen beträchtlichen Teil seiner Zeit mit der Untersuchung von Charcots Patienten in der Salpêtière verbringen. Er arbeitete damals mit Madame D., Marcelle, Isabelle und Achille, die zusammen mit Léonie einen großen Teil des Materials für seine in der Folgezeit entstandenen Theorien lieferten. Janets Studien an Patienten, die unter Amnesie, Fugue, »sukzessiven Existenzen« (seine Bezeichnung für Alter-Persönlichkeiten) und Konversionssymptomen litten, veranlaßten ihn zur Formulierung der Hypothese, diese Symptome seien der Existenz abgespaltener Teile der Persönlichkeit zuzuschreiben (von ihm »unterbewußte fixe Ideen« genannt), die unabhängig leben und sich entwickeln könnten. Er zeigte, daß der Ursprung der dissoziierten Elemente, auf denen die Symptome oder Verhaltensweisen der Patienten basierten, in früheren traumatischen Erfahrungen lag und daß man sie behandeln konnte, indem man die abgespaltenen Erinnerungen und Affekte wieder bewußt machte und sie im weiteren Verlauf der Therapie transformierte (Ellenberger 1970).

Janet versuchte nie, seine Theorien über Dissoziation zu einem umfassenderen Modell der Psyche auszubauen. Er wird allgemein als bescheidener, nachdenklicher Mensch beschrieben, der seine Beobachtungen sorgsam aufzeichnete und die Resultate seiner Untersuchungen stets sehr konservativ interpretierte (Ellenberger 1970). Er beschränkte seine Erklärungen auf die Phänomene der Hysterie und der Hypnose und beschäftigte sich nicht mit anderen Formen von Psychopathologie oder mit dem Wesen der Persönlichkeit (Hart 1926; Crabtree 1986).

Janets Zeitgenossen

Auf der anderen Seite des Atlantik engagierten sich zwei prominente amerikanische Autoren, Boris Sidis und Morton Prince, für Janets Konzept der Dissoziation (Hilgard 1977; Crabtree 1986). Sidis, ein Student des berühmten Psychologen William James, beschäftigte sich mit der Frage der »Suggestibilität« sowohl gesunder als auch pathologischer Versuchspersonen. Er gelangte zu dem Schluß, daß es in jedem Menschen zwei Ströme des Bewußtseins gibt, die zwei getrennte »Selbste« bilden, das »wache Selbst« *(waking self)* und das »vermindert wache Selbst« *(subwaking self)* (Crabtree 1986). Sidis war der Meinung, daß das »vermindert wache Selbst« frei von Moral sei, bereit, jede Handlung auszuführen, sehr anfällig für emotionale Kräfte, die durch Menschenansammlungen aufgewühlt wurden, und ohne eigenen Willen und eigene Ziele.

Morton Prince, der Begründer des *Journal of Abnormal Psychology* und informeller Leiter eines Bostoner Salons für Psychopathologen, befürwortete Janets Ideen ebenfalls und machte sie zur Grundlage eigener Spekulationen über Dissoziation. Prince schlug vor, Janets Begriff »unterbewußt« durch »co-bewußt« zu ersetzen, ein Wort, das seiner Meinung nach die Gleichzeitigkeit der Co-Aktivität des zweiten Bewußtseins zum Ausdruck brachte (Crabtree 1986). Prince versuchte auch, die Bedeutung der Amnesie zu relativieren, und er bezeichnete in seinem Modell der Dissoziation die gleichzeitige Aktivität von zwei oder mehr Systemen in einem Menschen als den entscheidenden Faktor. Zu seinem Bekanntwerden am meisten beigetragen hat seine Arbeit mit einer Patientin mit multipler Persönlichkeit, »Miss Beauchamp«, die in dem Buch *Dissociation of a Personality* (M. Prince 1906) ausführlich beschrieben wird.

Auch William James war von Janets Ideen fasziniert, und er erörterte das Werk seines Kollegen eingehend in den *Lowell Lectures* (Taylor 1982), die er 1896 hielt. James faßte seine erste Lektion mit der Aussage zusammen: »Der Geist scheint eine Konföderation psychischer Entitäten zu beinhalten« (zitiert in Taylor 1982, S. 35). Außerdem beschäftigte James sich intensiv mit dem Werk des Engländers Frederick Myers, dessen Untersuchungen über dissoziative Phänomene ihn dazu brachte, die Existenz eines *zweiten Selbst* zu postulieren, das er »subliminales [unterschwelliges] Selbst« *(subliminal self)* nannte. Im Gegensatz zu Sidis' »brutalem [tierischem] Selbst« *(brutal self)* war Myers' zweites Selbst das wahre oder größere Selbst des Individuums; das bewußte Selbst oder »supraliminale Selbst« sah er nur als einen untergeordneten

Bewußtseinsstrom an, erforderlich zur Ausführung jener Aktivitäten, welche die Existenz in der Welt ermöglichen (Crabtree 1986). James vereinte diese beiden Modelle der Dissoziation zu einem, das Hypnotismus, Automatismus, Hysterie, multiple Persönlichkeit, Besessenheit, Zauberei und Genialität umfaßte (Taylor 1982).

Das Abnehmen des Interesses an der Dissoziation

Trotz des experimentellen Ansatzes, mit dem Janet, Prince und andere Zeitgenossen sich dem Phänomen der Dissoziation mit Entdeckergeist näherten, führten sie die meisten ihrer Experimente mit einzelnen Versuchspersonen durch, die ungewöhnliche dissoziative Fähigkeiten zeigten (einige von ihnen hätten wahrscheinlich die in der dritten Auflage des *Diagnostic and Statistical Manual of Mental Disorders* [DSM-III] beschriebenen Kriterien für die Multiple Persönlichkeit erfüllt), und außerdem fanden die Experimente ohne Einbeziehung von Kontrollgruppen statt. Die typischen Experimente jener Zeit konzentrierten sich auf die Fähigkeiten von »Virtuosen der Dissoziation«, die zwei oder mehr Aufgaben gleichzeitig ausführen können, beispielsweise Zahlen addieren und Gedichte schreiben. Prince ging es bei seinen Experimenten in erster Linie darum, zu beweisen, daß gleichzeitig stattfindende »co-bewußte« Prozesse (*coconscious processes*) wirklich bewußt und keine rein automatischen physiologischen Prozesse waren. Doch erkannte er, daß die Aktivitäten des einen der beiden »co-bewußten« Prozesse Einfluß auf den anderen haben können. »In vielen Fällen geht von der primären Intelligenz ein zögerlicher Gedankenfluß aus, was vermuten läßt, daß die Aktivitäten der sekundären Intelligenz den ungehinderten Fluß ersterer tendenziell beeinträchtigen« (M. Prince 1929, S. 411).

Janets Nachfolger jedoch sahen im Prinzip der gegenseitigen Nichtbeeinflussung zweier gleichzeitig ausgeführter Aufgaben die *Conditio sine qua non* der Dissoziation. Die sorgfältigen Experimente von Ramona Messerschmidt unter der Aufsicht von Clark Hull veranschaulichten überzeugend die Existenz einer signifikanten Beeinflussung zwischen gleichzeitig ausgeführten bewußten und unterbewußten Aufgaben (Messerschmidt 1927-1928). Messerschmidt benutzte bei Experimenten mit zwei miteinander kombinierten Aufgabenpaaren: Lautes Vorlesen (bewußt) und Reihenaddition durch automatisches Schreiben (unterbewußt) sowie mündliche Reihenaddition (bewußt) in Verbindung mit Reihenaddition durch automatisches Schreiben (unterbewußt). Beide Aufgabenpaare führten verglichen mit der separaten, bewußten Ausführung der Aufgaben zu massiven Interferenzen. Obgleich an Messerschmidts Testanlage kritisiert wurde, sie schaffe keine optimalen dissoziativen Barrieren zwischen den Aufgaben (Erickson u. Erickson 1942), markierten ihre Resultate praktisch den Abschluß der experimentellen Erforschung dieser Frage, bis wesentlich späteren Hilgard und andere Untersuchungen über automatisches Schreiben durchführten (Hilgard 1977).

In den dreißiger Jahren des 20. Jahrhunderts war Dissoziation kein seriöser Gegenstand wissenschaftlicher Forschung mehr und sank im klinischen Bereich in die Position eines obskuren, unbedeutenden Phänomens ab. Gründe dafür waren neben Messerschmidts Untersuchungen auch andere wichtige Entwicklungen im Bereich der Psychiatrie, durch die dissoziative Modelle der Psychopathologie an den Rand gerückt und die gleichen Symptome aus der psychoanalytischen Perspektive der Verdrängung interpretiert wurden. Der Konflikt zwischen den dissoziativen und psychoanalytischen Modellen hatte sich schon angekündigt in den frühen Debatten zwischen Janet und Freud über die Frage, wem die Entdeckung der Mechanismen der Hysterie zuzuschreiben sei. Janet schrieb in seiner Rezension zu *Studien über Hysterie*: »Es freut mich zu sehen, daß die Resultate meiner bereits alten Erkenntnisse kürzlich durch zwei deutsche Autoren, Breuer und Freud, bestätigt wurden.« (zitiert in Taylor 1982, S. 63). Die Psychoanalytiker ihrerseits protestierten, sie könnten die Fälle dualer oder multipler Persönlichkeit, über die mit Hypnose arbeitende Kliniker berichteten, nicht bestätigen, und die Alter-Persönlichkeiten seien Artefakte, die entweder unwissentlich oder absichtlich von ihren Therapeuten hypnotisch induziert würden.

Auch in den dreißiger Jahren wurden dissoziative Psychopathologien entdeckt, und klinische Studien wie die von Abeles und Schilder (1935) über psychogene Identitätsverluste und Kanzers (1939) Fallsammlung von Amnesieopfern waren wichtige Meilensteine der klinischen Forschung. Doch als Urheber für die Verbannung inakzeptabler Ideen, Affekte, Erinnerungen und Impulse aus dem Bewußtsein und aus der zugänglichen Erinnerung wurde die Verdrängung mit ihrer vermeintlich aktiv unbewußten Abwehrfunktion angesehen. Dieser Mechanismus war für Freuds Idee eines dynamischen Unbewußten von zentraler Bedeutung. Amnesien und hysterische Symptome hielt man für das Resultat des aktiven Verdrängungsprozesses, der den Menschen vor unerträglichen Affekten oder Trieben schützte. Viele Formulierungen dissoziativer Symptome basierten auf den dynamischen Konzepten Sigmund Freuds (Nemiah 1981).

Das erneute Aufleben des Interesses an der Dissoziation

Das Wiederaufleben des Interesses an der Dissoziation ist das Resultat des Zusammentreffens mehrerer Trends. Im klinischen Bereich werden dissoziative Psychopathologien, insbesondere die multiple Persönlichkeitsstörung (MPS), die heute dissoziative Identitätsstörung (DIS) genannt wird, immer häufiger diagnostiziert. Das augenblickliche Interesse an posttraumatischen Belastungssyndromen hat die Aufmerksamkeit auch auf die Rolle dissoziativer Symptome bei anderen Störungen gelenkt. Auch das Interesse der Öffentlichkeit am Problem des Kindesmißbrauchs und der Kindesmißhandlung – einer der wichtigsten Ursachen chronischer dissoziativer

Pathologie – hat in den letzten Jahren sehr stark zugenommen und hat auch durch Traumata verursachten dissoziativen Störungen zu einem höheren Maß an Akzeptanz verholfen. Experimentelle Untersuchungen zur Physiologie von MPS (Putnam 1984a, 1986a) und die Arbeit von Hilgard (1977, 1984) und anderen zum Phänomen des verborgenen Beobachters haben zur Wiederaufnahme von Laboruntersuchungen im Bereich der Dissoziation geführt. Auch das Interesse an der Hypnose ist heute neu erwacht, und es bezieht sich sowohl auf ihre Funktion als therapeutisches Werkzeug als auch auf ihre Rolle in der Trance bei bestimmten Formen traumatisch induzierter Psychopathologie (Frankel u. Orne 1976; John *et al.* 1983, Pettinati *et al.* 1985).

Definitionen und Beschreibungen der Dissoziation

Die meisten Experten sind der Auffassung, daß Dissoziation sowohl in geringfügigen, nichtpathologischen als auch in starken, pathologischen Formen auftritt (Spiegel 1963; West 1967; Hilgard 1977; Nemiah 1981; Ludwig 1983). Viele Autoren siedeln die verschiedenen Formen von Dissoziation auf einem Kontinuum an, das von geringfügigen Dissoziationen des Alltagslebens, etwa Tagträumen, bis zu starken pathologischen Formen wie bei der multiplen Persönlichkeit reicht (Bernstein u. Putnam 1986). Entsprechend geht es den meisten Definitionen der Dissoziation hauptsächlich darum, zu unterscheiden, wann Bewußtsein, Identitätsgefühl oder Verhalten eines Menschen so stark dissoziiert sind, daß dies als abnormer und/oder pathologischer Prozeß anzusehen ist.

Im Laufe der Jahre haben verschiedene Experten unterschiedliche Aspekte des dissoziativen Prozesses als Schlüsselelemente für die Entscheidung über den pathologischen oder nichtpathologischen Charakter eines bestimmten Falls von Dissoziation bezeichnet. In neuerer Zeit wird die Störung der normalen integrativen Funktionen als entscheidend bei der Beurteilung einer Dissoziation angesehen. West (1967) definierte die Dissoziation als einen »psychophysiologischen Prozeß, durch den Information – eintreffende, gespeicherte oder hinausgehende – aktiv daran gehindert wird, sich mit ihren gewöhnlichen oder erwarteten Assoziationen zu verbinden« (S. 890). Zwar gibt West zu, daß nicht alle Erfahrungen dieser Art pathologisch sind, doch definiert er eine dissoziative Reaktion als einen »Zustand der Erfahrung oder des Verhaltens, in dem Dissoziation eine erkennbare Veränderung der Gedanken, Gefühle oder Handlungen eines Menschen hervorruft, so daß eine Zeitlang bestimmte Information nicht so mit anderer Information assoziiert oder verbunden ist, wie es normalerweise oder logischerweise der Fall wäre« (S. 890).

Prinzipien der dissoziativen Psychopathologie

John Nemiah (1981) hat zwei Prinzipien beschrieben, mit deren Hilfe sich die meisten Formen pathologischer Dissoziation charakterisieren lassen. Das erste beinhaltet, daß es bei Menschen, die eine dissoziative Reaktion durchleben, zu einer Veränderung der Identität kommt. Diese Störung der persönlichen Identität kann viele Formen annehmen – beispielsweise die einer vollständigen Amnesie, die sich auf Informationen über die eigene Person wie Name und Alter bezieht, so wie dies bei einer dissoziativen Amnesie und bei Fugue-Zuständen der Fall ist, oder die Form der Existenz einer Anzahl abwechselnd in Erscheinung tretender Identitäten, die behaupten, voneinander unabhängig zu sein, so wie bei der DIS. Das zweite Prinzip der dissoziativen Pathologie ist, daß die Erinnerung eines Menschen an Ereignisse, die während Periode der Dissoziation stattgefunden haben, gestört ist. Solche Störungen der Erinnerung können von vollständiger Amnesie bis hin zu Formen »losgelöster« *(detached)* oder traumartiger Erinnerung an Ereignisse reichen. Die beiden beschriebenen Prinzipien können zur Charakterisierung dissoziativer Störungen, wie im DSM-III und in dessen revidierter Form (DSM-III-R) definiert, benutzt werden, und sie sind im klinischen Bereich äußerst nützlich für die Untersuchung von Verhalten, in dem dissoziative Elemente vermutet werden.

Ein drittes Prinzip, das durch das Studium dissoziativer Reaktionen entdeckt wurde, beinhaltet, daß die meisten dissoziativen Störungen durch Traumata verursacht wurden (Putnam 1985a). Die Beziehung zwischen Traumata und dissoziativen Reaktionen läßt sich am besten durch kriegsbedingte amnestische Syndrome veranschaulichen. Dissoziative Phänomene wie Amnesie, starke Empfindungen der Losgelöstheit (detachment) oder Depersonalisationsempfindungen in Augenblicken von extremem Streß, außerkörperliche Erfahrungen und traumartige Erinnerung an Ereignisse sind Phänomene, über die Kriegsveteranen häufig berichten, wenn man sie systematisch nach Erfahrungen dieser Art befragt. Ich habe im Laufe der Zeit siebzig Kriegsveteranen behandelt und habe diese wiederholt beschreiben hören, daß sie Momente extremer Realitätsabkehr und Depersonalisation erlebten, wenn sie glaubten, selbst sterben zu müssen, oder wenn sie andere getötet hatten. Ein beträchtlicher Anteil der Veteranen litt unter partieller oder vollständiger Amnesie bezüglich ihrer Kampferlebnisse (Henderson u. Moore 1944; Archibald u. Tuddenham 1965). Anhaltende Gefühle der Realitätsabkehr und Entfremdung sowie aktivere dissoziative Phänomene wie Flashbacks und Abreaktionen sind häufig Bestandteile kriegsverursachter posttraumatischer Belastungsreaktionen (Ewalt u. Crawford 1981).

Schätzungen hinsichtlich der Häufigkeit von durch Kriegsereignisse verursachten dissoziativen Syndromen, allgemeinen psychogenen Amnesien oder psychogenen Fugue-Reaktionen belaufen sich auf 5 bis 14 Prozent der psychiatrisch behandelten Kriegsopfer (Henderson u. Moore 1944; Sargant u. Slater 1941; Torrie 1944; Grinker u. Spiegel 1943; Fisher 1945). Im Gegensatz dazu berichtet Kirshner (1973) über eine allgemeine Frequenz von 1,3 Prozent dissoziativer Reaktionen bei in Friedenszeiten psychiatrisch behandelten Militärangehörigen. Eine direkte Beziehung zwischen dem Ausmaß des kriegsbedingten Streß und der Häufigkeit dissoziativer Reaktionen stellen verschiedene Autoren her (Sargant u. Slater 1941; Henderson u. Moore 1944).

In Friedenszeiten wurde eine ähnliche Beziehung zwischen traumatischen Ereignissen (gewöhnlich psychischen Traumata) und dissoziativen Reaktionen beobachtet (Abeles u. Schilder 1935; Kanzer 1939). Abeles und Schilder (1935) stellen in ihrer am *Bellevue Hospital* durchgeführten klassischen Studie mit Patienten, die unter psychogener Amnesie litten, fest: »Irgendein unangenehmer Konflikt, entweder finanzieller oder familiärer Art, war an der unmittelbaren Ursache der Amnesie signifikant beteiligt« (S. 603). Autoren, die sich mit dem Syndrom der psychogenen Fugue beschäftigt haben, haben drei allgemeine Kategorien von Traumaverursachern identifiziert. Die erste ist eine Situation, in der ein Mensch eine Gefahr weder bekämpfen noch vor ihr fliehen kann (Berrington *et al.* 1956; Fisher 1947; Luparello 1970; Herold 1941). Die zweite immer wieder genannte Kategorie ist der Verlust oder der drohende Verlust eines wichtigen Objekts (Geleerd *et al.* 1945; Geleerd 1956). Und die dritte Traumaursache ist das Erleben eines überwältigenden, panikauslösenden Impulses, beispielsweise eines starken suizidalen oder homizidalen Impulses (Fisher 1947; Stengel 1941, 1943).

Es gibt deutliche Anzeichen dafür, daß Depersonalisationssyndrome häufig bei Menschen auftreten, die schwere Traumata erlebt haben, beispielsweise bei den Überlebenden anhaltender lebensbedrohlicher Erfahrungen, etwa durch Aufenthalt in einem Konzentrationslager (Bluhm 1949; Frankenthal 1969; Krystal 1969; Jacobson 1977; Dor-Shav 1978; Bettelheim 1979). Eine zweite Verbindung zwischen Depersonalisationssyndromen und traumatischen Erlebnissen ist durch die Arbeiten von Noyes und Kollegen (Noyes u. Kletti 1977; Noyes *et al.* 1977; Noyes u. Slymen 1978-1979) über akute psychische Reaktionen auf lebensbedrohliche Gefahr entdeckt worden. Sie fanden bei ungefähr einem Drittel derjenigen unter ihren Patienten, die lebensbedrohliche Gefahr erlebt hatten, ein »vorübergehendes Depersonalisationssyndrom« vor. Fullerton *et al.* (1981) entdeckte ein ähnliches vorübergehendes Depersonalisationssyndrom bei Traumapatienten, die unter schweren Verletzungen der Wirbelsäule litten; bei denjenigen in dieser Gruppe, deren Verletzungen schwerer waren, traten die Depersonalisationserscheinungen häufiger auf. Noyes und Kollegen verglichen die in Verbindung mit lebensbedrohlichen Erlebnissen auftretenden Depersonalisationserfahrung mit denjenigen, über die Psychiatriepatienten berichteten, und kamen zu dem Schluß, daß beide in ihrem Wesen ähnlich seien, obgleich die Reaktion der Unfallopfer gewöhnlich in einer starken Erhöhung der allgemeinen

Wachsamkeit bestand, wohingegen die Psychiatriepatienten über Trübungen der geistigen Prozesse während des Depersonalisationserlebnisses berichteten.

Wie wir in Kapitel 3 sehen werden, gibt es starke Anzeichen für eine Beziehung zwischen der Entstehung von DIS und wiederholten schweren traumatischen Erlebnissen, gewöhnlich während der Kindheit oder der frühen Adoleszenz. Kindheitstraumata wurden auch als Mitverursacher bei der Entstehung hypnoider Zustände identifiziert. Diese ungewöhnlichen Bewußtseinszustände wurden von Breuer und Freud in *Studien über Hysterie* (1895/1957) als *Conditio sine qua non* für Hysterie bezeichnet. Einige psychoanalytisch orientierte Autoren sind der Auffassung, es bestehe eine Beziehung zwischen den hypnoiden Zuständen, die sie bei ihren Patienten beobachteten, und deren frühen Kindheitstraumata einschließlich sexuellem Mißbrauch (Loewald 1955; Dickes 1965; Silber 1979).

Funktionen der Dissoziation

Die Hypothese, daß Dissoziation ein normaler Prozeß ist, der von Menschen zunächst defensiv benutzt wird, um mit traumatischen Erfahrungen fertig zu werden, und der sich erst im Laufe der Zeit zu einem dysfunktionalen oder pathologischen Prozeß entwickelt, wurde im Laufe der Jahre wiederholt in verschiedenen Varianten vorgetragen. Ludwig (1983) schreibt: »Die weite Verbreitung dissoziativer Reaktionen und ihre vielen Formen und Gestalten sprechen dafür, daß diese für den Menschen wichtige Funktionen erfüllen und daß sie für die Sicherung des Überlebens von großer Bedeutung sind« (S. 95). Diese Vorstellung vom adaptiven Wert der Dissoziation kommt in vielen deskriptiven Modellen der DIS zum Ausdruck (Braun u. Sachs 1985; Kluft 1984d; Spiegel 1984).

Das dissoziative Kontinuum

Zentral für das Konzept der adaptiven Funktion(en) der Dissoziation ist die Vorstellung, daß dissoziative Phänomene ein Kontinuum bilden und daß sie nur dann dysfunktional werden, wenn sie ein bestimmtes Maß an Intensität und Häufigkeit erreichen oder wenn sie in inadäquaten Zusammenhängen auftreten. Obgleich Janet in seinen Beschreibungen dissoziativer Phänomene stets auf eine »ungewöhnliche Trennung« des dissoziierten Subsystems vom kontrollierenden Einfluß des Bewußtseins hinwies (White u. Shevach 1942), verstanden seine Zeitgenossen die Dissoziation als einen völlig normalen Vorgang, der nur unter bestimmten Umständen pathologisch wird. Morton Prince (1909a/1975) beispielsweise bezeichnete die Dissoziation als »ein allgemeines Prinzip, das die normalen psychisch-neurologischen Mechanismen steuert und deshalb nur in besonders ausgeprägter Form pathologisch ist« (S. 123). Taylor und Martin (1944) äußern in ihrer ausführlichen Auseinandersetzung mit dem Phänomen der multiplen Persönlichkeit die Ansicht, daß ein Kontinuum von normalen Erfahrungen (z.B. Tagträumen) zur multiplen Persönlichkeit verläuft. Ähnlich äußerten sich später auch andere (Murphy 1947; Spiegel 1963; Rendon 1977; McKellar 1977; Greaves 1980; Beahrs 1983; Braun u. Sachs 1985; Saltman u. Solomon 1982). Hilgard (1977) war mit seiner »neodissoziativen« Theorie des Geistes vermutlich der wichtigste moderne Forscher, der für das Konzept eines Kontinuums der Dissoziation von normalen bis hin zu pathologischen Formen eintrat. Er beobachtete, daß »im Alltagsleben zahlreiche kleine Dissoziationen zu erkennen sind, wenn wir richtig hinschauen« (Hilgard 1973, S. 406).

Unterstützung erhielt die Idee eines dissoziativen Kontinuums von zwei Seiten. Die erste bilden Untersuchungen über die Verteilung der Empfänglichkeit für Hypnose (auch Hypnotisierbarkeit genannt; Weitzenhoffer 1980) in der nichtpathologischen Population. Dabei wurde ein engen Zusammenhang zwischen der Empfänglichkeit für Hypnose und dem dissoziativen Potential festgestellt (Spiegel u. Spiegel 1978; Spiegel 1984; Bliss 1983, 1984a; Braun u. Sachs 1985). Aus zahlreichen Studien geht hervor, daß die Verteilung der Hypnotisierbarkeit innerhalb einer Bevölkerungsstichprobe eine charakteristische Kurve aufweist. Deren Form variiert je nach Art der zur Messung der Hypnoseempfänglichkeit benutzten Skala und wird durch die Testsituation beeinflußt, wobei Laborsituationen zu anderen Resultaten führen als klinische Situationen (Frankel 1979). Alle Studien über die Verteilung der Hypnotisierbarkeit zeigen, daß diese in einer normalen Bevölkerungsstichprobe auf einem Kontinuum existiert.

Die zweite Quelle, die das Konzept eines Kontinuums dissoziativer Erfahrungen stützt – das von den einfachen Dissoziationen des Alltagslebens wie Tagträumen, plötzlicher Geistesabwesenheit bei Gesprächen und »Autobahntrance« bis hin zu starken dissoziativen Phänomenen wie Amnesie und Fugue-Episoden reicht –, sind Untersuchungen mit Hilfe der *Dissociative Experiences Scale* (DES; Bernstein u. Putnam 1986; dt.: *FDS, Fragebogen zu Dissoziativen Symptomen* 1999). Die DES ist ein kurzer, zur Selbstbefragung geeigneter Fragebogen, in dem die Befragten aufgefordert werden, durch Markierungen auf einer 100 mm langen visuellen Analogskala die Häufigkeit des Auftretens bestimmter dissoziativer Erfahrungen oder Depersonalisationserfahrungen anzugeben. Dieses Meßinstrument hat eine hohe Test-Retest-Reliabilität, eine ausgezeichnete Halbierungszuverlässigkeit und eine gute kriterienbezogene Validität (Bernstein u. Putnam 1986).

Abbildung 1-1 zeigt das Kontinuum dissoziativer Phänomene, basierend auf DES-Gesamtbewertungen einer Anzahl von Gruppenstichproben, von normalen Erwachsenen und Jugendlichen bis hin zu »Multiplen«, Patienten mit dissoziativer Identitätsstörung (DIS). Alle Psychiatriepatienten erfüllten die DSM-III-Kriterien für ihre jeweilige Diagnose. Die Säule zeigt den medianen DES-Wert für jede diagnostische

Gruppe an, und die Punkte repräsentieren individuelle Werte einzelner Testteilnehmer. Die schrittweise zunehmenden Medianwerte der unterschiedlichen Gruppen veranschaulichen das durch Überlappungen charakterisierte Kontinuum dissoziativen Erlebens in den verschiedenen diagnostischen Gruppen. Die höchsten DES-Werte erzielten Patienten mit DIS, einer chronischen dissoziativen Störung, bei der die meisten der dissoziativen Symptome auftreten, die auch in Zusammenhang mit den übrigen im DSM-III, DSM-III-R und DSM-IV beschriebenen dissoziativen Störungen genannt werden (Putnam *et al.* 1986).

Der relativ hohe mediane totale DES-Wert für die Gruppe der normalen Jugendlichen entspricht hinsichtlich der Depersonalisationsempfindungen bei Jugendlichen den Resultaten mehrerer anderer Studien, die unter Verwendung anderer Fragenkataloge die Häufigkeit von Depersonalisationsempfindungen bei Jugendlichen untersuchten (Roberts 1960; Sedman 1966; Harper 1969; Myers u. Grant 1970). Jugendliche berichten relativ häufig, daß sie aufgrund äußerer oder innerer Stimuli »abschalten«, und sie reden auch über kontextabhängige Veränderungen ihres Identitätsgefühls – eine Erkenntnis, die Eltern von Teenagern kaum überraschen wird.

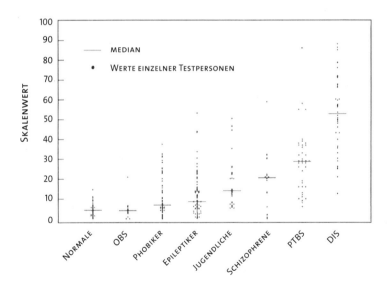

Abbildung 1-1: Streuungsdiagramm der totalen Werte auf der *Dissociative Experiences Scale* (DES) für eine Reihe von Gruppenstichproben. OBS: Patienten mit organischem Hirnsyndrom; PTBS: Patienten mit posttraumatischer Belastungsstörung; DIS: Patienten mit multipler Persönlichkeits- bzw. dissoziativer Identitätsstörung.

Die adaptiven Funktionen der Dissoziation

Auf den adaptiven Charakter des Dissoziationsprozesses, insbesondere wenn er als Reaktion auf schwere Traumata auftritt, haben sowohl Traumaopfer (Bettelheim 1979; Frankl 1962) als auch Kliniker, die Traumaopfer behandelt haben (Frankenthal 1969; Bliss 1984a; Braun u. Sachs 1985; Kluft 1984a; Spiegel 1984) hingewiesen. Frankel (1976) beschreibt in seinem Grundlagenwerk *Hypnosis: Trance as a Coping Mechanism*, inwiefern dissoziative bzw. hypnotische Mechanismen sowohl bei der Bewältigung von Alltagsstreß eine wichtige Funktion erfüllen als auch Menschen vor der Wirkung katastrophenbedingter Traumata schützen. Ludwig (1983) nennt sieben adaptive Funktionen, die der dissoziative Prozeß erfüllt:

> Dissoziation ist der grundlegende psychobiologische Mechanismus, der einer großen Vielfalt von Formen veränderten Bewußtseins zugrunde liegt, unter anderem der Konversionshysterie, der hypnotischen Trance, der mediumistischen Trance, der multiplen Persönlichkeit, Fugue-Zuständen, der Besessenheit von Geistern und der Autobahn-Trance. Dieser Mechanismus [die Dissoziation] ist für das Überleben des Individuums und der Spezies von ungeheurem Wert. Unter bestimmten Umständen erfüllt er sieben wichtige Funktionen. Er ermöglicht 1. die Automatisierung bestimmter Verhaltensweisen, 2. effektiven und ökonomischen Krafteinsatz, 3. die Auflösung unlösbar erscheinender Konflikte, 4. die Flucht vor den Zwängen der Realität, 5. die Isolierung von Katastrophenerlebnissen, 6. die kathartische Abreaktion bestimmter Gefühle und 7. die Verstärkung des Herdentriebs (z.B. das Aufgehen des individuellen Ich in der Gruppenidentität, ein höheres Maß an Suggestibilität usw.). (S. 93)

Dissoziative Störungen nach dem DSM-III und DSM-III-R

DSM-III und DSM-III-R unterscheiden vier dissoziative Störungen: 1) die *dissoziative Amnesie* (DSM-III: *psychogene Amnesie*), 2) die *dissoziative Fugue* (DSM-III: *psychogene Fugue*), 3) die *Depersonalisationsstörung* und 4) die *dissoziative Identitätsstörung* (DSM-III: *multiple Persönlichkeitsstörung*).* Außerdem gibt es eine Sammelkategorie für atypische dissoziative Präsentationen, die der »nicht näher bezeichneten dissoziativen Störungen« (*American Psychiatric Association*, 1980a, 1987). In der klinischen Praxis jedoch lassen sich die Störungen oft nicht besonders klar voneinander abgrenzen, da Patienten entweder nacheinander oder gleichzeitig

---

* In dieser deutschen Ausgabe werden überwiegend Bezeichnungen benutzt, die dem mittlerweile erschienenen DSM-IV entsprechen. [Anm. d. Übers.]

Symptome mehrerer der genannten Störungen zeigen können. So kann bei unter einer dissoziativen Identitätsstörung (DIS) Leidenden eine psychogene Amnesie auftreten, sie können weiterhin Fugue-Episoden erleben und außerdem über längere Depersonalisationserlebnisse berichten (Putnam *et al.* 1986). Abgesehen von den im *Diagnostic and Statistical Manual* aufgezählten dissoziativen Störungen wurden in der klinischen Literatur im Laufe der Jahre noch weitere dissoziative Zustände (z.B. hypnoide Zustände) und dissoziative Symptome (z.B. Abreaktionen) beschrieben.

Psychogene Amnesie

Psychogene Amnesie ist die plötzliche Unfähigkeit, sich an wichtige persönliche Information zu erinnern, wobei dieses Phänomen so massiv auftreten muß, daß es mit normaler Vergeßlichkeit nicht mehr zu erklären ist, und es sich auch nicht in Zusammenhang mit einer organischen geistigen Störung manifestiert (APA 1980a). Gewöhnlich bezieht sich die nicht zugängliche persönliche Information auf die Identität des Betreffenden, beispielsweise Name, Alter, Personenstand, Beruf und Lebensgeschichte (Rapaport 1971). Das allgemeine Gedächtnis ist gewöhnlich intakt, in völligem Gegensatz zur Situation bei organischen Hirnstörungen, bei denen die Inhalte des allgemeinen Gedächtnisses zuerst verlorengehen und die Informationen über die persönliche Situation bis zuletzt erhalten bleiben. Menschen, die unter einer psychogenen Amnesie leiden, sind sich gewöhnlich darüber im klaren, daß sie sich an wichtige persönliche Informationen nicht zu erinnern vermögen, wobei sie ihrer Beeinträchtigung gegenüber zuweilen eine geradezu klassische gleichgültige Haltung zeigen.

Bei der psychogenen Amnesie werden je nach Art der Erinnerungsstörung mehrere Subtpyen unterschieden. Als *lokalisierte* oder *abgegrenzte Amnesie* bezeichnet man ein Versagen der Erinnerung an alle Ereignisse in einer bestimmten, klar abgegrenzten Zeitspanne (APA 1980a). Nach dem DSM ist dies die häufigste Form psychogener Amnesie, obwohl in der Fachliteratur nur wenige Fälle dieser Art beschrieben werden. Unter *selektiver Amnesie* versteht man die Unfähigkeit, sich an einige, jedoch nicht an alle Ereignisse in einer bestimmten Zeitspanne zu erinnern. *Generalisierte Amnesie* wird ein Versagen der Erinnerung an wichtige persönliche Information aus dem ganzen Leben genannt. Über diese Form wird in der klinischen Literatur am häufigsten berichtet. Und unter *kontinuierlicher Amnesie* versteht man eine Beeinträchtigung der Erinnerung eines Menschen an sein gesamtes bisheriges Leben bis in die Gegenwart.

Über die Häufigkeit des Vorkommens der verschiedenen Formen dissoziativer Störungen liegen uns keine zuverlässigen Erkenntnisse vor. Die dissoziative Amnesie wurde jedoch als die in Notaufnahmestationen am häufigsten beobachtete dissoziative Reaktion bezeichnet (Nemiah 1981). Abeles und Schilder (1935) berichten, daß dieses Problem bei 0,26 Prozent aller an den psychiatrischen Dienst von Bellevue verwiesenen stationär behandelten Patienten aufgetreten sei. Bei im Krieg kämpfenden Soldaten kommen Fälle von dissoziativer Amnesie wesentlich häufiger vor, nämlich bei 5 bis 8,6 Prozent, wie für die im Zweiten Weltkrieg im Pazifik und in Nordafrika operierenden [amerikanischen] Truppen berichtet wurde (Torrie 1944; Henderson u. Moore 1944).

Eine dissoziative Amnesie setzt plötzlich und meist unmittelbar nach einem traumatischen Erlebnis ein. Die Betroffenen können ungewöhnliche somatische Empfindungen, Benommenheit, Kopfschmerzen oder Depersonalisationsempfindungen erleben. Die Störung ist meist von kurzer Dauer und ohne Nachwirkungen; sie hält in der Regel einige Stunden oder Tage an, und häufig kommt es zu einer spontanen Genesung (APA 1980a; Abeles u. Schilder 1935); in seltenen Fällen dauert sie einige Monate (Abeles u. Schilder 1935; Kanzer 1939; Kennedy u. Neville 1957). Mittels eines Interviews unter Hypnose oder unter dem Einfluß chemischer Stoffe läßt sich der Zugang zu der blockierten Information gewöhnlich wiederherstellen, und es kann außerdem zur Abreaktion des traumatischen Ereignisses kommen. Abeles u. Schilder (1935) berichten, ungefähr ein Viertel der von ihnen betreuten Fälle hätten zuvor zumindest schon einmal eine amnestische Episode erlebt.

Dissoziative Fugue

Eine dissoziative Fugue ist ein plötzliches, unerwartetes Weggehen von Zuhause oder vom gewohnten Arbeitsplatz, verbunden mit der Unfähigkeit, sich an die eigene Vergangenheit zu erinnern, ohne daß eine organisch bedingte psychische Störung vorliegt (*American Psychiatric Association* 1980a). Oft kommt es dabei zur Annahme einer neuen Identität. Zwar heißt es sowohl im DSM-III als auch im DSM-III-R (und DSM-IV), diese neue Identität sei »gewöhnlich durch geselligere und weniger zurückhaltende Züge als die frühere Identität gekennzeichnet« (S. 548), doch haben andere Experten beobachtet, daß diese sekundäre Identität oft sehr ruhig und nüchtern ist (Janet 1980; Nemiah 1981).

Die Reise eines Menschen im Fugue-Zustand kann die Form eines ziellosen Umherwanderns annehmen, sie scheint jedoch oft zielgerichtet zu sein, und die Betroffenen benutzen dabei manchmal sogar öffentliche Verkehrsmittel. Ein beiläufiger Beobachter wird am Verhalten eines Menschen, der sich im Fugue-Zustand befindet, wahrscheinlich nichts Ungewöhnliches erkennen. Charcot berichtet: »Am Merkwürdigsten an Fugues ist, daß es den Betroffenen gelingt, nicht gleich zu Beginn ihrer Reise von der Polizei aufgegriffen zu werden« (zitiert in Rapaport 1942, S. 201). Janet schreibt über Menschen, die sich im Fugue-Zustand befinden:

Dies sind Verrückte im vollen Delirium; trotzdem kaufen sie Eisenbahnfahrkarten, essen und schlafen in Hotels und sprechen mit zahlreichen anderen Menschen. Zwar wird uns manchmal berichtet, man halte sie für ein wenig merkwürdig, und sie wirkten gedankenverloren und verträumt, doch letztendlich werden sie nicht als verrückt eingeschätzt. (Zitiert in Rapaport 1942, S. 201)

Im Gegensatz zu unter einer dissoziativen Amnesie leidenden Patienten, die sich des Versagens ihres Gedächtnisses bewußt sind, ist Opfern einer Fugue meist nicht klar, daß ihnen Informationen über sich selbst fehlen (Rapaport 1971). Gewöhnlich haben Menschen im Zustand der Fugue keinerlei Erinnerung an ihre primäre Identität. Kehren sie in diese zurück, stellt sich bei ihnen oft eine Amnesie im Hinblick auf das, was sie im Fugue-Zustand erlebt haben, ein.

Fugue-Episoden können bei vielen organisch bedingten psychischen Störungen auftreten, beispielsweise bei einer Schläfenlappen-Epilepsie (Mayeux et al. 1979) sowie bei toxischen Zuständen oder Zuständen psychischen Rückzugs (Slater & Roth 1974; Akhtar & Brenner 1979). Deshalb ist in solchen Fällen eine gründliche medizinische und neurologische Evaluation erforderlich. Fugues treten häufig auch in Zusammenhang mit DIS auf, und diese Möglichkeit sollte bei der Differentialdiagnose stets in Betracht gezogen werden (Putnam et al. 1986). Wie häufig Fugues vorkommen, ist unbekannt, wobei einige Experten die Zahl der Fälle als hoch (Slater u. Roth 1974), andere sie hingegen als niedrig (Berrington et al. 1956) einschätzen. Allgemein besteht die Auffassung, daß die Häufigkeit in Kriegen und bei Naturkatastrophen stark ansteigt (*American Psychiatric Association* [APA] 1980a; Putnam 1985a). Einer dissoziativen Fugue geht gewöhnlich ein akutes traumatisches Ereignis unmittelbar voraus (Putnam 1985a).

Depersonalisalisationsstörung

Depersonalisation wird zu einer Störung, wenn die Betroffenen einmal oder mehrmals Episoden erleben, in denen Depersonalisationsempfindungen soziale oder berufliche Beeinträchtigungen (APA 1980a) oder schwere Belastungszustände verursachen (APA 1987). Beim Erleben der Depersonalisation verändert sich das Selbstgefühl der Betroffenen so, daß sie sich unwirklich fühlen, als befänden sie sich in einem Traum, als glichen sie einer Maschine, als seien sie tot, sich selbst entfremdet oder als befänden sich in einer anderen Verfassung, die sie deutlich von ihrem Normalzustand unterscheidet. Störungen der Sinneswahrnehmung wie Anästhesien, Parästhesien (abnorme Gefühlsempfindungen), Veränderungen des Empfindens der Größe des eigenen Körpers und von Teilen desselben (Makropsie oder Mikropsie), oder das Erlebnis, außerhalb des eigenen Körpers zu sein und sich selbst aus einer Distanz zu beobachten oder von oben auf sich selbst herabzuschauen, kommen recht häufig vor. Die Betroffenen können auch das Gefühl entwickeln, von äußeren Kräften beeinflußt und somit fremdbeherrscht zu werden oder keine Kontrolle über bestimmte Funktionen (wie z.B. das Sprechen) zu haben, die ein »Eigenleben« zu entwickeln scheinen.

Weiterhin wird manchmal berichtet, daß Erinnerungen traumähnlich erscheinen und sich zuweilen nicht von der Phantasie unterscheiden lassen, so daß die Patienten sich unsicher sind, ob etwas tatsächlich geschehen ist. Wenn Menschen sich im Zustand der Depersonalisation befinden, können ihnen Erinnerungen als Ereignisse erscheinen, die vor langer Zeit jemand anders erlebt hat. Im Normalzustand fällt es vielen Menschen schwer, sich an Erlebnisse im Zustand der Depersonalisation zu erinnern, oder sie bezeichnen den Charakter solcher Erinnerungen als traumähnlich.

Depersonalisation wird nur dann als eine eigenständige Störung diagnostiziert, wenn nicht gleichzeitig andere Störungen vorliegen, zu deren Erscheinungsbild Depersonalisationsempfindungen gehören (APA 1980a, 1987). Als Symptom ist Depersonalisation bei vielen psychiatrischen und neurologischen Krankheitsbildern zu finden, unter anderem bei Schizophrenie, Depression, Phobien und Angstzuständen, Zwangsstörungen, Substanzmißbrauch, Schlafmangel, Schläfenlappen-Epilepsie und Migräne (Putnam 1985a). Vorübergehende Depersonalisationsempfindungen kommen im übrigen auch bei »normalen« Menschen, und zwar insbesondere bei Jugendlichen, recht häufig vor (Roberts 1960; Dixon 1963; Sedman 1966; Harper 1969; Myers u. Grant 1970). Selbst Sigmund Freud berichtete über persönlich erlebte Depersonalisationsempfindungen (Freud 1941; Stamm 1969). Für die starke Verbreitung von Depersonalisationsempfindungen – sie werden bei etwa 15-30 Prozent aller psychiatrischen Patienten, unabhängig von ihrer Diagnose, festgestellt – gibt es bisher keine schlüssige Erklärung (Putnam 1985a). Trotzdem stehen Depersonalisationssyndrome, wie bereits früher in diesem Kapitel dokumentiert wurde, häufig mit früheren traumatischen Erlebnissen (z.B. bedingt durch Erfahrungen in einem Konzentrationslager) in Zusammenhang.

Eine Depersonalisationsstörung setzt meist plötzlich ein, endet jedoch allmählich. Nur etwa zehn Prozent der Patienten, die unter dem Depersonalisationssyndrom leiden, berichten über anhaltende Depersonalisationsempfindungen (Putnam 1985a), und der Beginn des Depersonalisationssyndroms kündigt sich meist durch Benommenheit oder Ohnmachtsanfälle an (Nemiah 1981). Derealisation, ein Gefühl der Unwirklichkeit oder der Losgelöstheit der eigenen Person von der Umgebung, ist oft mit dem Gefühl, sich selbst entfremdet zu sein, verbunden, wobei dieses Phänomen allerdings auch unabhängig von Depersonalisationsempfindungen auftreten kann.

Nicht näher bezeichnete dissoziative Störung

Die *nicht näher bezeichnete dissoziative Störung* ist eine Kategorie für all jene dissoziativen Phänomene, die sich zwar den im DSM-III bzw. DSM-III-R beschriebenen dissoziativen Störungen nicht zuordnen lassen, bei denen es aber ebenfalls zu einer dissoziativen Veränderung der normalen integrativen Funktionen Identität, Gedächtnis oder Bewußtsein kommt (APA 1987). Im DSM-III wird diese Kategorie als *Atypische Dissoziative Störung* bezeichnet. Das sogenannte Ganser-Syndrom, eine gewöhnlich mit Symptomen wie Amnesie, Desorientiertheit, Wahrnehmungsstörungen, Fugue und Konversionsreaktionen in Verbindung gebrachte Störung, wird im DSM-III-R dieser Kategorie zugerechnet. Cocores *et al.* (1984) referieren Erkenntnisse, nach denen das Ganser-Syndrom eine dissoziative Störung ist.

Multiple Persönlichkeit/dissoziative Identitätsstörung

Die Multiple Persönlichkeit, im DSM-III-R (APA 1987) *multiple Persönlichkeitsstörung*, im DSM-IV (APA 1994, dt. 1998) *dissoziative Identitätsstörung* genannt, ist das Hauptthema dieses Buches. Im Rahmen dieser komplexen und chronischen Störung können alle Elemente der übrigen dissoziativen Störungen auftreten. Mit den im DSM-III und DSM-III-R beschriebenen Definitionen und Diagnosekriterien für diese Störung beschäftigen sich die Kapitel 2 und 3.

Dissoziative Störungen, die im DSM-III nicht aufgeführt werden

Hypnoide Zustände

Breuer (Breuer u. Freud, 1895/1957) schreibt Moebius das Verdienst zu, als erster die Verbindung zwischen hypnoiden Zuständen und Hysterie erkannt zu haben. In ihrem klassischen Werk *Studien über Hysterie* (1895/1957) gehen Breuer und Freud auf ihre zuerst in der »vorläufigen Mitteilung« (Teil I, »Über den psychischen Mechanismus hysterischer Phänomene«) dargelegte These ein, daß hypnoide Zustände die *Conditio sine qua non* der Hysterie seien. In diesem Sinne schreiben sie:

> Je mehr wir uns nun mit diesen Phänomenen beschäftigten, desto sicherer wurde unsere Überzeugung, jene Spaltung des Bewußtseins, die bei den bekannten klassischen Fällen als *double conscience* so auffällig ist, bestehe in rudimentärer Weise bei jeder Hysterie, die Neigung zu dieser Dissoziation und damit zum Auftreten abnormer Bewußtseinszustände, die wir als »hypnoide« zusammenfassen wollen, sei das Grundphänomen dieser Neurose. …
>
> … Diese hypnoiden Zustände stimmen, bei aller Verschiedenheit, untereinander und mit der Hypnose in dem einen Punkte überein, daß die in ihnen auftauchenden Vorstellungen sehr intensiv, aber von dem Assoziativverkehr mit dem übrigen Bewußtseinsinhalt abgesperrt sind. Untereinander sind diese hypnoiden Zustände assoziierbar, und deren Vorstellungsinhalt mag auf diesem Wege verschieden hohe Grade von psychischer Organisation erreichen. (Freud, GW, Bd. I, S. 91)

Nachdem Freud sich von Breuer getrennt und von seiner ursprünglichen Überzeugung Abstand genommen hatte, seine Patientinnen hätten tatsächlich in ihrer Kindheit sexuelle Traumata erlebt, verwarf er auch die Ansicht, daß hypnoide Zustände ein notwendiger Bestandteil der Hysterie seien (Ellenberger 1970). Als er sich dann als therapeutischer Technik nicht mehr der Hypnose, sondern der freien Assoziation bediente, nahm das Interesse an hypnoiden Zuständen in Europa drastisch ab. In den Vereinigten Staaten setzten Morton Prince, William James und andere die Erforschung dieser veränderten Bewußtseinszustände und ihrer Bedeutung für die Psychopathologie noch ein Jahrzehnt fort.

Auch einige Psychoanalytiker haben bei manchen ihrer Patienten weiterhin hypnoide Zustände beobachtet. Fliess (1953) entwickelte die Hypothese, hypnoide Zustände dienten der Vermeidung sexueller Affekte. Nach Brenman *et al.* (1952) fungieren die durch hypnoide Zustände bewirkten Veränderungen als Abwehr gegen aggressive Impulse. Loewald (1955) beschrieb den hypnoiden Zustand als »einen frühen Ichzustand«, der ein wichtiger Bestandteil des Mechanismus der Hysterie sei. Dickes (1965) klassifiziert den hypnoiden Zustand als einen Abwehrmechanismus und teilt seine Beobachtung mit, daß diese Zustände als Abwehrmechanismus während einer traumatischen Kindheit auftreten. Auch Silber (1979) ist der Auffassung, daß hypnoide Zustände durch in der Kindheit erlebte sexuelle Traumata entstehen. Hypnoide und tranceartige Zustände wurden von zeitgenössischen Forschern als zuverlässige Prädiktoren für die frühe Entstehung von DIS bei Kindern und Jugendlichen erkannt (Elliott 1982; Fagan & McMahon 1984; Kluft 1984b).

Somnambulismus

Somnambulismus war in den frühen Aufzählungen dissoziativer Störungen stets zu finden. Schlafwandler standen im Mittelpunkt zahlreicher Diskussionen, und im späten 18. und im 19. Jahrhundert kursierten über sie viele Geschichten. Es hieß, sie könnten im somnambulen Zustand Flüsse durchschwimmen, Mauern emporklettern, über Dächer gehen oder Gedichte schreiben (Ellenberger 1970). Man glaubte, sie gerieten in Lebensgefahr, wenn man sie während solcher Aktivitäten aufwecke. Der frühe Magnetiseur Puységur wurde unter anderem bekannt wegen seiner Fähigkeit, den somnambulen Zustand künstlich herbeizuführen oder zu beenden. Eric Carlson hat mehrere faszinierende Berichte über Somnambule des frühen 19. Jahrhunderts veröffentlicht, unter anderem über Jane C. Rider (Carlson 1982), die besonders scharf bei Dunkelheit sehen konnte, wenn sie sich in diesem Zustand befand, und über Rachel Baker (Simpson u. Carlson 1968), die in ihm predigte.

Somnambulismus wird heute als Schlaf- und Arousal-Störung bezeichnet (APA 1994/1998). Diese neue Sicht ist größtenteils auf die Untersuchungen Kales' und seiner Mitarbeiter zurückzuführen (Kales *et al.* 1966a, 1966b; Kales & Kales 1974;

Kales *et al.* 1980). Kales *et al.* (1980) definieren Schlafwandeln als »einen dissoziierten Bewußtseinszustand, in dem Phänomene des Schlaf- und des Wachzustandes zusammenwirken« (S. 1406).

Laboruntersuchungen zufolge tritt Schlafwandeln hauptsächlich während der ersten drei Stunden des Schlafs und meist in der dritten oder vierten Schlafphase auf. Schlafwandler setzen sich gewöhnlich zunächst im Bett auf, stehen dann auf und gehen schließlich umher. Ihre motorische Koordination ist in diesem Zustand oft schlecht, und ihre Bewegungen wirken roboterhaft (d.h., sie bewegen sich langsam und steif). Ihre Augen sind geöffnet, und ihr Gesicht wirkt ausdruckslos. Im Rahmen von Laboruntersuchungen hat man beobachtet, daß Schlafwandler auch komplizierte Verhaltensweisen wie Ankleiden und Essen ausführen. Dies geschieht gewöhnlich ohne jeden erkennbaren Grund, und es zeigt, daß Schlafwandler sich ihrer Umgebung ganz und gar nicht bewußt sind. Sie aufzuwecken und allmählich wieder in das normale Wachbewußtsein zu geleiten ist sehr schwierig. Meist haben sie nach dem Aufwachen keinerlei Erinnerung mehr an den gesamten Vorfall, und mehr als eine Episode des Schlafwandelns pro Nacht kommt so gut wie nicht vor (Kales *et al.* 1980).

Schlafwandeln ist bei Kindern besonders häufig zu finden, verliert sich gewöhnlich im Alter von zehn Jahren und ist bei Erwachsenen äußerst selten (Kales *et al.* 1980). Tritt das Phänomen bis ins Erwachsenenalter hinein auf, hat es anders als das im Kindesalter einsetzende Schlafwandeln, das »sich auswächst«, meist erst zu einem späteren Zeitpunkt eingesetzt. Nach Ansicht einiger Forscher kommt Schlafwandeln in bestimmten Familien gehäuft vor, und es wurde vermutet, daß dem eine genetische Prädisposition zugrunde liegen könnte (Kales *et al.* 1980). Tritt das Schlafwandeln bei Menschen erst im Erwachsenenalter auf, steht dies meist mit einem wichtigen Ereignis in ihrem Leben in Zusammenhang. Hingegen sind solche potentiell das Schlafwandeln auslösende Ereignisse in den Lebensgeschichten jener, deren Tendenz zum Schlafwandeln mit dem Erwachsenwerden abnimmt, seltener zu finden (Kales *et al.* 1980). Kales *et al.* (1980) stellten fest, daß bei erwachsenen Schlafwandlern häufiger eine Psychopathologie vorliegt – insbesondere Schwierigkeiten im Umgang mit Aggression – als bei Untersuchungsteilnehmern, bei denen die Störung im Erwachsenenalter abgeklungen war.

Schlafwandeln kann jedoch auch ein Bestandteil des klinischen Bildes der DIS sein. In zwei mir bekannten Fällen suchten Patienten zunächst Hilfe wegen ihres Schlafwandelns und wurden auch auf dieses Problem hin behandelt; erst später wurde erkannt, daß sie unter DIS litten. Das Schlafwandeln war bei ihnen auf das nächtliche Erscheinen bestimmter Alter-Persönlichkeiten zurückzuführen, insbesondere von Kind-Persönlichkeiten, die Kindheitstraumata abreagierten oder verbotene Impulse ausagierten. Beide Patienten zeigten während ihres Schlafwandelns außergewöhnlich komplexe Verhaltensweisen: So riefen sie unter anderem ihre Psychotherapeuten aus

Telefonzellen an, stahlen Gegenstände, arbeiteten im Garten und bauten komplizierte Gebilde.

Besessenheitszustände

Besessenheitszustände kommen sehr häufig vor. Sie sind offenbar in den meisten Kulturen bekannt (Yap 1960; Mischel u. Mischel 1958; Wittkower 1970) und in vielfältiger Form auch im heutigen Amerika zu finden (Pattison u. Wintrob 1981). Ellenberger (1970) sieht die Ursprünge der modernen dynamischen Psychiatrie in den frühen Praktiken zur Austreibung von Dämonen, also im Exorzismus bei Besessenheitszuständen.

Obwohl bestimmte Aspekte von Besessenheitszuständen kulturell determiniert sind (z.B. die Verhaltensunterschiede zwischen Syndromen wie *amok*, *latah*, *koro*, *imu*, *witiko*, *pibloktoq* und *negi negi*), werden sie in allen Kulturen in einem religiösen oder magischen Kontext gesehen, in dem alle Ereignisse des Lebens, beispielsweise Krankheit, Unfälle, Glück und Unglück, als in enger Beziehung zueinander stehend erfahren werden (Pattison u. Wintrob 1981). Enoch und Trethowan (1979) haben als allgemeinen Nenner für Besessenheitszustände und verwandte Störungen das Konzept der »psychischen Verursachung« vorgeschlagen, das sie als ein westliches Gegenstück zur alten griechischen Vorstellung einer heiligen Krankheit verstehen. Psychische Verursachung beinhaltet, daß Dinge geschehen, weil jemand oder etwas, das sich personifiziert hat, will, daß sie geschehen.

Mit der Geschichte der Besessenheit und ihrer Behandlung durch Exorzismus haben sich andere Autoren ausgiebig auseinandergesetzt (eine ausgezeichnete Bibliographie enthält Pattison u. Wintrob [1981]). Eine Untersuchung aus der Sicht der klassischen Psychiatrie stammt von Oesterreich (1966), der zwei Hauptformen von Besessenheit unterscheidet: eine »somnambule« oder hysterische und eine »luzide« oder obsessive. Bei der luziden Form bleibt die Besessene ihrer selbst bewußt, fühlt sich jedoch besetzt und befindet sich in einen Kampf um die Kontrolle über ihr Verhalten. Bei der somnambulen Form verliert die Besessene völlig ihr Bewußtsein ihrer selbst, und sie spricht mit dem »Ich« der Wesenheit, die sich ihrer bemächtigt hat (Ellenberger 1970). Wenn sie wieder bei Bewußtsein ist, ist sie sich der Dinge, die im Zustand somnambuler Besessenheit geschehen sind, entweder nur teilweise oder überhaupt nicht mehr bewußt – es besteht also eine teilweise oder vollständige Amnesie hinsichtlich der Erlebnisse. Hingegen vermag sich ein Opfer luzider Besessenheit an das, was geschah, als es sich in jenem Zustand befand, zu erinnern. Es wurden jedoch auch noch einige andere Typologien von Besessenheitszuständen entwickelt (siehe Pattison u. Wintrob 1981; Enoch u. Trethowan 1979).

Pattison und Wintrob (1981) weisen darauf hin, daß das Konzept der Besessenheit von »anderen Mächten« zwar sehr verbreitet sei, es jedoch auch möglich sei, Besessenheit in Form eines Kontinuums zu verstehen, an dessen konkretem Endpunkt ein Mensch vom »Geist« einer bestimmten anderen Person, eines Tieres, eines Gottes, eines Dämons oder eines anderen Wesens besessen sei, während die Besessenheit sich am abstrakten Ende auf Gedanken, Impulse, Ideen, Erinnerungen und Bilder beziehen könne. Besessenheit kann ebenso als bösartig wie als nützlich erfahren werden, und sie erscheint manchen als wünschenswert und anderen als gesellschaftlich unakzeptabel.

Besessenheitszustände setzen bei Menschen gewöhnlich abrupt, chaotisch und manchmal in Verbindung mit Manifestationen von Gewalt ein (Kenny 1981; Ravenscroft 1965; Enoch u. Trethowan 1979; Mischel u. Mischel 1958). Ravenscroft (1965) unterscheidet in seiner anschaulichen Beschreibung von Besessenheitszuständen in der haitianischen *Vodun*-Kultur zwischen zeremonieller und nichtzeremonieller Induktion von Besessenheit. Im ersteren Fall wird der Zustand der Besessenheit oft durch die starke Erregung der Anwesenden, durch Rezitation und Gesang, rhythmische Kreistänze, Trommeln, Dunkelheit, Kerzen- oder Fackelschein und andere Elemente eines Zeremoniells provoziert. Nicht zeremoniell induzierte Besessenheitszustände treten häufig aufgrund von persönlichen Krisen oder von starkem Streß auf (Ravenscroft 1965; Mischel u. Mischel 1958). Ravenscroft (1965) hat darauf hingewiesen, daß dem ersten Besessenheitsanfall eines Menschen oft der Tod einer nahestehenden Person oder die Trennung von einer solchen vorangeht.

Oft fühlen Betroffene sich zu Beginn eines solchen Zustandes benommen, oder eine Gleichgewichtsstörung tritt bei ihnen auf (Mischel u. Mischel 1958; Ravenscroft 1965). Manchmal fallen sie auch zu Boden und winden sich unter Zuckungen und Krämpfen. Häufiger noch folgt dem Beginn der Besessenheit eine starke Veränderung der äußeren Erscheinung. Im Gesicht verändern sich beispielsweise die Position des Kiefers, der oft vortritt, die Gesichtsfalten, die Augen, die groß werden, und die Pupillen, die sich weiten (Mischel u. Mischel 1958; Oesterreich 1966). Auch Haltung, Gang, Auftreten und Verhalten von Besessenen können sich stark verändern. Die Sprechweise verändert sich häufig ebenfalls, unter anderem hinsichtlich der Tonhöhe und des benutzten Vokabulars, und es treten Sprechstörungen auf. In Kulturen wie dem haitianischen *Vodun*, in der Götter von Menschen Besitz ergreifen, erkennen die anderen Teilnehmer eines solchen Zeremoniells schnell, welcher Gott sich manifestiert hat, indem sie die stereotypen Verhaltensweisen, die eine Besessene zeigt, als die für eine bestimmte Gottheit charakteristische identifizieren (Mischel u. Mischel 1958; Ravenscroft 1965).

Auch Zungenreden, auch »Glossolalie« genannt, kommt vor. Dies ist die Bezeichnung für das Sprechen in einer erfundenen oder unbekannten Sprache, ein Phänomen, das seit langem mit Besessenheitszuständen, religiöser Ekstase und einigen medialen Phänomenen in Verbindung gebracht wird. Einige Experten unterscheiden zwei Formen von Glossolalie. Die erste tritt im Rahmen bestimmter religiöser Zeremonien auf, bei denen starke Gefühlszustände provoziert werden, beispielsweise während der Gottesdienste der Pfingstgemeinde; allerdings kommt sie offenbar auch in einigen »gesetzteren« christlichen Kirchen wie der Episkopalkirche, bei den Lutheranern und bei den Presbyterianern vor (Enoch u. Trethowan 1979). Die zweite Besessenheitsform manifestiert sich bei Menschen, die sich der stillen Meditation, der Kontemplation und der Hingabe an Gott widmen. Die meisten Forscher verstehen Glossolalie als eine dissoziative Reaktion, wobei einige entdeckt haben, daß mit dieser Erfahrung bestimmte Arten von Sekundärgewinn verbunden sein können (Enoch u. Trethowan 1979; Jahoda 1969).

Demographische Erkenntnisse über diejenigen, die in Besessenheitszustände verfallen, liegen nur in sehr spärlichem Maße vor. Sowohl Mischel und Mischel (1958) als auch Ravenscroft (1965) berichten, daß derartige Zustände bei Frauen wesentlich häufiger auftreten als bei Männern. Bei Kindern scheint das Phänomen nur sehr selten vorzukommen, und am häufigsten ist es bei Erwachsenen im Alter von 25 bis 45 Jahren anzutreffen (Mischel u. Mischel 1958; Ravenscroft 1965). Ravenscroft (1965) berichtet, der erste Besessenheitsanfall trete bei Frauen gewöhnlich im Alter zwischen 17 und 22 Jahren auf, bei Männern hingegen, wenn sie zwischen 22 und 28 Jahren alt sind. Im Alter von 45 Jahren nimmt die Zahl der Besessenheitsanfälle gewöhnlich ab, und etwa ab dem sechzigsten Lebensjahr bleiben sie oft völlig aus (Ravenscroft 1965).

Im Zustand der Besessenheit können Menschen sich selbst und anderen gegenüber gewalttätig werden, doch meist »flirten« sie nur mit der Gewalt, und nur selten verletzen sie andere. Manche Besessene kämpfen gegen den Zustand der Besessenheit an, und manchmal tun sie dies, indem sie sich zu diesem Zweck zuweilen selbst Schmerzen zufügen (Ravenscroft 1965). Auch kindisches oder regressives Verhalten, unter anderem in Form von Inkontinenz und Einkoten, kommt in Zusammenhang mit Besessenheitszuständen häufig vor (Mischel u. Mischel 1958). Besessene verfügen oft über ein außergewöhnliches Maß an physischer Energie und werden entsprechend aktiv, wobei sie manchmal stundenlang tanzen. Am Schluß einer Besessenheit verfallen die Betroffenen häufig in einen ohnmachtähnlichen Zustand.

Mit der Beziehung zwischen Besessenheitszuständen und psychischen Störungen haben sich viele Forscher beschäftigt, und zu dieser Thematik existieren zahlreiche Ansichten und Theorien. Ebenso wie bei anderen dissoziativen Zuständen sind Experten auch im Fall der Besessenheit der Ansicht, daß derartige Zustände ein Kontinuum bilden, das sowohl Erfahrungen umfaßt, die von der dominierenden Kultur als normal angesehen und akzeptiert werden, als auch, am anderen Ende des Spektrums, extreme Formen von Psychopathologie (Pattison u. Wintrub 1981; Enoch u. Trethowan 1979).

Außerkörperliche Erfahrungen und Todesnähe-Erfahrungen

Außerkörperliche Erfahrungen werden gewöhnlich charakterisiert als Situationen, in denen das Bewußtsein, die Seele oder der Geist eines Menschen sich von seinem physischen Körper löst (Twemlow *et al.* 1985), etwas, worüber keineswegs selten berichtet wird. Das Phänomen tritt relativ häufig in Zusammenhang mit chronischen dissoziativen Störungen wie der Depersonalisationsstörung und der dissoziativen Identitätsstörung auf. Bei mehreren, hauptsächlich mit College-Studenten durchgeführten Untersuchungen berichtete mindestens ein Viertel der Stichproben über Erlebnisse dieser Art (Hart 1954; Green 1968; Palmer u. Dennis 1975). Nach einer von Shiels (1978) durchgeführten Umfrage sind solche Erfahrungen in über 70 nichtwestlichen Kulturen bekannt und weisen vielfach eine große Ähnlichkeit auf. Außerdem sind außerkörperliche Erfahrungen oft eine Begleiterscheinung von Todesnähe-Erfahrungen, die Menschen machen, wenn sie lebensbedrohliche Traumata erleben oder wenn sie nach dem Aussetzen ihrer Atmung oder ihres Herzschlags reanimiert werden (Twemlow *et al.* 1985; Sabom 1982; Greyson 1985).

Bei psychisch Gesunden kommen außerkörperliche Erfahrungen häufig vor, wenn sie sich sehr entspannt fühlen und sich in einem Zustand der Geistesruhe befinden (Twemlow *et al.* 1985). Solche Erfahrungen sind ungeheuer lebendig und wirken entsprechend real, also nicht traumartig. Diejenigen, die sie machen, berichten gewöhnlich, sie würden dabei ihren Geist oder ihr Bewußtsein als vom Körper getrennt, aber am gleichen Ort befindlich erleben und in diesem Zustand den Wunsch verspüren, in den Körper zurückzukehren (Twemlow *et al.* 1985). In Zusammenhang mit der von Twemlow *et al.* durchgeführten Umfrage stellte sich heraus, daß bei etwa 10 Prozent derjenigen, die außerkörperliche Erfahrungen gemacht hatten, diese mit traumatischen Umständen verbunden war. Im Rahmen von Saboms (1982) Untersuchung über Todesnähe-Erfahrungen berichteten jedoch 30 Prozent der Teilnehmer, sie hätten ihren Körper wie von außen gesehen, und 54 Prozent berichteten über transzendentale Erfahrungen, in deren Verlauf ihr Bewußtsein in eine andere Dimension eingetreten oder einen anderen Bereich übergewechselt sei.

Einige Forscher haben Klassifikationsschemata für außerkörperliche Erfahrungen und für Todesnähe-Erfahrungen entwickelt (Twemlow *et al.* 1985; Greyson 1985; Schapiro 1975-1976). Die Debatte darüber, ob allen Erfahrungen dieser Art bestimmte Elemente gemeinsam sind, ist noch nicht abgeschlossen (Greyson 1985). Zudem haben sich die wissenschaftlichen Bemühungen darauf konzentriert, die gemeinsamen Persönlichkeitsmerkmale von Menschen zu ermitteln, die häufig außerkörperliche Erfahrungen machen (Irwin 1980; Palmer u. Vassar 1974; Palmer u. Lieberman 1975). Es wurden auch einige Theorien über die Ätiologie solcher Zustände entwickelt, die sich zwei Hauptgruppen, diejenige der Separationisten und die der psychologischen Theorien, zuordnen lassen (Irwin 1980). Nach Auffassung der Separationisten verläßt ein nichtphysisches Element der Existenz (z.B. die Seele, der Geist oder der Astralkörper) tatsächlich den Körper und begibt sich an einen anderen Ort. Hingegen halten die psychologischen Theorien die außerkörperliche Erfahrung für einen speziellen Bewußtseinszustand und das Gefühl, sich außerhalb des eigenen Körpers zu befinden, für ein im Grunde halluzinatives Phänomen.

Ungewöhnliche psychiatrische Syndrome

Capgras und Reboul-Lachaux beschrieben 1923 erstmals ein Syndrom, bei dem die daran Erkrankten glaubten, eine Person, oft ein naher Verwandter, sei durch ein exaktes Double ersetzt worden (Enoch u. Trethowan 1979). Dieser Doppelgänger spielt im Leben der Patienten meist eine wichtige Rolle, und bei Verheirateten ist es oft der Ehepartner. Auf die Ähnlichkeiten zwischen dem von Capgras entdeckten Syndrom und den Phänomenen der Depersonalisation und der Derealisation haben mehrere Forscher hingewiesen (Enoch u. Trethowan 1979).

Das *Folie à deux* (oder *Folie à plusieurs*) genannte Syndrom setzt sich vermutlich in Wahrheit aus mehreren Syndromen zusammen. Sein wichtigstes Merkmal ist die Übertragung psychischer Symptome, insbesondere paranoider Wahnvorstellungen, von einem Menschen auf einen anderen (Enoch u. Trethowan 1979). Auch über dissoziative Formen dieses Phänomens wurde berichtet (Kiraly 1975). Ebenso wird das *Cotard-Syndrom*, *le délire de négation*, als Variante dissoziativer Störungen angesehen, wobei anzumerken ist, daß andere Autoren es für eine paranoide Form einer Involutionspsychose (Wechseljahrpsychose) halten. Im Extremfall ist sein primäres Symptom das völlige Ableugnen der eigenen Existenz. In schwächeren Fällen kann dies in Form von Veränderungen der eigenen Person, wie sie mit Depersonalisationsempfindungen einhergehen, oder als Gefühl der Verzweiflung oder des Selbsthasses zum Ausdruck kommen (Enoch u. Trethowan 1979).

Faktoren, die die Form der dissoziativen Reaktion beeinflussen

Sofern wir die Beobachtung, daß viele dissoziative Reaktionen durch eine Anpassungsreaktion auf ein schweres Trauma entstehen, als korrekt akzeptieren, können wir untersuchen, weshalb bei einer bestimmten Art von Traumaauslöser eine bestimmte dissoziative Reaktion auftritt (oder gewählt wird) und damit einer anderen vorgezogen wird. Zwar gibt es mittlerweile einige Theorien und Modelle, die zu erklären versuchen, wie eine bestimmte Art von Dissoziation, die DIS, entsteht, doch hat bislang noch keine dieser Theorien das gesamte Spektrum der Manifestation traumainduzierter dissoziativer Störungen zu erklären versucht. Eine Durchsicht der entsprechenden Literatur legt die Vermutung nahe, daß mehrere Faktoren die Form einer traumainduzierten dissoziativen Reaktion beeinflussen können (Putnam 1985a).

Lebensalter

Mehrere Untersuchungen über die Umstände, unter denen dissoziative Reaktionen sich manifestieren, deuten darauf hin, daß das Lebensalter eines Menschen zum Zeitpunkt eines prägenden traumatischen Erlebnisses in Verbindung mit bestimmten anderen Faktoren entscheidenden Einfluß auf die Art der sich manifestierenden dissoziativen Reaktion hat (Putnam 1985a; Bernstein u. Putnam 1986). Außerdem legen Erkenntnisse aus einer zweiten Quelle nahe, daß das Alter oder die Entwicklungsstufe einer Patientin zum Entstehenszeitpunkt eines längerfristigen traumatischen Erlebens ausschlaggebend dafür sein könnte, ob die Betreffende eine DIS entwickelt oder nicht. Weiterhin lassen aus mehreren Arten von Studien gewonnene Erkenntnisse darauf schließen, daß auch zwischen der Tatsache, ob Patienten in ihrer Kindheit Traumata erlebt haben, und ihrer Empfänglichkeit für hypnotische Induktionen im Erwachsenenalter eine starke Korrelation besteht (Putnam 1985a).

Geschlecht

Ob das Geschlecht einen Menschen für eine bestimmte Art dissoziativer Reaktion (oder auch ganz generell für dissoziative Reaktionen) prädisponiert, ist sehr schwer einzuschätzen. Viele veröffentlichte Studien und Fallsammlungen sind aufgrund von Stichprobenfehlern, durch die eines der beiden Geschlechter überrepräsentiert wurde, als unzuverlässig anzusehen. In den veröffentlichten Sammlungen von Fällen multipler Persönlichkeit bzw. dissoziativer Identitätsstörung ist die Zahl der weiblichen Patienten stets in der Überzahl. Zwar ist dieses Mißverhältnis zwischen den Geschlechtern im Laufe der Zeit und mit dem Erscheinen immer neuer Publikationen stetig geschrumpft, doch liegt die Relation zwischen Frauen und Männern mit DIS immer noch bei 8 oder 9 zu 1 (Allison 1974a; Putnam et al. 1986). Einige erfahrene Therapeuten halten den Unterschied allerdings für wesentlich geringer; sie siedeln ihn zwischen 4 zu 1 und 2 zu 1 an (Kluft 1984a; Bliss 1984 a). Und manche Kliniker vermuten, der Eindruck der größeren Zahl weiblicher DIS-Patienten sei zumindest teilweise auf einen signifikanten Stichprobenfehler zurückzuführen: Da weibliche DIS-Patienten ihre Gewalttätigkeit zumeist in Form von Suizidversuchen und Selbstverletzungen auszudrücken, also gegen sich selbst richten, werden sie häufig in psychiatrische Kliniken eingewiesen, wohingegen Männer mit ihrer Tendenz, Gewalttätigkeitsimpulse nach außen zu richten, eher im Strafvollzug anzutreffen sind (Bliss 1980; Greaves 1980; Boor 1982; Putnam et al. 1984). Die einzige bis heute veröffentlichte Untersuchung über eine kriminelle Population deutet auf eine erstaunlich hohe Zahl von DIS-Fällen unter Vergewaltigern und anderen Sexualstraftätern hin (Bliss u. Larson 1985). Mit den Spekulationen über die scheinbare Beziehung von Geschlecht und DIS-Häufigkeit werden wir uns in Kapitel 3 noch eingehender befassen.

Zusammenfassung

In diesem Kapitel wurde ein Überblick über die Geschichte der wissenschaftlichen und klinischen Erforschung der Dissoziation gegeben, beginnend mit den grundlegenden Beiträgen von Pierre Janet und dem Zu- und Abnehmen des Interesses an dissoziativen Störungen im Laufe des letzten Jahrhunderts. Das Resümee dieser Betrachtung ist, daß die Experten heute fast einhellig die Auffassung vertreten, der dissoziative Prozeß lasse sich auf einem Kontinuum erfassen, das von harmlosen »alltäglichen« Beispielen für Dissoziation (z.B. Tagträumen) bis zu psychiatrischen Störungen (z.B. Multiple Persönlichkeit) reicht. Charakteristisch für pathologische Formen von Dissoziation sind starke Störungen des Erinnerungsvermögens und des Selbstgefühls, und oft sind sie infolge der Nichtbewältigung eines körperlichen und/oder psychischen Traumas entstanden. Die dissoziative Reaktion hatte in der Ursprungssituation möglicherweise adaptiven Charakter, doch wenn sie über den Kontext des Traumas hinaus bestehen bleibt, wird sie dysfunktional und pathologisch. Außerdem wurde in diesem Kapitel das Spektrum klinischer dissoziativer Störungen beschrieben, wobei die DIS zunächst ausgeklammert wurde. Den Abschluß des Kapitels bildete eine Untersuchung von Faktoren, die die Art der sich entwickelnden dissoziativen Reaktion beeinflussen können (z.B. Alter und Geschlecht).

2

Geschichte und Definitionskriterien der multiplen Persönlichkeitsstörung bzw. der dissoziativen Identitätsstörung

Die dissoziative Identitätsstörung (DIS) ist die stärkste Form einer dissoziativen Störung. Sie beinhaltet im Grunde alle wichtigen Elemente anderer dissoziativer Störungen, so daß beispielsweise in Verbindung mit ihr psychogene Amnesien, Fugue-Episoden und starke Depersonalisationsempfindungen auftreten können (Putnam *et al.* 1986). Die DIS ist eine chronische Störung und im Gegensatz zu allen übrigen im DSM-III/IV beschriebenen dissoziativen Störungen zeitlich begrenzt auftretendes Phänomen. Wird eine DIS nicht sachgerecht behandelt, kann sie dauerhaft bestehen bleiben und sich im Laufe des Lebens in unterschiedlichen Formen manifestieren (Kluft 1985a).

Außerdem ist die Multiple Persönlichkeit – dies ist die frühere und auch heute noch populäre Bezeichnung für die dissoziative Identitätsstörung – einer der verblüffendsten und ungewöhnlichsten psychischen Zustände, die wir kennen. Die Existenz scheinbar separater und unabhängiger Alter-Persönlichkeiten, die abwechselnd das Verhalten eines Menschen bestimmen, wirkt auf manche Menschen ungeheuer faszinierend und veranlaßt andere dazu, vehemente Empörung zum Ausdruck zu bringen. Die Möglichkeit der Existenz solcher separater Persönlichkeiten innerhalb eines »Individuums« nährt Zweifel daran, ob die allgemein akzeptierten Grundannahmen über die Einheit der Persönlichkeit und der Bewußtseinsstruktur noch haltbar sind. Überdies können bei einer DIS fast alle Symptome auftreten, die sämtliche anderen psychiatrischen Störungen charakterisieren.

Die Geschichte der DIS verläuft parallel zur Geschichte der modernen Psychiatrie (Ellenberger 1970). Alle für die Entwicklung der modernen Psychiatrie in ihrer Anfangszeit wichtigen Gestalten sahen sich gezwungen, sich mit den durch die DIS aufgeworfenen Fragen auseinanderzusetzen. Benjamin Rush, der Vater der amerikanischen Psychiatrie, zählte zu jenen frühen Pionieren, die das Phänomen der multiplen Persönlichkeiten studierten und darüber lehrten (Carlson 1981). Jean-Martin Charcot und seine vielen berühmten Mitarbeiter in der *Société de Psychologie Physiologique*, beispielsweise Babinski, Bernheim, Binet und Janet, machten die dissoziativen Phänomene im allgemeinen und die multiple Persönlichkeit im besonderen zum

Dreh- und Angelpunkt ihrer Theorien über die Psychopathologie und die Psyche. In den Vereinigten Staaten fand eine ähnliche Entwicklung statt, deren wichtigste Repräsentanten, William James und Morton Prince, sich aufgrund ihrer persönlichen Erfahrungen mit DIS-Patienten mit dem Wesen des Bewußtseins und der Organisation der Psyche auseinandersetzten.

Selbst Freud, der die Hypnose als Therapiemethode später ablehnte und eine psychodynamische Theorie entwickelte, in deren Mittelpunkt nicht die Dissoziation, sondern die Verdrängung steht, erforschte zu Beginn seines Schaffens das Wesen des Doppelbewußtseins (*double conscience*) (Breuer u. Freud 1895/1957). Obwohl das Interesse an der Dissoziation und an der multiplen Persönlichkeit stark abnahm, als Freuds Theorien allenthalben begeistert aufgenommen wurden, haben die DIS und der Prozeß der Dissoziation im allgemeinen ihre Funktion als Dreh- und Angelpunkt neuerer Modelle und Theorien der Organisation des Bewußtseins mittlerweile wiedererlangt (Hilgard 1977; Fischer u. Pipp 1984). Alle Versuche, Organisation und Struktur des menschlichen Bewußtseins und Verhaltens zu erklären, müssen den in Zusammenhang mit der DIS gewonnenen Erkenntnissen Rechnung tragen.

Die Geschichte der multiplen Persönlichkeitsstörung

Die frühesten Fälle

Die Archetypen der multiplen Persönlichkeit, Zustände schamanischer Transformation und Besessenheit, existieren ebensolange, wie sich religiöse Überzeugungen und Verhaltensweisen nachweisen lassen. Bilder von Schamanen, die sich in Tiergestalten verwandelt haben oder die Geister verkörpern, sind für Höhlenzeichnungen aus dem Paläolithikum ebenso kennzeichnend wie für Eskimokunstwerke unserer Zeit. Erforscher des Schamanismus sehen in der fast universellen Wiederkehr bestimmter Themen und in der Allgegenwart bestimmter Traditionen zu allen Zeiten und über scheinbar völlig divergierende ethnische und kulturelle Entwicklungslinien hinweg Beweise dafür, daß der Schamanismus einen für die menschliche Psyche grundlegenden Prozeß zum Ausdruck bringt (Halifax 1982; Harner 1982).

Die Vorstellung dämonischer Besessenheit beherrschte das westliche Denken viele Jahrhunderte lang, und erst nachdem Besessenheit als Erklärung für gestörtes Verhalten nicht mehr bedingungslos akzeptiert wurde, fing man an, Fälle von multipler Persönlichkeit zu erkennen (Ellenberger 1970). Österreich (1921/1966) unterschied zwei Formen von Besessenheit, die *luzide* und die *somnambule*, die in Kapitel 1 beschrieben wurden. Nach Beobachtungen von Ellenberger (1970) entsprechen diese zwei wichtigen Manifestationsformen der multiplen Persönlichkeit. Er schreibt: »Das Phänomen der Besessenheit, das jahrhundertelang so häufig war, kann man sehr wohl als eine Variante der ›multiplen Persönlichkeit‹ ansehen.« (S. 186) Wenn man bedenkt, welch düsteres Bild vom mittelalterlichen Leben Experten wie Barbara Tuchmann (1978) entworfen haben, wäre es kaum überraschend festzustellen, daß DIS in jener Zeit noch wesentlich häufiger vorkam als heutzutage.

Bliss (1980) schreibt Paracelsus das Verdienst zu, 1646 den ersten DIS-Fall beschrieben zu haben. Es handelte sich um eine Frau, die eine Amnesie gegenüber einer Alter-Persönlichkeit entwickelt hatte, welche ihr Geld stahl. 1791 berichtete Eberhardt Gmelin über einen Fall von *umgetauschter Persönlichkeit* (*exchange personalities*) (Ellenberger 1970, S. 187). Er behandelte eine zwanzigjährige Deutsche, die ihre Persönlichkeit, ihre Sprache und ihre Manieren plötzlich gegen die einer perfekt französisch sprechenden aristokratischen Dame »austauschte«. Als diese französische Persönlichkeit konnte sich die Frau an alles, was in ihrem französischen Zustand geschehen war, erinnern, wohingegen sie über diese Geschehnisse, sobald sie sich in ihrer deutschen Persönlichkeit befand, nicht das geringste wußte. Gmelin vermochte sie mit einer Handbewegung zwischen den beiden Persönlichkeiten hin- und herwechseln zu lassen.

Benjamin Rush, Unterzeichner der Amerikanischen Unabhängigkeitserklärung, oberster Chirurg der Kontinentalarmee und Autor des ersten amerikanischen Lehrbuchs der Psychiatrie, sammelte Fallgeschichten über Dissoziation und multiple Persönlichkeiten für seine Vorlesungen und seine Schriften über physiologische Psychologie (Carlson 1981, 1984). Er vermutete die Mechanismen, die für das Phänomen des Doppelbewußtseins verantwortlich waren, in einer unterbrochenen Verbindung zwischen den beiden Hirnhälften – die erste von vielen Spekulationen über die Lateralität der Hemisphären und die multiple Persönlichkeit. Der erste besonders einflußreiche untersuchte Fall von multipler Persönlichkeit war der von Mary Reynolds, der zunächst 1816 von Dr. Samuel Latham Mitchell publiziert und 1860 in den Vereinigten Staaten später von Rev. William S. Plumer für *Harper's New Monthly Magazine* popularisiert wurde. In Europa berichtete Robert Macnish 1830 in seinem Buch *The Philosophy of Sleep* (»Die Philosophie des Schlafs«) über diese Geschichte (Carlson 1984).

In vielerlei Hinsicht jedoch ist der von Charles H. A. Despine (der Ältere) beschriebene Fall Estelle aufschlußreicher (Ellenberger 1970, S. 190 f). 1836 behandelte Despine ein elfjähriges Mädchen aus der Schweiz, dessen Symptome sich im Laufe der Zeit von einer Paralyse und gesteigerter Berührungssensibilität zu einer dualen Existenz entwickelten, wobei die zweite Persönlichkeit gehen konnte, gern im Schnee spielte und die Anwesenheit ihrer Mutter nicht duldete. Der Anblick bestimmter Objekte (z.B. Katzen) konnte sie in einen Zustand der Katalepsie versetzen. Estelle ließ in ihren beiden Zuständen deutlich unterschiedliche Verhaltensweisen, Nahrungspräferenzen und Vorlieben hinsichtlich ihrer zwischenmenschlichen Beziehungen erkennen. Der sechzigjährige Despine entwickelte einen starken Rapport zu der jungen Patientin, und es gelang ihm, sie mittels seiner vielfältigen hydrotherapeutischen und magnetischen Behandlungen – implizit psychotherapeutischen Interventionen – zu heilen. In seiner 1840 publizierten detaillierten Beschreibung des Falls werden erstmals Prinzipien für die psychotherapeutische Behandlung von DIS beschrieben, die bis heute als sinnvoll angesehen werden (Kluft 1984b).

Der Aufstieg der multiplen Persönlichkeit: 1880-1920

In der Zeit von 1880 bis etwa 1920 nahm das Interesse an der multiplen Persönlichkeit sehr stark zu (Ellenberger 1970; Taylor u. Martin 1944; Sutcliffe u. Jones 1962). Insbesondere in Frankreich und in den Vereinigten Staaten wurde über relativ viele Fälle dieser Art berichtet. Viele bekannte Ärzte, Psychologen und Philosophen jener Zeit entwickelten starkes Interesse an den Phänomenen der Dissoziation und der multiplen Persönlichkeit. Über die klinische Behandlung derartiger Fälle wurden zahlreiche detaillierte Berichte erstellt, wobei man einzelnen Patienten oft ganze Bücher widmete. Die Kliniker begegneten den dissoziativen Phänomenen mit einer ausgesprochen experimentierfreudigen Haltung, und an ihre Recherchen schlossen sich anspruchsvolle theoretische Erörterungen über die Natur des Bewußtseins und die Beziehung zwischen dissoziierten Persönlichkeiten und alltäglichen bzw. bekannten Phänomenen wie Träumen und hypnotischen Zuständen an. Auch die zahlreichen internationalen medizinischen Konferenzen und Kongresse beschäftigten sich häufig eingehend mit dem Phänomen der Dissoziation.

Mehrere aus dieser Zeitspanne stammende Fallbeschreibungen sind hinsichtlich ihrer Qualität oder der Bedeutung der berichteten Beobachtungen überragend. Eugène Azam (1822-1899) studierte Félida X über 35 Jahre und veröffentlichte im Jahre 1887 eine Beschreibung ihres Falls mit einem Vorwort von Charcot (Azam 1887). Félida X, die 1843 geboren war, hatte früh ihren Vater verloren und eine schwierige Kindheit gehabt. Als sie dreizehn Jahre alt war, manifestierte sie eine zweite Persönlichkeit, vor deren Erscheinen Félida jeweils einige Minuten lang in einen lethargischen Zustand versank. Die zweite Persönlichkeit war fröhlich und lebhaft und litt unter keiner der körperlichen Beschwerden, die Félida plagten. In ihrer ersten Persönlichkeit vermochte sie sich an das Verhalten der zweiten nicht zu erinnern, wohingegen die zweite Persönlichkeit mit Félidas gesamter Lebensgeschichte vertraut war. Manchmal tauchte auch noch eine dritte Persönlichkeit auf, die unter Angstanfällen und Halluzinationen litt. Als die erste Persönlichkeit eines Tages über eine Schwangerschaft berichtete, die sie sich nicht erklären konnte, tauchte die zweite Persönlichkeit auf und übernahm die Verantwortung dafür. Über einen verblüffend ähnlichen Fall einer unerklärlichen Schwangerschaft bei einer DIS berichten Solomon und Solomon (1984). Im Laufe der Zeit wurde Félidas zweite Persönlichkeit dominant, doch kam es immer wieder zu Rückfällen in die erste Persönlichkeit. Beide verstanden sich als Félidas normalen Zustand und sahen ihre Konkurrentin als abnorm an.

Auch Janet berichtete über mehrere Fälle, unter anderem über den der berühmten Léonie. Nach den ersten Experimenten mit ihr, die Janet zu seiner in Kapitel 1 beschriebenen anfänglichen Sicht brachten, setzte er die Arbeit mit der Patientin fort und entdeckte eine Alter-Persönlichkeit. Diese Identität, die sich mit Léonies Kindheitsnamen Nichette ansprechen ließ, war eine Kind-Persönlichkeit. Janet arbeitete auch mit Lucie, deren zweite Persönlichkeit, Adrienne, in Schreckensausbrüchen eine traumatische Kindheitserfahrung wiedererlebte. Nachdem Janet ihr zu einer therapeutischen Abreaktion verholfen hatte, verschwand die zweite Persönlichkeit (Ellenberger 1970). Janets dritte Patientin, Rose, wird manchmal als DIS-Fall bezeichnet, obwohl wenig für diese Diagnose spricht (Sutcliffe u. Jones 1962). Rose litt unter verschiedenartigen somnambulen Zuständen, in denen sie manchmal paralysiert war, während sie sich in anderen ungehindert bewegen konnte.

Der Fall der »Christine Beauchamp«, über den Morton Prince in seinem Buch *The Dissociation of a Personality* (1906) detailliert berichtet, ist einer der berühmtesten DIS-Fälle, an dessen Bekanntheit nur Mary Reynolds' Patientin *Eve* (Thigpen u. Cleckley 1957) und *Sybil* (Schreiber 1974) heranreichen. Prince begann seine Arbeit mit »Miss Beauchamp« im Jahre 1898, als die Patientin zweiundzwanzig Jahre alt war, die Preparatory School besuchte und sich an ihn wandte, weil sie unter Kopfschmerzen, Erschöpfungszuständen und einer »Willenshemmung« litt. Er versuchte, ihren Zustand durch Hypnose zu verbessern, und entdeckte zwei Persönlichkeiten, die er als »B II« und »B III« bezeichnete. Erstere war eine intensivierte Form der Persönlichkeit, mit der die Patientin sich Prince vorgestellt hatte (»B I«); »B III« hingegen unterschied sich sehr stark von den beiden ersten. B III nannte sich Sally, und in einer schelmischen Vorliebe für Streiche, die sie B I spielte, kam ihr kindliches Wesen zum Ausdruck. Sally stotterte, sie hatte schlechtere Manieren als B I, und sie war nicht in der Lage, Französisch zu sprechen. Sie verachtete B I und versuchte, ihr durch indirekte Beeinflussung Schwierigkeiten zu machen (z.B. indem sie B I zwang, unflätige Wörter auszusprechen) oder die Aktivitäten von B I zu sabotieren.

Noch eine vierte Persönlichkeit, B IV, die »Idiotin«, tauchte im Laufe der Therapie auf. Sie war extrem regressiv und durch ein traumatisches Ereignis entstanden, als die Patientin achtzehn Jahre alt gewesen war. Es war bekannt, daß Miss Beauchamp eine schwere Kindheit gehabt hatte. Als sie dreizehn Jahre alt war, starb ihre Mutter, und in ihrer Jugend hatte sie einige Traumata erlebt, über die nichts weiter bekannt war, als daß sie die Patientin schließlich dazu getrieben hatten, von zu Hause fortzulaufen. Prince fusionierte B I und B II und »hypnotisierte« B III so, daß sie zu existieren aufhörte. Die auf diese Weise entstandene »Miss Beauchamp«, von der wir heute wissen, daß es sich um eine Clara Norton Fowler handelte, galt fortan als geheilt, und sie heiratete später einen Mitarbeiter von Prince, den Bostoner Neurologen Dr. George Waterman (Kenny 1984).

Auch Walter Franklin Prince (nicht zu verwechseln mit Morton Prince!) hat sehr ausführlich einen klassischen DIS-Fall beschrieben (W. F. Prince 1917). Er distillierte aus 1900 Seiten Notizen, die er im Laufe seiner dreijährigen täglichen Beobachtungen gesammelt hatte, eine immer noch fünfzig Seiten umfassende »kurze Skizze« des Falls. Doris Fisher hatte eine sehr schwierige Kindheit gehabt und war von ihrem Vater mißhandelt worden. Prince führte die Entstehung der beiden Alter-Persönlichkeiten der Patientin darauf zurück, daß ihr Vater sie in einem Wutanfall auf den Boden geschmettert hatte. Im weiteren Verlauf der Skizze beschreibt Prince viele für DIS-Patienten klassische Phänomene, darunter Kind-Persönlichkeiten, auditive und visuelle Halluzinationen, Abreaktionen mit Zerren an ihrem Körper und »Zurückweichen« vor imaginären Schlägen« sowie vielfältige sensorische Störungen. Außerdem fiel ihm im Laufe der Behandlung auf, daß die »primäre Persönlichkeit« der Patientin nie schlief; dies taten nur die sekundären Alter-Persönlichkeiten. Prince hat in dieser Fallgeschichte auch schon das für DIS-Patienten typische *Switching* beschrieben:

> Ein bestimmtes motorisches Anzeichen ging in diesem Fall stets einem Wechsel der Persönlichkeit voran; ob ein solches Signal auch bei irgendeinem anderen Fall beobachtet wurde, ist dem Autor nicht bekannt. Es handelte sich um einen plötzlichen Ruck oder ein Vibrieren des Kopfes vom Hals aus, wobei die Bewegung zwischen einem fast unmerklichen Zucken und einem den ganzen Körper erschütternden Ruck variieren konnte. Deutlicher war das Phänomen beim Wechsel von einer niederen zu einer höheren Persönlichkeit erkennbar und generell vor allem beim Wechsel von M. zu R. D. (W. F. Prince 1917, S. 89).

Prince beobachtete, daß solche Wechsel (»Switche«) immer dann stattfanden, wenn eine Persönlichkeit müde wurde. Die Wechsel wurden von ihm auch assoziiert mit »Schmerz, Trauer, Angst, Verletztheit, unliebsamen Erinnerungen, Selbstvorwürfen und anderen Arten schmerzhafter Emotionen, was auf die Plötzlichkeit und Intensität ihres Auftretens zurückzuführen war, und sogar mit angenehmen Emotionen, sofern sie zu heftig waren oder zu schnell auftraten« (S. 90). Manchmal beobachtete er an einem Tag mehr als 50 solcher Persönlichkeitswechsel. Schließlich wurde eine der Persönlichkeiten, die »kranke Doris«, von der »wahren Doris« absorbiert; eine andere wurde in die »wahre Doris« integriert, und eine dritte, die »schlafende wahre Doris«, verschwand. Die in der Fallgeschichte von Walter F. Prince sorgfältig beschriebenen Phänomene können als Mikrostudie der DIS verstanden werden.

Die ausführlichen Fallbeschreibungen jener Zeit wurden von vielen damaligen prominenten Klinikern als Basis ihrer Spekulationen und Theorien benutzt. Die auf diese Weise entstandenen Modelle lassen sich grob zwei Hauptkategorien zuordnen: dem *Dipsychismus*, einem Konzept, das von der Dualität der menschlichen Seele ausgeht, und dem *Polypsychismus*, der den Geist als einen Cluster von Sub-Persönlichkeiten versteht (Ellenberger 1970, S. 213). Dessoir war der eifrigste Verfechter des

Dipsychismus und hat seine Sicht in seinem Buch *Das Doppel-Ich* (Ellenberger 1970, S. 214) beschrieben. Er war der Auffassung, die menschliche Seele bestehe aus zwei deutlich unterscheidbaren Schichten, die beide einzigartige Charakteristika hätten; diese bezeichnete er als *Oberbewußtsein* und als *Unterbewußtsein*. Der Begriff Polypsychismus, ein vom Magnetiseur Durand de Gros geprägter Begriff, bezeichnet Modelle, welche die menschliche Seele in Segmente unterteilen, von denen jedes ein eigenes »Unter-Ich« hat. Alle diese »Unter-Iche« waren der zentralen Kontrolle eines »Haupt-Ich« unterstellt, das mit unserem gewöhnlichen Bewußtsein identisch ist (Ellenberger 1970, S. 215). Die von William James, Morton Prince, Boris Sidis, Frederick Myers und anderen entwickelten Modelle zur Erklärung der Dissoziation waren alle Varianten entweder des Dipsychismus oder des Polypsychismus. Diese frühen Modelle, Theorien und Spekulationen, die hauptsächlich aufgrund der Beobachtung extremer Fälle von Dissoziation entstanden waren, bereiteten Freuds »Entdeckung« des Unbewußten den Weg.

Der Rückgang des Interesses an der multiplen Persönlichkeitsstörung in der Zeit von 1920-1970

Alle Autoren, die sich mit dem Phänomen der multiplen Persönlichkeit befassen, kommen auf das deutliche Zunehmen und Abnehmen der Zahl der veröffentlichten Fallgeschichten im Laufe der letzten beiden Jahrhunderte zu sprechen (Taylor u. Martin 1944; Sutcliffe u. Jones 1962; Greaves 1980). In der Zeit von etwa 1920 bis in die frühen siebziger Jahre des 20. Jahrhunderts erreichte die DIS als klinisches Phänomen einen Tiefstand. Anfang bis Mitte der zwanziger Jahre des 20. Jahrhunderts wurden einige wichtige und interessante Fälle sehr detailliert beschrieben, so beispielsweise der von Goddards (1926) Norma. C.C. Wholey (1926) stellte anläßlich der Jahresversammlung der *American Psychiatric Association* eine Fallgeschichte in Form eines Films vor, der auch heute noch existiert. Dieser Stummfilm dokumentiert Persönlichkeitswechsel, bei denen die Betroffenen in Ohnmacht fallen, weiterhin die unterschiedliche Schmerzempfindlichkeit bestimmter Alter-Persönlichkeiten sowie Identitäten des anderen Geschlechts und solche im Kindesalter – also klinische Phänomene, die auch bei heutigen DIS-Patienten häufig beobachtet werden (Putnam *et al.* 1986). Über einige Fälle wurde auch danach, in den dreißiger und vierziger Jahren des 20. Jahrhunderts, in angesehenen Fachzeitschriften berichtet, doch enthielten sie kaum wirklich neue Informationen, sondern gaben in erster Linie dem Gefühl der jeweiligen Autoren, auf etwas völlig Neuartiges gestoßen zu sein, Ausdruck, was immer wieder die ohnehin vorherrschende Meinung bestärkte, es handle sich um äußerst selten vorkommende Zustände.

Der wichtigste Fall aus dieser Zeit war der von *Eve*, der zuerst im Jahre 1954 von Thigpen und Cleckley (1954) veröffentlicht und später von den beiden Autoren zu einem Bestseller, *The Three Faces of Eve* (1957), ausgebaut wurde, auf dem wiederum ein bekannter Film mit Joanne Woodward als Hauptdarstellerin basierte. Der Fall der Eve ist hauptsächlich deshalb von Interesse, weil er die Aufmerksamkeit der Öffentlichkeit auf das Phänomen der multiplen Persönlichkeit lenkte, nicht weil er zu neuen Erkenntnissen oder zur Bildung neuer Theorien geführt hätte. Vielleicht ist der wichtigste Aspekt dieses Falles die Tatsache, daß Thigpen und Cleckley berichteten, sie könnten aufgrund unabhängiger Quellen einige Kindheitsgeschichten belegen, denen zufolge zumindest eine von Eves Identitäten, Eve Black, schon existierte, als Eve sechs Jahre alt war. Einem klassischen Kindheits-DIS-Szenario entsprechend wurde eine amnestische Eve White, die verzweifelt ihre Unschuld zu beteuern versuchte, von Eve Black wegen ungebührlichen Benehmens geschlagen. Eve Black brachte ihre Freude darüber zum Ausdruck, daß sie »herausgekommen« war, die Missetat begangen, sich anschließend wieder zurückgezogen und es Eve White überlassen hatte, Schmerz und Bestrafung zu ertragen.

Zwei in dieser Zeit publizierte und sorgfältig recherchierte Rezensionen bemühten sich, Kriterien für die Störung zu definieren und herauszufinden, ob so etwas wie eine multiple Persönlichkeit tatsächlich existierte (Taylor u. Martin 1944; Sutcliffe u. Jones 1962). Mit ihrem kritischen und konservativen Ton vermitteln diese Aufsätze einen guten Eindruck von der allgemeinen Skepsis, mit der man dem Phänomen der multiplen Persönlichkeit damals begegnete. Beide Rezensentenpaare definierten Diagnosekriterien und schlossen eine Anzahl von Fällen aus, die ihrer jeweiligen Definition nicht entsprachen. Zwar gelangten beide zu dem Schluß, daß die multiple Persönlichkeit eine klinische Realität sei, die sich nicht als Modeerscheinung oder als Betrug abtun ließe, doch war ihre Position durch eine defensive Skepsis charakterisiert, die für spätere Autoren, wollten sie glaubwürdig wirken, zum Maßstab wurde. Viele der Artikel und Berichte über die multiple Persönlichkeit, die in den nächsten beiden Jahrzehnten erschienen, versuchten in erster Linie zu beweisen, daß DIS tatsächlich existierte, statt über neue klinische Erkenntnisse zu berichten. Die Erforschung der multiplen Persönlichkeit befreit sich erst jetzt von den Folgen jener defensiven Haltung und erhebt sich über die häufigen und oft auf Unwissenheit basierenden Forderungen, man solle doch zunächst einmal »beweisen«, daß die DIS überhaupt existiere. Es ist eigenartig, daß in einer Zeit, in der mit jeder neuen Ausgabe des *Diagnostic and Statistical Manual of Mental Disorders* (DSM) neue Syndrome auftauchen und alte verschwinden, ausgerechnet die MPS bzw. DIS, eines der ältesten bekannten psychiatrischen Phänomene, immer wieder ihre Existenz unter Beweis stellen soll, während andere, gerade erst neu definierte Störungen ohne große Umstände akzeptiert werden.

Blickt man auf diese Periode des Niedergangs und der defensiven Bemühungen um Existenzbeweise für die MPS/DIS zurück, so erkennt man eine Reihe von Faktoren, die zur Entstehung eines Klimas allgemeinen Mißtrauens und genereller Skepsis beigetragen haben könnten. Mit dem in klinischen und wissenschaftlichen Zusammenhängen beobachteten Rückgang des Interesses an der Dissoziation, wie sie in Kapitel 1 beschrieben wurde, nahm das Mißtrauen gegenüber der MPS/DIS stetig zu; dies trug zur völligen Ablehnung der Störung in gewissen Kreisen zweifellos entscheidend bei. Beißende öffentliche Kritik an einigen prominenten MPS-Forschern, insbesondere an Morton Prince, könnte überdies den Enthusiasmus anderer, neue Fälle zu beschreiben, gedämpft haben (Ellenberger 1970). Weiterhin verbreiteten einige Kritiker, obwohl ihre Angriffe weniger persönlich waren als die ihrer Vorgänger, die These, die multiple Persönlichkeit sei ein Artefakt der Hypnose. William Brown beispielsweise sagte in seiner Entgegnung auf Bernard Harts Präsidentialrede vor der medizinischen Sektion der *British Psychological Society*: »Es spricht vieles für die Ansicht, daß es sich bei Phänomenen multipler Persönlichkeit im wesentlichen um Artefakte handelt, die durch die hypnotischen Untersuchungs- und Behandlungsmethoden, die ihre Beobachter benutzen, entstehen« (Hart 1926, S. 260). Viele Anhänger des psychoanalytischen Ansatzes brachten ähnlich lautende Kritik vor (Ellenberger 1970). Zweifellos verhalfen der Siegeszug der Psychoanalyse als Therapiemodell und die Konkurrenz zwischen ihr und älteren, von Janet und anderen formulierten Theorien, Einwänden gegen die Hypnose und gegen MPS zu starkem Auftrieb.

Auf einen weiteren Faktor, der zum Rückgang der Berichte über MPS-Fälle erheblich beigetragen haben könnte, weist Rosenbaum (1980) hin, indem er feststellt, daß die Diagnose Schizophrenie, obwohl sie von Bleuler bereits um 1908 eingeführt wurde, in den Vereinigten Staaten erst in den späten zwanziger und frühen dreißiger Jahren des 20. Jahrhunderts »Fuß faßte«. Aufgrund einer Auswertung der im *Index Medicus* erfaßten Fälle stellt Rosenbaum fest, daß von 1914-1926 multiple Persönlichkeit häufiger als Schizophrenie diagnostiziert wurde. Mit Beginn des Jahres 1927 jedoch nahmen die Schizophreniediagnosen stark zu, und gleichzeitig ging die Zahl der diagnostizierten Fälle von multipler Persönlichkeit ebenso dramatisch zurück. Rosenbaum weist darauf hin, daß Bleuler die multiple Persönlichkeit seiner Kategorie Schizophrenie zurechnete:

> Nicht nur im Fall der Hysterie findet man ein Arrangement unterschiedlicher Persönlichkeiten vor, die abwechselnd auftreten. Aufgrund ähnlicher Mechanismen bringt auch die Schizophrenie unterschiedliche Persönlichkeiten hervor, die nebeneinander existieren. In der Tat sind wir nicht darauf angewiesen, uns in die seltenen, wenn auch äußerst anschaulichen hysterischen Fälle zu vertiefen; vielmehr können wir die gleichen Phänomene auch durch Hypnose hervorrufen. (Bleuler, zitiert nach Rosenbaum 1980, S. 1384).

Wahrscheinlich wurde bei vielen Patienten mit einer multiplen Persönlichkeit in dieser Zeit Schizophrenie diagnostiziert. Dabei ist zu bedenken, daß es sich nach dem laienhaften Verständnis der Schizophrenie, das sich zur gleichen Zeit entwickelte, bei dieser um eine Form von »Persönlichkeitsspaltung« handelte, die man sich gewöhnlich im Sinne der multiplen Persönlichkeit vorstellte (Bernheim u. Levine 1979). Auf den Umstand, daß bei DIS-Patienten oft fälschlich Schizophrenie diagnostiziert wird, ist mehrfach hingewiesen worden (Putnam *et al.* 1986; Bliss 1980; Bliss *et al.* 1983; Bliss u. Jeppsen 1985).

Erst zu einem späteren Zeitpunkt der gleichen Periode begann mit der Einführung von Thorazin die psychopharmakologische Revolution, und es folgte bald eine große Zahl weiterer Neuroleptika. Mit dem Bekanntwerden dieser hochwirksamen Mittel verlor das psychoanalytische Behandlungsmodell an Attraktion, und das auch heute noch tonangebende biomedizinische Behandlungsparadigma setzte sich durch, das weniger Wert auf direkten Kontakt zwischen Patient und Kliniker im Rahmen eines Therapieprozesses legt. Der daraus resultierende Rückgang der Interaktion zwischen Patientin und Therapeut könnte ebenfalls zur Verringerung der diagnostizierten MPS/DIS-Fälle beigetragen haben, da oft eine längere Zeit vertraulicher Kommunikation im Rahmen einer psychotherapeutischen Behandlung erforderlich ist, bevor sich solche Patienten über ihre Amnesien und andere dissoziative Erfahrungen äußern.

Das Wiederauftauchen der Multiplen Persönlichkeit als einer separaten Störung: Die Zeit von 1970 bis in die Gegenwart

In den siebziger Jahren des 20. Jahrhunderts wurde die Grundlage für das augenblickliche Wiedererwachen des Interesses an der MPS/DIS und am Wissen über diese Störung geschaffen. Durch das Engagement und die harte Arbeit einer kleinen Gruppe von Klinikern, die ihre Ziele zunächst isoliert und unabhängig voneinander verfolgten, jedoch später zunehmend kooperierten und einander unterstützten, gelang es, die DIS wieder in den Rang einer anerkannten klinische Störung zu erheben. Das alte und in Vergessenheit geratene Wissen aus der Zeit von Pierre Janet und Morton Prince war wiederentdeckt und um viele neue Informationen bereichert worden. Es wurden wieder Forschungsprojekte entwickelt, und MPS wurde zu einem akzeptablen Thema für Dissertationen – ein Zeichen für die wachsende Akzeptanz dieses Themas in akademischen Kreisen (Boor u. Coons 1983). Den Höhepunkt dieses Jahrzehnts intensiver Bemühungen bildete die Veröffentlichung des DSM-III im Jahre 1980. Durch die Aufnahme in dieses wichtige Standardwerk wurde die multiple Persönlichkeit offiziell anerkannt und die dissoziativen Störungen wurden durch die Schaffung einer eigenen Kategorie gewürdigt (APA 1980a).

Das neue Zeitalter begann mit dem Erscheinen von Ellenbergers (1970) gründlich recherchierter und erhellender Geschichte der Ursprünge und Entwicklungsphasen der dynamischen Psychiatrie. Dieses imposante Produkt der Gelehrsamkeit geht über eine bloße detaillierte geschichtliche Darstellung weit hinaus, indem es seinen Lesern eine faszinierende Synthese von Ereignissen, Themen und Persönlichkeiten, die die moderne Psychiatrie geformt haben, präsentiert. Ellenberger widmet den Phänomenen der Dissoziation und der multiplen Persönlichkeit in seinem Buch beträchtliche Aufmerksamkeit, und zwar sowohl als wichtigen historischen Aspekten der Psychiatrie als auch als klinischen Phänomenen. In dem von Ellenberger rekonstruierten vielfältigen historischen Kontext läßt sich der starke Einfluß dissoziativer Phänomene auf das moderne Denken über psychische Prozesse besonders gut erkennen.

In den 1970er Jahren veröffentlichten Arnold Ludwig und Cornelia Wilbur zusammen mit Kollegen von der psychiatrischen Abteilung der *University of Kentucky* eine wichtige Sammlung von MPS-Fallgeschichten und Aufsätzen über Dissoziation (Larmore *et al.* 1977; Ludwig *et al.* 1972; Ludwig 1966). Doch eine der Publikationen, denen am häufigsten nachgesagt wird, sie hätten das Interesse der Öffentlichkeit und der psychiatrischen Fachwelt wieder auf das Syndrom der multiplen Persönlichkeit gelenkt, ist der Fall *Sybil* (Schreiber 1974). Zwar ist auch das Buch *The Three Faces of Eve* sehr bekannt geworden, doch vermittelt es ein irreführendes Bild der MPS und könnte unglücklicherweise sogar zur Verbreitung verzerrter Vorstellungen über die klinischen Merkmale der Störung beigetragen haben. Das Buch *Sybil* hingegen, in dem die Behandlung von Amnesien, Fugue-Episoden, Kindesmißbrauch und Konflikten zwischen Alter-Persönlichkeiten beschrieben wird, wurde zu einer Art Modell, mit dem man andere Patienten vergleichen konnte, um sie besser zu verstehen. Ebenso wie die Geschichten anderer berühmter Multipler zuvor weckte auch der Fall Sybil starkes Interesse bei den Medien und machte weite Kreise auf die Problematik aufmerksam. Cornelia Wilburs lange psychoanalytische Therapie, ergänzt durch Hypnose und andere therapeutische Interventionen, ermöglichte letztendlich jenen Therapieerfolg, der vielen Multiplen und ihren Therapeuten als leuchtendes Beispiel gedient und ihnen den Weg gewiesen hat. Zwar wurde Frau Dr. Wilburs eigene Beschreibung von Sybils Behandlung von medizinischen Fachzeitschriften abgelehnt, weil man derartigen Fälle zu jener Zeit noch generell sehr mißtrauisch gegenüberstand, doch ist Schreibers (1974) Bericht sowohl detailliert als auch akkurat genug, um sie als klinische Pflichtlektüre für alle, die sich mit DIS beschäftigen wollen, zu qualifizieren.

Im weiteren Verlauf der 1970er Jahre wurden immer neue Fallberichte über multiple Persönlichkeiten veröffentlicht, wobei viele Autoren sich auf Ludwig *et al.* (1972) bezogen und die verschiedenen Alter-Persönlichkeiten ihrer Patienten standardisierten Tests unterwarfen, weil sie auf diese Weise die Existenz des Syndroms zu beweisen hofften. Doch verlieh die Veröffentlichung des DSM-III (APA 1980a) und das Ansehen dieses Standardwerks in Fachkreisen der MPS ein solches Maß an Legitimität, wie keine andere Form von »Existenzbeweis« dies jemals vermocht hätte. In den

1980er Jahren ist die Zahl der Fallberichte bisher in noch stärkerem Maße gewachsen, wobei mittlerweile zunehmend Sammlungen mit Berichten über fünfzig oder mehr MPS-Patienten auftauchen. Darüber hinaus fällt die rapide Entwicklung einiger anderer, verwandter Bereiche auf, unter anderen die schnell anwachsende Literatur über die experimentelle psychophysiologische Erforschung von DIS; die Entdeckung spezifischer DIS-Formen, die bei Kindern und Jugendlichen auftreten; die Entwicklung einer Vielzahl von Behandlungsmöglichkeiten, angefangen mit der Hypnose bis hin zur Gruppentherapie; und natürlich die seit Jahrhunderten das aktuelle Geschehen stets kommentierend begleitende Literatur der Theorien und Spekulationen über das Wesen von DIS im besonderen und der menschlichen Persönlichkeit im allgemeinen. Zukünftige Historiker werden die wahren Gründe für die Wiederentdeckung von MPS wohl besser zu erkennen vermögen. In jedem Fall scheinen einige Faktoren und Trends zusammengekommen zu sein, die das starke Wiederaufleben des Interesses an dieser uralten Störung zumindest teilweise erklären könnten.

Das zunehmende Interesse an sorgfältiger psychiatrischer Diagnose und Nosologie, das größtenteils Forschern zuzuschreiben ist, die versuchten, die Populationen, mit denen sie sich beschäftigten, zu verfeinern, um die Identifikation biologischer Charakteristika und damit die gezielte Gabe bestimmter chemischer Mittel zu ermöglichen, führte zur weitverbreiteten Anwendung kriterienbasierter diagnostischer Klassifikationssysteme. DIS-Patienten mit ihrer atypischen Symptommischung (beispielsweise anhaltende anklagende auditive Halluzinationen ohne begleitende Wahnvorstellungen oder eine formale Denkstörung) ließen sich mit den nun eingegrenzten diagnostischen Kategorien nicht mehr so leicht erfassen. Nachdem die MPS lange anderen diagnostischen Kategorien subsumiert worden war, wurde sie nun wieder als separate und eigenständige Störung hervorgehoben. Insbesondere das DSM-III verhalf der MPS in verschiedener Hinsicht zu mehr Anerkennung. Die strengere Definition anderer Störungen, beispielsweise der Schizophrenie, hatte oft zum Ziel, DIS-Patienten aus diesen Kategorien auszuschließen. Die Etablierung spezifischer Kriterien für die multiple Persönlichkeit in Verbindung mit einer guten Beschreibung der dissoziativen Störungen ermöglichte es vielen Klinikern, die neu definierte Störung kennenzulernen, ohne sich an jenem irreführenden Stereotyp orientieren zu müssen, das durch *The Three Faces of Eve* entstanden war. Und wie bereits erwähnt wurde, ermutigte das offizielle Beglaubigungssiegel des DSM-III viele Kliniker, die derartige Fälle bisher insgeheim behandelt hatten, ihre diesbezüglich gesammelten Erfahrungen nun der Öffentlichkeit zugänglich zu machen.

In der gleichen Zeit erwachte auch das Interesse an der Hypnose und an vom Ansatz der Dissoziation geprägten Modellen der Psyche aufs neue. Die Arbeit von Ernest Hilgard, der eine »neodissoziative« Theorie des Bewußtseins formulierte, beeinflußte das Wiedererwachen des Interesses an diesem Bereich in besonderem Maße (Hilgard 1977). Einige Phänomene tiefer Hypnose, beispielsweise der »verborgene

Beobachter«, den Hilgard und Kollegen durch Experimente entdeckten, sind in den letzten Jahren zum Gegenstand ebenso starken Interesses wie heftiger Kontroversen geworden. Die von Hypnoseforschern gesammelten Resultate haben die DIS-Experten inspiriert, und umgekehrt.

Definitionskriterien für die dissoziative Identitätsstörung

Klinische Merkmale der multiplen Persönlichkeit im zeitlichen Wandel

Es ist aufschlußreich, die im Laufe der Geschichte der multiplen Persönlichkeit entstandenen Fallbeschreibungen zu lesen. Nach der Lektüre von zehn nach dem Zufallsprinzip ausgewählten Berichten hat man das Gefühl: »Kennst du eine, kennst du alle!« Als klinisches Syndrom ist die DIS über die Zeiten erstaunlich konstant geblieben. Die Gedanken und der klinische Scharfsinn von Pierre Janet, Morton Prince, William James und anderen frühen Forschern sind schon allein deshalb höchst relevant, weil ihre Beobachtungen unseren heutigen so stark ähneln. Im Licht dieser historischen Perspektive sind die meisten mit der zentralen Störung verbundenen Symptome und anderen Phänomene seit den frühesten Fallbeschreibungen unverändert geblieben, wobei es allerdings einige Ausnahmen gibt.

Obwohl einige Autoren von Fallbeschreibungen die Berichte früherer Kliniker kannten, waren die meisten offenbar nicht besonders gut informiert, sondern beschrieben, oft mit einem deutlichen Staunen, was sie bei ihren Patienten beobachtet hatten. Gewöhnlich wurde geschildert, wie bei den Patienten, meist Frauen, plötzlich eine dramatische Verwandlung eintrat und sie daraufhin eine Seite von sich zeigten, die sich von ihrem vorherigen Verhalten deutlich unterschied. Dieser andere Aspekt war oft kindlich und bildete hinsichtlich Sprache, Verhalten, Affekt, Nahrungspräferenzen und anderer Vorlieben sowie bezüglich physiologischer Aspekte wie Schmerzempfindlichkeit und körperlichen Symptomen einen Kontrast zu der eher depressiven Erwachsenenpersönlichkeit. Der Wechsel zwischen den verschiedenen Persönlichkeiten erfolgte meist sehr rasch und schien häufig durch äußere Reize ausgelöst zu werden. Bei manchen Patienten waren sie mit Ohnmachtsanfällen oder mit einem kurzen Schlaf verbunden (sog. Ohnmachts-Switche). Gewöhnlich sind die verschiedenen Persönlichkeiten durch eine amnestische Barriere voneinander getrennt, wobei diese allerdings auch einseitig sein kann, so daß die Information über eine Persönlichkeit der anderen zugänglich ist, umgekehrt jedoch nicht.

Thomas Mayo (1845) beschrieb eine Patientin, die er 1831 behandelte, wie folgt:

Sie schien sich abwechselnd in zwei unterschiedlichen Zuständen psychischer Existenz zu befinden. Man könnte auch sagen, daß ihr normaler Zustand gegen einen abnormen ausgetauscht wurde ... Die Phänomene, die sich in ihrem abnormen Zustand manifestierten, waren durch extrem freudige Erregung gekennzeichnet, ihrer natürlichen schwerfälligen und stillen Verfassung völlig unähnlich. In diesem [anderen] Zustand waren ihre Fähigkeiten in der Nadelarbeit sowie in vielen anderen Bereichen geistiger Betätigung deutlich besser als in ihrem normalen Zustand. Auch an Gesprächen nahm sie nun sehr stark Anteil. Doch verlor sie jegliche Erinnerung an ihre Beziehung zu ihrem Vater und zu ihrer Mutter sowie zu früheren Bekannten, die sie mit falschen Namen bezeichnete. Sie wirkte allerdings zu keinem Zeitpunkt inkohärent. Nach Abflauen des abnormen Zustands kehrte die Erinnerung an ihren Vater, ihre Mutter und ihre Freunde und an den tatsächlichen Charakter der Beziehungen dieser Menschen zu ihr zurück, und auch ihre gewohnte stille und trübsinnige Wesensart zeigte sich wieder ... (S. 1202)

Über ein halbes Jahrhundert später schrieb R. Osgood Mason (1893) über seine Patientin Alma Z., die sich zehn Jahre lang unter seiner Obhut befunden hatte:

Statt der gebildeten, nachdenklichen, würdigen fraulichen Persönlichkeit, gezeichnet durch lange Krankheit und unablässigen Schmerz, tauchte eine lebhafte Kind-Persönlichkeit mit beschränktem Vokabular sowie einem grammatikalisch unkorrekten und eigenartigen Dialekt auf, von offensichtlich indischem Charakter, der so, wie sie ihn präsentierte, äußerst faszinierend und amüsant wirkte. Ihr Geist wirkte klar und gewitzt, ihr Auftreten lebhaft und gutmütig, und sie vermochte Situationen und Sachverhalte erstaunlich korrekt und schnell zu erfassen; am merkwürdigsten jedoch war, daß sie keine Schmerzen hatte, essen konnte und über vergleichsweise große Kraft verfügte. ... Auf das Wissen, das sich ihre primäre Persönlichkeit angeeignet hatte, konnte sie nicht zurückgreifen... (S. 594)

Zwei Jahrzehnte später beschrieb Walter F. Prince (1917) die Unterschiede zwischen zwei Persönlichkeiten von Doris wie folgt:

Die kranke Doris (KD) charakterisierte ein hölzerner und dumpfer Ausdruck, wenn ihr Gesicht sich im Ruhezustand befand. Ihr Blick wirkte verstohlen, ihre Stimme monoton und farblos. ... Sie wirkte reserviert, teils unabhängig, teils mißbilligend, und nervös. ... Ihr Sinn für Humor ließ sich nur durch die gröbsten Scherze wecken; sie dachte sehr konkret, und metaphorische sowie abstrakte Äußerungen verwirrten sie oft. ... Sie litt unter Schmerzen in der Hüfte und in den inneren Organen. ... Es war verblüffend mitzuerleben, wie das unbewegte, reife Erwachsenengesicht von S.D. plötzlich den lachenden, mutwilligen Ausdruck eines jungen Wildfangs annahm. Sogar die Gesichtsform veränderte sich, und ihre Stimme klang völlig anders, manchmal schrill, dann wieder fast kindlich, wobei sich die Stimmcharakteristik ständig veränderte. Hinsichtlich ihrer Ansichten, ihrer Denkgewohnheiten und ihres Geschmacks wirkte sie in jeder Hinsicht jung, und sie hegte einige außergewöhnlich naive Vorstellungen, wie Menschen sie normalerweise nur bis zum Alter von fünf oder sechs Jahren haben (S. 83-84).

Sechzig Jahre später fassen Rosenbaum und Weaver (1980) die Unterschiede zweier Alter-Persönlichkeiten ihrer Patientin Sara K, die sie mit Unterbrechungen seit 1941 begleitet hatten, wie folgt zusammen:

> Maud hatte einen schwingenden, federnden Gang, der in krassem Gegensatz zu Saras ruhiger Art zu gehen stand. Während Sara deprimiert war, war Maud überschäumend und glücklich, wenn auch suizidal. Suizid und Tod bedeuteten Maud nichts. Sara blieb den ganzen Tag in ihrem Zimmer und sprach mit niemanden, wohingegen Maud sich für die Station, das Personal und die anderen Patienten interessierte. Maud kleidete sich auch anders. Sara besaß zwei Paar Schuhe, von denen das eine ein Paar einfacher grauer Pantoffeln war und das andere ein paar glänzender [gestreifter] Sandalen mit hohen Absätzen. Sara trug stets die Pantoffeln. Maud benutzte starkes Make-up, Sara keins. Sara hatte einen IQ von 128, bei Maud lag er bei 43. Sara rauchte nicht, Maud rauchte wie ein Schlot. Saras sensorisches System reagierte normal, wohingegen Maud keine Hautempfindungen außer bei Berührung spürte. Maud kannte den Sinn der Worte »Schmerz« und »Verletzung« nicht, und sie hatte auch kein Gewissen sowie kein Gefühl für richtig und falsch. ... Maud schlief nie, und sie wußte auch nicht, was Schlaf ist. Maud war während der Nacht nie präsent, sondern lag im Bett, bis sie sich in Sara verwandelte, wohingegen sich Sara nachts nie in Maud verwandelte (Rosenbaum u. Weaver 1980, S. 598).

Die wichtigsten Arten von Alter-Persönlichkeiten, die heute bei DIS-Patienten vorkommen – deprimierte und erschöpfte Gastgeber-Persönlichkeiten und Kind-Persönlichkeiten –, wurden im Laufe der letzten anderthalb Jahrhunderte von Klinikern wiederholt beobachtet. Die verschiedenen Alter-Persönlichkeiten unterschieden sich fast immer hinsichtlich ihrer Sprechweise, ihres Affekts, ihres Auftretens und Verhaltens sowie hinsichtlich sensorischer und anderer somatischer Phänomene. Bei sorgfältiger Sichtung der vorliegenden Fallbeschreibungen stellt man fest, daß die psychiatrischen und medizinischen Symptome heutiger DIS-Patienten – beispielsweise Kopfschmerzen, auditive Halluzinationen und Erkrankungen des Magen-Darm-Trakts –, in der gesamten Geschichte der multiplen Persönlichkeit beschrieben wurden (Putnam u. Post 1988).

Allerdings haben sich einige klinische Charakteristika der DIS im Laufe der Zeit verändert. Am auffälligsten ist diesbezüglich der Unterschied in der Anzahl der Alter-

Persönlichkeiten, über die in früheren Fallbeschreibungen berichtet wird und die bei modernen Patienten vorgefunden werden. Bei den frühesten Fällen handelt es sich oft um duale Persönlichkeiten, die in neuerer Zeit kaum noch vorkommen. Falls es mehr als eine Alter-Persönlichkeit gab, waren es doch meist nicht mehr als vier unterschiedliche Identitäten. In neuester Zeit ist die Zahl unterscheidbarer Alter-Persönlichkeiten immer weiter gestiegen. Eine Auswertung von 38 Fallgeschichten, die einer nachträglichen Untersuchung zufolge den DSM-III-Kriterien für MPS genügen, ergab einen Durchschnitt von 3,5 Alter-Persönlichkeiten, wobei die Zahl zwischen 1 und 8 variierte (Putnam u. Post 1988). Ralph Allison (1978b) berichtet über einen Mittelwert von 9,1 bei einer Bandbreite zwischen 1 und 50, und Eugene Bliss (1980) berichtet über ein Mittel von 7,7 bei einer Bandbreite von 2-30. Putnam *et al.* (1986) berichtet über ein Mittel von 13,3 Alter-Persönlichkeiten bei 100 unabhängig diagnostizierten DIS-Patienten, und Kluft (1984a) stellte bei seinen 33 DIS-Patienten einen Durchschnitt von 13,9 Alter-Persönlichkeiten fest. Nach Auswertung und Einbeziehung weiterer Fälle erhöhte Kluft seine Durchschnittszahl für Alter-Persönlichkeiten später auf über 15 (R.P. Kluft, persönliche Mitteilung 1985). Therapeuten berichten, daß es durchaus Fälle gab, in denen sie mit fünfzig oder mehr Alter-Persönlichkeiten konfrontiert wurden, und die meisten erfahrenen Kliniker haben zumindest einen, oft sogar mehrere komplexe Fälle dieser Art behandelt.

Die Erklärung hierfür mag teilweise darin liegen, daß bei modernen Therapeuten eine wesentlich höhere Bereitschaft besteht, Alter-Persönlichkeiten, die sich nicht aus eigenem Antrieb zu erkennen geben, zu suchen und zu identifizieren. Im übrigen fällt mir beim Lesen älterer Fallgeschichten oft auf, daß deren Autoren möglicherweise einige Identitäten übersehen haben. Sie berichten abgesehen von den offensichtlichen Wechseln von einer Identität in eine andere häufig auch über »Zustände« (*states*), in die Patienten sich begeben und in denen sie deutliche Verhaltensveränderungen erkennen lassen, was oft ein Zeichen dafür ist, das zur Abreaktion tendierende Persönlichkeitsfragmente existieren. Die Frage, wie es zum starken Zunehmen der Teilpersönlichkeiten kommt, ist damit jedoch nicht völlig geklärt. Es empfiehlt sich, diese Entwicklung über längere Zeit zu beobachten.

Ein zweites allmählich zutage tretendes Merkmal der multiplen Persönlichkeit ist der Zusammenhang zwischen dieser Störung und traumatischen Kindheitserlebnissen. Daß ein traumatisches Erlebnis, z.B. der Tod eines Elternteils, zur Entstehung einer Alter-Persönlichkeit führen kann, wurde von Janet und Morton Prince beschrieben, wobei die spezifischen Traumata, die sie erwähnen, verglichen mit denen, über die in modernen Fallbeschreibungen berichtet wird, relativ leicht sind (Ellenberger 1970; Prince 1906). Walter F. Prince (1917) weist in der Beschreibung des Falls Doris auf einige Erlebnisse körperlicher Mißhandlung der Patientin hin. Goddard (1926) nennt als erster sexuellen Mißbrauch als potentielle Ursache, weist jedoch nachdrücklich darauf hin, daß er dies für eine Phantasie hält. Morselli (1930) er-

wähnt in seinem Bericht über eine Patientin, Elena F., als erster eine Inzestvorge-
schichte. Kurz darauf berichtet Lipton (1943) über die Inzesterlebnisse seiner Patientin Sara K. mit ihrem Vater wie auch mit ihrem Bruder über einen langen Zeitraum.
Bis Ende der 1970er Jahre jedoch sind den Fallberichten in der Mehrzahl keine klar
erkennbaren Kindheitstraumata zu entnehmen; allerdings ist in vielen der frühen Beschreibungen von Kindheitserlebnissen die Rede, die von extrem autoritären, religiösen und perfektionistischen Verhaltensmaßstäben geprägt waren (Boor 1982).

Daß die Beziehung zwischen der DIS und Kindesmißbrauch in zunehmendem Maße dokumentiert wird, ist wahrscheinlich vor allem dem neu erwachten Bewußtsein
für die Häufigkeit des Vorkommens von Kindesmißhandlung und Kindesmißbrauch
zuzuschreiben. Dabei ist zu bedenken, daß das *Battered child syndrome* (»Syndrom
des geschlagenen Kindes«) erstmals im Jahre 1962 beschrieben wurde (Kempe *et al.*
1962). Die Zahl der gemeldeten Fälle von Kindesmißbrauch und -mißhandlung ist im
letzten Jahrzehnt dramatisch gestiegen, nämlich in einigen Stichproben um unglaubliche 900 Prozent (Browne u. Finkelhor 1986). Daß Therapeuten heute so häufig
über Vorfälle von Kindesmißbrauch und Kindesmißhandlung in der Vorgeschichte
von DIS-Patienten berichten, spiegelt wahrscheinlich in erster Linie ein allgemeines
Zunehmen des Interesses an dieser Thematik und die zunehmende Bekanntheit der
Beziehung zwischen der DIS und Kindesmißbrauch bzw. Kindesmißhandlung.

Diagnostische Definitionen der multiplen Persönlichkeit

Frühe Fallgeschichten enthalten wohl nicht zuletzt deshalb ausführliche Patienten-
beschreibungen, weil die Verfasser die Existenz der Störung besonders nachdrücklich zu belegen versuchten. Häufig werden die beschriebenen Patienten mit einem
bekannten Fall wie Mary Reynolds, Félida X oder »Miss Beauchamp« verglichen. In
den 1890er Jahren jedoch waren bereits so viele Fälle beschrieben worden, daß es
möglich wurde, aus diesen Beschreibungen gewisse allgemeine Merkmale abzuleiten.
1895 charakterisiert R. Osgood Mason die multiple Persönlichkeit wie folgt:

> In jedem dieser Fälle kam es aufgrund einer physischen Ursache, beispielsweise
> durch eine Krankheit, einen Schwächeanfall oder einen Schock, zu einer Bewußt-
> losigkeit; und wenn die Betreffenden wieder zu Sinnen kamen, zeigte sich, daß
> sich ihr Bewußtsein von dem vorherigen völlig unterschied: Die Patientin wirkte,
> sprach und handelte wie eine völlig andere Person, und dieses neue Bewußtsein
> oder Selbst behauptete von sich, völlig eigenständig zu sein (S. 420).

Morton Prince, der im Einklang mit den meisten Experten die Auffassung vertrat,
die multiple Persönlichkeit sei lediglich eine Erweiterung des dissoziativen Prozesses,
erklärte 1906:

Die multiple Persönlichkeit ist natürlich das gleiche wie die dissoziierte oder auch desintegrierte Persönlichkeit, was beinhaltet, daß das normale Individuum zwischen dem desintegrierten und dem normalen Zustand, also zwischen Krankheit und Gesundheit, hin- und herwechselt; im Sinne der vorliegenden Untersuchung könnte man auch sagen, die betroffenen Personen seien abwechselnd hysterisch und gesund. Existieren mehr als zwei Persönlichkeiten, könnte es sich um zwei hysterische Zustände handeln, die sich abwechselnd und im Wechsel mit einer gesunden Persönlichkeit manifestieren. (S. 172)

Die von Prince hier formulierte Sichtweise, die die multiple Persönlichkeit am einen Ende eines Kontinuums dissoziativer Phänomene einordnet, zwingt Therapeuten, zu entscheiden, welche der Persönlichkeiten die »gesunde« ist (Crabtree 1986) – aus klinischer Sicht eine katastrophale Situation. Ein Jahrzehnt später definierte Charles W. Stone (1916) Fälle dualer Persönlichkeit auf folgende Weise:

Jede Persönlichkeit verfügt über eine eigene psychische Kontinuität, hat einen eigenen Charakter und eine eigene Erinnerung, die nicht mit den entsprechenden Elementen der primären Persönlichkeit oder anderer Persönlichkeitsanteile zu einem festen Ganzen verschmelzen. Vielmehr kann zwischen diesen eine unüberwindbare Kluft bestehen. Tritt die eine in Erscheinung, ist die andere abwesend. Die primäre Persönlichkeit weiß oft nicht, was die sekundäre tut, wobei es allerdings durchaus sein kann, daß die sekundäre Persönlichkeit sehr wohl weiß, was die primäre getan hat. Die sekundäre Persönlichkeit kann sich hinsichtlich ihres Charakters, ihrer Ambitionen und Ziele und sogar ihrer Bildung von der primären unterscheiden, da sie mit Willenskraft, Intelligenz und anderen geistigen Fähigkeiten ausgestattet ist und unabhängig von den entsprechenden Fähigkeiten der primären Persönlichkeit zu handeln vermag. (S. 672)

Im Laufe der Zeit wurden die zunächst sehr deskriptiven Definitionen abstrakter. So wagten Taylor und Martin (1944), eine neue Definition der multiplen Persönlichkeit zu entwickeln, gestanden jedoch selbst zu, diese sei so unpräzise, »daß keine zwei Forscher bei einer Literaturdurchsicht anhand dieser Definition eine identische Liste von Fällen zusammenstellen würden«. Die Definition lautete: »Eine multiple Persönlichkeit besteht nach unserer Auffassung aus zwei oder mehr Persönlichkeiten, die so gut entwickelt und integriert sind, daß sie ein relativ koordiniertes, facettenreiches, in sich stimmiges und stabiles Eigenleben führen können« (S. 282).

Sutcliffe und Jones (1962) betonen in ihrer Kritik der Geschichte und der Ursachen der DIS: »Die für das Syndrom typischen Persönlichkeitsveränderungen sind der Verlust der selbstbezüglichen Erinnerungen sowie Irrtümer und Täuschungen bezüglich zeitlicher und örtlicher Identität« (S. 231). Ludwig *et al.* (1972) entwickelte schließlich jene Definition, die bis zur Veröffentlichung des DSM-II von den meisten führenden Experten benutzt wurde. Sie definierten die multiple Persönlichkeit als

> das Vorhandensein einer oder mehrerer Alter-Persönlichkeiten, die sich vermutlich durch verschiedenartige Wertvorstellungen und Verhaltensweisen voneinander und von der »primären« Persönlichkeit unterscheiden und deren Beziehung zueinander durch unterschiedliche Grade von Amnesie oder Desinteresse gekennzeichnet ist. Diese Alter-Persönlichkeiten können in Form von »Co-Bewußtheit« (d.h., sie können sich gleichzeitig mit der primären Persönlichkeit manifestieren und der Gedanken und Gefühle der jeweiligen anderen Identität gewahr sein) oder als jeweils separat auftretende Bewußtseinszustände in Erscheinung treten (d.h., daß die primäre Persönlichkeit und die Alter-Persönlichkeiten abwechselnd präsent und sich der Gefühle und Gedanken der anderen Identitäten kaum bewußt sind bzw. sich nicht dafür interessieren) oder beides. (Ludwig *et al.* 1972, S. 298-299)

Ludwig *et al.* (1972) weisen darauf hin, daß in der Literatur eine gewisse Konfusion darüber herrscht, wie die Alter-Persönlichkeiten zu zählen sind, da einige Autoren Trancezustände dazurechnen, die zur Elizitation bestimmter Identitäten erforderlich sind, und andere Identitäten einschließen, die durch das Verschmelzen von Alter-Persönlichkeiten entstehen. Die Autoren entschließen sich, eine Identität als separate Persönlichkeit anzusehen, solange ein Forscher Kriterien für die unabhängige Existenz des betreffenden Teils zu benennen vermag und objektive Beweise dafür anführen kann, daß die betreffende Identität diese Kriterien erfüllt.

Alle genannten Definitionen wurden schließlich durch die im DSM-III veröffentlichten Diagnosekriterien abgelöst, in die ältere Definitionen eingeflossen sind. Im DSM-III wurden die folgenden Kriterien als notwendige Voraussetzungen für die Diagnose von MPS genannt:

A. Es existieren zwei oder mehr unterscheidbare Persönlichkeiten, die jeweils zu bestimmten Zeiten dominieren.

B. Die zu einem bestimmten Zeitpunkt dominierende Persönlichkeit bestimmt das Verhalten.

C. Jede einzelne Persönlichkeit ist komplex und verfügt über eigene, in sie integrierte und deutlich unterscheidbare Verhaltensmuster und soziale Beziehungen. (APA 1980a, S. 259)

Die im DSM-III festgelegten Kriterien haben ihren Zweck in der klinischen Praxis im allgemeinen gut erfüllt. Das erste von ihnen erfordert, daß der Kliniker feststellt, ob die Patientin über zwei oder mehr »unterscheidbare Persönlichkeiten« verfügt, die zu jeweils unterschiedlichen Zeitpunkten dominieren. Zu entscheiden, was »Unterscheidbarkeit« jeweils beinhaltet, bleibt dem Urteil des Klinikers überlassen, doch ist dies gewöhnlich leicht zu erkennen und manifestiert sich in Form zahlreicher Unterschiede hinsichtlich der äußeren Erscheinung, des Affekts, der Kognition, der Sprechweise, des Auftretens, des Verhaltens und oft auch in Form beobachtbarer psychologischer Reaktionen oder Empfindlichkeiten. Dem zweiten Kriterium zufolge entscheidet »die Persönlichkeit, die zu einem beliebigen Zeitpunkt dominiert, über das Verhalten der Betreffenden.« Dies ist die Regel, doch gibt es auch Fälle, in denen unklar ist, wer dominiert, in denen um die Kontrolle gekämpft wird und in denen schnelle Persönlichkeitswechsel stattfinden – das sogenannte »schnelle Switchen« (*rapid switching*), bei dem nicht eindeutig eine bestimmte Persönlichkeit dominiert.

Das dritte Kriterium, demzufolge *jede* Persönlichkeit »komplex und integriert« sein und »über eigene einzigartige Verhaltensmuster und soziale Beziehungen« verfügen muß, wird von multiplen Persönlichkeiten nicht in allen Fällen vollständig erfüllt. Dieses Kriterium erfordert, daß die Komplexität und Konsistenz einer Persönlichkeit sich in sozialen Beziehungen manifestiert – doch eben dies vermeiden viele verborgene Identitäten aktiv. Persönlichkeitsfragmente, die als Wesenheiten mit einem dauerhaften Selbstgefühl und einem charakteristischen und konsistenten Verhaltensmuster, aber (verglichen mit einer Persönlichkeit) eingeschränkter Funktion, Emotion oder Geschichte definiert werden, sind sehr verbreitet (Kluft 1984c). Viele dieser Fragmente treten nur in ganz bestimmten Zusammenhängen in Erscheinung (z.B. Wächter-Persönlichkeiten, die den Körper vor physischen Verletzungen schützen), und sie würden Kriterium C nicht erfüllen. Deshalb müßte man bei strikter Anwendung des letzten Kriteriums vielen Patienten, die von einer Behandlung unter der Diagnose multiple Persönlichkeiten profitieren würden, diese Möglichkeit verweigern.

Im DSM-III-R (APA 1987) wurde das letztgenannte Kriterium entfernt und die multiple Persönlichkeit wie folgt definiert:

A. Das Vorhandensein von zwei oder mehr unterscheidbaren Persönlichkeiten oder Persönlichkeitszuständen (von denen jede[r] über ein eigenes, relativ dauerhaftes Muster der Wahrnehmung, des In-Beziehung-Tretens und Denkens über die Umgebung und sich selbst verfügt).
B. Jeder dieser Persönlichkeitszustände übernimmt zeitweilig und wiederholt die vollständige Kontrolle über das Verhalten des Betreffenden. (S. 106)

In dieser Revision wird versucht, die Diagnosekriterien so zu erweitern, daß Patienten, die die DSM-III-Kriterien nicht erfüllen, jedoch klinisch von dem für die Behandlung von MPS/DIS entwickelten Ansatz profitieren würden, leichter diagnostiziert und behandelt werden können. Die Zeit wird zeigen, ob die vorgeschlagenen Revisionen sinnvoll sind oder nicht.

Zusammenfassung

Die starken Veränderungen, zu denen es bei der MPS/DIS kommt, waren zu allen Zeiten ein Bestandteil menschlichen Seins, wobei sie früher mit schamanischen Ritualen und dämonischer Besessenheit in Verbindung gebracht wurden. Die multiple Persönlichkeit ist eine der ersten psychischen Störungen, die im Zeitalter der Aufklärung entdeckt wurden. Das Interesse an diesem Zustand und der Glaube an seine Existenz im Laufe der Geschichte unterlag ähnlichen Schwankungen wie das Interesse an Dissoziation und Hypnose (siehe Kapitel 1), wobei im Laufe der letzten beiden Jahrhunderte die Zahl der publizierten Fallbeschreibungen phasenweise zu- und abgenommen hat. Die frühen Fällen ähneln in vieler Hinsicht verblüffend den in neuester Zeit publizierten. Mit zunehmender klinischer Erfahrung wurden zunehmend differenzierte Definitionen des Syndroms entwickelt, die immer stärker hervorhoben, daß die Kontrolle über das Verhalten der Patienten abwechselnd von separaten Bewußtseinszuständen übernommen wurde, die jeweils über ein einzigartiges und konstantes Selbstgefühl und über bestimmte charakteristische Wahrnehmungen und Verhaltensweisen verfügten.

3
Ätiologie, Epidemiologie und Phänomenologie

Ätiologie

Die DIS scheint eine psychobiologische Reaktion auf relativ spezifische Erfahrungen zu sein, die Menschen innerhalb eines bestimmten Zeitfensters der Persönlichkeitsentwicklung machen. Voraussetzung für eine effektive Behandlung der DIS ist das Verständnis der ursächlichen traumatischen Geschehnisse und des anfänglich lindernden Einflusses der Dissoziation auf die überwältigende Wirkung des in der Kindheit erlebten Traumas. Zwar gibt es auch andere Theorien über die Entstehung der DIS, doch basiert das überzeugendste und klinisch nützlichste Modell dieser Art auf der Tatsache, daß durch wiederholte traumatische Kindheitserlebnisse die normalen Dissoziationsfähigkeiten verstärkt werden, was wiederum die Grundlage für die Entwicklung weiterer Persönlichkeitszustände zu späteren Zeitpunkten ist.

Ein Rückblick in die Geschichte

Die ersten Erklärungen für die multiple Persönlichkeit gingen von einer übernatürlichen Entstehungsursache wie Besessenheit durch Geister oder Reinkarnation aus (Ellenberger 1970; Berman 1974; Stern 1984). Solche Erklärungen waren von 1800 bis zum Beginn des 20. Jahrhunderts gebräuchlich, und sie sind mittlerweile mit wenigen Ausnahmen (z.B. Allison 1978c; Stevenson u. Pasricha 1979) verschwunden. Von etwa 1880 bis Mitte der 1920er Jahre wurden – bezugnehmend auf die damals gerade neu entdeckte Lateralisierung von Hirnfunktionen wie beispielsweise der sprachlichen Fähigkeiten – physiologische Erklärungen entwickelt, in deren Mittelpunkt oft etwas stand, das man heute »Syndrom der getrennten Hemisphären« nennen würde (Ellenberger 1970; Myers 1886; Mitchell 1888; Kempf 1915; Carlson 1981, 1984). Erklärungen dieser Art finden auch heute noch bei einigen Theoretikern Anklang (Braun 1984d; Brende 1984).

In dem halben Jahrhundert von etwa 1920 bis 1970, einer Zeit, in der die Zahl der berichteten DIS-Fälle stark zurückging (siehe Kapitel 2), herrschten psychologische Erklärungen vor, beispielsweise die des Rollenspiels und der iatrogenen Erzeugung von Alter-Persönlichkeiten durch Hypnose (Taylor u. Martin 1944; Sutcliffe

u. Jones 1962; Berman 1974; Stern 1984; Ellenberger 1970). Auch diese Theorien existieren in modifizierter Form noch heute (Spanos *et al.* 1985). Zustandsabhängiges Lernen, das als Erklärung für die multiple Persönlichkeit erstmals im Jahre 1891 von Ribot (1910) genannt wurde, wird in vielen psychologisch und hypnotisch orientierten Modelle der Dissoziation und der DIS zur Erklärung der Amnesien und der für die Störungen charakteristischen gerichteten Wahrnehmung (*directional awareness*) herangezogen (Ludwig *et al.* 1972; Braun 1984d; White u. Shevach 1942; Kluft 1984a; Putnam 1986a).

Die wichtigste Veränderung, die im Laufe des letzten Jahrzehnts in Theorien über die Ätiologie der DIS auftauchte, ist die Anerkennung der Rolle traumatischer Erlebnisse bei der Entstehung der DIS und anderer dissoziativer Störungen (Putnam 1985a). Mit wenigen Ausnahmen (z.B. Spanos *et al.* 1985) steht im Zentrum aller aktuellen Theorien über Ätiologie und Wesen der DIS die Auslösung dissoziativer Bewußtseinszustände durch Traumata.

Kindheitstraumata

Der Beziehung zwischen Kindheitstraumata und DIS hat die klinische Literatur im Laufe der letzten hundert Jahre erst ganz allmählich Rechnung getragen, obwohl diese Beziehung für jeden Kliniker, der an einigen Fällen dieser Art gearbeitet hat, offensichtlich ist. Das zögerliche Erkennen der Verbindung zwischen DIS und Kindheitstraumata ist wahrscheinlich teilweise darauf zurückzuführen, daß in früheren Zeiten nur wenige Kliniker an mehr als einem solchen Fall arbeiteten und es überdies an stringenten diagnostischen Kriterien fehlte, wodurch es zu einer Überschneidung dieser Population mit den Populationen anderer Störungen (z.B. Epilepsie, psychogene Fugue und organische Amnesien) kam (Coons 1984).

Die frühesten Berichte über Fälle multipler Persönlichkeit beschränkten sich darauf, das Verhalten der Patienten zu beschreiben, und formulierten keine Hypothesen über die Ätiologie. Erst um 1900 tauchten Berichte auf, die einen Zusammenhang zwischen traumatischen Erlebnissen (beispielsweise dem Tod eines Elternteils) und der Entstehung von DIS herstellten (M. Prince 1906; W. F. Prince 1917; Cory 1919). Goddard (1929) erwähnte als erster in Zusammenhang mit einem von ihm behandelten Fall sexuellen Mißbrauch; allerdings läßt seine Darstellung erkennen, daß er selbst dem Bericht seiner Patientin über ihr Inzesterlebnis nicht glaubte, sondern vielmehr der Auffassung war, es handle sich um eine in einem Heim für ungeratene Mädchen entwickelte »*Hallucinosis incestus patris*« (S. 185). Morsellis Patientin, Elena F., entdeckte im Zuge gewalttätiger Abreaktionen innerhalb der Therapie Erinnerungen an die inzestuösen Attacken ihres Vaters wieder; diese wurden später von unabhängiger Seite bestätigt (Ellenberger 1970, S. 203 f) Taylor und Martin (1944) erwähnen in ihrem Aufsatz über die multiple Persönlichkeit die Rolle »schwerwiegender Konflikte« bei der Entstehung der DIS, gehen auf diesen Punkt jedoch nicht näher ein.

Erst in den 1970er Jahren wurden die ersten Fallberichte publiziert, in denen eine eindeutige Beziehung zwischen der DIS und einem Kindheitstrauma hergestellt wurde. Zu den ersten und bekanntesten Darstellungen dieser Art zählt der Fall Sybil, einer Patientin, die Cornelia Wilbur behandelte und deren Geschichte Schreiber (1974) literarisch inszenierte. Die Zahl der Fälle, in denen Kindheitstraumata als signifikante Ursache für die Entstehung einer DIS bezeichnet werden, ist im Einklang mit der wachsenden Anerkennung der Störung stetig gestiegen (Greaves 1980; Bliss 1980; Boor 1982; Wilbur 1984a; Saltman u. Solomon 1982; Coons u. Milstein 1984).

Im Rahmen einer vom *National Institute of Mental Health* (NIMH) in Auftrag gegebenen Untersuchung von hundert DIS-Fällen berichteten 97 Prozent der teilnehmenden DIS-Patienten über signifikante Kindheitstraumata (Putnam *et al.* 1986), unter denen Inzest mit 68 Prozent bei weitem am häufigsten vertreten war. Allerdings wurde auch über andere Formen von sexuellem Mißbrauch, körperlicher Mißhandlung und über zahlreiche Formen emotionaler Grausamkeit berichtet. Abbildung 3.1 zeigt, über welche Arten von Kindheitstraumata die im Rahmen der NIMH-Untersuchung befragten DIS-Patienten berichteten.

Die meisten Patienten gaben an, sie hätten während ihrer Kindheit drei oder mehr unterschiedliche Arten von Traumata erlebt. Beispielsweise berichteten zwei Drittel der Befragten über Kombinationen von sexuellem Mißbrauch und körperlicher Mißhandlung. Coons und Milstein (1984) schreiben, daß 75 Prozent ihrer 20 DIS-Patienten in ihrer Kindheit sexuell mißbraucht und 50 Prozent körperlich mißhandelt wurden und daß insgesamt 85 Prozent in irgendeiner Form Mißbrauch oder Mißhandlungen erlebten.

Bis heute ist nicht bewiesen, daß Kindheitstraumata DIS *verursachen*. Für die meisten vorliegenden Untersuchungen, einschließlich der Umfrage der NIMH, gilt, daß nicht mittels unabhängiger Quellen verifiziert wurde, ob die berichteten Traumata tatsächlich stattgefunden haben. Allerdings ist es Therapeuten normalerweise kaum möglich, eine unabhängige Bestätigung für einen Mißbrauch zu erhalten, der ja häufig zehn Jahre oder noch länger zurückliegt. R. P. Kluft (persönliche Mitteilung 1986) berichtet, es sei ihm gelungen, einige der Traumata, über die seine Patienten ihn informiert hatten, durch unabhängige Quellen zu bestätigen. Auch Bliss (1984a) berichtet über erfolgreiche Bemühungen, Berichte über Mißbrauch oder Mißhandlungen in der Kindheit oder Jugend bei einem Teil seiner DIS-Patienten zu verifizieren. Zur Zeit laufende Untersuchungen mit Multiplen im Kindesalter, bei denen sich Traumata oft leichter dokumentieren lassen, werden möglicherweise schon einen zweifelsfreien Nachweis der Beziehung zwischen DIS und Kindheitstraumata liefer. Inzwischen möchte ich nochmals darauf hinweisen, daß wohl kein Therapeut, der mehr als zwei oder drei Multiple behandelt hat, an der Existenz einer Kausalbeziehung zwischen DIS und Kindheitstraumata, insbesondere Kindesmißbrauch, zweifelt.

Kindesmißbrauch

Sexueller Mißbrauch ist die Form von Kindheitstraumata, über die DIS-Patienten am häufigsten berichten (siehe Abbildung 3.1). Unter den genannten Arten sexuellen Mißbrauchs ist die häufigste Inzest (Putnam *et al.* 1986; Saltman u. Solomon 1982).

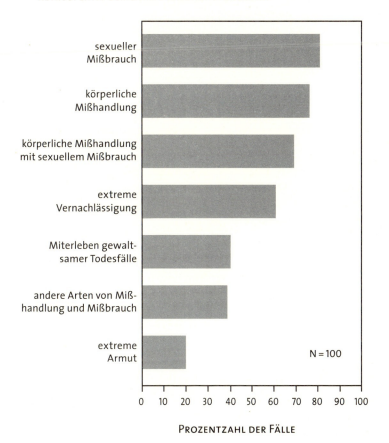

Abbildung 3.1: Kindheitstraumata, über die 100 DIS-Patienten im Rahmen der NIMH-Studie berichteten. Nach Putnam *et al.* (1986).

In den meisten Fällen handelt es sich um Inzest zwischen Vater und Tochter oder zwischen Stiefvater und Stieftochter, gelegentlich auch um Inzest zwischen Mutter und Tochter, Mutter und Sohn sowie zwischen älteren und jüngeren Geschwistern. Aktive Inzestbeziehungen zu den Eltern und/oder zu Geschwistern scheinen bei DIS-Opfern häufiger vorzukommen als bei nicht an DIS erkrankten Opfern von Kindesmißbrauch, doch liegen diesbezüglich nur sehr spärliche und möglicherweise irreführende Untersuchungsergebnisse vor. Über einzelne Vorfälle sexueller Belästigung oder Vergewaltigung in der Kindheit berichteten 15 Prozent der an der NIMH-Untersuchung beteiligten DIS-Patienten (Putnam *et al.* 1986). Abgesehen von verschiedenen Kombinationen von oralen, genitalen und analen sexuellen Kontakten wurden bei diesen Patienten oft Einläufe, Duschen und andere »Hygiene«-Maßnahmen und -Utensilien auf eine sexuellem Mißbrauch und körperliche Mißhandlung gleichkommende Weise vorgenommen.

Beim Vergleich der Beschreibungen sexuellen Mißbrauchs, die ich von DIS-Patienten gehört habe, mit den Berichten anderer Opfer sexuellen Mißbrauchs fällt mir die extrem sadistische Note der von ersteren berichteten Geschehnisse auf. Extreme Formen von Freiheitsberaubung, das Einführen unterschiedlichster Gerätschaften in Vagina, Mund und Anus sowie verschiedene Arten körperlicher und sexueller Folter werden in den Berichten immer wieder erwähnt. Viele Multiple haben mir offenbart, sie seien von ganzen Gruppen sexuell mißbraucht worden, sie seien von Familienmitgliedern zur Prostitution gezwungen worden oder man habe sie den Freunden ihrer Mutter zum sexuellen Vergnügen überlassen. Nachdem man mit einigen DIS-Patienten gearbeitet hat, wird einem klar, daß schwerer, anhaltender und wiederholter sexueller Mißbrauch in der Kindheit ein wichtiges Element der Entstehung von DIS ist.

Drei Viertel der Teilnehmer der bereits erwähnten NIMH-Untersuchung berichteten über irgendeine Form körperlicher Mißhandlung (Abb. 3.1). Diese reichen von Prügeln mit Händen oder Fäusten über Tritte bis hin zu bizarren Arten der Folter. Auch über Angriffe mit Schlagwerkzeugen, Zufügen von Verbrennungen mit Streichhölzern oder Dampfbügeleisen und Schnitte mit Rasierklingen oder Glasscherben sprechen DIS-Patienten immer wieder. Viele berichten des weiteren, körperliche Mißhandlungen seien auf ritualisierte Weise ausgeführt worden, wobei die Täter oft erklärten, sie würden die Kinder auf irgendeine Weise »reinigen«. Einige Multiple geben an, sie seien gezwungen worden, aktiv an »Schwarzen Messen« und anderen satanistischen Ritualen teilzunehmen. Auch in dieser Hinsicht wirkt das, was Patienten mit multipler Persönlichkeit erlitten haben, erheblich sadistischer und bizarrer als die Erlebnisse der meisten anderen Opfer von Kindesmißbrauch.

Freiheitsberaubung spielt in Berichten von DIS-Patienten über traumatische Kindheitserlebnisse sehr oft eine Rolle. Diese Form des Mißbrauchs besteht in wiederholter Deprivation in verschiedensten Formen, beispielsweise durch Fesseln des Kindes, Einsperren in Schränke, Keller, Kisten oder Koffer und sogar im Begraben bei lebendigem Leibe. Wilbur (1984a) berichtet über eine Situation, in der ihre Patientin lebendig begraben und ihr durch ein über ihrem Kopf eingegrabenes Ofenrohr Luft zugeführt wurde. Der Täter urinierte dann durch das Rohr auf das Gesicht des Kindes. Zwei meiner eigenen Patienten berichteten, sie seien »zur Strafe« mehrmals über lange Zeit lebendig begraben worden. Meiner Meinung nach können so extreme Formen von Freiheitsberaubung, bei denen ein völlig verängstigtes Kind über lange Zeit der Isolation und sensorischer Deprivation ausgesetzt wird, in besonderem Maße zur Entstehung eines chronischen dissoziativen Prozesses wie DIS beitragen.

Auch über verschiedene Formen emotionaler Grausamkeit berichten Multiple häufig. Als Kinder wurden sie oft systematisch lächerlich gemacht, herabgewürdigt und verunglimpft. Selbst wenn keine echten körperlichen Mißhandlungen verübt wurden, sind solche Kinder oft durch die unablässige Androhung körperlicher »Züchtigungen« – also physischer Gewalt – oder anderer Formen von Mißhandlung eingeschüchtert worden. Manchmal wurden auch vor ihren Augen Dinge, die ihnen besonders wichtig waren, vernichtet (oder sogar Haustiere getötet), um dem, was ihnen selbst angedroht wurde, Nachdruck zu verleihen. Einige DIS-Patienten haben berichtet, sie seien zwar selbst nicht mißbraucht oder mißhandelt worden, hätten aber die körperliche Mißhandlung und/oder den sexuellen Mißbrauch von Geschwistern mitansehen müssen. Manchen dieser Kinder wurde verboten, außerhalb der Schule mit Spielkameraden zusammenzutreffen. Anderen wurde verwehrt, bestimmte Fähigkeiten oder die Grundlagen der Gesundheitspflege zu erlernen und anzuwenden.

Traumata, die nicht durch Mißbrauch oder Mißhandlungen entstanden sind

Eine aus der NIMH-Studie gewonnene Erkenntnis, die uns überraschte, war, wie viele DIS-Patienten berichteten, sie hätten während ihrer Kindheit den gewaltsamen Tod eines Verwandten oder eines engen Freundes miterlebt (Putnam *et al.* 1986). In vielen Fällen war das betreffende Kind zugegen, als ein Elternteil den anderen umbrachte. Einige DIS-Patienten mußten, wie sie berichteten, mitansehen, wie ein Bruder oder eine Schwester von einem Elternteil mißhandelt und schließlich umgebracht wurde. Die über den psychopathologischen Status der Familien von DIS-Patienten vorliegenden Erkenntnisse sind dürftig; es deutet jedoch vieles darauf hin, daß die Betreffenden in sehr gestörten Familien aufwuchsen, in denen häusliche Gewalt eine alltägliche Realität war (Putnam *et al.* 1986; Braun 1985).

Ich kenne mehrere an DIS erkrankte Kinder und Jugendliche, die aus Kriegsgebieten wie Kambodscha und dem Libanon stammen. Sie alle hatten miterlebt, wie Mitglieder ihrer Familie im Rahmen militärischer oder terroristischer Aktionen umgebracht worden waren. Eine jugendliche Multiple beispielsweise berichtete, sie habe mit angesehen, wie ihre Eltern in einem Minenfeld in Stücke zerrissen worden seien, und sie habe anschließend versucht, die Einzelteile ihrer Leichen wieder zusammenzusetzen. Das gleiche Kind erlebte später die Erschießung eines Großvaters und die

Enthauptung eines seiner Geschwister. Ein anderes Kind berichtete, es habe miterlebt, wie seine ganze Familie von einem Panzer zerquetscht wurde, der über ihr Auto gefahren sei.

In seltenen Fällen scheinen anhaltende Schmerzen oder schwere Verletzungen den traumatischen Stimulus geliefert zu haben, durch den eine chronische Dissoziation entstand. Ein Patient war mehrere Jahre lang durch Gipsverbände zu völliger Bewegungslosigkeit verurteilt gewesen und hatte in dieser Zeit mehrere chirurgische Eingriffe über sich ergehen lassen müssen. Deprivation, Isolation, chronischer Schmerz und körperliches Unbehagen in Verbindung mit Depersonalisationsempfindungen, hervorgerufen durch die Unmöglichkeit, den eigenen Körper zu bewegen, hatte dieser Patient auf mehrere Alter-Persönlichkeiten verteilt. Todesnähe-Erfahrungen (z.B. aufgrund von Ertrinken und anschließender Wiederbelebung) wurden ebenfalls als Ursache für die Entstehung der DIS genannt (Kluft 1984b).

Ein Entwicklungsmodell der multiplen Persönlichkeit

Im Laufe der letzten beiden Jahrhunderte haben die dissoziativen Syndrome zur Entwicklung einer großen Zahl von Theorien angeregt, die die durch die Dissoziation verursachten Störungen des Selbst und der Erinnerung zu erklären versuchen. Viele überragende Psychologen und Psychiater wurden im Laufe der letzten hundert Jahre durch die multiple Persönlichkeit zur Entwicklung von Organisationsmodellen der Psyche inspiriert, und auch heute noch regt die DIS in vielen Bereichen die Entwicklung von Theorien und Modellen an (Andorfer 1985; Bliss 1986; Braun u. Sachs 1985; Brende 1984; Kluft 1984a; Putnam 1986a; Spanos *et al.* 1985). Das Folgende ist mein persönlicher Beitrag zu diesem Genre.

Grundlagen

Meiner Meinung spricht vieles dafür, daß wir alle von unseren Anlagen her zu multiplen Persönlichkeiten werden können und daß es uns im Laufe einer normalen Entwicklung mehr oder minder gelingt, das Gefühl eines integrierten Selbst zu entwikkeln. Wir werden nicht als multiple Persönlichkeiten geboren, weil die Persönlichkeit erworben wird und sich im Laufe der Zeit manifestiert; vielmehr ist unser Verhalten zum Zeitpunkt unserer Geburt in Form verschiedener diskreter Zustände organisiert. Man hat festgestellt, daß Verhaltenszustände des Bewußtseins das entscheidende Ordnungsprinzip für alle die Kindheit betreffenden Studien sind (Wolff 1987). Beginnend mit der Arbeit von Prechtl und Kollegen (Prechtl *et al.* 1973; Prechtl u. O'Brien 1982) haben Erforscher des kindlichen Bewußtseins eine allgemein akzeptierte Taxonomie der Verhaltenszustände Neugeborener entwickelt (Wolff 1987). Die Übergänge zwischen kindlichen Verhaltenszuständen weisen psychophysiologische Eigenschaften auf, die sehr stark denjenigen ähneln, die man bei DIS-Patienten beobachten kann, wenn sie zwischen Alter-Persönlichkeiten wechseln (Putnam 1988c).

Wenn das Kind heranwächst, kommen weitere Verhaltenszustände hinzu, und die Wechsel zwischen den einzelnen Zuständen verlaufen reibungsloser, so daß es bei Kindern, die älter als ein Jahr sind, immer schwieriger wird, bestimmte Verhaltenszustände klar abzugrenzen und zu unterscheiden (Emde *et al.* 1976). Bei Erwachsenen manifestieren sich diskrete Verhaltenszustände am klarsten bei bestimmten psychiatrischen Störungen, so wie jene affektiven Zustände, die bei affektiven Störungen zu erkennen sind, oder die Angstzustände, die bei Angststörungen und Phobien auftreten. Auch bei Wechseln zwischen verschiedenen affektiven Zuständen sowie beim Einsetzen und Abklingen von Angstzuständen werden viele der psychophysiologischen Prinzipien deutlich, die bei Kindern die Übergänge zwischen verschiedenen Verhaltenszuständen und bei DIS-Patienten die »Switche« (Wechsel) zwischen Alter-Persönlichkeits-Zuständen kennzeichnen (Putnam 1988c).

Man kann die Auffassung vertreten, daß zu den vielen Entwicklungsaufgaben, die wir im Laufe unserer Wachstumsperiode bewältigen müssen, die Konsolidierung unseres Selbst und unserer Identität über die Verhaltenszustände hinweg und das Modulieren von Übergängen zwischen verschiedenen Verhaltenszuständen gehören. Fortschritte in der Bewältigung der Entwicklungsaufgaben, vor die wir als Kinder gestellt werden, erkennen wir am Wachsen der Aufmerksamkeitsspanne (d.h. an der Fähigkeit, einen bestimmten Zustand länger aufrechtzuerhalten) sowie an einem einheitlicheren Selbstgefühl über Kontextveränderungen hinweg, ungeachtet der bei Jugendlichen normalen Identitätskrise.

Ein zweiter beobachteter Prozeß, der nach Ansicht der meisten Experten zur Entstehung von DIS beiträgt, ist die Neigung von Kindern, sich in einen bestimmten Bewußtseinszustand, nämlich den dissoziativen Zustand, zu begeben (Putnam 1985a). In dissoziativen Zuständen kommt es zu signifikante Veränderungen hinsichtlich der integrativen Funktion des Gedächtnisses für Gedanken, Gefühle oder Aktivitäten sowie zu signifikanten Veränderungen des Selbstgefühls (Ludwig 1983; Nemiah 1981). Zwischen der Tendenz, spontan in dissoziative Zustände einzutreten, und der Fähigkeit, willentlich in hypnotische Zustände einzutreten, wird eine Beziehung vermutet (Bliss 1980, 1986; Hilgard 1977; Kluft 1984a; Zamansky u. Bartis 1984). Gemeinsam mit Eve Carlson habe ich eine sehr hohe Korrelation zwischen Werten auf unserer *Dissociative Experiences Scale* zur Messung spontan eintretender dissoziativer Erfahrungen und der *Stanford Hypnotic Susceptibility Scale*, Form C gefunden (Carlson u. Putnam 1988).

Studien über die Hypnoseempfänglichkeit von Kindern lassen erkennen, daß Kinder generell wesentlich leichter hypnotisierbar sind als Erwachsene (Ambrose 1961; Gardner u. Olness 1981; London 1965; London u. Cooper 1969). Nach den Resultaten einiger Querschnittsstudien zu schließen besteht zwischen Hypnotisierbarkeit und Lebensalter eine kurvilineare (nichtlineare) Korrelation. Die Hypnotisierbarkeit nimmt im Laufe der Kindheit zu, wobei der Höhepunkt etwa im Alter von 9-10 Jahren liegt und sie während der Adoleszenz allmählich wieder abnimmt, bis sie sich auf dem für Erwachsene typischen Niveau stabilisiert (Gardner 1974, 1977; Place 1984; Williams 1981). Bringt man nun die Hypnotisierbarkeit mit der Tendenz, Streß mit Hilfe von Dissoziation zu bewältigen, in Verbindung, könnten Kinder mit ihrer erhöhten Hypnotisierbarkeit eher oder leichter dissoziative Zustände hervorrufen, um überwältigende Traumata abzuwehren.

Eine dritte Tatsache der kindlichen Entwicklung, die bei der Entstehung von DIS möglicherweise eine Rolle spielt, ist die Fähigkeit von Kindern, zu phantasieren sowie in bestimmte Objekte und Situationen eine »Persönlichkeit« hineinzuprojizieren. Ein Ergebnis der Anwendung dieser Möglichkeit ist die Entstehung imaginärer Gefährten. Die meisten Experten halten dies für ein normales Entwicklungsphänomen, wobei man sich allerdings darüber uneins ist, in welchem Alter dieses Phänomen am häufigsten auftritt (Harriman 1937; Hurlock u. Burstein 1932; Nagera 1969). Außerdem bestehen hinsichtlich der Frage, wozu imaginäre Gefährten dienen, gewisse Meinungsverschiedenheiten. Unter anderem wird vermutet, daß sie helfen, Ängste zu überwinden (Baum 1978), daß sie als Sündenbock sowie als provisorisches Über-Ich fungieren (Nagera 1969) und daß sie als eine Art von Übergangsobjekt dienen (Benson u. Pryor 1973).

Man könnte zwar auch eine Beziehung zwischen imaginären Kindheitsgefährten und DIS vermuten, doch ist dies umstritten. Alter-Persönlichkeiten berichten manchmal, sie seien zunächst imaginäre Gefährten gewesen, hätten jedoch später, als das Kind mit einem Mißbrauchserlebnis oder einem anderen Trauma nicht mehr fertig zu werden vermochte, ein Eigenleben entwickelt. Lovinger (1983) glaubt, daß imaginäre Gefährten zu Alter-Persönlichkeiten werden können, wenn ein Kind aufgrund einer traumatisierend wirkenden Umgebung nicht in der Lage ist, eine bestimmte Entwicklungsaufgabe zu bewältigen. Zu diesen Aufgaben zählen die Entwicklung der Fähigkeit zur Selbstkritik, die Erhaltung von Selbstachtung und Liebe, die Schaffung einer Trennung zwischen Antrieben und Trieben, die Entwicklung von Vernunft und Urteilsvermögen, und die Übernahme elterlicher Einstellungen zum Verhalten. Braun und Braun (1979) und Bliss (1983) sind der Auffassung, daß Alter-Persönlichkeiten aus imaginären Gefährten entstehen, deren ursprüngliche Aufgabe es war, dem Kind zu helfen, über die mit Mißbrauchserlebnissen verbundene Deprivation hinwegzukommen. Myers (1976) hat beschrieben, wie imaginäre Gefährten im Erwachsenenalter für die Arbeit an Kindheitstraumata reaktiviert werden können.

Die Rolle des Traumas

Jenes schwere, anhaltende und sich wiederholende Trauma, das die meisten Opfer in ihrer frühen oder mittleren Kindheit erleben, fördert nach Auffassung vieler aufgrund verschiedener zusammenwirkender Mechanismen die Entstehung von DIS. Der erste von diesen ist eine Störung des Abschlusses der Entwicklungsaufgaben, das Selbst über verschiedene Verhaltenszustände hinweg zu konsolidieren und zu lernen, die Modulation solcher Zustände zu konsolidieren. Das sich wiederholende Trauma (gewöhnlich Kindesmißhandlung oder Kindesmißbrauch) kreiert statt dessen eine Situation, in der das Kind sich adaptiv verhält, indem es die Trennung zwischen unterschiedlichen Verhaltenszuständen verstärkt, um überlastende Affekte und durch das Trauma erzeugte Erinnerungen zu verteilen. Insbesondere nutzen Kinder häufig ihre besonderen dissoziativen Fähigkeiten, indem sie gezielt in dissoziative Zustände eintreten, um dem Trauma zu entfliehen. Von dissoziativen Bewußtseinszuständen ist seit langem bekannt, daß sie als Anpassungsreaktionen auf akute Traumata fungieren können, denn sie ermöglichen 1) die Flucht aus den Beschränkungen der Realität, 2) die Ausgrenzung traumatischer Erinnerungen und Affekte in einen Bereich außerhalb des normalen Bewußtseins, 3) die Veränderung oder Loslösung des Selbstgefühls (so daß jemand anders oder ein depersonalisiertes Selbst das Trauma erlebt), und 4) die Neutralisierung des Schmerzempfindens.

In den meisten DIS-Fällen werden Kindesmißbrauch oder Kindesmißhandlung von einem Elternteil oder von einer anderen für die Erziehung verantwortlichen Person begangen. Eine der wichtigsten Aufgaben von Erziehern ist insbesondere in der frühen Kindheit, dem Säugling oder Krabbelkind zu helfen, sich in einen den Umständen angemessenen Verhaltenszustand zu versetzen und darin zu verweilen. Man braucht nur einmal zu beobachten, wie gute Eltern einem kleinen Kind in der Öffentlichkeit Nahrung geben, um zu verstehen, wie sie ihm helfen, in einen der Situation gemäßen Zustand zu gelangen und darin zu bleiben, und wie sie ungeeignete Zustände verhindern oder dem Kind helfen, einen inadäquaten Zustand zu verlassen. Der Gedanke liegt nahe, daß die schlechte Erfüllung elterlicher Pflichten, die mit Mißhandlung und Mißbrauch einhergeht, dem Kind gewiß *nicht* hilft, das Modulieren von Verhaltenszuständen zu erlernen.

Die Entstehung von Alter-Persönlichkeiten

Bei traumatisierten Kindern scheinen mehrere Formen der für DIS typischen dissoziativen Reaktionen vorzukommen. Mit Hilfe ihrer regen Phantasie vermögen Kinder dissoziative Zustände schnell mit psychischen und körperlichen Attributen auszustatten, die sich mit den durch das Trauma evozierten Gefühlen und Körperbildern verbinden. Insbesondere einige jüngere Kinder scheinen »imaginäre Gefährten«-Systeme von Alter-Persönlichkeiten zu externalisieren, die sie dann als äußere Einflüsse erleben. Oft werden diese externalisierten Systeme durch Cartoon-Gestalten, Superhelden, Tiere, Engel, Zwerge, Geister und sogar Maschinen verkörpert. Weshalb ein Kind für dieses System eine bestimmte Art von Metaphern wählt, läßt sich in der Therapie oft leicht rekonstruieren. Einige Kinder, die solche externalisierten Systeme von Alter-Persönlichkeiten entwickelt haben, scheinen dieselben in der Pubertät zu internalisieren. Bei anderen sind die Systeme von Alter-Persönlichkeiten offenbar von Anfang an internalisiert.

Man kann sich vorstellen, daß diese dissoziierten Zustände, die alle über ein eigenes Selbstgefühl verfügen, sich im Laufe der Zeit entwickeln, während das Kind wiederholt in einen bestimmten Zustand eintritt, um einem Trauma zu entfliehen oder um Dinge zu tun, die es im normalen Bewußtseinszustand nicht tun könnte. Jedesmal wenn das Kind erneut in einen bestimmten dissoziativen Zustand eintritt, werden weitere Erinnerungen, Affekte und Verhaltensweisen an jenen Zustand gebunden (sie werden »zustandsabhängig«), wodurch die betreffende Alter-Persönlichkeit allmählich eine Lebensgeschichte erhält. Die Zahl der unterschiedlichen Alter-Persönlichkeiten erwachsener DIS-Opfer steht in einer signifikanten Korrelation zur Zahl unterschiedlicher Traumata, die die Betreffenden in ihrer Kindheit erlebt haben (Putnam et al. 1986). Dies legt die Vermutung nahe, daß ein Kind je nach Umständen in unterschiedliche dissoziative Zustände eintritt. Die Übergänge zwischen verschiedenen Alter-Persönlichkeits-Zuständen (Switche) ähneln stark jenen zwischen Verhaltenszuständen des Kleinkindes, weil die normalen integrativen und zustandsmodulierenden Mechanismen noch nicht voll entwickelt sind und das DIS-Opfer deshalb auf entwicklungsgeschichtlich primitivere Mechanismen zurückgreifen muß.

Bei uns allen ist also in der frühen Kindheit das Verhalten in Form einer Anzahl diskreter Zustände organisiert, doch lernen wir im Laufe der Zeit und mit Hilfe guter Erzieher, unsere Verhaltenszustände zu modulieren und unser Selbstgefühl über verschiedene Kontexte und Anforderungen hinweg aufrechtzuerhalten, so daß wir das entwickeln, was wir als ganzheitliche Persönlichkeit erleben. Bei DIS-Opfern hingegen verläuft die Entwicklung anders. Statt daß sie lernen, über eine Vielzahl von Verhaltenszuständen hinweg ein integriertes Selbst aufrechtzuerhalten, schaffen sie eine größere Zahl von »Selbsten«, indem sie verschiedene dissoziative Zustände zu Alter-Persönlichkeiten weiterentwickeln. Angesichts eines Traumas ist dies für ein ansonsten machtloses Kind eine lebensrettende Lösung. In einer Erwachsenenwelt jedoch, die Wert auf die Kontinuität von Erinnerung, Verhalten und Selbstgefühl legt, wird diese Situation dysfunktional.

Epidemiologie und demographische Aspekte

Die Epidemiologie beschäftigt sich mit dem Vorkommen und der Verteilung einer Krankheit. Bis heute wurden keine Untersuchungen über die Epidemiologie von DIS oder anderer im DSM-III aufgeführter dissoziativer Störungen im großen Maßstab durchgeführt. Die einzigen dissoziativen Phänomene, deren Vorkommen und/oder Prävalenz systematisch untersucht wurden, sind Depersonalisationsempfindungen und Empfänglichkeit für Hypnose. Viele der von Patienten im Rahmen von Untersuchungen genannten Depersonalisationsempfindungen würden die im DSM-III / DSM-III-R genannten Kriterien für eine Depersonalisationsstörung wahrscheinlich nicht erfüllen. Die über die beiden genannten dissoziativen Phänomene vorliegenden Erkenntnisse legen nahe, daß es in beiden Fällen ein Kontinuum der Intensität und der möglichen Tiefe der Zustände gibt und daß sie sowohl bei im klinischen Sinne normalen Menschen als auch bei Psychiatriepatienten sehr verbreitet sind (Putnam 1985a; Bernstein u. Putnam 1986). Die wenigen Informationen, die uns über Vorkommen, Verbreitung und Verteilung der DIS vorliegen, basieren auf deskriptivem klinischem Wissen, Anekdoten und einigen aus der Zahl der in bestimmten eingegrenzten Zusammenhängen diagnostizierten DIS-Fälle gezogenen Rückschlüsse.

Mehrere solche letztendlich geschätzten Angaben über die Zahl der DIS-Fälle in den Vereinigten Staaten wurden veröffentlicht (Braun 1984a; Horevitz 1983; Coons 1984). Aus diesen und ähnlichen, nicht publizierten Schätzungen geht hervor, daß die Zahl der DIS-Fälle in den Vereinigten Staaten durchaus in die Tausende gehen könnte. Eugene Bliss (Bliss *et al.* 1983; Bliss u. Jeppsen 1985; Bliss u. Larson 1985) und seine Kollegen sind die einzigen Forscher, die versucht haben, psychiatrische und kriminelle Populationen auf Patienten, welche die DIS-Kriterien erfüllen, zu untersuchen.

Alle genannten Schätzungen leiden ebenso wie die Untersuchungen von Bliss unter signifikanten methodologischen Schwächen, deretwegen weitreichende Schlüsse über Vorkommen und Verbreitung von DIS im allgemeinen nicht möglich sind. Allerdings lassen diese kärglichen Daten den Schluß zu, daß DIS, obgleich von Experten gewöhnlich als äußerst seltenes Phänomen angesehen, doch häufiger vorkommt, als den meisten klar ist. Es ist zu hoffen, daß Untersuchungen auf DIS und andere dissoziative Störungen in einige der für die Zukunft geplanten großen epidemiologischen Studien im psychiatrischen Bereich einbezogen werden.

Die zur demographischen Verteilung von Patienten mit DIS vorliegenden Daten sind stichhaltiger und lassen einige interessante Trends erkennen. Diese Informationen stammen hauptsächlich aus drei Quellen: 1) Statistiken, die aus der Auswertung veröffentlichter Fallbeschreibungen gewonnen wurden; 2) statistischen Auswertungen der von einzelnen Klinikern veröffentlichten Fallsammlungen; und 3) Übersichtsstudien über die von verschiedenen Therapeuten behandelten Fälle. Generell weisen diese unterschiedlichen Informationsquellen einen hohen Grad an Übereinstimmung bezüglich der Geschlechterrelation, des Alters zum Zeitpunkt der Diagnose, der vom Patienten genannten Symptome und der psychiatrischen Vorgeschichte auf (Putnam 1986b).

Geschlecht

Die überwältigende Mehrzahl der bisher registrierten DIS-Fälle betrifft Frauen, wobei das Verhältnis zwischen Frauen und Männern, die unter dieser Störung leiden, gewöhnlich mit 5 zu 1 oder niedriger angegeben wird (Allison 1978b; Bliss 1980, 1984b; Bliss u. Jeppsen 1985; Solomon 1983; Coons u. Sterne 1986; Putnam *et al.* 1986; Stern 1984). Einige Forscher haben über wesentlich niedrigere Quotienten, nämlich 2:1 oder 3:1, berichtet (Horevitz u. Braun 1984; Kluft 1984a). Man muß sich deshalb fragen, weshalb diese Störung bei Frauen häufiger vorzukommen scheint. Dies ist unterschiedlich erklärt worden. Die DIS könnte eine genetische Störung mit geschlechtsspezifischen Charakteristika sein. Nach Ansicht einiger Autoren könnten kulturelle Determinanten Frauen dazu veranlassen, diesen Ausdruck psychischer Abwehr oder der Psychopathologie gegenüber einer anderen Form zu bevorzugen (Berman 1974). In der höheren Zahl von DIS-Fällen bei Frauen könnte sich auch die Tatsache spiegeln, daß Frauen über eine längere Zeitspanne in erhöhter Gefahr körperlicher Mißhandlung und sexuellen Mißbrauchs schweben als Männer. Weiterhin könnten wir aufgrund systematischer Stichprobenfehler viele männliche DIS-Fälle übersehen haben, so daß das tatsächliche Verhältnis der Fälle zwischen Männern und Frauen in Wahrheit näher bei 1:1 liegt.

Möglicherweise werden männliche DIS-Patienten oft nicht entdeckt, weil die Form von DIS, die bei ihnen vorliegt, sich vom »klassischen« Erscheinungsbild unterscheidet, das größtenteils aufgrund der Erfahrungen mit weiblichen Patienten entstanden ist. Es gibt wohl tatsächlich einige wichtige Unterschiede zwischen männlichen und weiblichen DIS-Patienten (siehe Kapitel 5). Ein weiterer Grund dafür, daß männliche DIS-Fälle übersehen werden, könnte sein, daß die Betreffenden nicht im System der öffentlichen psychiatrischen Gesundheitspflege auftauchen, sondern auf andere Weisen »behandelt« werden. Wie bereits in Kapitel 1 erwähnt, wird oft vermutet, daß männliche DIS-Patienten, weil sie ihre Gewalttätigkeit eher äußerlich zum Ausdruck bringen – im Gegensatz zur überwiegenden Tendenz weiblicher DIS-Patienten, ihre Gewalttätigkeit gegen sich selbst zu richten –, häufiger im Strafvollzugssystem als im psychiatrischen System anzutreffen sind (Wilbur 1985; Putnam *et al.* 1984; Bliss 1983). Bliss und Larson (1985) entdeckten im Rahmen ihrer Studie eine große Zahl von DIS-Fällen und dissoziativen Phänomenen bei verurteilten Sexualstraftätern, woraus man schließen könnte, daß sich im Strafvollzugssystem eine beträchtliche Population von DIS-Opfern befindet. Eine systematische Untersuchung dieser Möglichkeit steht jedoch noch aus.

Alter

Auch bezüglich des Durchschnittsalters von DIS-Patienten zur Zeit der Diagnose besteht zwischen verschiedenen Informationsquellen erstaunliche Übereinstimmung. Eine Auswertung der Literatur ergab ein Mittel des Diagnosealters von 28,5 Jahren (Putnam u. Post 1988). In verschiedenen Fallsammlungen ist von einem Durchschnittsalter zum Zeitpunkt der Diagnose zwischen 29,4 und 34,5 Jahren die Rede (Allison 1978a; Bliss 1980; Coons u. Sterne 1986; Horevitz u. Braun 1984; Kluft 1984a; Putnam *et al.* 1986).

Obwohl vieles darauf hindeutet, daß DIS in der Kindheit beginnt, scheint die Krankheit in den meisten Fällen erst im dritten oder vierten Lebensjahrzehnt diagnostiziert zu werden, wobei viele Patienten zu diesem Zeitpunkt bereits ausgiebigen Kontakt mit der Psychiatrie hatten und bei ihnen vor der DIS-Diagnose zahlreiche Fehldiagnosen gestellt wurden. Faszinierende Querschnittsdaten über den Lebenslauf von DIS-Patienten, die von Kluft (1985a) vorgelegt wurden, lassen erkennen, daß das klinische Erscheinungsbild von DIS mit dem Alter variiert und daß die deutlichsten klinischen Präsentationen von Multiplizität gewöhnlich im dritten und vierten Lebensjahrzehnt zu finden sind. Dies könnte die erstaunliche Uniformität des Alters zum Zeitpunkt der Diagnose erklären, die durch eine Vielzahl von Patientenstichproben zu belegen ist.

Ethnischer und sozioökonomischer Status

Die über den ethnischen und sozioökonomischen Status vorliegenden Daten sind zwar spärlich, sie reichen aber aus, um den Schluß zu rechtfertigen, daß DIS in allen wichtigen rassischen Gruppen und in allen sozioökonomischen Settings vorkommt. Obgleich DIS-Opfer in den meisten Fällen Weiße sind, existieren auch Fallbeschreibungen schwarzer (Ludwig *et al.* 1972; Solomon 1983; Stern 1984; Coons u. Sterne 1986) und hispanischer (Allison 1978a; Solomon 1983) Patienten. Etwa 13 Prozent der Fälle, die ich selbst evaluiert habe, waren Schwarze und etwa 2 Prozent Asiaten (hauptsächlich Opfer der Kambodschanischen Ausrottungskampagne). Zwar liegen Fallberichte aus anderen Kulturen kaum vor, doch sind auch in nichtwestlichen Settings DIS-Fälle vorgekommen (Alexander 1956; Varma *et al.* 1981). Nach den Erkenntnissen über sozioökonomische Aspekte ist die DIS in allen gesellschaftlichen Gruppierungen und Schichten anzutreffen (Coons u. Sterne 1986; Stern 1984; Solomon 1983; Putnam *et al.* 1986).

Symptomprofil

Einleitung

DIS zu erkennen und zu diagnostizieren kann sehr schwierig sein. Aus einer Vielzahl von Gründen, unter anderem einer in Fachkreisen weitverbreiteten Skepsis bezüglich dessen, ob DIS überhaupt existiert, werden die meisten Kliniker während ihrer Ausbildungszeit unzureichend über die Störung informiert. Zwar ist die multiple Persönlichkeit kein so seltenes Phänomen, wie zuvor angenommen wurde, doch ist sie zumindest ungewöhnlich, weshalb die meisten Kliniker in ihrer Praxis kaum mit Fällen dieser Art konfrontiert werden. Weil die DIS nur selten auf den Standardlisten für die Differentialdiagnose der wichtigsten psychiatrischen Störungen auftaucht, ziehen Kliniker ihr Vorliegen nur selten in Erwägung, wenn sie herauszufinden versuchen, welche Störungen bei einem bestimmten Patienten auszuschließen sind. Aus diesen und anderen Gründen kommen viele von ihnen gar nicht auf die Idee, daß bei einem Patienten DIS vorliegen könnte.

Allerdings gibt es durchaus ein Patientenprofil, bei dem an das Vorliegen der DIS gedacht werden sollte. Die entscheidenden Merkmale dieses Profils sind: Die Betreffenden leiden gewöhnlich unter zahlreichen psychiatrischen, neurologischen und medizinischen Symptomen, bei ihnen sind die verschiedensten Diagnosen gestellt worden, und sie sprechen auf die Standardbehandlungen für die gestellten Diagnosen nicht an (Putnam *et al.* 1984, 1986; Kluft 1985a). Bliss (1984b) hat dieses Phänomen als »Überfülle von Symptomen« bezeichnet, und Coons (1984) nennt es eine »Multiplizität der Symptome«. Leider erschwert dieses Vorliegen zahlreicher Symptome, die den unterschiedlichsten psychiatrischen Störungen zuzurechnen sind, die Diagnose der den Symptomen zugrundeliegenden Pathologie, so daß die betroffen Patienten oft jahrelang auf Störungen behandelt werden, die bei ihnen gar nicht vorliegen.

Im folgenden werden die von DIS-Patienten am häufigsten berichteten Symptome beleuchtet. Um bei einem Patienten DIS entdecken zu können, muß man unter dem oberflächlichen Ausdruck eines Symptoms nach dissoziativen Dynamiken Ausschau halten, die ihnen möglicherweise zugrunde liegen. Klagen Multiple beispielsweise über Depression, kann es sein, daß das Problem bei der ersten Evaluation als gewöhnliche neurotische Depression erscheint. Die Dynamik, durch welche die Erfahrung der Hilflosigkeit und Hoffnungslosigkeit des Patienten verstärkt wird, ist jedoch eine völlig andere. DIS-Patienten haben oft das Gefühl, ihr Leben weder beeinflussen noch verändern zu können, weil sie ständig auf schmerzliche Weise damit konfrontiert werden, daß ihr Verhalten *nicht* der Kontrolle ihres Bewußtseins unterliegt.

Psychiatrische Symptome

Depressive Symptome

Das von DIS-Patienten am häufigsten genannte Symptom ist Depression (Allison 1978b; Coons 1984; Bliss 1984b; O'Brien 1985; Putnam *et al.* 1986). Auf Depression hindeutende Anzeichen wurden bei 88 Prozent der in der NIMH-Übersichtsstudie erfaßten Fälle festgestellt (Putnam *et al.* 1986), und auch nach den von Bliss (1984b) und Coons (1984) vorgelegten Berichten über Fallsammlungen wurden sie am weitaus häufigsten von den zur Behandlung erscheinenden Patienten genannt. Abgesehen von einer depressiven Grundstimmung deuteten bei oberflächlicher Betrachtung auch einige andere von DIS-Patienten häufig genannte Symptome auf eine schwere affektive Störung hin. Etwa drei Viertel der DIS-Patienten berichten beim Erstgespräch über starke »Stimmungsschwankungen« oder plötzliche Veränderungen ihres Empfindens oder Verhaltens (Coons 1984; Bliss 1984b; Putnam *et al.* 1986). Häufig wurden auch bereits ein oder mehrere Selbstmordversuche ausgeführt bzw. suizidale oder anderweitige destruktive Vorstellungen sind aufgetreten (Bliss 1980, 1984b; Coons 1984; Putnam *et al.* 1986). Die typische »Gastgeber«-Persönlichkeit, die gewöhnlich zu Anfang einer Behandlung auftritt, hat meist ein schwaches Selbstwertgefühl, sie ist niedergedrückt, anhedonisch und läßt eine allgemein negative Einstellung zum Leben erkennen. Außerdem berichten DIS-Patienten zuweilen über Konzentrationsschwierigkeiten, Erschöpfung, sexuelle Probleme und Weinkrämpfe.

Schlaflosigkeit und andere Schlafstörungen sind ebenfalls häufige Merkmale von DIS (Putnam *et al.* 1986). Eine gründliche Befragung wird jedoch zeigen, daß diese Schlafstörungen nicht mit jenen Einschlafschwierigkeiten oder mit dem frühmorgendlichen Aufwachen identisch sind, die bei Angststörungen und Depression auftreten. Vielmehr handelt es sich um Schlafstörungen der Art, die auch beim posttraumatischen Belastungssyndrom zu finden ist, verbunden mit wiederkehrenden Alpträumen und beängstigenden hypnagogen und wachtraumartigen Phänomenen. Leider berichten die meisten DIS-Patienten nicht aus eigenem Antrieb über die Ursache ihrer Schlafstörung, und viele Therapeuten versäumen es, sie um ausführlichere Informationen darüber zu bitten.

Die soeben beschriebenen Symptome deuten in ihrer Gesamtheit bei oberflächlicher Betrachtung auf eine schwere affektive Störung hin. Bei gründlicher Anamnese unter Berücksichtigung der Möglichkeit des Vorliegens einer dissoziativen Störung werden jedoch häufig atypische Charakteristika deutlich, mit deren Hilfe es möglich wird, die für DIS typischen depressiven Symptome von jenen einer Major-Depression zu unterscheiden. Im Fall einer DIS bleiben die depressiven Symptome selten über längere Zeit bestehen, und es kann durchaus sein, daß sich die Patienten zwischen den depressiven Phasen zeitweise gut oder sogar glücklich fühlen. Weiterhin treten die Stimmungsumschwünge zu häufig auf, als daß sie auf eine bipolare Störung hindeuten könnten, es sei denn eine mit extremem *Rapid Cycling*. Typischerweise erleben die Patienten im Laufe eines Tages mehrere »Stimmungsumschwünge«, und sogar mehrere innerhalb einer Stunde sind keineswegs ungewöhnlich. Manchmal berichten nicht sie selbst über starke Stimmungsschwankungen, sondern andere Mitglieder ihrer Familie informieren den Therapeuten darüber, manchmal in Form so deutlicher Aussagen wie: »Doktor, an manchen Tagen ist sie einfach ein völlig anderer Mensch!« Anzeichen für vegetative Reaktionen sind bei DIS-Patienten mit depressivem Erscheinungsbild meist kurzlebig oder fehlen völlig, ganz im Gegensatz zur Situation bei Patienten mit einer schweren depressiven Störung.

Dissoziative Symptome

Die Multiple Persönlichkeit ist die komplexeste unter den dissoziativen Störungen, und alle DIS-Patienten leiden unter zahlreichen dissoziativen Symptomen. Allerdings berichten sie meist nicht gleich zu Anfang über Beschwerden, die sich direkt auf eine Dissoziation beziehen lassen. Vielmehr fangen sie häufig erst nach einem mehrmonatigen oder noch längeren Kontakt an, mit ihren Therapeuten über solche Symptome zu sprechen. Amnesie oder »Zeitverlust« ist das bei DIS-Patienten am häufigsten vorkommende dissoziative Symptom (Conns 1984; Bliss 1984b; Putnam *et al.* 1986). Aus der Übersichtsstudie der NIMH geht hervor, daß DIS-Patienten am häufigsten über folgende dissoziative Symptome berichteten: Amnesien (98 %), Fugue-Episoden (55 %), Depersonalisationsempfindungen (53 %) und Schlafwandeln (20 %) (Putnam *et al.* 1986). Bliss (1984b) beschreibt im Grunde das gleiche dissoziative Profil, das aus Amnesien (85 %), Verwirrungszuständen (83 %), Depersonalisation (54 %), Derealisation (54 %) und Fugue-Zuständen (52 %) besteht.

Mehrere konvergierende Dynamiken scheinen Patienten davon abzuhalten, aus eigenem Antrieb über ihre dissoziativen Symptome zu berichten. Der wichtigste Grund ist, daß die dissoziativen Erfahrungen eine Störung des Gedächtnisses und des Erinnerungsvermögens verursachen, die es den Patienten häufig erschwert, sich an ihre Erlebnisse zu erinnern. Dr. Bennett Braun hat treffend beobachtet: »Man kann eine Amnesie für die eigene Amnesie entwickeln.« Selbst wenn Patienten nicht hinsichtlich aller ihrer dissoziativen Episoden eine vollständige Amnesie entwickelt haben, wirkt der dissoziative Prozeß verzerrend auf die Erinnerung, was bewirkt, daß Erinnerungen an eine dissoziative Episode (z.B. eine Fugue) distanziert, losgelöst und traumartig wirken, weshalb die Patienten sich fragen, ob sie das Erinnerte tatsächlich erlebt haben oder nicht.

Falls Patienten sich an dissoziative Episoden erinnern können, zögern sie oft aus anderen Gründen, über sie zu berichten. Beispielsweise sorgen sie sich manchmal, sie könnten als »verrückt« angesehen und deshalb verachtet oder gar in eine Klinik zwangseingeliefert werden. Da eine DIS sich in der Kindheit entwickelt, sind dissoziative Erfahrungen für diese Patienten alles andere als neu. Sie haben in ihrem Leben immer wieder »Zeit verloren« und sich plötzlich an merkwürdigen Orten wiedergefunden. Oft erwähnen sie solche Erlebnisse nicht bei Behandlungsbeginn, weil sie ihnen nicht als ungewöhnlich erscheinen. Es kommt auch vor, daß DIS-Patienten ihre dissoziativen Erlebnisse einer anderen Ursache zuschreiben – beispielsweise Blackouts infolge von Drogen- oder Alkoholkonsum. Solche Erklärungen bevorzugen sie deshalb, weil sie ihre Erfahrungen in einer gesellschaftlich akzeptierteren Form darstellen. Um das Vorhandensein dissoziativer Symptome festzustellen, muß bei der Diagnose gezielt nach ganz bestimmten Erfahrungen gefragt werden, deren Ursprung eine dissoziative Psychopathologie ist. Diese speziellen Fragen zur dissoziativen Vorgeschichte und zum Geisteszustand werden in Kapitel 4 behandelt.

Angst- und Phobie-Symptome

Symptome, die auf Phobien sowie auf Angst- und Panikstörungen hindeuten, sind bei DIS-Patienten oft zu finden und vielfach schon in der diagnostischen Phase zu erkennen (Coons 1984; Bliss 1984b; Putnam *et al.* 1986). Auch diesen Symptomen kann eine dissoziative Dynamik zugrunde liegen, weshalb sie beachtet werden sollten. Angstattacken, die bei der Gastgeber-Persönlichkeit auftreten, führen oft zum Wechsel in andere Identitäten. Die Gastgeber-Persönlichkeit leidet vor oder während eines solchen Persönlichkeitswechsels häufig unter somatischen Symptomen wie Dyspnoe (»Lufthunger«), Herzunruhe, Gefühlen des Würgens oder Erstickens, Gefühlen der Unwirklichkeit, Parästhesien (Störungen der Hautempfindung), Erschöpfungszuständen und Zittern. Der auf äußeren Hinweisreizen basierende Aspekt des Wechsels in eine andere Identität kann auch phobieähnliches Verhalten hervorbringen, wobei bestimmte Orte, Objekte, soziale Situationen, Wörter oder andere affektive Reize Wechsel in verängstigte Alter-Persönlichkeiten auslösen oder Flashbacks hervorrufen können, durch die traumatische Erinnerungen aktiviert werden (Putnam 1988c). Viele DIS-Patienten lernen, diese Trigger zu vermeiden, was bedeutet, daß sie sich ihnen gegenüber phobisch verhalten.

Substanzmißbrauch

Substanzmißbrauch kommt in Zusammenhang mit DIS häufig vor (Coons 1984; Putnam *et al.* 1986). Ein Drittel der in der NIMH-Übersichtsstudie untersuchten Patienten waren *Polydrug-user* (Putnam *et al.* 1986). Dabei scheinen Sedativa und Schlafmittel von Multiplen bevorzugt zu werden (Coons 1984; Putnam *et al.* 1986). Alkohol- und Stimulanzienmißbrauch wurde bei etwa einem Drittel der in der NIMH-Studie untersuchten Fälle festgestellt. Halluzinogene sind bei DIS-Patienten offenbar weniger beliebt. Coons (1984) hat festgestellt, daß Drogenmißbrauch oft mit verstärktem Konsum von Analgetika beginnt, die DIS-Patienten wegen ihrer häufigen Kopfschmerzen verschrieben werden.

Da nichtdissoziative Konsumenten unterschiedlichster Drogen vielfach über die gleichen Symptome und Beschwerden wie DIS-Patienten berichten (einschließlich Depression, Schlafstörungen, schwachem Selbstwertgefühl, Angstanfällen, verschiedensten somatischen Beschwerden und, was am wichtigsten ist, Blackouts), muß der Kliniker bei der Evaluation feststellen, ob Substanzmißbrauch im konkreten Fall *immer* mit Blackout-Episoden verbunden ist. Leider nehmen viele DIS-Patienten eher hin, unter den gesellschaftlich akzeptierteren Drogen- oder Alkohol-Blackouts zu leiden, als zuzugeben, daß sie eigentlich nicht so recht wissen, weshalb sie immer wieder »Zeit verlieren«.

Halluzinationen

Die meisten DIS-Patienten erleben auditive und/oder visuelle Halluzinationen, doch geben sie dies nur sehr selten schon zu Beginn einer Therapie zu (Bliss *et al.* 1983; Coons 1984; Putnam *et al.* 1986). Bei auditiven Halluzinationen handelt es sich meist um Stimmen, die die Patienten (gewöhnlich die Gastgeber-Persönlichkeit) ausschelten oder herabsetzen oder die ihnen befehlen, selbstschädigende oder gewalttätige Handlungen auszuführen. Die Stimmen können in der dritten Person über die Patienten diskutieren, ihre Gedanken und Aktivitäten kommentieren oder miteinander streiten. Es kann auch sein, daß die Patienten Weinen, Brüllen oder Gelächter hören. Meist klingt das Weinen wie das eines unglücklichen Säuglings oder Kleinkindes. Andererseits treten auch tröstende, unterstützende und Rat gebende Stimmen auf (Putnam *et al.* 1984).

Fast immer scheinen die Stimmen im Kopf gehört oder als »laute Gedanken« wahrgenommen zu werden. Gewöhnlich sind sie klar und deutlich (Coons 1984). Diese Merkmale ermöglichen die Unterscheidung der auditiven Halluzinationen von jenen, die bei schizophrenen Patienten vorkommen, wobei letztere häufiger (wenn auch nicht immer) als außerhalb der Person auftretend empfunden und oft undeutlich gehört werden. Die halluzinatorischen Stimmen von DIS-Patienten führen oft lange Diskussionen, die dem Patienten als kohärent und logisch erscheinen. Auch diese »Sekundärprozeß«-Qualität ermöglicht vielfach die Unterscheidung von jenen eher dem »Primärprozeß« zuzurechnenden Stimmen, über die schizophrene Patienten häufig berichten. Wenn, wie meist der Fall, die Persönlichkeit, die sich zu Behandlungsbeginn vorstellt, sich über die Existenz anderer Identitäten nicht im klaren ist, wirkt es auf sie oft sehr erschreckend, plötzlich Stimmen zu hören.

Die visuellen Halluzinationen, über die in Zusammenhang mit der DIS berichtet wird, sind eine merkwürdige Mischung aus Halluzination und Illusion und häufig mit Veränderungen des vom Patienten selbst wahrgenommenen Körperbildes verbunden. DIS-Patienten berichten immer wieder, wenn sie in einen Spiegel schauten, sähen sie sich als andere Menschen. Zuweilen sehen sie sich mit Haaren, Augen oder Haut von anderer Farbe oder als Angehörige(r) des anderen Geschlechts. Manchmal wirken diese Veränderungen der Selbstwahrnehmung auf die Betroffenen so verwirrend, daß sie Spiegel phobisch meiden. Zuweilen beschreiben sie, daß sie beim Blick in den Spiegel erleben, wie sie sich nacheinander in verschiedene Personen verwandeln. Weiterhin können DIS-Patienten ihre verschiedenen Identitäten auch als separate, außerhalb ihres Körper existierende Personen halluzinieren. Dies kommt so häufig vor, daß es in David Cauls therapeutische Methode zur Behandlung innerer Gruppen eingegangen ist (Caul 1984), einer Methode, mit der wir uns in Kapitel 10 beschäftigen werden.

Gelegentlich berichten DIS-Patienten auch über Halluzinationen, die beispielsweise darin bestehen, daß sie sich so sehen, als würden sie sich einen Film anschauen oder von oben auf sich selbst herabblicken. Solche Erfahrungen des Heraustretens aus dem eigenen Körper sind gewöhnlich mit starken Depersonalisationsempfindungen verbunden, und sie ähneln Erlebnissen, die einige in Zusammenhang mit Todesnähe-Erfahrungen gemacht haben. Auch über körperlose Gesichter, die in der Luft schweben oder auf andere Menschen projiziert werden, wird von DIS-Patienten immer wieder berichtet. Die Betreffenden halluzinieren zuweilen Blut, scheußliche Szenen oder andere Hinweise auf Gewalttaten. Die letztgenannte Form von Halluzination tritt auch während der Therapie auf, und zwar gewöhnlich beim Auftauchen von Material, das mit früheren traumatischen Erlebnissen in Zusammenhang steht. Über olfaktorische und taktile Halluzinationen wird in 5-12 Prozent der DIS-Fälle berichtet, und sie kommen bei Patienten mit Abnormitäten im Schläfenlappenbereich häufiger vor, wie mit Hilfe von EEGs dokumentiert werden konnte (Putnam 1986a). Allerdings erleben DIS-Patienten häufig auch zahlreiche auf Mißbrauchserfahrungen und traumatische Erlebnisse zurückführbare »somatische Erinnerungen«, die manchmal fälschlich für taktile Halluzinationen gehalten werden.

Beeinträchtigungen des Denkens

Zuweilen entsteht der Eindruck, daß DIS-Patienten unter einer schwerwiegenden Denkstörung leiden. Die Ursache ist ein dissoziatives Phänomen, das sogenannte »schnelle Switchen« (*rapid switching*), zu dem es kommt, wenn keine Alter-Persönlichkeit in der Lage ist, sich die Kontrolle über das Verhalten des Patienten anzueignen und dieselbe aufrechtzuerhalten. *Rapid Switching* tritt häufig im Anschluß an eine persönliche Krise auf, und es trägt durch sein deutlich psychosenähnliches Erscheinungsbild zur Verschärfung einer solchen Krise bei. Der Patient wirkt extrem labil, was gewöhnlich in sehr schnellen Wechseln innerhalb eines großen Spektrums inadäquater Emotionen zum Ausdruck kommt. Er wirkt gewöhnlich, als litte er unter einer schweren Denkstörung, was Denkblockaden, Gedankenentzug und die Produktion von »Wortsalat« beim Sprechen einschließen kann. Im Fall des schnellen Switchens kann sich bei den betroffenen Patienten extreme Ambivalenz manifestieren, und eine Handlung kann auf psychotische Weise immer wieder ausgeführt und anschließend rückgängig gemacht werden.

Der Grund dieses Problems ist, daß es dem Patienten nicht gelingt, sich so lange in einer bestimmten Alter-Persönlichkeit zu stabilisieren, daß er zu kohärenten und integrierten Verhaltensweisen in der Lage ist. Unterschiedliche Identitäten schwirren vorüber, und die Labilität, Inkohärenz und Ambivalenz im Verhalten sind Ausdruck der Inkompatibilität von Affekten und Verhaltensweisen. Schnelles Switchen kann durch einen Kampf zwischen verschiedenen Identitäten um die Kontrolle über das Verhalten ausgelöst werden, wobei jede der involvierten Alter-Persönlichkeiten versucht, die übrigen zu entmachten; das Phänomen tritt aber auch auf, wenn die dominierenden Identitäten es aufgegeben haben, das Geschehen kontrollieren zu wollen, und deshalb andere, oft ohne daß diese es wollen, in dieses Vakuum stoßen. Das wahrscheinlich wichtigste Merkmal, das diese Präsentation von einer echten Denkstörung unterscheidet, ist ihr meist vorübergehender Charakter und die Tatsache, daß ein Zusammenhang mit einer bestimmten Krise zu erkennen ist. Bei DIS-Patienten sind echte anhaltende Denkstörungen, wie sie oft bei Schizophrenie vorkommen, nicht zu finden (Coons 1984; Putnam *et al.* 1984). Eine eingehendere Erörterung des schnellen Switchens folgt in Kapitel 11.

Wahnvorstellungen

Erfahrene Therapeuten sind unterschiedlicher Ansicht darüber, ob DIS-Patienten unter Wahnvorstellungen leiden oder nicht. Sutcliffe und Jones (1962) haben das Syndrom als einen Identitätswahn mit einer zeitlichen und einer räumlichen Dimension bezeichnet. Andere sprechen von einem »Quasi-Wahn« (Coons 1984) oder von einem »Pseudo-Wahn« (Kluft 1984c). Bliss (1984b) berichtet über paranoide Wahnvorstellungen bei etwa einem Drittel seiner Fälle, und im Rahmen der NIMH-Studie wurden bei 20 Prozent der Fälle Wahnvorstellungen festgestellt (Putnam *et al.* 1986). Problematisch ist hierbei, wie der Begriff Wahnvorstellung definiert wird und wie sich diese Definition mit der Überzeugung einiger Alter-Persönlichkeiten von ihrer Autonomie in Einklang bringen läßt. Viele Identitäten sind fest davon überzeugt, daß sie unabhängig sind und eine andere Persönlichkeit körperlich schädigen können, ohne sich selbst Schaden zuzufügen. Meiner Meinung nach verleihen die Intensität und der Charakter der Unumstößlichkeit dieser eindeutig falschen Überzeugung dieser oft den Charakter einer Wahnvorstellung.

DIS-Patienten berichten oft über scheinbare Wahnvorstellungen, denen zufolge sie von außen kontrolliert werden. Diese Erfahrung basiert darauf, daß viele Gastgeber-Persönlichkeiten von anderen Identitäten beeinflußt werden und zuweilen gegen ihren Willen Verhaltensweisen zeigen, die sie selbst als abstoßend empfinden. Die Veränderungen im Körperbild, die oft mit dem Wechsel zwischen verschiedenen Persönlichkeiten verbunden sind (z.B. daß die Betreffenden sich als kleines Kind empfinden und sehen), können von Therapeuten, die sich über die Existenz von Alter-Persönlichkeiten nicht im klaren sind, als somatische Wahnvorstellungen mißverstanden werden.

Daß eine scheinbare Wahnvorstellung eine faktische Grundlage hat, erweist sich oft, wenn der Therapeut die Dynamik der dissoziativen Psychopathologie von Patienten zu verstehen beginnt. Zwar hegen manche DIS-Patienten tatsächlich Vorstellungen, die man mit Recht als wahnhaft bezeichnen könnte, doch sind diese nur selten mit jenen vergleichbar, die man häufig bei paranoiden Störungen findet, wobei die Patienten glauben, irgendeine äußere Instanz (z.B. die Regierung, die Russen, Aliens vom Mars usw.) würde sie verfolgen bzw. ihnen durch die Medien oder auf andere Weisen Botschaften übermitteln. Die für DIS typischen Wahnvorstellungen sind meist Beeinflussungsempfindungen, die eine reale, faktische Grundlage haben, oder wahnhafte Vorstellungen der Getrenntheit, die durch exzessives narzißtisches Beharren bestimmter Alter-Persönlichkeiten auf ihrer Individualität entstanden sind.

Suizidale Tendenzen und Selbstverletzung

Suizidale Verhaltensweisen kommen bei DIS-Patienten extrem häufig vor (Greaves 1980; Bliss 1980, 1984b; Coons 1984; Putnam *et al.* 1986). Sowohl die Studie von Bliss (1980, 1984b) als auch die NIMH-Untersuchung (Putnam *et al.* 1986) ergaben, daß mindestens drei Viertel der DIS-Patienten einmal oder mehrmals Selbstmordversuche unternommen hatten. Selbstverletzung – gewöhnlich die Zufügung von Schnitten mit Glas oder Rasierklingen oder Selbstverbrennung mit Zigaretten oder Streichhölzern – kommt bei mindestens einem Drittel aller DIS-Patienten vor (Putnam *et al.* 1986). Der tatsächliche Prozentsatz derer, die sich selbst verletzen, liegt wahrscheinlich wesentlich höher, weil Patienten ihren Therapeuten nur selten über solche Verhaltensweisen berichten und weil deren Spuren meist nicht spontan entdeckt werden, es sei denn im Rahmen einer körperlichen Untersuchung. Selbstverletzungen können auch geradezu bizarre Formen annehmen, wenn beispielsweise ein zerbrochenes Glas oder andere Fremdkörper in die Vagina eingeführt werden (Riggal 1931; Bliss u. Bliss 1985).

Katatonie

Katatonisches Verhalten kommt bei DIS-Patienten ebenfalls vor (Putnam *et al.* 1984). Im Rahmen der NIMH-Übersichtsstudie wurde dieses Symptom bei etwa 14 Prozent der untersuchten Fälle gefunden (Putnam *et al.* 1986). Einige DIS-Patienten berichteten mir, sie verfielen in einen katatonen Zustand, wenn äußere Reize bei ihnen eine starke Erinnerung an traumatische Erfahrung aktivierten. Außerdem berichteten sie, der katatone Zustand sei für sie eine heilende Erfahrung, weil er überwältigende Reize ausfiltere oder sie auf ein erträgliches Maß reduziere.

Transsexualität und Transvestismus

Möglicherweise handelt es sich bei einem erheblichen Teil der Fälle von Transsexualität und Transvestismus um DIS-Patienten. Allerdings liegen bis heute nur wenige

Fallberichte über Transsexuelle mit DIS-ähnlichen Charakteristika vor (Green u. Money 1969; Money 1974; Weitzman *et al.* 1970; Money u. Primrose 1968; Lief *et al.* 1962), und die existierenden Berichte lassen nicht erkennen, ob die Patienten alle Kriterien für DIS erfüllen. Bei vielen Multiplen gibt es Alter-Persönlichkeiten, die sich dem »anderen« Geschlecht zugehörig fühlen, also demjenigen, das dem biologischen Geschlecht der Patienten entgegengesetzt ist (Putnam *et al.* 1986). In mehreren mir bekannten Fällen bemühte sich eine Alter-Persönlichkeit um eine operative Geschlechtsumwandlung oder verstümmelte die Genitalien des physischen Körpers, um auf diese brutale Weise das Geschlecht zu wechseln. Transsexuelle und Transvestiten sollten grundsätzlich einer sorgfältigen Überprüfung auf dissoziative Symptome unterzogen werden; auf diese Weise könnte festgestellt werden, ob bei einer Teilgruppe dieser Population eine unerkannte DIS als primäre Motivation für derartige Verhaltensweisen gelten kann.

Neurologische und medizinische Symptome

Kopfschmerzen

Das neurologische Symptom, über das in Zusammenhang mit DIS am häufigsten berichtet wird, sind Kopfschmerzen (Bliss 1980; 1984b; Coons 1984; Greaves 1980; O'Brien 1985; Putnam *et al.* 1986; Solomon u. Solomon 1982). Sie werden gewöhnlich als extrem schmerzhaft beschrieben und scheinen oft mit Sehstörungen wie Skotom (Gesichtsfeldausfall) verbunden zu sein. Mehrere Patienten bezeichneten die Kopfschmerzen, unter denen sie litten, mir gegenüber als »blind machend«. Gewöhnlich vermögen normale Schmerzmittel nichts gegen sie auszurichten, und häufig sprechen sie nur auf potentiell suchterzeugende Mittel an (Allison 1978a; Coons 1984). Psychodynamisch haben einige Kliniker das Auftreten von Kopfschmerzen mit Konflikten zwischen Alter-Persönlichkeiten und Kämpfen um die Vorherrschaft in Verbindung gebracht (Coons 1984; Solomon u. Solomon 1982). Im Labor ist uns aufgefallen, daß Kopfschmerzen häufig Begleiterscheinung von »erzwungenem« Switchen sind, so wie sie im Rahmen wissenschaftlicher Untersuchungen vorkommen (Putnam 1984b). Ein verstärktes Auftreten von Kopfschmerzen ist außerdem Teil des klinischen Bildes anderer dissoziativer Störungen wie beispielsweise Depersonalisationsstörungen und Fugue-Episoden (Shorvon 1946; Davidson 1964; Kirshner 1973). Wie Greaves (1980) beobachtet hat, beinhaltet die Beziehung zwischen Kopfschmerzen und Dissoziation einen wichtigen Aspekt, der seiner Meinung nach eingehender studiert werden sollte.

DIS-Patienten leiden oft auch unter zahlreichen anderen neurologischen Beschwerden, worunter die beunruhigendsten tiefe Ohnmacht sowie andere Formen von Bewußtlosigkeit und Anfälle bzw. anfallartige Verhaltensweisen sind. Über diese Symptome ist nicht viel mehr bekannt, als daß sie bei zahlreichen Patienten auftreten und daß sie auf irgendeine Weise mit den psychophysiologischen Mechanismen der Dissoziation in Zusammenhang zu stehen scheinen. Über Anfälle oder anfallartige Verhaltensweisen wurde in 21 Prozent der ausgewerteten Einzelfallbeschreibungen berichtet (Putnam u. Post 1988) sowie auch in einer Studie, die am *Beth Israel Behavioral Neurology Unit* mit Patienten durchgeführt wurde, die unter DIS und anderen dissoziativen Störungen litten (Mesulam 1981; Schenk u. Bear 1981). Bliss (1980) berichtet über »Konvulsionen« in 18 Prozent der Fälle seiner ersten Serie von Fallbeschreibungen, und im Rahmen der NIMH-Studie wurden anfallartige Episoden, häufig in Verbindung mit nichtspezifischer bitemporaler Verlangsamung des EEG, bei 10 Prozent der untersuchten Fälle festgestellt (Putnam 1986a; Putnam *et al.* 1986). Die Beziehung zwischen dissoziativem Verhalten und Schläfenlappenepilepsie ist im Hinblick auf Fugue-Episoden klar dokumentiert; ebenso wie bei den Kopfschmerzen erscheint auch in diesem Fall eine eingehende klinische und wissenschaftliche Erforschung angebracht (Akhtar u. Brenner 1979; Mayeux *et al.* 1979; Putnam 1986a).

Auch zahlreiche sensorische Störungen wurden bei DIS-Patienten festgestellt, wobei den meisten dieser sensorischen Abnormitäten eine »hysterische« Qualität eigen ist. Taubheit und Kribbeln oder Parästhesien (Störungen der Hautempfindung) sind relativ weit verbreitet und treten gewöhnlich an den Gliedmaßen auf (Bliss 1980; 1984b; Putnam *et al.* 1986). Sehstörungen, die von »hysterischer« Diplopie (Doppelsehen) bis hin zu vollständiger Blindheit reichen, wurden bei etwa einem Fünftel der DIS-Patienten beobachtet (Bliss 1980; Putnam *et al.* 1986). Nicht selten betreffen solche Sehstörungen nur eine Teilgruppe der Alter-Persönlichkeiten, und es gelingt im Laufe der Therapie, sie mit bestimmten Erlebnissen in Verbindung zu bringen. Auch psychogene Taubheit ist bei dieser Population nicht selten (Bliss 1980; Putnam *et al.* 1986).

In Zusammenhang mit DIS auftretende motorische Störungen lassen ebenfalls einen »hysterischen« Charakter erkennen. Klassische funktionelle Gliedmaßenlähmungen wurden bei mindestens 10 Prozent der untersuchten Patienten festgestellt (Bliss 1980, 1984b; Putnam *et al.* 1986). Gehstörungen, Parese (unvollständige Lähmung) und andere Formen von motorischen Schwächen sind ebenfalls häufig zu finden, und ihre funktionelle Natur zu erkennen kann eine eingehende neurologische Evaluation erforderlich machen (Brende u. Rinsley 1981; Putnam *et al.* 1984; Bliss 1980; 1984b). Aphonie (Verlust der Stimme) wurde bei 10 Prozent der in der NIMH-Studie untersuchten Fälle und bei einem Drittel der von Bliss (1980) untersuchten Patienten festgestellt. Auch Phänomene, die der tardiven Dyskinesie ähneln, kommen vor; diese hauptsächlich im Mundbereich und im Gesicht auftretenden Zuckungen lassen sich später häufig mit schnellen Wechseln zwischen verschiedenen Alter-Persönlichkeiten in Verbindung bringen.

Weiterhin sind bei DIS-Patienten oft dem Herz-Lungen-System zuzuordnende medizinische Symptome festzustellen. Sie ähneln meist denjenigen, die bei unter Panikattacken leidenden Patienten auftreten, und sie umfassen Dyspnoe (Atemnot), Herzunruhe, Brustschmerzen und Würge- oder Erstickungsempfindungen (Bliss 1980; Putnam *et al.* 1986). Auch unerklärliche Übelkeit und/oder Bauchschmerzen kommen häufig vor und lassen sich später meist mit bestimmten spezifischen Mißhandlungs- oder Mißbrauchserlebnissen in Zusammenhang bringen. Über Schmerzen im Bereich der Fortpflanzungsorgane berichtete mindestens ein Drittel der untersuchten DIS-Patienten, und auch sie können später oft mit früheren Traumata in Verbindung gebracht werden (es handelt sich um sogenannte somatische Erinnerungen an dieselben). Des weiteren werden Krankheiten von DIS-Patienten zuweilen selbst induziert oder künstlich erzeugt, weshalb diese Möglichkeit insbesondere bei ungewöhnlichen dermatologischen Reaktionen oder unerklärlichen Fieberanfällen (Wise u. Reading 1975; Shelley 1981) stets in Betracht gezogen werden muß.

Veränderungen des Symptomprofils im Laufe der Zeit

Über den Lebensverlauf von multiplen Persönlichkeiten und von Menschen mit anderen dissoziativen Störungen ist nur wenig bekannt. Ebensowenig wissen wir über die alltäglichen Symptome, Erlebnisse und Verhaltensweisen dieser ungewöhnlichen Patienten. Zur Zeit werden dem zuletzt genannten Punkt am besten die populären biographischen und autobiographischen Berichte gerecht. Loewenstein *et al.* (1987) haben die Technik der Befragung zu Befindlichkeitsmustern über den Tag (*experience sampling*) auf die Untersuchung der täglichen Switching-Muster bei DIS angewandt, und die auf dieser Methode basierenden Studien versprechen interessante Resultate für die Zukunft. Was wir über den Lebenslauf oder die Entwicklungsgeschichte von DIS-Patienten wissen, entstammt einer Follow-up-Untersuchung nach 15 Jahren, die von Cutler und Reed (1975) durchgeführt wurde, weiterhin aus einer Follow-up-Untersuchung nach 38 Jahren von Rosenbaum und Weaver (1980) über Einzelfälle sowie aus einer Querschnittsanalyse der beim Erstgespräch von Patienten genannten Symptome als einer Funktion des Lebensalters, die Kluft unter Verwendung seines großen Fundus von Fallbeschreibungen durchgeführt hat (Kluft 1985a).

Unter dem Mangel an guten Langzeitdaten leidet die gesamte Medizin, und in der psychiatrischen Forschung fängt man erst jetzt an, sich systematisch damit zu befassen. In Ermangelung besserer Information sind Querschnittsdaten über unterschiedliche Altersgruppen hinweg der beste verfügbare Ersatz. Kluft (1985b), der auf in der Behandlung von mehr als 100 Fällen gewonnene Erfahrungen zurückgreifen kann, hat festgestellt, daß das klinische Erscheinungsbild im allgemeinen als Funktion des Alters des Patienten variierte. Bei nur wenigen DIS-Patienten (6,2 %) war zum Zeitpunkt des Erstgesprächs die Existenz von Alter-Persönlichkeiten deutlich zu erkennen. Die »offensichtlichsten« Fälle waren die von Patienten, die in ihren Zwanzigern waren, wenn sie zum Erstgespräch kamen. Bei den Dreißigjährigen hatte sich meist eine klinische Erscheinung von Depression mit Einschlägen von Angst und leichter Besessenheit herausgebildet. Wie Kluft feststellte, lag die Situation bei Patienten in den Vierzigern ähnlich wie bei jenen in den Dreißigern, doch waren letztere offenbar von »irgendeinem inneren Gefühl getrieben, wenn sie nicht bald Hilfe suchten, wäre jede Möglichkeit, ihre pathologischen Adaptationen zu verändern, vergeben« (1985b; S. 224). Nach seinen Beobachtungen waren bei Patienten in den Fünfzigern mit einer Ausnahme Depression, Angst und Beeinflussungserlebnisse zu erkennen. Weiter berichtet er, er habe tatsächlich einige Patienten mit klassischer DIS in ihren Sechzigern gefunden, jedoch festgestellt, daß es bei vielen älteren Patienten »zu einer allmählichen Verringerung der äußeren Manifestationen [der DIS], zu einem Rückgang individueller Unterschiede und zur spontanen Integration einiger Komponenten im mittleren Alter und danach« komme (1985b; S. 227-228).

Diese bruchstückhaften Longitudinal- und Querschnittsdaten vermitteln den klinischen Eindruck, daß klinische Störungen im allgemeinen und DIS im besonderen bei älteren Patienten zwar noch vorhanden sind, jedoch im Laufe der Zeit an Intensität verlieren. Dieser Prozeß sollte natürlich nicht mit einer Heilung verwechselt werden, doch könnte man ihn als Zeichen dafür verstehen, daß die DIS im Laufe des Lebens eines Menschen einen Entwicklungsprozeß durchläuft und über die Jahre unterschiedliche Formen annehmen kann. Meiner Erfahrung nach gelingt es einigen älteren DIS-Patienten, ihre Alter-Persönlichkeiten in einem gewissen Maße miteinander zu versöhnen, was den Betreffenden ein angenehmeres Leben ermöglicht, obwohl sie weiterhin Multiple bleiben. Doch haben diese Patienten oft ein turbulentes Leben hinter sich, erfüllt von persönlichem Leiden und großem Schmerz, und wahrscheinlich hätte ihnen eine frühere Diagnose und Behandlung sehr geholfen.

Die Lebensgeschichte der Patienten

Psychiatrische Vorgeschichte

Bestimmte Charakteristika sind in der Vorgeschichte von DIS-Patienten so häufig zu finden, daß bei ihrem Vorliegen das Bestehen der Störung vermutet werden sollte. Die Diagnose DIS wird nur selten schon beim ersten Kontakt eines Patienten mit dem psychiatrischen System gestellt (Bliss *et al.* 1983; Kluft 1985a; Putnam *et al.* 1986). Deshalb zählen zu den lebensgeschichtlichen Faktoren, die bei vielen DIS-Patienten zu finden sind, vorangegangene Psychiatriekontakte, in deren Verlauf die unterschiedlichsten Diagnosen gestellt wurden. In Verbindung damit ist weiterhin charakteristisch, daß Behandlungen der Patienten mit Standardmethoden auf die betreffenden Vordiagnosen bzw. diagnostizierten Störungen hin ergebnislos verliefen (Putnam *et al.* 1984; Kluft 1985a). Bei DIS-Patienten häufig gestellte Vordiagnosen sind unter anderem Depression, Schizophrenie, schizoaffektive Störungen, manisch-depressive Erkrankungen, unterschiedliche Persönlichkeitsstörungen (darunter als

wichtigste die Borderline-Störung) sowie Schläfenlappenepilepsie und andere Epilep-
sieformen (Bliss *et al.* 1983; Putnam *et al.* 1986).

Medizinische Vorgeschichte

Ähnliche Muster weist gewöhnlich auch die medizinische Vorgeschichte von DIS-Patienten auf. Häufig werden bei ihnen wegen atypischer oder unerklärlicher Symptome sowie wegen der weiter oben beschriebenen neurologischen und medizinischen
Symptome umfangreiche medizinische und neurologische Untersuchungen vorgenommen. Ebenso wie bei diagnostizierten psychiatrischen Störungen erweisen sich
DIS-Patienten oft auch gegen Standardbehandlungen auf diagnostizierte medizinische Störungen hin als »resistent«. Manchmal sind bei ihnen in der Vergangenheit
ungewöhnliche oder aversive Reaktionen auf Medikamente oder Anästhetika vorgekommen (Putnam 1985b). Es können sogar indirekte Beweise für unterschiedliche
Identitäten vorliegen, beispielsweise in Form der Benutzung unterschiedlicher Namen in früheren Untersuchungs- und Behandlungsberichten oder in Form sehr unterschiedlicher und einander widersprechender Krankengeschichten oder anderwei-
tigen Informationen.

Soziale Vorgeschichte

Leider fehlen uns verläßliche Informationen über das Alltagsleben von DIS-Patienten, doch die klinischen Erfahrungen und andere anekdotische Information legen
die Vermutung nahe, daß die Lebensgeschichte dieser Patienten von häufigen Wechseln der beruflichen Situation geprägt ist, wobei sie oft sehr verantwortungsvolle und
manchmal sogar hochrangige Aufgaben übernehmen. Allerdings reisen einige Multiple in langwierigen Fugues rastlos im Land umher, lassen sich während solcher Reisen immer nur kurz an bestimmten Orten nieder und beginnen dort möglicherweise
sogar mit einer Behandlung. In einigen Fällen ist mir eine gewisse Periodizität aufgefallen, die diesem Umherirren zugrunde liegt, so daß ich weiß, wann ich damit rechnen kann, von bestimmten Patienten wieder zu hören.

Vorgeschichte der Viktimisierung im Erwachsenenalter

Reviktimisierung im Erwachsenenalter ist ein Element des Erbes von Mißbrauchs-
und Mißhandlungserlebnissen in der Kindheit (Browne u. Finkelhor 1986; Russell
1986). Coons und Milstein (1984) haben bei einer Gruppe von 17 DIS-Patienten
verglichen mit einer vom Alter und Geschlecht her entsprechenden Kontrollgruppe
nichtdissoziativer Patienten eine signifikant höhere Zahl von Vergewaltigungser-
lebnissen festgestellt. Etwa die Hälfte der an der NIMH-Untersuchung beteiligten
DIS-Patienten berichtete, sie seien als Erwachsene vergewaltigt oder Opfer sexueller
Übergriffe geworden (Putnam *et al.* 1986). Eine Umfrage unter Opfern von zwei oder
mehr separaten Vergewaltigungsversuchen gab Aufschluß über ein extrem häufiges

Vorkommen schwerer dissoziativer Symptome in dieser Gruppe (Putnam 1988b). Inwieweit der dissoziative Prozeß Opfer zu wiederholter Viktimisierung prädestiniert, bedarf noch eingehenderer Untersuchung.

Zusammenfassung

Schwere, wiederholte und oft sadistische Kindheitstraumata werden mittlerweile allgemein als für die Entstehung von DIS wichtiger Faktor angesehen. Ein Entwicklungsmodell wurde beschrieben, in dem auf das Zusammenwirken zwischen wiederholten Traumata und normalen kindlichen Fähigkeiten wie erhöhter Hypnotisierbarkeit, spontaner Dissoziation und einer gesteigerten Vorstellungskraft und Phantasie hingewiesen wurde; das traumatisierte Kind benutzt diese Fähigkeiten im adaptiven Sinne, um sich vor Traumata zu schützen. Es tritt wiederholt in kontextgebundene dissoziative Bewußtseinszustände ein, die mit bestimmten Erfahrungen, mit diesen verbundenen Affekten und einem zustandsspezifischen Repertoire an Verhaltensweisen assoziiert werden. Diese Zustände (*states*) entwickeln sich im Laufe der Zeit zu Alter-Persönlichkeiten.

Es ergibt sich ein klinisches Profil für die DIS bei Erwachsenen, für das anfangs Symptome, die oberflächlich auf Depression und/oder Angststörungen hindeuten, charakteristisch sind. Dissoziative Symptome wie Amnesien, Fugues oder Depersonalisationsempfindungen werden von den Patienten selbst nur selten erwähnt, es sei denn, die Behandlung ist schon fortgeschritten. Häufig werden DIS-Patienten zunächst auf andere psychiatrische Störungen hin behandelt, und meist erweisen sich die dazu eingesetzten Standardtherapieverfahren bei ihnen als wirkungslos. Darüber hinaus können Substanzmißbrauch sowie psychotisch anmutende Erscheinungsbilder die Diagnose verkomplizieren. Auch selbstzerstörerische Verhaltensweisen kommen häufig vor, und dies gilt auch für migräneartige Kopfschmerzen. Wie für die meisten anderen psychiatrischen Krankheiten liegen auch für die DIS keine ausreichenden Längsschnittdaten vor, und die Auswirkungen der Krankheit im Laufe des Lebens sind weitgehend unbekannt. Allerdings wurde festgestellt, daß Menschen, die unter DIS leiden, häufig ihre berufliche Anstellung wechseln und im Erwachsenenalter oft wiederholt zu Opfern von Übergriffen werden.

4

Die Diagnose der dissoziativen Identitätsstörung

Kliniker, die vermuten, daß eine ihrer Klientinnen unter DIS leidet, können verschiedene Strategien anwenden, um diese Diagnose zu erhärten oder auszuschließen. Eine Diagnose auf DIS ist nur dann zutreffend, wenn bei der untersuchten Patientin separate und unterscheidbare Alter-Persönlichkeiten existieren, welche die in Kapitel 2 beschriebenen Kriterien des DSM-III/DSM-III-R bzw. DSM-IV erfüllen. Vermutete Alter-Persönlichkeiten zu identifizieren und hervorzulocken kann sowohl für Therapeuten als auch für Patienten sehr schwierig sein und Angstgefühle auslösen. In diesem Kapitel werden verschiedene Strategien beschrieben, mit deren Hilfe sich feststellen läßt, ob Patienten unter DIS leiden.

Die DIS ist eine chronische dissoziative Störung, im Gegensatz zu vorübergehenden und im allgemeinen begrenzten dissoziativen Zuständen wie dissoziativen Amnesien und dissoziativen Fugue-Zuständen. Folglich ist zu erwarten, daß in der alltäglichen Lebenserfahrung betroffener Patienten und in den Interaktionen zwischen ihnen und ihren Therapeuten Hinweise auf einen dissoziativen Prozeß zu finden sind. Der erste Schritt bei der Diagnose besteht darin, festzustellen, ob die Patientin dissoziative Erlebnisse gehabt hat. Anfangs ist diesem Ziel eine sorgfältige Anamnese am dienlichsten. Allerdings ist die Vorgeschichte oft unklar oder läßt bestenfalls Vermutungen zu. Deshalb sind weitere diagnostische Maßnahmen erforderlich, um zu klären, was tatsächlich mit der Patientin vor sich geht. Dieses Kapitel beginnt mit einer Beschreibung des Anamneseprozesses und der Gesprächsinteraktionen in Fällen, in denen eine dissoziative Pathologie festgestellt oder ausgeschlossen werden muß. Im Anschluß daran werden einige diagnostische Interventionen untersucht, die zusätzliche Informationen liefern können. Eine Darstellung von zwei spezifischen diagnostischen Techniken, die Untersuchung auf Hypnotisierbarkeit und Interviews unter dem Einfluß chemischer Stoffe, werden in Kapitel 9 behandelt, in dem es um hypnotische Interventionen und um therapeutische Abreaktion geht.

Anamnese

Schwierigkeiten

Bei Eingangsgesprächen mit Patienten, bei denen später DIS diagnostiziert wurde, habe ich immer wieder ein bestimmtes Muster vorgefunden: Es erwies sich generell als schwierig, von ihnen kohärente Informationen über ihre Vorgeschichte zu erhalten. Wenn ich die Bemühungen um die Rekonstruktion der Vorgeschichte beende und die Informationen, die ich erhalten habe, aufschreibe, wird mir klar, daß ein großer Teil derselben inkonsistent oder sogar widersprüchlich und es schwierig ist, aus ihnen eine klare chronologische Ereignisfolge abzuleiten. Darin spiegelt sich die Tatsache, daß es DIS-Patienten sehr schwerfällt, in klarer chronologischer Ordnung über ihre Lebensgeschichte zu berichten, weil ihre Erinnerungen auf verschiedene Alter-Persönlichkeiten verteilt sind.

In den meisten Fällen stammt die lebensgeschichtliche Information, die Therapeuten am Anfang der Therapie erhalten, hauptsächlich von der Gastgeber-Persönlichkeit, die allerdings häufig den schlechtesten Zugang zu Informationen über frühe Lebensabschnitte hat und deren Erinnerung an ihr bisheriges Leben oft lückenhaft ist. Die Gastgeber-Persönlichkeit, mit der sich Kapitel 5 eingehender beschäftigt, ist die Identität, die sich gewöhnlich dem Therapeuten vorstellt und um eine Behandlung ersucht (Putnam *et al.* 1986). Sie leidet unter den Folgen des Verhaltens anderer Identitäten, weiß aber nur wenig über die Faktoren, die zur Entstehung der für sie problematischen Situationen geführt haben. Beispielsweise kommt es vor, daß sich eine Gastgeber-Persönlichkeit plötzlich in der Notaufnahme eines Krankenhauses wiederfindet, wo man sie wegen einer Medikamentenüberdosis einer Magenspülung unterzieht. Da eine andere Teilpersönlichkeit die Überdosis eingenommen hat, hat die Gastgeber-Persönlichkeit oft keinerlei Erinnerung an die Einnahme der Pillen. Wird die Patientin bzw. die Gastgeber-Persönlichkeit zu einem späteren Zeitpunkt über diese Episode befragt, kann sie sich meist nur vage an den Vorfall erinnern und ihn nicht detailliert beschreiben. DIS-Patienten sagen häufig Dinge wie: »Ich muß wohl depressiv gewesen sein; *sie* sagen, ich hätte eine ganze Flasche Pillen eingenommen.« In vielen Fällen vermögen solche Patienten nicht festzustellen, ob eine bestimmte Episode zeitlich vor oder nach einem anderen Ereignis liegt.

Zwei wichtige Merkmale des beherrschenden Symptoms und der Vorgeschichte von DIS-Patienten sind häufige Inkonsistenzen und das Fehlen einer klaren Chronologie. Die Inkonsistenzen treten am deutlichsten zutage, wenn der Kliniker zu einem späteren Zeitpunkt erneut auf ein spezifisches Ereignis zu sprechen kommt, um mehr Informationen darüber zu sammeln. Ich habe von Patienten manchmal drei oder vier unterschiedliche und sogar einander widersprechende Berichte über bestimmte Episoden erhalten. In solchen Fällen fragen sich Kliniker zuweilen, ob das Problem bei ihnen oder bei der Patientin liegt. Unerfahrene Therapeuten vermuten häufig, sie müßten den Bericht der Patientin mißverstanden haben, oder ihre eigene Erinnerung daran sei fehlerhaft. Ich weise angehende Therapeuten immer wieder darauf hin, daß sie, wenn bei ihnen die Frage auftaucht, ob sie selbst oder ihre Patientin unter einem Gedächtnisproblem leiden, darüber nachdenken sollten, ob sie vielleicht einen DIS-Fall vor sich haben.

Die Informationen, die DIS-Patienten in dieser frühen Phase der Evaluation geben, sind meist vage, und es fehlen ihnen wesentliche Details. Sie sagen immer wieder: »Ich kann mich nicht erinnern« oder geben auf andere Weise zu verstehen, daß sie ein »schreckliches« Gedächtnis haben. DIS-Patienten bezeichnen ihre Probleme mit der Erinnerung gewöhnlich *nicht* als Amnesien, und meist liefern sie auch keine anderen Hinweise darauf, daß bei ihnen Amnesien vorkommen. Vielmehr begründen sie das Fehlen von Informationen mit ihrem schlechten Gedächtnis. Haben sie in der Vergangenheit eine Elektrokrampftherapie (ECT) erhalten, schreiben sie ihre Gedächtnisprobleme gewöhnlich dieser Behandlung zu.

Leider nehmen viele Kliniker solche Erklärungen für bare Münze und versäumen es, den Gedächtnisproblemen nachzugehen. Wenn ein Therapeut eine Patientin vor sich hat, der es offensichtlich sehr schwerfällt, sich an Details ihrer Lebensgeschichte zu erinnern, sollte er sich bemühen, die Ursache dieser Schwierigkeiten herauszufinden. Wenn DIS-Patienten Informationen zurückhalten, gibt es dafür gewöhnlich eine Reihe von unterschiedlichen Gründen: Die befragte Identität kann eine Amnesie bezüglich eines bestimmten Ereignisses haben, oder sie kennt zwar weitere Details, weigert sich jedoch aufgrund inneren Drucks des Gesamtsystems der Identitäten, sich daran zu erinnern. Gelegentlich erfinden Patienten Informationen auch, um eine inakzeptable Erinnerungslücke damit zu füllen oder um ihre Gesprächspartner zu beschwichtigen (Kluft 1985c, 1986a). Oft zögern sie, zu erkennen zu geben, was sie über ihren Zustand wissen, weil sie Angst haben, dann als »verrückt« angesehen zu werden.

Viele Multiple haben kompensatorische Verhaltensweisen entwickelt, um zu überspielen, daß ihnen Information fehlt, und um mit ihren Erinnerungslücken fertig zu werden. Diese Mechanismen aktivieren sie, um sich schwierigen Fragen zu entziehen oder um Gesprächspartner abzulenken. Außerdem kann es sein, daß das Persönlichkeitssystem einer Diagnose aktiv auszuweichen versucht, indem es im Hinblick auf bestimmte Sachverhalten lügt oder, was häufiger der Fall ist, indem es wichtige Details ausläßt und Informationen liefert, die nahelegen, bei der Untersuchung einen bestimmten Weg einzuschlagen und damit einem anderen keine Aufmerksamkeit zu schenken – d.h. einer falschen Fährte zu folgen. Meine Erfahrung ist, daß Multiple, wenn sie Therapeuten irrezuführen versuchen, gewöhnlich eher zum Vermeiden als zum ausgesprochenen Lügen tendieren, obwohl auch letzteres vorkommt. Man muß sich ganz genau anhören, was diese Patienten sagen. Manchmal sind sie wahre

Meister darin, den Eindruck zu erwecken, sie würden etwas Bestimmtes sagen, während sie tatsächlich etwas völlig anderes gesagt haben. Wenn ich mir etwas, das eine Multiple zu mir gesagt hat, später erneut vergegenwärtige, beschäftige ich mich nicht abstrakt damit, sondern ich übersetze das Gesagte grundsätzlich in eine möglichst konkrete Aussage. Durch die konkrete Interpretation tritt dann oft ein wichtiger Doppelsinn zutage.

Ein anderer von Multiplen häufig angewandter »Trick« ist, so zu tun, als wüßten sie mehr, als sie tatsächlich wissen. Ist ihnen beispielsweise völlig unklar, wieso etwas Bestimmtes geschehen ist, oder wenn sie keine Erinnerung an ein früheres Gespräch mit dem Interviewer haben, verhalten sie sich zuweilen so, als wüßten sie ganz genau, wovon die Rede ist, und sie versuchen durch die Art, wie sie die Fragen beantworten, zu verhindern, daß der Interviewer ihre Unwissenheit entdeckt. Bei der Arbeit mit Multiplen sollte man sich vor Vermutungen und Annahmen hüten. Diese Arbeit ist nicht leicht, und oft gewinnen Therapeuten während des Evaluationsprozesses einen ersten Eindruck von den Schwierigkeiten, die auf sie zukommen.

Nützliche Fragen

Wenn ein Kliniker vermutet, daß eine bestimmte Patientin unter einer chronischen dissoziativen Störung wie DIS leidet, sollte er bei der Befragung über die Vorgeschichte und bei der Untersuchung des Geisteszustandes bestimmte Bereiche erkunden. Aus methodischen Gründen ordne ich diese Fragen vier Kategorien zu: Amnesien oder »Zeitverlust«, Depersonalisation/Derealisation; Lebenserfahrungen und Schneidersche Symptome ersten Ranges. In der Praxis streue ich diese Fragen in die Anamnese ein, wobei ich solche verschiedener Kategorien so miteinander vermische, so wie es die konkrete Situation erfordert.

Fragen über Amnesien oder »Zeitverlust«

Bei der Befragung von Patienten im Hinblick auf DIS ist es oft ratsam, mit indirekten Fragen zu beginnen. Gewöhnlich frage ich während dieses Teils der Anamnese nach Erfahrungen des »Zeitverlustes«. Dabei gehe ich auf den Begriff »Zeitverlust« zunächst nicht näher ein, und wenn sie bestätigen, daß sie Erlebnisse dieser Art gehabt haben, bitte ich sie, Beispiele dafür zu nennen. Falls sie bestreiten, solche Erfahrungen gemacht zu haben, definiere ich den Begriff anhand eines Beispiels, etwa: »Ein Beispiel für das, was ich mit ›Zeitverlust‹ meine, ist, daß Sie auf eine Uhr schauen und sehen, daß es zum Beispiel 9.00 Uhr morgens ist, und das nächste, woran Sie sich erinnern, ist, daß es plötzlich 3.00 Uhr nachmittags war, und Sie können sich absolut nicht erklären, was in der Zwischenzeit passiert ist. Haben Sie so etwas schon einmal erlebt?« Falls die Patientin dies bejaht, bitte ich sie, Beispiele dafür zu nennen.

Man sollte sich in jedem Fall einige konkrete Beispiele schildern lassen, bevor man darüber urteilt, ob ein Patient tatsächlich ein Zeitverlusterlebnis gehabt hat oder nicht. Viele normale Menschen erleben gelegentlich mikrodissoziative Episoden, was entweder in einer monotonen Situation (z.B. einer Fahrt auf einer leeren Autobahn) oder in einer Periode intensiver Konzentration oder starken Beschäftigtseins (z.B. während einer wichtigen Prüfung oder beim Lesen eines spannenden Romans) vorkommen kann. Bei DIS-Patienten und Menschen, die zu chronischer Dissoziation neigen, ohne unter DIS zu leiden, kommen Zeitverluste häufig und in vielen unterschiedlichen Situationen vor, und sie lassen sich nicht ausschließlich auf Monotonie oder intensive Konzentration zurückführen. Darüber hinaus gibt es bei Zeitverlusterfahrungen gewöhnlich keinen offensichtlichen Sekundärgewinn. Obwohl bei allen Multiplen eine oder mehrere Identitäten Zeitverluste erleben (gewöhnlich einschließlich der Gastgeber-Persönlichkeit oder der Identität, die sich zur Behandlung vorgestellt hat), gestehen nicht alle dies schon zu Beginn einer Therapie ein.

Falls an den Beispielen, die Patienten anführen, zu erkennen ist, daß sie über bestimmte Perioden nichts zu sagen wissen, sollte der Kliniker jeglichen Zusammenhang zwischen solchen Episoden und Drogen- oder Alkoholeinfluß ausschließen. Am besten benutzt er zu diesem Zweck Beispiele, die die Patienten selbst angeführt haben. Daß Rauschmittel bei Zeitverlusterfahrungen eine Rolle gespielt haben, schließt eine dissoziative Störung nicht unbedingt aus, verkompliziert die Differentialdiagnose aber erheblich.

Falls eine Patientin Zeitverlusterfahrungen generell abstreitet, stelle ich ihr trotzdem einige der im folgenden aufgeführten Fragen. Hat sie hingegen über Erfahrungen berichtet, die Zeitverlust vermuten lassen, frage ich sie nach Erlebnissen, in denen sie Beweise dafür sieht, daß sie etwas getan hat, das getan zu haben sie sich nicht erinnern kann. Die meisten Patienten, die zugeben, daß es in ihrem Leben Perioden gibt, an die sie sich nicht erinnern können, vermögen Beispiele für die Ausführung komplexer Aufgaben zu nennen, an deren Verlauf sie keinerlei Erinnerung haben. Ein Patient, ein staatlich anerkannter Wirtschaftsprüfer, berichtete, ihm fehle oft jegliche Erinnerung an Zeitspannen von drei oder vier Stunden; allerdings finde er dann zu seiner Verblüffung am Ende des Arbeitstages fertiggestellte Kalkulationstabellen auf seinem Schreibtisch. Seinem Chef und seinen Kollegen war nie aufgefallen, daß er sich merkwürdig verhalten hatte, und sie hatten nie diesbezügliche Bemerkungen gemacht. Doch ihn selbst belastete sehr, daß er schon mehrmals in einem leeren Büro wieder »zu sich gekommen« war und sich gefragt hatte, wie seine Kollegen hatten gehen können, ohne daß ihm dies aufgefallen war. Die Beispiele für Zeitverlusterfahrungen, über die dissoziierende Patienten berichten, betreffen gewöhnlich viele prosaische Situationen wie die soeben beschriebene, bei denen kein offensichtlicher Sekundärgewinn zu erkennen ist.

Ich frage die Patienten auch, ob ihnen schon einmal plötzlich aufgefallen ist, daß sie Kleidungsstücke trugen, ohne sich daran erinnern zu können, sie angezogen zu haben. Manchmal fordere ich sie sogar auf, die Augen zu schließen und mir zu sagen, welche Kleidung sie im Moment tragen. Die meisten Menschen können beschreiben, wie sie gekleidet sind, weil sie irgendwann eine bewußte Entscheidung getroffen haben, genau diese Kleidungsstücke anzuziehen. Bei Multiplen jedoch haben verschiedene Alter-Persönlichkeiten manchmal sehr unterschiedliche Geschmäcke bezüglich Kleidung, Frisur und Make-up. So kann es passieren, daß die Gastgeber-Persönlichkeit plötzlich Kleidungsstücke an ihrem Körper bemerkt, für die sie sich nie entschieden hat und die sie auch nie auswählen würde. Patientinnen frage ich oft, ob sie manchmal Kleidungsstücke in ihrem Schrank finden, die sie niemals tragen würden. Viele bestätigen dies und fügen Kommentare hinzu wie: »Das ist mir sowieso zwei Nummern zu klein« oder: »Etwas so ›Offenherziges‹ würde ich niemals anziehen.« Ähnliche Erfahrungen machen weibliche Multiple gewöhnlich auch mit Make-up und Frisuren. Das Auffinden von mysteriösen Perücken, falschen Wimpern, Schmuckstücken, Parfums und Schuhen sind ebenfalls Erlebnisse, die viele weibliche Multiple verwirren. Männer erleben ähnliches, doch sind die Gegenstände, deren Herkunft sie sich nicht erklären können, eher Waffen, Werkzeuge oder Fahrzeuge.

Weitere Fragen, die in diese Richtung zielen, betreffen unter anderem das Auffinden von Gegenständen, an deren Kauf sich die Patienten nicht erinnern können. Als spezifische Beispiele hierfür nennen sie oft die Entdeckung von Dingen im Einkaufswagen in einem Supermarkt oder auf ihrem Teller in einer Cafeteria, die ausgewählt zu haben sie sich nicht entsinnen können. Außerdem sollte man nach dem Auffinden von Notizen, Briefen, Fotos, Zeichnungen und anderen persönlichen Dingen, deren Herkunft einer Patientin schleierhaft ist, fragen.

Ähnliche Erfahrungen machen die Patienten im Kontakt mit anderen Menschen und in Beziehungen. Ich untersuche diesen Bereich mit Hilfe von Fragen wie: »Kommt es vor, daß sich Menschen an Sie wenden und darauf beharren, Sie zu kennen, obwohl Sie selbst sich weder an die Betreffenden noch an die Situationen, die diese beschreiben, erinnern können?« Wir alle erleben solche Dinge gelegentlich, doch bei Multiplen geschehen sie immer wieder. Sie berichten manchmal, daß Menschen sie mit unterschiedlichen Namen ansprechen oder darauf bestehen, sie von irgendwoher zu kennen, ohne daß sie selbst sich daran erinnern können – weshalb sie es abstreiten. Kliniker sollten herauszufinden versuchen, mit welchen Namen die Patienten in solchen Situationen angesprochen werden, weil diese Information auf die Existenz unterschiedlicher Identitäten hindeuten kann, mit denen die betreffenden »Fremden« tatsächlich zusammengekommen sind.

DIS-Patienten erleben oft, daß andere Menschen behaupten, sie hätten etwas gesagt, woran sie selbst sich nicht erinnern können, wobei die betreffende Äußerung auf jene anderen – Mitglieder ihrer Familie, Freunde oder Arbeitskollegen – einen starken Eindruck gemacht haben. Bei solchen Interaktionen sind oft Wut oder andere starke Emotionen im Spiel, die die Gastgeber-Persönlichkeit nicht dulden kann. Beispielsweise war eine Patientin mehrmals zu ihrer Arbeitsstelle gekommen und mußte dort feststellen, daß sie am Vortag nach einer turbulenten Szene gekündigt hatte. Auch Beziehungen werden manchmal ähnlich abrupt beendet, was für die nichtsahnende Gastgeber-Persönlichkeit sehr verwirrend und schmerzlich sein kann.

Etwas anderes, das bei vielen Multiplen echte Bestürzung herruft, ist, daß sie sich an viele wichtige Ereignisse in ihrem Leben nicht erinnern können. Sie *wissen* zwar oft, daß sie an einem bestimmten Tag das Abschlußexamen an der Highschool oder am College abgelegt, geheiratet, ein Kind bekommen, einen Preis erhalten oder an einem anderen wichtigen Ereignis teilgenommen haben, doch wirklich *erinnern* können sie sich an die betreffende Situation nicht. Bennett Braun hat festgestellt, daß es in solchen Fällen sehr wichtig ist, zwischen dem *Wissen* darum, daß ein Ereignis stattgefunden hat, und der *Erinnerung* an die tatsächliche Erfahrung zu unterscheiden.

Ein Mensch kann wissen, daß ein bestimmtes Ereignis stattgefunden hat, weil andere ihn darüber informiert haben, ohne daß er sich tatsächlich an das Erlebnis erinnert. Für unsere Zwecke können wir die Erinnerung an ein Ereignis definieren als das Reaktivieren visueller Bilder und anderweitiger Eindrücke von dem Erlebten, die es ermöglichen, sich die betreffende Situation zu vergegenwärtigen. Im Hinblick auf diese Art von Erlebnis stelle ich häufig eine Frage wie die folgende: »Gibt es wichtige Ereignisse oder Erlebnisse in Ihrem Leben, beispielsweise Hochzeiten oder Abschlußexamen, von denen Ihnen andere erzählt haben, an die Sie selbst sich jedoch absolut nicht erinnern können?« Eine meiner DIS-Patientinnen antwortete auf diese Frage, sie könne sich an keinen ihrer Geburtstage und an kein Weihnachtsfest seit ihrer Kindheit und bis in die Gegenwart erinnern. Wie bei allen Nachforschungen dieser Art ist es auch hier wichtig, auf der Nennung spezifischer Beispiele zu beharren und diese genau zu untersuchen, um festzustellen, ob die Patienten den Sinn der Frage verstanden haben und ob Faktoren wie Drogen- oder Alkoholkonsum im Spiel sind, die das Problem verkomplizieren.

Fugue-ähnliche Erfahrungen kommen bei DIS häufig vor (Putnam *et al.* 1986). Dabei kann es sich um »Mini-Fugues« handeln, Episoden, in denen Patienten nur kurze Zeitspannen »verlieren« und in denen sie nur kurze Strecken reisen, aber auch um ausgedehnte Fugues, wobei die Patienten möglicherweise in einem anderen Staat oder Land »aufwachen«. In den meisten Fällen ist es die Gastgeber-Persönlichkeit, die »zu sich kommt« und sich die Situation, in der sie sich befindet, nicht erklären kann. Nach Erfahrungen dieser Art forsche ich, indem ich die Patienten frage, ob sie sich jemals plötzlich an einem anderen Ort wiedergefunden und nicht gewußt haben, wie sie dorthin gekommen waren. Normale Menschen mögen zuweilen »wegtreten«, wenn sie sich intensiv mit etwas beschäftigen; es kommt dann beispielsweise vor, daß sie sich plötzlich in einem anderen Raum des Hauses wiederfinden und nicht wissen, wie sie dorthin gekommen sind. Multiple hingegen finden sich in solchen Fällen eher in einem völlig anderen Teil der Stadt wieder, oder sie fahren in einem Auto, ohne zu wissen, wie sie in dieses hineingekommen sind oder wohin sie eigentlich fahren. Eine Patientin hat dies einmal wie folgt zusammengefaßt: »Ich bin es leid, mich ständig an Straßenecken stehen zu finden, wo ich die ›Gehen‹- und ›Warten‹-Signale beobachte, ohne daß ich weiß, wie ich dort hingekommen bin.« Wenn eine Patientin über mehr als eine längere Fugue-Episode berichtet, besteht eine hohe Wahrscheinlichkeit, daß es sich um einen DIS-Fall handelt.

Fragen über Depersonalisation und Derealisation

Depersonalisations- und Derealisationserlebnisse sind ein wichtiges Symptom dissoziativer Störungen im allgemeinen und der DIS im besonderen (Putnam *et al.* 1986; Bliss 1984b). Sie werden jedoch auch bei anderen psychiatrischen oder neurologischen Befunden beobachtet, beispielsweise bei Schizophrenie, psychotischer Depression und Schläfenlappenepilepsie. Vorübergehende Depersonalisationsempfindungen treten außerdem auch bei normalen Jugendlichen auf. Weiterhin kann Depersonalisation Bestandteil einer Nahtoderfahrung von Normalen sein, die ein schweres Trauma erlebt haben (Putnam 1985a). Deshalb ist es wichtig, beim Forschen nach Symptomen für Depersonalisation bzw. Derealisation eine bestimmte Differentialdiagnose vor Augen zu haben.

Gewöhnlich beginne ich meine Exploration in diesem Bereich, indem ich die Patienten frage, ob sie schon einmal festgestellt haben, daß sie sich beobachteten, als ob sie eine andere Person anschauen oder sich selbst in einem Film sehen würden. Auf diese Weise forsche ich nach Erlebnissen des Heraustretens aus dem eigenen Körper, was mindestens die Hälfte aller Multiplen schon einmal erlebt hat. Oft beobachtet die Gastgeber-Persönlichkeit eine andere Identität beim Ausführen einer bestimmten Aktivität. Die Patienten beschreiben dies vielfach als »sich selbst aus der Ferne beobachten«, wobei sie das Gefühl haben, ihr eigenes Tun nicht beeinflussen zu können. Manchmal fühlen sie sich, als sähen sie sich von der Seite, als würden sie von oben auf sich hinabschauen oder als würden sie sich von einer Position tief in ihrem eigenen Inneren aus beobachten. Solche Erlebnisse sind für DIS-Patienten meist sehr beängstigend, wohingegen Nicht-DIS-Patienten, die in Zusammenhang mit Nahtoderfahrungen über ähnliches berichten, häufig äußern, sie hätten dabei ein Gefühl der Losgelöstheit *(detachment)* oder tiefer Ruhe gehabt. In meiner Praxis haben Multiple zwar oft zugegeben, daß sie sich außerhalb ihres eigenen Körpers erlebt hätten, doch fiel ihnen gewöhnlich schwer, konkrete Beispiele dafür anzuführen. Diese Schwierigkeit scheint teilweise damit zusammenzuhängen, daß es für die Betreffenden sehr belastend ist, sich an solche Erfahrung zu erinnern. Daß DIS-Patienten das Heraustreten aus ihrem eigenen Körper erleben, kommt sehr häufig vor, und auch Normale erleben dies gelegentlich, wenn bei ihnen infolge lebensbedrohlicher

Traumata vorübergehende dissoziative Reaktionen auftreten. Relativ selten hingegen kommen solche Erfahrungen bei Schizophrenie und anderen psychiatrischen Erkrankungen vor, mit gelegentlichen Ausnahmen im Falle von Epilepsie.

Ich frage weiterhin nach anderen Formen von Depersonalisation und Derealisation, beispielsweise nach Gefühlen, nicht real zu sein, eine Maschine zu sein oder tot zu sein, nach dem Gefühl, daß alle anderen und alles andere in der Welt irreal sind, und dergleichen mehr. Erlebnisse dieser Art sind jedoch auch bei Schizophrenie, psychotischer Depression, Phobien oder Angststörungen und sogar bei Zwangsstörungen nicht selten; deshalb müssen positive Antworten auf Fragen zu diesem Bereich im Kontext der umfassenderen Differentialdiagnose beurteilt werden.

Fragen über Erfahrungen im Alltagsleben

Wenn ein Mensch an DIS leidet, macht er in seinem Alltagsleben bestimmte Erfahrungen, die andere Menschen nur selten machen. Nachdem ich mehr als hundert Patienten über ihr Leben mit DIS habe berichten hören, habe ich eine Liste von Erfahrungen zusammengestellt, die Multiple häufig im Alltag machen und die bei allen, die nicht unter dieser Störung leiden, so gut wie nie vorkommen. Ein Vergleich meiner eigenen Erkenntnisse mit denjenigen erfahrener DIS-Therapeuten bestätigt, daß die im folgenden genannten Lebenserfahrungen bei DIS-Patienten häufig vorkommen.

Multiple werden oft als Lügner bezeichnet. Offensichtliches pathologisches Lügen oder Abstreiten von Verhaltensweisen, die von Zeugen beobachtet wurden, ist einer der wichtigsten Prädiktoren für DIS bei Kindern und Jugendlichen (Putnam 1985c). Erwachsene DIS-Patienten erinnern sich oft daran, daß sie in ihrer Kindheit häufig als Lügner bezeichnet wurden. Ich frage die Patienten deshalb, ob sie in ihrem Leben oft des Lügens bezichtigt wurden, obwohl sie selbst in den betreffenden Fällen fest davon überzeugt waren, die Wahrheit zu sagen. Zwar passiert uns allen dies gelegentlich, doch DIS-Patienten machen diese Erfahrung in ihrer Kindheit und auch noch im Erwachsenenalter ziemlich oft. Die Folge ist, daß einige von ihnen als Erwachsene eine Obsession für »die Wahrheit« entwickeln – was teilweise erklären könnte, weshalb diese Patienten so außerordentlich sensibel für jedes Abweichen des Therapeuten von der Wahrheit sind.

Multiple werden von anderen Menschen als Lügner angesehen, wenn sie leugnen, Dinge getan zu haben, bei deren Ausführung sie beobachtet wurden. In den meisten Fällen liegt dem zugrunde, daß die Persönlichkeit, die das Verhalten abstreitet, gegenüber den Aktivitäten einer anderen Persönlichkeit, die die betreffende Handlung ausgeführt hat, eine Amnesie hat. Aus den oben genannten Gründen sollte der Kliniker in solchen Fällen versuchen, einige spezifische Beispiele zu sammeln, auch weil diese zu einem späteren Zeitpunkt der Therapie dazu beitragen können, der Gastgeber-Persönlichkeit Phänomene zu erklären, die diese sich bislang nicht erklären konnte.

Bei der Evaluation eines Patienten auf das mögliche Vorliegen von DIS ist es besonders nützlich, die Kindheitsgeschichte systematisch zu untersuchen. Dadurch können mindestens zwei wichtige Arten von Informationen zutage gefördert werden. Die erste sind Beweise für große amnestische Lücken in der Erinnerung der Patienten an ihre Kindheit, etwas, das bei DIS-Opfern sehr häufig vorkommt. Die zweite bezieht sich darauf, ob die Betreffenden in ihrer Kindheit und Jugend bestimmte Dinge erlebt haben, die bei Multiplen sehr häufig vorkommen. Ich habe festgestellt, daß es bei den meisten Menschen am leichtesten ist, anhand der Geschichte des Schulbesuchs den Lebenslauf zu rekapitulieren und signifikante Erinnerungslücken zu entdecken.

Generell sollte man Patienten zunächst fragen, wie weit sie sich zurückerinnern können und von welchem Alter ab ihre Kindheitserinnerungen mehr oder weniger kontinuierlich werden. Viele Menschen haben bruchstückhafte Erinnerungen etwa vom Alter von zwei Jahren ab, und ihre Erinnerungen werden gewöhnlich erst vom Alter von sechs Jahren an oder noch später kontinuierlicher. Etwa vom dritten oder vierten Schuljahr ab (dem Alter von acht oder neun Jahren) können normale Menschen meist Jahr für Jahr beschreiben, wo sie gelebt haben, wo sie in der Schule waren, welche wichtigen Freunde sie hatten und was bei ihnen zu Hause passiert ist. Meist gehe ich mit den Patienten die Kindheit Schulklasse für Schulklasse durch und frage sie jeweils, wo sie gelebt haben, wo sie in der Schule waren, wer ihre Lehrer waren, ich lasse sie die Namen einiger besonders guter Freunde nennen, und sie berichten über die Situation zu Hause in ihrer Familie. Außerdem frage ich sie nach ungewöhnlichen Erlebnissen oder Ereignissen in jedem Jahr.

Im Rahmen der klassenstufenweisen Befragung kann man auch danach forschen, ob die Patienten als Lügner bezeichnet wurden, ob ihre schulischen Leistungen sehr unterschiedlich waren (z.B. völliges Versagen in einem Halbjahr und Bestleistungen im nächsten). Ich frage auch, ob sie jemals Tests und Hausarbeiten zurückbekommen haben, ohne daß sie sich erinnern konnten, diese geschrieben zu haben, oder ob sie nachträglich entdeckt haben, daß sie an Kursen teilgenommen hatten, an die sie nicht die geringste Erinnerung hatten. Eine weitere Erfahrung, die DIS-Patienten in ihrer Kindheit häufig machen, besteht darin, daß sie das Gefühl haben, allen in ihrer Klasse außer ihnen sei etwas Bestimmtes gesagt worden (Kluft 1985a). Bei vielen DIS-Patienten weisen die Kindheitserinnerungen starke Lücken auf, und Aussagen wie: »Ich kann mich vom siebten bis zum neunten Schuljahr an nichts erinnern« oder: »Ich kann mich an nichts mehr erinnern, was passiert ist, bevor ich sechzehn war«, sind nicht ungewöhnlich.

Flashbacks, intrusive Bilder, traumartige Erinnerungen und Alpträume kommen bei DIS-Opfern häufig vor und zählen zu jenen Symptomen, die der DIS und der posttraumatischen Belastungsstörung gemeinsam sind. Flashbacks werden durch Umweltreize ausgelöst, und zwar ähnlich, wie dies im Hinblick auf die posttraumatische Belastungsstörung beschrieben wird. Ich frage die Patienten, ob es vorgekommen ist, daß sie sich an ein Ereignis aus der Vergangenheit auf eine so lebendige und reale Weise erinnern konnten, als ob sie sich erneut in der betreffenden Situation befunden hätten. Manchmal muß man mehrere Fragen dieser Art stellen, um zu klären, ob dieses Phänomen bei einem Patienten vorliegt. Ein DIS-Patient, bei dem Flashbacks auftreten, gibt dies in manchen Fällen zu, in anderen nicht. Flashbacks wirken äußerst belastend, und die Gastgeber-Persönlichkeit versucht mit ihnen oft wie mit so vielen anderen beängstigenden Erfahrungen durch Leugnen fertig zu werden. Meist berichten die Patienten über das Vorkommen von Flashbacks erst im Laufe einer Therapie. Doch lohnt es sich, bei einem Verdacht auf DIS schon während der Evaluation nach ihnen Ausschau zu halten. Falls Flashbacks vorgekommen sind, ohne daß dies mit Drogenkonsum zusammenhängt, ist dieser Umstand ein ziemlich eindeutiger Beweis dafür, daß die Patientin unter irgendeiner schwerwiegenden dissoziativen Pathologie leidet.

Intrusive geistige Bilder kommen bei DIS-Patienten ebenfalls vor. Häufig beinhalten solche Intrusionen visuelle oder sensorische Erinnerungen an in der Kindheit erlebten sexuellen Mißbrauch, und sie treten während des sexuellen Verkehrs mit dem Ehepartner oder einem Liebhaber auf. Diese intrusiven Bilder können so beängstigend und zudringlich sein, daß sie das Sexualleben der Patienten stark beeinträchtigen. Intrusionen ähneln Flashbacks, doch weiß die Patientin im Fall von Intrusionen, daß es sich um geistige Bilder handelt, also nicht um etwas, das tatsächlich geschieht. Oft tauchen intrusive Bilder immer wieder in der gleichen Form auf, und die betroffenen Patienten erkennen möglicherweise nicht, daß es sich um eine Erinnerung handelt. Beispielsweise beschrieb eine meiner Patientinnen, daß während ihres sexuellen Verkehrs mit ihrem Ehemann wiederholt das Bild einer dunklen, nicht erkennbaren Gestalt, die sich über sie lehnte, aufgetaucht sei. Das Bild wirkte auf sie so beängstigend, daß sie bei seinem Auftauchen oft »erstarrte«, womit der sexuelle Verkehr mit dem Partner praktisch beendet war. Später in der Therapie löste sich das Bild in eine Erinnerung an ihren Stiefvater auf, der sich nachts beim inzestuösen Geschlechtsverkehr über sie lehnte. Ähnliches wurde auch von anderen DIS-Patienten berichtet, die in ihrer Kindheit Inzest und sexuellen Mißbrauch erlebt und erlitten hatten.

Multiple berichten auch über vage, traumartige Erinnerungen, die sie nicht in einen Zusammenhang zu bringen vermögen. Diese Erinnerungsbruchstücke können mit starken emotionalen Reaktionen zusammenhängen, die dem Inhalt der betreffenden Erinnerung nicht angemessen zu sein scheinen. Die Patienten leiten Berichte über solche Erinnerungen oft mit Kommentaren ein wie: »Ich weiß nicht, ob das wirklich passiert ist oder ob ich es mir ausgedacht habe.« Ich frage sie dann, ob sie von Erinnerungen an Ereignisse verfolgt werden, von denen sie nicht genau wissen, ob sie tatsächlich geschehen sind oder ob sie dieselben nur geträumt haben.

Auf die große Zahl von Schlafstörungen, die in Zusammenhang mit DIS vorkommen, wurde bereits in Kapitel 3 hingewiesen, und es wurde dort auch davor gewarnt, solche Schlafstörungen mit jenen zu verwechseln, die in Zusammenhang mit Depression auftreten. DIS-Opfer leiden ebenso wie andere Opfer schwerer Traumata unter einer Art von Schlafstörung, für die schwere und oft sich wiederholende Alpträume typisch sind, außerdem häufiges Erwachen aus tiefem Schlaf und hypnagoge bzw. wachtraumartige Phänomene. Ich forsche während der Evaluation generell gründlich nach Alpträumen. Die meisten DIS-Patienten sind nach meiner Erfahrung bereit, über Alpträume zu berichten, auch wenn sie zögern, andere beängstigende Erfahrungen wie Flashbacks oder intrusive Bilder zuzugeben. Ich frage sie nach dem Inhalt der Träume, an den sie sich gewöhnlich nicht gut erinnern können, und danach, ob sie gelegentlich schreiend außerhalb ihres Bettes aufwachen und überzeugt sind, daß etwas Schreckliches mit ihnen geschieht. Auch Somnambulismus kommt bei erwachsenen DIS-Patienten nicht selten vor. Oft wachen sie häufig am Morgen auf und finden Beweise dafür, daß sie während der Nacht aktiv waren, obwohl sie sich an die Einzelheiten ihres Tuns nicht erinnern können. Manchmal finden sie Zeichnungen, Notizen oder Gedichte vor, sie haben Möbel umgestellt, Kleider in der Wohnung verstreut, oder es gibt Hinweise auf andere Aktivitäten. Kommt dies bei Patienten häufig vor, kann mit hoher Wahrscheinlichkeit davon ausgegangen werden, daß es sich um DIS-Fälle handelt.

Eine weitere Erfahrung, die DIS-Patienten in ihrem Leben häufig machen, ist die Entdeckung, daß sie über Wissen oder Fähigkeiten verfügen, an deren Aneignung sie nicht die geringste Erinnerung haben. Ich frage die Patienten deshalb, ob sie jemals entdeckt haben, daß sie wußten, wie man etwas Bestimmtes macht, beispielsweise wie man sich in einer Fremdsprache verständigt, wie man ein Musikinstrument spielt oder wie man bestimmte berufliche Fähigkeiten anwendet, ohne daß sie sich erinnern konnten, dies gelernt zu haben. Auch das Gegenteil kommt bei der DIS vor: der plötzliche und unerklärliche Verlust von Fähigkeiten oder Wissen, über die Patienten zuvor verfügten. Eine Patientin, eine Atemtherapeutin, konnte sich manchmal nicht erinnern, wie sie ihre Geräte bedienen mußte. Sie versteckte sich dann in der Damentoilette oder täuschte eine Krankheit vor und verließ ihren Arbeitsplatz. Durch ihr unberechenbares Verhalten hatte sie mehrere Arbeitsstellen verloren.

Fragen nach Schneiderschen Symptomen ersten Ranges

Kluft (1984c, 1987) hat darauf hingewiesen, daß bei DIS-Patienten häufig viele der von Schneider kategorisierten Symptome ersten Ranges für Schizophrenie vorliegen. DIS-Patienten berichten oft, sie hörten in ihrem Kopf Stimmen reden, streiten oder brüllen. Diese können sowohl einen pejorativen und kritisierenden als auch einen unterstützenden Charakter haben. Oft kommentieren sie die Gedanken und Aktivitäten der Patienten. Ebenso treten bei den Patienten häufig Beeinflussungserlebnisse auf, beispielsweise in Form des Gefühls, daß ihr Körper von einer äußeren Macht beherrscht wird, oder eines Gedankenentzugs. Eine verbreitete Erscheinungsform von Beeinflussungserlebnissen ist das automatische Schreiben. Auch das Gefühl, daß Gedanken, Gefühle und impulsive Handlungen scheinbar von außen kommen und »gemacht« sind, kommt häufig vor. Kluft (1984c) vermutet, daß bei Patienten, die Suizidversuche gemacht haben, solche Erfahrungen häufiger auftreten. Hingegen berichten DIS-Patienten nur selten über die Empfindung der Gedankenausbreitung (des »Austrahlens« der eigenen Gedanken auf andere), des Gedankenlautwerdens oder über Wahnwahrnehmungen.

Bei der Untersuchung des Geisteszustandes sollten Fragen gestellt werden, die auf derartige Symptome zielen. Viele Multiple fürchten sich insbesondere zu Anfang einer Therapie davor, zuzugeben, daß sie Stimmen in ihrem Kopf hören, weil sie verhindern wollen, daß der Therapeut sie für »verrückt« hält. Letzterer kann in solchen Fällen zunächst fragen, ob sie manchmal, wenn sie allein sind, laut sprechen, und wenn ja, ob sie dann gelegentlich eine Art Antwort erhalten. Viele Gastgeber-Persönlichkeiten haben, wenn sie zur Behandlung erscheinen, bereits irgendeine Form von Kommunikation mit anderen Identitäten entwickelt, obwohl sie sich meist nicht darüber im klaren sind, was da tatsächlich vor sich geht. Die Gastgeber-Persönlichkeit erlebt solche Situationen oft, als läge sie im Streit mit sich selbst.

Gesprächsführung

Patienten, die an DIS leiden, lassen gewöhnlich im Laufe der Evaluation und der anschließenden Behandlung Anzeichen und Symptome für diese Störung erkennen. Die Kunst des Klinikers besteht darin, diese Manifestationen von DIS zu erkennen und sie zu verfolgen. Die meisten Multiplen können Switching oder andere dissoziative Phänomene für kurze Zeit unterdrücken. Hingegen evozieren längere Interaktionen und Situationen, in denen sie starken Streß erleben, bei ihnen oft Dissoziationen, die ein sachkundiger Beobachter zu erkennen vermag. Falls man während einer Therapiesitzung den Verdacht bekommt, daß bei einer Patientin möglicherweise verborgenes Switching stattfindet, sollte man dieser Vermutung einen hohen Stellenwert beimessen.

Auf die physischen und psychischen Veränderungen, die mit Wechseln zwischen verschiedenen Identitäten verbunden sind, werde ich in Kapitel 5 ausführlich eingehen. Um solche Veränderungen bei einem Patienten entdecken zu können, muß man die Möglichkeit zulassen, daß die Labilität, die Wechselhaftigkeit oder das dichotome Verhalten des Patienten durch Wechsel zwischen verschiedenen Identitäten bzw. Alter-Persönlichkeiten bedingt ist, statt es als »Stimmungsumschwünge« oder »Abspaltungen« *(splitting)* oder im Sinne einer anderen von einer »einheitlichen Persönlichkeit« ausgehenden Erklärung zu interpretieren. Man wird die DIS nicht finden, wenn man nicht bereit ist, danach Ausschau zu halten. Andererseits entsteht eine DIS bei einem Patienten nicht deshalb, *weil* man nach ihr Ausschau hält.

Es gibt im wesentlichen zwei Möglichkeiten, Switching zwischen Identitäten im Laufe einer Sitzung bei einem Patienten zu erkennen. Die erste besteht in der Identifikation körperlicher Anzeichen für den Vorgang. Diese werden in Kapitel 5 beschrieben. Die wichtigsten sind Veränderungen des Gesichtsausdrucks wie ein Aufwärtsrollen der Augen, schneller Lidschlag sowie Zuckungen und Grimassen. Auch Veränderungen des Stimmcharakters und der Sprechweise kommen häufig vor (Putnam 1988c). Durch sorgfältige Beobachtung über längere Zeit wird man feststellen, daß diese körperlichen Veränderungen jeweils mit einer bestimmten Gruppe psychischer Veränderungen (d.h. mit einer bestimmten Alter-Persönlichkeit oder Identität) verbunden sind.

Der zweite Hauptindikator für Persönlichkeitswechsel im Laufe einer Behandlungssitzung ist eine im Laufe eines Gesprächs auftretende Amnesie. Diese kann eintreten, wenn sich eine Alter-Persönlichkeit manifestiert, die keinen Zugang zu den zustandsabhängigen Erinnerungen einer vorher aktivierten Identität hat und deshalb nicht weiß, was vor ihrem Erscheinen geschehen ist. Viele Multiple haben Strategien entwickelt, um fehlende Erinnerungen zu verbergen, und versuchen mit deren Hilfe, ihre Amnesie zu vertuschen. Diese Strategien zielen allgemein ausgedrückt darauf, die Aufmerksamkeit des Befragenden von der fehlenden Information weg und auf einen Bereich zu lenken, in dem sich die aktivierte Identität wohlfühlt. Deshalb sollte man bei einer solchen Befragung auf signifikante Veränderungen im Gedankenfluß oder auf abrupte Wechsel des Fokus der Aufmerksamkeit achten.

Ich habe einmal mit einer Patientin gearbeitet, die die Gewohnheit hatte, sich mitten im Gespräch über eine wichtige oder schmerzhafte Erfahrung plötzlich auf ein Objekt im Raum zu fixieren (beispielsweise auf ein Gemälde an der Wand oder auf den Titel eines Buches im Regal) und dann ein Gespräch über dieses Objekt anzufangen. Versuche, sie zum vorherigen Gedankengang zurückzuleiten, die beiden Themen zueinander in Beziehung zu setzen oder dieses Verhalten als Widerstand zu interpretieren, schlugen stets fehl. Allmählich wurde mir immer klarer, daß sie sich an das, worüber wir gerade noch gesprochen hatten, nicht mehr erinnern konnte. Meinen anfänglichen Versuchen, die Möglichkeit einer Amnesie zur Sprache zu bringen, begegnete sie mit Kommentaren wie: »Darüber möchte ich nun nicht mehr reden [das nicht näher benannte vorherige Thema].« Als ich darauf beharrte und sie aufforderte, genauer darauf einzugehen, worüber wir soeben geredet hatten, gab sie schließlich zu, daß sie sich nicht daran erinnern konnte. Zu Interaktionen dieser Art kam es in mehreren Sitzungen, bevor sie bereit war, zu akzeptieren, daß sie sowohl während als auch außerhalb der Therapie Zeitverlusterfahrungen machte.

Eine andere Form der Amnesie, die während des Evaluationsgesprächs auftreten kann, ist ein Muster, bei dem die Patienten zunächst bestimmte Symptome, Verhaltensweisen oder Erfahrungen bestätigen und später leugnen, so etwas jemals gesagt zu haben. Dieses Muster des »Tuns und Rückgängigmachens« ist für DIS typisch. Es kann auf einer Amnesie im Hinblick auf die vorherigen Aussagen und Handlungen beruhen oder damit zusammenhängen, daß verschiedene Alter-Persönlichkeiten gegensätzliche Wertvorstellungen und Sichtweisen der Welt zum Ausdruck bringen.

Wenn ein Kliniker vermutet, daß während des Evaluationsgesprächs eine Amnesie eintritt, kann er sich diesem Problem zunächst indirekt auf eine Weise nähern, die den weiter oben beschriebenen Untersuchungen auf das Vorliegen von Zeitverlust ähnelt. In manchen Fällen ist es jedoch unumgänglich, Patienten direkt aufzufordern, die Information, für die sie nach Ansicht des Therapeuten eine Amnesie entwickelt haben, detailliert zu beschreiben. Manche Patienten erschrecken, wenn sie auf diese Weise unmittelbar mit der Erfahrung des Zeitverlustes innerhalb einer Therapiesitzung konfrontiert werden. Man sollte unbedingt versuchen, die Wirkung einer solchen Interaktion abzufedern, indem man den Betroffenen erklärt, daß dies ein Symptom für ihr Problem ist, daß ihnen das gleiche wahrscheinlich auch in anderen Situationen passiert und daß ein Ziel der Behandlung ist, das Vorkommen solcher Episoden in Zukunft unmöglich zu machen.

Gelegentlich unterläuft es Multiplen (möglicherweise absichtlich), über sich selbst in der ersten Person Plural oder in der dritten Person zu sprechen. Der Gebrauch von »wir« im kollektiven Sinne, also nicht im Sinne des *Plural majestatis*, ist besonders häufig zu beobachten (Greaves 1980). Zuweilen reden Patienten auch von »er« oder »sie«, wenn es um ihr eigenes Verhalten geht. Kluft (1985a) meint jedoch, »Wir«-Aussagen seien bei DIS-Patienten *nach* der Diagnose und wenn sie sich an die Behandlung gewöhnt hätten, häufiger zu beobachten als in der Zeit davor.

Eine weitere bei vielen DIS-Patienten gemachte Beobachtung ist ein übertriebener Schreckreflex. Natürlich ist auch bei manchen Psychiatriepatienten, die nicht unter DIS leiden (z.B. bei Opfern der posttraumatischen Belastungsstörung), eine verstärkte Schreckreaktion zu finden, doch treten derartige Reaktionen bei den meisten Multiplen selbst auf geringfügige Stimuli hin auf. Eine andere Manifestation dieses Prozesses ist eine auf einen schädlichen Reiz bezogene unberechenbare Habituation; beispielsweise können Patienten auf ein sich wiederholendes lautes Geräusch hin zunächst mehrmals eine Schreckreaktion zeigen, dann den Eindruck erwecken, sie würden das Geräusch »ausblenden«, und zu einem späteren Zeitpunkt auf den gleichen Reiz so zu reagieren, als sei er völlig neu. Solche Verhaltensveränderungen zeigen oft an, daß ein Identitätswechsel eingetreten ist und sich eine neue, nicht habituierte Alter-Persönlichkeit manifestiert hat.

Diagnostische Verfahren

Erhebung des psychischen Befundes

In Tabelle 4.1 sind die wichtigsten Punkte aufgeführt, die bei der Erhebung des psychischen Befundes bei DIS von Bedeutung sind.

Tabelle 4.1 Erhebung des psychischen Befundes bei DIS

Bereich	Charakteristika
Erscheinung	Kleidungsstil, Pflegezustand, allgemeine Erscheinung und Auftreten können sich von Sitzung zu Sitzung stark verändern. Deutliche Veränderungen der Mimik, des allgemeinen Körperausdrucks, der Haltung und des Auftretens sind auch während einer Sitzung möglich. Bevorzugung einer bestimmten Hand und Gewohnheiten wie Rauchen können sich innerhalb kurzer Zeit verändern.
Sprechweise	Veränderungen der Sprechgeschwindigkeit, der Tonhöhe, des Akzents, der Lautstärke, des Vokabulars und des Gebrauchs charakteristischer Ausdrücke sowie von Flüchen sind innerhalb einer kurzen Zeitspanne möglich.
Motorische Prozesse	Schnelles Blinzeln, Flattern der Augenlider, deutliches Augenrollen, Tics, Zuckungen, Schreckreaktionen oder Schauder und Grimassen begleiten oft den Wechsel von einer Alter-Persönlichkeit zu einer anderen.
Denkprozesse	Die Denkprozesse können nichtsequentiell und unlogisch wirken. Manchmal sie die Assoziationen sehr schwach, und die Patienten erwecken zuweilen den Eindruck, Gedankengänge abzublocken oder den Faden zu verlieren. Dies ist bei schnellem Switchen am deutlichsten zu beobachten. Allerdings bleiben solche Denkstörungen nicht über eine Krisensituation hinaus bestehen.
Halluzinationen	Auditive und/oder visuelle Halluzinationen kommen vor, einschließlich pejorativer Stimmen sowie solcher, die das Tun der Patienten kommentieren oder mit ihnen streiten oder Halluzinationen auslösen. In den meisten Fällen hören die Patienten die Stimmen *in* ihrem Kopf. Auch positive Stimmen oder vom Sekundärprozeß gesteuerte Stimmen können sich manifestieren.
Intellektuelle Funktionsfähigkeit	Kurzzeitgedächtnis, Orientierung, Rechenfähigkeit und Wissensfundus sind im allgemeinen intakt. Das Langzeitgedächtnis kann Mängel aufweisen.
Urteilsfähigkeit	Verhaltensangemessenheit und Urteilsvermögen der Patienten können starken Schwankungen unterliegen. Diese Veränderungen stehen häufig im Einklang mit der Altersdimension (d.h. mit Wechseln vom Erwachsenenverhalten zu kindlichem Verhalten und umgekehrt).
Einsicht	Die Persönlichkeit, die sich in der überwiegenden Zahl (etwa 80 Prozent) der Fälle zur Behandlung vorstellt, ist sich über die Existenz von Alter-Persönlichkeiten nicht im klaren. Die Patienten zeigen eine deutliche Unfähigkeit, aus früheren Erfahrungen zu lernen.

Die Nutzung von Hausaufgaben und Beobachtungen

Meist läßt sich nicht während der ersten Kontakte mit einer Patientin feststellen, ob die Betreffende an DIS leidet. Wir (Putnam *et al.* 1986) haben festgestellt, daß Patienten bei dem Therapeuten, der bei ihnen DIS diagnostizierte, im Mittel nach dem Erstgespräch bereits sechs Monate in Behandlung waren, wobei es auch vorkommt, daß die Diagnose erst nach mehreren Jahren gestellt wird. Bei den im Rahmen der NIMH-Übersichtsstudie untersuchten DIS-Patienten waren seit ihrem ersten Kontakt mit dem psychiatrischen Versorgungssystem bis zur eindeutigen Feststellung von Symptomen, die auf DIS zurückzuführen waren, durchschnittlich 6,8 Jahre vergangen (Putnam *et al.* 1986). Man kann also sagen, daß die Diagnose auf DIS im allgemeinen wahrscheinlich erst nach längerer Zeit der Beobachtung des Patienten und der Interaktion mit ihm vom Therapeuten erstellt wird (Putnam 1985b).

Eine Möglichkeit, Längsschnittinformationen über Patienten, bei denen DIS-Verdacht besteht, zu sammeln, ist, ihnen irgendeine täglich auszuführende sequentielle Aufgabe zu stellen, mit deren Hilfe sich ihre Leistung über längere Zeit untersuchen läßt. In diesem Sinne haben sich Tagebuchführen und ähnliche Aufgaben für die Aufdeckung von DIS-Fällen als nützlich erwiesen. Kluft (1984c) fordert seine Patienten auf, täglich während einer Zeitspanne von 30 Minuten sämtliche Gedanken aufzuschreiben, die ihnen in den Sinn kommen, und das Aufgeschriebene in die Behandlungssitzung mitzubringen. Auch ich habe festgestellt, daß man mit Hilfe dieser Technik Alter-Persönlichkeiten die Möglichkeit geben kann, sich zu zeigen. Das größte Problem, das ich bei der Anwendung dieser Technik beobachtet habe, ist, die Patienten dazu zu bringen, das Material tatsächlich in die Therapiesitzung mitzubringen. Oft fühlen sich die Patienten verlegen, schämen sich wegen dem, was sie geschrieben haben, oder es macht ihnen Angst, und sie sträuben sich deshalb, das Geschriebene ihren Therapeuten zu offenbaren. Meist mußte ich sie darauf hinweisen, daß sie sich bereit erklärt hatten, diese Aufgabe auszuführen, und ich muß sie wiederholt an diese Zusage erinnern. Um Vergleiche zu erleichtern, sollten alle Einträge in ein einziges Notizbuch geschrieben werden.

Die Alter-Persönlichkeiten kündigen sich manchmal an, indem sie ihre Beiträge im Tagebuch unterschreiben; es kann aber auch sein, daß sie sich durch starke Veränderungen hinsichtlich des Schreibstils, der Rechtschreibung, der Grammatik und des Inhalts bemerkbar machen. Auch Charakteristika der Handschrift verändern sich oft stark, und wenn genug Einträge vorliegen, läßt sich gewöhnlich eine Beziehung zwischen den jeweiligen Handschrift- und Stilmerkmalen und dem Inhalt von Tagebucheinträgen herstellen. Mit Hilfe dieser Technik kann sich der Therapeut bequem mit dem System der Alter-Persönlichkeiten vertraut machen, denn er gewinnt so einen ersten Eindruck von einigen der Gedanken, Gefühle und Sorgen einzelner Identitäten. Oft nutzen Identitäten, die der Gastgeber-Persönlichkeit oder bestimmten Alter-Persönlichkeiten gegenüber feindselig eingestellt sind, dies als Gelegenheit für unflätige Kommentare oder Drohungen. Im Laufe der Therapie kann eine Modifikation des Tagebuchschreibens, das »schwarze Brett«, die Bemühungen um eine Verbesserung von Kooperation und Kommunikation innerhalb des Systems der multiplen Persönlichkeit sehr unterstützen.

Über den Nutzen langwieriger Interviews

Vor einigen Jahren teilte Richard Kluft mir mit, wenn er bei Patienten eine DIS vermute, dehne er Evaluationsinterviews bewußt über mehrere Stunden aus. Ich selbst habe festgestellt, daß diese Taktik bei manchen Patienten äußerst wirksam ist. Kluft beobachtete, daß es DIS-Patienten irgendwann im Laufe einer solchen überlangen Interviewsitzung nicht mehr möglich ist, Switchen noch länger zu unterdrücken. Eine solche Sitzung dauert in der Regel etwa drei Stunden; allerdings ist es bei besonders verschlossenen DIS-Patienten manchmal notwendig, den größten Teil eines Tages auf diese Arbeit zu verwenden. Während eines solchen Interviews, das für beide Seiten erschöpfend und belastend ist, muß man als Therapeut unablässig auf wirkungsvolle Weise nach dissoziativen Erfahrungen forschen und aufmerksam auf eventuell auftretende Amnesien und andere Anzeichen für verdecktes Switchen achten.

Psychologische Testverfahren

Zur Zeit der Erstveröffentlichung dieses Buches gab es noch keine definitiven psychologischen oder physiologischen Tests für DIS. Zwar wurden im Laufe der Jahre bei DIS-Patienten viele verschiedene Arten von psychologischen Messungen eingesetzt, doch da gewöhnlich nur ein oder zwei Patienten nach einer bestimmten Methode getestet wurden, lassen sich die erzielten Resultate kaum verallgemeinern. Nur zwei Meßverfahren wurden bei DIS-Patienten wiederholt angewandt: das *Minnesota Multiphasic Personality Inventory* (MMPI) und der *Rorschach-Test*. Für diese beiden Verfahren liegen einige allgemeine Beobachtungen über die Ergebnisse von DIS-Patienten vor, die sich bei Wiederholungen bestätigt haben.

Das MMPI

In drei separaten Studien wurde das MMPI bei 15 oder mehr DIS-Patienten angewendet (Coons u. Sterne 1986; Solomon 1983; Bliss 1984b). Ihre Resultate weisen einige Gemeinsamkeiten auf. Charakteristische MMPI-Profile bei DIS umfassen einen erhöhten *F*- oder Validitätswert und einen erhöhten *Sc*- oder Schizophreniewert (Coons u. Sterne 1986); Solomon 1983; Bliss 1984b). Wichtige Items auf der Schizophrenie-Skala, die von DIS-Patienten häufig bestätigt werden, sind unter anderem Item 156, »Ich habe in meinem Leben zu bestimmten Zeiten Dinge getan, von denen ich später nicht wußte, daß ich sie getan hatte«, und Item 251, »Es gab in meinem Leben Zeitabschnitte, in denen meine Aktivitäten unterbrochen wurden und ich nicht wußte, was um mich her geschah« (Coons u. Sterne 1986; Solomon 1983). Coons und Sterne (1986) stellten fest, daß 64 Prozent ihrer Patienten Item 156 anfangs bestätigten und daß 86 Prozent der Untersuchten dieses Item bei einem erneuten Test, der durchschnittlich 39 Monate später stattfand, erneut bestätigten. Die Autoren weisen darauf hin, daß auf Psychosen hindeutende kritische Items mit Ausnahme auditiver Halluzinationen nicht häufig bestätigt wurden.

In allen drei Studien (Coons u. Sterne 1986; Bliss 1984b; Solomon 1983) wurde übereinstimmend ein erhöhter Wert der F-Skala festgestellt, der in vielen Fällen technisch gegebene, aber nicht sinnvoll interpretierbare Profile erzeugte. Solomon (1983) hat dies als einen »Schrei um Hilfe« gedeutet, und er merkt an, daß dieser in seiner Stichprobe mit Suizidneigung assoziiert war. Alle drei Studien ergaben auch, daß DIS-Patienten nach den MMPI-Resultaten als polysymptomatisch erschienen und daß viele der sich abzeichnenden Profile im allgemeinen als Hinweise auf eine Borderline-Persönlichkeitsstörung angesehen werden.

Obwohl diese Art von MMPI-Profil als Hinweis auf ein mögliches Vorliegen von DIS verstanden werden kann, wurden daraus keinerlei Erkenntnisse gewonnen, die als charakteristisch für die DIS gelten könnten. Coons und Sterne (1986) führten mit ihrer Stichprobe durchschnittlich 39 Monate nach dem ersten Test eine Überprüfung durch, bei der keine nennenswerten Veränderungen des Profils der untersuchten Patienten in der verstrichenen Zeitspanne erkennbar wurden, selbst wenn die Patienten inzwischen eine umfangreiche Behandlung erhalten hatten. Allerdings wird in zwei Einzelfallstudien, bei denen mehrmals Tests durchgeführt wurden, über Hinweise auf eine mit Hilfe des MMPI festgestellte Normalisierung berichtet (Brassfield 1980; Confer u. Ables 1983).

Der Rorschach-Test

Eine kleine Zahl von DIS-Patienten wurde mit Hilfe des Rorschach-Tests untersucht. Wagner und Heise (1974) berichten bezüglich der Untersuchung der Reaktionen von drei DIS-Patienten auf Rorschach über zwei gemeinsame Charakteristika: 1) eine große Zahl von unterschiedlichen Bewegungsreaktionen und 2) labile und konfligierende Farbreaktionen. Wagner *et al.* (1983) ergänzten diese Beobachtungen aufgrund der Resultate eines vierten DIS-Falls. Danesino *et al.* (1979) und Piotrowski (1977) bestätigen aufgrund ihrer Interpretation zweier weiterer DIS-Fälle Wagners und Heises (1974) ursprüngliche Beobachtungen. Lovitt und Lefkof (1985) widersprechen den von Wagner *et al.* (1983) benutzten Entscheidungsregeln. Sie benutzten bei ihren Untersuchungen ein anderes Rorschach-Scoring-Protokoll, Exners System, um drei DIS-Patienten zu untersuchen. Obgleich behauptet wird, der Rorschach-Test eigne sich grundsätzlich zur Identifikation von DIS und anderer schwerer dissoziativer Störungen (Wagner *et al.* 1983; Wagner 1978), ist die Zahl der nach diesen Protokollen untersuchten Fälle bisher viel zu gering, als daß sie schon Verallgemeinerungen zuließen. Auch die Diskrepanzen zwischen den Entscheidungsregeln von Wagner *et al.* (1983) und den Erkenntnissen von Lovitt und Lefkof (1985) müssen aufgelöst werden, bevor der Roschach-Test bei schweren dissoziativen Pathologien für etwas anderes als für die Suche nach ersten allgemeinen Eindrücken über das Vorliegen einer schweren dissoziativen Pathologie benutzt werden kann.

Die körperliche Untersuchung

Psychiater vernachlässigen in ihrer Praxis häufig die körperliche Untersuchung, und dies gilt insbesondere für die ambulante psychiatrische Arbeit. Es gibt hierfür viele Gründe, und generell bleibt die Beantwortung der Frage, ob im Einzelfall eine körperliche Untersuchung durchgeführt werden sollte, dem Urteil des Therapeuten überlassen. Bei DIS jedoch gibt es mehrere Gründe, die eine körperliche oder zumindest eine neurologische Untersuchung der Patienten als ratsam erscheinen lassen und die für den Nutzen einer solchen Maßnahme beim Erstellen der Diagnose sprechen.

Das wichtigste pathophysiologische Merkmal der DIS ist die Amnesie, die sich als Gedächtnisschwäche manifestiert. Die Differentialdiagnose von Gedächtnisproblemen erfordert es, organische Störungen wie innere Kopfverletzungen, Tumoren, Verletzungen der Blutgefäße im Gehirn und Demenzerkrankungen (z.B. Alzheimer, Chorea-Huntington [Veitstanz] und Parkinson) auszuschließen. Um diese Möglichkeiten zu überprüfen, ist in vielen Fällen eine gute neurologische Untersuchung erforderlich.

Eine körperliche Untersuchung kann auch helfen, Anzeichen für Selbstverletzungen festzustellen. Diese sind bei DIS-Fällen durch bloße beiläufige Überprüfung oft nicht zu erkennen, weil sie sich in vielen Fällen an den (durch langärmelige Kleider oder Blusen verborgenen) Oberarmen, am Rücken, an den Innenseiten der Oberschenkel, an den Brüsten und am Gesäß befinden. Selbstverletzungen finden oft in Form feiner Schnitte mit Rasierklingen oder Glasscherben statt. In den mir bekannten Fällen überlagern sich Narben wiederholter Schnitte, so daß der Eindruck chinesischer Schriftzeichen entsteht. Eine andere verbreitete Form der Selbstverletzung sind Verbrennungen, die Patienten sich mit Zigaretten oder Streichhölzern zufügen. Sie sind an kreis- oder punktförmige Narben zu erkennen. Wenn im Rahmen einer körperlichen Untersuchung Hinweise auf wiederholte Selbstverletzungen entdeckt werden, ist dies ein starkes Indiz für eine dissoziative Störung wie die DIS oder die Depersonalisationsstörung.

Ein weiterer Grund für Narbenbildung bei DIS-Fällen sind Verletzungen infolge von Mißhandlungen oder Mißbrauch in der Kindheit. Meist sind Hinweise auf frühere Verletzungen dieser Art nicht deutlich erkennbar. Mir persönlich sind mehrere

Fälle bekannt, in denen die Folgen von Mißhandlungen bzw. Mißbrauchserlebnissen in der Kindheit noch im Erwachsenenalter zu erkennen waren. Wenn ich im Rahmen einer körperlichen Untersuchung eine Narbe entdecke (selbst wenn es sich dabei eindeutig um eine Operationsnarbe handelt), frage ich stets nach deren Entstehungsgeschichte. Sind Multiple nicht in der Lage, den Ursprung von Operationsnarben zu erklären, dokumentieren sie auch damit, daß bei ihnen bezüglich wichtiger Ereignisse ihrer Lebensgeschichte eine Amnesie vorliegt.

Begegnung mit Alter-Persönlichkeiten

Eine Diagnose auf DIS kann erst gestellt werden, nachdem der Therapeut eine oder mehrere Alter-Persönlichkeiten kennengelernt und sich vergewissert hat, daß zumindest eine von diesen klar unterscheidbar ist und von Zeit zu Zeit die Kontrolle über das Verhalten der Patientin übernimmt (APA 1980a, 1987, 1994). Der Frage, wie klar abzugrenzen und unterschiedlich eine Identität sein muß, um sich von einer Stimmung *(mood)* oder einem »Ich-Zustand« *(ego state)* zu unterscheiden, werde ich mich später in diesem Kapitel zuwenden. Im Augenblick geht es darum, wie ein Kliniker vorgehen kann, um bei Patienten, die im Verdacht stehen, unter DIS zu leiden, Alter-Persönlichkeiten kennenzulernen.

Sowohl die Ergebnisse einer Literaturrecherche als auch die Resultate der NIMH-Übersichtsstudie deuten darauf hin, daß in ungefähr der Hälfte aller Fälle eine solche Begegnung von einer oder mehreren Alter-Persönlichkeiten selbst initiiert werden, die zu diesem Zwecke »herauskommen« und klarzustellen versuchen, daß sie sich vom Patienten unterscheiden (Putnam *et al.* 1986). Daß eine Alter-Persönlichkeit sich dem Therapeuten persönlich, am Telefon oder brieflich vorstellt und sich als Freund oder Freundin der Patientin bezeichnet, kommt ziemlich häufig vor. In vielen dieser Fälle ist der betreffende Therapeut nie auf die Idee gekommen, daß die Patientin unter DIS leidet. Meiner Erfahrung nach ist ein spontanes Klarwerden der Diagnose kurz nach dem Erstkontakt ein Zeichen dafür, daß sich die Patientin entweder in einer Krise befindet oder daß die DIS-Diagnose bereits in einer vorangegangenen Situation gestellt wurde.

Falls ein Kliniker nach der Anamnese und nach Durchführung einer Untersuchung des Geisteszustandes (unter besonderer Berücksichtigung von Zeitverlusterfahrungen, Depersonalisation/Derealisation, charakteristischer Lebenserfahrungen und Schneiderscher Symptome ersten Ranges) den Verdacht entwickelt, die Patientin könnte unter DIS leiden, hat er verschiedene Möglichkeiten, Alter-Persönlichkeiten hervorzulocken.

Zunächst probiere ich es in solchen Fällen mit indirektem Nachforschen. Anfangs streife ich das Thema nur leicht, gewöhnlich indem ich die Patientin frage, ob sie schon jemals das Gefühl gehabt hat, mehr als eine Person zu sein. Oft erhalte ich dann Antworten wie: »Ich weiß nicht, wer ich bin. Ich habe das Gefühl, eine Menge Leute zu sein. Vielleicht gibt es so etwas wie ein Ich gar nicht.« Solche Menschen haben oft das Gefühl, sie könnten je nach den Umständen jeder sein, und es mangele ihnen an einer dauerhaften Identität. Manchmal erhalte ich auch Antworten wie: »Ja, es gibt noch einen anderen Teil von mir, und ihr Name ist Martha.« Wenn kein so direktes Eingeständnis erfolgt, fahre ich oft mit einer Frage fort wie: »Haben Sie manchmal das Gefühl, daß es noch irgendeinen anderen Teil [Seite, Facette usw.] von Ihnen gibt, der manchmal vortritt und etwas tut oder sagt, daß Sie nicht tun oder sagen würden?« Oder: »Haben Sie manchmal das Gefühl, das Sie nicht allein sind, so als ob irgend jemand anderes oder ein anderer Teil Sie beobachten würde?« Falls die Patientin diese Fragen positiv oder ambivalent beantwortet, muß man unbedingt nach spezifischen Beispielen fragen. Insbesondere forsche ich entweder nach einem Namen oder nach einem Attribut, nach einer Funktion oder nach einer Beschreibung, die ich benutzen kann, um diesen anderen Teil direkt zu evozieren.

Nehmen wir beispielsweise an, die Patientin bestätigt einige dissoziative Symptome und sagt, sie fühle sich zeitweilig, als sei sie eine andere Person oder als sei noch eine andere Person zugegen, und dieser andere Teil wird von ihr vage als feindselig und wütend oder depressiv und suizidal beschrieben. Der Therapeut kann dann fragen, ob es möglich wäre, mit diesem anderen Teil zusammenzutreffen: »Kann dieser andere Teil herauskommen und mit mir reden?« Auf diese Frage hin können sich bei einem Multiplen Anzeichen für unangenehme Empfindungen manifestieren. Manche Gastgeber-Persönlichkeiten haben das Gefühl, nur mit Mühe das Auftauchen unerwünschter Alter-Persönlichkeiten verhindern zu können. Deshalb möchten sie nicht, daß ihr Therapeut diese Quälgeister auch noch einlädt, sich zu zeigen. Und wenn eine Gastgeber-Persönlichkeit sich über die Existenz von Alter-Persönlichkeiten im klaren ist, konkurriert sie mit ihnen um die Aufmerksamkeit des Therapeuten und ist deshalb nicht daran interessiert, sie ihm vorzustellen. Infolgedessen hört der Therapeut oft von Gastgeber-Persönlichkeiten in vielen Variationen, daß es nicht möglich oder nicht wünschenswert sei, ihm die Alter-Persönlichkeiten vorzustellen.

In dieser Situation werden im Umgang mit DIS unerfahrene Therapeuten leicht nervös. »Wie bringe ich diese Persönlichkeiten, sofern sie überhaupt existieren, dazu, sich zu zeigen?« – »Was ist, wenn ich unrecht habe und es gar keine anderen Persönlichkeiten gibt? Erzeuge ich sie dann selbst, indem ich nach ihnen frage?« Diese und andere Fragen stellen Therapeuten, die vermuten, sie könnten es mit Multiplen zu tun haben, obwohl sie noch keiner Alter-Persönlichkeit offen begegnet sind.

Die grundlegende Methode der Kontaktaufnahme zu vermuteten Alter-Persönlichkeiten besteht darin, nach ihnen zu fragen. In vielen Fällen kann man durch direktes Fragen eine oder mehrere von ihnen dazu bewegen, sich zu zeigen. In manchen anderen Fällen helfen Hypnose und Interviews unter Natirumamytal-Einfluß, eine

Alter-Persönlichkeit zum Auftauchen zu bewegen. Wie bereits früher erwähnt, werden wir uns mit hypnotischen Methoden und Interviews unter chemischem Einfluß in Kapitel 9 beschäftigen.

Die Suche nach vermuteten Alter-Persönlichkeiten

Wenn ein Therapeut den starken Verdacht hat, daß ein Patient unter DIS leiden könnte, sich jedoch in seiner Gegenwart noch keine erkennbare Alter-Persönlichkeit spontan manifestiert hat, ist es irgendwann an der Zeit, direkt um ein Zusammentreffen mit einer Alter-Persönlichkeit zu bitten. Dieser Augenblick ist wahrscheinlich für Therapeuten schwieriger als für Patienten. Man fühlt sich dabei möglicherweise sehr merkwürdig. Es ist aber oft unumgänglich, ihn herbeizuführen. Die erste Frage, die in diesem Fall zu klären ist, lautet, nach »wem« man fragen soll. Ist die Patientin tatsächlich eine Multiple, war die Persönlichkeit, die sich dem Therapeuten vorgestellt hat, in den meisten Fällen die Gastgeber-Persönlichkeit. In Kapitel 5 wird beschrieben, daß die Gastgeber-Persönlichkeit häufig diejenige ist, die zur Behandlung erscheint, und daß sie meist depressiv ist und mit den Umständen ihres Lebens nicht fertig wird (dies könnte bei männlichen DIS-Patienten in geringerem Maße zutreffen). Sie vermeidet oder leugnet aktiv alle Hinweise auf und Beweise für die Existenz anderer Persönlichkeiten. Falls die Identität, die sich dem Therapeuten vorstellt, nicht die Gastgeber-Persönlichkeit ist, ist sie sich mit hoher Wahrscheinlichkeit über die Multiplizität im klaren und bereit, an deren Offenlegung mitzuarbeiten.

Meist bemüht sich der Therapeut darum, der Alter-Persönlichkeit zu begegnen, über die er die meiste Information hat. Hat er die Patientin nach dissoziativen Erfahrungen gefragt und hat sie eine positive Antwort gegeben und spezifische Beispiele genannt, so verfügt er über Informationen darüber, was während solcher Situationen geschieht. Vielleicht hat die Patientin zum Beispiel berichtet, daß sie mehrmals wegen Wutausbrüchen, an die sie sich nicht mehr erinnern kann, ihre Arbeit verloren hat. Dies könnte den Therapeuten auf den Gedanken bringen, daß – falls die nicht erinnerten Episoden durch DIS verursacht werden – eine Persönlichkeit existiert, die während der Arbeit auftaucht und im Zustand der Wut Dinge sagt oder tut. Er kann dann nach dieser Persönlichkeit wie folgt fragen: »Ich würde gern direkt mit dem Teil [dem Aspekt, der Sichtweise usw.] von Ihnen reden, der vorigen Mittwoch während der Arbeit aufgetreten ist und Ihrem Chef gesagt hat, er solle sich das alles in den … stecken.« Je genauer eine vermutete Identität beschrieben wird, um so größer sind die Chancen, sie zur Manifestation zu bewegen. Ihren richtigen Namen zu nennen ist meist die wirksamste Methode, dies zu erreichen, doch wiederholt ein Attribut oder eine Funktion von ihr zu beschreiben (z.B. »der Dunkle«, »der Wütende«, »das kleine Mädchen«, »der Verwalter«), ist ebenfalls von Nutzen. Um ein Treffen mit jenem anderen Teil sollte im Ton einer Einladung, nicht einer Forderung, ersucht werden.

Bezeichnungen wie »Persönlichkeit« oder »Identität« versuche ich in diesem Stadium der Arbeit mit Patienten möglichst zu vermeiden. Doch sind sich die meisten Patienten (sowohl die unter DIS leidenden als auch diejenigen, bei denen dies nicht der Fall ist) darüber im klaren, daß Fragen dieser Art irgendwie mit dem Phänomen der multiplen Persönlichkeit in Zusammenhang stehen. Ich benutze zu Beginn der Arbeit Bezeichnungen wie »Teil«, »Seite«, »Aspekt« oder »Facette«, weil einer der wichtigsten Aspekte des Behandlungsansatzes ist, daß die Persönlichkeiten »Teile« der ganzen Person sind. Ist durch die Therapie eine festere Beziehung zwischen Therapeut und Patientin entstanden, und die Patientin als Gesamtperson fühlt sich mit der Diagnose zumindest einigermaßen wohl, benutze ich den Begriff »Persönlichkeit« häufiger.

Gewöhnlich taucht die Alter-Persönlichkeit nicht auf die erste Bitte des Therapeuten hin auf. Oft muß sie zum Erscheinen mehrmals aufgefordert werden. Falls nichts zu geschehen scheint, sollte der Therapeut die Wirkung der Bitte auf die Patientin eine Weile beobachten. Im Idealfall erkennt er Verhaltensweisen, die auf einen Wechsel der Alter-Persönlichkeit (Switch) schließen lassen. Geschieht nichts, was auf einen Switch hindeuten könnte, sprechen dann Anzeichen dafür, daß sich die Patientin angesichts der Frage unwohl fühlt? Meine Erfahrung ist, daß es den meisten Patienten, die nicht unter DIS leiden, nicht viel ausmacht, um eine Begegnung mit einem nicht-existierenden Teil gebeten zu werden. Sie warten dann einfach oder sagen etwas wie: »Ich glaube nicht, daß da irgend etwas ist, Doktor.« Multiple hingegen reagieren auf beharrliche Versuche von Therapeuten, zu einer Alter-Persönlichkeit in Kontakt zu treten, oft mit deutlichem Unwohlsein. Man merkt dies an ihrem Verhalten und an ihrer zuweilen extremen Angespanntheit. Es kommt auch vor, daß sie in einen teilnahmslosen, tranceartigen Zustand eintreten.

Das Unbehagen kann so stark sein, daß der Therapeut den Eindruck gewinnt, es sei besser, die Bitte zurückzuziehen und die Sache auf sich beruhen zu lassen. Manche Patienten halten in dieser Situation den Kopf in ihren Händen, schneiden Grimassen, beklagen sich über Kopfschmerzen oder andere Schmerzen und lassen auf andere Weise erkennen, daß die Aufforderung des Therapeuten bei ihnen eine starke somatische Belastung hervorruft. Die Gastgeber-Persönlichkeit oder ein anderer Teil innerhalb des Systems kann versuchen, das Zustandekommen des Treffens mit der Alter-Persönlichkeit, die der Therapeut kennenlernen will, zu verhindern; auch können zwei oder mehr Persönlichkeiten gleichzeitig zur Manifestation drängen; oder das Persönlichkeitssystem als Ganzes versucht, das gewünschte Treffen gegen den Willen der zur Manifestation aufgeforderten Alter-Persönlichkeit zu erzwingen. Selbst wenn die Patientin durch die Bitte unter starken Streß gesetzt wird, möchte ich Therapeuten empfehlen, nicht gleich von dem Vorhaben abzusehen. Wie lange man beharrlich bleiben sollte, muß das persönliche Urteil entscheiden. Man kann nun einmal nicht damit rechnen, daß Alter-Persönlichkeiten sich auf die erste Aufforderung hin manifestieren, und natürlich besteht außerdem immer noch die Möglichkeit, daß die Patientin gar nicht unter DIS leidet.

Falls die Patientin eine dramatische Transformation durchläuft und dann sagt: »Hallo, mein Name ist Marcy«, hat der Therapeut das erste Hindernis überwunden. Wenn sich eine meiner Patientinnen unwohl zu fühlen scheint oder ich mir nicht sicher bin, ob möglicherweise ein Switch stattgefunden hat, frage ich oft: »Wie fühlen Sie sich jetzt?« Darauf folgt häufig eine Antwort wie: »unwohl«, »verängstigt« oder »wütend«. Ich frage dann meist weiter: »Hat dieses Gefühl einen Namen?« Nicht selten nennen Multiple daraufhin tatsächlich einen richtigen Namen (z.B. »John«).

Erfolgt keine ähnliche Reaktion, sollte der Therapeut einige Zeit darauf verwenden, mit der Patientin deren Empfindungen angesichts der Bitte des Therapeuten um ein Treffen mit der Alter-Persönlichkeit zu untersuchen. Wenn Multiple auf die Aufforderung zu einem Switch zunächst nicht reagierten, haben sie mir gegenüber oft geäußert, sie hätten in Reaktion auf meine Bitte das Gefühl gehabt, »zu verschwinden«, distanziert oder abgetrennt zu sein, zu ersticken, unter einem schrecklichen inneren Druck zu stehen oder in einem Nebel zu verschwinden. Beschreibungen dieser Art sind ein sehr starkes Anzeichen für eine dissoziative Pathologie und sollten den Therapeuten dazu veranlassen, auf einem Treffen mit einer Alter-Persönlichkeit zu bestehen, wenn auch vielleicht in einer anderen Sitzung. Falls ein solcher zweiter Versuch notwendig wird, sollte die Einladung auf »jede« andere Persönlichkeit, die mit dem Therapeuten zusammentreffen will, ausgedehnt werden, und es sollte weiterhin um Begegnungen mit einer oder mehreren Alter-Persönlichkeiten gebeten werden, deren Existenz der Therapeut aus den Beispielen, die die Patientin angeführt hat, erschließt.

Scheint eine Patientin nichts zu spüren und streitet sie jede innere Reaktion auf die Bitte des Therapeuten hin ab, leidet sie möglicherweise tatsächlich nicht an DIS. Allerdings sind starke Alter-Persönlichkeiten sowie Gruppen solcher Persönlichkeiten, die die Multiplizität des Gesamtsystems verbergen wollen, in der Lage, dies über längere Zeit zu tun, und die meisten in der Behandlung von DIS erfahrenen Therapeuten wissen über einen oder mehrere Fälle dieser Art zu berichten. Deshalb sollte man als Therapeut eine DIS nicht unwiderruflich ausschließen, wenn es einem nicht gelingt, eine Alter-Persönlichkeit zu einem Treffen zu bewegen. Keinesfalls ist es angebracht, zu bereuen, daß man die Bitte überhaupt vorgetragen hat. Meine Erfahrung ist, daß Patienten, die nicht unter DIS leiden, solche Bemühungen als normale Bestandteile ärztlicher Arbeit ansehen, genauso wie Ärzte bei ihren Patienten mit einem kleinen Gummihammer den Kniesehnenreflex auszulösen pflegen. Falls es sich jedoch tatsächlich um einen DIS-Fall handelt, sind sich die betreffenden Patienten nach einem solchen Versuch der Kontaktaufnahme darüber im klaren, daß der Therapeut bei ihnen Multiplizität vermutet und daß er sich sogar zum Ziel gesetzt hat, sich mit ihrer Störung auseinanderzusetzen. Dies ist letztendlich eine positive Konsequenz der

Intervention, und die Folge hiervon kann durchaus das »spontane« Auftauchen einer Alter-Persönlichkeit in einer der nächsten Sitzungen sein. Manchmal braucht das Persönlichkeitssystem einfach ein wenig Zeit, um jenen ersten Versuch, sich ihm *als* einem System zu nähern, zu verarbeiten und darauf zu reagieren.

Läßt eine Patientin auch weiterhin starke Anzeichen dafür erkennen, daß sie häufig dissoziative Episoden erlebt, und dem Therapeuten gelingt es trotzdem nicht, eine Alter-Persönlichkeit durch direkte Bitte um eine Begegnung zum Erscheinen zu bewegen, sollte man über die Anwendung hypnotischer Untersuchungsmethoden oder über die Durchführung eines medikamentenunterstützten Interviews nachdenken.

Formen der Kommunikation mit den Alter-Persönlichkeiten

Im einfachsten Fall manifestiert sich eine Alter-Persönlichkeit, gibt sich zu erkennen und beginnt dann mit dem Therapeuten zu sprechen. Diese Situation tritt bei den meisten DIS-Behandlungen wahrscheinlich früher oder später ein. Allerdings kann es auch sein, daß Alter-Persönlichkeiten zunächst auf andere Weisen mit dem Therapeuten kommunizieren. Beispielsweise können sie sprechen, obwohl sie noch gar nicht »draußen« sind (d.h. obwohl sie noch nicht offen die Kontrolle über den Körper übernommen haben). Solche Äußerungen sind unheimlich und können auf die Patienten extrem beängstigend wirken. In einem Fall wurde die erste Identität, die ich kennenlernte, »Tote Mary« genannt, und sie sprach durch die völlig erschrockene Gastgeber-Persönlichkeit. Die Tote Mary redete zunächst über ihren Haß auf die Patientin und sagte, sie wolle »ihr Fleisch zu schwarzer Asche verbrennen«. Als sie sich später direkt manifestierte, erwies sie sich als wesentlich weniger bösartig, als der erste Anschein hatte vermuten lassen. Die Gastgeber-Persönlichkeit selbst reagierte auf die ersten stimmlichen Äußerungen der Toten Mary mit blankem Entsetzen. Meine wohlüberlegte Reaktion bestand darin, diese stimmlichen Äußerungen beiläufig zu behandeln und mit der Toten Mary interessiert und höflich zu reden. Diese Vorgehensweise trug im Laufe der Zeit Früchte, und es entwickelte sich ein nützlicher Dialog. Ein solcher produktiver Dialog ist natürlich das Ziel aller Bemühungen, zu den verschiedenen Teilen der Person der Patientin Kontakt aufzunehmen.

Eine andere Form des Kontakts nutzt die Tatsache, daß Patienten ihre Alter-Persönlichkeiten oft seit langem als »Stimmen« in ihrem Inneren sprechen hören. Diese inneren Äußerungen können sie dann dem Therapeuten mitteilen. In diesem Fall werden die Reaktionen der Alter-Persönlichkeit durch eine andere Persönlichkeit (gewöhnlich die Gastgeber-Persönlichkeit) gefiltert, was natürlich Verzerrungen zur Folge haben kann. Gelingt es mir nicht, eine Identität zum direkten Erscheinen zu bewegen, frage ich die Patientin, ob sie auf meine Bitte hin irgendeine Art von innerer Reaktion gehört oder gespürt hat. Dialoge, die auf der Übermittlung innerer Reaktionen basieren, sind selbst im besten Fall sehr schwach, sie sind jedoch manchmal erforderlich, um ein Vertrauen aufzubauen, das einen direkteren Kontakt erst ermöglicht.

Automatisches Schreiben – was in diesem Fall bedeutet, daß die Patientin ohne erkennbaren Einfluß ihres Willens innere Reaktionen aufschreibt – ist eine weitere Möglichkeit, mit einer Alter-Persönlichkeit zu kommunizieren. Milton Erickson berichtet über einen Fall, in dem die Behandlung mit Hilfe von automatischem Schreiben durchgeführt wurde (Erickson u. Kubie 1939). Wenn die Patientin regelmäßig Tagebuch führt und irgendwann berichtet, sie habe in diesem Buch Einträge gefunden, die sie nach ihrer Erinnerung gar nicht geschrieben hat, kann der Therapeut versuchen, mittels automatischen Schreibens mit dem Urheber der fraglichen Einträge zu kommunizieren, falls ein direktes Zusammentreffen mit der entsprechenden Alter-Persönlichkeit nicht möglich ist. Automatisches Schreiben ist ein ziemlich langwieriges Verfahren, es können zahlreiche Probleme dabei auftreten, und es ist für den ausgiebigen Gebrauch, möglicherweise gar als zentrale Technik der therapeutischen Arbeit, nicht besonders geeignet. Allerdings kann es dem Therapeuten zu einem ersten Kontakt mit dem Persönlichkeitssystem verhelfen, was sich oft im Laufe der weiteren Behandlung als nützlich erweist.

Ideomotorische Signale, die am sinnvollsten in Verbindung mit Hypnose benutzt werden, ermöglichen ebenfalls die (wenn auch eingeschränkte) Kommunikation mit Alter-Persönlichkeiten, die sich noch nicht manifestiert haben. Dabei wird vereinbart, daß ein bestimmtes Zeichen (z.B. das Erheben des rechten Zeigefingers) einer bestimmten Aussage entspricht (z.B. »Ja«, »nein« oder »stop«). Braun berichtet, er habe mit Hilfe dieser Technik mit bis zu zwei Strängen von Persönlichkeiten gleichzeitig arbeiten können (Braun 1984c). Auf die Arbeit mit ideomotorischen Signalen geht Kapitel 9 ausführlicher ein.

Bestätigung der Diagnose

Ist der Therapeut mit einer Wesenheit zusammengetroffen, die behauptet, sie unterscheide sich von jener Persönlichkeit der Patientin, die um die Therapie ersucht hat, rechtfertigt allein das noch nicht die Diagnose einer DIS; vielmehr setzt dies voraus, daß die aufgetauchte Alter-Persönlichkeit und alle, die ihr später folgen mögen, tatsächlich separate, einzigartige und relativ beständige Wesenheiten sind, also keine vorübergehenden Ich-Zustände. Der Therapeut muß, so gut er kann, feststellen, in welchem Maße die Alter-Persönlichkeiten außerhalb der Therapiesituation aktiv sind und welche Rolle sie in der Lebensgeschichte der Patientin gespielt haben. Außerdem muß er die Konsistenz der Alter-Persönlichkeiten über längere Zeit beurteilen. Echte Alter-Persönlichkeiten sind erstaunlich konsistente und dauerhafte Wesenheiten, die über lange Zeiträume und in unterschiedlichen Situationen »in ihrer Rolle bleiben«.

Nach allen bis heute vorliegenden Untersuchungsergebnissen entsteht DIS während eines wichtigen »Zeitfensters der Verletzlichkeit« in der Kindheit oder Jugend. Im Laufe der Therapie gelingt es dem Therapeuten wahrscheinlich irgendwann, den Ursprung einiger Alter-Persönlichkeiten in dieser Periode oder in einer noch früheren Zeit zu lokalisieren. Bei anderen dissoziativen Zuständen wie der dissoziativen Fugue war die später entstandene sekundäre Identität gewöhnlich vor ihrem Auftauchen während der Fugue nicht aktiv.

Es erfordert meist einige Zeit, die DIS-Diagnose zu bestätigen, und sowohl der Therapeut als auch die Patientin durchlaufen während des ersten Teils der Therapie gewöhnlich eine Zeitlang einen Zyklus abwechselnden Akzeptierens und Ablehnens des Befundes. Dieser Verlauf ist zu erwarten. Wie bereits in Verbindung mit der Anwendung psychologischer Testverfahren erwähnt wurde, gibt es bisher noch keine Tests, mit deren Hilfe sich das Vorliegen von DIS bei Patienten zweifelsfrei nachweisen läßt. Der plausibelste Beweis ist wohl, daß die therapeutische Arbeit mit einer Patientin aus der Perspektive der Multiplizität zu signifikanten Verbesserungen führt, wie sie auf andere Weise und aus dem Blickwinkel anderer Diagnosen bis zum betreffenden Zeitpunkt nicht erzielt werden konnten.

Was man beachten sollte, wenn man Patienten die Diagnose mitteilt

Selbst wenn sich die Diagnose auf DIS noch nicht endgültig bestätigt hat, ist das Zusammentreffen des Therapeuten mit einer der Alter-Persönlichkeiten der Patientin ein wichtiger Schritt, der verarbeitet werden muß. Möglicherweise hat sie während des Erscheinens der Alter-Persönlichkeit einen Zeitverlust erlebt – allerdings muß dies nicht unbedingt so sein. In jedem Fall sollte der Therapeut sich nach der Begegnung zunächst vergewissern, ob und in welchem Maße sich die Patientin problemlos an die Erfahrung erinnern kann. Ich frage oft, inwieweit sie die Manifestation der Alter-Persönlichkeit bewußt miterlebt haben und sich daran erinnern können. Man sollte auch unbedingt danach fragen, was sie zu dem Zeitpunkt, als die Alter-Persönlichkeit »draußen« war, empfunden hat und in welchem Geisteszustand sie sich im aktuellen Augenblick befindet. Nachdem diese Information verarbeitet ist, fasse ich alle fehlenden Elemente zusammen und formuliere meine eigenen Eindrücke. Ich versuche, dies in möglichst sachlicher Form zu tun.

In diesem Augenblick wird die Patientin vermutlich von zahlreichen Besorgnissen und Ängsten geplagt. Nach meiner Erfahrung ist die wichtigste darunter die Angst, die neue Entwicklung der Dinge könnte auf irgendeine Weise die Therapie verändern oder gar beenden, und der Therapeut könnte sie verlassen, wie so viele andere wichtige Menschen in ihrem Leben es getan haben. Außerdem versucht die Gastgeber-Persönlichkeit vermutlich mit dem Schrecken fertig zu werden, der für sie mit der Entdeckung, nicht allein in diesem Körper zu sein, verbunden ist, oder mit der Sorge, es könnte fortan unmöglich sein, die übrigen Persönlichkeiten zu unterdrücken, und nun würden alle Schrecken der Hölle losbrechen. Der Therapeut kann solche Ängste der Gastgeber-Persönlichkeit und anderer Identitäten zwar nicht lindern, sie jedoch auf ein erträgliches Maß verringern, indem er anfängt, mit dem Gesamtsystem der Persönlichkeiten zu arbeiten. Meiner Meinung nach sollte man als Therapeut die erste Manifestation einer Alter-Persönlichkeit nicht überbewerten und übertrieben hervorheben, sondern sie als etwas behandeln, das sich problemlos in die laufende Therapie und die therapeutische Beziehung zwischen ihm und dem Patienten integrieren läßt.

Ein Therapeut sollte in dieser Situation nicht versuchen, der Patientin oder anderen die gestellte Diagnose zu »beweisen«. Insbesondere wenn man Patienten unmittelbar nach dem ersten Auftauchen einer Alter-Persönlichkeit Videobänder oder andere Dokumente zeigt, um die Diagnose zu untermauern, ist die Gefahr einer aversiven Reaktion sehr groß. Um herauszufinden, wie die Information der Patientin am besten mitgeteilt werden sollte, kann der Therapeut die übrigen Teile des Gesamtsystems um Rat bitten. Gleichzeitig ist dies ein erster Versuch, sich um die Kooperation des Gesamtsystems zu bemühen, um der Patientin als ganzer Person zu helfen. Man sollte zwar zu diesem Zeitpunkt keine zu hohen Erwartungen hinsichtlich der erhältlichen Hilfe aufbauen, doch wenn eine Alter-Persönlichkeit einen guten Rat anbietet, kann man diesen aufgreifen.

Eine wichtige Warnung sei an dieser Stelle ausgesprochen. Man sollte sich in keinem Fall verpflichten, Geheimnisse von einer oder mehreren Persönlichkeiten zu wahren. Daß eine Alter-Persönlichkeit den Therapeuten auffordert, Informationen vor einer anderen geheimzuhalten, ist eine klassische DIS-Dynamik und ein Versuch, den Therapeuten in einen inneren Konflikt zu bringen. Geht ein Kliniker in diese Falle, gerät er leicht in eine schwierige Position, die ihn irgendwann zwingt, das Geheimnis zu verraten. Will das Gesamtsystem nicht, daß eine der Alter-Persönlichkeiten über eine bestimmte Tatsache informiert wird – beispielsweise über die Diagnose –, verfügt es über Möglichkeiten, diese Information geheimzuhalten.

Man sollte bei der Arbeit mit DIS-Patienten stets zwei Maximen vor Augen haben. Die erste lautet, daß alle Alter-Persönlichkeiten, die nicht offensichtlich zugegen sind, *ständig* das Therapiegeschehen verfolgen. Obwohl dies nicht in allen Fällen im strengen Sinne zutrifft, sollte der Therapeut alle Interventionen, Interpretationen, Kommentare und Nebenbemerkungen so formulieren, *als ob* es der Fall wäre, und er sollte zu keiner Persönlichkeit etwas sagen, das eine andere nicht hören sollte. Die zweite Maxime lautet, daß die DIS aufgrund von Überlebensreaktionen des Patienten entstanden ist und ihre Funktion auch weiterhin in starkem Maße die Sicherung des Überlebens ist. Aus eben diesem Grund kann der Therapeut es getrost dem Gesamtsystem der Multiplen überlassen, Informationen auszufiltern, die für bestimmte Alter-Persönlichkeiten unerträglich sind. Aus der Beachtung dieser beiden Prinzipien ergibt sich, daß der Therapeut bei der Formulierung aller seiner Äußerungen das System der Persönlichkeiten als Ganzes vor Augen hat und es diesem überläßt, zu entscheiden, welche Identität was hören darf.

Die Reaktionen von Patienten auf die Diagnose

Leidet die Patientin nicht unter DIS, belasten die Nachwirkungen der Aktivierung eines vorübergehenden Ich-Zustandes sie wahrscheinlich nicht sonderlich. Das Erlebnis wird dann eher als Kuriosität oder als ungewöhnliche Erfahrung verstanden und hat keine nennenswerten Auswirkungen auf die Alltagsfunktionsfähigkeit ihres Selbstgefühls. Hat eine Multiple ihr Geheimnis bisher zu verbergen verstanden – oft hinter der Fassade der Gastgeber-Persönlichkeit –, empfindet sie die Tatsache, daß ein anderer Mensch ihre Multiplizität entdeckt, wie ein schreckliches Versagen. Gleichzeitig kann sich jedoch ein tiefes Gefühl der Erleichterung darüber, daß das Geheimnis endlich gelüftet ist, einstellen, verbunden mit der Hoffnung, daß es fortan möglich sein wird, Dinge, über die zu schweigen sie zuvor verurteilt war, auszusprechen und sich damit auseinanderzusetzen. Obwohl natürlich jede Patientin anders ist, läßt die Art der Reaktion einer soeben diagnostizierten Multiplen gewisse Rückschlüsse darüber zu, wie die Therapie in diesem speziellen Fall verlaufen wird. Von zentraler Bedeutung bei der Behandlung multipler Persönlichkeiten ist die Enthüllung und das Durcharbeiten von Geheimnissen. Die weitaus meisten dieser Patienten sind Opfer von Inzest und anderen Formen sexuellen Mißbrauchs, körperlicher Mißhandlungen und emotionaler Grausamkeit. Sie alle hegen zahllose Geheimnisse, die sie sogar vor sich selbst verbergen. Insofern vermittelt die Reaktion einer bestimmten Patientin auf diese erste Offenlegung eines Geheimnisses einen Eindruck von ihren Reaktionen auf die Offenlegung weiterer Geheimnisse in Zukunft.

Für einen Kliniker ist diese Situation überdies ein Test für seine eigene Arbeit als Therapeut und, spezifischer, für seine therapeutische Arbeit mit *dieser Patientin*. Das System der Persönlichkeiten beobachtet die Reaktionen des Therapeuten sehr genau. Auch das Testen ist ein Aspekt der Schlüsselfunktion des ersten Zusammentreffens mit einer Alter-Persönlichkeit und seiner Reaktion darauf. Bei der therapeutischen Behandlung von Multiplen fungiert *alles* als Test. Ihr Bedürfnis, den Therapeuten immer und immer wieder Prüfungen zu unterziehen, herauszufinden, ob es ratsam ist, ihm Geheimnisse anzuvertrauen, ist einer der Gründe dafür, weshalb sie zu den am schwierigsten zu behandelnden Psychiatriepatienten zählen. Aufgrund der Tatsache, daß das Wiederzugänglichmachen und Durcharbeiten dieser Geheimnisse eine tiefgreifende Veränderung ihres psychischen Zustandes nach sich zieht, zählen sie andererseits zu den Psychiatriepatienten, die auf die Behandlung am besten ansprechen. Ich glaube nicht, daß es irgendeinem Therapeuten jemals gelingen wird, die Tests von Multiplen vollständig zu bestehen. Glücklicherweise sind die meisten Multiplen jedoch offenbar bereit, dem Therapeuten immer wieder eine neue Chance zu geben. Die wichtigste Regel im Umgang mit ihnen ist, ehrlich zu sein.

Die DIS-Diagnose ruft bei Patienten sowohl unmittelbare als auch langfristige Reaktionen hervor. In den Wochen nach dem ersten Auftauchen einer Alter-Persönlichkeit können bei einzelnen oder mehreren Alter-Persönlichkeiten sowie auch bei der Gastgeber-Persönlichkeit Suizid-Gesten auftauchen, und es werden zuweilen sogar Suizid-Versuche unternommen. In Anbetracht dessen ist es ratsam, sich darüber zu informieren, zu welchen Medikamenten die Patienten Zugang haben. Auch Fugue-Episoden sind in dieser Situation nicht selten. Es ist mehr als einmal vorgekommen, daß Patienten, die ich über ihre Diagnose informiert hatte, mich wenig später völlig verängstigt und außer sich aus einer Telefonzelle einige Staaten entfernt anriefen. Solche Vorfälle sind sowohl für die betreffenden Patienten als auch für den Therapeuten sehr beunruhigend. Trotzdem sollte man ihnen keine übertriebene Bedeutung beimessen und sich nicht zu intensiv mit den Einzelheiten einer bestimmten Situation beschäftigen, weil man es dann leicht versäumt, den nächsten wichtigen Schritt der Behandlung in Angriff zu nehmen. Fluchtreaktionen wie die geschilderten können als Versuche verstanden werden, die Aufmerksamkeit sowohl des Therapeuten als auch der Patientin von den Implikationen der Diagnose abzulenken.

Zu den langfristige Reaktionen auf die Diagnose zählen Versuche der Patientin, alles herauszufinden, was über DIS bekannt ist. Viele der von mir behandelten Patienten (aber dies gilt nicht generell für alle DIS-Patienten) waren überdurchschnittlich intelligent und trugen ein riesiges Arsenal von Fakten über DIS zusammen. Da allerdings nur so weniges über diese Störung wirklich erwiesen ist, sind viele der vermeintlichen Fakten bestenfalls unkorrekt. Ich bemühe mich, die Patienten zur Suche nach Informationen über DIS weder zu ermutigen noch sie daran zu hindern, und alle Fragen über »DIS im allgemeinen«, die sie mir stellen, beantworte ich auf allgemeine Weise. Anschließend frage ich sie gewöhnlich, wie die gestellte Frage mit ihrer persönlichen Situation zusammenhängt. Einer der Faktoren, die diese Suche der Patienten nach Wissen motivieren, ist ihr Wunsch, ihr Leben in einem sinnvollen Zusammenhang zu sehen. Sie möchten wissen, weshalb sie immer wieder mit Erinnerungslücken konfrontiert werden und weshalb sie das Gefühl haben, in einer anderen Welt zu leben als der Rest der Menschheit. Dieser Wunsch, das in der Vergangenheit Geschehene und noch immer Geschehende zu begreifen, ist eine der Antriebskräfte der Therapie und sollte deshalb gefördert werden. Andererseits sollte man zu verhindern suchen, daß Patienten dieses Wissen nutzen, um zum Therapeuten in Konkurrenz zu treten oder seine Arbeit zu unterminieren. Passiert dies, ist eine klare Interpretation des Widerstandes notwendig.

An einem bestimmten Punkt treten viele DIS-Patienten eine »Flucht in die Gesundheit« an. Sie streiten dann plötzlich ab, daß bei ihnen DIS vorliegt, oder sogar, daß die Störung jemals bestanden hat. Manchmal leugnen sie, Multiple zu sein oder dies jemals gewesen zu sein, oder sie behaupten sogar, sie hätten nur so getan, als ob sie dies seien. Dies kann in den Wochen nach der ersten Begegnung des Therapeuten mit einer Alter-Persönlichkeit passieren, und es kann sich später in der Therapie wiederholen, in diesem Fall oft nach einer neuen wichtigen Enthüllung.

Hat die soeben gestellte DIS-Diagnose bei der Patientin eine lebensbedrohliche Reaktion ausgelöst, steckt dahinter gewöhnlich Angst, vom Therapeuten verlassen zu werden. Oft sagen oder tun Therapeut Dinge, aus denen die Patienten schließen, ihr Therapeut wolle sie nicht mehr wiedersehen. Nun ist diese Beobachtung in manchen Fällen durchaus zutreffend. Therapeuten, die bisher noch nichts mit DIS zu tun hatten, haben oft das Gefühl, daß ihnen die Sache über den Kopf wächst, und sie versuchen deshalb, ihre Patienten an »erfahrenere« Therapeuten abzugeben. Zuweilen benutzen Therapeuten die Eröffnung des Befundes schlicht, um schwierige und schwierig zu behandelnde Patienten loszuwerden. Fast ausnahmslos sind Multiple überaus sensibel für die Gefahr, verlassen zu werden, ob diese nun real besteht oder ihr Therapeut nur darüber nachdenkt, sich von ihnen zu trennen.

Atypische Erscheinungsformen

Die allgemeinen Beschreibungen und Erörterungen bezogen sich bisher hauptsächlich auf »typische« DIS-Fälle. Die Profile dieser Fälle basieren auf klinischen Daten, die Therapeuten hauptsächlich bei der ambulanten psychiatrischen Arbeit mit weiblichen DIS-Patienten gewonnen haben. Da Multiple jedoch auch in vielen anderen Zusammenhängen zu finden sind, werden wir, wenn wir im Laufe der Zeit immer mehr über diese Störung herausfinden, unsere Sicht dessen, was wir zur Zeit für einen »typischen« Fall halten, wahrscheinlich stark modifizieren. Die folgenden Beispiele sollen einen Eindruck von der Vielfalt der Zusammenhänge vermitteln, in denen DIS-Patienten außer in der ambulanten psychiatrischen Praxis auftauchen können.

Langzeitpatienten psychiatrischer Institutionen

Während meiner Tätigkeit am St. Elizabeth's Hospital in Washington, D. C., hatte ich die Gelegenheit, zahlreiche Stationen für psychiatrische Langzeitpatienten zu besuchen, dort zu konsultieren und auch zu supervidieren; dies schließt auch den John Howard Pavilion für straffällig gewordene Psychiatriepatienten ein. Im Rahmen dieser Tätigkeit sind wir gelegentlich auf Langzeitpatienten gestoßen – gewöhnlich war bei den Betreffenden Schizophrenie diagnostiziert worden –, welche die DSM-III-Kriterien für MPD/DIS erfüllten. Kennzeichnend für alle mir bekannten Multiplen unter den Langzeitpatienten psychiatrischer Institutionen ist, daß sie das Stationspersonal zu einem für solche Einrichtungen ungewöhnlichen Maß an Bezugnahme und Engagement veranlaßten. Dies beinhaltet nicht, daß die Beziehungen zwischen ihnen und dem Personal gut oder angenehm waren. Im Gegenteil waren die Mitarbeiter in den meisten Fällen entweder wütend auf die betreffende Patientin, oder die Gefühle innerhalb der Gruppe der Stationsmitarbeiter der Patientin gegenüber waren kontrovers. Trotzdem interagierten sie in starkem Maße mit der Patientin, in krassem Gegensatz zu ihrem Verhalten gegenüber den meisten anderen Langzeitpatienten der Station, die lediglich routinemäßig versorgt wurden. Die Beziehungen von DIS-Patienten zum Pflegepersonal unterscheiden sich deutlich von den Beziehungen anderer Psychiatriepatienten zu ihren Betreuern. Vielleicht engagieren sich so viele Therapeuten aus dem gleichen Grund so stark für ihre ersten ein oder zwei DIS-Patienten.

Schaut man sich die Krankenakten solcher Patienten an, findet man bei vielen ein erratisches Verhaltensmuster, das sich am deutlichsten in starken Schwankungen ihres Privilegienstatus spiegelt und auch aus anderen Indikatoren für soziale Kompetenz und die Fähigkeit, Verantwortung zu tragen, hervorgeht. Viele waren mehrmals einer Entlassung nahe, verfielen dann in unerklärliche Regressionen oder andere Verhaltensweisen, die ihre Überstellung in eine ambulante Behandlungssituation vereitelten. Oft wurden sie von den Stationsmitarbeitern für manipulativ und für weniger »krank« als die übrigen chronischen Patienten der Station gehalten.

Die stationär behandelten Multiplen riefen beim Stationspersonal starke emotionale Reaktionen hervor. Diese äußerten sich in Form von Wut auf die Patienten und/oder deren Arzt, wobei sich die betreffenden Mitarbeiter gleichzeitig in anderer Hinsicht große Mühe gaben, den Patienten zu helfen. Das Persönlichkeitssystem der Patienten verursachte Zwistigkeiten unter den Stationsmitarbeitern, indem es sich ihnen gegenüber wechselweise versöhnlich verhielt oder Wut provozierte. Beispielsweise hatte ein Patient eine periodisch auftauchende Alter-Persönlichkeit, die ihn dazu veranlaßte, seine Kleider verkehrt herum anzuziehen und so durch die Station zu laufen. Auf diese Weise gab diese Identität zu verstehen, daß sie sich von der Gastgeber-Persönlichkeit unterschied. Die Mitarbeiter sahen dies als absichtliches, nichtpsychotisches Verhalten an, dessen Zweck war, sie aufzuhetzen, weshalb sie dem Patienten Privilegien entzogen. In einem Fall war dieser nichtpsychotische, nichtsuizidale Patient aus solchen Gründen mehr als sechs Monate auf seiner Station festgesetzt worden.

Patienten mit posttraumatischer und pathologischer Trauerreaktion

Eine weitere Gruppe von Patienten, bei denen gelegentlich eine DIS zutage tritt, sind jene, die sich zu Beginn der Behandlung in einem Zustand befinden, der entweder auf eine posttraumatische Belastungsstörung (z.B. ein Vergewaltigungstrauma) oder auf eine pathologische Trauerreaktion hindeutet. Ich habe öfter erlebt, daß bei Frau-

en, die in einem Beratungszentrum für Vergewaltigte wegen ihres Vergewaltigungs-
traumas behandelt wurden, eine DIS diagnostiziert wurde. In den meisten dieser Fälle war die allgemeine Funktionsfähigkeit der Patientin vor der Vergewaltigung oder
dem Vergewaltigungsversuch gut gewesen und hatte sich nach dem traumatischen
Erlebnis signifikant verschlechtert. Oft hatte das Trauma Alpträume und Flashbacks
ausgelöst, die sich auf früher erlebten Inzest oder sexuellen Mißbrauch bezogen,
worauf mit zunehmender Häufigkeit dissoziative Erfahrungen wie Zeitverlust und
Mini-Fugues gefolgt waren.

In einigen dieser Fälle deutete die von den verschiedenen Persönlichkeiten wieder-
gegebenen Informationen über die Vorgeschichte darauf hin, daß es den Patienten
gelungen war, ein gewisses Maß an Integration oder zumindest an Stabilisierung innerhalb des Systems der Persönlichkeiten zu erreichen, das durch die Vergewaltigung
hinfällig geworden war. Auf diese Weise war es zur Reaktivierung dissoziierter Erinnerungen und Affekte gekommen, die mit dem früher erlebten sexuellen Mißbrauch
zusammenhingen. Situationen dieser Art kommen wahrscheinlich häufiger als nach
den Gesetzen der Wahrscheinlichkeit zu erwarten vor, was mit der offenbar ungewöhnlichen Anfälligkeit von DIS-Patientinnen für Vergewaltigungen zusammenzuhängen scheint (Coons u. Milstein 1984; Putnam *et al.* 1986).

Bislang habe ich vier Fälle behandelt, in denen ich zunächst glaubte, es mit einer
pathologischen Trauerreaktion auf den Tod eines Elternteils zu tun zu haben. Stets
waren die Patienten erfolgreiche und »gestandene« Erwachsene, die nach dem Tod
des Elternteils ein starkes Nachlassen ihrer Alltagsfunktionsfähigkeit erlebt hatten.
In einem Fall wurde die Multiplizität erst nach drei Jahren diagnostiziert, und in dieser Zeit wurde die Patientin wiederholt aufgrund der Diagnose einer schwer behandelbaren Schläfenlappen-Epilepsie stationär behandelt. Die Gemeinsamkeit dieser
Fälle lag offenbar darin, daß der verstorbene Elternteil die erste Person gewesen war,
die die Patientinnen sexuell mißbraucht hatte, und daß der Tod dieses Menschen dissoziierte Affekte und Erinnerungen reaktiviert hatte.

Kollegen und Mitarbeiter

Ein Fünftel der Patienten, die in der NIMH-Übersichtsstudie erfaßt wurden, hatte
einen Hochschulabschluß (Putnam *et al.* 1986). Ich kenne mehr als zwanzig Multiple, die als Freiberufler arbeiten. Die meisten von ihnen sind im sozialen, psychologischen und psychiatrischen Bereich tätig, doch gibt es darunter auch Rechtsanwälte
und Richter. Daß sie unter DIS leiden, schließt die Ausübung anspruchsvoller Beru-
fe nicht aus, ist jedoch ein Handicap. Die Vorstellung, einer ihrer Kollegen könnte
»multipel« sein, wird von Freiberuflern oft mit Schrecken aufgenommen, oder sie
reagieren mit Spott darauf. Tatsächlich leisten viele mir bekannte Freiberufler mit
DIS in ihrem Bereich Überdurchschnittliches. Leider fürchten viele von ihnen, sich in

Behandlung zu begeben, weil sie verhindern wollen, daß ihre Multiplizität bekannt wird und sie dadurch möglicherweise sogar ihren Arbeitsplatz verlieren. Wir können nur hoffen, daß diese Menschen durch die zunehmende Bekanntheit von DIS unter Fachleuten und Laien eines Tages als das gesehen werden, was sie sind: Überlebende extremer Kindheitstraumata.

Zusammenfassung

Das Hauptthema dieses Kapitels über Diagnose war, daß DIS eine chronische Erkrankung ist und daß dissoziative Phänomene sowohl das frühere als auch das gegenwärtige Leben eines Patienten prägen. Der Schlüssel zu einer fundierten Diagnose ist, daß man herausfindet, wie und wo man nach dieser Evidenz suchen muß. Während eines Evaluationsinterviews entdeckt man häufig Brüche in der Kohärenz und Chronologie des Berichts über die Lebensgeschichte. Außerdem muß man auf defensive oder kompensatorische Manöver achten, mit deren Hilfe Patienten versuchen, sich Fragen zu entziehen oder die Zielrichtung der Untersuchung zu verändern, um von wichtigen Erkenntnissen abzulenken. Der Interviewer sucht nach Hinweisen auf »Zeitverlust« sowie nach Amnesien bezüglich komplexer Verhaltensweisen oder bezüglich der Aneignung bestimmter Kenntnisse und Fertigkeiten. Oft bezieht sich eine Amnesie auf bestimmte Kindheitsperioden oder auf wichtige Ereignisse im Leben. Depersonalisation, Derealisation und außerkörperliche Erfahrungen kommen ebenfalls häufig vor. Lebenserfahrungen wie die, als Lügner abgestempelt zu werden, Flashbacks, intrusive Traumaerinnerungen und Alpträume werden häufig bereitwillig eingestanden, ebenso wie das Erleben »gemachter« Gedanken, Gefühle und Handlungen. Man sollte als Interviewer nach spezifischen Beispielen für diese Erfahrungen forschen, um sie detailliert untersuchen zu können, und man sollte festzustellen versuchen, ob das Auftreten der Phänomene mit dem Konsum von Drogen oder Alkohol zusammenhängt.

Sogar im Verlauf eines Gesprächs oder einer Folge von Gesprächen können Beweise für das Vorliegen einer Amnesie erkennbar werden. Auf verdeckte Wechsel zwischen Alter-Persönlichkeiten können Veränderungen von Affekt, Gesichtsausdruck und Stimme hinweisen. Manchmal entlarven Patienten sich selbst als Multiple, indem sie in der dritten Person oder in der ersten Person Plural über sich selbst sprechen. Häufige Resultate von Untersuchungen des Geisteszustandes von Multiplen sind in Tabelle 4.1 zusammengefaßt. Zuweilen sind spezielle diagnostische Verfahren wie Tagebuchführen erforderlich. Obwohl es noch keine wirklich adäquaten psychologischen oder physiologischen diagnostischen Tests für DIS gibt, liefern MMPI und Rorschach gewisse Hinweise, die eine Diagnose auf DIS zumindest stützen. Außerdem sollte die oft vernachlässigte körperliche Untersuchung unbedingt durchgeführt werden, um bestimmte organische Erkrankungen auszuschließen und Hinweise auf Selbstverletzung oder Selbstverstümmelung aufzudecken.

Die Diagnose wird durch direkte Begegnungen mit Alter-Persönlichkeiten gefestigt, die sich oft durch direktes oder indirektes Befragen evozieren lassen. Die Diagnose bestätigt sich letztendlich oft durch die Reaktion der Patienten auf die Behandlung. Es muß damit gerechnet werden, daß Patienten, wenn man ihnen die Diagnose mitteilt, heftig reagieren. Deshalb sollte der Therapeut das Resultat seiner diagnostischen Bemühungen zwar direkt und bestimmt, aber auch mit einem gewissen Feingefühl vortragen.

5

Die Alter-Persönlichkeiten

Was ist eine Alter-Persönlichkeit?

Das zentrale Merkmal von DIS ist die Existenz von Alter-Persönlichkeiten oder (Teil)-Identitäten, die das Verhalten eines Menschen abwechselnd beherrschen. Es ist wichtig, von Anfang an klarzustellen, daß eine Alter-Persönlichkeit, was immer sie sein mag, *keine* separate Person ist. Es ist ein schwerwiegender therapeutischer Irrtum, sich auf Alter-Persönlichkeiten zu beziehen, als handle es sich um separate Personen. Zwar beharren viele dieser Identitäten ausdrücklich auf ihrer Eigenständigkeit, doch darf der Therapeut sich diese wahnhafte Vorstellung nicht zu eigen machen. Er kann zwar das Gefühl der Eigenständigkeit der einzelnen Alter-Persönlichkeiten und ihre jeweilige Wahrnehmung von Erlebnissen und Ereignissen empathisch unterstützen, seine generelle Botschaft jedoch sollte stets beinhalten, daß *alle* Alter-Persönlichkeiten *zusammen* eine ganze Person bilden. Dies ist häufig eine der ersten Prüfungen, denen die therapeutische Allianz nach dem offenen Auftreten von Alter-Persönlichkeiten unterzogen wird. Bestimmte Identitäten reagieren auf die soeben empfohlene Haltung des Therapeuten mit Wut, bekämpfen sie und versuchen, alles, was in der Therapie geschieht, auf diese Frage zu konzentrieren. Therapeuten sollten sich in solchen Fällen nicht in langwierige Auseinandersetzungen verstricken, sondern einfach bei jeder sich bietenden Gelegenheit auf die implizit allem zugrundeliegende Ganzheit verweisen und diese Aussage so immer wieder verstärken.

Ich glaube nicht, daß irgend jemand wirklich weiß, was eine Alter-Persönlichkeit letztendlich ausmacht. Ich stelle mir sie als einen sehr eigenständigen Bewußtseinszustand vor, organisiert um einen dominierenden Affekt, ein Selbstgefühl (einschließlich eines Körperbildes) mit einem begrenzten Repertoire an Verhaltensweisen und einer Anzahl zustandsabhängiger Erinnerungen. Für das, worum es uns im Augenblick geht, ist jedoch die nützlichste klinische Definition jene, die Braun und Kluft im Laufe mehrerer Workshops der *American Psychiatric Association* über DIS entwickelt haben. Sie lautet:

Eine Alter-Persönlichkeit ist eine Wesenheit mit einem festen, dauerhaften und wohlfundierten Selbstgefühl und einem charakteristischen und konsistenten Muster von Verhaltensweisen und Gefühlen, die auf bestimmte Stimuli hin aktiviert werden. Sie muß über ein Spektrum von Funktionen, ein Spektrum emotionaler Reaktionen und eine signifikante (auf ihre Existenz bezogene) Lebensgeschichte verfügen. (Kluft 1984c, S. 23)

Die meisten DIS-Patienten haben einige Alter-Persönlichkeiten, die dieser Definition entsprechen, sowie eine Anzahl von »Persönlichkeitsfragmenten«, die voll ausgebildeten Alter-Persönlichkeiten ähneln, nur daß es ihnen an der Tiefe und Breite einer Persönlichkeit mangelt und sie nur über ein sehr beschränktes Spektrum von Affekten und Verhaltensweisen und eine nur rudimentäre eigene Lebensgeschichte verfügen (Kluft 1984c). Ein Persönlichkeitsfragment vermag gewöhnlich nur einen einzigen Affekt zu zeigen, beispielsweise Wut oder Freude, oder es erfüllt eine einzige Funktion, beispielsweise Autofahren oder den Körper schützen. Braun nennt als weitere Kategorie noch »Fragmente für besondere Zwecke«, die nur eine einzige, sehr spezifische Aktivität ausführen, beispielsweise das Reinigen der Badewanne (Kluft 1984c).

Die Unterscheidung zwischen einer Persönlichkeit und einem Persönlichkeitsfragment ist manchmal sehr schwer zu treffen und bleibt weitgehend dem persönlichen Urteil überlassen. Überdies verändert sich die Rolle einer Alter-Persönlichkeit im Persönlichkeitssystem im Laufe der Zeit, so daß eine bestimmte Wesenheit zu einem bestimmten Zeitpunkt als Fragment und zu einem anderen als Persönlichkeit in Erscheinung treten kann. Allerdings ist es meist auch nicht notwendig, genau festzustellen, ob es sich bei einer Wesenheit um eine Persönlichkeit oder ein Persönlichkeitsfragment handelt, denn die grundlegenden therapeutischen Interventionen sind in beiden Fällen ähnlich.

Dimensionen der Verschiedenartigkeit

Eine Alter-Persönlichkeit hat eine Anzahl beobachtbarer Funktionen, Attribute und Verhaltensweisen. Außerdem verfügt sie über einige »Selbstwahrnehmungen«, die für ihr Selbstgefühl und für ihre Rolle im System der multiplen Persönlichkeit wichtig sind. Für den Kliniker sind die beobachtbaren Phänomene aufschlußreicher, weil sie ihm helfen, die Patienten zum Akzeptieren des Befundes zu bringen. Für Multiple sind die Selbstwahrnehmungen wichtiger bei dem Bemühen, eine bestimmte Persönlichkeit von anderen innerhalb des Gesamtsystems zu unterscheiden. Kliniker müssen eine gewisse Empathie für die Selbstwahrnehmung einer Persönlichkeit entwickeln, weil sie nur so eine konstruktive Beziehung zu der betreffenden Persönlichkeit entwickeln können.

Bei Patienten beobachtbare Unterschiede

Bei wiederholtem Kontakt über längere Zeit merkt ein Beobachter, daß die Alter-Persönlichkeiten sich in verschiedener Hinsicht voneinander unterscheiden. Dabei ist das wichtigste Unterscheidungsmerkmal der dominierende Affekt. Manche Identitäten sind unablässig gut gelaunt und zu Scherzen aufgelegt, andere ständig depressiv und suizidal und wieder andere permanent wütend und feindselig. Eine weitere Art von Unterschieden zwischen Alter-Persönlichkeiten betrifft beobachtbare Verhaltensweisen. Diese Unterschiede existieren sowohl im Bereich spontaner als auch im Bereich künstlich hervorgerufener Verhaltensweisen. Die einzelnen Persönlichkeiten können sich hinsichtlich ihrer Haltung, ihres Gesichtsausdrucks, ihrer Körpersprache, ihrer Sprechweise und ihrer besonderen Eigenheiten unterscheiden. Sie können sehr unterschiedlich auf einen bestimmten Reiz reagieren. Sie unterscheiden sich auch in ihrer Fähigkeit, Erinnerungen an frühere Ereignisse einschließlich vorangegangener Interaktionen mit dem Beobachter zu reaktivieren. Weiterhin treten bei bestimmten Alter-Persönlichkeiten unterschiedliche psychische und oft auch physiologisch-somatische Symptome wie Kopfschmerzen und funktionelle Darmstörungen auf.

Beim Therapeuten beobachtbare Unterschiede

Ich vermute, daß man diese Störung »multiple Persönlichkeitsstörung« statt beispielsweise »Störung multipler psychophysiologischer Zustände« genannt hat, weil die verschiedenen Alter-Persönlichkeiten bei denjenigen, die diese Patienten behandeln, sehr unterschiedliche Reaktionen hervorrufen. Ich habe immer wieder beobachtet, daß Kliniker und andere Mitarbeiter psychiatrischer Institutionen sowie auch viele Laien und Nichtmediziner jeweils auf unterschiedliche Persönlichkeiten eines Multiplen so reagieren, als handle es sich um völlig verschiedene Menschen. Beim Anschauen von Videoaufzeichnungen meiner eigenen Arbeit mit Multiplen fällt mir auf, daß auch ich mich unbewußt anders verhalte, je nachdem, mit welcher Alter-Persönlichkeit ich es zu tun habe. Diese Reaktionen gelangen in allen verbalen und nonverbalen Kommunikationsformen unserer alltäglichen sozialen Interaktion zum Ausdruck. Häufig sind sich diejenigen, die unterschiedlich auf verschiedene Alter-Persönlichkeiten reagieren, nur vage über die Veränderungen in ihrem eigenen äußeren Verhalten im klaren, und ich habe die starke Vermutung, daß genau diese eigenen unterschiedlichen Reaktionen auf verschiedene Identitäten der Patienten deren Therapeuten oft so stark faszinieren.

Von Alter-Persönlichkeiten berichtete Unterschiede

Die Alter-Persönlichkeiten selbst berichten häufig über ihre sehr unterschiedlichen Vorstellungen über sich selbst sowie über ihre unterschiedlichen Körperbilder und Wertvorstellungen. Sie sehen sich als Repräsentanten unterschiedlicher Lebensalter, und ihr Verhalten variiert entsprechend unterschiedlichen Entwicklungsstadien. Sie können von sich behaupten, einem anderen Geschlecht oder einer anderen Rasse anzugehören oder eine andere sexuelle Orientierung zu haben. Es kann sein, daß sie über unterschiedliche Beziehungen zu signifikanten Anderen berichten (z.B. leugnen einige Alter-Persönlichkeiten, daß sie verheiratet sind oder daß ihre biologischen Kinder mit ihnen verwandt sind), und auch hinsichtlich ihres Bewußtseins der Existenz anderer Alter-Persönlichkeiten und ihrer Kenntnis der Vorgeschichte der Gesamtpersönlichkeit unterscheiden sie sich. Einige erkennen die Existenz eines Systems von Persönlichkeiten und ihrer speziellen Funktion(en) innerhalb desselben an, während andere vehement abstreiten, daß noch irgendwelche anderen Persönlichkeiten existieren.

Funktionen von Alter-Persönlichkeiten

Man kann die Ansicht vertreten, daß verschiedene Alter-Persönlichkeiten unterschiedliche Funktionen oder Aufgaben erfüllen, deren Ausführung die allgemeine Funktionsfähigkeit des Patienten erfordert. Einige dieser Aufgaben hängen mit der Erfüllung von Pflichten zusammen, beispielsweise im Bereich der beruflichen Arbeit, gegenüber der Familie oder hinsichtlich der Arbeit an einem Kunstwerk. Andere betreffen psychische Bedürfnisse, also die innere Welt der Psyche. Die äußeren Funktionen sind zwar die naheliegenden und plausibelsten, doch muß ein Therapeut sich darüber im klaren sein, daß viele Alter-Persönlichkeiten abgesehen von ihren äußeren Aufgaben auch wichtige innere Funktionen erfüllen. Beispiele für letztere sind etwa die Kontrolle darüber, welcher Identität es jeweils gestattet wird, in bestimmten Situationen »herauszukommen«, das Zurückhalten traumatischer Erinnerungen oder unerträglicher Affekte und die Übermittlung von Informationen zwischen den verschiedenen Persönlichkeiten. Oft sind diese inneren Funktionen Extrapolationen der äußeren Rolle. Beispielsweise hatte eine Alter-Persönlichkeit, die in der äußeren Welt als Prostituierte fungierte, innerpsychisch die Aufgabe, für die Patientin die Sexualität zu »verdünnen« und abzupuffern. Diese Prostituierten-Persönlichkeit glaubte anfänglich, sie sei aufgrund ihres seltenen offenen Auftretens von nur geringer Bedeutung. Später stellte sich heraus, daß sie in der inneren Politik des Persönlichkeitssystems eine wichtige Rolle spielte.

Die Entwicklung von Alter-Persönlichkeiten im Laufe der Zeit und während der Behandlung

In den meisten Fällen entstehen Alter-Persönlichkeiten als Abwehrreaktion eines Menschen auf nicht bewältigte traumatische Erfahrungen (Kluft 1984; Greaves 1980; Bliss 1980). Sie können im Laufe der Zeit eine erstaunliche Autonomie entwickeln und aufgrund dessen vehement auf ihrer Eigenständigkeit beharren (Kluft 1984c).

Sie wechseln oft von der Erfüllung von Aufgaben psychischer Abwehr – wie dem Ausblenden unerträglicher Erlebnisse – zur Verfolgung eigener, unabhängiger Ziele, die den Zielen der Gesamtpersönlichkeit zuwiderlaufen. Alter-Persönlichkeiten verändern sich im Laufe der Zeit. Sie übernehmen neue Funktionen oder geben alte auf. Man sollte sich als Therapeut sowohl über die äußeren als auch über die inneren Funktionen bestimmter Alter-Persönlichkeiten informieren und beachten, daß diese sich im Laufe der Zeit und im Laufe der Behandlung verändern können.

Arten von Alter-Persönlichkeiten

Fast jeder Mensch haßt es, auf eine bestimmte Rolle festgelegt zu werden, und Multiplen geht es in dieser Hinsicht nicht anders. Doch erkennen Therapeuten, nachdem sie eine Anzahl von DIS-Fällen behandelt haben, schnell, daß bestimmte sehr allgemeine Kategorien von Alter-Persönlichkeiten bei den meisten dieser Patienten zu finden sind. Die gemeinsamen Nenner, die es ermöglichen, bestimmte große Gruppen von Alter-Persönlichkeiten zu charakterisieren, sind die Funktionen der einzelnen Persönlichkeiten sowie die mit ihnen verbundenen Affekte und Erinnerungen. Trotz der unbestreitbaren Einzigartigkeit jeder DIS-Patientin lassen sich einige typische Organisationsprinzipien feststellen.

Die Gastgeber-Persönlichkeit

Alle DIS-Patienten haben mindestens eine Alter-Persönlichkeit, die als »Gastgeber« fungiert. Sie wurde definiert als »diejenige, die während des größten Teils der Zeit einer beliebigen Zeitspanne die Aktivitäten des Körpers steuert« (Kluft 1984c, S. 23). Häufig stellt sich diese Persönlichkeit zur Behandlung vor, und sie wurde gewöhnlich vor der DIS-Diagnose als »die Patientin« bezeichnet.

Die typische Gastgeber-Persönlichkeit ist depressiv, ängstlich, anhedonisch, rigide, frigide, zwanghaft gut, masochistisch und leidet unter Gewissensqualen; außerdem treten bei ihr zahlreiche somatische Symptome auf, insbesondere Kopfschmerzen (Kluft 1984c). Gastgeber-Persönlichkeiten fühlen sich den Umständen ihres Lebens oft hilflos ausgeliefert, und sie stellen sich meist als machtlos dar und als dem Wohlwollen von Kräften ausgeliefert, die sie weder verstehen noch beeinflussen können. Bei zwei Dritteln der im Rahmen der NIMH-Übersichtsstudie ausgewerteten Fälle wußte die Gastgeber-Persönlichkeit nichts von der Existenz anderer Identitäten, und wenn diese sich manifestierten, konnte die Gastgeber-Persönlichkeit sich an die Zeitabschnitte, in denen dies geschah, später nicht erinnern (Putnam et al. 1986). Stern (1984) erklärt, daß die Gastgeber-Persönlichkeit häufiger jede Evidenz für das Existieren anderer Identitäten leugnet, als daß bestimmte Identitäten sich absichtlich vor der Gastgeber-Persönlichkeit verstecken. Mit Beweisen für die Existenz anderer Identitäten konfrontiert, flüchtet sie zuweilen aus der Behandlung.

Nicht immer ist die Gastgeber-Persönlichkeit eine einzige Identität. Manchmal ist sie eine soziale Fassade, die durch die mehr oder minder kooperativen Bemühungen mehrerer Identitäten entstanden ist, die als eine Persönlichkeit auftreten wollen. Solche Gastgeber-Fassaden zerfallen manchmal schon zu Beginn der Behandlung, was zur Folge hat, daß unerfahrene Therapeuten sich fragen, wo die »Patientin« geblieben ist, die sich ihnen zu Beginn zur Therapie vorgestellt hatte.

Kind-Persönlichkeiten

Kind- und Kleinkind-Persönlichkeiten existieren praktisch in jedem Persönlichkeitssystem (Putnam *et al.* 1986). Meist sind es mehrere Kind-Persönlichkeiten, und oft sind diese sogar zahlreicher als die Erwachsenen-Persönlichkeiten. Kind- und Kleinkind-Persönlichkeiten sind häufig in einem bestimmten Stadium der Lebensgeschichte erstarrt; sie bleiben bis zu einem weit fortgeschrittenen Stadium der therapeutischen Arbeit auf dieses Lebensalter fixiert; von ihrer psychischen Last befreit, können sie vor der Integration »erwachsen werden«. Kind- und Kleinkind-Identitäten haben häufig die Aufgabe, durch frühe traumatische Erfahrungen entstandene Erinnerungen und Affekte zu bewahren. Treten diese Persönlichkeiten zutage, reagieren sie das traumatische Erlebnis oft wiederholt auf irgendeine Weise ab. Da viele Kleinkind- und Kind-Persönlichkeiten sich sprachlich nicht oder nur auf eine ihrem Lebensalter gemäße Weise ausdrücken können, winden sie sich bei Abreaktionen oft auf dem Boden, durchleben die traumatischen Situationen erneut, werfen sich gegen Wände oder tun ähnlich beunruhigende und tendenziell gefährliche Dinge. Manchmal krümmen sie sich zur Fötusposition zusammen und lassen keine Reaktion mehr erkennen. Außerdem nehmen sie den Therapeuten nicht selten als den Täter wahr.

Gewöhnlich gibt es weitere Kind- oder Kleinkind-Persönlichkeiten als Gegengewicht zu verängstigten oder mißbrauchten Kind-Persönlichkeiten. Diese suchen Liebe, sehen alles Geschehene als wundervoll an und idealisieren den bzw. die Täter. Sie haben sich eine kindliche Unschuld erhalten, über die andere Alter-Persönlichkeiten nicht mehr verfügen. Allerdings können sie die Patienten in Schwierigkeiten bringen, weil es ihnen an dem Urteilsvermögen und den Fähigkeiten fehlt, die erforderlich sind, um mit den Situationen, in denen sie sich manifestieren, fertig zu werden.

Verfolger-Persönlichkeiten

Bei der Hälfte oder noch mehr DIS-Patienten existieren Identitäten, die sich in einem heftigen Konflikt mit der Gastgeber-Persönlichkeit sehen (Putnam u. Post 1988; Putnam *et al.* 1986). Sie werden manchmal »innere Verfolger« genannt, sabotieren das Leben der Patienten und fügen ihrem Körper schwere Verletzungen zu, um ihn zu schädigen oder um die Gastgeber-Persönlichkeit oder andere Identitäten sogar umzubringen. Manchmal sind ihnen Selbstverletzungen oder »Suizid«-Versuche zuzuschreiben, die in Wahrheit »innere Morde« sind, da die betreffende Verfolger-Persönlichkeit beabsichtigt, die Gastgeber-Persönlichkeit zu verletzen oder zu töten. Die wahrgenommene Eigenständigkeit, die eine Persönlichkeit glauben läßt, sie könne eine andere Persönlichkeit töten, ohne sich selbst zu gefährden, wurde von Kluft (1984c) als *pseudodelusion* (»Pseudo-Wahn«) und von Spiegel (1984) als Form von »Trance-Logik« bezeichnet.

Bei einigen Verfolger-Persönlichkeiten ist zu erkennen, daß es sich um »Introjekte« der ursprünglichen Täter handelt, wohingegen andere sich aus ursprünglichen Helfer-Persönlichkeiten entwickelt haben. Meist verhalten sie sich dem Therapeuten gegenüber verächtlich oder herablassend, und oft versuchen sie aktiv, die Behandlung zu unterminieren. Trotz ihres insgesamt feindseligen Verhaltens dem Patienten gegenüber und trotz ihrer negativen Reaktionen auf die Therapie kann man sie gewinnen und in den Kampf des Patienten um die Verbesserung seiner Lebensqualität einbinden. In ihrer Wut steckt viel von der Energie und Kraft, die ein DIS-Patient braucht, um zu überleben und seine Situation zu verbessern.

Suizidale Persönlichkeiten

Abgesehen von Verfolgern, die versuchen, den Patienten umzubringen, existieren zuweilen auch suizidale Persönlichkeiten, die den Drang verspüren, sich selbst umzubringen. Sie widmen sich oft mit unermüdlicher Hingabe der selbstgestellten Aufgabe, den Selbstmord herbeizuführen, und manchmal sind sie sich der Existenz der Gastgeber-Persönlichkeit oder anderer Identitäten gar nicht bewußt. Es kann sehr schwierig sein, sich mit ihnen zu verständigen, und sie können der Patientin sehr gefährlich werden. Allerdings gelingt es dem Gesamtsystem der Persönlichkeiten meist, die selbstzerstörerischen Impulse solcher Identitäten zu unterdrücken.

Beschützer- und Helfer-Persönlichkeiten

Glücklicherweise verfügen die meisten DIS-Patienten außerdem über eine Anzahl von Beschützer- und Helfer-Persönlichkeiten, die ein Gegengewicht zu den Verfolgern und den suizidalen Persönlichkeiten bilden. In welchem Maße diese Beschützer Einfluß auf die gefährlicheren selbstschädigenden Verhaltensweisen der Verfolger haben, ist unterschiedlich und vom Behandlungsstadium abhängig. Bei Patienten, die noch nicht aktiv als Multiple behandelt worden sind, können die Beschützer zu schwach, um dem Patienten zu helfen, oder nur zeitweilig verfügbar sein. Ist im Laufe der Therapie eine stärkere innere Kommunikation und Kooperation innerhalb des

Gesamtsystems erreicht worden, erlangen die Beschützer gewöhnlich Einfluß und Kontrolle und sind deshalb in der Lage, effektiver zu intervenieren, um auf die Patientin selbst oder auf andere gerichtete Gewalt neutralisieren oder in eine andere Richtung lenken zu können.

Es gibt unterschiedliche Arten von Beschützer-Persönlichkeiten, die je nachdem, wovor eine multiple Persönlichkeit geschützt werden muß, auftreten. Einige tun nichts anderes, als den Körper vor einer wahrgenommenen äußeren Gefahr zu schützen. Bei weiblichen Multiplen sind diese Wächter oft männlich. Selbst bei jungen weiblichen Multiplen entwickeln Beschützer manchmal erstaunliche körperliche Kraft. Sie treten auf, wenn sie glauben, der Körper sei in Gefahr oder werde durch Umstände bedroht, die an das zuvor erlebte Trauma erinnern. Es kann aber auch sein, daß sie versehentlich während einer Therapiesitzung aktiviert werden. Da ihre Grundhaltung defensiv ist, sollte man ihnen versichern und demonstrieren, daß nicht beabsichtigt ist, der Patientin Schaden zuzufügen.

Beschützer-Persönlichkeiten fungieren auch als Elemente eines inneren Systems von Kontrollen und Homöostasen, das einige der selbstzerstörerischen Persönlichkeiten in Schach zu halten strebt. Sie können das selbstzerstörerische Verhalten zunichte machen oder sabotieren oder dafür sorgen, daß die Patientin im Falle eines Suizid-Versuchs Hilfe bekommt. Es ist nicht ungewöhnlich, daß eine suizidale oder innerlich homizidale Persönlichkeit eine Medikamentenüberdosis einnimmt und daß dann eine Beschützer-Persönlichkeit auftaucht und den Rettungsdienst anruft.

Innere Selbst-Helfer *(inner self helper)*

Eine spezielle Form von Helfer- oder Beschützer-Persönlichkeit ist der »Innere Selbst-Helfer« (ISH), der zuerst von Allison (1974a) beschrieben wurde. Erfahrene Therapeuten sind bezüglich der Natur von ISH-Persönlichkeiten und der Frage, ob sie bei allen DIS-Patienten zu finden sind, unterschiedlicher Meinung. ISHs wurden offenbar bei mindesten 50-80 Prozent aller DIS-Fälle, in denen nach ihnen gesucht wurde, gefunden. Gewöhnlich sind sie körperlich passiv und relativ emotionslos und vermitteln Informationen und Erkenntnisse über die Funktionsweise des Systems. Nach Auffassung vieler Therapeuten beweisen sie nach ihrer Identifikation einen unschätzbaren Wert als Führer und geben in der Therapie oft nützliche Empfehlungen für den Umgang mit Problemen. Wie man ISH-Persönlichkeiten erkennt, elizitiert und mit ihnen arbeitet, wird in Kapitel 8 beschrieben.

Erinnerungsträger

Die zuerst von Wilbur entdeckte Erinnerungsspur ist eine Identität, die sich mehr oder minder vollständig an die Lebensgeschichte der Patientin erinnert (Kluft 1984c).

Sie ist bei DIS-Patienten häufig zu finden, und sie liefert Informationen über die Lebensgeschichte der Gesamtperson und die Aktivitäten anderer Persönlichkeiten. Da die Erinnerungsspur zur Passivität neigt, muß der Therapeut nach ihr suchen.

Alter-Persönlichkeiten des anderen Geschlechts

Bei mindestens der Hälfte aller DIS-Patienten existieren Identitäten des anderen Geschlechts. Bei etwa der Hälfte der weiblichen DIS-Patienten sind männliche Identitäten im Alter von Kindern, Jugendlichen oder Erwachsenen zu finden. Bei männlichen Multiplen scheint es in etwa zwei Dritteln bis zu drei Vierteln aller Fälle weibliche Identitäten zu geben (Putnam *et al.* 1986; Loewenstein *et al.* 1986). Diese gegengeschlechtlichen Identitäten kleiden sich oft auch ihrer Rolle entsprechend, und möglicherweise ist ihnen der Unisex-Look vieler DIS-Patienten zuzuschreiben. Weibliche DIS-Patienten haben häufig kurzes Haar und tragen Kleidungsstücke (Blusen oder Hemden und Hosen), die es ihren männlichen Alter-Persönlichkeiten ermöglichen, sich problemlos zu manifestieren. Wie bereits früher erwähnt, übernehmen männliche Alter-Persönlichkeiten weiblicher DIS-Patienten im Arbeitsleben oft männliche Rollen, beispielsweise die von Bodyguards und Maschinisten. Die männlichen Alter-Persönlichkeiten weiblicher DIS-Patienten wirken in ihrer Sprechweise, ihrem Auftreten und ihrem Verhalten manchmal verblüffend maskulin.

Bei männlichen DIS-Patienten sind weibliche Identitäten meist ältere »gute Mutter«-Gestalten, die als Ratgeberinnen fungieren und versuchen, das für männliche DIS-Opfer typische wütende und destruktive Verhalten zu mäßigen. Die weiblichen Identitäten männlicher DIS-Patienten sind zumeist in der Dynamik des inneren Systems aktiver als in der äußeren Welt; folglich treten sie weniger häufig in Erscheinung, und in der Regel sind sie auch nicht so deutlich unterschiedlich. Bei Patienten beider Geschlechter können die Persönlichkeiten des anderen Geschlechts sexuell aktiv und entweder heterosexuell oder homosexuell orientiert sein – was große Verwirrung stiften kann.

Promiskuitive Persönlichkeiten

Bei den meisten DIS-Patienten existieren bestimmte Identitäten, die verbotene Impulse oft sexueller Natur zum Ausdruck bringen. Promiskuitive Alter-Persönlichkeiten können ein turbulentes Sexualleben haben, so daß die verwirrte Gastgeber-Persönlichkeit sich gelegentlich fragt, wie sie schon wieder in eine kompromittierende Situation geraten konnte. Manchmal wiederholen promiskuitive Alter-Persönlichkeiten auch Situationen vorangegangenen sexuellen Mißbrauchs innerhalb oder außerhalb der Therapiesituation. Viele weibliche DIS-Patienten berichten über ein Szenario, bei dem eine promiskuitive Alter-Persönlichkeit einen merkwürdigen Mann abschleppt, eine intime und oft masochistische Situation arrangiert, dann verschwindet und es der verängstigten und gewöhnlich sexuell frigiden Gastgeber-Persönlichkeit überläßt, mit den sexuellen Avancen des Fremden fertig zu werden. Wie zu erwarten, interpretiert die Gastgeber-Persönlichkeit das Ergebnis dieses Unterschiebens als Vergewaltigung. Prostituierten-Persönlichkeiten kommen bei weiblichen DIS-Patienten sehr häufig vor. Sie regeln den Umgang des Persönlichkeitssystems mit der Sexualität und ermöglichen der Patientin außerdem, ihren Lebensunterhalt zu bestreiten.

Verwalter-Persönlichkeiten und zwanghafte Persönlichkeiten

Verwalter-Persönlichkeiten und zwanghafte Persönlichkeiten sind zwei Arten von Alter-Persönlichkeiten, die sich häufig am Arbeitsplatz manifestieren und Multiplen helfen, ihren Lebensunterhalt zu verdienen. Sie lassen meist ein hohes Maß an beruflicher Kompetenz erkennen und erfüllen außerdem innerlich die Funktion, das Leben eines im übrigen ziemlich desorganisierten Menschen zu strukturieren. Arbeitskollegen kennen meist nur diese Verwalter-Persönlichkeit, die in ihren Augen identisch mit der betreffenden Person ist. Verwalter-Persönlichkeiten werden oft als kalt, distanziert und autoritär bezeichnet. Ihre Distanziertheit schreckt von jeder Annäherung ab, durch welche die Existenz anderer Persönlichkeiten enthüllt werden könnte.

Persönlichkeiten mit Substanzmißbrauch

Wie bereits erwähnt, kommt Substanzmißbrauch bei DIS-Fällen nicht gerade selten vor. Sedativa, Schlaf- und Schmerzmittel sind die von Multiplen am häufigsten mißbrauchten Medikamente, dicht gefolgt von Stimulanzien und Alkohol (Putnam *et al.* 1986). Der Medikamenten- und Drogenmißbrauch bei DIS ist gewöhnlich auf bestimmte Alter-Persönlichkeiten beschränkt. Es gibt viele anekdotische Berichte, denen zufolge die Alter-Persönlichkeit, die zum Substanzmißbrauch neigt, als einzige innerhalb des Gesamtsystems der betreffenden Multiplen unter Entzug leidet. Allerdings wurden diese Berichte bisher nicht durch eine kontrollierte Untersuchung verifiziert.

Autistische und behinderte Persönlichkeiten

Das Persönlichkeitssystem von Multiplen kann auch autistisch wirkende Persönlichkeiten umfassen. Im allgemeinen handelt es sich bei diesen um Kind- oder Kleinkind-Persönlichkeiten. Im aktivierten Zustand sitzen sie oft einfach da und wiegen ihren Körper oder neigen nach Art autistischer Kinder zur Selbststimulation. Oft werden sie »vorgeschickt«, wenn keine andere Alter-Persönlichkeit interessiert ist, die Kontrolle zu übernehmen. Besonders häufig tauchen sie in Situationen auf, in denen eine multiple Persönlichkeit eingesperrt ist, strenger Kontrolle unterworfen wird oder sich unter strikter Beobachtung befindet (z.B. in einer Isolierzelle, in einer Zwangspackung in nassen Bettlaken in der Klinik oder während eines Verhörs bei der Polizei).

Persönlichkeiten mit spezifischen Behinderungen (z.B. Blindheit, Taubheit, Funktionsunfähigkeit eines Beins oder Arms) kommen bei komplexeren DIS-Fällen relativ häufig vor. Zwar mag die psychologische Bedeutung der Behinderung in der Therapie letztendlich erkannt werden, doch können solche Identitäten die betroffenen Patienten ebenso wie ihre Therapeuten zuvor in viele schwierige Situationen bringen. Ich habe vier DIS-Patienten kennengelernt, die an Therapieprogrammen für Taube teilnahmen, weil bei ihnen Alter-Persönlichkeiten, die unter einer Behinderung des Hörsinns litten, sehr dominierend waren. Keiner dieser Patienten litt unter einer physiologisch bedingten Hörbehinderung.

Persönlichkeiten mit besonderen Talenten oder Fähigkeiten

Auch Alter-Persönlichkeiten, die über besondere Fähigkeiten verfügen, existieren häufig im Persönlichkeitssystem von Multiplen. Es kann sich um berufliche, aber auch um künstlerische und sportliche Fähigkeiten handeln. Gewöhnlich sind die Anteile, die solche Fähigkeiten zum Ausdruck bringen, Persönlichkeitsfragmente. Manchmal sind sie außerordentlich begabt und existieren einzig und allein, um einer bestimmten Fähigkeit oder einem Talent Ausdruck zu geben.

Schmerzabgestumpfte und -unempfindliche Persönlichkeiten

Schmerzabgestumpfte und -unempfindliche Persönlichkeiten sind bei der DIS häufig zu finden und sind oft durch schmerzhafte körperliche Mißhandlungen oder durch sexuellen Mißbrauch entstanden (Kluft 1984c; Putnam *et al.* 1986). Sie bestreiten, daß sie Schmerz empfinden, und werden aktiviert, wenn der Körper der Patientin durch diese selbst oder durch andere Menschen verletzt wird. Manchmal begehen sie auch Selbstverletzungen.

Imitatoren und Fälscher

Im Persönlichkeitssystem mancher Multipler befinden sich Identitäten, deren Aufgabe es ist, andere Persönlichkeiten zu imitieren. Wenn diese Fälscher auftauchen, wirken und klingen sie wie die Alter-Persönlichkeit, die sie nachahmen. Für ihr Auftreten gibt es unterschiedliche Gründe. Manchmal versuchen sie lediglich, mit Situationen fertig zu werden, mit denen die Persönlichkeit, die sie nachahmen, nicht fertig wird. Beispielsweise existierte in einem Fall eine Fälscher-Identität, die für die asexuelle Gastgeber-Persönlichkeit das Flirten mit Männern übernahm. In anderen Fällen haben Fälscher die Funktion, die Therapie zu stören oder zu sabotieren und den Therapeuten irrezuführen. Auch über Persönlichkeiten, die die ISH-Persönlichkeit imitieren, liegen Berichte vor.

Dämonen und Geister

Bei manchen Multiplen, und insbesondere bei denjenigen, die aus ländlichen Gebieten stammen oder fundamentalistischen religiösen Überzeugungen anhängen, gibt es Alter-Persönlichkeiten, die sich als Geister oder Dämonen vorstellen. Geister sind oft Persönlichkeiten, die wie ein ISH ihre Hilfe anbieten. Dämonen hingegen sind gewöhnlich bösartige Persönlichkeiten vom Verfolgertyp, und sie stellen sich manchmal als Satan oder einer seiner Schüler vor.

Gutartige Geister-Persönlichkeiten kann man auf die gleiche Weise wie ISHs behandeln – was in Kapitel 8 beschrieben wird. Exorzismus und andere religiöse Praktiken vermögen sie nur vorübergehend zu unterdrücken und sind im Rahmen einer Therapie kontraindiziert. Viele Therapeuten, die an ihren ersten DIS-Fällen arbeiten, versuchen, wütende, feindselige und bösartige Persönlichkeiten zu unterdrücken. Dies ist über längere Zeit nicht möglich und belastet gewöhnlich die therapeutische Beziehung, weil der Therapeut einen Teil von dem, was die Patientin erfährt, ableugnet. Eine ausführlichere Beschreibung der Arbeit mit Verfolger-Persönlichkeiten enthält Kapitel 8.

Die ursprüngliche Persönlichkeit

Viele Multiple haben eine Persönlichkeit, die von den übrigen Persönlichkeiten des Systems als die »ursprüngliche« Persönlichkeit bezeichnet wird, von der alle übrigen abstammen. Kluft hat die ursprüngliche Persönlichkeit definiert als »die Identität, die unmittelbar nach der Geburt entstanden ist und die die erste neue Persönlichkeit abgespalten hat, um dem Körper zu helfen, mit einer starken Belastung fertig zu werden« (Kluft 1984c). Gewöhnlich ist die ursprüngliche Persönlichkeit nicht aktiv, und oft heißt es, sie sei zu einem sehr frühen Zeitpunkt »in Schlaf versetzt« oder auf andere Weise handlungsunfähig gemacht worden, weil sie nicht in der Lage war, mit einem Trauma fertig zu werden. Sie tritt im Laufe der Therapie meist erst in Erscheinung, nachdem ein großer Teil des Traumas durch therapeutische Abreaktion verarbeitet worden ist. Die Gastgeber-Persönlichkeit ist bei den meisten Patienten nicht mit der ursprünglichen Persönlichkeit identisch.

Weitere Aspekte von Alter-Persönlichkeiten

Grade des interpersonellen Gewahrseins zwischen Alter-Persönlichkeiten

Die Alter-Persönlichkeiten von DIS-Patienten sind sich in unterschiedlichem Maße der Existenz anderer Identitäten innerhalb des Systems bewußt. Die gewöhnlich zu Behandlungsbeginn auftretende Gastgeber-Persönlichkeit weiß im allgemeinen *nichts* über die Existenz anderer Identitäten. Einige Arten von Alter-Persönlichkeiten, beispielsweise die ISHs oder die Erinnerungsspuren, behaupten von sich, das gesamte System zu kennen. Andere kennen einige, aber nicht alle Identitäten. Vielfach weiß Persönlichkeit A um die Existenz von Persönlichkeit B und kennt deren Verhalten, doch Persönlichkeit B hat keinerlei Kenntnis von der Existenz von Persönlichkeit A. Diese Eigenschaft ist *richtungsspezifische Bewußtheit (directional awareness)* genannt worden, und es ist charakteristisch für viele Persönlichkeiten des Systems von Multiplen.

In der älteren Fachliteratur werden verschiedene Untergruppen richtungsspezifischer Bewußtheit genannt, die dazu dienen, DIS-Fälle verschiedenen Kategorien zuzuordnen, beispielsweise »beidseitig amnestisch«, »einseitig amnestisch« und dergleichen (Taylor u. Martin 1944; Ellenberger 1970). Diese frühen Klassifikationsschemata basierten auf Verallgemeinerungen aufgrund von ein oder zwei Fällen, und sie erweisen sich, auf eine große Zahl von Patienten übertragen, als unbrauchbar. Aus der NIMH-Übersichtsstudie geht hervor, daß drei Viertel der untersuchten DIS-Patienten über mindestens eine Persönlichkeit verfügten, die jegliches Wissen über die Existenz anderer Identitäten abstritt, und daß überdies in mehr als 85 Prozent der Fälle eine Persönlichkeit existierte, die von sich behauptete, alle anderen zu kennen (Putnam *et al.* 1986). Ein Therapeut sollte sich darüber im klaren sein, daß das Wissen über das Gesamtsystem und über andere für das Leben der Patientin relevante Fakten nicht allen Alter-Persönlichkeiten gleichermaßen zugänglich ist. Eine der wichtigsten Aufgaben einer DIS-Therapie ist, dem Gesamtsystem das Wissen und die Geheimnisse aller spezifischen Identitäten zugänglich zu machen. Wird dieses Wissen allgemein verfügbar, erübrigt sich allmählich die Notwendigkeit von Getrenntheit, und die Vereinigung der Teile wird eingeleitet.

Die dissoziativen Barrieren, die die verschiedenen Alter-Persönlichkeiten voneinander trennen, sind für bestimmte Arten von Information durchlässiger als für andere. Ludwig *et al.* (1972) haben diese Durchlässigkeit als erste systematisch untersucht, obwohl auch frühere Forscher wie Morton Prince (Prince u. Peterson 1908) bereits von diesem Prinzip Gebrauch machten, um Phänomene von Co-Bewußtheit zu untersuchen. Je stärker die emotionale Energie oder die Traumabezogenheit einer Idee oder eines Affekts ist, umso größer ist die Gefahr, daß sie innerhalb einer Alter-

Persönlichkeit isoliert und vom Bereich des allgemeinen Bewußtseins abgetrennt wird. Aufgrund ihrer Studien, bei denen sie Wortpaare und die galvanische Haut-reaktion (GSR) nutzten, beobachteten Ludwig *et al.* (1972), »daß die relative Einzig-artigkeit dieser Persönlichkeiten, aber auch die Grenzen, die sie voneinander trennen, bei emotional neutralem und nicht affektbelastetem Material gewöhnlich verschwin-den« (S. 308). Deshalb ist in den Alter-Persönlichkeiten von Multiplen das trauma-tische Material extrem stark gestückelt, wobei diese Stückelung nur bei einem Teil des Materials vorliegt, wohingegen für andere Teile ein gemeinsames Gewahrsein besteht. Man hat mit Hilfe gut durchdachter Experimente gezeigt, daß es möglich ist, subliminal Information in eine Alter-Persönlichkeit einzuspeisen und ihre Existenz anderen Alter-Persönlichkeiten zu demonstrieren, was wiederum zeigt, daß auch bei Bestehen von dissoziativen Barrieren eine gewisse Durchlässigkeit gegeben ist (Nis-sen *et al.* 1988; Silberman *et al.* 1985).

Einstellungen von Alter-Persönlichkeiten zum Körper

Die Haltung vieler Alter-Persönlichkeiten zur Sicherheit und zum Wohlbehagen des Körpers, den sie miteinander teilen, ist erstaunlich arrogant. Abgesehen von dem weiter oben beschriebenen »Wahn der Getrenntheit« sind offenbar auch viele Identi-täten, denen durchaus klar ist, daß sie ein und denselben Körper miteinander teilen, oft nicht besonders interessiert an dessen Gesundheit. Ich habe einigen von ihnen ge-sagt, daß sie ihren Körper so behandeln, wie Angestellte eines Unternehmens oft mit Firmenfahrzeugen umgehen: Diese sind für sie etwas, das man gebrauchen, falsch gebrauchen oder mißbrauchen kann, doch in jedem Fall ist jemand anders dafür zu-ständig, dafür zu sorgen, daß die Fahrzeuge ständig betriebsbereit sind. Allerdings bringen die Alter-Persönlichkeiten ihrerseits andere Erklärungen für ihre Indifferenz gegenüber dem Wohl ihres gemeinsamen Körpers vor. Häufig hört man von ihnen Begründungen wie die folgenden: 1) Da alle anderen, insbesondere der ursprüngli-che Täter, den Körper schlecht behandelt haben, sehen sie keinen Grund, sich anders zu verhalten. 2) Da sie außerhalb des Körpers existieren, sehen sie ihn nur als einen Ort an, den sie aufsuchen, um mit der materiellen Welt zu interagieren. Außerdem halten sie ihn für unnötig zur dauerhaften Sicherung ihres Überlebens. 3) Es ist nicht ihr Körper, sie mögen ihn nicht sonderlich, und wenn sie könnten, würden sie ihn verändern (z.B. mit Hilfe einer chirurgischen Geschlechtsumwandlung).

Die andere Seite der Medaille ist die Tatsache, daß viele Alter-Persönlichkeiten den Körper völlig unterschiedlich sehen, wenn sie sich in ihm manifestieren. Einige sehen das Haar als blond an, andere als braun. Einige sehen den Körper als klein und dick, andere als groß und dürr. Die Fähigkeit der Identitäten, sich als körperlich unterschiedlich zu »sehen«, ist typisch für jene Verzerrungen des Körperbildes, die bei Störungen wie *Anorexia nervosa* zu finden sind. Die wahrgenommenen Unterschiede sind Bestandteil der inneren Repräsentation der einzelnen Alter-Persönlichkeit, und sie müssen untersucht werden, um den Patienten als Ganzes zu verstehen. In manchen Fällen entsprechen die von den einzelnen Identitäten wahrgenommenen körperlichen Unterschiede einigen der äußeren körperlichen Veränderungen, die dem Therapeuten selbst bei verschiedenen Persönlichkeiten aufgefallen sind. In vielen Fällen jedoch ist dies nicht so.

Namen und Namensgebung

Zwar ist die Identität ein komplexes Konzept, doch lassen sich die meisten ihrer Attribute in einem einzigen Morphem zusammenfassen: einem Namen (Seeman 1980). Die meisten Persönlichkeiten haben einen Namen. Oft haben sie sogar Vor-, Nach- und manchmal auch einen zweiten Vornamen, wobei es sich häufig um Derivate des gesetzlichen Namens handelt. So können die Identitäten der DIS-Patientin »Elizabeth Jane Doe« Vornamen haben wie Elizabeth, Lizzy, Lizzie, Liz, Betsie, Beth, Bets, Jane, Janie, Lizzy-Jane usw. Außerdem kann es unterschiedliche Versionen einer bestimmten Persönlichkeit geben, beispielsweise Liz I und Liz II, die sich gewöhnlich hinsichtlich ihres Lebensalters unterscheiden, so daß beispielsweise Liz I ein Kind und Liz II eine Jugendliche ist.

Die Namen können auch aufgrund der äußeren oder inneren Funktion, die die Identitäten erfüllen, gewählt werden (z.B. »der Fahrer«, »die Magd«, »der Koch«, »der Türhüter«, wenn es sich um eine Identität handelt, die entscheidet, welcher Teil des Gesamtsystems zu einem bestimmten Zeitpunkt auftauchen kann). Ebenso können sie dem mit ihnen verbundenen Affekt entsprechend benannt werden (z.B. »der Wütende«, »der Traurige«, »der Heilige« usw.). Manchmal verbirgt sich auch ein auf eine Funktion hinweisender Name hinter einem normalen Namen. Beispielsweise wurde in einem Fall eine Erinnerungsspur »Stacy« genannt, was für »Stay and see« (»Bleib und sieh«) stand. Man sollte stets darauf achten, ob in den Namen von Alter-Persönlichkeiten ein Doppelsinn enthalten ist, denn auf diese Weise läßt sich eine Menge Verwirrung vermeiden.

In vielen Persönlichkeitssystemen gibt es eine oder mehrere »namenlose« Persönlichkeiten. Manchmal benutzen diese »unbenannten« Alter-Persönlichkeiten den gleichen Trick, mit dem sich Odysseus gegen die Zyklopen zur Wehr setzte: Sie hören auf den Namen »Niemand« (engl. »no one«). Versucht der Therapeut herauszufinden, wer innerhalb des Systems für ein bestimmtes Verhalten verantwortlich ist, gibt es eine Persönlichkeit mit Namen »Niemand«, »Keiner« oder dergleichen. In den meisten Fällen stellt sich im Laufe der Therapie heraus, daß die »unbenannten« Persönlichkeiten in Wahrheit einen Namen haben. Viele Alter-Persönlichkeiten sind zu Beginn der Therapie nicht bereit, ihren tatsächlichen Namen zu nennen, weil dieses Wissen dem Therapeuten die Möglichkeit gibt, sie nach Belieben herbeizuzitieren.

Es ist wichtig, die Namen aller Alter-Persönlichkeiten herauszufinden und sie bei der Arbeit an jenem Teil des Gesamtsystems der Patientin zu benutzen. In Kapitel 6 wird beschrieben, wie man Namen und Funktionen von Alter-Persönlichkeiten herausfinden kann.

Switche und Switching

Switching ist der Prozeß des Wechsels von einer Alter-Persönlichkeit zu einer anderen und eines der zentralen Verhaltensphänomene bei DIS. Wenn ein Therapeut in einer DIS-Behandlung Fortschritte erzielen will, muß er lernen, Switche zu erkennen. Andernfalls kann er das Verhalten der Patientin nicht verstehen, und die therapeutische Wirkung, die das Erkennen der Alter-Persönlichkeiten und die Konfrontation derselben mit ihrem eigenen Verhalten erzeugt, geht verloren.

Das Ausmaß der Kontrolle über den Prozeß

Switching ist ein psychophysiologischer Prozeß, der sowohl auf kontrollierte als auch auf unkontrollierte Weise stattfinden kann. Ein Switch kann durch die innere Dynamik des Systems des Multiplen verursacht, aber auch durch Ereignisse in der unmittelbaren Umgebung ausgelöst werden. Generell wird die vor dem Switch manifestierte Alter-Persönlichkeit durch eine andere ersetzt. Es gibt allerdings auch Fälle, in denen beide Persönlichkeiten gleichzeitig präsent sind. Nachdem ich zahlreiche Multiple zwischen ihren verschiedenen Alter-Persönlichkeiten habe wechseln sehen, habe ich herausgefunden, daß solchen Switchen einige Elemente gemeinsam sind (Putnam 1988c).

Im Laufe der Behandlung lernen DIS-Patienten, den Switching-Prozeß zu steuern. Anfangs werden Switche gewöhnlich durch Umgebungsreize oder durch innere Konflikte ausgelöst und als nicht der Willenskontrolle unterliegend erfahren, letzteres insbesondere von der Gastgeber-Persönlichkeit. Viele Identitäten wissen zu diesem Zeitpunkt nichts voneinander; für sie ist das Leben ein unablässiges In-Erscheinung-Treten und Verschwinden, wobei sie oft unter merkwürdigen und ungewöhnlichen Umständen »aufwachen«. Dem Switching-Prozeß wohnt jedoch eine gewisse auf Anpassung an die aktuelle Situation zielende Logik inne, die dafür sorgt, daß in den meisten Fällen eine adäquate Identität aktiviert wird. Daß DIS-Patienten beim »Switchen« die einer bestimmten Situation angemessene Alter-Persönlichkeit aktivieren können, verleiht ihnen eine chamäleonartige Fähigkeit, die sie nutzen, um ihre Multiplizität zu verbergen. Deshalb fällt die Existenz von Alter-Persönlichkeiten bei einer Patientin nur Menschen auf, die sie in vielen unterschiedlichen Situationen beobachten. In Streßsituationen jedoch manifestieren sich zuweilen Identitäten, die der betreffenden Situation nicht angemessen sind, und aus diesem Umstand können sich für die Patientin schwerwiegende Probleme ergeben.

Auswirkungen des Switching

Bei den Auswirkungen eines Switchs kann man zwischen körperlichen und psychischen Veränderungen unterscheiden, die beim Wechsel zwischen Alter-Persönlichkeiten zu beobachten sind. Oft lassen sich körperliche Veränderungen zwar leichter beobachten, doch sind die psychischen Veränderungen letztendlich überzeugender. Die Wechsel zwischen verschiedenen Identitäten können offen oder verdeckt erfolgen. Im letzteren Fall sind sie manchmal nur äußerst schwer zu erkennen, und oft lernt man erst nach der Beobachtung vieler offener Wechsel verdeckte Switche zu erkennen.

Als wie unterschiedlich zwei Alter-Persönlichkeiten wahrgenommen werden, hängt von mehreren Faktoren ab. Der erste unter diesen ist der Differenzierungsgrad der beiden Persönlichkeiten. Ein Wechsel von der Identität eines zehnjährigen Mädchens zu der eines fünfunddreißigjährigen Mannes ist mit wesentlich mehr körperlichen und psychischen Veränderungen verbunden als ein Wechsel zwischen zwei männlichen Erwachsenenpersönlichkeiten, die einander in vielerlei Hinsicht ähneln. Ein weiterer Faktor, der sich auf die Fähigkeit eines Beobachters, Unterschiede wahrzunehmen, auswirkt, ist seine Vertrautheit mit den Alter-Persönlichkeiten und seine bisherige Erfahrung mit ihnen. Viele Therapeuten berichten, sie hätten anfangs nur vage wahrgenommen, daß sich ein Patient in irgendeiner Weise änderte, und sie hätten dies nicht als einen Wechsel zu einer anderen Alter-Persönlichkeit erkannt. Nachdem sie die verschiedenen Identitäten im Laufe der Zeit näher kennengelernt hätten, hätten sie sie besser unterscheiden und stärkere Unterschiede zwischen ihnen erkennen können. Mit zunehmender Erfahrung vermögen viele Therapeuten dann aus fünfzig Schritten Entfernung zu erkennen, welche der Alter-Persönlichkeiten jeweils »draußen« (aktiv) ist.

Körperliche Veränderungen

Veränderungen im Gesicht Bei manchen Multiplen wird das Switchen zwischen Identitäten von starken Veränderungen des Gesichtsausdrucks begleitet. Diese sind am deutlichsten im Bereich der Augen und des Mundes. Vertikale Runzeln werden plötzlich zu horizontalen Falten, und der Kiefer wechselt manchmal plötzlich von einem Unterbiß zu einem Überbiß. In anderen Fällen wird lediglich der Gesichtsausdruck auf subtile Weise weicher oder härter. Die meisten Beobachter berichten über deutliche Veränderungen in den Augen, wobei es sich meist nicht um einen quantifizierbaren, sondern nur um einen qualitativen Unterschied handelt. Wenn ich den

Verdacht habe, daß bei einer Patientin ein verdeckter Switch stattfindet, beobachte ich sorgfältig Richtung und Tiefe von Runzeln und Falten im Gesicht und achte auf abrupte Veränderungen, durch die jene Merkmale völlig verschwinden oder sich signifikant verändern. Die Kunst liegt darin, diese Vorgänge von normalen Ausdrucksveränderungen zu unterscheiden, wie sie bei uns allen vorkommen. Veränderungen des Gesichtsausdrucks allein sind kein ausreichender Beweis für einen Switch, doch zusammen mit anderen konsistent beobachtbaren Veränderungen ermöglichen sie einem Kliniker, eventuelle verdeckte Switche zu erkennen.

Veränderungen der Haltung und des motorischen Verhaltens Bei Wechseln zwischen Alter-Persönlichkeiten verändern sich häufig auch die Körperhaltung, die Körpersprache und die motorische Aktivität. In welchem Maße Unterschiede zwischen zwei Persönlichkeiten zu beobachten sind, hängt von den bereits beschriebenen Faktoren ab. Bei vielen Multiplen sind einige Identitäten an ganz bestimmten Körperhaltungen zu erkennen. Dies gilt besonders für Kind-Persönlichkeiten, weiterhin für Identitäten, die Erinnerungen an bestimmte Arten von Mißbrauchs- oder Mißhandlungserlebnissen bewahren, und für solche, die unter bestimmten psychosomatischen Problemen oder Mängeln leiden. Baby- oder Kleinkind-Persönlichkeiten rollen sich häufig zur Fötushaltung zusammen, kriechen herum oder kauern sich in Ecken. Persönlichkeiten, die als Bewahrer der mit traumatischen Erlebnissen zusammenhängenden Erinnerungen und Affekte fungieren, können bei ihrem Erscheinen jene Erfahrungen auf subtile oder dramatische Weise wiederholen. Beispielsweise hatte eine 42jährige Multiple eine neunjährige Kind-Persönlichkeit, die sich, wenn sie sich manifestierte, ständig die Handgelenke und Hände rieb. Später stellte sich heraus, daß diese Identität »draußen« gewesen war, als man die Patientin an den Handgelenken festgebunden, an einen in einer Tür befestigten Haken aufgehängt und geschlagen hatte. Das Reiben der Handgelenke war eine Reaktion auf die Schmerzen und Taubheitsgefühle, die sie in jener Situation empfunden hatte und die jene Identität nun als somatische Erinnerung bewahrte.

Alter-Persönlichkeiten, die unter psychogenen Behinderungen leiden (z.B. Blindheit, Taubheit, Mutismus oder sensorischen Anästhesien) zeigen im aktivierten Zustand oft charakteristische kompensatorische Verhaltensweisen. Das motorische Verhalten unterschiedlicher Alter-Persönlichkeiten kann sich auch in anderer Hinsicht unterscheiden. Manchmal verfügen verschiedene Identitäten über sehr unterschiedliche motorische Koordination und manuelle Geschicklichkeit bei der Ausführung bestimmter Aufgaben. Auch ihre körperliche Stärke kann sehr unterschiedlich sein, so daß einige zu physischen Leistungen in der Lage sind, die anderen niemals möglich wären. Außerdem können bei einigen bestimmte Arten von Muskelzittern auftreten, oder sie verhalten sich auf bestimmte ungewöhnliche Weisen.

Veränderungen der Stimme und der Sprechweise Über Veränderungen der Stimme und der Sprechweise haben klinische Beobachter von DIS immer wieder berichtet (z.B. Riggall 1931; Morton u. Thoma 1964; Goddard 1926; Mason 1893; W.F. Prince 1917; Cory 1919; Peck 1922; Congdon *et al.* 1961; Thigpen u. Cleckley 1954; Burks 1942; Lipton 1943.) Am deutlichsten wirken sich diese Veränderungen auf Stimmlage, Stimmvolumen, Sprechgeschwindigkeit, Artikulation, Akzent und Sprachgebrauch aus. Männliche Alter-Persönlichkeiten weiblicher DIS-Patienten senken ihre Stimme manchmal gegenüber ihrer normalen Stimmlage um eine volle Oktave ab. Und die Stimmen von Kind-Persönlichkeiten werden oft um die gleiche Spanne höher. Außerdem können Kind-Persönlichkeiten in »Babysprache« sprechen, brabbeln oder die für Kinder typischen grammatischen Fehler machen. Identitäten, in denen die Identifikation mit bestimmten anderen Menschen zum Ausdruck kommt, übernehmen deren Art zu sprechen und imitieren oft auch ihre Stimme. Stimm-Spektralanalysen spontaner und stereotyper sprachlicher Äußerungen der verschiedenen Identitäten von DIS-Patienten zeigen, daß diese Veränderungen oft mit Formantfrequenzveränderungen verbunden sind, die als Kontrollbeispiele fungierende Schauspieler nicht nachzuahmen vermögen (Ludlow u. Putnam 1988). Außerdem können bei einigen Identitäten Sprachstörungen wie Stottern vorliegen, die bei anderen fehlen (M. Prince 1906; Putnam *et al.* 1984).

Veränderungen der Kleidung und des Pflegezustands Veränderungen im Kleidungsstil, Pflegezustand und Make-up werden über mehrere Sitzungen hinweg deutlich. Einige DIS-Patientinnen, mit denen ich arbeite, haben männliche Alter-Persönlichkeiten, die sich weigern, sich zu manifestieren, wenn die Patientin ein Kleid trägt. Deshalb kleiden sich viele dieser Menschen in einem Unisex-Look, mit dem sich sowohl männliche aus auch weibliche Persönlichkeiten im Fall ihrer Manifestation wohlfühlen. Veränderungen der Frisur können ebenfalls sehr drastisch ausfallen. Eine DIS-Patientin wechselte zwischen einer Frisur mit Haarknoten und einer Punk-Frisur hin und her. Keine der beiden Identitäten fühlte sich mit der Frisur und den sozialen Wertvorstellungen der anderen wohl. Manche Alter-Persönlichkeiten tragen Perücken, um ihre Identität zu vervollständigen. Auch beim Gebrauch von Make-up kommen gravierende Veränderungen vor. Starker Gebrauch von Make-up, falschen Wimpern, Push-ups und dergleichen sind oft Merkmale von promiskuitiven oder Party-Persönlichkeiten, wohingegen depressive und zurückgezogen Identitäten der gleichen Person ein möglichst unscheinbares Äußeres bevorzugen, weil sie nicht beachtet werden wollen.

Verhalten während des Switching-Prozesses Der eigentliche Moment des Switchings kann Bruchteile einer Sekunde bis hin zu mehreren Minuten und in wenigen Fällen sogar noch länger dauern (Putnam 1988c). In den meisten – wenn auch nicht in allen – Fällen, in denen es mir gelungen ist, einen Switch auf Videoband aufzunehmen und zu studieren, wird dessen Beginn durch ein Blinzeln oder durch Aufwärtsrollen der Augäpfel angezeigt. Auch ein schnelles Flackern der Augenlider kann einen Switch ankündigen. Vorübergehende Gesichtszuckungen oder Grimassen können ebenfalls auftreten, und auch ruckartige Körperbewegungen, Schauder oder abrupte Haltungsveränderungen weisen häufig auf einen Identitätswechsel hin. Falls der Vorgang mehrere Minuten dauert, kann die Patientin in einen tranceartigen Zustand verfallen, in dem sie nicht reagiert und mit leerem Blick vor sich hin starrt. Bei manchen Multiplen erfolgen die Switche krampfartig und werden deshalb manchmal irrtümlich für epileptische Anfälle gehalten.

Oft haben die Patienten gelernt, die das Switching begleitenden Verhaltensweisen zu verbergen. Frauen wenden ihr Gesicht ab, verbergen es kurz in den Händen oder lassen ihr Haar darüber fallen. Eine Alter-Persönlichkeit kann ihr Auftauchen auch zeitlich so steuern, daß der Therapeut gerade wegschaut oder anderweitig abgelenkt wird. Außerdem können Alter-Persönlichkeiten so schnell kommen und gehen, daß sie nur sehr kurz präsent sind. Ich habe gehört, wie Therapeuten, die mit DIS nicht vertraut waren, ihr unterschwelliges Gewahrsein, daß in dem Patienten etwas geschehen war, durch Stellen von Fragen wie »Haben Sie gerade eine Stimme in sich sprechen hören?« zum Ausdruck brachten.

Unmittelbar nach dem Auftauchen einer neuen Identität, insbesondere wenn dieselbe den vorangegangenen Interaktionen gegenüber eine Amnesie entwickelt hatte, können Patienten bestimmte Verhaltensweisen manifestieren, die DIS-Therapeuten als »Erden« (*grounding*) bezeichnen. Typisch hierfür sind Berühren des Gesichts, Drücken der Hände gegen die Schläfen, Berühren des Stuhls oder Sessels, auf dem sie sitzen, schnelles Sich-Umschauen im Raum und unablässiges Verändern der Körperhaltung. Erdende Verhaltensweisen sind ein Bestandteile des Orientierungsprozesses einer Alter-Persönlichkeit, die sich plötzlich in einer neuen Situation wiederfindet.

Psychische Veränderungen

Affekt In vielen Fällen ist der stärkste Indikator dafür, daß ein Switch erfolgt ist, eine plötzliche und eigentlich unerklärliche Veränderung des Affekts. Wut, die »aus heiterem Himmel« zu kommen scheint, plötzliches Lachen oder Tränen, die im aktuellen Kontext nicht zu erklären sind, zeigen häufig, daß eine andere Identität in Erscheinung getreten ist und auf das, worum es in der aktuellen Situation geht, sehr stark reagiert. Dieser scheinbar inadäquate und labile Affekt führt manchmal zur fälschlichen Diagnose einer manisch-depressiven Störung oder von Schizophrenie. Therapeuten sollten unbedingt auf plötzliche und unerklärliche Affektveränderungen achten. Ich frage oft: »Wie fühlen Sie sich jetzt?« Multiple antworten dann manchmal etwas wie: »wütend« oder: »traurig«. Ich frage weiter: »Hat dieses Gefühl einen Namen?« Daraufhin nennen sie oft tatsächlich einen Namen (z.B. »Mary«, »George W.« usw.).

Es kann auch sein, daß Multiple plötzlich einen Wutausbruch oder einen Lachanfall bekommen und sich wenig später wieder so verhalten, als sei nichts Ungewöhnliches vorgefallen. Dies ist ein Beispiel für die bereits in Kapitel 4 erwähnten Amnesien, die im therapeutischen Gespräch auftreten. Manchmal ist die Alter-Persönlichkeit, mit der ein Therapeut gearbeitet hat, sich absolut nicht darüber im klaren, daß sie soeben etwas der aktuellen Situation Unangemessenes oder sogar etwas ziemlich Verrücktes getan hat. Versucht der Therapeut dann herauszufinden, was gerade passiert ist, gerät die Patientin unter Umständen in Panik oder fängt an zu weinen.

Verhaltensalter Eine weitere Begleiterscheinung von Switching ist eine wahrnehmbare Veränderung des Reifegrades. Die meisten Identitäten verhalten sich einem jüngeren als dem realen Lebensalter der Patientin entsprechend. Folglich kommt es bei Persönlichkeitswechseln sehr oft zu Veränderungen des Verhaltens im Sinne der für ein bestimmtes Lebensalter charakteristischen Verhaltensmerkmale. Kind-Persönlichkeiten sind meist leicht an nervösem Zappeln, Bewegungsdrang und kindlichen Gesten zu erkennen (z.B. Reiben der Nase mit dem Handrücken).

Denkprozesse Die verschiedenen Alter-Persönlichkeiten lassen gewöhnlich recht unterschiedliche kognitive Fähigkeiten erkennen. Vielen Kind-Persönlichkeiten fällt es schwer, mit dem Therapeuten zu kommunizieren, weil sie offensichtlich bestimmte Ideen und sprachliche Ausdrücke nicht verstehen. Generell sind sie in unterschiedlichem Maße zu abstraktem Denken in der Lage, wobei manche über die Denkfähigkeiten von Erwachsenen verfügen und andere sich eher ausschließlich im Konkreten bewegen (Putnam *et al.* 1984). Bemerkt ein Therapeut eine plötzliche Veränderung dieser Art, hat wahrscheinlich ein Switch stattgefunden.

Auch die Fähigkeit von Identitäten, sich an in der Vergangenheit liegende Ereignisse zu erinnern oder neue Information aufzunehmen, variiert beträchtlich. Diesbezügliche Unterschiede wirken sich am stärksten auf das Verständnis von Ursache-Wirkungs-Zusammenhängen aus. Einige Persönlichkeiten verstehen, daß eine Ereignissequenz zu einem bestimmten Resultat führt, wohingegen andere zu einem völlig anderen Schluß gelangen. Deutet ein Patient plötzlich etwas um, wovon der Therapeut angenommen hatte, es sei längst vollständig durchgearbeitet, ist möglicherweise eine andere Identität aufgetaucht.

Psychophysiologische Sensibilität

Sowohl in der klinischen Literatur über DIS als auch im klinischen Praxiswissen existieren zahlreiche Berichte über unterschiedliche psychophysiologische Reaktionen verschiedener Alter-Persönlichkeiten auf den gleichen Reiz (Putnam 1984a; Putnam *et al.* 1986). Am häufigsten wird diesbezüglich über unterschiedliche Reaktionen auf bestimmte Medikamente sowie auf Alkohol berichtet. Etwa ein Drittel der Berichte bezieht sich auf die unterschiedliche Wirkung eines bestimmten Medikaments (beispielsweise kann das Wirkungsspektrum zwischen einer sedierenden und einer aktivierenden Wirkung variieren, je nachdem, welche Persönlichkeit gerade »draußen« ist). Ebenso häufig kommt es vor, daß eine bestimmte Identität sich betrinkt und eine andere unter dem Kater leidet. Auch unterschiedliche allergische Reaktionen verschiedener Alter-Persönlichkeiten kommen vor und werden zur Zeit wissenschaftlich erforscht. Weiterhin variiert das Erleben somatischer Symptome zwischen verschiedenen Identitäten sehr stark. Ein Therapeut kann beobachten, daß eine Patientin in einem bestimmten Augenblick aufgrund eines Symptoms (z.B. Migräne) völlig handlungsunfähig ist, und im nächsten Moment sind keinerlei Anzeichen von Unbehagen mehr zu erkennen. Daraus sollte man als Beobachter den Schluß ziehen, daß ein Switch stattgefunden hat.

Das System der Alter-Persönlichkeiten

Alter-Persönlichkeiten sind faszinierend, und zwischen ihnen können erstaunlich starke Unterschiede bestehen. Dennoch ist es wichtig, DIS-Patienten stets als ganze Person im Blick zu haben. Die »Persönlichkeit« von Multiplen ist die Summe und das Zusammenwirken (die Synergie) ihres Systems von Alter-Persönlichkeiten.

Die Zahl der Alter-Persönlichkeiten

Die Zahl der Alter-Persönlichkeiten kann von zwei im Fall der offenbar seltenen dualen Persönlichkeiten bis hin zu mehreren hundert reichen, von denen die meisten wahrscheinlich eher Persönlichkeitsfragmente als echte Alter-Persönlichkeiten sind. Zwei neuere Untersuchungen, an denen insgesamt 133 Patienten teilnahmen, berichteten unabhängig über ein Mittel von 13 Alter-Persönlichkeiten pro Patient, bei einem Modalwert (häufigstem Wert) von etwa 8 Alter-Persönlichkeiten (Kluft 1984a; Putnam *et al.* 1986).

Wie viele Identitäten eine DIS-Patientin hat, hängt wahrscheinlich von mehreren Faktoren ab. Die NIMH-Übersichtsstudie ergab eine signifikante Korrelation zwischen der Zahl unterschiedlicher Arten von Kindheitstraumata, über welche die Untersuchungsteilnehmer berichtet hatten, und der Zahl der bei ihnen vorhandenen Alter-Persönlichkeiten (Putnam *et al.* 1986). Demnach umfaßt das Persönlichkeitssystem von Patienten um so mehr Alter-Persönlichkeiten, je häufiger die Betreffenden in ihrer Kindheit traumatisiert wurden. Auch das Lebensalter, in dem sich eine bestimmte Identität zum erstenmal manifestierte, steht in einer Korrelation zur Gesamtzahl der Persönlichkeiten im System (Putnam *et al.* 1986). Je jünger Patienten waren, als ihrem retrospektiven Bericht zufolge erstmals eine Alter-Persönlichkeit bei ihnen auftauchte, um so mehr Persönlichkeiten existieren bei ihnen wahrscheinlich. Die klinischen Eindrücke der meisten erfahrenen Therapeuten stützen diese Erkenntnisse.

Die Zahl der Identitäten eines Persönlichkeitssystem hat Implikationen für die Behandlung der betreffenden Multiplen. Von Kluft (1984a) veröffentliche Daten lassen eine signifikante Korrelation zwischen der Zahl der Persönlichkeiten innerhalb eines Systems und der Zeitspanne zwischen Diagnose und erfolgreicher Fusion erkennen, so wie er diese nach von ihm entwickelten Kriterien definiert (Putnam *et al.* 1986). Die NIMH-Studie ergab, daß DIS-Patienten mit einer großen Zahl von Alter-Persönlichkeiten häufiger zu soziopathischem Verhalten, Gewalttätigkeit anderen Menschen gegenüber und Selbstmordversuchen neigten als Patienten, deren Persönlichkeitssystem kleiner war (Putnam *et al.* 1986). Allerdings wurden zwischen Multiplen mit großen und mit kleinen Persönlichkeitssystemen keine signifikanten Unterschiede hinsichtlich des anfänglichen klinischen Erscheinungsbildes festgestellt.

Strukturen des Persönlichkeitssystems

Seit den ersten Behandlungen von DIS-Fällen beschreiben Therapeuten ihre Eindrücke über die innere Welt der Alter-Persönlichkeiten mit Hilfe von Metaphern, Landkarten und Diagrammen. Diese können nützlich oder irreführend sein, je nachdem, wie buchstäblich sie interpretiert werden. Jeder Patient verfügt über ein völlig individuelles Metaphernsystem oder inneres Modell, das der Therapeut im Laufe der Behandlung zu verstehen und zu nutzen lernen muß. Techniken für die Arbeit mit Metaphern und System-Diagramme werden in Kapitel 8 erläutert. Allerdings gibt es einige häufig vorkommende Metaphern oder Strukturen, deren Kenntnis einem Therapeuten bei der Arbeit mit einem DIS-Patienten von Nutzen sein kann.

Schichtenbildung (Layering)

Der Begriff *Layering*, »Schichtenbildung«, wurde von Kluft (1984a) zur Beschreibung einer Gruppe von Phänomenen eingeführt, auf die viele Therapeuten bei ihren Patienten beim Durcharbeiten von traumatischem Material stoßen. Bestimmte Gruppen von Persönlichkeiten scheinen übereinander zu liegen oder unter anderen Persönlichkeiten vergraben zu sein. Häufig verbirgt eine äußerlich erkennbare mehrere versteckt aktive Identitäten. Vielfach stehen alle beteiligten Alter-Persönlichkeiten in einer jeweils spezifischen Beziehung zu traumatischem Material oder zu bestimmten Problemen. Therapeuten entdecken solche Schichtenbildungen meist, wenn sie mit einer Persönlichkeit zu arbeiten beginnen und dann plötzlich merken, daß neue

Gruppen von Persönlichkeiten oder Persönlichkeitsfragmenten auftauchen, die zu den Problemen in Beziehung stehen, an denen sie mit der ersten Persönlichkeit arbeiten.

Ob eine solche Schichtenbildung vorliegt, ist zuweilen nur zu erkennen, wenn ein Therapeut die Berichte mehrerer Persönlichkeiten über ein bestimmtes Erlebnis miteinander vergleicht. Er kann beispielsweise plötzlich entdecken, daß bestimmte Details oder Erinnerungen fehlen. So könnte Persönlichkeit A in der Lage sein, einen Bericht des Geschehens zu geben, das zu einer bestimmten traumatischen Erfahrung wie beispielsweise einer Vergewaltigung führte, und Persönlichkeit B sich an das erinnern, was danach geschah, wohingegen die Erinnerung an die Vergewaltigung selbst fehlt, weil sie zwischen den Persönlichkeiten C, D und E aufgeteilt ist, die vielleicht zu diesem Zeitpunkt der Behandlung erstmals in Erscheinung treten.

Das Nichterkennen einer solchen Schichtenbildung und das daraus resultierende Versäumnis, dieselbe durchzuarbeiten, ist ein wichtiger Grund für Rückfälle nach Erreichen der Fusion (Kluft 1984a). Therapeuten übersehen Schichtenbildungen häufig, wenn sie es versäumen, schmerzhaftes Material vollständig durchzuarbeiten. Dies bedeutet, daß ein großer Teil der schrecklichen Traumata, die DIS-Patienten erlitten haben, detailliert behandelt werden muß und daß bei Entdeckung von Erinnerungslücken eine Schichtenbildung vermutet werden sollte. In Kapitel 8 wird beschrieben, wie man »Erinnerungen« aus den bruchstückhaften Reminiszenzen von Alter-Persönlichkeiten rekonstruieren kann.

Eine weitere Variante von Schichtenbildung wird deutlich, wenn innerhalb des Gesamtsystems eines Multiplen Persönlichkeiten miteinander verschmelzen. Der Integrationsprozeß scheint den Zugang zu gewissen Nischen innerhalb des Systems zu ermöglichen, in denen sich Alter-Persönlichkeiten befinden, die zuvor geschlafen haben oder nicht aktiv waren. Beispielsweise verschmolzen viele Kind- und Jugendlichen-Persönlichkeiten einer Frau zu einer einzigen Wesenheit, die anschließend »erwachsen wurde«. Kurz darauf tauchten »neue« Kind- und Jugendlichen-Persönlichkeiten auf, die lebensgeschichtlichen Berichten zufolge allesamt in der Highschool-Zeit aktiv gewesen, jedoch »eingeschlafen« waren, als die Patientin ihr Elternhaus und damit eine für sie traumatische Situation verließ.

Die Arbeit an Schichtenphänomenen mit ihren zahlreichen Ebenen und ihrer besonderen Komplexität kann für Therapeuten sehr frustrierend sein und sie dazu bringen, sich irgendwann zu fragen, ob das alles denn nie ein Ende haben wird. Schichtenphänomene sind jedoch nur ein Teil des Abwehrprozesses der Dissoziation, der Schmerz und Schrecken bindet, indem er sie in kleine Einheiten unterteilt und sie so speichert, daß es schwierig ist, sie wieder zusammenzufügen und die betreffende Erinnerung zu reaktivieren. Mit Schichtenbildung muß man als Therapeut rechnen, und man sollte auch aktiv nach Schichtenbildungen Ausschau halten, insbesondere wenn unerklärliche Verhaltensweisen und Erinnerungslücken existieren.

Familien

Wie bereits erwähnt wurde, existieren oft Gruppen von miteinander verbundenen Persönlichkeiten. Ihre innere Beziehung zueinander kann auf unterschiedlichen Faktoren beruhen. Häufig basiert sie auf einem gemeinsamen traumatischen Ursprung. Ein weiterer Grund kann sein, daß sie alle aus einer früheren Identität entstanden sind. Außerdem können Alter-Persönlichkeiten aufgrund ihrer Funktion eine Gruppe bilden; so können komplexe Funktionen wie die der beruflichen Tätigkeit zwischen verschiedenen Alter-Persönlichkeiten aufgeteilt werden, die dann bestimmte wichtige Teilaufgaben erfüllen. Manchmal verstehen sich derartige Persönlichkeiten als eine Gruppe oder Familie.

Solche Familiengruppen werden meist vom Persönlichkeitssystem der Multiplen selbst definiert, und sie haben Implikationen für die Therapie. Persönlichkeiten, die einer bestimmten Gruppe oder Familie angehören, sind einander im allgemeinen bewußter oder haben besseren Zugang zu gemeinsamen Erinnerungen oder Fähigkeiten als Identitäten, die verschiedenen Familien angehören. Häufig haben die Mitglieder einer bestimmten Familie keinerlei Kenntnis von der Existenz einer anderen Familie des gleichen Systems. Wenn Patienten eine große Zahl von Alter-Persönlichkeiten haben, existieren oft mehrere Familien. Auch innerpsychische Konflikte können zur Entstehung mehrerer Familien führen, wobei eine Familie sich mit einer anderen in einem inneren Krieg befinden kann. Der Zugang zu einer Familie oder der Transfer von Information und Erinnerungen von einer Familie zu einer anderen ist gewöhnlich nur mit Hilfe bestimmter Identitäten innerhalb der einzelnen Familien, die als »Verbindungsleute« fungieren, möglich. Häufig kann man zu bestimmten Mitgliedern einer Familie von Identitäten nur in Kontakt treten, indem man zunächst zu der Identität Kontakt aufnimmt, die für die betreffende Familie als Torhüter fungiert.

Baumstruktur

Baumstrukturen wie jene, die zur Darstellung hierarchischer Beziehungen innerhalb von Organisationen oder Familienstammbäumen benutzt werden, können auch für die Darstellung des Systems der Alter-Persönlichkeiten von Nutzen sein. Eine typische auf der Baumstruktur basierende Repräsentation des Persönlichkeitssystems einer Multiplen umfaßt an der Spitze eine Kern-Persönlichkeit, von der aus abwärts Verzweigungen zu Knotenpunkten (Persönlichkeiten) führen, von denen wiederum Verzweigungen zu weiteren Knotenpunkten (Persönlichkeiten) verlaufen. Die untersten Knotenpunkte der Baumstruktur, die paradoxerweise Blätter genannt werden, repräsentieren die augenblicklich aktiven Alter-Persönlichkeiten. Dieses Modell ist für die Darstellung des Therapieverlaufs von Nutzen, da die Therapie oft bei den äußerlich erkennbar aktiven Alter-Persönlichkeiten (den Blättern) beginnt und sich dann allmählich rückwärts durch die Baumstruktur zur Kern-Persönlichkeit bzw. zu den Kern-Persönlichkeiten (den Wurzeln) vorarbeitet.

Ein Layering-Phänomen entspricht demnach der Offenlegung der an einem bestimmten Knoten vorhandenen Persönlichkeitsäste. Familien oder Persönlichkeitsgruppen entsprechen Verzweigungen in der Nähe des Wurzelknotenpunkts oder in den frühesten Phasen der Entstehung der Baumstruktur. Innerhalb dieses Systems repräsentieren die Torhüter-Persönlichkeiten die Knotenpunkte, an denen die Verzweigungen, die zur Entstehung verschiedener Familiengruppen führten, stattgefunden haben.

Patiententypen

Im Laufe des letzten Jahrhunderts wurden unterschiedliche Klassifikationsschemata entwickelt, mit deren Hilfe man DIS-Patienten verschiedenen Unterkategorien zuzuordnen versuchte. Diese Entwicklung hat mit dem erneuten starken Zunehmen des Interesses an dieser Störung eine dramatische Beschleunigung erfahren. Auf Kongressen und bei anderen Anlässen ordnen Therapeuten ihre Patienten den verschiedensten klangvollen deskriptiven Klassifikationen zu. Meist sind die Kriterien für diese Klassifikationen jedoch bestenfalls zweifelhaft.

Allison und Schwarz (1980) gehen von zwei Hauptformen von DIS aus, die Entwicklungsperioden entsprechen, in denen es erstmals zur Bildung von Alter-Persönlichkeiten kam. Patienten, die schon früh (vom Babyalter bis etwa zum Alter von sechs Jahren) eine traumainduzierte dissoziative Spaltung durchleben, haben große Persönlichkeitssysteme, und der Zustand ihrer Gesamtpersönlichkeit ist von einem hohen Maß an Desorganisation geprägt. Sind die ersten Abspaltungen nach Erreichen des Alters von etwa acht Jahren entstanden, existieren bei den Patienten weniger Alter-Persönlichkeiten, und ihre Ich-Struktur ist besser. Zwar ist nicht klar, ob diese Unterteilung Implikationen für die klinische Arbeit hat, doch zeigt die NIMH-Übersichtsstudie eine statistisch signifikante Beziehung zwischen einer größeren Anzahl von Persönlichkeiten und retrospektiven Berichten über die Abspaltung von Alter-Persönlichkeiten zu einem früheren Zeitpunkt (Putnam *et al*. 1986). Aus anderen Untersuchungen geht hervor, daß es sich signifikant auf das spätere Symptombild bei Nicht-DIS-Patienten auswirkt, in welcher Entwicklungsphase sich ein Trauma ereignet hat (Browne u. Finkelhor 1986).

Bliss bezeichnet DIS als eine Störung mit einem großen Spektrum von Formen und Erscheinungsbildern (Bliss *et al*. 1983). O'Brien (1985) unterscheidet drei Subtypen von DIS: einen »koidentifikatorischen« Subtypus, bei dem sich alle Alter-Persönlichkeiten physisch mit dem gleichen Körper identifizieren; einen »possessiformen« Subtypus, bei dem sich die Alter-»Personifikationen« nicht mit dem gleichen Körper identifizieren; sowie Mischformen, bei denen sowohl koidentifikatorische als auch possessiforme Alter-Persönlichkeiten existieren. Auch Klassifikationsschemata, die auf der Anzahl von Persönlichkeiten, der Anzahl von Fragmenten und der inneren Dynamik basieren, sind auf Fachveranstaltungen vorgestellt worden. Symptome und Phänomenologie der im Rahmen der NIMH-Studie untersuchten Patienten wurden 20 Faktoren zugeordnet (z.B. Depression, Angst, somatische Symptome usw.), und die Daten wurden mit Hilfe zweier separater Cluster-Analyse-Algorithmen analysiert. Nach den Resultaten dieser Auswertung gibt es der klinischen Phänomenologie zufolge drei grobe Subtypen von DIS-Patienten. Die Validität dieser und aller anderen vorgestellten Klassifikationsschemata ist noch nicht bewiesen. Man sollte mit der Anerkennung behandlungsbezogener Klassifikationsschemata für die DIS so lange vorsichtig sein, bis die Verläßlichkeit und Validität einer solchen Typologie dokumentiert ist.

In einigen wenigen Fällen glaube ich beobachtet zu haben, daß DIS-Patienten, die in ihrer frühen Kindheit Multiple wurden, in ihrer späteren Kindheit oder Adoleszenz einen Zustand spontaner Fusion erreichten (oder ihnen zumindest die vollständige Unterdrückung anderer Identitäten gelang), woraufhin sich bei ihnen im Erwachsenenalter infolge schwerer Lebenskrisen erneut separate Alter-Persönlichkeiten manifestierten. Diese Fälle, in denen es ein zweites Mal zu einer Spaltung kommt, sind offenbar sehr selten, die Betroffenen haben ein begrenztes und gut abgrenzbares Kindheitstrauma erlebt, und im allgemeinen ist ihre Alltagsfunktionsfähigkeit im Erwachsenenalter sehr gut, bis sie mit einer schweren Krise konfrontiert werden. In zwei der drei mir bekannten Fälle dieser Art verschwanden die neuen Alter-Persönlichkeiten nach erfolgreicher Auflösung der Krise innerhalb weniger Tage wieder und konnten danach nicht einmal durch hypnotische Techniken aktiviert werden.

Unterschiede zwischen männlichen und weiblichen Patienten

Der größte Teil unserer Erkenntnisse über DIS entstammt der Arbeit mit weiblichen DIS-Patienten. Natürlich gibt es auch männliche Multiple, und wahrscheinlich sogar mehr, als gemeinhin angenommen wird. Eine Durchsicht der klinischen Literatur zeigt, daß der Anteil von DIS bei Männern mit zunehmender Gesamtzahl registrierter Fälle stetig ansteigt (Putnam 1985a). Die wichtigsten Überlegungen bezüglich der überproportionalen Zahl von Frauen unter den DIS-Patienten wurden bereits in Kapitel 3 vorgetragen. Die geringe Beschäftigung von Forschern mit geschlechtsspezifischen Unterschieden in der Manifestation von DIS hängt vielleicht damit zusammen, daß die meisten von ihnen relativ selten mit männlichen DIS-Patienten konfrontiert wurden.

Bliss (1984b) stellte fest, daß weibliche DIS-Patienten gewöhnlich eher wegen Symptomen zur Behandlung erscheinen, die auf Angst, Phobien, Konversionsreaktionen und obsessive Ängste zurückzuführen sind, wohingegen männliche DIS-Patienten eher wegen soziopathischer Probleme und wegen Alkoholmißbrauch Hilfe suchen. Diese Befunde stehen im Einklang mit dem klinischen Eindruck, daß Männer eher dazu neigen, Gewalt äußerlich und oft aggressiv zum Ausdruck zu bringen, wohingegen Frauen meist eher ängstlich veranlagt sind und ihre Gewaltimpulse deshalb gegen sich selbst richten, entweder indem sie somatische Symptome entwickeln oder durch suizidales bzw. anderweitig selbstschädigendes Verhalten (Putnam *et al.* 1984; Kluft 1985a). Alkoholismus scheint bei männlichen DIS-Patienten ein besonders häufiger Grund für den Beginn einer Behandlung zu sein (Kluft 1985a).

Die Resultate der NIMH-Studie deuten darauf hin, daß bei männlichen DIS-Patienten etwas häufiger als bei weiblichen Identitäten des anderen Geschlechts zu finden sind (Putnam *et al.* 1986). Wie bereits erwähnt, sind diese gegengeschlechtlichen Alter-Persönlichkeit bei Männern gewöhnlich ältere Mutterfiguren. Weibliche DIS-Patienten hingegen haben häufig männliche Alter-Persönlichkeiten, die als Beschützer oder »Handwerker« fungieren. Außerdem haben DIS-Frauen oft auch einige Knaben-Identitäten, wohingegen gegengeschlechtliche Kind-Identitäten bei Männern etwas seltener sind. Ein statistischer Vergleich der Symptome und Phänomene, die im Rahmen der NIMH-Studie bei männlichen und bei weiblichen DIS-Patienten festgestellt wurden, ergab jedoch im Grunde in den meisten Bereichen keine nennenswerten geschlechtsspezifischen Unterschiede (Putnam *et al.* 1986).

Männliche DIS-Patienten kann man grob zwei klinischen Gruppen zuordnen. Bei der ersten wirken die Gastgeber-Persönlichkeiten äußerlich feminin und sind in ihrer sexuellen Orientierung oft homosexuell; bei der zweiten Gruppe sind die Gastgeber-Persönlichkeiten heterosexuell, zeigen Macho-Verhalten und wirken aggressiv. Mit letzteren Patienten zu arbeiten ist oft gefährlicher, und nach meiner Erfahrung bleiben sie gewöhnlich nicht lange in Behandlung. Bei Patienten der ersten Gruppe hingegen existiert oft mindestens eine Alter-Persönlichkeit, die ein »Hell's Angel«-Typ ist. Meinem Eindruck nach kommen bei der Gesamtgruppe der männlichen DIS-Patienten nicht die gleichen starken Unterschiede zwischen den Alter-Persönlichkeiten vor wie bei weiblichen. Mir persönlich fällt es schwerer, verdecktes Switching bei männlichen DIS-Patienten festzustellen. Die männlichen Alter-Persönlichkeiten weiblicher DIS-Patienten wirken in ihrer Erscheinung, ihrer Sprechweise und ihrem Verhalten oft ziemlich männlich; hingegen sind die weiblichen Alter-Persönlichkeiten männlicher DIS-Patienten hauptsächlich an ihrer sanfteren Gestik und Stimme zu erkennen. Kluft (1984a) berichtet, daß seine männlichen DIS-Patienten gewöhnlich weniger Alter-Persönlichkeiten haben und ihre Behandlung deshalb meist kürzer ist, wobei darauf hingewiesen werden muß, daß seine Stichprobe von acht Männern so klein ist, daß es eigentlich nicht gerechtfertigt ist, aus den auf dieser Grundlage gewonnenen Resultaten Verallgemeinerungen abzuleiten. Eine fundierte Beschreibung der Unterschiede zwischen männlichen und weiblichen Multiplen bleibt zukünftigen Studien vorbehalten.

Zusammenfassung

In diesem Kapitel wurde die Vielfalt der Rollen von Alter-Persönlichkeiten bei der DIS untersucht. Grundsätzlich sind Alter-Persönlichkeiten keine separaten Personen, und die Summe der Alter-Persönlichkeiten ist identisch mit dem betreffenden Menschen. Identitäten unterscheiden sich in verschiedenen Bereichen, sowohl beobachtbaren als auch subjektiven. Unterschiede hinsichtlich Affekt, Verhalten, Kognition, äußerer Erscheinung und Sprechweise sind leichter zu erkennen, doch sind subjektive Unterschiede hinsichtlich des Selbstgefühls für die Patienten wichtiger. Um eine effektive Therapie durchführen zu können, muß man für diese Unterschiede empathisches Verständnis entwickeln.

Die einzelnen Alter-Persönlichkeiten erfüllen für die Patienten unterschiedliche Funktionen, sowohl äußere als auch innere, und sie können im Laufe der Zeit eine gewisse Entwicklung durchlaufen. Klassische Konstellationen von Alter-Persönlichkeiten schließen eine depressive Gastgeber-Persönlichkeit ein, die sich ihrer Situation nicht gewachsen fühlt und von der Existenz der übrigen Identitäten nichts weiß, weiterhin einige verängstigte Kind-Persönlichkeiten, die traumatische Erinnerungen bewahren, einen oder mehrere bösartige Verfolger, die oft unerträgliche Affekte beherbergen sowie einige Beschützer und Helfer. Alter-Persönlichkeiten des anderen Geschlechts, autistische Identitäten, solche, die verbotene Impulse zum Ausdruck bringen, und auch zu Substanzmißbrauch neigende sind ebenfalls sehr häufig vorhanden. Die einzelnen Teile sind sich der Existenz anderer Teile in unterschiedlichem Maße bewußt, und meist ist ihnen das Wohl des Körpers ziemlich gleichgültig. Die meisten Alter-Persönlichkeiten haben Namen, doch offenbaren sie diese nicht immer sofort.

Wechsel oder Switche zwischen den verschiedenen Persönlichkeiten sind ein zentrales Merkmal der DIS, und sie können insbesondere zu Beginn einer Behandlung verdeckt erfolgen. Switche werden durch äußere und innere Reize ausgelöst und sind an plötzlichen Veränderungen von Affekt, Kognition, äußerer Erscheinung, Sprechweise und Verhalten zu erkennen.

Das Gesamtsystem der Alter-Persönlichkeiten ist die umfassendere Organisationsstruktur, die der Therapeut bei der Behandlung stets im Blick haben sollte. Dieses System besteht oft aus Schichten und/oder Familien von Alter-Persönlichkeiten, die alle durchgearbeitet werden müssen. Zwar wurde eine Anzahl unterschiedlicher Klassifikationssysteme für verschiedene Arten von DIS-Patienten entwickelt, doch hat sich bisher keines von ihnen als in der klinischen Arbeit nützlich erwiesen. Männliche und weibliche DIS-Patienten unterscheiden sich wahrscheinlich in verschiedener Hinsicht, doch wissen wir bisher recht wenig über die Gesamtgruppe der männlichen DIS-Patienten.

6

Der Beginn der Behandlung

Dieses Kapitel beschäftigt sich mit den ersten Schritten einer Behandlung bei DIS. Zunächst geht es um Fragen und Sorgen, die viele Therapeuten beschäftigen, wenn sie das erste Mal mit einer Patientin arbeiten, bei der DIS diagnostiziert wurde. Anschließend wird eine Art von »idealem« Therapieverlauf bei DIS skizziert. Der Beginn des Interventionsprozesses wird ausführlich beschrieben, und das Kapitel schließt mit einigen warnenden Hinweisen auf Dynamiken, derer man sich schon zu Beginn der Therapie bewußt sein sollte.

Was Therapeuten bezüglich der Behandlung bedenken sollten

Iatrogene Erzeugung oder Verschlimmerung von DIS

Dem Einfluß gewisser psychiatrischer Kreise ist es zuzuschreiben, daß Therapeuten, die mit DIS-Patienten zu arbeiten beginnen, sich am häufigsten Sorgen machen, sie könnten DIS iatrogen erzeugen oder den dissoziativen Prozeß verschlimmern, indem sie die Identitäten der Patientin anerkennen und sich in ihrer Arbeit direkt auf sie beziehen. Diese Sorge bringen Therapeuten gewöhnlich kurz nach ihren ersten offenen Begegnungen mit Alter-Persönlichkeiten zum Ausdruck, noch bevor sie sich völlig darüber im klaren sind, welche Rolle die konkrete Alter-Persönlichkeit im Leben der Patientin spielt und gespielt hat. Oft hat der Therapeut mit der Patientin bereits unter der Prämisse einer anderen Diagnose gearbeitet und während dieser Arbeit keine Alter-Persönlichkeiten bemerkt. Plötzlich tauchen allenthalben »neue« Persönlichkeiten auf. Es ist keine Seltenheit, daß Therapeuten nach ihrer ersten Begegnung mit einer Alter-Persönlichkeit in den folgenden Sitzungen 6, 8 oder 10 weitere entdecken. Verständlicherweise fragen sie sich dann, woher alle diese Wesenheiten plötzlich kommen und welche Rolle die DIS-Diagnose und die »Suggestibilität« der Patientin bei der Entstehung dieser scheinbar »neuen« Alter-Persönlichkeiten spielen.

Ein zweites Phänomen kann die Sorge von Therapeuten, sie könnten Alter-Persönlichkeiten iatrogen induzieren, noch verstärken. Während ihrer Arbeit mit der

Patientin unter einer anderen diagnostischen Voraussetzung sind oft plötzliche Veränderungen der Stimmung, der Wahrnehmung und des Verhaltens vorgekommen. Diese schnellen Wechsel werden gewöhnlich dem Phänomen der »Abspaltungen« und anderen Borderline-Dynamiken zugeschrieben, und es werden keine klar zu erkennenden Alter-Persönlichkeiten sichtbar. Nach der DIS-Diagnose jedoch treten die Identitäten plötzlich deutlich zutage und beharren auf einer Verschiedenheit von der Gastgeber-Persönlichkeit, die zuvor nicht zu erkennen war. Janet hat dieses Kristallisationsphänomen vor einem Jahrhundert wie folgt beschrieben: »Sobald die unterbewußte Persönlichkeit benannt worden ist, zeichnet sie sich klarer ab und läßt ihre psychologischen Charakteristika besser erkennen« (zitiert nach Taylor 1982, S. 86).

Zwei komplementäre Prozesse scheinen die schärfere Differenzierung von Alter-Persönlichkeiten unmittelbar nach der Diagnose zu bewirken. Der erste besteht darin, daß die Identitäten sich nicht mehr hinter der Gastgeber-Persönlichkeit verschanzen. Die DIS-Diagnose wirkt auf Multiple, deren ganzes bisheriges Leben von Täuschung und Geheimhaltung geprägt war, oft befreiend. Deshalb sind die Alter-Persönlichkeiten nun geradezu darauf erpicht, sich von der Gastgeber-Persönlichkeit zu unterscheiden, die sie meist als bestenfalls bemitleidenswert und inkompetent ansehen. Der zweite Prozeß, der scheinbar zu einer stärkeren Differenzierung zwischen den Identitäten beiträgt, ist in Wahrheit eine Folge dessen, daß sich die Fähigkeit des Therapeuten, die Unterschiede zwischen den Alter-Persönlichkeiten zu »sehen«, weiterentwickelt hat. Eine Auswirkung der DIS-Behandlung ist, daß sie die Sicht des Therapeuten verändert.

Das schnelle Auftauchen »neuer« Identitäten und die scheinbar plötzliche Kristallisation dieser Alter-Persönlichkeiten zu klar unterscheidbaren Wesenheiten bringt Therapeuten verständlicherweise oft auf den Gedanken, daß dieselben von ihnen iatrogen induziert worden sein könnten. Den letztendlich überzeugenden Beweis dafür, daß dies nicht der Fall ist, bringt die Zeit. Zwar können in der Therapie tatsächlich neue Persönlichkeiten entstehen, doch haben die meisten Identitäten im Persönlichkeitssystem jedes Multiplen eine Geschichte, die viele Jahre vor der Diagnose und Therapie in der Vergangenheit beginnt. Diese Geschichte samt entsprechender plausibler Dokumentation entfaltet sich allmählich, während Therapeut und Patientin gemeinsam daran arbeiten, die Vergangenheit wieder zugänglich zu machen und die bestehenden Erinnerungslücken aufzufüllen. Längerfristig wird die Frage der Iatrogenität hinfällig. Zu Beginn der Therapie jedoch machen die meisten Kliniker, die zum ersten Mal mit Multiplen arbeiten, sich wegen dieser Möglichkeit Sorgen.

Angst vor der Aktivierung einer gewalttätigen Alter-Persönlichkeit

Die zweithäufigste und durchaus angebrachte Sorge, die Therapeuten bei der Behandlung Multipler haben, betrifft die Möglichkeit, eine gefährliche oder gewalttätige Identität zu aktivieren. Der beste Indikator dafür, ob es gefährliche Alter-Persönlichkeiten innerhalb des Persönlichkeitssystems gibt, ist das, was aus der Vorgeschichte des Patienten im Hinblick auf Gewalttätigkeit zu erkennen ist. Hat es bei ihm in der Vergangenheit bereits Gewaltausbrüche gegeben, sollten zweckdienliche Sicherheitsvorkehrungen getroffen werden, bis geklärt ist, ob das Gewaltpotential mit Hilfe von Verträgen und anderen Maßnahmen gebändigt werden kann. Meist bedeutet dies, daß die Behandlung entweder in Gegenwart oder in Rufweite Dritter stattfinden muß. Es ist vorgekommen, daß Therapeuten von DIS-Patienten angegriffen wurden, und diese Möglichkeit sollte nicht abgetan oder ignoriert werden. Meiner Erfahrung nach treten männliche Multiple, obwohl sie im allgemeinen für die Gesellschaft gefährlicher sind, in einer Therapie meist weniger bedrohlich auf, vielleicht weil ihnen klar ist, wozu sie in der Lage sind. Weibliche Multiple hingegen neigen eher dazu, mit Gewalttätigkeit zu »spielen«, was für einen Therapeuten gefährlich werden kann.

Identitäten, deren Aufgabe es ist, zu kämpfen, zu stehlen oder zu vergewaltigen, sind häufiger bei Männern anzutreffen. Bei Frauen sind die gefährlicheren Identitäten oft Beschützer-Persönlichkeiten, die vor wahrgenommener Gefahr schützen sollen (siehe Kapitel 5). Beschützer- oder Wächter-Persönlichkeiten verstehen Dinge oft sehr konkret und nehmen dementsprechend wahr, weshalb sie Aussagen des Therapeuten leicht als für die Patientin bedrohlich mißverstehen. Beispielsweise ging einem Therapeuten, den ich kenne, ein Körperbeschützer an den Hals, als er diesem vorschlug, mit einer Idee »herumzubalgen«. Gemeint hatte der Therapeut, daß sie sich weiter mit der Idee beschäftigen sollten. Der Körperbeschützer, der das Gespräch zwischen dem Therapeuten und einer anderen Alter-Persönlichkeit verfolgte, hatte den Eindruck gewonnen, eine körperliche Mißhandlung stehe unmittelbar bevor.

Die andere Seite dieses Problems ist, daß viele Multiple einige ihrer Alter-Persönlichkeiten übertrieben gefährlich darstellen. Nicht selten werden Therapeuten von anderen Identitäten über die unglaubliche, welterschütternde Wut der Persönlichkeit B informiert und stellen später fest, daß B zwar wegen eines früheren Vorfalls völlig zu Recht wütend ist, aber mit ihrem Affekt durchaus kontrolliert umgeht. Mit der Entscheidung darüber, ob das, was bestimmte Identitäten sagen, für bare Münze genommen oder mit gewissen Vorbehalten gesehen werden sollte, werden Therapeuten im Laufe einer DIS-Therapie wiederholt konfrontiert. Wenn es um Gefährlichkeit geht, sollte man sich im Zweifelsfall für eine vorsichtige Haltung entscheiden und aus dieser resultierende Irrtümer in Kauf nehmen. Allerdings sollte sich ein Therapeut nicht durch Drohungen davon abbringen lassen, die Alter-Persönlichkeiten im System des Patienten zu identifizieren und den Kontakt mit ihnen zu suchen. Eine erfolgreiche Therapie ist ohne Kontakt zu den Alter-Persönlichkeiten und ohne Arbeit an dem psychischen Material, das sie verkörpern, nicht möglich. Gerüchte über Gewalttätigkeit sind häufig eine Form von Widerstand, die durch die Wahrnehmung des Patienten selbst bezüglich der »Gefährlichkeit« der von der betreffenden Identität bewahrten Informationen und Affekte verstärkt wird.

Bedenken wegen mangelnder eigener Qualifikation zur Behandlung von DIS

Eine Erfahrung, die in der Behandlung von DIS ungeübte Therapeuten häufig machen, ist, daß sie sich durch die Diagnose »ihrer Fähigkeiten beraubt« fühlen. Nur wenige von uns haben eine formelle Ausbildung in der Diagnose und Behandlung von DIS erhalten. Zwar scheinen manche Therapeuten bei der Konfrontation mit ihrem ersten DIS-Fall augenblicklich zu DIS-Experten zu werden, doch hat die weitaus größere Zahl in dieser Situation das Gefühl, nicht über die erforderlichen Qualifikationen zu verfügen. Meist trifft das nicht zu. Die wichtigste Voraussetzung für gute Arbeit mit DIS-Patienten ist die allgemeine Befähigung zu guter psychotherapeutischer Arbeit. Die meisten Dynamiken und Widerstände, die bei DIS-Patienten vorkommen, ähneln den bei Neurotikern und Borderline-Patienten beobachteten; der Unterschied liegt in der Personifizierung dieser Dynamiken durch die Alter-Persönlichkeiten. Doch in vielerlei Hinsicht erleichtert eben diese Personifizierung es, direkt an den Dynamiken zu arbeiten.

Nach meiner Erfahrung kommt das Gefühl, für die Behandlung von DIS nicht genügend qualifiziert zu sein, hauptsächlich auf zwei Weisen zum Ausdruck. Die erste ist der Versuch, die Patientin »abzugeben«. Die Dynamik hinter diesem Bedürfnis ist natürlich komplex. Nachdem bei einer Patientin DIS diagnostiziert worden ist, von der zuvor angenommen wurde, sie litte unter einer anderen Störung, sollte man zusammen mit ihr erneut über unterschiedliche Behandlungsmöglichkeiten sprechen. Manchmal ist eine Überweisung an einen anderen Therapeuten tatsächlich für beide Seiten die beste Lösung. In vielen anderen Fällen jedoch ist trotz Chaos, Selbstmordversuchen, stationärer Behandlung und ähnlicher für den Therapieverlauf nicht diagnostizierter Multipler typischer Phänomene die therapeutische Beziehung aufgebaut und gestärkt worden. Meiner Meinung nach spielt die Qualität der therapeutischen Beziehung für das Resultat einer DIS-Behandlung eine sehr wichtige Rolle. Hat ein Therapeut eine gute therapeutische Beziehung zu einer DIS-Patientin aufgebaut, sollte ernstlich über eine Fortsetzung der Behandlung nachgedacht werden, statt daß gleich nach einem »qualifizierteren« Therapeuten gesucht und die Patientin an diesen abgegeben wird. Mit einer Patientin unter der Prämisse der Multiplizität zu arbeiten, statt wie zuvor unter jener der Schizophrenie, der Borderline-Störung, der manisch-depressiven Störung oder was auch immer, aktiviert ungeheure therapeutische Energien, die andernfalls nicht zur Geltung kommen.

Ein weiterer Ausdruck des Gefühls, durch die DIS-Diagnose der eigenen Fähigkeiten beraubt worden zu sein und in der Behandlung von DIS über keinerlei Erfahrung zu verfügen, ist die Angst des Therapeuten, er könnte etwas falsch machen und dadurch unabsichtlich die Patientin schädigen. Therapeuten, die ihren eigenen Fähigkeiten genügend Vertrauen schenken, um mit schwierigen und schwer gestörten Patienten arbeiten zu können, fühlen sich bei der Konfrontation mit Multiplen plötzlich so, als befänden sie sich auf einem Gewässer mit einer dünnen Eisschicht, selbst wenn sie die betreffenden Patienten vor der Erstellung der DIS-Diagnose bereits jahrelang behandelt haben – wie es zuweilen der Fall ist. Man sollte bedenken, daß DIS-Patienten Überlebende sind. Sie haben unglaubliche Traumata überlebt und ein Abwehrsystem perfektioniert, das ihnen ermöglich, die traumatischen Erlebnisse auszublenden, und das sie vor weiteren Traumata schützt. Ein Therapeut kann einer Patientin nichts antun, das mit dem, was sie bereits erlebt hat, vergleichbar wäre. Hält der Therapeut sich an die allgemeinen, vom gesunden Menschenverstand diktierten Regeln adäquater therapeutischer Arbeit, kann er durch seine Tätigkeit keinen schwerwiegenden und dauerhaften Schaden anrichten.

Ernsthaft erwogen werden sollte die Überstellung eines Patienten an einen anderen Therapeuten, wenn der bisher behandelnde sich nicht in der Lage sieht, die Patientin nach Erstellung der Diagnose noch mindestens ein Jahr, besser noch länger, zu behandeln. Die Behandlung von DIS erfordert bei Erwachsenen ein Jahr oder länger, und wahrscheinlich ist es besser, eher von einer durchschnittlichen Behandlungsdauer von 3-5 Jahren auszugehen, wobei anzumerken ist, daß dieser Eindruck durch keinerlei systematische Untersuchungen gestützt wird. Studenten, die verschiedene Ausbildungsstationen durchlaufen, oder Therapeuten, die in Kurzzeittherapien befürwortenden Institutionen arbeiten, sollten DIS-Patienten an Behandlungseinrichtungen verweisen, in denen die für diese Fälle notwendige therapeutische Kontinuität gewährleistet ist. Nun ist dies leider oft nicht möglich. Trotzdem ist die Stabilität und Kontinuität der Behandlungssituation einer der wichtigsten Faktoren bei einer DIS-Behandlung. Glauben DIS-Patienten zu Recht oder zu Unrecht, der Fortgang ihrer Therapie sei ernstlich gefährdet oder die Arbeit könne jederzeit beendet werden, bauen sie einen Widerstand gegen sinnvolle Arbeit auf, der gewöhnlich in Form ständiger Krisen und des Ausagierens von Alter-Persönlichkeiten zum Ausdruck kommt.

Das Behandlungssetting

Unmittelbar nach der DIS-Diagnose liegt es nahe, über eine Veränderung des Behandlungssettings nachzudenken. Unerfahrene Therapeuten glauben oft fälschlich, es sei das Beste, die Patientin in einer Klinik behandeln zu lassen. Eine solche Behandlung ist bei DIS manchmal definitiv sinnvoll, doch sollte nur nach sorgfältigem Abwägen darüber entschieden werden. Im allgemeinen wirkt sich eine stationäre Behandlung auf DIS-Patienten nicht günstig aus, und der eigentliche Schwerpunkt der Therapie wird dabei häufig von Problemen der Patienten mit der äußeren Umgebung in der Klinik überlagert. Ambulante Einzeltherapie ist für die meisten DIS-Patienten die beste Behandlungsform.

Überblick über die Therapie

Die Aufgaben der Behandlung

Aufbau der therapeutischen Beziehung

Die Aufgaben einer DIS-Therapie und ihre Phasen ähneln denjenigen jeder intensiven auf Veränderung zielenden Therapie (Kluft 1984a). Sie schließen den Aufbau einer therapeutischen Beziehung und die Identifikation und Ersetzung dysfunktionaler Bewältigungsstrategien durch konstruktivere Verhaltensweisen ein. Außerdem geht es speziell bei DIS darum, die innere Teilung durch eine Form von Einheit zu ersetzen.

Vertrauen zu schaffen ist beim Aufbau einer therapeutischen Beziehung zu DIS-Patienten entscheidend (Horevitz 1983; Wilbur 1984b). Dieses Vertrauen muß alle Alter-Persönlichkeiten einschließen. Ein Therapeut sollte nicht erwarten, daß ihm dies schnell und in absehbarer Zeit völlig gelingen wird. Dazu muß er mit den meisten Identitäten eine therapeutische Beziehung aufbauen. In manchen Fällen ist dies sehr schwer und anstrengend, in anderen reicht es aus, mit Identitäten zusammenzutreffen und ihre Existenz und ihre Bedürfnisse anzuerkennen. Es ist wichtig, jeder Alter-Persönlichkeit genau zuzuhören, auch den Kind-Persönlichkeiten. Ein Therapeut wird häufig getestet, weil die Patientin herauszufinden versucht, ob er den Alter-Persönlichkeiten wirklich zugehört hat, ob er sich für das Gehörte interessiert und ob er es glaubt. Ein häufige Übertragungserwartung ist, daß der Therapeut eine grausame, harte und zu Mißhandlungen neigende Elternfigur ist (Kluft 1984d; Wilbur 1984b). Da viele Alter-Persönlichkeiten nicht in der Lage sind, eine Trennung zwischen dem beobachtenden Ich und dem erfahrenden Ich aufrechtzuerhalten, vermag die Interpretation diese Wahrnehmung, die von vielen Alter-Persönlichkeiten gemeinsam getragen wird, wahrscheinlich nicht zu verändern (Kluft 1984d). Vielmehr muß der Therapeut durch sein Verhalten und seine Einstellung versuchen, die falsche Wahrnehmung im Laufe der Zeit zu korrigieren. Offenheit und Empathie des Therapeuten in Krisenzeiten sind beim Bemühen, eine Vertrauensbasis zu schaffen, von entscheidender Bedeutung.

Auch Konsistenz und Kontinuität im Verhalten des Therapeuten sind wichtig für die Entstehung von Vertrauen. DIS-Patienten leben in einer diskontinuierlichen und inkonsistenten Welt. Sie haben in ihrem Leben immer wieder die Erfahrung gemacht, daß sie andere Menschen von sich wegtreiben und daß es ihnen nicht gelingt, zuverlässige Beziehungen aufzubauen. Deshalb ist es für sie wichtig, daß der Therapeut stets rechtzeitig zur Behandlung erscheint und Termine einhält; falls sich nicht vermeiden läßt, eine Sitzung abzusagen, muß dies dem Persönlichkeitssystem als ganzem mitgeteilt werden. Multiple reagieren äußerst sensibel auf Zurückweisung, und sie merken, wenn eine solche nicht beabsichtigt ist.

Echtes Interesse an Patienten demonstrieren Therapeuten, indem sie allen Alter-Persönlichkeiten mit Respekt begegnen. Allen sollte das Gefühl vermittelt werden, daß sie gleich wichtig sind, und der Therapeut sollte darauf achten, daß er keine bevorzugt. Fürsorglichkeit kommt auch darin zum Ausdruck, daß man Grenzen setzt, um gefährliches und destruktives Verhalten einzudämmen. Der Therapeut wird von den Alter-Persönlichkeiten immer wieder auf seine Bereitschaft hin getestet, inadäquate oder gefährliche Aktivitäten sowie auf ihn selbst gerichtete inadäquate Verhaltensweisen zu stoppen. Seine fürsorgliche Haltung der Patientin gegenüber äußert sich auch im beispielhaften Vorleben von Wertschätzung der eigenen Person.

Ein weiterer wichtiger Aspekt beim Aufbau einer therapeutischen Beziehung ist der Umgang des Therapeuten mit traumatischem Material aus der Vergangenheit des Patienten. Die Mißbrauchs- und Mißhandlungserlebnisse, die diese Patienten erlitten haben und schildern, sind teilweise so schrecklich, daß der Therapeut das, was er hört, kaum zu ertragen vermag. Um die für die DIS-Therapie entscheidende Arbeit tun zu können, muß er sich jedoch Schilderungen solcher Vorgänge anhören und mit diesem Material arbeiten können. Hat eine Patientin das Gefühl, daß der Therapeut das Geschilderte nicht erträgt, wird dieses Material in der Behandlung nicht durchgearbeitet. Hiermit hängt zusammen, daß der Therapeut den Streß, den die Patientin beim Durcharbeiten des Materials erlebt, wahrnehmen und würdigen muß. Das Trauma wird größtenteils in der Praxis des Therapeuten bearbeitet. Die Sensibilität des Therapeuten gegenüber den Auswirkungen dieser Abreaktionen auf den Patienten und seine Bereitschaft, dem Persönlichkeitssystem die notwendige Erholung und das Durcharbeiten der traumatischen Erlebnisse in einem selbstgewählten Tempo zu ermöglichen, ist für die Entstehung eines der Therapie förderlichen Milieus entscheidend.

Die Förderung von Veränderung im Leben des Patienten

Zu Veränderungen im therapeutischen Sinne kommt es durch die Identifikation dysfunktionaler Verhaltensweisen und deren Ablösung durch geeignetere Bewältigungsmethoden. Bei DIS-Patienten können dissoziative Verhaltensweisen aus zwei Perspektiven gesehen werden: aus derjenigen der Gegenwart und derjenigen der Vergangenheit. Der Ursprung dissoziativer Abwehrmechanismen liegt in früheren traumatischen Erlebnissen. Manifestationen dieser Abwehrmechanismen sind im gegenwärtigen Verhalten zu suchen. Alltägliche Ereignisse lösen dissoziative Reaktionen aus, doch die Wurzel dieser Pathologie liegt tief im Inneren der Patientin verborgen. Zu einer bestimmten Zeit, gewöhnlich in der Kindheit, war die Dissoziation eine außerordentlich adaptive Reaktion auf ein überwältigendes Trauma. Da sich der mittlerweile erwachsene Patient nicht mehr in der traumaverursachenden Situation befindet, sind häufige und leicht auslösbare Dissoziationen für ihn in seiner aktuellen Situation als Reaktion auf normale alltägliche Belastungen äußerst dysfunktional.

Ob die Ablösung der dissoziativen Pathologie durch adäquatere Bewältigungsfähigkeiten gelingt, hängt großenteils von der Wiedergewinnung der Erinnerung an die erlebten traumatischen Situationen und von deren Durcharbeitung ab. Deutungen und Bemühungen um Einsicht fallen bei solchen Patienten auf unfruchtbaren Boden, bis die erlebten Traumata »exhumiert«, wiederbelebt und von den Betroffenen akzeptiert worden sind. Dies ist die wichtigste Aufgabe der DIS-Therapie und macht den Hauptteil der therapeutischen Arbeit aus. Doch kann dieser Prozeß nur dann erfolgreich abgeschlossen werden, wenn eine therapeutische Allianz aufgebaut worden ist und die offensichtlichsten selbstschädigenden Verhaltensweisen der Patientin unter Kontrolle gebracht worden sind. Bevor mit der Arbeit auf tiefgreifende Veränderungen hin begonnen werden kann, muß zunächst die Stabilisierung erfolgen.

Ersetzen der Teilung durch Einheit

David Cauls oft zitierte Äußerung »Mir scheint, daß man nach einer Behandlung zu einer funktionellen Einheit gelangt sein möchte, sei es zu einer Körperschaft, einer Partnerschaft oder einem Unternehmen mit einem einzigen Chef« (zitiert von Hale 1983, S. 106) beinhaltet, daß die letztendliche Einheit, die diese Patienten erreichen, nicht unbedingt die einer einzigen integrierten Persönlichkeit sein muß. Wichtig ist, daß sie zu einem stabilen Gefühl der Einigkeit hinsichtlich der eigenen Ziele und der eigenen Motivation gelangen (Kluft 1984d). Hingegen zielt eine Perpetuierung der inneren Geteiltheit eine Perpetuierung des Chaos im Leben der Betreffenden nach sich. Die verschiedenen Identitäten können miteinander kommunizieren und kooperieren; es dauert eine Weile, bis sie diese Fähigkeiten entwickeln, doch ist dies einmal geschehen, leisten sie den Patienten im Alltagsleben und bei der Wiedergewinnung und Verarbeitung erlebter Traumata gute Dienste. Manche Patienten entscheiden sich dafür, Multiple zu bleiben; gewöhnlich ist in solchen Fällen nicht das gesamte traumatische Material wiederaufgefunden und durchgearbeitet worden. Vielleicht sind die Betreffenden mit einer Verbesserung ihrer allgemeinen Funktionsfähigkeit zufrieden, oder sie sind nicht bereit oder willens, die tieferen Schichten ihrer Traumata zu erforschen. Vielfach verabschieden sich solche DIS-Patienten irgendwann aus der Therapie, kehren aber zu einem späteren Zeitpunkt zurück, um die Arbeit fortzusetzen.

Viele Patienten möchten jedoch bis zur völligen Integration weiterarbeiten. Möglichkeiten, diesen Prozeß zum Abschluß zu bringen, werden in Kapitel 11 beschrieben. Die eigentliche Integrationsarbeit erfolgt größtenteils während der anfänglichen Stabilisierungsarbeit und während des schmerzhaften Durcharbeitens der Traumata. Selbst nachdem es zur abschließenden Integration bzw. Fusion gekommen ist, bleibt noch eine Menge therapeutischer Arbeit zu tun. Nur in wenigen Fällen bleibt die Integration gleich beim ersten oder auch beim zweiten Erreichen bestehen, und sogar wenn dies der Fall ist, muß die Patientin viele neue Bewältigungsfähigkeiten erlernen und üben, um das Vakuum, das durch das Aufgeben der dissoziativen Abwehrmechanismen entstanden ist, zu füllen. Außerdem muß sie umfangreiche Trauerarbeit leisten, um mit der Vergangenheit und mit dem empfundenen Verlust separater Alter-Persönlichkeiten völlig fertig zu werden, denn diese haben ihr in einer sehr einsamen Zeit Gesellschaft geleistet und geholfen.

Die Phasen der Behandlung

Ich unterteile den Verlauf einer DIS-Behandlung grob in acht Phasen oder Aufgaben. In der Realität folgt keine Behandlung genau diesem Schema, und viele der genannten Phasen verlaufen in Wahrheit simultan. Der Wert der hier vorgeschlagenen Unterteilung liegt darin, daß sie ermöglicht, den Behandlungsverlauf in Form einer Anzahl deutlich unterscheidbarer Schritte zu beschreiben. Natürlich gliedern andere Experten die Arbeit auf andere Weise. Wichtig ist, *daß* ein Therapeut eine gewisse allgemeine Vorstellung vom Verlauf der Behandlung der DIS und von den dabei zu erwartenden Fortschritten hat, bevor er sich auf die spezielle Komplexität eines konkreten Falls einläßt. Anders ausgedrückt: Es ist von Nutzen, den Wald zu sehen, bevor man sich zwischen die Bäume begibt.

Diagnosestellung

Die Diagnosestellung ist der erste und wichtigste Schritt, denn ohne Diagnose ist keine effektive Behandlung möglich. In Kapitel 3 ging es um die klinische Phänomenologie dieser Art von Patienten, und Kapitel 4 behandelte den Diagnoseprozeß.

Einleitende Interventionen

Mit den einleitenden Interventionen werden wir uns später in diesem Kapitel ausführlich beschäftigen. Sie dienen dazu, die Arbeit mit einer Patientin als einer Multiplen zu initiieren und die Betreffende so zu stabilisieren, daß es möglich wird, sich der Offenlegung des zentralen Traumas zuzuwenden und es durch therapeutische Abreaktion aufzulösen. Bis Patient und Therapeut das für diese Arbeit erforderliche innere Gleichgewicht hergestellt haben, ist keine tiefergehende Arbeit mit Abreaktionen möglich, sofern man eine starke Beeinträchtigung des Lebens der Patientin vermeiden will. Die wichtigste Funktion der einleitenden Interventionen ist, dem Therapeuten die Möglichkeit zu geben, die Alter-Persönlichkeiten kennenzulernen, eine Anamnese zu erstellen und eine tragfähige Beziehung zum Persönlichkeitssystem der Patientin aufzubauen.

Einleitende Stabilisierungsmaßnahmen

Möglichkeiten, die Patientin zu stabilisieren und das bei ihr offenkundig bestehende Chaos zumindest teilweise unter Kontrolle zu bringen, werden ebenfalls später in diesem Kapitel eingehend erläutert. Die Arbeit mit DIS-Patienten aus der Perspektive ihrer Multiplizität ermöglicht dem Kliniker eine Vielzahl therapeutischer Interventionen, die unter der Prämisse einer einzigen, einheitlichen Persönlichkeit nicht möglich waren. Die wichtigste unter diesen ist das Schließen von Verträgen mit spezifischen Alter-Persönlichkeiten und mit dem Persönlichkeitssystem insgesamt mit dem Ziel, zuvor unkontrollierbare Verhaltensweisen zu zügeln.

Akzeptieren der Diagnose

Daß der Patient die Diagnose auf DIS akzeptiert, ist und bleibt bis zur abschließenden Integration wichtig. Bei den meisten DIS-Patienten existieren Alter-Persönlichkeiten, die sich weigern zu glauben, daß außer ihnen noch andere Identitäten existieren. Bei der Gastgeber-Persönlichkeit ist dieser Unglaube gewöhnlich am stärksten, doch wird sie in ihrer Haltung oft durch andere Identitäten ermutigt und unterstützt. Dies ist eine wichtige Form des Widerstandes gegen die Therapie. Oft jedoch gibt es zu Anfang der Behandlung eine Zeit, in welcher die Patientin damit ringt, die Existenz anderer Teile zu akzeptieren, und in der sie sich manchmal zu irgendeiner Form des Akzeptierens durchringt. Ich bezeichne diesen Prozeß hier als eine Phase, obgleich er bei vielen Patienten eher ein permanentes Problem als klar auf eine bestimmte Phase abgrenzbar ist. Ich werde später in diesem Kapitel einige Aspekte dieses Prozesses näher erläutern, und mit dem Problem des Abstreitens der Diagnose werde ich mich in Kapitel 8 eingehender befassen.

Entwickeln von Kommunikation und Kooperation

Auch die Förderung der inneren Kommunikation und Kooperation ist ein fortlaufender Prozeß, der sich bis zur abschließenden Integration hinzieht. Doch findet der größte Teil dieser Arbeit zu Beginn der Behandlung statt. Sie umfaßt vier primäre Aspekte: 1) die Entwicklung der inneren Kommunikation, 2) die Entwicklung von Kooperation im Hinblick auf gemeinsame Ziele, 3) die Entwicklung eines inneren Prozesses der Entscheidungsfindung, und 4) die Förderung des Switching. Sobald die grundlegende Arbeit in diesen vier Bereichen getan ist, erreicht die Funktionsfähigkeit der Patientin ein signifikant höheres Niveau. Die innere Kommunikation und Kooperation vermag viele amnestische Lücken zu kompensieren und dadurch ein Gefühl der Kontinuität zu vermitteln, das zuvor als unerreichbar erschien. Die Kooperation im Hinblick auf gemeinsame Ziele führt allmählich zum Ersetzen von Abspaltungen durch eine Form von Einheit. Die Entwicklung eines inneren Entscheidungsfindungsprozesses ist ein weiterer Schritt auf innere Kohäsion hin. Die Förderung des Switching löst einen Teil der inneren Spannungen zwischen den verschiedenen Alter-Persönlichkeiten auf und macht ihren Kampf um »Körperzeit« teilweise überflüssig, womit ein wichtiger Grund für innere Konflikte entschärft ist. Außerdem wird auf diese Weise die Kommunikation gefördert, da die verschiedenen Identitäten üben, einander in der Kontrolle über das Verhalten abzuwechseln. Diese Aufgaben werden später in diesem Kapitel ausführlich beschrieben, und die folgenden Kapitel enthalten weitere Hinweise und Empfehlungen zu diesem Aspekt.

Verarbeitung des Traumas

Die Verarbeitung des Traumas ist eine der wichtigsten Aufgaben bei der Behandlung von DIS. Der Therapeut sollte mit dieser Arbeit allerdings erst beginnen, wenn die Patientin in der Bewältigung der zuvor beschriebenen Aufgaben gewisse Fortschritte erzielt hat. Wiederzugänglichmachen und Abreaktion starker Traumata sind sehr schmerzhaft und wirken sehr belastend. Ist nicht bereits eine gewisse Stabilisierung eingetreten, reagiert die Patientin auf diesen Streß wahrscheinlich mit schweren dissoziativen Symptomen. Die verfrühte Arbeit an einem Trauma kann jede weitere effektive Therapie unmöglich machen. Nachdem die Grundlagen geschaffen sind, muß der Therapeut die Entdeckung und Enthüllung von Geheimnissen der Vergangenheit energischer vorantreiben. Zahlreiche Techniken und Probleme, die in Zusammenhang mit der Erschließung des Zugangs zu traumatischem Material und dessen Integration eine Rolle spielen, werden in den Kapiteln 7, 8 und 9 ausführlicher beschrieben.

Abschluß und Integration

Abschluß und Integration sind nicht unbedingt ein und dasselbe. Manche Multiplen entscheiden sich dafür, die Therapie zu beenden und Multiple zu bleiben. Dies ist das Recht aller Patienten. In manchen Fällen ist diese Entscheidung adäquat, in anderen wäre den Betreffenden mehr damit gedient, wenn sie die Therapie fortsetzen und auf eine umfassendere Vereinigung hinarbeiten würden. Auf dieses Thema geht Kapitel 11 ausführlich ein.

Entwicklung neuer Bewältigungsfähigkeiten für die Zeit nach dem Abschluß der Fusion

Die Notwendigkeit, neue Bewältigungsfähigkeiten zu entwickeln, wird insbesondere von Therapeuten, die noch nicht viel Erfahrung in der Arbeit mit DIS-Patienten haben, oft übersehen. Die Welt ist kein Rosengarten, und viele Multiple kommen nach der abschließenden Integration in große Schwierigkeiten. Plötzlich sind sie für Dinge verantwortlich, die zuvor zwischen mehreren Alter-Persönlichkeiten aufgeteilt waren oder um die sie sich nicht zu kümmern brauchten, weil sie für zu krank gehalten wurden, um solche Pflichten erfüllen zu können. Vielfach wird Patienten erst nach der Integration völlig klar, was für ein schreckliches Chaos in ihrem Leben herrschte und möglicherweise auch noch herrscht, und erst dann spüren sie den Schmerz, der auf ihnen lastet, in voller Stärke. Ehemalige Multiple sind nach der Integration ihrer primären psychischen Abwehr, der Dissoziation, beraubt, und sie verfügen kaum über andere Möglichkeiten, die sie statt der Dissoziation als Schutz gegen die Belastungen des Alltagslebens einsetzen könnten. Insofern sollte es nicht überraschen, daß der anfänglichen Euphorie über die erreichte »Einheit« oft auf dem Fuße eine reaktive Depression folgt. Kein Therapeut sollte die Behandlung eines DIS-Patienten unmittelbar nach einer »abschließenden« Integration beenden. Eine vollständige Behandlung erfordert, diese belastende und schmerzhafte Zeit mit dem Patienten gemeinsam durchzustehen. Ich werde mich mit diesem Thema in Kapitel 11 eingehender beschäftigen.

Einleitende Interventionen

Mit einer Patienten als einer Multiplen zu arbeiten bedeutet, daß man direkt mit den Alter-Persönlichkeiten der Betreffenden arbeitet. Zwar glauben einige erfahrene Therapeuten, man könne mit Multiplen eine »gute« Therapie durchführen, ohne direkt mit den Alter-Persönlichkeiten zu arbeiten, doch ist dies meiner Erfahrung nach nicht möglich. Ich halte es für notwendig, daß ein Therapeut bei einer DIS-Behandlung die Alter-Persönlichkeiten direkt kennenlernt und mit ihnen interagiert. Wie man vorgehen muß, um mit Alter-Persönlichkeiten zusammenzutreffen, wurde in Kapitel 4 beschrieben. Falls es einem Therapeuten in einem bestimmten Fall nicht gelingt, eine Alter-Persönlichkeit zum offenen Erscheinen zu bewegen, er aber aufgrund von Hinweisen auf signifikante dissoziative Phänomene (z.B. Fugue-Episoden, das Bestehen von Amnesien, potentielles Switching) trotzdem weiterhin den Verdacht hat, einen DIS-Fall vor sich zu haben, muß er unter Umständen die in Kapitel 9 beschriebenen hypnotischen oder den Einfluß chemischer Stoffe nutzenden Techniken anwenden.

Nach dem ersten Kennenlernen der Alter-Persönlichkeiten geht es darum, systematisch mit ihnen zusammenzutreffen, sich über ihre Rollen und Funktionen zu informieren, den Grad der Psychopathologie des Gesamtsystems sowie dessen Struktur und Stärken kennenzulernen. Zunächst muß mit jeder auftauchenden Alter-Persönlichkeit eine kurze Anamnese durchgeführt werden. Die erste Frage lautet in vielen Fällen: »Wie heißen Sie?« Mit Namen sowie mit Prinzipien der Namensgebung haben wir uns in Kapitel 5 befaßt. Die meisten Alter-Persönlichkeiten haben Namen, sind aber nicht immer schon auf die erste Aufforderung des Therapeuten hin bereit, ihren Namen zu nennen. Wenn sich eine Identität weigert, ihren Namen zu nennen, sollte der Therapeut ihr sagen, daß er ihren Namen braucht, um sie direkt ansprechen zu können; außerdem sollte er sie fragen, wie sie am liebsten angesprochen werden möchte. Weigert sie sich daraufhin immer noch, dem Therapeuten ihren Namen zu nennen, kann dieser selbst einen Namen für sie erfinden, indem er sich auf ein Charakteristikum bezieht, das sie von der Gastgeber-Persönlichkeit und von anderen Identitäten unterscheidet. Ich sage in solchen Fällen meist etwas wie: »Da du im Augenblick nicht bereit bist, mir deinen Namen mitzuteilen, werde ich dich ›die beim Sprechen den Mund mit einer Hand verdeckt‹ nennen.«

Namen sind in verschiedener Hinsicht von Nutzen. Sie helfen dem Therapeuten, die verschiedenen Identitäten zu unterscheiden – was bei komplexen Persönlichkeitssystemen recht schwierig sein kann. Weiterhin ermöglichen sie ihm, sich an bestimmte Persönlichkeiten zu wenden, um ihnen Fragen zu stellen oder um Verträge mit ihnen abzuschließen. Einer der Gründe dafür, daß Alter-Persönlichkeiten sich weigern, ihren Namen zu nennen, ist, daß der Therapeut, wenn er ihren Namen weiß, mehr oder weniger wann er will zu ihnen in Kontakt treten kann. Außerdem helfen Namen, amnestischen Alter-Persönlichkeiten wie der Gastgeber-Persönlichkeit Ursache-Wirkungs-Zusammenhänge zu erklären; beispielsweise kann der Therapeut einer Patientin dann erklären, daß sie sich deshalb plötzlich auf dem Parkplatz vor dem Apartment-Gebäude, in dem sie früher einmal wohnte, wiederfand, weil der Teil von ihr mit Namen »Judy« immer noch glaubte, dort zu leben. Ich lege für jede Patientin eine Liste von Alter-Persönlichkeiten an, jeweils versehen mit einer kurzen Biographie und einer Beschreibung ihrer Rolle innerhalb des Persönlichkeitssystems.

Ich frage die Persönlichkeiten auch stets, von welchem Geschlecht sie sind, falls dies nicht ohnehin klar ist. Weiterhin frage ich jede Identität, wie alt sie sich fühlt und in welchem Lebensalter die Patientin oder der Körper war, als sie sich erstmals manifestierte. Dies sind wichtige Informationen. Das Lebensalter der Persönlichkeit ist wichtig für das Verständnis ihres Verhaltens und gibt Aufschluß über ihr Abstraktionsvermögen und ihre Rolle innerhalb des Systems. Das Lebensalter der Patientin oder des physischen Körpers zum Zeitpunkt des ersten Erscheinens einer bestimmten Alter-Persönlichkeit ist später wichtig, wenn der Therapeut anfängt, nach frühen Traumata zu forschen. Alter-Persönlichkeiten entstehen gewöhnlich in Situationen, in denen Patienten extrem starken Belastungen ausgesetzt sind. Beispielsweise deutet die Information, daß eine bestimmte Identität sich erstmals im Alter von sechs Jahren manifestiert hat, darauf hin, daß die Patientin in dieser Zeit in ihrem Leben bestimmte Traumata erlebt hat.

Ich erkundige mich auch danach, was eine Persönlichkeit für ihre spezielle Funktion oder Rolle hält. Es ist der Mühe wert, einige in diese Richtung zielende Fragen zu stellen. Was tut die Persönlichkeit? In welchen Arten von Situationen wird sie meist aktiv oder übernimmt sie die Kontrolle? Beeinflußt sie das Verhalten der Patientin zuweilen auch, ohne sich zu manifestieren? Weiß die Gastgeber-Persönlichkeit von ihrer Existenz? Hat sie im Leben der Patientin eine bestimmte Funktion oder Rolle? Über die Antworten auf diese Fragen sollte sich der Therapeut Notizen machen. Es wäre falsch anzunehmen, daß die Antworten die ganze Wahrheit beinhalten, doch enthalten sie gewöhnlich durchaus ein Kern von Wahrheit. In den Anfangsstadien der Therapie wird der Therapeut manchmal irregeführt oder belogen.

Die nächste wichtige Frage, die man allen Alter-Persönlichkeiten stellen muß, lautet, ob sie irgendwelche anderen Identitäten innerhalb des Persönlichkeitssystems kennen. Wenn möglich sollte sich der Therapeut die richtigen Namen oder gute Beschreibungen der übrigen Alter-Persönlichkeiten beschaffen. Auch hier wäre es falsch zu erwarten, daß entsprechende Antworten die ganze Wahrheit enthalten. Ich bezeichne diesen Prozeß der Auswertung von Informationen verschiedener Identitäten als *Verknüpfen (chaining)*. Er ermöglicht es, sich von den sich manifestierenden Identitäten des Persönlichkeitssystems Listen von Namen und Beschreibungen zu beschaffen, wobei man sich den Umstand zunutze macht, daß sich die Informationen, über die einzelne Identitäten verfügen, teilweise überschneiden. Jedesmal wenn der Therapeut auf diese Weise von einer neuen Persönlichkeit hört, die noch nicht in Erscheinung getreten ist, kann er diese um ein Treffen bitten. Diese Technik ermöglicht es, sich innerhalb des Persönlichkeitssystems zu bewegen und Informationslücken über Zahl und Charakter sämtlicher Identitäten zu schließen. Man sollte aber nicht erwarten, daß man alle Identitäten gleich beim ersten Versuch treffen wird, und es kann durchaus sein, daß bis zum Zeitpunkt der abschließenden Fusion immer wieder neue Alter-Persönlichkeiten in Erscheinung treten. Jedesmal wenn der Therapeut eine neue Schicht oder Ebene des Systems entdeckt und auf diese überwechselt, sollte er das beschriebene Verfahren *(chaining)* anwenden. Tatsächlich muß man, wenn man von einer noch nicht in Erscheinung getretenen Alter-Persönlichkeit hört, mit dieser Identität zusammentreffen und mit ihr die gleiche Liste von Fragen durchgehen wie mit allen anderen vorher. Verhält sich der Therapeut konsistent, wird dieses Verfahren zu einer von den Patienten schon erwarteten Routine.

Wird die Liste der Alter-Persönlichkeiten stets auf den aktuellen Stand gebracht, kann der Therapeut ihr zahlreiche wertvolle Informationen über Ausmaß, Zusammensetzung und Struktur des Persönlichkeitssystems entnehmen. Die Liste vermittelt einen Eindruck von der Minimalzahl der vorhandenen Identitäten, wobei allerdings darauf hinzuweisen ist, daß das System in Wahrheit vermutlich mehrmals so groß ist, wie es bei der ersten Untersuchung erscheint. Außerdem gibt die Liste Aufschluß über das Altersspektrum der Identitäten innerhalb des Gesamtsystems. Dies ist wichtig, weil in Persönlichkeitssystemen, die hauptsächlich aus Kind- und Jugendlichen-Persönlichkeiten bestehen, andere Dynamiken wirksam zu sein scheinen als in überwiegend aus Erwachsenen-Persönlichkeiten bestehenden. Weiterhin informiert die Liste über die Rollen oder Funktionen, die verschiedene Identitäten sich selbst zuschreiben. Vergleicht der Therapeut die erhaltenen Rollenbeschreibungen mit den in Kapitel 5 aufgeführten verschiedenen Arten von Alter-Persönlichkeiten, kann er eine relativ stichhaltige Vermutung darüber entwickeln, welche Identitäten noch nicht in Erscheinung getreten sind. Außerdem verhilft ihm dies zu einer gewissen Vorstellung davon, welche Identitäten wahrscheinlich für bestimmte pathologische oder gefährliche Verhaltensweisen verantwortlich sind; diese Information ist für die nächste Phase der Therapie wichtig. Schließlich vermittelt die Liste auch einen Eindruck davon, inwieweit sich die verschiedenen Identitäten der Existenz der übrigen bewußt sind – Information, die von Nutzen ist, wenn man die Kommunikation innerhalb des Systems verbessern will.

Indem der Therapeut sich so durch Informationsvergleich über die Beschaffenheit des Gesamtsystems klar wird, gewinnt er gleichzeitig einen allgemeinen Eindruck vom Grad der Psychopathologie sowie von der inneren Kooperation und Kommunikation. Behandelt er zum ersten Mal eine DIS-Patientin, verfügt er über keinerlei Maßstab, mit dem er das Gesamtsystem der Betreffenden vergleichen könnte; behandelt er hingegen seinen fünften DIS-Fall, ist er zu einer einigermaßen realistischen Prognose über Dauer und Schwierigkeit der bevorstehenden Behandlung in der Lage. *Chaining* oder Verknüpfen ist nicht nur für die Einschätzung der Psychopathologie des Persönlichkeitssystems eines Multiplen von Nutzen, sondern auch für die Identifikation der Stärken eines solchen Systems. Man sollte stets bedenken, daß das Persönlichkeitssystem als Bewältigungsmethode entstanden ist und daß es auf seine Weise immer noch diese Funktion erfüllt.

Einleitende Stabilisierungsmaßnahmen

Sinn und Zweck von Verträgen

Das Abschließen von Verträgen zwischen Therapeut und Patientin zur Einschränkung schädlichen und zur Förderung adaptiven Verhaltens hat sich als Intervention bei der Behandlung von DIS bewährt (Braun 1986; Kluft 1982; Wilbur 1982). Mit Multiplen solche Verträge zu schließen ist jedoch eine besondere Kunst, in der selbst die erfahrensten Therapeuten von Zeit zu Zeit kläglich scheitern. Trotzdem zählen Verträge zu den nützlichsten und wirksamsten Werkzeugen klinischer Praxis, über die wir als Therapeuten verfügen, um ansonsten unkontrollierbare Verhaltensweisen effektiv einzugrenzen. Allerdings muß man beim Schließen eines solchen Vertrages einige allgemeine Prinzipien beherzigen.

Thames (1984) weist darauf hin, daß Verträge über bestimmte Verhaltensweisen bei der Behandlung von Multiplen zwei Zwecken dienen. Der erste ist, den Patienten klare und vernünftige Grenzen zu setzen. Dies kann viele Bereiche einschließen, beispielsweise die Sicherheit von Patientin und Therapeut, die Grenzen der Behandlungssituation und das Verhalten außerhalb der Behandlungssituation (Sachs u. Braun 1986; Thames 1984). Der zweite Zweck ist, der Patientin hinsichtlich ihres Verhaltens ein Gefühl für Ursache und Wirkung zu vermitteln. Multiple haben keine besonders ausgeprägte Vorstellung von Ursache und Wirkung. Gewöhnlich stammen sie aus sehr problematischen Verhältnissen, und das Verhalten ihrer Eltern war meist unberechenbar und inkonsistent (Braun u. Sachs 1985). Oft wurden sie als Kinder für ein und dasselbe Verhalten einmal bestraft und das nächste Mal gelobt. Manche Alter-Persönlichkeiten waren sich nie über die Folgen ihrer Handlungen im klaren; andere wurden wegen Dingen bestraft, die getan zu haben sie sich gar nicht bewußt sind. Verhaltensverträge mit klaren Beschreibungen von Grenzen, Verpflichtungen, Belohnungen und Strafen helfen solchen Patienten, ein Gefühl für Ursache und Wirkung zu entwickeln, das sie brauchen, um zu lernen, in der Welt zurechtzukommen. Ich möchte dem noch hinzufügen, daß der Prozeß des Abschließens von Verträgen über bestimmte Verhaltensweisen außerdem direkt und indirekt die Entwicklung der inneren Kommunikation und Kooperation fördert.

Im Laufe der Zeit haben Therapeuten, die DIS-Patienten behandeln, durch bittere Erfahrung gelernt, daß Verträge mit Multiplen sehr präzise und konkret formuliert werden müssen. Beispielsweise heißt es in dem allgemeinen Vertrag für die Kontrolle gefährlichen Verhaltens, den Kluft und Braun im Kurs über DIS-Zustände der *American Psychiatric Association* empfehlen: »Ich werde weder mich noch irgend jemand anders verletzen oder töten, weder äußerlich noch innerlich, weder zufällig noch absichtlich, und zu keiner Zeit« (Braun 1984c, S. 36). Thames weist darauf hin, daß auf Genauigkeit bei der Abfassung von Verträgen mit Multiplen in mindestens fünf Bereichen geachtet werden muß: 1) hinsichtlich dessen, was von den verschiedenen Persönlichkeiten erwartet wird, 2) hinsichtlich dessen, wozu sich der Therapeut verpflichtet, 3) hinsichtlich der Folgen von Vertragsverletzungen, 4) hinsichtlich der Vertragsdauer und 5) hinsichtlich des Einvernehmens der Identitäten darüber, daß die Persönlichkeit, die gegen den Vertrag verstößt, auch die aus diesem Verstoß resultierenden Konsequenzen tragen muß.

Ich kann gar nicht nachdrücklich genug darauf hinweisen, wie wichtig es ist, bei der sprachlichen Abfassung von Verträgen mit Multiplen so genau und sorgfältig wie möglich zu sein. Es gibt immer Alter-Persönlichkeiten, die versuchen, jedes Schlupfloch, das der Therapeut offen gelassen hat, zu finden und zu nutzen. Für sie ist es ein Test, ein Spiel und eine Herausforderung, gegen den Vertrag zu verstoßen, indem sie sich auf die Fehler des Therapeuten berufen. In einem mir bekannten Fall schloß ein in der Behandlung schwieriger DIS-Patienten ziemlich erfahrener Therapeut mit einer anorektischen Multiplen einen Vertrag ab, in dem die Patientin sich verpflichtete, jeden Tag eine bestimmte Menge zu essen. Die Patientin erfüllte den Vertrag dem Buchstaben gemäß, indem sie die darin festgelegte Nahrungsmenge tatsächlich jeden Tag aß, doch sabotierte sie gleichzeitig den eigentlichen Sinn des Vertrags, indem sie ausschließlich Dinge ohne besonderen Nährwert aß und so weiterhin abnahm, bis ihr Zustand lebensgefährlich wurde. Jeder Therapeut, der bereits länger mit DIS-Patienten arbeitet, weiß über eine Anzahl ähnlicher Beispiele zu berichten.

Der Wortlaut des Vertrags sollte so einfach und konkret wie möglich gehalten werden. Verträge sollten zumindest zu Anfangszeit einer Therapie, wenn die therapeutische Allianz noch fragil ist und die Multiple den Therapeuten unablässig testet, unbedingt schriftlich festgehalten werden. Wird ein Vertrag nicht niedergeschrieben, kann die Folge sein, daß der Therapeut sich mit der Multiplen über den genauen Wortlaut streitet und deshalb bei Vertragsverletzungen nicht mit einer gewissen Autorität Gehorsam erzwingen kann. Man sollte sich auch hüten, zu viele Verträge abzuschließen. Diese können einander leicht widersprechen oder außer Kraft setzen, und man muß stets damit rechnen, daß irgendeine Alter-Persönlichkeit eine solche Schwachstelle entdeckt und ausnutzt. Paradox am Verhalten von Multiplen ist, daß sie sich trotz ihrer mehr oder weniger starken Zersplitterung und ihrer Erinnerungslücken oft an große Mengen von Material wörtlich erinnern können und daß sie viele Details behalten, die der Therapeut selbst schon längst wieder vergessen hat. Ein weiterer Grund, aus dem man nicht zu viele Verträge abschließen sollte, ist, daß der Wert jedes einzelnen Vertrags mit steigender Gesamtzahl sinkt.

Verträge können viele Bereiche betreffen. Thames (1984) liefert uns hierzu eine nützliche Liste. Diese umfaßt 1) die körperliche Sicherheit des Patienten, 2) die Sicherheit des Therapeuten, 3) die Sicherung der Privatsphäre des Therapeuten, 4) die Sicherheit des Eigentums des Therapeuten und 5) die Sicherheit des Eigentums anderer Persönlichkeiten. Die Bedeutung des letzten Punktes wird häufig übersehen, doch ändert dies nichts daran, daß er aus vielen Gründen sehr wichtig ist. Zu Beginn einer Therapie finden amnestische Persönlichkeiten wie die Gastgeber-Persönlichkeit oft Notizen, Briefe, Gedichte, Kunstwerke und weitere persönliche Besitztümer anderer Identitäten und vernichten diese, um dem Leugnen ihrer Existenz Nachdruck zu verleihen. Dies provoziert natürlich die Persönlichkeiten, deren Eigentum zerstört wurde, zur Rache, und auf diese Weise wird der innere Konflikt perpetuiert. Indem der Therapeut versucht, solche Vorgänge durch Abschließen von Verträgen zu verhindern, führt er das Konzept des Respekts vor den Rechten anderer innerhalb des Persönlichkeitssystems ein. Dieses Bemühen um die Rechte der übrigen Persönlichkeiten fördert die Vertrauensbildung innerhalb des Gesamtsystems.

Verträge können sich auf das gesamte Persönlichkeitssystem beziehen oder auf bestimmte Persönlichkeiten beschränkt sein. Wie dies gehandhabt wird, hängt von den spezifischen Umständen ab. Beispielsweise werden Verträge wegen selbstzerstörerischer Verhaltensweisen mit dem gesamten System abgeschlossen, wohingegen Verträge, die sich auf das ungelegene Auftauchen von Kind-Persönlichkeiten während der beruflichen Arbeit der Patientin beziehen, nur mit den Persönlichkeiten, die das problematische Verhalten zeigen, abgeschlossen werden. Beim Abschließen eines Vertrags mit dem gesamten System bemühe ich mich, über diesen zuvor mit so vielen Alter-Persönlichkeiten wie möglich zu sprechen. Ich lade sie alle ein, »herauszukommen«, eine nach der anderen, um mit mir zu verhandeln, das Vorhaben zu kommentieren oder sich an der Abfassung des Vertrags und der Formulierung der darin verfolgten Ziele zu beteiligen. Haben wir schließlich zu einer alle Seiten zufriedenstellenden Formulierung gefunden, lade ich noch einmal Identitäten, die sich bisher noch nicht an dem Prozeß beteiligt haben, ein, sich zu zeigen oder sich Geist und Buchstaben des Vertrags zu verpflichten. Dabei kommt klar und deutlich zum Ausdruck, daß sowohl ich als auch das gesamte Persönlichkeitssystem von jeder Persönlichkeit, die nicht auftritt und an den Verhandlungen teilnimmt, die Annahme und Erfüllung des Vertrags erwarten.

Festlegung von Konsequenzen für den Fall einer Vertragsverletzung

Einer der schwierigsten Aspekte beim Aushandeln von Verträgen mit Multiplen ist die Festlegung angemessener Konsequenzen bei Vertragsverletzungen. Thames (1984) betont, daß Konsequenzen zwar abschreckend wirken müssen, jedoch nicht den Charakter von Mißhandlungen haben dürfen. Die Grenze zwischen beidem ist manchmal sehr fein. Allerdings erhält der Therapeut bei der Lösung dieses Problems oft Hilfe vom Persönlichkeitssystem des Patienten. Gewöhnlich frage ich einige Persönlichkeiten, was ihrer Meinung nach angemessene Konsequenzen für eine Vertragsverletzung sind. Nicht selten werden mir dann vernünftige Vorschläge gemacht, auf die ich selbst nicht gekommen wäre. Wenn die Konsequenzen die gegen den Vertrag verstoßende Persönlichkeit für eine bestimmte Zeit etwas zu tun oder über etwas zu verfügen hindern (z.B. die Erlaubnis zu schreiben oder zu zeichnen), sollte klargestellt werden, daß mit der Zeitspanne die Zeit gemeint ist, die die betreffende Persönlichkeit *im Körper* verbringt (Thames 1984). Andernfalls ist die Regelung für Alter-Persönlichkeiten, die, wenn sie nicht »draußen« sind, kein Zeitgefühl haben, sinnlos.

Am schwierigsten ist die Festlegung sinnvoller Konsequenzen für Verstöße gegen die Selbstverpflichtung, keine schwerwiegenden selbstschädigenden Handlungen zu begehen. Es kann notwendig sein, für solche Fälle die Beendigung der Therapie oder eine stationäre Behandlung festzulegen. Falls eine oder mehrere Alter-Persönlichkeiten eine große Gefahr für den Therapeuten oder dessen Eigentum darstellen, kann die Konsequenz einer Vertragsverletzung die Beendigung der Therapie sein. Eine Patientin, vor welcher der Therapeut sich fürchtet, kann er nicht effektiv behandeln, und er sollte dies nicht einmal versuchen. Nicht empfehlenswert ist es, die zeitweilige Unterbrechung der Therapiesitzungen als Konsequenz bei Vertragsverletzungen festzulegen. DIS-Patienten brauchen eine regelmäßige Behandlung, und eine Unterbrechung der Therapiesitzungen stört in jedem Fall die laufende Arbeit mit ihnen.

Falls der Zweck des Vertrags ist, selbstschädigendes Verhalten (z.B. Alkohol- oder Drogenmißbrauch) zu unterbinden, kann die Konsequenz für Vertragsverletzungen beispielsweise darin bestehen, daß die Alter-Persönlichkeit, die gegen die Vereinbarung verstoßen hat, gezwungen wird, auch den anschließenden Kater auszuhalten. Multiple berichten, daß Alter-Persönlichkeiten den Konsequenzen exzessiven Alkoholkonsums oft aus dem Weg gehen, indem sie eine andere Identität vortreten lassen, die dann mit Kopfschmerzen aufwacht (Braun 1983a). Das gleiche passiert bei promiskuitivem Verhalten: Eine bestimmte Alter-Persönlichkeit schleppt einen völlig Fremden ab, und eine andere wacht am nächsten Morgen neben ihm auf.

Thames (1984) ist der Auffassung, den Konsequenzen bei Vertragsverletzungen werde zuviel Aufmerksamkeit geschenkt, und es werde nicht genug darauf geachtet, Alter-Persönlichkeiten, die sich an die Vertragsvereinbarungen halten, zu belohnen. Belohnungen können insbesondere bei Kind-Persönlichkeiten nützlich sein, und diese können entweder vom Therapeuten oder von einer Erwachsenen-Persönlichkeit, die sich um die inneren Kinder kümmert, belohnt werden. Letzteres ist von Nutzen, weil es die Fähigkeit zur »Selbstbeelterung« *(self-parenting)* stärkt, mit deren Hilfe ein Teil des Mangels an Liebe und elterlicher Zuwendung, unter dem viele dieser Patienten in ihrer Kindheit gelitten haben, ausgeglichen werden kann.

Geltungsdauer und Beendigung von Verträgen

Die Geltungsdauer eines Vertrags hängt ab von den Umständen, unter denen er zustande gekommen ist. Manche Verträge gelten für die gesamte Behandlungszeit und laufen mit dem Ende der Therapie aus; andere gelten nur für eine einzige Sitzung. Vielfach erklären sich eine oder mehrere Alter-Persönlichkeiten nur bereit, einen Vertrag mit kurzer Geltungsdauer zu akzeptieren. Dagegen ist nichts einzuwenden, doch sollte der Therapeut nie vergessen, den betreffenden Vertrag vor Ablauf der festgelegten Zeitspanne zu erneuern. Bezieht sich ein Vertrag von begrenzter Dauer z.B. auf selbstschädigendes Verhalten, muß der Therapeut vor Vertragsablauf erneut über den Inhalt verhandeln, weil ihn andernfalls schon bald eine unangenehme Überraschung in der Notaufnahme erwarten könnte. Das Versäumnis des Therapeuten, einen auslaufenden Vertrag rechtzeitig zu erneuen, wird von Patienten leicht als mangelnde Fürsorge und als Einladung zum Ausagieren verstanden. Ich mache mir in meinem Terminkalender und in meinen Behandlungsnotizen einen deutlich sichtbaren Vermerk darüber, wann ein bestimmter Vertrag ausläuft. Ich versuche, mindestens eine Sitzung vor dem Ablauftermin des Vorgängers über den neuen Vertrag zu verhandeln. Dies ist für einen vielbeschäftigten Therapeuten oft ein beträchtlicher Aufwand, aber bei dieser Art von Fällen unumgänglich. Im allgemeinen sollte man sich beim Umgang mit DIS-Patienten am besten ein methodisches und leicht obsessives Vorgehen angewöhnen, und sei es nur um des eigenen Geistesfriedens willen.

Zur Beendigung von Verträgen kann es auf viele Weisen kommen. Am häufigsten ist der Grund das Erreichen der für die Gültigkeitsdauer vereinbarten Zeitgrenze. Falls man zuläßt, daß ein Vertrag abläuft, ohne daß ein Folgevertrag ausgehandelt wird, sollte diesbezüglich eine klare Aussage gemacht werden, und zwar sowohl vom Therapeuten als auch vom Patienten, und alle aus dem Vertrag resultierenden Belohnungen oder Konsequenzanwendungen müssen zum Zeitpunkt des Ablaufs vollzogen worden sein. Kein Vertrag sollte außer Kraft gesetzt werden, wenn seine Geltungsdauer erst zur Hälfte abgelaufen ist, weil dies die therapeutische Wirksamkeit anderer Verträge unterminiert. Oft haben Verträge ihren Zweck erfüllt und können deshalb aufgelöst werden. Auch in solchen Fällen sollten beide Seiten dies durch eine klare Stellungnahme bestätigen. Falls die Möglichkeit besteht, daß der Vertrag zu einem späteren Zeitpunkt reaktiviert werden muß, sollte auch darüber gesprochen werden. Nur zu oft werden Therapeuten feststellen, daß ein Vertrag irgendein Schlupfloch oder eine Regelung enthält, die es dem Patienten ermöglicht, genau das Verhalten, das durch den Vertrag unterbunden werden sollte, weiter fortzusetzen. In solchen Fällen sollte besser ein neuer Vertrag formuliert werden, als daß der alte verändert wird. Wenn man mich ausgetrickst hat, gestehe ich ein, daß ich hereingefallen bin, und anschließend mache ich mir die soeben erteilte Lektion zunutze. Es kommt durchaus vor, daß ich einen Vertragstext mehrmals umformulieren muß, bis das Endergebnis »wasserdicht« ist.

Meine Erfahrungen haben mich gelehrt, daß Multiple sich generell an den Buchstaben von Verträgen halten. Schwierigkeiten entstehen, wenn die Formulierung unklar ist oder wenn die Persönlichkeit, die tatsächlich für das Verhalten, um das es in dem Vertrag geht, verantwortlich ist, auf irgendeine Weise von der »Unterzeichnung« des Vertrags ausgeschlossen wurde. Zwar sind nicht alle Multiplen ehrlich, doch scheinen sie als Gesamtgruppe zumindest so ehrlich zu sein wie andere Menschen – allerdings auch nicht ehrlicher. Die meisten DIS-Patienten sind in der Lage, Verträge einzuhalten, und sie tun dies auch, sofern ihre Therapeuten sich genau an die oben beschriebenen Prinzipien halten.

In Zusammenhang mit Verträgen häufig auftretende Probleme

Fallen, vor denen man sich bei Vertragsvereinbarungen mit Multiplen hüten muß, sind 1) die unabsichtliche Verstärkung pathologischen Verhaltens, 2) auf der Erfüllung eines Vertrages wegen »mildernder Umstände« nicht zu bestehen, 3) nicht zu klären, ob bestimmte Kind-Persönlichkeiten einen Vertrag verstehen, und 4) ungeeignete Konsequenzen festzulegen und anzuwenden, indem man es beispielsweise bestimmten Persönlichkeiten verbietet, Zeit im Körper zu verbringen. Die unter Punkt 1 genannte Situation tritt oft ein, wenn eine Alter-Persönlichkeit durch die Anwendung einer Konsequenz in Wahrheit belohnt wird. Beispielsweise kann eine Alter-Persönlichkeit wiederholt und absichtlich gegen einen Vertrag verstoßen, weil in ihren Augen die Aufmerksamkeit, die der Therapeut ihr bei der Durchsetzung der für Vertragsverletzungen festgelegten Konsequenzen zukommen lassen muß, für sie einer Belohnung gleichkommt. Manchmal setzen Alter-Persönlichkeiten dies als Taktik zur Monopolisierung der Therapiezeit ein. Natürlich muß über plötzlich erkennbar werdende neue Möglichkeiten neu verhandelt werden.

»Mildernde Umstände« zählen zu den »Sargnägeln« der Durchsetzung von Verträgen. Generell sollte ein Vertrag genauso umgesetzt werden, wie er formuliert ist. Wird dies nicht getan, wird die wichtigste Grundlage der Arbeit mit Verträgen sabotiert, und die betroffene Multiple wird quasi regelrecht dazu aufgefordert, Situationen zu provozieren, in denen der Therapeut immer wieder mit schwierigen Entscheidungen konfrontiert wird. Treibt man mich auf diese Weise in die Enge, bestehe ich gewöhnlich auf der buchstabengetreuen Einhaltung des Vertrages, und anschließend fordere ich das Persönlichkeitssystem als Ganzes auf, unter Berücksichtigung dessen, was wir aus der Situation gelernt haben, neu über den Vertrag zu verhandeln. Multiple versuchen immer wieder, Therapeuten in ein »moralisches Dilemma« oder einen »Double-bind« zu bringen (Braun 1986), um ihre Vertrauenswürdigkeit zu testen. *Per definitionem* kann es keine akzeptable Lösung dieses Problems geben. In solchen Fällen sollte man als Therapeut in den sauren Apfel beißen und auf der buchstäblichen Umsetzung des Vertrags bestehen, sofern derselbe nicht mit so offensichtlichen Mängeln behaftet ist, daß durch seine buchstabengetreue Einhaltung echter Schaden entstehen könnte – im letzteren Fall bleibt dem Therapeuten keine andere Wahl, als seinen Irrtum einzugestehen!

Kind-Persönlichkeiten verstehen oft gängige abstrakte Vorstellungen nicht (Putnam 1984b). Bei der Formulierung eines Vertrages, der das Verhalten von Kind-Persönlichkeiten umfaßt – und dies sollte bei allen Verträgen geschehen, in denen es um gefährliche Verhaltensweisen geht –, sollte der Therapeut darauf achten, daß die betroffenen Identitäten in ihren eigenen Worten formulieren, was der Vertrag ihrer Meinung nach beinhaltet. Verstehen sie, was der Vertrag verbietet, wozu er ermutigt, für welche Zeitspanne er Gültigkeit hat und welche Konsequenzen Vertragsverletzungen nach sich ziehen? Die Erwachsenen-Persönlichkeiten können gebeten werden, den Kind-Persönlichkeiten den Vertragsinhalt zu erklären. Oft sind erwachsene Alter-Persönlichkeiten dazu wesentlich besser in der Lage als der Therapeut, und sie wissen, welche Identitäten in den Vertrag einbezogen werden sollten. Außerdem ermutigt diese Technik die erwachsenen Identitäten dazu, den Kind-Identitäten gegenüber eine Elternrolle zu übernehmen.

Der Therapeut sollte mit Vorschriften bezüglich der Berechtigung bestimmter Alter-Persönlichkeiten, Zeit im Körper zu verbringen, vorsichtig sein. In den meisten Fällen ist dies nicht Sache des Therapeuten. Zu meinem Leidwesen habe ich festgestellt, daß viele meiner Patienten draußen in der Welt völlig anders als in meiner Praxis auftreten. Erste experimentelle Untersuchungen von Loewenstein *et al.* (1987) bestätigen diese Beobachtung. Der Therapeut kann mit dem Gesamtsystem einen

Vertrag abschließen, um zu verhindern, daß bestimmte Persönlichkeiten in Situationen auftauchen, in denen sie Schaden anrichten oder eine peinliche Situation kreieren können, doch sollte keine Persönlichkeit durch einen solchen Vertrag daran gehindert werden, Zeit im Körper für sich zu beanspruchen (d.h. sich zu manifestieren). Zwar kann das Persönlichkeitssystem für bestimmte Identitäten eine Beschränkung der Zeit im Körper verfügen, doch sollte sich der Therapeut selbst nicht ohne guten Grund an der Einschränkung bestimmter Identitäten beteiligen. Tut er dies, wird er in die inneren Spaltungen und Konflikte verwickelt, statt bei einer unparteiischen, nichturteilende Haltung zu bleiben.

Die ersten Verträge

In den ersten Verträgen sollten folgende Dinge geregelt werden: 1) Art und Dauer der Therapie, 2) gefährliche Verhaltensweisen und 3) das Setzen von Grenzen bezüglich der Therapie. Die Verträge sollten mit dem gesamten Persönlichkeitssystem abgeschlossen werden, nachdem der Therapeut über die Details und Regelungen mit so vielen Alter-Persönlichkeiten wie möglich gesprochen hat. Weil er zu Beginn der Therapie wahrscheinlich nur eine kleine Zahl von Identitäten kennt, müssen alle Verträge, die allgemeine Verbote – beispielsweise bezogen auf Selbstmord oder Überfälle – betreffen, mit dem gesamten Persönlichkeitssystem abgeschlossen werden. Der erste Vertrag, den ich mit dem System abschließe, ist der im Kurs der *American Psychiatric Association* über DIS empfohlene. In einer Version dieses Vertrags heißt es: »Ich werde weder mich selbst verletzen oder töten noch irgend jemand anderen verletzen oder töten, weder innerlich noch äußerlich, weder absichtlich noch unabsichtlich, weder jetzt noch in Zukunft.« Eventuell muß der Therapeut mit dem Persönlichkeitssystem des Patienten einige Zeit an der Entwicklung einer Definition von »verletzt« arbeiten. Mir persönlich geht es zu diesem Zeitpunkt der Therapie hauptsächlich um körperliche Verletzungen, die sich ohnehin leichter definieren lassen.

Unter Anwendung der Technik des »Hineinsprechens in das System«, die in Kapitel 8 erklärt wird, fordere ich alle Alter-Persönlichkeiten auf, zuzuhören, während ich die Notwendigkeit eines Vertrags zur Verhinderung von Gewalt gegen den Körper und gegen andere Menschen erläutere. Anschließend ersuche ich die Alter-Persönlichkeiten, sich alle zu manifestieren und mit mir über die Regelungen und bei Verstößen vorgesehenen Konsequenzen zu verhandeln. Meist treten daraufhin einige Alter-Persönlichkeiten in Erscheinung, die als Repräsentanten der übrigen fungieren, und wir verhandeln. Ich bitte sie um Vorschläge, insbesondere was die Festlegung von Konsequenzen bei Vertragsverletzungen anbetrifft. Nachdem über einen Entwurf Einvernehmen erzielt ist, wird die Formulierung niedergeschrieben, wobei präzise Angaben für Beginn und Ende des Vertrags gemacht werden. Den schriftlich formulierten Vertrag bewahre ich gewöhnlich im Ordner mit den Therapienotizen auf.

Ich teile dem Persönlichkeitssystem klar und ausdrücklich mit, daß alle Alter-Persönlichkeiten an den Vertrag gebunden sind, es sei denn, eine bestimmte Identität tritt vor und bringt ihr Nichteinverständnis mit den Vertragsbedingungen klar zum Ausdruck. Erstaunlicherweise erfüllt diese Vorgehensweise meist ihren Zweck. Mit Hilfe solcher Verhaltensverträge ist es mir gelungen, die Entlassung von DIS-Patienten aus einer stationären Behandlung zu erreichen, während der sie wegen Suizidgefahr unter ständiger Bewachung standen. Eine Patientin war so stark suizidgefährdet, daß sie sich ständig in einer Zwangsjacke und pausenlos direkter Beobachtung befand.

Ein zweiter Bereich, in dem Verträge in der Anfangsphase einer Therapie nützlich sind, ist das Setzen von Grenzen bezüglich der Therapie. Beispielsweise muß man die Dauer der Sitzungen, die Häufigkeit der Telefonanrufe in der Zeit zwischen den Sitzungen sowie jede Art von unangemessenem oder intrusivem Verhalten einschränken. Ein einzige DIS-Patientin kann die gesamte Zeit eines Therapeuten in Anspruch nehmen. Multiple können in dieser Hinsicht äußerst hartnäckig sein, wenn man ihnen keine klaren Grenzen setzt. Dies ist eine ihrer Arten, mit der Welt zu interagieren. Aus einer Vielzahl von Gründen neigen sie dazu, »besondere Patienten« zu werden (damit beschäftigt sich auch der Abschnitt über Gegenübertragungsprobleme in Kapitel 7) und diesen Status zu nutzen, um dem Therapeuten zusätzliche Zeit »abzuluchsen«. Läßt ein Therapeut dies zu, wird er feststellen, daß die Fortschritte einer Patientin, der er immer mehr gibt, immer kläglicher werden.

Akzeptieren der Diagnose

Multiple akzeptieren die DIS-Diagnose meist frühestens nach der endgültigen Fusion ihres Persönlichkeitssystems völlig, falls sie es überhaupt jemals tun. Vielfach hat die Gastgeber-Persönlichkeit die Existenz anderer Identitäten jahrelang aktiv geleugnet und ist nicht bereit, die DIS-Diagnose ohne weiteres zu akzeptieren. Oft vernichtet sie alle Beweise für die Existenz anderer Identitäten, und dieses Ableugnen ist neben anderen Gründen für die Feindschaft zwischen der Gastgeber-Persönlichkeit und vielen anderen Identitäten verantwortlich.

Wie bereits in Kapitel 4 erläutert, können bei Patienten nach der Entdeckung einer oder mehrerer Alter-Persönlichkeiten verstärkt dissoziative Symptome auftreten. Fugue-Episoden und Suizidversuche (oft innere Homizide) sind häufige Reaktionen auf die Eröffnung der DIS-Diagnose. Andererseits sind einige Alter-Persönlichkeiten wahrscheinlich erleichtert, weil sie nun direkt mit dem Therapeuten und/oder mit Familienmitgliedern interagieren können. Das häufigere und nun offene Erscheinen anderer Identitäten kann die Panik- und Kontrollverlustgefühle der Gastgeber-Persönlichkeit verstärken, und möglicherweise pendelt die Patientin zwischen den polar gegensätzlichen Haltungen des Akzeptierens und des Ablehnens des Befundes hin

und her. Falls es ihr nicht möglich ist, sich der Therapie durch Flucht zu entziehen –
was meist in Form ausgedehnter Fugue-Episoden geschieht –, akzeptiert sie die Diagnose manchmal zumindest teilweise. Gewöhnlich versucht die Gastgeber-Persönlichkeit, das Thema zu meiden, oder sie akzeptiert die Existenz anderer Identitäten
zwar abstrakt, verhält sich aber weiterhin so, als gäbe es sie nicht. Außer der Gastgeber-Persönlichkeit akzeptieren wahrscheinlich auch andere Identitäten im System der
Multiplen die Diagnose nicht.

Ich halte es nicht für notwendig, die Gastgeber-Persönlichkeit und andere Zweif-
ler davon zu überzeugen, daß die Patientin unter einer dissoziativen Identitätsstörung
leidet. Viele Therapeuten versuchen irgendwann im Verlauf der Behandlung, ihren
Patienten die Zutreffendheit der DIS-Diagnose zu beweisen. Nach meiner Erfahrung
führt dies zu nichts, und gewöhnlich entwickelt sich aufgrund dessen ein Widerstand,
der vom eigentlichen Gegenstand und Ziel der Therapie ablenkt. Statt dessen versuche ich, dieses Thema auf verschiedene Arten herunterzuspielen. Als erstes bemühe
ich mich stets, sicherzustellen, daß die Gastgeber-Persönlichkeit über alle Vorgänge während der Therapiesitzung, die sie aufgrund einer Amnesie nicht kennt, informiert wird. Dabei erwähne ich die Namen aller Identitäten, mit denen ich interagiert
habe, oder ich schlage der Gastgeber-Persönlichkeit vor, eine bestimmte Identität um
zusätzliche Informationen zu bitten. Ich bemühe mich bei alldem um größtmögliche
Sachlichkeit. Außerdem weise ich auf Offensichtliches hin. Saß die Gastgeber-Persönlichkeit auf einem Stuhl, als eine andere Identität die Kontrolle übernahm, und
findet sie sich bei ihrer Rückkehr auf dem Boden sitzend (was oft beim Auftreten von
Kind-Persönlichkeiten passiert), mache ich sie auf diese Veränderung aufmerksam.
Zu hartnäckiges Insistieren auf einer solchen offensichtlichen Tatsache kann bei der
Gastgeber-Persönlichkeit und bei anderen Identitäten Panik oder eine dissoziative
Reaktion auslösen. Im Laufe der Zeit hat das Gewicht der Beweiskraft von Beispie-
len wie den genannten eine kumulative Wirkung auf das Leugnen.

Multiple versuchen, alles herauszufinden, was es über DIS zu wissen gibt, und
dem Therapeuten mit Hilfe dieses erworbenen Wissens zu beweisen, daß sie keine
Multiplen sind. Lange Diskussionen im Stil von logischen Beweisführungen darüber,
ob eine Patientin ein DIS-Fall ist oder nicht, sollten vermieden werden, weil die Patienten aus solchen Wortgefechten gewöhnlich als Sieger hervorgehen. Die Bemühungen von Patienten, sich Wissen über die Störung anzueignen, sollten als Bestandteil ihres Wunsches nach Besserung interpretiert werden. Ich glaube zwar nicht, daß
Diskussionen über das Vorliegen oder Nichtvorliegen von DIS auf längere Sicht der
Therapie schaden, doch fühlen sich Therapeuten verständlicherweise häufig unwohl,
wenn sie merken, daß Patienten die klinische Literatur besser kennen als sie selbst.
Deshalb empfiehlt es sich, Patienten die Sachkenntnis zugestehen, die sie sich selbst
zugute halten, und einfach gute psychotherapeutische Arbeit zu leisten. Sie befänden
sich wohl kaum in Therapie, wenn sie sich selbst helfen könnten.

Irgendwann im Laufe der Behandlung wird wahrscheinlich auch die umgekehrte Situation eintreten: Die Patientin »akzeptiert« ihre Multiplizität und versucht, sich auf irgendeine Weise öffentlich zu ihr zu bekennen. Auch dies ist eine Falle, vor welcher der Therapeut sich hüten muß, und er sollte sehr genau darauf achten, ob und wann die Patientin sich entschließt, mit ihrer Diagnose an die Öffentlichkeit zu treten. Es ist eine Sache, daß eine Patientin die Diagnose Mitgliedern ihrer Familie, Freunden oder Arbeitskollegen mitteilt, und eine völlig andere, daß sie die Lokalzeitung anruft und dort ihre Lebensgeschichte erzählt. Die letztere Situation zieht gewöhnlich schwerwiegende Probleme nach sich, und leider höre ich nur zu oft, daß Therapeuten an einem solchen Projekt zur »Aufklärung der Öffentlichkeit« aktiv beteiligt sind. Das aggressive Akzeptieren der eigenen Multiplizität und das plötzliche Auftauchen des Wunsches nach diesbezüglicher öffentlicher Anerkennung sind als Widerstand gegen die Behandlung zu verstehen und sollten dementsprechend behandelt werden.

Eine andere Form des Leugnens der Multiplizität liegt vor, wenn eine Patientin die »Flucht in die Gesundheit« antritt und zugibt, eine Multiple *gewesen* zu sein, jedoch behauptet, dieses Problem nicht mehr zu haben. In manchen Fällen dieser Art verschwinden alle offenkundigen Hinweise auf Multiplizität. Ich habe zwar nie erlebt, daß solch ein Effekt von Dauer war, doch haben mehrere meiner Patienten die Behandlung mit der Begründung abgebrochen, sie seien »geheilt«. Auch hier ist die entscheidende Dynamik offenbar ein verständlicher Widerwille gegen die Auseinandersetzung mit traumatischen Erinnerungen. Vielfach tauchen eine oder zwei Alter-Persönlichkeiten nach einigen Sitzungen wieder auf. Es kommt allerdings auch vor, daß sich dieses scheinbare Verschwinden der Teile über mehrere Monate hinzieht. Zwar ist eine spontane Integration tatsächlich möglich, doch wahrscheinlich ist dieses Phänomen wesentlich seltener, als Multiple es für sich in Anspruch nehmen. Weitere Aspekte der »Flucht in die Gesundheit« werden in Kapitel 8 erläutert.

Kommunikation und Kooperation

Prinzipien

Kommunikation zwischen verschiedenen Alter-Persönlichkeiten findet bei Multiplen wahrscheinlich die meiste Zeit über statt. Von Interesse für die Therapie sind Richtung, Quantität und Qualität dieses Austauschs. Die meisten Gastgeber-Persönlichkeiten hören Stimmen, und zwar gewöhnlich solche, die sie kritisieren und herabsetzen. Dies ist eine Form einseitiger Kommunikation zwischen einer oder mehreren feindseligen Identitäten und der Gastgeber-Persönlichkeit. Andere Identitäten berichten zuweilen, sie seien in der Lage, einander zu sehen und miteinander zu sprechen, auch wenn sie nicht »draußen« sind. Die Gastgeber-Persönlichkeit erlebt diese

Kommunikation manchmal als in ihrem Kopf stattfindende Gespräche. Es kommt auch vor, daß sie Notizen, Briefe, Gedichte, Zeichnungen oder andere Hinweise auf die Existenz anderer Identitäten findet, was insgesamt als ein weiterer Kommunikationskanal anzusehen ist. Retrospektive Berichte erwachsener DIS-Patienten und aus der Arbeit mit Multiplen im Kindesalter gewonnene Erkenntnisse legen die Vermutung nahe, daß das Ausmaß der beidseitigen Kommunikation zwischen der Gastgeber-Persönlichkeit und anderen Identitäten bei Kindern stärker ist und während der Adoleszenz abnimmt. Bei Erreichen des Erwachsenenalters spricht die Gastgeber-Persönlichkeit gewöhnlich nicht mehr mit den anderen Identitäten, und deren Stimmen erschrecken und peinigen sie. Zu den Aufgaben des Therapeuten zählt, die Kommunikationskanäle wieder zu öffnen und den Dialog innerhalb des Persönlichkeitssystems zu reaktivieren.

Hat sich der Therapeut mit Hilfe des Verknüpfens ein gewisses Bild vom Gesamtsystem der Persönlichkeiten gemacht und sich notiert, welche Persönlichkeiten aufgetaucht sind und ob sie über die Existenz weiterer Identitäten berichtet haben, verfügt er über ein grobes Bild der innerhalb des Persönlichkeitssystems des Patienten existierenden und funktionsfähigen Kommunikationskanäle. Außerdem hat er wahrscheinlich eine gewisse Vorstellung davon, welche Identitäten welcher anderer gewahr und somit in der Lage sind, mit denselben zu kommunizieren. Zwar ist das so gewonnene Bild meist unvollständig, doch ist dies immerhin ein Anfangspunkt. Ich versuche, den Aspekt der Kommunikation bei jeder sich bietenden Gelegenheit zu verstärken. Gewöhnlich erfahre ich später, daß innerhalb des Systems tatsächlich wesentlich mehr Kommunikation im Gange war, als ich zunächst glaubte.

Innere Kommunikation ist einer der wichtigsten therapeutischen Kräfte, durch die es bei DIS-Patienten zu Veränderungen kommt. Sie bewirkt den Abbau der amnestischen dissoziativen Barrieren, durch welche die Patientin in Persönlichkeiten aufgeteilt wird, und sie fördert jene innere Kooperation, welche die vorherige Konkurrenz zwischen den Alter-Persönlichkeiten ablöst. Innere Kommunikation ermöglicht es Multiplen auch, die Heilung durch den inneren Prozeß der »Ersatzbeelterung« (*reparenting process*) zu fördern.

Techniken zur Verbesserung der inneren Kommunikation

Der Therapeut als Vermittler

Die erste Technik beinhaltet nichts weiter, als daß der Therapeut als Vermittler fungiert. Das bedeutet, daß er einer Identität zuhört und dann das Gesagte allen übrigen innerhalb des Systems, die es hören müssen, mitteilt. Oft gibt es zu Beginn einer Therapie keine andere Möglichkeit, zwischen der Gastgeber-Persönlichkeit und anderen Identitäten einen Dialog einzuleiten. Allerdings treten bei diesem Verfahren viele Probleme auf. Oft ist es für den Therapeuten schwer, bei einer neutralen Haltung zu bleiben, während er feindselige und von Rachsucht geprägte Kommentare zwischen verschiedenen Identitäten übermittelt. Das Resultat kann sein, daß er sich die inneren Spaltungen des Systems zu eigen macht und sich gezwungen fühlt, die eine Seite gegen die andere zu unterstützen. Dies ist eine der für die DIS typischen Dynamiken, vor denen sich jeder Therapeut hüten sollte. Multiple versuchen häufig, ihre Therapeuten in eine Zwangslage zu bringen, in der diese nicht umhin zu können glauben, bestimmte Identitäten gegen andere zu unterstützen. Doch liegen die Dinge in Wahrheit gewöhnlich anders, als der äußere Anschein vermuten läßt, und jede Parteinahme für eine Seite gegen eine andere erweist sich später als verhängnisvoll.

Zu Anfang der Arbeit ist die Vermittlungstätigkeit des Therapeuten oft die einzige Möglichkeit, einen Dialog innerhalb des Systems in Gang zu bringen. Er sollte sich dabei bemühen, neutral zu bleiben und die Information so präzise wie möglich zu übermitteln. Man sollte sich klarmachen, daß man es mit den inneren Gesprächen eines anderen Menschen zu tun hat und daß dies eine völlig andere Umgehensweise mit dem anvertrauten Material erfordert, als wenn man Henry Kissinger wäre und sich im Nahen Osten auf einer diplomatischen Shuttle-Mission befände. Der Therapeut muß darauf achten, ob eine Seite versucht, sich seine Unterstützung gegen eine andere Partei zu sichern. Außerdem empfiehlt es sich, immer wieder darauf hinzuweisen, daß die Alter-Persönlichkeiten auch direkt miteinander reden können, wenn sie dies wollen. Am stärksten wehrt sich meist die Gastgeber-Persönlichkeit gegen diese Vorstellung und behauptet deshalb oft, es sei ihr nicht möglich, mit den anderen Identitäten zu sprechen. Dies ist im Rahmen ihres Leugnens zu sehen, das im Laufe der Zeit abnehmen wird. Ich fordere die Gastgeber-Persönlichkeit oft auf, »Dinge innerlich zu sagen« oder einfach nur zu denken, was sie zu den übrigen Identitäten sagen möchte, und anschließend in sich hineinzuhorchen, ob von irgendwo eine Antwort kommt. Die meisten Gastgeber-Persönlichkeiten werden dies im Laufe der Zeit beherzigen, und wenn dies eintritt, ist auf dem Weg zur Stärkung der inneren Kommunikation ein wichtiger Meilenstein erreicht. Der Therapeut sollte nicht zu einem unverzichtbaren Element des Kommunikationsprozesses innerhalb des Systems werden, weil die Patientin sonst nicht lernt, auch in seiner Abwesenheit einen inneren Dialog zu führen.

Das schwarze Brett

Die nächste Kommunikationstechnik, die ich einem Persönlichkeitssystem beibringe, nenne ich »schwarzes Bretts«. Sie basiert darauf, daß die Patientin den Alter-Persönlichkeiten eine Möglichkeit gibt, Botschaften für einander oder für das gesamte System bekannt zu machen. Welches Medium dazu benutzt wird, bleibt letztendlich den Patienten selbst überlassen. Meist schlage ich ihnen vor, sich ein kleines Notizbuch zuzulegen, das sie problemlos überallhin mitnehmen können. Anschließend leite ich die einzelnen Identitäten dazu an, einander mit Hilfe des Notizbuches Botschaften zu übermitteln. Diese Mitteilungen sollten jeweils eindeutig an einen bestimmten Adressaten gerichtet sein (z. B. »an Jim und George«, »an alle« usw.), und sie sollten mit einem Datum versehen und unterschrieben werden. Mit Hilfe der Datierung und der sequentiellen Anordnung der Botschaften im Notizbuch lassen sich die Dialoge chronologisch verfolgen, was eine gewisse Kontinuität gewährleistet.

Die Gastgeber-Persönlichkeit entwickelt gegen diese Technik oft Widerstand, weil es ihr nicht gefällt, geheimnisvolle schriftliche Botschaften zu finden, welche die Existenz anderer Identitäten beweisen. Außerdem beunruhigt der Inhalt der Botschaften sie möglicherweise, und sie beschwert sich, weil sie nicht glaubt oder nicht empfindet, was die Botschaften beinhalten. In solchen Fällen fordere ich die Gastgeber-Persönlichkeit auf, sich weiter auf das Experiment einzulassen und sich nicht die Verantwortung für den Inhalt der Botschaften zu eigen zu machen. Außerdem sollte sie aufgefordert werden, auch selbst Notizen über ihre Bedürfnisse und Zeitpläne zu veröffentlichen und das Notizbuch auch dann mehrmals täglich zu überprüfen, wenn sie sicher ist, daß sie nichts Neues darin finden wird. Da der Widerstand der Gastgeberin das größte Hindernis ist, müssen möglicherweise mehrere Anläufe zur Förderung der Kommunikation mit Hilfe eines Notizbuches oder eines anderen Mediums gemacht werden, bevor sich der Erfolg einstellt und die Technik zu einem nützlichen Werkzeug der Förderung innerer Kommunikation wird.

Ich bevorzuge ein Notizbuch als Kommunikationsmedium, weil es nicht viel kostet und stets zur Hand ist, weil darin alle Botschaften an einem Ort aufbewahrt werden können und weil darin die Kommunikation, die stattgefunden hat, sequentiell protokolliert wird. Manche Multiple ziehen jedoch ein anderes Kommunikationsmedium vor. Beispielsweise kenne ich eine Patientin, die mit Hilfe ihres Anrufbeantworters zwischen den verschiedenen Identitäten Botschaften übermittelt. Sie bevorzugt diese Möglichkeit, weil ein Medium, mit dessen Hilfe sich mündliche Notizen aufzeichnen lassen, Kind-Persönlichkeiten, die noch nicht schreiben können, besseren Zugang zu den übermittelten Botschaften ermöglicht. Aus dem gleichen Grund benutzen einige Multiple Kassettenrecorder. Man kann Identitäten, die nicht schreiben können, den Zugang zu geschriebenen Nachrichten auch ermöglichen, indem man eine Erwachsenen-Persönlichkeit auffordert, den Kind-Persönlichkeiten beim Schreiben und Übermitteln von Botschaften zu helfen. Auch diese Aufgabe unterstützt den *Reparenting*-Prozeß innerhalb des Persönlichkeitssystems. Abschließend sollte an dieser Stelle darauf hingewiesen werden, daß Alter-Persönlichkeiten manchmal einen Teil eines Notizbuchs oder dasselbe insgesamt zerstören.

Innere Gespräche

Das innere Gespräch ist die vorzuziehende Form innerer Kommunikation, doch gewinnt es gewöhnlich erst zu einem späteren Zeitpunkt des Behandlungsprozesses größere Bedeutung. Ein inneres Gespräch beinhaltet, daß zwei oder mehr Alter-Persönlichkeiten anders als beim bereits erwähnten einseitigen Monolog einen inneren Dialog führen, an dem sich beide bzw. alle Seiten aktiv beteiligen. Zu solcher Kommunikation fähig ist wahrscheinlich jedes Persönlichkeitssystem; die Frage ist, wie man diese Art von Kommunikation fördern kann. Ich ermutige Alter-Persönlichkeiten von Anfang an, auf diese Weise zu kommunizieren, und ich sehe meine Vermittlerrolle und die Technik des schwarzen Bretts nur als zeitweilige Übergangslösung im Rahmen der Bemühungen um die Verbesserung des Dialogs. Oft erscheint Patienten die Vorstellung der Existenz von Alter-Persönlichkeiten als so beängstigend, daß die Kommunikation nur erfolgreich verläuft, wenn sie zunächst aus der Distanz, gefiltert durch die Person des Therapeuten oder eben durch ein schwarzes Brett, erfolgt. Den »Unter-vier-Augen«-Charakter eines inneren Dialogs vermögen viele erst zu ertragen, nachdem bei ihnen mit Hilfe der anderen Verfahren ein gewisses Maß an Vertrautheit und Vertrauen entstanden ist.

Der Prozeß der Förderung innerer Gespräche verändert das Stimmenhören: Aus dieser zuvor beängstigenden oder irritierenden Erfahrung wird eine nützliche und lohnende Aktivität. Anfangs werden die spöttischen Kommentare, die die Gastgeber hören, als Beweis für die eigene »Verrücktheit« angesehen, und es wird versucht, diese Erfahrungen zu leugnen oder auszublenden. Innere Gespräche werden nun für die Gastgeber-Persönlichkeit zu einer Möglichkeit, die übrigen, zuvor geleugneten Räume des Selbst zu betreten. Irgendwann kommt es dann bei den Patienten sogar zu Gruppendiskussionen zwischen vielen ihrer Identitäten. Wie die Mitglieder jeder Gruppe müssen auch sie einige Regeln beherzigen, um die Aufrechterhaltung einer gewissen Ordnung zu ermöglichen – zum Beispiel andere zu Wort kommen zu lassen. Die Fähigkeit zu inneren Dialogen ermöglicht es Patienten, die kontinuierlichere Existenz einer vereinigten Persönlichkeit zu simulieren und durch den Wechsel zwischen verschiedenen Identitäten verursachte Lücken in der Kontinuität zu schließen. Auch hier ist der Widerstand der Gastgeber-Persönlichkeit die schwierigste Hürde, die beim Entwickeln dieser Fähigkeit überwunden werden muß.

Gesprächsthemen: Die Arbeit an der Verwirklichung gemeinsamer Ziele

Letztendlich und im Idealfall eignet sich jedes Thema für ein inneres Gespräch, unabhängig vom gewählten Medium. Doch sollte man sich anfangs darauf beschränken, über Bedürfnisse zu sprechen. Die Person als Ganzes hat viele Bedürfnisse und muß viele Verpflichtungen erfüllen. Oft bemüht sich die Gastgeber-Persönlichkeit mit Hilfe einer Verwalter-Identität und von Helfer-Identitäten, diese Bedürfnisse zu erfüllen. Scheinbar simple Aufgaben (z.B. bei einem Auto einen Ölwechsel durchzuführen, die Wäsche abzuholen und dergleichen) werden unendlich schwierig, wenn die Kommunikation innerhalb des Systems nicht gut funktioniert. Gewöhnlich fordere ich die Gastgeber-Persönlichkeit zu Beginn meiner Bemühungen um die Förderung der Kommunikation auf, diese Art von Aufgaben an das schwarze Brett zu hängen, wobei ich ihr erkläre, daß sie alle Einzelheiten der auszuführenden Aufgabe oder Verpflichtung, die bei der Ausführung beachtet werden müssen, angeben soll. Andere Identitäten können das schwarze Brett benutzen, um ihre eigenen Bedürfnisse, Bitten oder Kommentare zu veröffentlichen. Ist eine Notiz unklar, kann die Gastgeber-Persönlichkeit oder eine andere Identität eine Bitte um nähere Information oder um Erklärung des bereits Geschriebenen veröffentlichen. Oft dauert es einige Zeit, bis das System lernt, vollen Nutzen aus diesem Prozeß zu ziehen. Doch wenn die Schwierigkeiten allmählich überwunden sind und plötzlich Dinge möglich werden, die vorher ausgesprochen schwierig zu bewerkstelligen waren, wird die Kommunikationsfähigkeit der Gastgeber-Persönlichkeit und des Systems insgesamt deutlich besser. Und die zunehmend intensiver werdende innere Kommunikation demonstriert dem Persönlichkeitssystem, daß Zusammenarbeit direkte und unmittelbare Vorteile hat.

Ein weiteres wichtiges Thema, das sich für anfängliche Bemühungen zur Förderungen der inneren Kommunikation eignet, ist das Ergänzen oder Wiederholen von Information, die der Gastgeber-Persönlichkeit aufgrund der durch Switche entstandenen amnestischen Lücken fehlt. Ein Grund für ihre Bemühungen, die übrigen Identitäten zu unterdrücken oder zu leugnen, ist ihre Angst vor dem, was während der durch das Switchen entstehenden Amnesien tatsächlich geschieht. Oft fürchtet sie, daß sie sich in solchen Zeiten, an die sie sich nicht erinnern kann, unangemessen oder sogar kriminell verhalten hat. Nicht zu wissen, was in diesen Zeitspannen geschehen ist, ist jedoch meist in Wahrheit viel schlimmer, als den Tatsachen ins Auge zu sehen. Man sollte die Alter-Persönlichkeiten auffordern, der Gastgeber-Persönlichkeit in zusammengefaßter Form zu berichten, was in jeder längeren Zeitspanne, in der sie »draußen« waren, geschehen ist. Und die Gastgeber-Persönlichkeit sollte dazu angehalten werden, ihrerseits die übrigen Identitäten danach zu fragen, was in einer signifikanten Zeitspanne, deren Verlauf sie nicht kennt, vorgefallen ist.

Innere Entscheidungsfindung

Anfängliche Erwartungen

Zu den Faktoren, die das Persönlichkeitssystem am stärksten belasten, zählen Interessen- und Wertkonflikte und der Wettbewerb zwischen den verschiedenen Identitäten um »Körperzeit«. Aus verschiedenen Gründen scheint diese Konkurrenz intensiver zu werden, wenn der Therapeut anfängt, mit einer Patientin unter der Prämisse ihrer Multiplizität zu arbeiten. Vor diesem Hintergrund verstärkter Konkurrenz zwischen den Identitäten – um Therapiezeit wie um alles mögliche andere – muß der Therapeut beginnen, die Grundlagen für einen Prozeß der inneren Entscheidungsfindung zu schaffen. Auf irgendeine Weise sind zwar schon immer Entscheidungen getroffen wurden, doch gewöhnlich kamen diese zustande, indem eine oder mehrere dominierende Identitäten dem Gesamtsystem ihren Willen aufzwangen und andere zeitweilig die Kontrolle übernahmen, um impulsiv verbotene Wünsche auszuagieren. Die Resultate dieser Art des Umgangs mit dem Problem der Entscheidungsfindung sprechen für sich!

Zu Anfang kann man nicht mehr erwarten als eine beschränkte Kooperation bei der Bewältigung zentraler Aufgaben – Interessen, die zu verfolgen den meisten Identitäten gemeinsam ist. Dies kann beispielsweise die Entlassung aus einer stationären Behandlung betreffen, falls die DIS-Diagnose während eines Klinikaufenthalts gestellt wurde. In einem Fall konzentrierte sich die auf Kooperation und Entscheidungsfindung gerichtete therapeutische Arbeit zunächst darauf, festzulegen, welche Identität während eines Zahnarzttermins »draußen« sein sollte. Die Patientin hatte mehrmals die unangenehme Situation erlebt, daß sich alle ihre Alter-Persönlichkeiten geweigert hatten, sich zu manifestieren, während ein Zahn gezogen werden sollte. Schließlich war eine Kind-Persönlichkeit vorgeschickt worden, die sich sehr unpassend benommen hatte. Die verschiedenen Alter-Persönlichkeiten hatten durchaus ein gemeinsames Interesse daran, einige gravierende Zahnprobleme zu lösen, doch war keine von denjenigen, die in der Lage waren, einen Termin für eine Zahnbehandlung zu vereinbaren, auch bereit, sich dieser Prozedur zu stellen. Nach langen Diskussionen einigten sich die Identitäten der Patientin auf den Kompromiß, die Erfahrung der Zahnbehandlung zwischen mehreren von ihnen aufzuteilen. Tatsächlich hielten sie sich mehr oder minder an diese Vereinbarung, und so wurde es möglich, die notwendig Zahnbehandlung durchzuführen.

Ein gewisses Maß an innerer Kooperation läßt sich nur mit Hilfe eines effektiven Mediums für diese Art der Kommunikation erreichen. Außerdem muß innerhalb des Systems eine gewisse Fairneß oder Gerechtigkeit den Ton angeben. Diese Voraussetzung ist meist erfüllt. Viele Multiple sind außerordentlich moralische Menschen mit einem ausgeprägten Sinn für Fairneß. Der Therapeut kann die Alter-Persönlichkeiten auffordern, zunächst an einigen das Alltagsleben der Patientin betreffenden praktischen Problemen zu arbeiten. Wer soll für bestimmte Aufgaben die Verantwortung übernehmen? Wer bezahlt die Rechnungen? Wer sorgt dafür, daß die Patientin jeden Tag zur Arbeit geht? Daß solche Entscheidungen in aller Form getroffen werden müssen, zeigt, daß ein Verfahren der Entscheidungsfindung dringend notwendig ist, und vermittelt außerdem sowohl der Multiplen als auch dem Therapeuten einen Eindruck vom Charakter der Prozesse, welche die entsprechende Funktion im Augenblick erfüllen. Der Therapeut sollte mit dem System der Patientin einige Entscheidungen durcharbeiten und ihren Charakter untersuchen. Vielfach existieren bereits die Grundlagen für einen kooperativen Entscheidungsfindungsprozeß und müssen lediglich modifiziert werden, um ein höheres Maß an innerem Konsens zu ermöglichen.

Der Entscheidungsfindungsprozeß sollte auf demokratischen Prinzipien basieren, und von den Alter-Persönlichkeiten sollten so viele wie möglich in die Entscheidungsfindung einbezogen werden. Werden einige ausgeschlossen, muß mit Problemen gerechnet werden. Allerdings läßt sich nicht generell verhindern, daß einige Identitäten dem Therapeuten und dem System bis zu einem späteren Zeitpunkt der Therapie unbekannt bleiben. Bei jeder wichtigen Entscheidung sollten alle »unbekannten« Identitäten aufgefordert werden, sich zu zeigen und ihre Meinung zu äußern. Auf diese Weise lassen sich manchmal Widerstandsnester aufspüren. Ob Entscheidungen letztendlich durch Zusammenzählen der Einzelstimmen sämtlicher Alter-Persönlichkeiten zustande kommen oder durch ein Gremium, das einen Entschluß faßt, nachdem es sich die Argumente der Identitäten des gesamten Systems angehört hat, hängt vom spezifischen Persönlichkeitssystem der DIS-Patientin ab. Letzteres ist wahrscheinlich die bessere Lösung weil weniger umständlich.

Langfristige Erwartungen

Langfristig ist zu erwarten, daß das Persönlichkeitssystem des Patienten einen Mechanismus entwickelt, der die Bereitstellung von Ressourcen mit den Bedürfnissen des Betreffenden koordiniert. An diesem Entscheidungsfindungsprozeß werden auf irgendeine Weise alle Identitäten beteiligt, er wird allseits als fair und unparteilich empfunden, und er nimmt stets die wohlverstandenen Interesse des Gesamtsystems wahr. Ein solches System hat, wenn es in Funktion ist, ungeheure Macht und wirkt im Leben der Patientin als ein wichtiger stabilisierender Faktor. Patienten, denen es an einem solchen System mangelt, sind auf Gedeih und Verderb einem inneren Gesetz des Dschungels ausgeliefert, was ein unberechenbares und oft selbstzerstörerisches Verhalten zur Folge hat. Sobald ein inneres Steuerungssystem von den meisten der zum Persönlichkeitssystem gehörenden Identitäten dazu autorisiert ist, den Prozeß der Konsensfindung zu organisieren, kann es dem Persönlichkeitssystem seinen Willen mit einer Konsistenz und Macht aufzwingen, wie es keine einzelne Helfer- oder Verwalter-Persönlichkeit vermag.

Kontrolle über das Switching

Im Laufe der Behandlung scheinen Multiple zunehmend zu lernen, den Switching-Prozeß zu steuern. Unbehandelte Multiple sind durch äußere Faktoren verursachten Persönlichkeitswechseln, die in ihrem Leben Chaos erzeugen, zumeist auf Gedeih und Verderb ausgeliefert. Im Laufe der Zeit und aufgrund der durch die Behandlung gewonnenen Erfahrung wird der Wechsel aus bestimmten Alter-Persönlichkeiten in andere leichter, und die Multiple vermag diesen Prozeß besser zu beeinflussen. Bei den im Rahmen des NIMH-Programms in Bethesda durchgeführten physiologischen Studien haben wir uns dafür entschieden, mit Multiplen zu arbeiten, die schon zwei

Jahre oder länger in Behandlung waren, weil dieselben besser in der Lage waren, Einfluß darauf zu nehmen, welche Identität jeweils »draußen« war und wie lange sie dort bleiben durfte (Putnam 1984b). Je besser DIS-Patienten den Switching-Prozeß zu steuern vermögen, umso schwächer werden ihre »impulsiven« pathologischen Verhaltensweisen. Ich glaube nicht, daß irgendein Multipler vor Erreichen der vollständigen Integration durch äußere Faktoren verursachte Switche völlig zu steuern vermag, doch lassen Beobachtungen erkennen, daß viele ein beträchtliches Maß an Willenskontrolle über den Switching-Mechanismus entwickeln.

Ängste der Gastgeber-Persönlichkeit

Zu den Faktoren, die vor allem anfangs die Entwicklung eines stärkeren Einflusses auf das Switching erschweren, gehören die häufigen Versuche der Gastgeber-Persönlichkeit, alle übrigen Identitäten zu unterdrücken. Vielfach ist die Gastgeber-Persönlichkeit in einem gewissen Sinne nicht bereit zuzulassen, daß andere Identitäten sich manifestieren, weder in der Therapie noch in anderen Situationen. Diese Unterdrückung gelingt fast nie vollständig, und sie provoziert andere Identitäten, die mit der Gastgeber-Persönlichkeit und miteinander um »Körperzeit« konkurrieren, zum Ausagieren. Die Versuche der Gastgeber-Persönlichkeit, die anderen Identitäten zu unterdrücken, basieren meist auf der Angst, ihr könnte die Situation völlig entgleiten, wenn sie zuließe, daß sich irgendwelche anderen Identitäten zeigen. Außerdem fürchtet sie zuweilen, sie selbst könne nie mehr in den Körper zurückkehren, wenn eine andere Identität sich manifestiere. Häufig beschreiben Gastgeber-Identitäten, daß sie eine »dem Tod ähnelnde« Erfahrung des Versinkens im Nichts machen, wenn eine andere Identität die Kontrolle übernimmt. Vor dieser Empfindung der Leere fürchten sie sich ungeheuer.

Außerdem kann sich die Gastgeber-Persönlichkeit wegen inadäquater Verhaltensweisen anderer Identitäten Sorgen machen. Da sich diese Befürchtungen auf bereits gemachte Erfahrungen stützen, sind sie wahrscheinlich durchaus realistisch. Weiterhin kann sich die Gastgeber-Persönlichkeit in einer Therapie sorgen, der Therapeut könne durch eine Begegnung mit einer inadäquaten oder aggressiven Alter-Persönlichkeit zu einer ablehnenden Haltung veranlaßt werden. Vielleicht ist der Gastgeber-Persönlichkeit der Prozeß des Switching auch peinlich, und sie ärgert sich über den in Zusammenhang damit auftretenden Zeitverlust. Zeitverlusterfahrungen haben zur Folge, daß sich die Gastgeber-Persönlichkeit sorgt, was sie in der Zeitspanne, an die sie sich nicht erinnern kann, gesagt oder getan hat. Eine weitere Sorge von ihr kann sein, daß der Therapeut die anderen Identitäten höher schätzt und deshalb mehr Zeit mit ihnen verbringt. Sowohl die Gastgeber-Persönlichkeit als auch andere Identitäten können eine starke Rivalität (derjenigen zwischen Geschwistern ähnlich) um die Zuneigung des Therapeuten entwickeln.

Förderung des Switching-Prozesses

Die Entwicklung einer stärkeren Kontrolle über das Switching ist wünschenswert, weil es der Patientin dadurch möglich wird, ihr Leben in stärkerem Maße zu beeinflussen, und weil es den Therapeuten in die Lage versetzt, das System effektiver auf frühere traumatische Erlebnisse und akute Psychopathologien hin zu untersuchen. Der Einfluß läßt sich im Laufe der Zeit allmählich verstärken, und zwar vermutlich aufgrund des Zusammenwirkens mehrerer Faktoren. Der erste von diesen ist, daß die Gastgeber-Persönlichkeit die Diagnose akzeptiert und sich bereit erklärt, mit den übrigen Identitäten zusammenzutreffen. Der zweite ist die Verbesserung der Kommunikation innerhalb des Systems, die ein leichteres und adäquateres Switching möglich macht. Der dritte Faktor ist das wachsende Vertrauen, das aufgrund der verbesserten Kommunikation zwischen den Alter-Persönlichkeiten entsteht. Wenn sie einander besser kennenlernen, wächst auch ihre Bereitschaft, den Körper miteinander zu teilen. Kennt das System die Bedürfnisse aller Identitäten, und beginnt ein zentraler Entscheidungsfindungsprozeß, diese Bedürfnisse anzuerkennen und zu erfüllen, sind die Alter-Persönlichkeiten eher bereit, zu warten, bis sie »an der Reihe sind«, und sie neigen in geringerem Maße dazu, den Körper nach Gutdünken in Besitz zu nehmen und opportunistisch die Erfüllung ihrer eigenen Wünsche zu verfolgen. Der vierte Faktor, der bei der Verstärkung des Einflusses auf das Switching eine Rolle zu spielen scheint, ist, daß durch die Verbesserung der Kommunikation auch die Erinnerungslücken ausgefüllt und die Ängste bezüglich dessen, was während der Amnesiezeiten geschehen sein könnte, gelindert werden. Zweifellos können noch weitere Faktoren zur Verbesserung des Einflusses auf das Switching beitragen.

Der Therapeut kann die Erlangung eines größeren Einflusses auf das Switching auf unterschiedliche Weisen fördern. Die erste Möglichkeit besteht darin, der Gastgeber-Persönlichkeit Gelegenheit zum Sammeln positiver Erfahrungen mit dem Switchen zu geben, so daß frühere negative Erfahrungen damit neutralisiert werden. Hypnotische Techniken wie die in Kapitel 9 beschriebenen sind von besonderem Nutzen, um die Gastgeber-Persönlichkeit in einen entspannten Zustand zu versetzen und den übrigen Identitäten die Möglichkeit zur Manifestation zu geben, während die Gastgeber-Persönlichkeit dies entspannt verfolgt. Dies ist bei der Arbeit mit einer Gastgeber-Persönlichkeit von Nutzen, die sich vor Erfahrungen fürchtet, die derjenigen des Sterbens ähneln und die sie mit früheren Switching-Erlebnissen verbindet.

Eine weitere wichtige Intervention besteht darin, dafür zu sorgen, daß die Gastgeber-Persönlichkeit nach einem oder mehreren Identitätswechseln während der Therapiesitzung wieder in den Körper zurückkehren kann. Gastgeber-Persönlichkeiten empfinden es als besonders beunruhigend, wenn sie außerhalb der Behandlungssituation »aufwachen« und nicht wissen, was inzwischen passiert ist. Sie fürchten dann möglicherweise, sie könnten dem Therapeuten Schaden zugefügt haben oder irgend etwas anderes Schlimmes könnte passiert sein. Wichtig ist auch, die

Gastgeber-Persönlichkeit darüber zu informieren, was während eines Teils der Therapie, an den sie sich nicht erinnert, geschehen ist. Wird die innere Kommunikation besser, kann der Therapeut diese Aufgabe dem Persönlichkeitssystem übertragen, doch zu Anfang muß er der Gastgeber-Persönlichkeit selbst sagen, welche Identitäten jeweils aufgetaucht sind und was sie gesagt haben, um zu gewährleisten, daß sie die therapeutische Arbeit versteht, die während der Zeiten stattfindet, an die sie sich nicht erinnern kann.

In der frühen Therapiephase häufig auftretende Probleme

Überreaktion auf pathologisches Verhalten

Multiple bewegen sich offenbar ständig am Rande einer allumfassenden Katastrophe. Jeder Verbesserung folgt bei ihnen ein Rückfall. Feindselige Identitäten drohen mit Selbstmord, innerem oder äußerem Mord und den verschiedensten Katastrophen anderer Art. Der Therapeut muß lernen, alle diese Wechselfälle durchzustehen und sinnvolle therapeutische Arbeit zu leisten, obwohl hinter jeder Ecke Unheil zu lauern scheint. Therapeuten, die mit DIS-Patienten arbeiten, müssen ein hohes Maß an Hintergrundlärm tolerieren können. Einige, die merken, daß sie die ständigen Katastrophen einfach nicht ertragen, entscheiden sich, DIS-Patienten grundsätzlich an Kollegen abzugeben. Ein Kliniker, der mit DIS-Patienten arbeiten möchte – und diese Arbeit ist wahrlich lohnend –, muß stets ruhig bleiben und darf sich vom Ausmaß des Chaos nicht nervös machen lassen. Oft ist der Grund für chaotisches Verhalten Widerstand gegen die Fortsetzung der harten Arbeit, die traumatischen Erlebnisse der Vergangenheit durch gezielte Abreaktion aufzulösen. R.P. Kluft (persönliche Mitteilung 1985) bezeichnet sein gleichmütiges Verhalten während der therapeutischen Arbeit als Versuch, »meine Patienten in die Gesundheit zu langweilen«. Auch ich würde jedem DIS-Therapeuten zu einem möglichst gelassenen Umgang mit dem größten Teil des von solchen Patienten erzeugten »Lärms« raten. Natürlich müssen Suizid- und Homizidgefahr abgeschätzt werden, doch ist eine stationäre Behandlung der Patienten meist nicht erforderlich. Kontrolle läßt sich oft besser von innen als von außen ausüben.

Therapeuten müssen bei DIS-Patienten mit den unterschiedlichsten quasi-psychotischen Phänomenen, Konversionssymptomen und psychosomatischen Manifestationen rechnen (Kluft 1984d). Dies ist nun einmal charakteristisch für eine schwere dissoziative Störung. Es ist wichtig, als Therapeut nicht übermäßig stark auf solche Symptome zu reagieren, sondern zu untersuchen, wer und was sie verursacht hat. Die besondere Chance der Arbeit mit DIS-Patienten unter der Prämisse der zweifelsfrei gestellten Diagnose liegt darin, daß man in diesem Fall der Pathologie oft aus dem Weg gehen kann, indem man es dem Persönlichkeitssystem überläßt, herauszufinden, wer für die Symptome verantwortlich ist. Anschließend trifft der Therapeut mit den zuständigen Alter-Persönlichkeiten zusammen und schließt mit ihnen einen Vertrag ab oder ergreift andere Maßnahmen, um die Symptome auf ein akzeptables Maß zu reduzieren. Versuche, von außen Kontrolle auszuüben, leisten einem Widerstand Vorschub, der den Therapeuten von für die Patientin besonders schmerzhaften Bereichen abzulenken versucht.

Übermäßige Hervorhebung der Multiplizität als Phänomen

Die übermäßige Hervorhebung der Multiplizität als solcher ist ein Fehler, den viele Therapeuten machen, die mit dieser Störung noch nicht vertraut sind. DIS ist ein faszinierendes Phänomen, das Therapeuten dazu veranlaßt, das meiste von dem, was sie über die menschliche Psyche gelernt haben, zu hinterfragen. Eine Durchsicht der Fallberichte von der frühesten Zeit bis in die Gegenwart zeigt, daß die behandelnden Therapeuten generell dazu tendieren, die zwischen den Alter-Persönlichkeiten eines Patienten bestehenden *Unterschiede* zu dokumentieren. Auch den populären Medien geht es in erster Linie um die Herausarbeitung dieser Unterschiede. Diese offensichtliche Faszinationskraft der Unterschiedlichkeit der Identitäten vermittelt den Patienten die Botschaft, daß eben diese Unterschiede sie für Therapeuten und andere Menschen interessant macht.

Ich glaube nicht, daß man beim gleichen Patienten sowohl als Forscher als auch als Therapeut fungieren kann. Ich beziehe Patienten, die ich persönlich behandle, niemals in Forschungsprojekte ein, und das gleiche gilt auch umgekehrt. Die Übertragungs-/Gegenübertragungsprobleme, die bei DIS ohnehin sehr komplex sind, werden durch die Vermischung dieser beiden Bereiche unüberschaubar. Forschungsprojekten wohnt die implizite Botschaft inne, daß primär die Unterschiede zwischen den Alter-Persönlichkeiten von Interesse sind. Die für Behandlungen relevante Botschaft hingegen sollte lauten, daß die Alter-Persönlichkeiten letztendlich eine Person sind und daß das Ziel der Behandlung die Auflösung der wahrgenommenen Unterschiede und die Entwicklung innerer Einheit ist. Übermittelt ein Therapeut einer Patientin beide Botschaften zugleich, erzeugt er dadurch erhebliche Verwirrung, die letztendlich auf den Therapieprozeß zurückschlägt.

Die Bevorzugung bestimmter Alter-Persönlichkeiten

Ein Fehler vieler in der Behandlung von DIS unerfahrener Therapeuten ist, bestimmte Alter-Persönlichkeiten zu bevorzugen. Im Laufe der Zeit lernt der Therapeut eine Anzahl von Identitäten kennen, unter denen einige funktionsfähiger und sozial wünschenswerter sind als andere. Möglicherweise lehnt er einige innere Verfolger-Persönlichkeiten sogar regelrecht ab oder fühlt sich unwohl dabei, zu Kind- oder

Verführer-Persönlichkeiten Kontakt aufzunehmen. Die Folge kann sein, daß er versucht, bestimmte Alter-Persönlichkeiten gegenüber anderen, die er für pathologisch hält, zu fördern. Vielleicht versucht er auch, bestimmte Persönlichkeiten generell an der Manifestation im Körper zu hindern. In Extremfällen verfallen Therapeuten sogar auf den Gedanken, bestimmte Persönlichkeiten hypnotisch »einzusperren« oder sie zu vergraben, um sie zu unterdrücken. Ein Therapeut beschrieb mir einmal seine Versuche, die attraktive berufliche Persönlichkeit zu fördern und einen im Verborgenen wirkenden Selbstverletzer zu unterdrücken, mit den Worten: »Wenn ich es nur schaffen würde, sie [die berufliche Persönlichkeit] ständig draußen zu halten, wäre alles in Ordnung.« Aber das trifft nicht zu. Ein Therapeut sollte sich vor dem Irrtum hüten, daß ein Patient »gute« und »schlechte« Persönlichkeiten hat und daß die Aufgabe der Therapie schlicht darin besteht, die guten Persönlichkeiten zu fördern und die schlechten zu unterdrücken.

Jede Alter-Persönlichkeit muß wie jede andere behandelt werden. Jede wurde aus einem bestimmten Grund und für einen bestimmten Zweck geschaffen. Fördert man selektiv eine bestimmte Identität und ignoriert oder unterdrückt andere, beschwört man dadurch Probleme herauf. In die Falle des Bevorzugens kann man sehr leicht gehen. Manche Persönlichkeiten sind einfach attraktiver, und es ist angenehmer, mit ihnen Umgang zu pflegen; sie fordern weniger und wirken auch weniger bedrohlich. Insofern ist es verständlich, wenn Therapeuten die Präsenz der Persönlichkeiten fördern, in deren Gegenwart sie sich am wohlsten fühlen. Leider wirkt sich dieses Verhalten auf die therapeutische Arbeit nicht besonders förderlich aus, und es ist damit zu rechnen, daß es außerhalb der Therapiesituation starkes Ausagieren des Patienten verursacht. Der Therapeut muß grundsätzlich mit allen Persönlichkeiten arbeiten. Tut er dies, werden sich viele der mutmaßlich »schlechten« Persönlichkeiten auf die längere Sicht als »gut« erweisen. Ihre »Schlechtigkeit« basiert oft auf der Tatsache, daß sie Schmerz und Wut bewahren und es dadurch den »guten« Persönlichkeiten überhaupt erst ermöglichen, ihre Funktion zu erfüllen.

Zu frühe Arbeit an traumatischen Erlebnissen

Ein wichtiger Schwerpunkt der DIS-Behandlung ist das Wiederzugänglichmachen früherer traumatischer Erlebnisse und deren Verarbeitung mit Hilfe therapeutischer Abreaktion. Dies ist eine der zentralen Aufgaben der DIS-Therapie und eine Voraussetzung zum Erreichen einer stabilen Einigung oder Integration. Ich halte es jedoch für falsch, mit diesem Teil des Behandlungsprozesses zu beginnen, bevor der Patient ausreichend stabilisiert worden und wirklich bereit ist, mit der harten und schmerzhaften Arbeit an traumatischen Erlebnissen zu beginnen. Durch die vorzeitige Erforschung früherer Traumata können leicht schwere dissoziative Symptome entstehen, einschließlich langer Fugue-Episoden, suizidalen oder inneren homizidalen Verhaltens und anderer Krisen, die den Abbruch der Therapie zur Folge haben können. Die in diesem Kapitel beschriebenen Interventionen und Stabilisierungsmaßnahmen für den Beginn der Therapie sollten durchgeführt werden, bevor der Therapeut mit der Arbeit an Traumata beginnt.

Es kann sein, daß eine Patientin schon zu Beginn der Therapie Anspielungen auf erlebte Traumata macht. Allen Andeutungen dieser Art sollte man nachgehen, und sei es nur, um der Patientin zu verstehen zu geben, daß sie gehört wird und der Therapeut sich darüber im klaren ist, woran in Zukunft noch gearbeitet werden muß. Allerdings würde ich niemals eine nachdrückliche Exploration unter Einbeziehung von Abreaktionen durchführen, wenn nicht bereits ein gewisses Vertrauen besteht und ein gewisses Maß an innerer Kommunikation und Kooperation initiiert wurde.

Angst vor dem Verlust des ersten Falls

Multiple sind sehr spezielle Patienten. Dafür sorgen sie auf vielerlei Art. Tatsächlich sind viele sehr außergewöhnlich und talentiert. Aufgrund ihres starken Bindungsbedürfnisses (das meist intensiver ist als bei den meisten anderen Psychiatriepatienten) und zahlreicher Übertragungs- und Gegenübertragungsgefühle, die von den verschiedenen Alter-Persönlichkeiten erzeugt werden, neigen sie dazu, viele der zwischen Patientin und Therapeut normalerweise bestehenden Grenzen zu durchbrechen. In der Behandlung anderer Störungen erfahrene Therapeuten verhalten sich ihren DIS-Patienten gegenüber oft auf eine Weise, die sie sich bei jeder anderen Art von Patienten nicht im Traum gestatten würden. Auf Übertragungs- und Gegenübertragungsprobleme geht Kapitel 7 ausführlicher ein.

Eines der ersten Gegenübertragungsprobleme, die bei einem Therapeuten, der zum ersten Mal mit einem DIS-Patientin arbeitet, auftreten können, ist die Angst, er könnte den Fall verlieren. Diese Angst beinhaltet, daß die Patientin die Therapie von sich aus beenden oder sich an einen anderen Therapeuten wenden könnte. Natürlich kann so etwas passieren. Manche Multiple ziehen durch das Land, beginnen sporadisch eine Behandlung bei irgend jemandem, den sie zufällig treffen, und verlassen das Schiff meist, sobald die See etwas rauher wird. Meiner Meinung nach ist ein gewisser Prozentsatz von Multiplen – R.P. Kluft (persönliche Mitteilung 1985) spricht von etwa einem Drittel – nicht oder noch nicht in der Lage, eine sinnvolle Behandlung auszuhalten. Diese Patienten tauchen anläßlich einer Krisenintervention auf und verschwinden wieder, bevor man den eigentlich wichtigen Problemen auch nur nahekommen kann. Es ist unmöglich, sie in einer Behandlung zu halten. Am besten teilt man ihnen mit, was möglich ist und was dies von ihrer Seite erfordert. Sind sie dann später tatsächlich bereit, sich auf eine Behandlung einzulassen, wissen sie, welche Schritte sie einleiten müssen, und sind dazu in der Lage.

Der Zyklus des Glaubens und Zweifelns

»Wenn ich bei ihr bin, glaube ich es – und wenn ich dann abends nach Hause gehe, denke ich, daß man mich an der Nase herumgeführt haben muß; es kann einfach nicht wahr sein. Aber wenn ich dann wieder zu ihr komme, denke ich wieder, daß es doch stimmt.« Der Therapeut, der mir diese Gedanken mitteilte, war in jenem Zustand gefangen, den ich »Zyklus des Glaubens und Zweifelns« nenne. Es gibt im Hinblick auf DIS vieles, was die Glaubensbereitschaft eines Menschen arg strapazieren kann. Therapeuten, die zum ersten Mal mit einer Multiplen arbeiten, stellen in den Anfangsphasen der Behandlung oft fest, daß sie zwischen dem Glauben an die Realität von DIS und der Angst, sie könnten von cleveren Schauspielern hinters Licht geführt worden sein, hin- und herschwanken. Diese Erfahrung ist vielleicht einer der Gründe für den starken Wunsch von Therapeuten, die Unterschiede zwischen den Alter-Persönlichkeiten ihrer Patienten zu dokumentieren. Den eigentlichen Beweis für die Authentizität eines DIS-Falls liefert jedoch die Zeit. Echte Multiple verhalten sich Sitzung für Sitzung auf eine sehr konsistente Weise, es sei denn, sie treten die Flucht in die Gesundheit an. Bei der Hinzuziehung von Schauspielern als Kontrollgruppe im Rahmen unserer physiologischen Studien haben wir wiederholt beobachtet, daß diese, wenn sie unter Streß stehen, erschöpft oder abgelenkt sind und »aus der Rolle fallen«. Ihnen fehlt die für Multiple charakteristische alltägliche Konsistenz. Im Laufe der Zeit lernt ein Therapeut wahrscheinlich zu akzeptieren, daß die Psyche einer Patientin in Form einer Anzahl von Alter-Persönlichkeiten organisiert ist.

Übermäßiger Einsatz von Medikamenten

Häufig wird die DIS-Diagnose gestellt, nachdem die Patientin bereit aus der Perspektive eines anderen diagnostischen Etiketts behandelt wurde. Oft hat sie sogar schon mehrere psychotrope Medikamente eingenommen. Die Auswirkungen solcher Medikamente auf DIS und ihre Interaktion mit dieser Störung sind sehr komplex und werden in Kapitel 10 ausführlich beschrieben. Das primäre Behandlungsverfahren bei DIS ist Psychotherapie bzw. Hypnotherapie; Medikamente sind vor allem als zusätzliche oder unterstützende Maßnahme von Nutzen (Barkin *et al.* 1986; Kluft 1984d). Es ist ein Fehler, wenn man versucht, mit Hilfe von Medikamenten Symptome und Manifestationen von DIS zu unterdrücken. Symptome lassen sich manchmal mit hohen Dosen von Neuroleptika unterdrücken, doch ist die unvermeidliche Folge eine unakzeptable Verschlechterung der allgemeinen Funktionsfähigkeit des Patienten.

Meist ist es besser, nach Bestätigung der Diagnose sämtliche Medikamente abzusetzen. Falls erforderlich, kann die Medikation fortgesetzt werden, nachdem der Therapeut das Persönlichkeitssystem der Patientin kennengelernt hat, so daß er die unterschiedlichen Auswirkungen der Medikation auf die verschiedenen Alter-

Persönlichkeiten besser einzuschätzen vermag. In vielen Fällen erübrigt sich die Wiederaufnahme der medikamentösen Behandlung jedoch, weil Symptome und problematische Verhaltensweisen auch durch Verträge und andere psychotherapeutische Interventionen behandelt werden können.

Zusammenfassung

Am Anfang dieses Kapitels stand eine Untersuchung der Sorgen, die in der Behandlung von DIS unerfahrene Therapeuten häufig plagen. Zu diesen zählt die Angst, sie könnten die DIS durch die Arbeit mit Alter-Persönlichkeiten erzeugen oder noch verschlimmern, Angst vor gewalttätigen Identitäten, Besorgnisse, für die Behandlung einer DIS nicht ausreichend qualifiziert zu sein, und Sorgen bezüglich der Angemessenheit der Behandlungssituation. Ich habe mich bemüht klarzustellen, daß es nicht möglich ist, DIS iatrogen zu induzieren; daß es möglich ist, mit gefährlichen Alter-Persönlichkeiten zurechtzukommen, ohne sich in Gefahr zu begeben; und daß Gerüchte über gefährliche Alter-Persönlichkeiten oft psychodynamisch bedingte Übertreibungen sind. Die Befähigung zu guter psychotherapeutischer Arbeit ist die wichtigste Voraussetzung für die Behandlung von DIS-Patienten, und eine ambulante Behandlung ist normalerweise die am besten geeignete Behandlungssituation.

Als nächstes habe ich die Aufgaben und Phasen einer »typischen« Behandlung skizziert. Die wichtigsten generellen Aufgaben sind 1) eine therapeutische Beziehung aufzubauen; 2) adäquate Veränderungen zu fördern; und 3) innere Teilungen und Konflikte durch irgendeine Form funktioneller Einheit zu ersetzen. Den Behandlungsverlauf habe ich aus heuristischen Gründen in acht Phasen (oder Schritte) unterteilt. Die erste von diesen, das Erstellen der Diagnose, wurde bereits in Kapitel 4 erläutert.

Der zweite und dritte Schritt, die ersten Interventionen und die Stabilisierungsmaßnahmen, wurden in diesem Kapitel ausführlich behandelt. Techniken der Aufnahme von Kontakt zu Alter-Persönlichkeiten und das Sammeln von Information über das Persönlichkeitssystem wurden ebenso beschrieben wie die Prinzipien und Vorteile des Abschließens von Verträgen, wobei hervorgehoben wurde, daß es wichtig ist, schriftliche Verträge sehr genau und konkret zu formulieren. Ich habe weiterhin auch die Schwierigkeiten bei der Festlegung und Durchsetzung von Konsequenzen für Vertragsverletzungen beschrieben. Nützliche Gegenstände erster Verträge sind unter anderem 1) Art und Dauer der Therapie, 2) die Unterbindung gefährlicher und selbstschädigender Verhaltensweisen und 3) die Gewährleistung einer adäquaten Begrenzung der Therapiesituation.

Die vierte Therapiephase, das Akzeptieren des Befundes, ist in einer Therapie eher ein Thema von permanenter Relevanz. Meist versuchen die Patienten, ihren

Therapeuten zu zwingen, die Diagnose zu »beweisen«, oder sie lenken ihn durch hitzige Diskussionen über die Diagnose von der therapeutischen Arbeit ab. In anderen Fällen versuchen Patienten, die Diagnose zu nutzen, um sich mit ihrer Hilfe die Aufmerksamkeit der Öffentlichkeit zu sichern, und sie ziehen ihren Therapeuten nur zu häufig in diesen destruktiven Widerstand hinein. Flucht in die Gesundheit und andere Formen des Leugnens der Diagnose können sich zu verschiedenen Zeitpunkten der Behandlung manifestieren.

Der fünfte Schritt, die Entwicklung von Kooperation und Kommunikation innerhalb des Persönlichkeitssystems, ist ebenfalls eine Aufgabe, der sich der Therapeut während der gesamten Behandlungsdauer widmen muß. Auch wenn innerhalb des Systems tatsächlich mehr Kommunikation und Kooperation stattfindet, als auf den ersten Blick erkennbar ist, muß der Therapeut das bereits Vorhandene identifizieren und darauf aufbauen. Spezifische Techniken zur Förderung der Kommunikation innerhalb des Persönlichkeitssystems wurden ebenso beschrieben wie Prinzipien der Entscheidungsfindung für Gruppen von Identitäten. Bei den meisten dieser Techniken beginnt man am besten mit alltäglichen Dingen. Außerdem habe ich beschrieben, wie man Patienten beibringen kann, den Wechsel zwischen verschiedenen Alter-Persönlichkeiten bzw. Identitäten zu steuern.

Die letzten Phasen der Behandlung – Verarbeitung von Traumata, Vereinigung oder Integration und die Entwicklung von Bewältigungsstrategien in der Zeit nach der Vereinigung, werden in späteren Kapiteln beschrieben. Am Ende des endenden Kapitels wird auf einige Fehler aufmerksam gemacht, die Therapeuten häufig zu Beginn einer DIS-Behandlung unterlaufen. Dazu zählen übermäßig starke Reaktionen auf pathologische Verhaltensweisen, eine übertriebene Hervorhebung der Ungewöhnlichkeit von DIS; die Bevorzugung bestimmter Alter-Persönlichkeiten gegenüber anderen; zu früher Beginn der Erforschung von Traumata; abwechselnder Glaube an die Existenz von DIS und Zweifel an derselben; und die übermäßige Nutzung von Medikamenten zur Beeinflussung der DIS-Symptome.

7

Aspekte der psychotherapeutischen Behandlung

Die Behandlung von DIS ist im wesentlichen die Psychotherapie einer traumatischen Neurose. In Kapitel 6 wurde beschrieben, welche Interventionen sich für den Beginn einer DIS-Behandlung eignen: für die Stabilisierung eines Patienten, dem soeben die DIS-Diagnose eröffnet wurde, und für den Aufbau eines der Behandlung förderlichen therapeutischen Milieus. Jede Patient-Therapeut-Dyade ist einzigartig und ist zwangsläufig mit besonderen Aspekten und Problemen verbunden, die kaum vorauszusehen sind. Aufgrund meiner Praxiserfahrung weiß ich, daß einige Themen und Probleme bei der Behandlung von DIS-Patienten immer wieder auftauchen. Dieses Kapitel ist einer gründlicheren Untersuchung dieser Aspekte gewidmet, die bei der psychotherapeutischen Behandlung von DIS eine wichtige Rolle spielen.

Grenzen setzen

Häufigkeit der Therapiesitzungen

Vielfach erfordert die Diagnose einer DIS, alle Aspekte der Therapie einer Überprüfung zu unterziehen. Eine der in dieser Situation am häufigsten gestellten Fragen lautet: »Wie oft sollten DIS-Patienten behandelt werden?« Natürlich ist es nicht möglich, diese Frage auf eine Weise zu beantworten, die allen Patienten gleichermaßen gerecht wird, oder auch nur so, daß die Antwort für einen bestimmten Patienten unter verschiedenen Umständen angemessen ist. Generell führt nach meiner Erfahrung bei ambulant behandelten Patienten eine Behandlungsfrequenz von zwei oder drei Sitzungen pro Woche meist zu befriedigenden Resultaten. Bei einer geringeren Zahl wöchentlicher Sitzungen besteht die Gefahr der Stagnation, wohingegen häufigere Sitzungen oft zu starken Verwicklungen und zur Entstehung einer chaotischen Situation führen. In Krisensituationen vereinbare ich mit Patienten so viele Sitzungen, wie ich für notwendig halte. Allerdings bin ich nicht der Meinung, daß häufigere Behandlungstermine generell zu einer schnelleren Besserung führen. Bestimmte Aspekte der Behandlung – beispielsweise das Akzeptieren der Diagnose, die Entwicklung von Vertrauen und die Verarbeitung von Traumata – brauchen einfach ihre Zeit, ohne daß häufigere Sitzungen daran etwas zu ändern vermöchten. Dementsprechend sollte der Therapeut das Behandlungstempo steuern. Normalerweise erfordert ein zufriedenstellender Abschluß einer DIS-Therapie mehrere Jahre, und zwar völlig unabhängig davon, ob die Patienten zweimal täglich oder zweimal wöchentlich zur Behandlung erscheinen. Ein Burnout ist sicherlich weder für den Therapeuten selbst noch für seine Patienten von Nutzen.

Sitzungsdauer

Die meisten der oben genannten Punkte gelten auch für die Sitzungsdauer. DIS-Patienten überziehen häufig die festgelegte Spanne und stehlen dadurch dem nächsten Patienten Zeit. Versuche, mehr Zeit für sich in Beschlag zu nehmen, können verschiedene Formen annehmen. Gewöhnlich beginnt irgendeine Alter-Persönlichkeit genau dann mit einem grandiosen Auftritt, wenn der Therapeut sich anschickt, die Sitzung zum Abschluß zu bringen. Ich habe gelernt, in solchen Fällen zu sagen: »Nun, unsere Zeit ist leider um. Es würde mich freuen, in der nächsten Sitzung mit Ihnen zu sprechen.« Auf diese Weise lernen die verschiedenen Identitäten, daß sie sich früher zu Wort melden müssen, wenn sie mit dem Therapeuten sprechen wollen.

Generell halte ich mich bei DIS-Patienten an eine Sitzungsdauer von eineinhalb Stunden. Die fünfzig Minuten der üblichen Therapiesitzung sind für einen großen Teil der Arbeit, die bei DIS innerhalb einer Sitzung erledigt werden muß, zu kurz. Dies gilt insbesondere für die Arbeit mit Abreaktionen, die man in Gang setzen, ihren Lauf nehmen lassen, verarbeiten und zum Abschluß bringen muß. Verständlicherweise widerstrebt es Patienten, sich in die Agonie einer schmerzhaften Abreaktion zu stürzen; deshalb neigen sie dazu, deren Beginn möglichst lange hinauszuzögern. Ist eine Abreaktion initiiert, sollte man sie ihren Lauf nehmen lassen. Anschließend muß man sich Zeit nehmen, um der Patientin bei der Reorientierung zu helfen, um mit der Verarbeitung der reaktivierten Erinnerungen zu beginnen und um das Erlebnis zu einem gewissen Abschluß zu bringen. Wird versäumt, Patienten zu helfen, sich nach einer Abreaktion wieder zu stabilisieren, können nach der Sitzung dissoziative Verhaltensweisen auftreten, die den weiteren Verlauf der Therapie beeinträchtigen und die Abneigung der Patientin gegen weitere therapeutische Abreaktionen noch verstärken.

Sicherlich ist es bedauerlich, daß es nicht möglich ist, diese Art der Arbeit im Rahmen der traditionellen fünfzigminütigen »Therapiestunde« abzuwickeln. Eine Lösung der durch den erhöhten Zeitbedarf bedingten organisatorischen Probleme besteht darin, Multiple als letzte Patienten an einem Tag zu behandeln. Doch ganz gleich, für welche Sitzungsdauer sich ein Therapeut entscheidet, in jedem Fall sollte er sich an die festgelegte Zeitspanne halten. Diese Grenze aufrechtzuerhalten ist wichtig, weil die DIS-Patientin andernfalls immer mehr Zeit für sich beansprucht und die tatsächlich erzielten Resultate diesen erhöhten Aufwand immer weniger rechtfertigen. Kein Therapeut sollte erwarten, daß DIS-Patienten eine Sitzung aus eigenem Antrieb rechtzeitig zum Abschluß bringen!

Verfügbarkeit des Therapeuten außerhalb der Sitzungen

Jede DIS-Patientin gerät in Krisensituationen. Nach Kluft (1983) kommt es bei bis zu 80 Prozent der Multiplen zu Krisen, die Interventionen des Therapeuten erforderlich machen. Man muß bereit sein, in Notfällen therapeutisch zu intervenieren oder mit anderen Therapeuten eines Patienten Konsultationsgespräche zu führen, wenn man die Behandlung von DIS-Patienten übernimmt. Allerdings muß auch dafür gesorgt werden, daß die prinzipielle Erreichbarkeit des Therapeuten von der Patientin nicht mißbraucht wird. Zu Beginn der Therapie erhält ein DIS-Therapeut oft von verschiedenen Alter-Persönlichkeiten zahlreiche Telefonanrufe in seiner Praxis oder auch zu Hause. Deshalb muß mit dem gesamten Persönlichkeitssystem ein Vertrag über die Anzahl der erlaubten Anrufe und über die Bedingungen, unter denen ein Anruf statthaft ist, ausgehandelt werden. Wird dies versäumt, kann es passieren, daß ein Therapeut in einer Nacht zehn Telefonanrufe erhält, weil jede Alter-Persönlichkeit sich meldet, um ihre Meinung darüber kundzutun, was eine andere beim vorherigen Anruf gesagt hat.

Es sollte einen DIS-Therapeuten nicht überraschen, wenn eine Patientin sich zu anderen Zeiten als den für die Sitzungen vereinbarten in seiner Praxis einfindet oder wenn er sie plötzlich auf dem Parkplatz vor der Praxis oder auf den Stufen der Eingangstür seines Privathauses vorfindet. Da solche Vorfälle sehr verwirrend und zuweilen auch beängstigend wirken können, sollten die betreffenden Verhaltensweisen so schnell wie möglich mit Hilfe von Verträgen eingeschränkt werden. Falls sich die Situation dadurch nicht ändert, und der Therapeut fühlt sich bedroht oder eingeschüchtert, sollte er vielleicht wirklich ernsthaft darüber nachdenken, die therapeutische Arbeit mit der betreffenden Patientin zu beenden. Wenn Multiple anfangen, sich in das Privatleben ihrer Therapeuten einzumischen, ist dies ein Gefahrenzeichen, das man weder ignorieren noch entschuldigen sollte.

Spezielle Sitzungen

Spezielle Sitzungen sind ein wichtiges Element einer erfolgreichen DIS-Behandlung. Es kann sich dabei beispielsweise um besonders lange Sitzungen zur Ermöglichung längerer Abreaktionen handeln, um Sitzungen mit Videobändern oder um solche, in denen Kind-Persönlichkeiten durch besondere Zuwendungen belohnt werden. Einmal habe ich mich mit einer Patientin zu mehreren Sitzungen im Zoo getroffen, weil dies bei ihr den Zugang zu bestimmten Kind-Persönlichkeiten begünstigte, die sich in der normalen Behandlungssituation nicht manifestierten. Natürlich muß in solchen Sondersituationen besonders sorgsam darauf geachtet werden, daß die Grenzen der Therapiesituation gewahrt bleiben. Besondere Sitzungen oder Sitzungen in einer bestimmten Umgebung müssen gut vorbereitet werden. Was glaubt der Therapeut durch eine solche Sitzung erreichen zu können? Und weshalb ist zum Erreichen dieses Ziels eine besondere Sitzung oder eine besondere Umgebung erforderlich? Oft gibt es triftige Gründe für derartige Bemühungen, aber sie sollten nicht zur Regel werden.

Wichtige Aspekte und Themen der psychotherapeutischen Arbeit

In diesem Abschnitt werden einige Themen erörtert, die im Laufe einer Therapie mit Multiplen häufig auftauchen. Ihre Wurzeln liegen in zwei Hauptbereichen: Traumata in der Vergangenheit und Traumata in der Gegenwart. Im ersten Fall geht es um Erlebnisse aus der Vergangenheit, hauptsächlich um die Erfahrung, von Eltern oder anderen Erziehungspersonen mißhandelt oder mißbraucht worden zu sein. Traumata in der Gegenwart beinhalten Myriaden von Schwierigkeiten, die sich für Multiple ergeben, wenn sie versuchen, sich in eine Gesellschaft hineinzufinden, die besonderen Wert auf die Kontinuität von Zeit und Selbst legt. Vielfach werden diese Themen zuerst im Kontext der eigenen Alltagsgestaltung offenbar, doch tatsächlich wurzeln sie in früheren, tief vergrabenen Erlebnissen. Lindy (1985) hat einen ähnlichen Prozeß im Hinblick auf die Opfer von Naturkatastrophen und durch Menschen verursachten Katastrophen beschrieben, den er »die spezielle Konfiguration des traumatischen Ereignisses« nennt.

Doch ein Faktor, der die bei Multiplen wichtigen Themen und Dynamiken von denjenigen anderer Opfer traumatischer Erlebnisse unterscheidet, ist das Ausmaß der Traumata, das die meisten DIS-Opfer verkraften mußten. Die Opfer einer Flutkatastrophe, eines Flugzeugabsturzes, eines Feuers in einem Nachtclub oder dergleichen müssen sich mit einem einmaligen, relativ kurzen und einfach zu erklärenden traumatischen Vorfall auseinandersetzen. Multiple hingegen sind meist gezwungen, mit jahrelangen Schrecken und Traumata fertig zu werden, deren Urheber zu allem Überfluß auch noch Menschen waren, die sie eigentlich hätten lieben und für sie hätten sorgen müssen. Obgleich sich also viele der Themen und Konzepte, die im Rahmen der Arbeit mit Katastrophenopfern entwickelt wurden, auf DIS übertragen lassen, müssen diese im Hinblick auf die Chronizität der Traumata von DIS-Opfern und auf die starke Zersplitterung ihrer Person auf ganz spezifische Weise modifiziert werden.

Kontrolle

Der Aspekt der Kontrolle kann zu einer wichtigen Dynamik im Behandlungsprozeß werden, und wenn versäumt wird, angemessen damit umzugehen, kann die therapeutische Arbeit in eine Sackgasse führen (Caul 1985a). Der Kontrollaspekt manifestiert sich bei DIS-Patienten gewöhnlich in zwei Bereichen: Kontrolle über die eigene Person und Kontrolle über andere Menschen (hauptsächlich über den Therapeuten). Die Gastgeber-Persönlichkeit hat meist das Gefühl, keine Kontrolle über ihre Situation zu haben. Diese Erfahrung trägt dazu bei, daß sie sich depressiv fühlt und glaubt, unüberwindbaren Mächten ausgeliefert zu sein – eine Erfahrung, die viele Gastgeber-Persönlichkeiten beschreiben. Das beängstigende Erlebnis der Leere bei einer Amnesie, die wiederholte Konfrontation mit Hinweisen darauf, daß sie etwas gesagt oder getan haben, das ihrem Urteil und ihren Werten zuwiderläuft, die Erfahrung, sich selbst wie ein äußerer Beobachter zu sehen, und Beeinflussungserlebnisse tragen allesamt zu der Wahrnehmung der Gastgeber-Persönlichkeit bei, fast keinerlei Kontrolle über sich selbst und über ihre Umgebung zu haben.

Das beschränkte Gefühl der Kontrolle über ihre Situation, das eine Gastgeber-Persönlichkeit hat, ist das Resultat eines erschöpfenden inneren Kampfes der Selbstunterdrückung. Die Flüchtigkeit dieses Gefühls, die Kontrolle zu haben, und die Angst davor, sie, ist sie einmal verloren, nicht mehr zurückerlangen zu können, sind Elemente ihres Widerstandes gegen die Manifestation anderer Identitäten. Oft versuchen Gastgeber-Persönlichkeiten, die innere Kontrolle mit äußeren Mitteln zu verstärken. Manche sind rigide zwanghaft und versuchen, andere Identitäten durch ritualisierte Verhaltensweisen zu unterdrücken. Andere bemühen sich, die Kontrolle über den Therapeuten zu erlangen, und behindern deshalb die Untersuchung oder Erforschung von Bereichen, wenn dadurch das Auftauchen von Alter-Persönlichkeiten hervorgerufen werden könnte, wobei sie gleichzeitig den Anschein erwecken, von der Existenz solcher Alter-Persönlichkeiten nicht das geringste zu wissen. Eine Gastgeber-Persönlichkeit kann den Therapeuten beeinflussen, indem sie den Eindruck vermittelt, dessen mehr oder weniger permanente Anwesenheit sei notwendig, um das Switchen zu verhindern. Mir sind einige Fälle bekannt, in denen sich die Gastgeber-Persönlichkeit zum Militär meldete in der Hoffnung, der stark strukturierte Soldatenalltag würde ein Maß an Kontrolle ermöglichen, zu dem sie selbst sich nicht in der Lage fühlte.

Gastgeber-Persönlichkeiten bringen oft, indem sie über drohende Vernichtung sprechen, ihre Ängste bezüglich drohenden Kontrollverlusts zum Ausdruck. Gewöhnlich implizieren solche Äußerungen das Bevorstehen irgendeiner nicht näher bezeichneten Katastrophe in naher Zukunft. Eine Patientin kann ein Gefühl tiefen Grauens und der Unvermeidlichkeit eines verhängnisvollen Endes zum Ausdruck bringen und sich dabei über die Details extrem vage äußern.

Der verzweifelte Kampf der Gastgeber-Persönlichkeit um den Erhalt der Kontrolle und deren augenscheinliche Gefährdetheit spiegeln sich oft im Gefühl des Therapeuten, er verliere die Kontrolle über den Behandlungsprozeß. Er kann leicht dazu gebracht werden, die unhinterfragte Annahme zu übernehmen, daß die Gastgeber-Persönlichkeit um jeden Preis die Kontrolle über die Situation behalten muß. In diese Annahme können die Ängste des Therapeuten selbst vor der Multiplizität und vor dem möglichen Auftauchen beängstigender Alter-Persönlichkeiten eingebettet sein, weiterhin der Wunsch, die Patientin möge sich stabilisieren und sich nicht mehr unablässig verändern, außerdem die Verwirrung darüber, »wer« wirklich die Patientin ist, und ebenso die Abneigung gegen eine weitere Verstärkung von deren Leiden durch die Enthüllung verschütteter Erinnerungen. Die Behandlung der Multiplizität kann nur dann erfolgreich sein, wenn es der Gastgeber-Persönlichkeit gelingt, sich von ihrem Kontrollbedürfnis zu lösen. Der Therapeut sollte sich davor hüten, sich übermäßig mit den Ängsten der Gastgeber-Persönlichkeit vor Kontrollverlust zu identifizieren.

Die Gegenposition bringen gewöhnlich Identitäten mit scheinbar böswilligen Absichten zum Ausdruck, die behaupten, das Schicksal der Patientin völlig in der Hand zu haben. Gelegentlich tauchen sie auf und erklären dem Therapeuten höhnisch, er könne ihren letztendlichen Triumph durch nichts verhindern. Ebenso wie die Ängste der Gastgeber-Persönlichkeit vor völliger Vernichtung ist auch die Behauptung, über absolute Macht zu verfügen, stark übertrieben. Ziel dieser Darstellung ist es, den Therapeuten in einen Kampf um den entscheidenden Einfluß auf die Patientin zu verwickeln, und einen solchen Kampf kann der Therapeut nur verlieren. Deshalb sollten Kämpfe mit Verfolger-Persönlichkeiten um den Einfluß über Patienten generell vermieden werden. Ich gestehe zu Beginn einer Therapie jeglichen Einfluß auf die letztendliche Entwicklung der Situation der Patientin vorsorglich dieser selbst *als Ganzheit* zu. Kämpfe um Einfluß und Kontrolle haben zum Ziel, den Therapeuten von der Arbeit an wichtigen Problemen der Patientin und an der Erforschung von Traumata, die sie in der Vergangenheit erlebt hat, abzulenken. Scheinbar böswillige Alter-Persönlichkeiten handeln oft lediglich im Sinne ihrer generellen Aufgabe, die Patientin zu schützen.

Caul (1985a) weist darauf hin, daß eine Art, den Verlauf der Therapie zu beeinflussen, darin besteht, daß Patienten unvermittelt das Thema wechseln oder von der aktuellen Thematik der Therapiesitzung ablenken. Er hält es für tragbar, dies für eine gewisse Zeit zuzulassen, doch solle der Therapeut nach einer Weile wieder die Kontrolle über das Geschehen übernehmen und die Patientin zur vorherigen Thematik zurückführen. Eine andere Taktik von Alter-Persönlichkeiten besteht darin, den Therapeuten an der Aufnahme von Kontakt zu anderen Identitäten zu hindern. Caul (1985a) empfiehlt diesbezüglich: »Zwar sollte der Therapeut verstehen, warum dies geschieht, doch muß er der Patientin andererseits klarmachen, daß auch die anderen

Identitäten Rechte haben und daß er als Therapeut die Verantwortung für die Behandlung aller übernommen hat.« (S. 4)

Der Therapeut wird mit Sicherheit in zahlreiche Kämpfe um den Einfluß auf die Patientin verwickelt werden, und er wird auch mit ihr selbst Machtkämpfe austragen müssen. In Notfallsituationen ist es manchmal unvermeidlich, daß er kurzfristig die Kontrolle über die Situation der Patientin übernimmt, indem er sie beispielsweise zur stationären Behandlung einweisen läßt oder ihr durch andere Maßnahmen zu helfen versucht. Außerdem muß er im Therapiealltag dafür sorgen, daß die Grenzen der Therapiesituation gewahrt werden und die Therapie einen sinnvollen Verlauf nimmt. Langfristig jedoch muß der entscheidende Einfluß auf das Leben der Patientin völlig ihr selbst überlassen bleiben. Kämpfe um Einfluß und Macht innerhalb einer Therapie können auf drei Weisen verstanden werden: als Spiegelung innerer Auseinandersetzungen zwischen Alter-Persönlichkeiten um Einfluß auf das Verhalten der Patientin; als Versuche, Einfluß darauf zu nehmen, ob es der Patientin gestattet wird, dissoziiertes Material bewußt zu erfahren; und als Bedürfnis eines Opfers, die eigene Situation nicht von äußeren Einflüssen dominieren zu lassen, damit »es« nie mehr passiert.

Ablehnung

Multiple sind ungeheuer sensibel für jede Form von Ablehnung, und sie fühlen sich oft abgelehnt, obgleich niemand vor hatte, sie abzulehnen. Sie reagieren auf solche empfundene Ablehnungen manchmal mit Selbstverletzungen, Suizidversuchen, Fugue-Episoden und Fernbleiben von Behandlungssitzungen. Die Kehrseite dieser Dynamik ist, daß sie ihre Therapeuten immer wieder zwingen, unter Beweis zu stellen, ob sie sie akzeptieren oder ablehnen – ein Teil ihrer ständigen »Tests« im Laufe der Therapie.

Der Grund für die Empfindlichkeit gegenüber Ablehnung ist in der Vorgeschichte von DIS-Patienten zu suchen. Ein mißbrauchtes oder mißhandeltes Kind hat von seiten der Menschen, die für es hätten sorgen und es hätten lieben sollen, eine tiefe Ablehnung erfahren. Viele Multiple berichten, sie hätten Persönlichkeiten geschaffen, deren Aufgabe gewesen sei, ihren Tätern zu Gefallen zu sein, um weniger stark darunter zu leiden, daß sie sich abgelehnt und verlassen fühlten. Doch ganz gleich, welche Identitäten sie geschaffen oder was sie getan hätten, an der Ablehnung habe sich nichts geändert. Man kann – denke ich – die Schwere der kindlichen Gefühle dieser Patienten, abgelehnt und verlassen worden zu sein, kaum überschätzen. Außerdem kann Ablehnung von seiten der Personen, die für das Kind wichtig waren, auch das Vorlauf zu einer Mißbrauchsepisode gewesen sein, denn manchmal signalisiert die Ablehnung des einen Elternteils dem anderen, mit dem Kind nun nach Belieben verfahren zu können.

Die starke Sensibilisierung für Ablehnung wird später oft durch Erfahrungen im Erwachsenenleben verstärkt. Viele Multiple haben erlebt, daß wichtige Beziehungen wegen etwas, das sie »getan hatten«, dessen sie sich aber nicht bewußt waren, auf eine für sie schmerzliche und unerwartete Weise beendet wurden. Es kommt häufig vor, daß eine Alter-Persönlichkeit die Beziehungen der Gastgeber-Persönlichkeit oder einer anderen Identität sabotiert. Ablehnung kann auch darin zum Ausdruck kommen, daß frühere Therapeuten die Multiplizität der Patientin geleugnet haben.

Es wäre sicherlich schön, wenn Therapeuten ihren Patienten das Gefühl, abgelehnt zu werden, generell ersparen könnten, doch werden sie mit dem Gefühl, abgelehnt zu werden – völlig unabhängig davon, ob eine solche Ablehnung jemals beabsichtigt war oder nicht – im Laufe der Behandlung zwangsläufig häufiger konfrontiert. Die Patientin wird letztendlich selbst erkennen, daß dies nicht zu vermeiden ist. Der Therapeut muß in solchen Fällen klar zum Ausdruck bringen, daß er nicht beabsichtigt, die Patientin zu verlassen, und daß er die Ziele der Behandlung auch weiterhin verfolgt. Im Laufe der Zeit wird die Patientin dann merken, daß im Engagement des Therapeuten für die Behandlung zum Ausdruck kommt, daß er sie mit allem, was sie ist, akzeptiert. Wenn ein Therapeut glaubt, eine Patientin versuche, eine Stellungnahme bezüglich der Frage zu erzwingen, ob er sie ablehnt oder akzeptiert, sollte er mit ihr darüber sprechen. Er sollte formulieren, was seiner Meinung nach im Gange ist, und sich mit der Patientin über die Konsequenzen aus beiden Möglichkeiten verständigen. Ein Therapeut besteht den Test, dem er von einer Multiplen unterzogen wird, nicht, indem er blind die Alternative einer von der Patientin aufgezwungenen Entscheidung akzeptiert, von der er glaubt, sie werde ihr gefallen. Bei Multiplen gibt es stets unterschiedliche Identitäten, die beide Seiten einer Kontroverse befürworten, so daß das Akzeptieren der einen Position stets einer Ablehnung der Befürworter der anderen gleichkommt. Die einzige Möglichkeit, sich aus solchen *No-Win*-Situationen zu befreien, besteht darin, sie als das zu bezeichnen, was sie sind.

Geheimnisse

Die Thematik der Geheimnisse prägt die gesamte therapeutische Arbeit mit DIS-Patienten. Bei ihnen existieren Geheimnisse auf vielen Ebenen. Die Alter-Persönlichkeiten halten vor der Gastgeber-Persönlichkeit, vor dem Therapeuten und voreinander Dinge verborgen. Die Geheimnisse betreffen sowohl frühere Erfahrungen als auch aktuelle Verhaltensweisen. Ein großer Teil der Behandlung besteht im allmählichen Offenlegen von Geheimnissen und in der Verarbeitung ihrer Inhalte.

Die Geheimnisse beginnen gewöhnlich mit einem Mißbrauchs- oder Mißhandlungserlebnis. Insbesondere bei sexuellem Mißbrauch drohen die Täter den Opfern oft an, sie selbst und/oder Menschen und Tiere, die ihnen wichtig sind, zu verletzen oder zu töten, falls sie jemals anderen Menschen etwas über das Geschehene erzählen. Für die Kind-Persönlichkeiten einer DIS-Patientin mit einem von jedem Zeitbezug losgelösten unverarbeiteten Trauma haben solche Drohungen nach wie vor ihre ganze schreckliche Macht.

> Wenn über solche Erinnerungen zum ersten Mal gesprochen wird, erleben die Patienten blankes Entsetzen. Es ist, als würden sie das von dem traumatischen Erlebnis herrührende und immer noch lebendige Gefühl der Verletzlichkeit erneut erfahren. In keinem mir bekannten Fall kann dieses Entsetzen ausschließlich als dyadisches Übertragungsphänomen verstanden werden. Es wirkt vielmehr so, als sei bei der Begegnung zwischen Patientin und Therapeut noch eine weitere Person anwesend. Diese dritte Gestalt ist das Bild des Täters, der die Patientin vor langer Zeit zum Schweigen verpflichtet hat und dessen Befehl nun ignoriert wird. Die betäubende Intensität solcher Situationen, in denen Patienten fürchten, ihr Leben zu riskieren, indem sie ihre Geschichte erzählen, deutet darauf hin, daß der Schatten jener dritten Person schon ebensolange existiert wie der Wunsch, die Last abzuwerfen, über das Geschehene zu sprechen oder geheilt zu werden. Psychisch besteht die Beziehung zu dieser Person seit der Zeit der Drohung. (Lister 1982, S. 875)

Andere dynamische Verbindungen zwischen Opfer und Täter können nach wie vor die Wahrung dieser Geheimnisse sichern. Lister (1982) hat darauf hingewiesen, daß ein Trauma in einem Lebensalter entstehen kann, in dem eine gewisse psychische Fusion mit einem Täter ein für die Entwicklungsstufe normaler Prozeß ist. Die Enthüllung eines Geheimnisses und die damit einhergehende Zerstörung jener Verbindung kann ein Trennungsgefühl hervorrufen, das als Verlust der Verbindung zu einem Primärobjekt empfunden wird. Diese Dynamik ist bei einigen Kind-Persönlichkeiten eindeutig gegeben. Eine verwandte Dynamik, die Identifikation mit dem Aggressor, kann ebenfalls zum Wahren von Geheimnissen beitragen. Lister beschreibt noch eine weitere Dynamik, die darin besteht, daß das Kind, indem es zunächst den Mißbrauch erduldete und nun die psychische Verbindung zum Täter weiter aufrechterhält, versucht, »den Täter-Elternteil zu ›heilen‹ – durch Liebe, Manipulation oder Magie.« (S. 874)

Zwischen Patientin und Therapeut sind verschiedene Dynamiken wirksam, die Einfluß darauf haben können, daß Patienten Geheimnisse weiterhin nicht enthüllen (Lister 1982). Die erste besteht in den Scham- und Schuldgefühlen, die Opfer so häufig angesichts ihres Traumas empfinden. Die zweite ist die des magischen Denkens als Abwehrreaktion: »Wenn ich nicht darüber spreche, ist es vielleicht gar nicht so gewesen.« Die dritte ist Angst davor, daß der Therapeut auf das Eingeständnis des erlebten Mißbrauchs enttäuschend reagieren und die Empfindungen, die die Patientin mit dem Mißbrauch assoziiert, oder die mit diesem Erlebnis verbundenen Scham- und Schuldgefühle noch weiter verstärkt. Die vierte Dynamik beinhaltet, daß der

Therapeut am Wahrheitsgehalt des Berichts der Patientin zweifelt und sie dazu zwingen könnte, entweder den Therapeuten zu verlassen oder ihre Sicht des Geschehens aufzugeben. Und schließlich könnte der Therapeut sich außerstande fühlen, sich eine detaillierte Schilderung der Einzelheiten des Mißbrauchs, den die Patientin erlebt hat, anzuhören. Alle diese Vorgänge sowie die Abtrennung von Erinnerungen in bestimmten Alter-Persönlichkeiten und die amnestischen Barrieren zwischen Identitäten tragen zur Wahrung tief im Inneren der Patientin verborgener traumatischer Geheimnisse bei.

Nun sind die Geheimnisse der Vergangenheit keineswegs die einzigen, die Multiple wahren. In den meisten Fällen ist auch ihr weiteres Leben von Geheimnissen geprägt. Sie haben ihre wahre Natur, ihre Multiplizität, vor anderen Menschen und oft sogar vor sich selbst stets verborgen gehalten. Sie haben gelernt, Zeitverluste und die damit verbundenen Inkonsistenzen ihres Verhaltens zu kaschieren. Viele Multiple führen nicht nur ein Doppelleben, sondern sogar drei Leben gleichzeitig. Die Koexistenz sehr stark divergierender sozialer Rollen, etwa die einer Bibliothekarin am Tage und die einer Prostituierten bei Nacht, ist bei DIS-Patienten nicht selten.

Geheimnisse können nur dann mitgeteilt und dadurch offenbart werden, wenn zwischen Patientin und Therapeut Vertrauen entstanden ist. Im allgemeinen geleitet die Patientin den Therapeuten allmählich durch die Hierarchie ihrer Geheimnisse, wobei sie mit denjenigen beginnt, die am wenigsten traumatisch sind, und sie die »heißeren« erst enthüllt, nachdem der Therapeut die ersten Tests bestanden hat. Lister (1982) hat den Prozeß der Abreaktion zwecks Offenlegung von Geheimnissen, deretwegen die Patientin mittels Drohungen unter Druck gesetzt wurde, sehr anschaulich beschrieben.

Geheimnissen wohnt eine Macht inne, die Patienten sowohl dazu treibt, sie zu verbergen, als auch dazu, sie einzugestehen. Deshalb sollten sich die Bemühungen des Therapeuten darauf konzentrieren, in der Therapie ein Klima zu schaffen, in dem die Offenbarung solcher Geheimnisse und der mit ihnen verbundenen Traumata möglich ist, ohne daß Unsicherheit entsteht. Die ersten Hinweise der Patienten auf Geheimnisse werden von ihnen meist sogleich wieder abgetan und überspielt; es wäre von einem Therapeuten zuviel verlangt, daß er solche ersten Hinweise stets erkennt. Doch liefern Patienten Informationen, aus denen im Laufe der Zeit zu erkennen ist, daß sie auf ein Geheimnis verweisen. Diesen Prozeß sollte der Therapeut durch sorgfältiges Zuhören und entsprechende Unterstützung fördern; in keinem Fall jedoch sollte er versuchen, der Patientin das Geheimnis zu »entlocken«.

Fallen und Tests

Jede Interaktion mit einer DIS-Patientin ist in irgendeiner Form ein Test. Multiple testen einen Therapeuten immer wieder auf subtile und weniger subtile Weisen. Solche Tests dienen zur Überprüfung der »Vertrauenswürdigkeit«. Thematik, Umstände und Ziele der Tests variieren, doch Multiplen geht es ganz allgemein stets darum, ob sie ihren Therapeuten vertrauen können.

Ein zentrales Problem der meisten Multiplen, die sich in einer Behandlung befinden, ist eine primitive Angst, der Therapeut könnte sie verführen und mißbrauchen, so wie ihre Eltern oder andere Erwachsene dies so oft getan haben. Deshalb bringen sie Therapeuten merkwürdigerweise immer wieder in Situationen, in denen symbolisch eine Mißbrauchssituation, die sie erlebt haben, durchgespielt wird. Vertrauen zu entwickeln ist für DIS-Patienten alles andere als leicht, und nur zu viele Therapeuten wiegen sich in dem Glauben, ihre Patienten würden ihnen völlig vertrauen. Solche Hybris kann große Probleme nach sich ziehen. Bestimmte Alter-Persönlichkeiten versuchen unablässig, den Therapeuten in die Irre zu führen, indem sie ihn zu Aktivitäten zu verleiten oder in Situationen zu bringen versuchen, die symbolisch Mißbrauch repräsentieren. Wenn der Therapeut nicht in der Lage ist, solche Fallen zu erkennen, Grenzen zu setzen oder sich solchen Verwicklungen zu entziehen, wie soll man ihm dann vertrauen können?

Fallen und Tests stehen häufig mit Verträgen und Bemühungen, Grenzen zu setzen, in Zusammenhang. Läßt der Therapeut irgendein Schlupfloch offen, das selbstzerstörerisches Verhalten möglich macht? Läßt er zu, daß die Multiple eine festgelegte Grenze der Therapiesituation überschreitet? Besteht er auf Erfüllung eines Vertrags, oder läßt er sich auf einen »Kuhhandel« ein? Solche Fragen und ihre Beantwortung sind einige der Gründe für Tests, die Multiple in Zusammenhang mit Vertragsinteraktionen durchführen, und gleichzeitig müssen aus eben diesen Gründen solche Verträge sehr klar und präzise formuliert und konsequent umgesetzt werden. Ein Therapeut verschafft sich bei einer DIS-Patientin mehr Ansehen, indem er strikt auf der Um- und Durchsetzung von Verträgen besteht, als wenn er versucht, die Patientin für sich zu gewinnen, indem er ihr Verstöße gegen vertragliche Vereinbarungen durchgehen läßt. Die Bereitschaft, über Vertragsverletzungen hinwegzusehen, ähnelt aus der Perspektive der Patientin der Bereitschaft wichtiger Personen in ihrem früheren Leben, den Mißbrauch, den sie erlebt und erlitten hat, zu ignorieren: Wenn ein Therapeut sich so verhält, kann man nicht darauf vertrauen, daß er sich an eine getroffene Vereinbarung hält.

Außerdem testen DIS-Patienten die Fähigkeit des Therapeuten, sich traumatisches Material anzuhören, es zu erkennen und sich damit auseinanderzusetzen. Zu Beginn der Behandlung sind Anspielungen der Patientin auf Mißbrauchserlebnisse und Traumata oft symbolischer und beiläufiger Art, oder sie sind in die Information über die aktuelle Lebenssituation eingebettet. Ist der Therapeut bei der Sache, und hört er zu? Glaubt er, daß Mißbrauch wirklich stattfindet? Ist er in der Lage, sich detaillierte Schilderungen anzuhören? Hält er sie für jenes verdorbene und wertlose Opfer oder gar Monster, das zu sein sie selbst überzeugt ist? Wird er durch den Mißbrauch kontaminiert? Man darf nicht vergessen, daß die den erlebten Mißbrauch betreffenden Gedanken, Gefühle und Einstellungen der Patientin größtenteils in der frühen Kindheit entstanden sind und sich seither nicht verändert haben. Magisches Denken und primitive Symbolik schwingen bei allem, was Mißbrauchserlebnisse und Traumata betrifft, mit.

Ein Therapeut kann diese Tests nicht durch Cleverneß bestehen oder indem er sich bemüht, das Richtige zu tun. Vielmehr muß er sensibel und aufrichtig sein und auf vielen Ebenen Bezugnahmen auf erlebte Traumata herauszuhören versuchen. Er muß der Patientin mitteilen, wenn er etwas nicht versteht, und er muß unklaren Äußerungen und beiläufigen Bemerkungen auf den Grund gehen. Außerdem darf er sich in keiner seiner Interaktionen mit der Patientin kompromittieren. Dazu braucht er nicht distanziert und reserviert zu sein, sondern er muß sich nur um strikte Aufrichtigkeit und Ehrlichkeit bemühen. Versprechen sind spezielle Tests, und wenn der Therapeut diese nicht besteht, kann das sehr negative Auswirkungen auf die therapeutische Beziehung haben. Allerdings ist kein Therapeut in der Lage, alle Tests zu bestehen; viele sind ohnehin so angelegt, daß man sie gar nicht bestehen kann. Außerdem sollte er sich hüten, sich zu Entscheidungen zwingen zu lassen.

Was ist wirklich passiert?

»Ich weiß nicht, ob das wirklich passiert ist oder ob ich es geträumt habe – vielleicht habe ich es mir auch nur ausgedacht.« Multiplen und anderen Opfern schwerer Traumata fällt es oft schwer, den Ursprung traumartiger Bilder, die ihr Inneres zeitweilig überfluten, festzustellen. Diese Bilder können sehr lebendig und intensiv und mit starken Emotionen verbunden sein, und gleichzeitig wirken sie oft irreal und fremdartig. Vielfach handelt es sich um Bruchstücke einer Szene, in der Gestalten handeln oder andere Dinge geschehen. Solche Szenen können Elemente enthalten, die in der Realität eindeutig unmöglich sind. Beispielsweise sah eine Patientin immer wieder einen Feuerball durch einen Raum rasen. Die Bilder haben die Qualität intrusiver Flashbacks, doch sind Patienten oft nicht in der Lage, sie zu irgendeinem realen Geschehen, an das sie sich erinnern können, in Beziehung zu setzen. Oft fühlen sie sich in den durch die Bilder erzeugten übermächtigen Affekten und ihrer Unfähigkeit, deren Bedeutung zu verstehen, gefangen.

Multiple wie Billy Pilgrim in *Schlachthof 5 oder Der Kinderkreuzzug*, Vonneguts (1970) halbautobiographischem Bericht über die Zerstörung der Stadt Dresden, sind »aus der Zeit herausgelöst«. Vergangenheit und Gegenwart vermischen sich und folgen einander in unentwirrbarer chronologischer Konfusion. Flashbacks mit ihren Verzerrungen von Lebensalter und Körperbild versetzen die Patienten in ihre Traumata zurück, und diese erscheinen ihnen dann noch lebendiger als zum Zeitpunkt des realen Geschehens. Ein kräftiger Mann erklärte mir einmal: »Wenn ich zurückgehe und mir meine Arme anschaue, sind es die dünnen Arme eines zwölfjährigen Jungen.« Zeit ist für Multiple keine Kontinuität. Die Brüche, die sie im Fall von Flashbacks erleben, sind stärker als die durch die Persönlichkeitswechsel verursachten einfachen Störungen der Kontinuität. Durch Flashbacks, die Ereignisse der Vergangenheit wiederaufleben lassen, werden Veränderungen im Zeitgefühl der Patienten hervorgerufen. Die Überprüfung dessen, ob bestimmte Erscheinungen real sind, wird durch das Fehlen eines festen »Jetzt«, an dem sich messen ließe, was Vergangenheit und was Gegenwart ist, unmöglich gemacht.

Fragen danach, was wirklich geschehen ist und wann, versetzen DIS-Patienten gewöhnlich in einen für sie schmerzlichen Zustand der Verwirrung: Verwechslungen von Vergangenheit und Gegenwart, von wirklich und unwirklich und von Träumen, Phantasien und Erinnerungen können sie in große Schwierigkeiten bringen. Nicht selten ziehen Patienten sich phasenweise auf die Feststellung zurück, sie hätten »alles erfunden«. Bei eingehender Befragung stellt sich dann oft heraus, daß sie nicht wissen, wie und warum sie alles erfunden haben, und die Aussage erweist sich als unbegründet. Verständlicherweise wünschen sich Patienten wie Therapeuten verläßliche Anhaltspunkte für das, was wirklich geschehen ist. Und manchmal ist es tatsächlich möglich, solche Bestätigungen zu bekommen. Dr. Wilbur hörte anläßlich eines Treffens mit Sybils Vater die Bestätigung dafür, daß das, was die Patientin geschildert hatte, tatsächlich zutraf (Schreiber 1974). Leider ist es meist nicht möglich, unumstößliche Beweise für die von den Patienten geschilderten Vorfälle zu finden, wenn man von den physischen und psychischen Wunden der Patienten absieht.

Wut auf Täter oder Idealisierung von Tätern

Durch schweren und anhaltenden Kindesmißbrauch kann zwischen Opfer und Täter eine merkwürdige Verbindung entstehen. Dies gilt insbesondere für Inzest. Eine Patientin beschrieb, wie unglaublich wütend sie auf mich geworden sei, als ich ihr vorhielt, daß ihr Vater sie mißbraucht und damit Inzest begangen hätte. Wie konnte ich es wagen, ihren Vater des Kindesmißbrauchs zu bezichtigen! Schließlich waren Kinderschänder der Abschaum der Menschheit! Sie verschwand aus der Therapie und meldete sich mehrere Monate nicht, bis sie schließlich bereit war, zu akzeptieren, daß sie möglicherweise ein mißbrauchtes Kind war. Praktisch bei jeder multiplen Persönlichkeit gibt es eine Gruppe von Identitäten, die den oder die Täter idealisieren und sich an den erlebten Mißbrauch absolut nicht erinnern. Diese Alter-Persönlichkeiten waren und sind für ein Kind, das mit einem Täter zusammenlebte oder noch -lebt, überlebensnotwendig. Mit ihrer Hilfe konnte es sich dem anhaltenden Entsetzen entziehen, und die Liebe, die zu geben der Täter in der Lage war, für sich nutzen.

Im gleichen Persönlichkeitssystem existieren aber auch Identitäten, die eine mörderische Wut gegen die Täter hegen. Sie erkennen Täter oft nicht als »ihre« Eltern an und bezeichnen sie entweder mit ihren tatsächlichen Namen oder mit einem Beinamen. Manchmal drohen sie, den Täter bei der ersten sich bietenden Gelegenheit zu töten, wodurch der Therapeut aufgrund der zur Zeit geltenden *Tarasoff*-Richtlinien über die Pflicht zur Meldung beabsichtigter Straftaten in eine schwierige rechtliche Situation kommt. Mir ist zwar kein Fall bekannt, in dem solche Drohungen wirklich in die Tat umgesetzt wurden, doch erfordert jeder Einzelfall eine sorgfältige Beurteilung. Leider wird ein großer Teil der Wut, die solche Persönlichkeiten den Tätern gegenüber empfinden, von ihnen auf den Therapeuten übertragen. In der Anfangsphase der Therapie läßt sich dieser Prozeß durch Deutungen meist kaum beeinflussen. Der Therapeut muß Grenzen setzen und darf einer Patientin nicht gestatten, ihn auf irgendeine Weise auszunutzen. Ein solches Verhalten beispielhaft vorzuleben demonstriert außerdem, daß man mit erlebtem Mißbrauch auch anders umgehen kann, als den Täter zu töten.

Wiederholung des Mißbrauchs

Wiederholung des Mißbrauchs findet meist auf mindestens zwei Ebenen statt: innerhalb des Persönlichkeitssystems und im Rahmen der Therapie. Außerdem manifestiert sie sich in Beziehungen außerhalb der Therapiesituation. Die Neigung der Opfer, in der Vergangenheit erlebte Traumata erneut zu durchleben, wurde in der Literatur über die psychischen Folgen von Katastrophen wiederholt beschrieben (Horowitz 1985). Kinder durchleben die traumatischen Ereignisse durch repetitives Spiel erneut; bei Erwachsenen geschieht dies in Form von Flashbacks und wiederholten Erzählens des Erlebten. Multiple scheinen dem Zwang zu unterliegen, in der Therapie Mißbrauchsäquivalente zu kreieren. Meist sind diese symbolischer Natur, doch wenn beim Therapeuten selbst psychopathologische Tendenzen bestehen, kann es zu Versuchen kommen, den Therapeuten zu verführen, oder sogar zu sexuellem Ausagieren.

Die erschütterndsten Beispiele für die Entstehung von Mißbrauchsäquivalenten in einer Therapiesituation bestehen darin, daß Therapeuten sich zur Wiederholung eines Mißbrauchsverhaltens gezwungen fühlen, um eine Patientin zu »retten«. Mir ist ein Fall bekannt, in dem eine Patientin als Kind wiederholt festgebunden und von ihrem Vater zur Fellatio gezwungen worden war. Während ihrer letzten stationären Behandlung war sie schwer suizidal und anorektisch. Das Stationspersonal versuchte, sie mit Hilfe eines Plastikschlauchs, der durch die Nase direkt in den Magen verlief, zu ernähren, doch sie zog diesen Schlauch immer wieder heraus. Deshalb fühlten sich die Pfleger gezwungen, sie in eine Zwangsjacke zu stecken. Nun wurde die Patientin in ihrem Bett festgebunden, und man zwang sie, einen Schlauch herunterzuschlucken, was makabererweise einer Wiederholung ihres Traumas gleichkam – natürlich, um ihr Leben zu retten. Nachdem allen Beteiligten die Ähnlichkeit dieser

»therapeutischen« Intervention mit dem Mißbrauchserlebnis der Patientin erklärt worden war, konnte die Zwangsernährung bald beendet werden, und die Patientin konnte das Krankenhaus kurz darauf wieder verlassen und war in der Lage, selbständig zu leben. Wenn ein Therapeut sich gezwungen fühlt, etwas zu tun, das bei seiner Patientin Aversionen auslöst, obwohl es ihm bei der betreffenden Intervention angeblich »um das Wohl der Patientin« geht, sollte er über die ganze Situation noch einmal gründlich nachdenken.

Erneutes Durchleben von Mißbrauch innerhalb des Persönlichkeitssystems nimmt gewöhnlich die Form innerer Verfolgung an. Bestimmte Alter-Persönlichkeiten bürden dem Körper ein Mißbrauchserlebnis auf, wobei sie sich direkt auf andere Identitäten beziehen und der Mißbrauch entweder dem von der Patientin bereits in der Kindheit erlebten entspricht oder ihm zumindest symbolisch gleicht. Im Persönlichkeitssystem von Multiplen hat sowohl der Täter als auch das Opfer einen Platz. Die Täter-Persönlichkeit im System des Opfers kann ein mehr oder weniger direktes Introjekt des realen Täters sein. Solche inneren Verfolger-Persönlichkeiten können durch unterschiedliche Faktoren aktiviert werden, unter anderem durch Geschehnisse im Alltagsleben der Patientin, die ihr in ihrer Kindheit den bevorstehenden Mißbrauch signalisierten. Häufiger noch geschieht dies, wenn die Patientin beginnt, dem Therapeuten den erlebten Mißbrauch detailliert zu schildern. Tritt dies ein, wird die Patientin »bestraft«, weil sie über das erlebte Trauma berichtet hat. Natürlich verstärkt diese Gefahr ihren Widerstand gegen weitere Enthüllungen. Es ist nicht nur schmerzhaft, sich an den Mißbrauch zu erinnern und ihn in Form einer Abreaktion erneut zu durchleben, sondern außerdem können die Täter-Introjekte dadurch zu weiterem Mißbrauch veranlaßt werden.

Auch durch Außenbeziehungen kann die Patientin Traumawiederholungen hervorbringen. Beispielsweise existieren bei den meisten sexuell mißbrauchten Multiplen promiskuitive Alter-Persönlichkeiten, die bewirken, daß die sexuellen Erlebnisse der Betreffenden traumatisch verlaufen. Häufig spricht eine promiskuitive Identität einen Sexualpartner an, der eine Neigung zu sexuellem Mißbrauch oder zu Gewalttätigkeit hat, und überläßt dann auf dem Gipfelpunkt ihrer sexuellen Entwürdigung der verängstigten und oft frigiden Gastgeber-Persönlichkeit die Kontrolle über den Körper. Auf meine Frage, weshalb sie dies getan habe, antwortete mir eine Alter-Persönlichkeit: »Ich mußte das für sie [die Gastgeber-Persönlichkeit] übernehmen, als sie noch klein war – jetzt soll sie spüren, wie das für mich war.«

Die Dynamiken der Traumawiederholung sind komplex, und wahrscheinlich sind dabei mehrere Antriebskräfte im Spiel. Nach der traditionellen Sichtweise ist eine Traumawiederholung ein Versuch, ein Trauma nachträglich zu bezwingen und das ursprüngliche Gefühl der Hilflosigkeit zu überwinden (Fenichel 1945). Meiner Meinung nach ist eine zweite Dynamik bei DIS-Patienten jedoch wichtiger: der Versuch, erinnerten Schmerz über die amnestischen Barrieren der Alter-Persönlichkeiten hinweg zu vermitteln. Die therapeutische Wirkung der Abreaktion beruht teilweise darauf, daß durch sie traumatische Erlebnisse, die zuvor in einer einzigen Alter-Persönlichkeit oder in einer Gruppe von Identitäten abgekapselt waren, einem größeren Teil des Gesamtsystems zugänglich gemacht werden. Durch dieses Zugänglichmachen schmerzhafter Erinnerungen innerhalb einer größeren Gruppe wird die Intensität der erinnerten Erfahrung abgeschwächt und ihre endgültige Verarbeitung unterstützt. Viele Akte innerer Verfolgung, die einem unbeteiligten Beobachter als unsinnig brutal erscheinen, könnten in Wahrheit verfehlte Versuche sein, unverarbeiteten Schmerz zu mildern, indem man andere daran »teilhaben« läßt.

Schuld- und Schamgefühle

Schuld- und Schamgefühle sind Reaktionen auf Traumata, die bei Multiplen ebenso auftreten wie bei den Opfern von Naturkatastrophen und bei nicht unter DIS leidenden Opfern körperlicher Mißhandlungen und sexuellen Mißbrauchs. Gewöhnlich tragen verschiedene Ursachen zur Entstehung von Schuldgefühlen bei. Die meisten Multiplen haben ebenso wie die Opfer von Kindesmißbrauch ein schwaches Selbstwertgefühl (Putnam 1988a), und sie glauben, kein Recht auf ihr Leben zu haben. Manchmal haben Patienten den Tod von Haustieren oder sogar Geschwistern miterlebt, was Schuldgefühle wegen des eigenen Überlebens verursachen kann: Die Betroffenen fragen sich, warum sie selbst überlebt haben, während andere sterben mußten. Manche Alter-Persönlichkeiten haben das Gefühl, sie verdienten, was mit ihnen geschehen ist, weil sie schlecht und häßlich seien. Andere Identitäten glauben, sie hätten den Mißbrauch provoziert oder auf andere Weise hervorgerufen, so wie mißbrauchte Kinder, die nicht unter DIS leiden, manchmal ein völlig unrealistisches Gefühl der Verantwortung für das Verhalten ihrer Eltern entwickeln.

Allerdings können Schuldgefühle auch durchaus auf Fakten basieren. Viele Multiple haben sich selbst und anderen Menschen Dinge angetan, deretwegen sie sich schämen. Der Therapeut muß entscheiden, ob die Gefühle einer Patientin auf Fakten basieren oder »neurotisch« sind, und dann entsprechend daran arbeiten. Dies zu entscheiden kann schwierig sein, weil viele der augenblicklichen Verhaltensweisen, wie beispielsweise Promiskuität, deretwegen Patienten Schuld- oder Schamgefühle hegen mögen, in früheren Traumata und unrealistischen Verantwortungsgefühlen wurzeln.

Konkurrenz um den Körper

Zu Beginn der Therapie entbrennt zwischen den verschiedenen Alter-Persönlichkeiten ein Kampf um den Körper. Die Frage, wer jeweils »im Körper« ist, beschäftigt das Persönlichkeitssystem von Multiplen zwar ständig, doch wird dieser Wettbewerb um Zeit im Körper noch stärker, wenn eine Patientin anfängt, ihre Multiplizität zu akzeptieren. Vor der DIS-Diagnose haben zumindest einige der Alter-Persönlichkeiten, die nun ihren gerechten Anteil an »Körperzeit« beanspruchen, zu vermeiden versucht, »draußen« zu sein oder erkannt zu werden. Der Prozeß der Verknüpfung *(chaining)* des Systems kann die Dinge ebenfalls in Bewegung bringen und Alter-Persönlichkeiten aktivieren, die zuvor nur selten zutage getreten sind.

Zu den Manifestationen dieses Wettbewerbs zählen direkte Zeitforderungen von Alter-Persönlichkeiten, Drohungen bestimmter Identitäten, sich des Körpers zu bemächtigen und dann etwas Destruktives oder Selbstschädigendes zu tun, und tatsächliche Eskapaden von Identitäten, die von der Gastgeber-Persönlichkeit als Fugue-Episoden erlebt werden. Einige Identitäten fordern mehr Zeit in der Therapie, andere außerhalb von dieser. Ich sehe diesbezüglich die Aufgabe des Therapeuten darin, die Themen des angemessenen und unangemessenen Verhaltens, der Kommunikation und Kooperation und der sozialen Verantwortung anzusprechen, statt selbst genau festzulegen, welche Persönlichkeit wann wieviel Zeit erhält, um was auch immer zu tun. Das Persönlichkeitssystem muß selbst entscheiden, wieviel Zeit im Körper den einzelnen Identitäten jeweils zusteht.

Probleme mit dem Körperbild

Bei Multiplen kommt es häufig zu starken Verzerrungen des Körperbildes. Viele Kind-Persönlichkeiten erleben sich als klein und schwach und trauen sich deshalb Dinge nicht zu, die ihnen aufgrund ihrer realen körperlichen Fähigkeiten durchaus möglich wären. Manche Alter-Persönlichkeiten sehen sich als attraktiv und körperlich stark, wohingegen andere schrecklich häßlich oder durch den erlebten Mißbrauch schmutzig oder gar für andere ansteckend zu sein glauben. Alter-Persönlichkeiten des anderen Geschlechts identifizieren den Körper mit einem anderen als seinem eigentlichen biologischen Geschlecht. Nimmt eine Identität des anderen Geschlechts das reale biologische Geschlecht des Körpers wahr, versucht sie manchmal, dieses zu ändern. Solche Versuche reichen von Verstümmelungen der Genitalien oder Brüste bis hin zu Geschlechtsumwandlungsoperationen. Eine Multiple beklagte sich bei mir, sie bekomme Armmuskeln »wie ein Mann«. Als Schuldiger erwies sich »Billy«, eine siebzehnjährige männliche Alter-Persönlichkeit, die gern Gewichte hob. Billy sagte immer wieder zu mir: »Ich muß diesen Körper wieder in Form bringen, Mann!«

Nicht überraschen sollte uns, daß aufgrund der fehlenden Einigkeit der Identitäten in der Sicht des physischen Körpers einige Alter-Persönlichkeiten der Sicherheit und dem Wohlbefinden der eigenen sterblichen Hülle gegenüber eine erstaunliche Gleichgültigkeit entwickeln können. Der Therapeut sollte keine Gelegenheit scheuen, den Alter-Persönlichkeiten bei der Entwicklung eines Gewahrseins ihrer gemeinsamen Verletzlichkeit und letztendlichen Sterblichkeit zu helfen. Wird dem Persönlichkeitssystem klar, daß der Tod einer Identität gleichbedeutend mit dem Tod aller ist, folgt meist eine deutliche Verbesserung der inneren Kooperation.

Der Wunsch, andere DIS-Patienten kennenzulernen

Bei Multiplen, die mit der Möglichkeit, andere Multiple kennenzulernen, konfrontiert werden, wird oft ein Konflikt zwischen Annäherung und Vermeiden deutlich. Einerseits haben sie den Wunsch, Schicksalsgenossen zu treffen, um zu beweisen, daß sie nicht allein sind, und um mit eigenen Augen zu sehen, daß auch andere Menschen existieren, die eher ein »wir« als ein »ich« sind. Die Kehrseite dieser Ambivalenz ist, daß das Zusammentreffen mit anderen Multiplen die Realität der DIS untermauern würde. Wenn Multiple tatsächlich ihresgleichen treffen, interagieren sie wie alle anderen Menschen. Trotz der unglaublich hohen Zahl von möglichen Kombinationen bei Interaktionen zwischen den Alter-Persönlichkeiten zweier Multipler führt die Dynamik ihres Systems gewöhnlich die am besten zueinander passenden Paare von Alter-Persönlichkeiten zusammen. Verwalter-Persönlichkeiten werden mit ihren Gegenstücken zusammengebracht, und Kind-Persönlichkeiten spielen miteinander. Oft entsteht zu Beginn eine intensive Initialbindung, an deren Stelle eine realistischere Beziehung tritt, nachdem die beiden Multiplen einander besser kennengelernt haben. Einer der schwierigeren Aspekte solcher Beziehungen wird deutlich, wenn ein Multipler versucht, zu einem anderen Multiplen so in Beziehung zu treten, wie er dies bei einem nicht unter DIS leidenden Menschen tun würde. Dabei kann es zu verdecktem Switching oder zu anderen Täuschungsmanövern kommen, mit deren Hilfe Multiple ihre Multiplizität zu verbergen versuchen. Und solche Verhaltensweisen rufen bei anderen Multiplen, die aufgrund eigener Praxis einen Blick für solche Manöver haben und merken, daß ihr Gegenüber nicht »ehrlich« ist, oft starke negative Reaktionen hervor.

Die Verteilung der Energie innerhalb des Persönlichkeitssystems

Therapeuten, die mit Multiplen arbeiten, gewinnen manchmal den Eindruck, daß diese Patienten über mehr Energie verfügen als ein Durchschnittsmensch. Viele dieser Patienten berichten, sie würden nachts nur wenige Stunden schlafen, und wenn eine Identität müde werde, komme eine andere »heraus« und mache mit voller Energie weiter. Doch ist die Energie innerhalb des Persönlichkeitssystems natürlich begrenzt. Gelegentlich beobachten Therapeuten, daß einige zuvor robuste Alter-Persönlichkeiten schwach werden und verschwinden oder manchmal sogar behaupten, sie würden »sterben«. Unerfahrene Therapeuten geraten bei solchen Krisenanzeichen häufig in Panik und versuchen, die sterbende Identität zu retten. Doch meist tauchen scheinbar sterbende Identitäten nach einiger Zeit wie aus tiefem Schlaf erwachend wieder auf. Alter-Persönlichkeiten verschwinden selten, es sei denn, sie werden in ein größeres Ganzes integriert. Hingegen verfallen sie manchmal eine Zeitlang in einen Zustand der Inaktivität. Bei den meisten Multiplen existieren ganze Schichten inaktiver Alter-Persönlichkeiten, welche Funktionen verkörpern, die das System zur Zeit nicht benötigt.

Die Umverteilung von Energie und Aktivität innerhalb des Persönlichkeitssystems ist einer der Mechanismen, mit deren Hilfe sich diese psychische Struktur auf veränderte Bedürfnisse einstellt. Ein Therapeut sollte sich dem Persönlichkeitssystem insgesamt, nicht bestimmten Identitäten verpflichtet fühlen. Die Umverteilung von Energie zwischen den Identitäten ist ein Zeichen für die unablässigen Veränderungen innerhalb des Systems und wird gewöhnlich eher begrüßt als gefürchtet. Der Therapeut sollte sich nicht in Kämpfe um die Erhaltung oder den Schutz bestimmter scheinbar verschwindender Identitäten verwickeln lassen, sondern diesen Prozeß statt dessen als Entscheidung des Persönlichkeitssystems hinstellen, innerhalb dessen sich die Alter-Persönlichkeiten in ihrer Gesamtheit die Kontrolle teilen.

Ambivalenz

Ambivalenz ist eine Eigenschaft des gesamten Persönlichkeitssystems. Einzelne Identitäten zeigen selten Ambivalenz. Gewöhnlich charakterisiert sie eine Zielgerichtetheit und Entschlossenheit, ihre Mission zu erfüllen, zu der die meisten Menschen, die nicht an DIS leiden, gar nicht in der Lage sind. Eine suizidale Identität fühlt sich dem Ziel des Selbstmordes verpflichtet; eine depressive Identität ist unheilbar depressiv; und der innere Verfolger ist unerbittlich feindselig gegenüber der Gastgeber-Persönlichkeit. Dies bleibt so, bis die Identitäten beginnen, sich um ein gewisses Maß an Kommunikation und Kooperation zu bemühen, wodurch ein umfassenderes »Selbst«-Gefühl des Gesamtsystems entsteht. Ambivalenz kommt bei einem DIS-Patienten gewöhnlich in Form von Tun und Rückgängigmachen zum Ausdruck: Eine Identität tut etwas, und eine andere macht die Aktion wieder rückgängig. Dieses Verhalten sollte man nicht mit den Handlungen einer einzelnen »ambivalenten« Alter-Persönlichkeit verwechseln. Der Therapeut muß alle Alter-Persönlichkeiten, die für dieses wechselhafte Verhalten verantwortlich sind, identifizieren und mit ihnen arbeiten.

Einsicht

Erfahrungen mit DIS-Patienten bestätigen, daß an der alten therapeutischen Ansicht über den Unterschied zwischen intellektueller und emotionaler Einsicht viel Wahres ist. Bei vielen Multiplen existieren Alter-Persönlichkeiten, insbesondere sogenannte innere Selbst-Helfer (ISHs), die die psychische Dynamik des betreffenden Patienten mit einzigartiger intellektueller Schärfe zu erklären vermögen. Eigenartigerweise sind die Identitäten, die diese Einsichten bewahren, meist durch einen neutralen oder geradezu flachen Affekt gekennzeichnet, und sie erläutern sowohl traumatische Erinnerungen als auch beängstigende Zukunftsperspektiven auf mechanische, affektlose Weise. Echte Einsicht entsteht erst viel später, wenn der größte Teil des dissoziierten Affekts in ein umfassenderes gemeinsames Bewußtsein transferiert worden ist.

Übertragung

Die Übertragung bei DIS-Patienten

Obwohl die Behandlung dieses Patienten sich an psychoanalytischen Regeln orientierte, stellte ich fest, daß diese Art von Therapie bei DIS-Patienten einige gewaltige Hindernisse aufwarf. Das wichtigste besteht meiner Meinung nach darin, daß es einfach nicht möglich ist, bei ihnen genau zu wissen, welche Art von Übertragung in einem bestimmten Moment wirksam ist, weil a) die Übertragung sich verändert, und zwar manchmal abrupt, jedoch oft langsam und subtil, und b) weil der Therapeut es nicht nur mit einer einzigen Übertragung zu tun hat, sondern mit einer ganzen Gruppe, nämlich mit einer für jede Persönlichkeit oder jeden Ichzustand. (Jeans 1976b, S. 250)

Nach kurzer Zeit wird den meisten Therapeuten, die zum ersten Mal mit Multiplen arbeiten, klar, daß diese Patienten komplizierte Übertragungs- und Gegenübertragungsreaktionen hervorzurufen vermögen (Wilbur 1984b). »Übertragung« kann definiert werden als »Reaktionen, die sich primär auf signifikante Personen aus der Kindheit der Patientin, insbesondere auf ihre Eltern und Geschwister, beziehen und die sie von diesen auf den Therapeuten überträgt« (Langs 1974b, S. 151). Übertragungsreaktionen sind oft überdeterminiert, verdichtet, archaisch, infantil und dem Primärprozeß zuzurechnen. Übertragung beinhaltet die Verlagerung eines Gefühls, das sich gewöhnlich auf eine wichtige Person (ein »Objekt«) aus der Vergangenheit der Patientin bezieht, auf den Therapeuten. Dabei kann ein einmaliges traumatisches Erlebnis ebenso eine Rolle spielen wie eine Folge traumatischer Episoden. Allerdings liegen die Reaktionen aller Patienten auf einen Therapeuten irgendwo auf einem Kontinuum, das von adäquaten Reaktionen auf reale Stimuli bis zu völlig inadäquaten psychotischen, nicht realitätsbezogenen Reaktionen reicht.

In den meisten klassischen Erörterungen zum Thema Übertragung geht es um eine Patientin-Therapeut-Dyade. Doch können die Alter-Persönlichkeiten einer Multiplen auch teilautonome Übertragungsreaktionen auf einen Therapeuten zeigen, wodurch das Problem noch stärker verkompliziert wird. Klassische dyadische Übertragungsreaktionen kann man als Schichtenphänomene verstehen, da jede der Reaktionen sich möglicherweise auf mehrere frühere Erlebnisse mit mehreren wichtigen

Personen aus verschiedenen Zeitspannen im Leben der Patientin bezieht. Außerdem können innerhalb des Gesamtsystems einer Patientin unterschiedliche Übertragungsphantasien entwickelnde Systeme existieren, die eine Hierarchie bilden, wobei einige Reaktionen dazu dienen, andere zu überdecken oder zu unterdrücken (Langs 1974b).

Bei Multiplen basieren die Übertragungsreaktionen der einzelnen Identitäten meist auf Ereignissen aus einer bestimmten Zeit im Leben der Patienten, und sie weisen nicht die gleiche Schichtenstruktur auf wie bei Patienten, die nicht unter DIS leiden. Die für DIS-Patienten charakteristische Schichtenbildung entsteht, weil viele der involvierten Alter-Persönlichkeiten unterschiedliche, teilautonome Reaktionen auf den gleichen Reiz zeigen. Berührt beispielsweise ein Therapeut den Körper einer Multiplen, löst dies bei einigen Alter-Persönlichkeiten Übertragungsreaktionen aus, wobei der Therapeut mit einer wichtigen Person aus der Kindheit der Patientin identifiziert wird, die eine nährende und tröstliche Wirkung auf sie ausübte. Doch gleichzeitig können andere Identitäten den Therapeuten als Täter oder Vergewaltiger erleben und seine Berührung als extrem abstoßend empfinden. Solche widersprüchlichen Übertragungsreaktionen können gleichzeitig, nacheinander oder in einer Kombination beider Möglichkeiten zum Ausdruck gelangen.

Wie man bei DIS-Patienten mit der Übertragung arbeitet

Bei der Arbeit mit Multiplen sieht sich der Therapeut meist mit verschiedenen Übertragungsreaktionen konfrontiert, nicht mit einer organisierten Übertragungsneurose wie in einer klassischen Psychoanalyse. Im Fall einer regelrechten Übertragungsneurose, die definiert wird als »emotionale Krankheit, die sich aus Übertragungsreaktionen und -phantasien entwickelt und ein Ausdruck derselben ist« (Langs 1974b, S. 195), ist das Behandlungsziel die Auflösung der Neurose; dieses wird erreicht durch Wiederholung in der Vergangenheit gemachter Erfahrungen, die in der Gegenwart in der Beziehung zum Therapeuten erlebt werden. Übertragungsreaktionen sind jedoch nicht so gut organisiert und müssen gewöhnlich Stück für Stück durchgearbeitet werden. Oft empfiehlt es sich, die Übertragungsaspekte des Materials völlig zu ignorieren und in der Therapie auf den Realitätsgehalt des Materials und seine Wirkung auf den Patienten zu fokussieren. Generell sollten Therapeuten bei DIS-Behandlung nach vorübergehenden Übertragungsphänomenen weder suchen noch sie hervorheben oder auch nur darauf Bezug nehmen, es sei denn, sie erweisen sich als schwerwiegende Hindernisse für den Therapieprozeß.

Die von Langs (1974b) genannten Prinzipien für die Arbeit an Übertragungsreaktionen in der Psychotherapie lassen sich auf die Behandlung von Multiplen anwenden. Dazu zählen 1) die Suche nach den intrapsychischen Wurzeln der Übertragungsreaktion und die Feststellung der Person oder Personen, zu denen die Patientin in der Vergangenheit eine Beziehung hatte und auf die ihr Verhalten dem Therapeuten gegenüber zurückzuführen ist; und 2) die Zeit im Leben der Patientin herauszufinden, in der sie die Erfahrungen gemacht hat, die zu der Übertragungsreaktion führten. Dieser zweite Punkt ist wichtig, wenn man den in den Reaktionen einer Alter-Persönlichkeit zum Ausdruck kommenden Grad der Funktionsfähigkeit zum betreffenden Zeitpunkt feststellen will. Das Material der Übertragung ist gewöhnlich ein Konglomerat aus Erinnerungen, Phantasien und früheren Wahrnehmungen (sowohl realistischen als auch unrealistischen).

Auslöser von Übertragungsreaktionen

Übertragungsreaktionen können bei Multiplen durch eine Vielzahl von Reizen ausgelöst werden. Realitätsbezogene Erfahrungen innerhalb wie außerhalb der Therapie, bilden dabei die größte Gruppe. Das in höchstem Maße sensibilisierte, außerordentlich wachsame Wahrnehmungssystem eines Multiplen nimmt viele scheinbar harmlose Erfahrungen auf, reagiert auf sie und/oder leitet aufgrund dessen eine Abreaktion ein. Vielfach verkörpert die Gastgeber-Persönlichkeit anfangs die Übertragungsreaktion, möglicherweise ohne daß sie weiß, welcher Reiz oder was sonst der Ursprung dieser Erfahrung ist.

   Viele Übertragungsreaktionen werden vom Therapeuten ausgelöst. Ursachen dafür können unter anderem sein:

1. Aspekte oder Elemente der Therapiesituation. Beispielsweise durchlebte eine Patientin eine Episode aus der Vergangenheit in Form einer starken Abreaktion, in deren Verlauf sie mich als ihren Vater, der mit ihr Inzest begangen hatte, wahrnahm, weil ich einen Blazer trug, der demjenigen ihres Vaters ähnelte.
2. Die theoretische und therapeutische Position des Therapeuten.
3. Therapeutische Interventionen, falls sie stark genug an in der Kindheit erlebte Disziplinierung oder dergleichen erinnern.
4. Die Aspekte der Therapie, die nicht direkt mit der Arbeit zusammenhängen, beispielsweise die Bezahlung, das Absagen von Sitzungen, Urlaubszeiten und andere Anlässe für zeitweilige Trennungen sowie für unerwartete Unterbrechungen während einer Sitzung.
5. Verfehlte oder schlecht ausgeführte therapeutische Interventionen. DIS-Patienten nehmen Fehler ihrer Therapeuten außerordentlich sensibel wahr.

Bei Multiplen ist ein Hauptgrund für Übertragungsreaktionen in der simplen Tatsache begründet, daß während der Therapie Alter-Persönlichkeiten entdeckt und aktiviert werden, die in der Vergangenheit erlebte Traumata verkörpern. Oft ist das Geschlecht des Therapeuten oder seine bloße Anwesenheit die einzige erforderliche Voraussetzung für die Einbeziehung in eine emotional heftige Übertragungsreaktion. In solchen Fällen besteht oft eine so starke Wahrnehmungsverzerrung, daß die

Patientin den Therapeuten als Übertragungsobjekt halluziniert. Dies kann für den Therapeuten gefährlich werden.

Arten von Übertragungsreaktionen

Der Auslöser einer Übertragungsreaktion beeinflußt zwangsläufig deren Form. Die wichtigste Determinante für die Form ist jedoch die Beschaffenheit des Persönlichkeitssystems der Multiplen. Der Charakter der anwesenden Identitäten und ihre hierarchische Position hinsichtlich der Ausübung offener oder verdeckter Kontrolle über das Verhalten der Patientin entscheiden weitgehend über die Form der Übertragungsreaktion. Wilbur (1984b) schreibt: »Man sollte sich darüber im klaren sein, daß die Übertragungsgefühle einzelner Alter-Persönlichkeiten abhängen von ihrer jeweiligen Rolle innerhalb des Persönlichkeitssystems, und zwar bezogen auf die Konflikte und Affekte, mit denen sie befaßt sind, und die Abwehrmechanismen, die sie aktiviert haben« (S. 31).

Besteht beispielsweise das System einer Multiplen größtenteils aus stark traumatisierten und ängstlich-infantilen Kind-Persönlichkeiten, können Übertragungsreaktionen, in denen der Therapeut als der Täter eines in der Vergangenheit erlebten sexuellen Mißbrauchs gesehen wird, sich in Form regressiven Verhaltens wie Wimmern oder Verstecken unter einem Tisch äußern. Enthält das System hingegen jugendliche Alter-Persönlichkeiten, die mit sexuellem Mißbrauch konfrontiert wurden, sind manipulative oder verführerische Reaktionen auf den mit dem Täter des erlebten Mißbrauchs assoziierten Therapeuten möglich. Bei vielen Multiplen sind an einer Übertragungsreaktion mehrere Alter-Persönlichkeiten beteiligt, die Reaktionen aus verschiedenen Perioden im Leben des Patienten repräsentieren. Das Resultat sind häufig komplexe, sich verändernde Verhaltensweisen, die einen Therapeuten verwirren können.

Übertragungsreaktionen können in der Therapiesituation direkt auf den Therapeuten fokussiert werden. Insofern sind diese Reaktionen häufig verzerrt, und sie werden vom Primärprozeß bestimmt. Übertragungsreaktionen können sich aber auch in Form von Ausagieren außerhalb der Behandlungssituation manifestieren; in diesem Fall ist ihre Folge eine direkte oder indirekte Sabotage der Behandlung. Die Patientin kann promiskuitives oder gewalttätiges Verhalten ausagieren oder, was noch problematischer ist, versuchen, andere Personen (oft wohlmeinende Therapeuten) in die Behandlung hineinzuziehen. Leider kommt es nur zu häufig vor, daß eine Alter-Persönlichkeit in der Notaufnahme auftaucht und wegen Vorkommnissen während der letzten Therapiesitzung eine Medikamentenüberdosis eingenommen oder eine andere selbstschädigende Handlung ausgeführt hat. Manchmal versucht die betreffende Identität andere Personen in die Behandlung hineinzuziehen, indem sie unvollständige, verzerrte oder erfundene Informationen über den Therapeuten verbreitet. Leider machen sich viele Kollegen nicht die Mühe, sich über die ganze

Geschichte zu informieren, bevor sie aktiv werden, um eine Patientin vor einem vermeintlich üblen Therapeuten zu »retten«. Ein wenig Skepsis und ein wenig Nachsicht sind am Platz, wenn eine Multiple über Ungerechtigkeiten berichtet, die ein Therapeut ihr angetan hat. Bei Multiplen haben Geschichten gewöhnlich nicht nur zwei Seiten.

Gegenübertragung

DIS-Patienten rufen bei ihren Therapeuten oft einzigartige und komplexe Gegenübertragungsreaktionen hervor (Davis u. Osherson 1977; Kluft 1984d; Saltman u. Solomon 1982). »Gegenübertragung« wird in diesem Zusammenhang definiert als die Reaktionen von seiten des Therapeuten auf den Patienten, die zwar durch ein Ereignis in der Therapie hervorgerufen werden, aber primär auf die Erfüllung von Bedürfnissen des Therapeuten, statt auf die Förderung der Behandlung des Patienten zielen. Ich werde in diesem Abschnitt eine Anzahl von Situationen und Reaktionen beschreiben, die ich bei DIS-Behandlungen und bei der Supervision solcher Behandlungen wiederholt erlebt habe. Die hier aufgeführten Beispiele beinhalten keineswegs alle Möglichkeiten, doch sind darin einige der häufigsten Gegenübertragungsreaktionen erfaßt, die den Fortschritt der Behandlung behindern.

Viele Alter-Persönlichkeiten von Multiplen lösen bei Therapeuten deutlich unterscheidbare und separate Gegenübertragungsreaktionen aus. So kann ein Therapeut, der mit einem Multiplen arbeitet, gleichzeitig Feindseligkeit gegenüber einer bestimmten Alter-Persönlichkeit, sexuelle Empfindungen gegenüber einer anderen und den Wunsch, eine dritte zu halten und zu nähren, verspüren. Er kann sich während einer Sitzung mit einer Multiplen zunächst in eine Richtung und später in eine andere gezogen fühlen, während er herauszufinden versucht, was in der Patientin und in ihm selbst vor sich geht. Auch die Störung selbst ruft bei Therapeuten eine Vielzahl von Reaktionen hervor, die von Faszination bis Angst reichen.

Wer ist »die Patientin«?

Ich habe einige Therapeuten implizit oder explizit mit der Frage »Wer ist der Patient?« kämpfen sehen. In solchen Fällen ist »die Patientin« in der Vorstellung des Therapeuten ursprünglich die Gastgeber-Persönlichkeit, die sich zur Behandlung vorgestellt hat. Nach der DIS-Diagnose und dem offenen Zutagetreten anderer Identitäten gerät der Therapeut in Verwirrung darüber, wer denn nun wirklich »die Patientin« ist. Diese Verwirrung manifestiert sich in Situationen, in denen die Gastgeber-Persönlichkeit sich über von anderen Identitäten verursachten starken Streß beklagt. Der Therapeut empfindet dann oft starke Loyalität gegenüber der Gastgeber-Persönlichkeit, die er mit der Patientin gleichsetzt, und entwickelt das Gefühl, daß die übrigen Alter-Persönlichkeiten geringeren Anspruch auf ihn in seiner Funktion als Therapeut haben. Das damit verbundene Gefühl der Verwirrung wird noch stärker, wenn die Gastgeber-Persönlichkeit in Wahrheit eine Fassade ist, entstanden durch die verdeckte Kooperation mehrerer Identitäten, die sich darauf verständigt haben, gemeinsam als Gastgeber-Persönlichkeit aufzutreten. Aufgrund der Diagnose von DIS und der damit verbundenen Erlaubnis, sich offen als multipel zu präsentieren, löst sich solch eine Gastgeber-Fassade häufig vor den Augen des Therapeuten auf, so daß er sich fragt, was aus der Person geworden ist, die er als »die Patientin« kennengelernt hat.

Wird ein Therapeut mit dem scheinbaren Verlust »der Patientin« und mit deren Ersetzung durch eine Ansammlung verschiedener teils feindseliger Wesenheiten konfrontiert, fühlt er sich oft getäuscht, verraten und verlassen. Er empfindet das, was vor sich geht, als Verstoß gegen den Geist des Therapievertrags. Manchmal hat er in solch einer Situation den Impuls, die Gastgeber-Persönlichkeit wiederherzustellen, was gewöhnlich die Beziehung zur Patientin als Gesamtsystem in eine Sackgasse führt. Er muß sich vergegenwärtigen, daß die Patientin in Wahrheit eine Multiple ist und daß die therapeutische Arbeit das gesamte Persönlichkeitssystem einschließen muß. Sieht er »die Patientin« verschwinden, und beobachtet, wie sie durch eine fremde Wesenheit ersetzt wird, kann dies bei ihm Verlust- oder Versagensgefühle verursachen. Das offene Erscheinen von Alter-Persönlichkeiten sollte jedoch als Ausdruck von Vertrauen verstanden und nicht als Täuschung mißverstanden werden.

Sich die Information über die Patientin richtig merken

> Während der Therapie zwei völlig verschiedene Lebensgeschichten, Gefühlskonstellationen und Wahrnehmungen auseinanderzuhalten war ein weiteres Problem. Beide Persönlichkeiten reagierten sehr spezifisch und gegensätzlich auf Menschen und Situationen. Offensichtliche Unterschiede zwischen ihnen, wie ihre sexuellen Präferenzen, waren leicht korrekt zu behalten, doch gab es subtilere Bereiche wie ihre Reaktionen auf Familienmitglieder, die dynamisch wichtig, aber wesentlich schwerer zu verfolgen waren. (Davis u. Osherson 1977, S. 512)

Viele Therapeuten fühlen sich in Anbetracht der vielen Informationen, die sie bei der Behandlung von DIS-Patienten ständig verfolgen und verarbeiten müssen, überfordert. Einige Alter-Persönlichkeiten verschärfen dieses Problem noch, indem sie beleidigt oder wütend werden, wenn ein Therapeut ihnen Handlungen oder Gefühle zuschreibt, die tatsächlich einer anderen Identität zuzuschreiben sind. Wird der Therapeut von Alter-Persönlichkeiten wiederholt mit Wut und Verachtung überschüttet, weil es ihm nicht gelungen ist, das aktuelle Geschehen zu verfolgen, entwickelt er irgendwann gegenüber der Patientin Gegenübertragungsgefühle wie Wut und Groll.

Es gibt keine einfache Möglichkeit, dieses Problem zu lösen. Im allgemeinen kann ein Therapeut dies versuchen, indem er die Alter-Persönlichkeiten in einer Kartei oder mit einem anderen Hilfsmittel erfaßt und diese Information im Rahmen seiner Therapieaufzeichnungen ständig auf dem aktuellen Stand hält. Trotzdem werden ihm gelegentlich Fehler unterlaufen, oder er vergißt, wer was wo und wann gesagt hat. Multiple verfügen über eine erstaunliche Fähigkeit, sich Informationen dieser Art zu merken. Viele DIS-Patienten erklären ihre Obsession für das Verfolgen auch kleinster Details der Interaktion zwischen Patient und Therapeut als Bestandteil ihres Bemühens um den Ausgleich von Zeitverlust und Amnesien. Macht der Therapeut einen Fehler und wird unwirsch korrigiert, sollte er besser seine Fehlbarkeit zugeben und um Klärung bitten, als sich auf einen Disput über Details einzulassen.

Der Patientin gegenüber »echt« sein

»Ich habe festgestellt, daß ich ihr gegenüber viel ›echter‹ bin als meinen anderen Patienten gegenüber«, erklärte mir ein gestandener Psychoanalytiker, nachdem er das erste Mal mehrere Wochen lang mit einer Multiplen gearbeitet hatte. Diese Patienten stellen sämtliche traditionellen Grenzen einer Psychotherapie in Frage und können bei Therapeuten, die sich einer bestimmten theoretischen Orientierung oder einer therapeutischen Methode verpflichtet fühlt, starkes Unbehagen hervorrufen. Die Betreffenden sehen sich oft in einem Konflikt zwischen ihren pragmatischen Beobachtungen darüber, was bei DIS-Patienten »funktioniert«, und dem, was ihre therapeutische Orientierung ihnen vorschreibt.

Die traditionelle »neutrale« – sprich stumme – therapeutische Haltung, die von der psychoanalytischen Theorie empfohlen wird, ertragen die meisten Multiplen nicht. Sie zwingen ihre Therapeuten, auf andere Weisen zu ihnen in Beziehung zu treten, und wenn dies zu nichts führt, kommt es zu einem Bruch in der therapeutischen Beziehung. Der auf dem Therapeuten lastende Druck, seine gewohnte Art, zu Patienten in Beziehung zu treten, aufzugeben, kann bei ihm das Gefühl hervorrufen, manipuliert und von der Patientin in seiner Autorität als Therapeut unterminiert zu werden. Jeder Therapeut muß zwischen der Erfüllung des auf realen Erfordernissen basierenden Bedürfnisses von Multiplen nach einer aktiven, direkten und authentischen Reaktion und seinem eigenen Bedürfnis, den Patienten gegenüber eine bestimmte therapeutische Haltung zu wahren, eine Art von Gleichgewicht schaffen, bei dem er sich einerseits wohl fühlt und andererseits effektiv arbeiten kann. Um Multiple erfolgreich behandeln zu können, muß man flexibel sein und gleichzeitig bestimmte Grenzen der Behandlungssituation strikt wahren, denn nur so läßt sich vermeiden, daß die Therapie in einem Chaos endet. Paradoxe dieser Art gibt es bei der Behandlung von DIS in vielerlei Hinsicht.

Die ständigen Veränderungen der Patientin

»Kann es denn sein, daß das nie ein Ende hat? Daß ständig neue Persönlichkeiten auftauchen? Daß das ein bodenloses Loch ist?« Fragen dieser Art stellte mir ein Kleriker, der im Rahmen der pastoralen Beratung mit einem DIS-Patienten arbeitete. Es handelte sich um einen schwierigen und sehr stark fragmentierten Patienten, der trotzdem seine Alltagspflichten zu erfüllen vermochte und bei dem deutliche Besserungen erkennbar waren. Trotzdem war der Therapeut völlig erschöpft von den Horden »neuer« Persönlichkeiten und Persönlichkeitsfragmente, die ständig auftauchten und immer wieder Krisen auslösten. Therapeuten, die mit komplizierten DIS-Patienten arbeiten, sind oft verzweifelt, weil sie fürchten, daß die Persönlichkeiten sich bis in alle Ewigkeit weiter vermehren werden und daß ihre eigene Fähigkeit, mit den verschiedenen Identitäten zusammenzutreffen und die jeweils mit ihnen verbundenen Probleme durchzuarbeiten, irgendwann völlig erschöpft sein wird.

Ein ähnliches Gefühl, das DIS-Therapeuten häufig erleben, ist Frustration darüber, daß das Persönlichkeitssystem einer Patientin niemals lange genug in einem bestimmten Zustand verbleibt, als daß sie die Möglichkeit hätten, sich mit einer bestimmten Gruppe aktiver Alter-Persönlichkeiten vertraut zu machen. Die Identitäten kommen und gehen, und die Beziehungen zwischen ihnen und die Energie und die Fähigkeiten, die sie verkörpern, verändern sich unablässig, so daß der Therapeut sich von einer Sitzung zur nächsten nie sicher sein kann, welche jeweils die wichtigsten sind.

Es ist völlig normal, wenn sich ein Therapeut wünscht, daß die Patienten aufhören, sich unablässig zu verändern, doch ist Transformation nun einmal das wichtigste Merkmal einer dissoziativen Störung. Man sollte sich vergegenwärtigen, daß Veränderung oft wünschenswert und Bestandteil des therapeutischen Prozesses ist. Das Auftauchen neuer Alter-Persönlichkeiten und Veränderungen des Gleichgewichts im Verhältnis zwischen den verschiedenen Identitäten sind als Anpassungen innerhalb des Persönlichkeitssystems zu verstehen, zu denen es wahrscheinlich aufgrund der Therapie gekommen ist. Alter-Persönlichkeiten können zwar durch die Therapie entstehen, aber in den meisten Fällen sind sie dann Fragmente für ganz bestimmte Zwecke mit einer sehr beschränkten Rolle und Lebenszeit. Im Falle einer dysfunktionalen Beziehung zwischen Therapeut und Patientin können innerhalb der Therapie dauerhaftere Alter-Persönlichkeiten entstehen, doch dies ist eine Ausnahme. Die Wechselhaftigkeit des Patienten kann man als Therapeut einschränken, indem man sich stärker auf das gesamte Persönlichkeitssystem als auf spezifische Alter-Persönlichkeiten konzentriert.

Schwierigkeiten des Therapeuten mit dem Anhören von Details traumatischer Erlebnisse

Die Arbeit mit einem DIS-Patienten bringt den Therapeuten irgendwann in Kontakt mit drastischen Details früherer traumatischer Erlebnisse. Da eine Multiple eine Transformation vom Opfer zum Täter durchlaufen kann, taucht im Laufe dieses Prozesses möglicherweise auch Material auf, aus dem hervorgeht, daß sie anderen Menschen gegenüber Gewalt angewendet hat. Die Details solcher Schilderungen können im Therapeuten Gegenübertragungsgefühle wie Angst, Wut, Abscheu und eine existentielle Angst vor dem Tod aktivieren. Gleichzeitig und in Verbindung damit können starke Gefühle der Betroffenheit und Sympathie und ein Gefühl der Hilflosigkeit auftauchen. Erfährt er Einzelheiten über körperliche Mißhandlungen und sexuellen Mißbrauch, die eine Patientin in ihrer Kindheit erlebt hat, kann dies bei ihm sehr starke empathische Reaktionen auslösen. Andererseits können derartige explizite Schilderungen bei Therapeuten aber auch sadistische, strafende oder voyeuristische Impulse auslösen, die als vorhanden zu akzeptieren sehr beunruhigend wirken kann.

Ein zweites, verwandtes Gegenübertragungsphänomen betrifft die Wirkung der Erinnerung an traumatisches Material auf eine Patientin, die in vielen Fällen in Form einer schmerzhaften Abreaktion oder Traumareaktivierung stattfindet. Eine Abreaktion kann sehr desorganisierend wirken und noch tagelang spürbar sein. Löst die therapeutische Exploration eine Abreaktion aus, werfen viele Patienten ihren Therapeuten vor, ihr Leiden noch zu verstärken. Sie beschuldigen sie nach solchen Erlebnissen häufig offen oder verdeckt, ihre Situation noch »verschlimmert, nicht verbessert« zu haben.

Deshalb sind Therapeuten dem traumatischem Material ihrer Patienten gegenüber oft besonders sensibilisiert, und sie verfolgen Hinweise auf die Existenz unverarbeiteter Traumata nur zögerlich und widerwillig. Eine der zentralen Aufgaben der Therapie ist die Wiederherstellung des Zugangs zu dissoziiertem traumatischem Material und die Integration desselben in das allgemein zugängliche Gedächtnis und in das Identitätsgefühl. Therapeuten müssen sich über ihre Gegenübertragungsgefühle beim Anhören solchen Materials im klaren sein. Kluft (1984d) weist darauf hin, daß eine empathische Haltung angesichts der Traumatisierungserfahrung einer DIS-Patientin auf den behandelnden Therapeuten sehr belastend wirken kann: »Man ist versucht, sich zurückzuziehen, zu räsonieren oder defensiv darüber nachzusinnen, ob die geschilderten Ereignisse ›real‹ sind« (S. 53). Eine Patientin merkt, ob ihr Therapeut nicht in der Lage ist, sich Schilderungen über ihre traumatischen Erlebnisse anzuhören, und der Therapieprozeß kommt dann zum Stillstand. Es ist besser, sich ein solches Problem einzugestehen und die Patientin nötigenfalls an einen Therapeuten abzugeben, der sich in der Lage sieht, sich mit ihrem Trauma auseinanderzusetzen.

Verführung

DIS-Patienten versuchen ihre Therapeuten manchmal zu verführen. Zwar liegen keine entsprechenden Untersuchungen vor, doch bin ich aufgrund einer großen Zahl anekdotischer Berichte sowohl von Multiplen als auch von Therapeuten der Überzeugung, daß DIS-Patienten wesentlich häufiger sexuelle Beziehungen zu ihren Therapeuten anknüpfen als andere Patienten. Sexualität wird von DIS-Patienten gewöhnlich auf einige Alter-Persönlichkeiten beschränkt. Bei weiblichen DIS-Patienten existieren nicht selten eine oder mehrere Identitäten, die sich der Prostitution widmen. Die Gastgeber-Persönlichkeit ist meist asexuell oder hat offensichtlich Angst vor Sexualität. Auch Kind-Persönlichkeiten sind eher asexuell, bitten den Therapeuten aber manchmal, sie zu halten oder ihnen gegenüber in anderer Form Zuneigung auszudrücken. Es kann auch vorkommen, daß sich während solcher Zuneigungsbekundungen sexualisierte jugendliche oder erwachsene Identitäten manifestieren, ohne daß der Therapeut solche Wechsel und ihre Konsequenzen sofort bemerkt.

Verführungsverhalten sexueller Alter-Persönlichkeiten ist eine Art Test, der klären soll, ob sich der Therapeut genauso verhält wie früher die Person, die die Patientin mißbraucht hat, und gleichzeitig ein Versuch, das Verhalten des Therapeuten zu dominieren (Saltman u. Solomon 1982). Verführung war für solche Patientinnen in der Vergangenheit oft die einzige Möglichkeit, das Verhalten des Täters zumindest in einem gewissen Maße zu beeinflussen. Mehr als eine Patientin hat mir berichtet, sie habe gelernt, den Täter zu verführen, weil sie auf diese Weise zumindest Zeitpunkt und Umstände des ohnehin unvermeidlichen sexuellen Mißbrauchs hätte beeinflussen können. Manchmal ist das Verführungsverhalten außerdem ein Versuch, die Aufmerksamkeit eines Täters von jüngeren Geschwistern abzulenken, und beinhaltet insofern ein hohes Maß an Selbstaufopferung von seiten der Patientin.

Irgendwann im Laufe der Behandlung taucht bei den meisten Multiplen eine Identität auf, die versucht, den Therapeuten zu verführen; damit muß man als Therapeut rechnen. Meiner Meinung nach kommen Therapeuten an diesem Punkt in Schwierigkeiten, wenn sie vorher schon viele andere Grenzen der Therapiesituation ignoriert haben und wenn sie glauben, die allgemeinen Regeln würden für sie persönlich nicht gelten. Dies ist insbesondere bei Therapeuten, die zum erstenmal mit Multiplen arbeiten, der Fall.

Ein verwandtes Thema ist, daß Therapeuten von einigen DIS-Patientinnen »sexuell mißbraucht« werden. Ich selbst bin von bestimmten Alter-Persönlichkeiten einiger DIS-Patienten sexuell belästigt worden. Dabei ist es vorgekommen, daß Identitäten nach mir zu grabschen und mich zu liebkosen versuchten. Häufiger fangen Alter-Persönlichkeiten in meiner Praxis plötzlich an, sich auszuziehen, oder Patientinnen hinterlassen auf meinem Anrufbeantworter eindeutig sexuelle Angebote oder Kommentare. Ich verstehe solche Verhaltensweisen als eine Form von Aggression gegen den Therapeuten und bin der Meinung, daß sie so schnell wie möglich durch Verträge mit dem gesamten Persönlichkeitssystem und am besten auch mit der spezifischen Alter-Persönlichkeit, die das Verhalten gezeigt hat, unter Kontrolle gebracht werden müssen. Ist das nicht möglich, sollte der Therapeut die Behandlung beenden. In meinen Augen sind solche Verhaltensweisen gleichbedeutend mit Gewaltakten oder Gewaltandrohungen gegenüber dem Therapeuten, und als solche können sie nicht geduldet werden. Ich gehe mit offen sexualisiertem Verhalten genauso um wie mit potentiell gewalttätigem Verhalten, einschließlich der Konsequenz, solche Patienten nur in Anwesenheit von Kollegen zu behandeln.

Nachholen der elterlichen Fürsorge *(reparenting)*

DIS-Patienten wecken bei vielen Therapeuten den Wunsch und die Phantasie, ihnen gegenüber eine Elternrolle zu übernehmen. Insbesondere Kind-Persönlichkeiten scheinen um gute Eltern zu bitten, die sie halten und nähren. Ihre schmerzliche Geschichte und ihre augenblickliche Qual kann starke elterliche Gefühle hervorrufen. Ein gewisses Maß an Nachbeeltern ist bei den meisten Patienten unvermeidlich, ob sie nun Multiple sind oder nicht; dies ist ein Bestandteil der Übertragungsdynamik. Doch ebenso wie in anderer Hinsicht versuchen Multiple auch diesen Prozeß zum Extrem zu steigern. Einige Therapeuten sind sogar so weit gegangen, Multiple in ihre Wohnung aufzunehmen und zu versuchen, sie praktisch erneut aufzuziehen. Doch so etwas ist nicht möglich und verursacht letztendlich große Probleme.

Ich persönlich glaube, daß der Prozeß des Nachbeelterns innerhalb des Persönlichkeitssystems des Multiplen selbst stattfinden muß. Die Erwachsenenpersönlichkeiten müssen dazu gebracht werden, die Kind-Persönlichkeiten zunächst anzuerkennen und später zu schützen, für sie zu sorgen und sie aufzuziehen. Meine Erfahrung ist, daß dies gut funktioniert. Die Erwachsenen-Persönlichkeiten lernen, die Kind-Persönlichkeiten in geeigneten Situationen und Zusammenhängen vortreten zu lassen und ihnen so nährende Erfahrungen zu ermöglichen. Außerdem lernen sie, den Kind-Persönlichkeiten zu helfen, dissoziierte traumatische Erfahrungen, die so viele von ihnen bewahren, mitzuteilen. Es ist nützlich, eine oder mehrere erwachsene Alter-Persönlichkeiten eine Kind-Persönlichkeit »halten« zu lassen, während das Kind über eine traumatische Erinnerung berichtet oder sie in Form einer Abreaktion verarbeitet. Wird das innere Nachbeeltern auf adäquate Weise durchgeführt, können solche Patienten viele der schädlichen Erfahrungen, die sie in ihrer Entwicklungszeit gemacht haben, korrigieren und gleichzeitig einen größeren Respekt gegenüber dem Persönlichkeitssystem als Ganzem und der Rolle, die es für ihr körperliches und emotionales Überleben gespielt hat, entwickeln.

Die Phantasie, der größte DIS-Therapeut der Welt zu sein

Multiple treiben Therapeuten häufig in ihre Eitelkeit hinein und bringen sie dazu, diese stark aufzublähen. Anschließend picken sie dann mit einer Nadel in diesen aufgeblasenen Ballon. Aufgrund der Erfahrungen, die sie in ihrem Leben gemacht haben, sind sie der menschlichen Natur gegenüber mißtrauisch und zynisch eingestellt. Daran sollte ein Therapeut denken, wenn er merkt, daß eine DIS-Patientin (explizit oder implizit) Dinge sagt wie: »Sie sind der beste Therapeut, der jemals einen DIS-Patienten behandelt hat.« Einem Teil der Patientin wäre es sicherlich lieb, wenn diese Aussage zuträfe, und das gleiche gilt auch für einen Teil des Therapeuten. Ein anderer Teil der Patientin ist darauf aus, einen Mißerfolg des Therapeut zu provozieren, um ein weiteres Mal zu demonstrieren, daß alle wichtigen Menschen in ihrem Leben im Grunde Betrüger sind, denen man nicht trauen sollte. Meiner Meinung nach steckt hinter dem Phänomen, daß viele angehende DIS-Therapeuten augenblicklich zu »Experten« werden, daß ihre Patienten sich bewundernd darüber äußern, wie besonders begabt und großartig sie seien. Solche Gefühle der eigenen therapeutischen Großartigkeit sind mit Sicherheit dazu verurteilt, in nicht allzu ferner Zukunft in sich zusammenzubrechen. Allmachtsgefühle des Therapeuten und Tendenzen, die eigene Größe zu überschätzen, werden von DIS-Patienten durch Tests und Fallen aktiv gefördert. Deshalb sollte man als Therapeut generell stets sehr vorsichtig und bescheiden sein.

Üble Nachrede von seiten einer DIS-Patientin

Die andere Seite der Medaille ist, daß Therapeuten von Patienten öffentlich schlecht gemacht werden. Gewöhnlich geschieht dies nicht im Beisein des betroffenen Therapeuten, sondern hinter seinem Rücken, so daß er erst nachträglich davon erfährt. Multiple reden untereinander ständig über Therapeuten und vergleichen sie miteinander. Wann immer möglich ziehen sie andere Therapeuten oder Interessierte in ihre Behandlung hinein. Ich habe Multiple schreckliche Dinge über Therapeuten sagen hören, von denen ich persönlich glaube, daß ihr Verhalten über jeden Zweifel erhaben ist, und ich habe auch über mich selbst einige schreckliche Dinge gehört. Das tut weh und macht wütend, insbesondere wenn ein Therapeut davon überzeugt ist, daß er sich große Mühe gegeben hat, einer Patientin zu helfen. Da viele Äußerungen dieser Art aus dem Zusammenhang gerissen und oft auch stark verzerrt wiedergegeben werden, kann ein Therapeut, über den solche Dinge verbreitet werden, sich von seiner Patientin getäuscht, verraten und schlecht behandelt fühlen.

　　Meiner Meinung nach sollte man Herabsetzungen des Therapeuten als eine der unvermeidlichen Dynamiken von Multiplizität ansehen. Immer wenn eine oder mehrere Identitäten starke positive Gefühle hegen, existieren zum Ausgleich entsprechende negative Gefühle. Die meisten Multiplen möchten gern glauben, daß ihre Therapeuten gut, fürsorglich, allwissend und allmächtig sind. Außerdem glauben sie, daß alle wichtigen Personen in ihrem Leben schlecht und unzuverlässig sind und sie zu schädigen versuchen. Sie haben Angst, ihren Therapeuten zu nahe zu kommen oder zu abhängig von ihnen zu werden. Die »üble Nachrede«, die im Laufe der Therapie insgeheim stattfindet, ist ein Ausdruck der Gefühlspolarisierung, die viele Multiple im Hinblick auf wichtige Übertragungsobjekte erleben. Wird dies zu einem Problem zwischen Therapeut und Patient und fungiert als Widerstand gegen Fortschritte, sollte man es als einen Teil der Übertragung interpretieren. Im übrigen sollten Therapeuten Kollegen gegenüber barmherzig sein und das, was sie über diese hören, nicht allzu ernst nehmen, denn wahrscheinlich kursieren über sie selbst ähnlich herabsetzende Äußerungen.

Reaktionen von Kollegen

Während meiner nun etwa achtjährigen Funktion als eine Art nationales Informationszentrum für DIS-Therapeuten habe ich beobachtet, daß viele Kliniker, die solche Patienten behandeln, ihre Arbeit vor Kollegen geheim halten, weil sie fürchten, von diesen verspottet oder diskreditiert zu werden. Durch die Aufnahme von zunächst MPS in das DSM-III und DSM-III-R und später von DIS in das DSM-IV sowie durch die wachsende Fachliteratur konnten Ängste dieser Art teilweise beschwichtigt werden. Dennoch scheuen sich viele Therapeuten immer noch zuzugeben, daß sie DIS-Patienten behandeln. Dies gilt insbesondere für Psychologen und psychiatrische Sozialarbeiter, die von medizinischer Begleitung ihrer Arbeit durch Psychiater abhängig sind.

Es ist schwierig, einen Kollegen, der nie einen DIS-Patienten »gesehen« hat, von der Existenz dieser Störung zu überzeugen. Selbst überragende Therapeuten wie Cornelia Wilbur sind von uninformierten Kollegen öffentlich beschuldigt worden, sie seien einer *Folie à deux* mit ihren Patienten erlegen (siehe z.B. Victor 1975). Ich habe gelernt, jedem Streit mit Menschen aus dem Weg zu gehen, die entweder aus Unwissenheit oder aus Böswilligkeit versuchen, die Existenz von DIS zu leugnen. Es reicht aus, sie sanft auf das DSM-IV und auf eine Literaturliste (Boor u. Coons 1983; Damgaard *et al.* 1985) hinzuweisen und das schiere Ausmaß der Beweise für die Existenz von DIS für sich sprechen zu lassen. Erfreulicherweise haben einige Skeptiker irgendwann bei ihren eigenen Patienten DIS entdeckt. Meiner Erfahrung nach macht nichts einen Skeptiker zu einem eifrigeren Gläubigen, als wenn er die Existenz von DIS durch eine eigene Diagnose festgestellt hat.

Zusammenfassung

Dieses Kapitel war der Diskussion von Themen und Problemen gewidmet, die im Laufe der psychotherapeutischen Arbeit mit DIS-Patienten häufig auftauchen. Zunächst wurden Probleme der Grenzsetzung behandelt, wobei herausgearbeitet wurde, daß DIS-Patienten zwar oft um Sonderregelungen bitten (und diese auch tatsächlich benötigen), der Therapeut jedoch ungeachtet dessen seine Grenzen und seine zeitliche Verfügbarkeit klar definieren und sich dementsprechend verhalten muß, weil die Behandlung sonst schnell in einem Chaos enden kann.

Kontrolle ist das zentrale Thema im Leben dieser Menschen, das sich im Laufe der Behandlung in einer Vielzahl von Formen manifestieren kann. Kämpfe um Kontrolle und Ängste vor Kontrollverlust fungieren als Widerstand gegen die Offenlegung verborgener Probleme. In Notfällen muß ein Therapeut, beispielsweise während einer stationären Behandlung oder während der Durchführung anderer Behandlungsmaßnahmen, unter Umständen zeitweilig die Kontrolle über das Leben von DIS-Patienten übernehmen. Meistens jedoch ist es am besten, jede Kontrolle dem Persönlichkeitssystem als Ganzem zu überlassen und sich auf die therapeutische Arbeit zu konzentrieren.

Geheimnisse und ihre machtvolle Dynamik sind bei der psychotherapeutischen Behandlung von DIS-Patienten allgegenwärtig. Eine Vielzahl psychologischer Mechanismen perpetuiert die primitive Macht solcher Geheimnisse. Die Patienten werden hin- und hergezerrt zwischen dem Bedürfnis, diese Geheimnisse zu offenbaren, und dem Bestreben, sie weiter verborgen zu halten. Aufgabe des Therapeuten ist es, ein therapeutisches Klima zu schaffen, in dem Traumata enthüllt, verarbeitet und akzeptiert werden können. Man sollte darauf hinarbeiten, daß Geheimnisse sich von selbst offenbaren, statt daß man sie dem Patienten abringt.

Eine der vorherrschenden Dynamiken einer DIS-Behandlung sind Tests der Vertrauenswürdigkeit des Therapeuten, die Patienten immer wieder initiieren. Manchmal versuchen sie, ihre Therapeuten zu verführen oder sie zur Wiederholung früherer Mißbrauchserfahrungen zu bringen. Therapeuten sollten auf solche Tests gefaßt sein und sich insbesondere davor hüten, Entscheidungen zugunsten eines Teils des Persönlichkeitssystems gegen die Interessen eines anderen Teils zu treffen.

Multiple erzeugen komplizierte Übertragungen und Gegenübertragungen. Zwar entwickeln sie meist keine Übertragungsneurose, doch manifestieren sie häufig zahlreiche Übertragungsreaktionen. Unter diesen ist eine der häufigsten die Darstellung des Therapeuten als Täter. Oft erleben verschiedenen Alter-Persönlichkeiten gleichzeitig mehrere einander widersprechende Übertragungsreaktionen, was in der Therapie zu erheblicher Konfusion führen kann.

Therapeuten entwickeln ihrerseits zahlreiche Gegenübertragungsreaktionen auf die verschiedenen Alter-Persönlichkeiten von Patienten. Verwirrung darüber, was eigentlich »die Patientin« ist, Unmut wegen der unablässigen Veränderungen des Persönlichkeitssystems, Schwierigkeiten, sich Berichte über in der Vergangenheit erlebte Traumata anzuhören, und starke elterliche Gefühle werden von Therapeuten oft beschrieben. Trotzdem behaupten die meisten mir bekannten Kliniker, sie hätten durch ihre Arbeit mit DIS-Patienten ungeheuer viel über die Kunst der Psychotherapie gelernt.

8

Psychotherapeutische Techniken

In diesem Kapitel werden spezifische Techniken und Ansätze beschrieben, die nach meiner Erfahrung bei der Arbeit mit DIS-Patienten von Nutzen sind. Einige beziehen sich auf das Persönlichkeitssystem als Ganzes, andere auf bestimmte Arten von Alter-Persönlichkeiten, die bei DIS-Patienten meist zu finden sind. Allerdings läßt sich ein wichtiger Teil der psychotherapeutischen Behandlungstechnik nicht in Worten ausdrücken. Was in einer bestimmten Therapeut-Patient-Dyade eine gute Wirkung haben mag, kann in einer anderen völlig versagen.

In das Persönlichkeitssystem hineinsprechen *(talking through)*

In das Persönlichkeitssystem hineinzusprechen oder mit ihm als Ganzem zu reden ist eine bei der Arbeit mit DIS-Patienten sehr wirksame und nützliche Technik (Braun 1984c; Kluft 1982). Sie hat sich bewährt, wenn es um das Aushandeln von Verträgen geht, wenn allgemeine Prinzipien und Grenzen festgelegt werden sollen, wenn man Patienten über die Therapie beeinflussende Ereignisse (z.B. Urlaub) informiert und wenn man mit Patienten in einer Krisensituation arbeitet. Zwar sollte man zur Vorsicht stets davon ausgehen, daß alle Alter-Persönlichkeiten während der Therapie ständig zuhören, doch ist dies in Wahrheit oft *nicht* der Fall. Therapeuten sollten aber trotzdem von dieser Annahme ausgehen, weil sie sie dazu zwingt, Interventionen und Äußerungen zu meiden, die nicht dafür bestimmt sind, von allen Persönlichkeiten miterlebt zu werden. Das Hineinsprechen in das Persönlichkeitssystem stellt sicher, daß möglichst viele Alter-Persönlichkeiten wirklich zuhören.

Ich sage beim Hineinsprechen in das System meist zunächst etwas wie: »Ich möchte, daß alle dort drinnen mir ihre volle und ungeteilte Aufmerksamkeit schenken. Ich möchte, daß alle zuhören.« Gewöhnlich wiederhole ich diese Aufforderung mehrmals. Es ist nicht festzustellen, ob tatsächlich alle Alter-Persönlichkeiten zuhören, doch gewöhnlich sind genügend aufmerksam, um die angestrebte Wirkung zu erzielen. Manchmal sage ich auch, wenn einige Identitäten nicht in der Lage seien zuzuhören, müsse jemand anders innerhalb des Systems dafür sorgen, daß sie über das, was sie wissen müssen, informiert werden. Nachdem ich mir so die Aufmerksamkeit eines möglichst großen Teils des Systems gesichert habe, teile ich der Patientin mein Anliegen mit. Gewöhnlich wiederhole ich die Botschaft mehrmals auf verschiedenen Abstraktionsebenen. Außerdem fordere ich oft einige erwachsene Alter-Persönlichkeiten auf, den Kind-Persönlichkeiten zu erklären, was für sie wichtig ist. Anschließend bitte ich alle Identitäten, die Fragen haben oder sich zu etwas äußern wollen, zu erscheinen und direkt mit mir zu sprechen. Meist wird dann ziemlich schnell klar, ob es mir gelungen ist, meine Botschaft zu vermitteln.

Die Vorteile der Kommunikation mit dem gesamten Persönlichkeitssystem liegen weitgehend auf der Hand. Sie spart Zeit und Energie; der Patient wird als Ganzheit angesprochen; die innere Kooperation und die Co-Bewußtheit wird gestärkt, und es werden sogar Identitäten erreicht, deren Existenz der Therapeut nicht einmal vermutet. Das größte Problem, das ich bei der Anwendung dieser Methode erlebt habe, bestand darin, daß die Identität, die während meines Gesprächs mit dem Gesamtsystem »draußen« war, eine amnestische Gastgeber-Persönlichkeit war, die die DIS-Diagnose nicht akzeptierte. Wenn man über eine Gastgeber-Persönlichkeit, die sich der Existenz anderer Identitäten gar nicht bewußt ist, mit dem restlichen System zu sprechen versucht, kann dies starke Depersonalisationsempfindungen oder Beeinflussungserlebnisse (Kluft 1982) hervorrufen. Ich habe einige Male erlebt, daß eine amnestische Gastgeber-Persönlichkeit sich aufregte und mich zum Aufhören aufforderte, weil das, was ich tat, ihr Unbehagen bereitete. Ich fordere sie dann auf, sich zu entspannen und ruhig zuzuhören. Oft verfällt sie während meines Gesprächs mit der Gesamtpersönlichkeit in einen tranceähnlichen Zustand und entwickelt eine Amnesie für den größten Teil des Gesagten. Vielfach ist es sinnvoll, dafür zu sorgen, daß auch die Gastgeber-Persönlichkeit von der an das Gesamtsystem gerichtete Botschaft in Kenntnis gesetzt wird.

Ein Beispiel dafür, wie ich das Sprechen in das System hinein nutze, ist der Fall einer soeben diagnostizierten DIS-Patientin, deren Persönlichkeitssystem ich nicht besonders gut kannte. Ihre Gastgeber-Persönlichkeit fand sich etliche Male auf dem Parkplatz ihres früheren Arbeitgebers wieder, Meilen entfernt von dem Ort, wo sie zum betreffenden Zeitpunkt eigentlich hätte sein müssen. Ihr momentaner Arbeitgeber hatte ihr angedroht, sie zu entlassen, falls sie weiterhin zu spät zur Arbeit käme. Es gelang mir nicht, eine Identität zu finden, die bereit war, dafür die Verantwortung zu übernehmen. Daraufhin wandte ich mich über die amnestische Gastgeber-Persönlichkeit an das Persönlichkeitssystem als Ganzes und erklärte ihm, ich würde viele seiner Bestandteile noch nicht kennen, bäte sie aber kollektiv, dafür zu sorgen, daß sie jeden Tag rechtzeitig zur Arbeit kämen. Ich erkläre, dies sei notwendig, um eine Arbeitsstelle zu behalten, wenn die Gruppe weiterhin finanziell unabhängig bleiben und die Behandlung fortsetzen wolle. Daraufhin hörten die Mini-Fugues auf. Zu einem späteren Zeitpunkt lernte ich die Identität kennen, die für diese Episoden verantwortlich war; »er« hatte auf dem Parkplatz mit Drogen gehandelt.

Aus Bruchstücken vollständige Erinnerungen zusammenfügen

Selbst wenn bei Patienten keine DIS vorliegt, haben traumatische Erlebnisse häufig zur Folge, daß die Betreffenden sich an bestimmte Ereignisse nur noch bruchstückhaft erinnern. Bei Multiplen kann die Erinnerung an ein traumatisches Erlebnis auf eine Alter-Persönlichkeit beschränkt, aber auch auf mehrere Identitäten verteilt sein. Im letzteren Fall kann es sein, daß jede ein bestimmtes Bruchstück des Ereignisses bewahrt, oder eine bewahrt die Erinnerung an die Einzelheiten und andere die durch das Geschehene entstandenen Affekte. Aufgabe des Therapeuten ist es, der Patientin bei der Rekonstruktion der gesamten Erinnerung zu helfen, sowohl ihres Inhalts als auch der mit ihr verbundenen Affekte, und diese Struktur in die Gesamtperson zu integrieren.

Dies erfordert sorgfältige, methodische Arbeit. Zu Anfang erscheint dabei nichts als sinnvoll. Der Therapeut stößt wahrscheinlich auf einige Alter-Persönlichkeiten, die starke Affekte zeigen, ohne daß ein mit diesen verbundener Inhalt erkennbar wäre; andere Identitäten wiederum bewahren eindrucksvolle Details von Erinnerungen, sind aber nicht in der Lage, diese in einen umfassenderen Zusammenhang zu stellen. Dieses große mehrdimensionale Puzzle muß der Therapeut gemeinsam mit der Patientin Stück für Stück zusammenfügen. Zwar liefert letztere im Laufe dieser Arbeit ständig Hinweise, kennt aber die Lösung des Rätsels nicht, und außerdem versuchen machtvolle psychische Prozesse, die Erinnerung an erlebte Traumata zu unterdrükken, zu verzerren oder auf andere Weise zu beeinträchtigen. Im Laufe der Zeit wird sich, wenn man viel Geduld hat, genügend Vertrauen aufbringt und Identität um Identität, Ebene um Ebene durcharbeitet, allmählich ein kohärentes und chronologisches Bild jenes Traumas herausschälen, das zum Zerfall der Patientin in eine multiple Persönlichkeit führte und diesen Zerfall perpetuiert.

Die Metapher des Puzzles ist äußerst nützlich. Bei einem Puzzle fügt man gewöhnlich zunächst Teile mit einem gemeinsamen Hintergrund zu kleinen Einheiten zusammen, ordnet diese Einheiten dann grob und füllt die Lücken zwischen ihnen. Etwas Ähnliches geschieht häufig beim Zusammenfügen der Lebensgeschichte von DIS-Patienten. Affekte sind oft ein nützlicher Ausgangspunkt. Braun (1984c) hat seine Arbeit mit einer modifizierten Form der von Watkins (1971) entwickelten Technik der *Affektbrücke* beschrieben. Dabei identifiziert man einen starken, aber oft inhaltslosen Affekt und spürt ihm durch sämtliche Alter-Persönlichkeiten nach. Brauns Modifikation der Technik besteht darin, daß dem Affekt ermöglicht wird, sich zu verändern (z.B. von Wut zu Angst) und daß dieser neue Affekt zu seinem Ursprung zurückverfolgt wird. Die Arbeit mit der Affektbrücke wird in Kapitel 9 ausführlicher beschrieben.

Erinnerungen lassen sich auf ähnliche Weise zurückverfolgen. Braun (1984c) empfiehlt, mit dem letzten Erinnerungsfragment zu beginnen und von diesem aus zeitlich rückwärts zu arbeiten und nacheinander Identitäten zu aktivieren, die das jeweils nächste Erinnerungsfragment bewahren. Oft werden Erinnerung und Affekt auch parallel zurückverfolgt, so daß aus den Bruchstücken allmählich ein kohärentes Ganzes entsteht. Bei einer Patientin beispielsweise begann die Arbeit mit einem überwältigenden Gefühl des Grauens, das durch das Geräusch eines Zuges hervorgerufen wurde. Die Betreffende konnte mit diesem Reiz keinerlei Erinnerung verbinden, doch die Geräusche einer vorüberfahrenden Lokomotive oder einer Zugpfeife lösten bei ihr ein schnelles Switching zwischen Identitäten aus, die Affekte wie Angst, Schrecken, Trauer und Wut zeigten. Die wütende Alter-Persönlichkeit drohte, den Vater der Patientin umzubringen, weil dieser ein Bastard sei, doch gab sie keine genaueren Gründe für diese Ansicht an. Die trauernde Alter-Persönlichkeit beklagte den Tod eines Hundes, des einzigen Gefährten der Patientin auf einer entlegenen Farm im Mittleren Westen. Die entsetzte Alter-Persönlichkeit berichtete, sie habe beobachtet, wie ihr Vater ihren Hund an das hinter der Farm der Familie verlaufende Bahngleis band. Die ängstliche Alter-Persönlichkeit stand immer noch unter dem Bann der Drohung, daß auch ihr eines Tages dieses Schicksal bevorstehe. Allmählich tauchte die vollständige Erinnerung daran auf, daß der Vater der Patientin deren Hund genommen, ihn an die Bahngleise gebunden und sie gezwungen hatte, zuzuschauen, wie der jämmerlich jaulende Hund von einem Frachtzug in Stücke gerissen worden war. Anschließend hatte der Vater gedroht, ihr werde es genauso ergehen, falls sie jemals irgend jemandem von dem Inzest erzähle, den er mit ihr beging.

Die Erinnerungen (die sich oft in Form sehr lebendiger Bilder manifestierten) in Verbindung mit den Affekten, die durch diese Erfahrung entstanden waren, wurden zwischen verschiedenen Alter-Persönlichkeiten aufgeteilt. Bei dieser Episode spielten noch einige andere Identitäten eine Rolle, von denen weiter oben nicht die Rede war, doch alle waren mit auf jenes Ereignis zurückgehenden Erinnerungen oder Affekten verbunden. Nachdem der Verlauf des Geschehenen in groben Zügen geklärt war, wurde deutlich, welche Teile noch fehlten, so daß nach Alter-Persönlichkeiten gesucht werden konnte, die diese Elemente bewahrten. Leider war dies nur eine der vielen traumatischen Situationen, die diese Frau durchlitten hatte.

Querbefragung *(Cross-Inventorying)*

Die Querbefragung ist eine von David Caul (1983) entwickelte Technik, die sich bei meiner Arbeit mit DIS-Patienten als sehr nützlich erwiesen hat. Wie bei vielen Techniken dieser Art beruht auch bei dieser die Wirkung großenteils auf der Art ihrer Anwendung. Grundsätzlich wird einfach jede Alter-Persönlichkeit aufgefordert, sich detailliert über die Stärken und Schwächen aller anderen zu äußern. Der Therapeut hört sich diese Berichte genau an, sammelt die negativen und positiven Aspekte und weist auf gegensätzliche Ansichten bestimmter Identitäten oder bestimmter Unter-gruppen innerhalb des Gesamtsystems hin. Solche Kommentare müssen sehr sorg-sam formuliert sein und sich sowohl an die Identität, die »draußen« ist, als auch an das Persönlichkeitssystem als Ganzes wenden. Der Therapeut sollte vermeiden, das Vorhandensein oder Fehlen bestimmter Charakterzüge oder Fähigkeiten gegenüber anderen hervorzuheben, und statt dessen das Gefühl vermitteln, daß die Kombinati-on von Eigenschaften (z.B. Wut bei einer Identität und Passivität bei einer anderen) dem System ein größeres Spektrum unterschiedlicher Reaktionen auf Vorgänge in der Welt ermöglicht. Caul (1985b) betont, der Therapeut solle ständig auf die positi-ven Aspekte der einzelnen Identitäten fokussieren und versuchen, die negativen Ein-flüsse in ihnen zu orten, ohne bei ihnen Schuld- oder Schamgefühle auszulösen.

Bei der Quer-Befragung geht es darum, den Alter-Persönlichkeiten zu erkennen zu helfen, daß 1) die Reaktionen anderer Identitäten auf die gleichen Stimuli in be-stimmten Fällen angemessen sein können, auch wenn in ihnen gegensätzliche Wert-vorstellungen und Reaktionsweisen zum Ausdruck gelangen; 2) daß das System als Ganzes davon profitiert, wenn es über die mit einem größeren Spektrum komplemen-tärer Stärken verbundene Flexibilität verfügt; und 3) daß die Schwächen einer Alter-Persönlichkeit durch die Stärken einer anderen ausgeglichen werden können. Dies ist eine Möglichkeit, den Identitäten zu zeigen, daß sie tatsächlich zusammen ein größe-res Ganzes bilden, das stärker und effektiver ist als jede einzelne von ihnen. Die Tech-nik der Querbefragung ist am wirksamsten, wenn sie im Hintergrund genutzt wird (d.h. kontinuierlich und unterschwellig), so daß das Persönlichkeitssystem im Laufe der Zeit immer wieder über das Wesen des größeren Ganzen informiert wird. Nach einiger Zeit fangen die Alter-Persönlichkeiten an, dem Therapeuten darüber zu be-richten, wie sie die Stärken und Schwächen anderer Teile ausgleichen.

Traumarbeit mit DIS-Patienten

Obwohl Alpträume, Nachtangst, hypnagogische und wachtraumartige Phänomene und andere Hinweise auf traumatische Schlafstörungen bei Multiplen wie auch bei anderen Trauma-Opfern häufig vorkommen, gibt es nur wenig Literatur über die Rolle von Träumen bei dissoziativen Störungen. Marmers (1980a) Kapitel über den Traum bei dissoziativen Zuständen ist die bisher wichtigste Arbeit zu diesem The-ma. Träume können bei der Offenlegung verborgener Traumata und bei der Iden-tifikation verschwiegener Alter-Persönlichkeiten eine wichtige Rolle spielen (Jeans 1976a; Marmer 1980b; Salley 1988). Nicht selten berichten DIS-Patienten in der Therapie über Träume, die Informationen über erlebte Traumata enthalten, zu denen die Betreffenden im Wachzustand keinen Zugang haben. Ferenczi (1934) und Levi-tan (1980) haben ein ähnliches Phänomen bei traumatischen Neurosen beobachtet.

Marmer (1980a) beschreibt, wie er Material aus Träumen als Ausdrucksformen abgespaltener Ich-Funktionen analysiert. Er stellt fest:

Durch die Art, wie ich meine Interpretationen fokussierte, sahen die Persönlichkeiten, daß es bei ihnen allen um das gleiche Material ging, daß sie alle das gleiche Trauma erlebt und sie alle individuelle Abwehrstile entwickelt hatten, deren reaktiven Charakter sie nun erkannten, wohingegen sie dieselben zuvor als hauptsächlich destruktiv angesehen hatten. (S. 174)

Marmer ist der Meinung, daß man eine gemeinsame Grundlage für alle Identitäten weitgehend dadurch schaffen kann, daß man dem Persönlichkeitssystem mit Hilfe von Material aus Träumen demonstriert, daß dissoziierte und abgeleugnete Erfahrungen in von den verschiedenen Alter-Persönlichkeit selbst kreierten Träumen zum Ausdruck gelangen. Wie viele andere Therapeuten, die mit DIS-Patienten arbeiten, ist auch Marmer (1980a) der Auffassung, daß einzelne Alter-Persönlichkeiten Träume unabhängig von anderen Identitäten gestalten oder kreieren können.

Auch ich habe die Erfahrung gemacht, daß Material aus Träumen von DIS-Patienten den Zugang zu tief verborgenen Traumata ermöglichen kann, an die man ansonsten selbst mit Hilfe hypnotischer Techniken wie Altersregression oder der Affektbrücke nur schwer herankommt. Träume, die traumatisches Material enthalten, wiederholen sich gewöhnlich und erzeugen bei den Patienten beim Aufwachen starke anhaltende Affekte oder starke Depersonalisationsempfindungen. Manche Patienten fürchten sich einzuschlafen, weil sie die Wiederholung eines unangenehmen Traums für möglich halten. Manchmal bitten sie aus diesem Grund um Schlaftabletten, oder sie versuchen, ihre Träume und Alpträume mit Hilfe von Alkohol zu unterdrücken. Die mit diesen Träumen verbundene Dysphorie ist offenbar so stark, daß nur wenige Patienten in der Lage sind, nach dem Aufwachen Einzelheiten aus dem Traum aufzuschreiben. Allerdings bleiben ihnen bruchstückhafte Erinnerungen gewöhnlich erhalten, so daß es ihnen möglich ist, sich mit den erinnerten Einzelheiten zu einem späteren Zeitpunkt zu beschäftigen.

Wenn ich mir Berichte über solches Material anhöre, behandle ich es wie eine dissoziative Erfahrung, beispielsweise ähnlich wie außerkörperliche Erfahrungen. Details und Setting solcher sich wiederholender traumatischer Alpträume scheinen eindeutiger auf realen Situationen zu basieren, als dies bei den meisten anderen Traumlandschaften der Fall ist; deshalb läßt sich mit ihrer Hilfe oft feststellen, wie alt die betreffende Person zum Zeitpunkt des traumatischen Erlebnisses war und wo sie sich befand. Außerdem kann man im Persönlichkeitssystem nach Identitäten suchen, die in dieser Zeitspanne im Leben der Patientin entstanden sind. Auch die nach dem Traum auftretenden Restaffekte sind wichtig und können als Ausgangspunkt für die Arbeit mit der Affektbrücke benutzt werden. DIS-Patienten scheinen über

Material aus Träumen zu sprechen und damit zu arbeiten eher willens zu sein, als andere Formen der Erinnerung an Traumata zu offenbaren.

Der innere Selbst-Helfer

Definitionen

Der innere Selbst-Helfer (ISH) wurde erstmals von Allison (1974a) beschrieben. Der Identifikation von ISH-Varianten und der Arbeit mit ihnen wird von Therapeuten unterschiedliche Bedeutung beigemessen. Allison (1978b) beispielsweise betont, daß es wichtig sei, den ISH in die Therapie einzubeziehen. Kluft (1984c) hingegen bezeichnet ISH-Persönlichkeiten beiläufig als »heitere, rationale und objektive Kommentatoren und Ratgeber« (S. 23), geht aber in keiner seiner im übrigen wichtigen und gründlichen Darstellungen der Behandlung der DIS auf die Nutzung des ISH ein. Braun (1984c) und Caul (1984) erwähnen die Arbeit mit dem ISH beiläufig und messen dieser Möglichkeit unterschiedliche Bedeutung bei. Es ist nicht klar, ob ein ISH bei allen DIS-Patienten oder nur bei einigen zu finden ist. Bei manchen Multiplen existieren allerdings sogar mehre ISHs.

Die Arbeit mit einem inneren Selbst-Helfer

In der Literatur gibt es nur wenige Beispiele für die Arbeit mit ISHs, obwohl einige Therapeuten im persönlichen Gespräch über signifikante Erfolge durch Einbeziehung eines ISH in die Therapie berichten. Allison beschreibt den ISH als mit dem Therapeuten in einem Dialog über die Patientin als dritte Person begriffen. Er äußert: »Es gibt keine andere Beziehung zwischen Menschen, die mit dieser Partnerschaft vergleichbar wäre. Sie ist so einzigartig, daß man es erleben muß, um dies zu glauben« (S. 12). Der ISH informiert den Therapeuten über Stärken und Schwächen der Patientin und sagt ihm, was getan werden muß, um ihr zu helfen. Braun (1984c) beschreibt, wie bei der Anwendung einer Technik, die er »Switchboard« (Schaltbrett) nennt, der Therapeut durch den ISH ersetzt wird. Auf diese Weise wird der innere Dialog ähnlich wie durch das in Kapitel 6 beschriebene Modell des Therapeuten als Vermittler gefördert.

Caul (1978a) ist der Auffassung, daß der ISH im Laufe einer Therapie so schnell wie möglich identifiziert werden sollte. Er schreibt:

> Der Therapeut sollte sich vor einem »Kuhhandel« mit dem ISH nicht scheuen, denn dieser wird die [Alter-]Persönlichkeiten stets schützen und dafür sorgen, daß die Therapie ihren Gang nehmen kann und die Alter-Persönlichkeiten auf die bestmögliche Weise davon profitieren. Weiß der Therapeut nicht mehr weiter, soll-

te er den ISH darüber informieren, daß zur Fortsetzung der therapeutischen Arbeit seine Hilfe erforderlich ist. Der ISH spielt fast nie alle seine Trümpfe auf einmal aus. Der Therapeut muß erkennen und verstehen, daß der ISH meist mehr tun und mehr Einfluß ausüben kann, als ihm als dem Therapeuten klar ist. (S. 2-3)

Caul (1984) führt in seinem Aufsatz über Gruppen- und Videotechniken einige Beispiele für den stabilisierenden Einfluß des ISH an. In einem besonders interessanten Beispiel beschreibt er, wie die ISHs von zwei Multiplen einander wegen ähnlicher wütender Alter-Persönlichkeiten bedauern.

Ich persönlich habe nur sehr wenig Erfahrung mit ISHs. Allerdings habe ich einige kennengelernt, und sie haben sich in meinen Augen bei der Arbeit mit Multiplen manchmal als unschätzbare Informationsquellen und Lotsen erwiesen. Ich habe zwar nicht bei jeder Multiplen einen ISH vorgefunden, doch entdecke ich gewöhnlich zumindest eine Alter-Persönlichkeit, der es in erster Linie darum geht, daß die Patientin eine adäquate Behandlung erhält. Meist suche ich nach ISHs ebenso wie nach anderen Identitäten, nämlich indem ich direkt nach ihnen frage. Ich frage, ob es eine Alter-Persönlichkeit gibt, die sich selbst als Führer, Lotsen, Helfer oder Heiler ansieht und die mich in meiner Arbeit mit der Patientin unterstützen kann. Da die erste Persönlichkeit, die sich auf eine solche Aufforderung hin meldet, oft nicht der ISH ist, sollte man als Therapeut die Aussage einer Alter-Persönlichkeit, sie sei ein ISH, nicht grundsätzlich für bare Münze nehmen. Ein echter ISH ist auf längere Sicht zu erkennen. Auch die übrigen Alter-Persönlichkeiten können dazu beitragen festzustellen, ob der Therapeut es mit einem echten ISH zu tun hat oder nicht.

Ich sehe den ISH als einen Führer oder Lotsen oder als Quelle für Informationen über das Persönlichkeitssystem und über die Richtung, in welche die Therapie sich bewegen muß. Wie Caul in der oben zitierten Passage andeutet, übermittelt der ISH Information immer nur in sehr kleinen Mengen und zudem oft unvollständig. Sie kann überdies unausgesprochene Annahmen enthalten, über deren Vorhandensein sich der Therapeut nicht im klaren ist. ISHs sind rätselhafte Wesen, die den Therapeuten zwingen, sich einen Reim auf ihre orakelhaften Äußerungen zu machen. Zwar kann er den ISH um Erklärung bitten, doch wird ihm diese Bitte nicht immer erfüllt. Wenn ich den Eindruck habe, mit einem ISH zu sprechen, bemühe ich mich im allgemeinen, seinen Rat bei meinen Interventionen zu berücksichtigen, doch lasse ich dabei stets eine gewisse Vorsicht walten. Es gibt ISH-Betrüger, die irreführende und destruktive Ratschläge geben; der Therapeut sollte also auf der Hut sein.

In einigen Fällen gibt es im System einer Patientin mehrere ISHs, von denen jeder Autorität über eine Gruppe oder Familie von Alter-Persönlichkeiten hat, ohne daß einer von ihnen über den Zugang zum gesamten System verfügt. Therapeuten, die mit der DIS noch nicht besonders vertraut sind, werden oft aufgebracht, wenn sie feststellen, daß ihr bisheriger ISH sich auflöst oder sie verläßt, sobald sie eine neue Ebene des Persönlichkeitssystems erreichen. Der betreffende ISH ist dann einfach an die Grenzen seines Wissens und seiner Autorität gelangt, und meist findet sich im weiteren Verlauf der Therapie ein neuer ISH ein. An dieser Stelle sollte erwähnt werden, daß es ISH-Persönlichkeiten oft an Stehvermögen fehlt und daß sie es nicht ertragen, für längere Zeiten »draußen« zu sein (Caul 1984).

Im ISH kommt zum Ausdruck, daß die Patientin auf einer bestimmten Ebene eine beobachtende Ich-Funktion hat, die stattfindende Prozesse genau kommentieren, Rat geben und Vorschläge machen kann, wie der gesamten Persönlichkeit am besten zu Einsichten und zu einem gewissen Einfluß auf ihre Pathologie zu verhelfen ist. Man findet diese Funktion oft auch bei Nicht-DIS-Patienten und kennt sie von sich selbst. Es ist wichtig, solchen Stimmen innerer Weisheit zu lauschen, doch wäre es verfehlt, sie als allwissend oder allmächtig anzusehen. Wenn man sich damit abmüht, einen schwierigen Patienten zu behandeln, wünscht man sich oft irgendeine Wunder wirkende Intervention, und mein Eindruck ist, daß dieser Wunsch manche Therapeuten dazu treibt, ISHs Allwissenheit zuzuschreiben. Natürlich sollte man dem Patienten zuhören, insbesondere wenn ein ISH vorhanden zu sein scheint, doch letztendlich muß man stets dem eigenen therapeutischen Urteil vertrauen.

Die Arbeit mit Tagebüchern und anderen Formen von Aufzeichnungen

Viele Therapeuten wie auch viele DIS-Patienten berichten, das Führen eines Tagebuchs und/oder das Niederschreiben der eigenen Lebensgeschichte sei eine wertvolle Therapieaufgabe, die dazu beitrage, mehr über das Persönlichkeitssystem herauszufinden, unzugängliches Material wieder zugänglich zu machen und bei der Patientin ein Gefühl für die eigene zeitliche Kontinuität zu stärken. Kluft (1984d) tritt für tägliche Schreibübungen als eine Form sequentieller Aufgaben ein, die bei der Diagnose von DIS von Nutzen sein können. Er empfiehlt Patienten, täglich alles aufzuschreiben, was ihnen durch den Kopf geht, und die aufgeschriebenen Gedanken zur Therapiesitzung mitzubringen. Wie er berichtet, kündigen sich viele Alter-Persönlichkeiten zunächst auf diese Weise an. Caul (1978a) empfiehlt, Patienten eine Chronologie ihres bisherigen Lebens schreiben zu lassen.

Abgesehen von der in Kapitel 6 beschriebenen Technik des schwarzen Bretts habe ich festgestellt, daß Tagebuchführen (und/oder das Schreiben einer Autobiographie oder das Aufschreiben der eigenen Lebensgeschichte in einer anderen Form) bei der Offenlegung von Informationen über die Bezüge zwischen dem Persönlichkeitssystem und der Lebensgeschichte der Patientin sehr nützlich ist. Anfangs wird die Patientin, und insbesondere ihre Gastgeber-Persönlichkeit, bei dem Vorschlag, einmal darüber nachzudenken, ob sie sich vorstellen kann, so etwas zu tun, zurückscheuen.

Dieser Widerwille basiert gewöhnlich auf der Erfahrung des Zeitverlusts oder tiefer Depersonalisationsempfindungen während solcher Schreibsitzungen, und manchmal darauf, daß sich in den Aufzeichnungen später merkwürdige, obszöne, bedrohliche oder beängstigende Botschaften finden.

In weiter fortgeschrittenen Stadien der Therapie, wenn die DIS-Patienten die Diagnose in stärkerem Maße akzeptieren, verfallen sie oft ins gegenteilige Extrem und überhäufen den Therapeuten mit ellenlangen Auszügen aus autobiographischen Schriften. Manchmal werden solche Autobiographien zu wichtigen Projekten, deren Ausführung die Alter-Persönlichkeiten um ein gemeinsames Thema vereint und die zum Fokus der inneren Kollaboration und der Selbstoffenbarung werden. Jede Identität kann ihren Teil zu dem Puzzle beitragen, und jede lernt die übrigen durch deren Beiträge kennen. Als eine Art Vorbereitung auf die Fusion und Integration fügt sich die Patientin sozusagen zuerst auf Papier zusammen. Die Aufzeichnung mancher früheren Erlebnisse kann von Abreaktionen begleitet sein, doch viele Patienten lernen problemlos, damit fertig zu werden, und sie benutzen diese Technik, um die in der Therapie begonnene Arbeit auch außerhalb der Behandlungssituation fortzusetzen. Weil die meisten Multiplen unter zahlreichen schweren Traumata leiden, ist es natürlich von Nutzen, wenn sie in der Zeit außerhalb der Therapie einen Teil der therapeutischen Abreaktion selbständig durchführen können.

Die Arbeit mit inneren Verfolgern

Innere Verfolger-Persönlichkeiten sind bei den meisten DIS-Patienten zu finden (Putnam *et al.* 1986), und gewöhnlich sind ihre feindseligen Handlungen gegen die Gastgeber-Persönlichkeit gerichtet. Ihre verschiedenen Formen von Belästigung und die Reaktionen der Patientin auf sie sind für letztere sehr qualvoll. Enthält ein System Verfolger-Persönlichkeiten, muß der Therapeut mit diesen arbeiten. Sie weichen nicht spontan von selbst, und man kann sie auch nicht austreiben. Beim ersten Zusammentreffen treten sie als schreckliche und widerliche dämonenartige Wesen auf, deren einziges Ziel ist, die Patientin zu quälen und zu beschimpfen. Langfristig erweisen sie sich oft als stärkste Verbündete des Therapeuten, und häufig spielen sie bei der Heilung der Patientin eine wichtige Rolle.

Formen innerer Verfolgung

Zu den häufigsten Erscheinungsformen innerer Verfolgung zählen kritisierende und verurteilende Stimmen, die gewöhnlich die Gastgeber-Persönlichkeit hört. Sie schelten die Patientin, setzen sie herab, bedrohen sie, drängen sie zum Selbstmord, verhöhnen sie und erheitern sich darüber, daß sie, wie sie behaupten, die *völlige* Kontrolle über die Patientin haben. Gastgeber-Persönlichkeiten, die andere Identitäten nicht wahrnehmen oder die nicht bereit sind, deren Existenz einzugestehen, reagieren auf solche Stimmen mit Entsetzen und/oder verzweifelter Resignation angesichts ihrer vermeintlich unmittelbar bevorstehenden völligen Vernichtung. Die Stimmen können eine Gastgeber-Persönlichkeit auch ablenken und stören, während sie versucht, sich auf die Lösung einer schwierigen Aufgabe zu konzentrieren. Manche Multiple bezeichnen diese Erfahrung als *Jamming* (Störung eines Radiosenders). Die Patienten scheuen sich oft, die Existenz von Stimmen zuzugeben, weil sie verhindern wollen, daß jemand sie verdächtigt, »verrückt« zu sein.

Die reale Verletzung des Körpers einer Patientin ist gewöhnlich die Form innerer Verfolgung, die Therapeuten die größten Sorgen macht, wobei zu sagen ist, daß viele Patienten dies als weniger beunruhigend empfinden als einige andere Formen von Verfolgung. Suizid ist bei Multiplen ein stets aktuelles Thema. Die inneren Verfolger können androhen, selbst Suizid zu begehen, sie können drohen, die Gastgeber-Persönlichkeit zu töten (innerer Homizid), oder sie können diese drängen oder ihr befehlen, sich selbst umzubringen. Es kann auch sein, daß die Gastgeber-Persönlichkeit Suizid als die einzige Möglichkeit ansieht, der unablässigen Qual, unter der sie leidet, ein Ende zu machen. Die spärlichen vorliegenden Untersuchungsergebnisse lassen erkennen, daß die tatsächliche Zahl der Todesfälle verglichen mit der Zahl der Suizidversuche und Suizidgesten relativ niedrig ist. Dies sollte einen Therapeuten jedoch nicht dazu veranlassen, die Möglichkeit des Suizids einfach zu ignorieren; er muß sich vielmehr darauf einstellen, daß Suizidideen und Suizidgesten im Persönlichkeitssystem von Multiplen im Hintergrund ziemlich stark präsent sind. Suizidgesten kommen bei Multiplen ziemlich häufig vor, und auch ernsthafte Suizidversuche sind keineswegs selten. Allerdings werden letztere oft durch andere Identitäten vereitelt. Dennoch leben die meisten Multiplen in den Anfangsstadien der Therapie ständig wie auf des Messers Schneide.

Daß Verfolger die Gastgeber-Persönlichkeit oder andere Identitäten durch Selbstverletzung zu bestrafen versuchen, kommt häufig vor (Bliss 1980; Putnam *et al.* 1986). Es kann passieren, daß die Gastgeber-Persönlichkeit »aufwacht« und sich mit Blut bedeckt oder auf andere Weise verletzt findet. Dies zu erleben ist für die Patienten erschreckend. Es kann auch sein, daß die Gastgeber-Persönlichkeit bedrohliche Botschaften oder noch drastischere Warnungen vor künftigem Unheil findet. Beispielsweise entdeckte eine Patientin an einer Wand ihres Schlafzimmers eine Drohbotschaft, die mit ihrem eigenen Blut geschrieben war. Selbstverletzungen kommen häufig vor, nachdem in der Therapie Traumata enthüllt wurden, und in den von Verfolgern hinterlassenen Warnungen und Botschaften wird oft ausdrücklich darauf hingewiesen, daß jede weitere Enthüllung dieser Art weitere Verletzungen oder sogar den Tod zur Folge haben kann. Es ist verständlich, daß Patienten durch solche Erlebnisse häufig von jedem weiteren Versuch, sich an in der Vergangenheit Erlebtes zu erinnern, abgebracht werden. Und genau dies ist natürlich eine der wichtigsten Aufgaben von Verfolger-Persönlichkeiten.

Verfolger können Patienten aber auch noch auf andere Weisen belästigen. Störungen des Familienlebens, des sozialen Umgangs und der beruflichen Tätigkeit von Patienten kommen recht häufig vor. Viele Multiple werden sozial isoliert, weil die Verfolger sie ihren Freunden absichtlich entfremden. Verfolger können das Familienleben von Patienten so schwierig machen, daß es schließlich zur Scheidung kommt und die eigenen Kinder sich von ihnen entfremden. Weitere Formen der Sabotage des Lebenszusammenhangs sind die Anhäufung hoher Schulden und Gesetzesverstöße, deren Ursache jeweils das Verhalten der Verfolger-Persönlichkeiten ist, wobei letzteres bei männlichen DIS-Patienten möglicherweise häufiger vorkommt. Eine besonders gefährliche Form der Sabotage besteht darin, daß die Verfolger-Persönlichkeit die Patientin in eine Situation bringt, in der sie vergewaltigt oder körperlich mißhandelt wird. Auch eine massive Störung der therapeutischen Arbeit kann von inneren Verfolgern verursacht werden. Sie können die Patientin auf zahlreiche Weisen daran hindern, zu Therapiesitzungen zu erscheinen. Sie können ihr drohen, ihr etwas anzutun, wenn der Therapeut in Besitz wichtiger Informationen gelangt, und manchmal drohen sie sogar, dem Therapeuten Schaden zuzufügen, falls die Gastgeber-Persönlichkeit die Behandlung nicht abbricht.

Ursprung und Funktionen der inneren Verfolger

Therapeuten, die an ihren ersten DIS-Fällen arbeiten, sind oft fassungslos angesichts des augenscheinlichen Hasses der Verfolger auf die Gastgeber-Persönlichkeit oder auf die Patientin. Nichts scheint die Stärke ihrer Boshaftigkeit oder die unaufhörliche Feindseligkeit und Gewalttätigkeit, die auf die arme, wehrlose Gastgeber-Persönlichkeit niedergeht, zu rechtfertigen. »Was hat sie denn nur getan, daß sie das verdient?« fragte ein Therapeut einen Verfolger, nachdem seine Patientin wegen einer Speiseröhrenverätzung ins Krankenhaus eingeliefert worden war. Der Verfolger hatte einen ätzenden Abflußreiniger geschluckt. Offensichtlich guter Dinge (obwohl die Gastgeber-Persönlichkeit unter starken Schmerzen litt), antwortete er: »Sie ist völlig unfähig und verdient es zu sterben.« Dies ist eine der typischen Erklärungen, mit denen innere Verfolger ihre destruktiven Handlungen zu rechtfertigen pflegen. Meist bringen sie gegenüber der Gastgeber-Persönlichkeit ein extremes Maß an Verachtung zum Ausdruck.

Beahrs (1982) weist darauf hin, daß die dominierende Emotion des Verfolgers gegenüber der Gastgeber-Persönlichkeit paradoxerweise Liebe sein könnte. Er ist der Auffassung, daß viele dieser »Dämonen« wütende Kinder sind. Auch ich bin der Meinung, daß Verfolger meist Identitäten im Alter von Kindern oder Jugendlichen sind. Bliss (1980) äußert, daß »alle Persönlichkeiten zunächst Freunde, Verbündete

oder, wenn man so will, geladene Gäste sind« (S. 1390). Kluft (1985b) erklärt, bei
DIS-Patienten im Kindesalter herrsche ein ebenso »bemerkenswerter« Mangel an
Verfolgern wie an reinen ISH-Persönlichkeiten. Er äußert die Vermutung, daß die
Verfolger sich sowohl aus einer masochistischen Wendung des feindseligen Affekts
nach innen als auch aus früheren Helfer-Persönlichkeiten entwickeln, die ursprünglich geschaffen wurden, um Mißhandlungen oder Mißbrauch zu erleiden, dann im
Laufe der Zeit eine Identifikation mit dem Aggressor entwickelten und sich nun weigern, für die anderen Persönlichkeiten das Leiden zu übernehmen. Dem augenblicklichen klinischen Eindruck zufolge begannen die meisten Verfolger-Persönlichkeiten
als Helfer oder als Identitäten, deren Aufgabe es war, Mißhandlungen zu absorbieren, und verwandelten sich im Laufe der Zeit zu jenen feindseligen, strafenden Identitäten, die bei den meisten erwachsenen DIS-Patienten zu finden sind. Man sollte
sich die Mühe machen, sich diesen Ursprung zu vergegenwärtigen, wenn man sich
mit einer jener unglaublich scheltenden Verfolger-Persönlichkeiten auseinandersetzt,
die Patienten hämisch die völlige Vernichtung androhen.

Meiner Meinung nach erfüllen Verfolger innerhalb des Persönlichkeitssystems einige wichtige Funktionen, und dies zu erkennen und die Funktionen zu verstehen,
hilft dem Therapeuten und dem System der Patientin, eine Allianz mit jenen Identitäten aufzubauen. Vielfach bewahren Verfolger die Energie und die Affekte, die
die depressive und apathische Gastgeber-Persönlichkeit nicht zu fassen vermag, und
genau das ist oft der Grund, weshalb sie die »schwache« und »schlappe« Gastgeber-
Persönlichkeit so sehr verachten. Beahrs (1982) erklärt, wenn man den Inhalt der Äußerungen ignoriere und sich auf die Energie und die Affekte konzentriere, stelle man
fest, daß diese »Dämonen« einen großen Teil der Lebenskraft des Patienten enthielten.

Verfolger haben weiterhin die Aufgabe, für die Aufrechterhaltung des Schweigens
und die Wahrung der Geheimnisse zu sorgen, durch die frühere Mißbrauchserlebnisse verborgen gehalten werden. Dies hat oft einmal eine durchaus schützende und
lebenserhaltene Funktion gehabt. Verfolger schützen die Vergangenheit, indem sie
der Patientin und/oder dem Therapeuten für den Fall der Enthüllung des Erlebten
schreckliche Konsequenzen androhen und indem sie in der Therapie ständig eine solche Unruhe stiften, daß der Therapeut nie die Chance hat, auf die Vergangenheit zu
fokussieren. Lindy (1985) beschreibt das Konzept einer »Trauma-Membran«, durch
die ein Überlebender einer Katastrophe vor intrusiven oder inquisitorischen Fragen
seiner Verwandten oder engen Freunden geschützt wird. Die Trauma-Membran
dient dazu, alles und alle, die an das Erlebte erinnern, auf Distanz zu halten. Verfolger-Persönlichkeiten dienen DIS-Patienten oft als »Trauma-Membran«. Diese Identitäten und das Persönlichkeitssystem als Ganzes müssen davon überzeugt werden,
daß es dem Therapeuten darum geht, die Heilung zu fördern, und daß es ungefähr-
lich ist, ihm zu gestatten, hinter die Abwehr zu schauen.

Zu inneren Verfolgern in Beziehung treten

Der Therapeut muß bedenken, daß letztendlich alle Alter-Persönlichkeiten, also auch die Verfolger, im Gesamtsystem der Patientin eine Rolle spielen und ihren Platz haben. Der Therapeut sollte zu ihnen allen eine ehrliche und respektvolle Beziehung unterhalten, wobei Caul (1983) darauf hinweist, daß dies nicht gleichbedeutend mit Nachgiebigkeit ist. Es ist wichtig, beim Umgang mit Verfolgern nicht in eine verurteilende Haltung zu verfallen. Diese sind nicht grundsätzlich schlecht, sondern nur die Dinge, die sie der Gastgeber-Persönlichkeit, den übrigen Persönlichkeiten und dem Körper antun, sind von Übel. Als Therapeut sollte man bestrebt sein, Kämpfe mit Verfolgern um die Kontrolle über ihr Verhalten oder über das System der Patientin als Ganzes zu vermeiden, denn auch die Verfolger sind Teile dieses Persönlichkeitssystems, und ihre Möglichkeiten, das Behandlungsresultat zu beeinflussen, sind größer als die des Therapeuten. Der Therapeut sollte deshalb besser mit ihnen sprechen, mit ihnen verhandeln, Verträge mit ihnen schließen und versuchen, ihre Freundschaft zu gewinnen. Oft erscheint einem dies als erstaunlich leicht, bis man sich daran erinnert, daß die meisten von ihnen im Grunde verängstigten, wütenden Kindern ähneln, die von einem infantilen Gefühl der eigenen Allmacht erfüllt sind. Sie nehmen die Aufmerksamkeit und Hilfe, die ein Therapeut ihnen bieten kann, gern entgegen. Natürlich verstärkt man nicht ihr destruktives Verhalten, sondern ihre Kooperationsbereitschaft.

Viele Therapeuten meiden die Verfolger-Persönlichkeiten ihrer Patienten zunächst. Sie fürchten, diese könnten sich während der Therapiesitzungen manifestieren, und oft versuchen sie, diese Anteile zu verbannen, auszutreiben oder zu unterdrücken. Ich versuche meist, sie dazu zu bringen, sich zu manifestieren und in jeder Sitzung mindestens fünfzehn Minuten »draußen« zu bleiben. Dies scheint ihre Energien zu erschöpfen. Ich habe wiederholt erlebt, daß eine zuvor grimmige Verfolger-Persönlichkeit mir eröffnete, sie sei nun müde und müsse gehen. Wenn sich ein Verfolger manifestiert, versuche ich, so viel wie möglich über seinen Ursprung und seine augenblickliche Rolle innerhalb des Persönlichkeitssystems herauszufinden. Wann ist diese Persönlichkeit zum ersten Mal aufgetaucht? Wann fing sie an, sich zu manifestieren? Welchem Zweck diente sich ursprünglich? Welche Rolle hat sie jetzt? Ich fordere sie auf, mir alles über ihre Beziehung zur Gastgeber-Persönlichkeit und zu den übrigen Identitäten zu berichten, und ich zeige ihr gegenüber ebensoviel Verständnis wie gegenüber jeder anderen Alter-Persönlichkeit.

Es ist wichtig, die Existenz und Bedeutung von Verfolger-Persönlichkeiten anzuerkennen – gelten zu lassen, daß sie Bedürfnisse, Gefühle, Hoffnungen und Ängste der Patientin zum Ausdruck bringen. Verfolger fürchten oft, der Therapeut könnte versuchen, sie loszuwerden. Deshalb sollte man ihnen vermitteln, daß dies nicht zutrifft; daß der Therapeut weder über die Macht verfügt, sie zu töten, noch dies vorhat; und daß ihm klar ist, daß sie in einem gewissen Sinne genau das tun müssen, was sie tun, weil sie glauben, nur so könnten sie der Patientin helfen. Insofern ist es auch sinnvoll, sie an ihre Vergangenheit und an die Tatsache zu erinnern, daß sie ursprünglich der Patientin helfen wollten, mit etwas fertig zu werden, dem sie nicht gewachsen war.

Wenn ein Verfolger offenbar als Trauma-Membran fungiert und als solche die Aufgabe hat, die Gastgeber-Persönlichkeit vor unerwünschtem Wiedererinnern an schmerzhafte Situationen zu schützen, sollte man ihm versichern, daß der Therapeut mit ihm daran arbeiten wird, daß die Gastgeber-Persönlichkeit lernt, das Material auf eine Weise zu »erinnern«, die für das System als Ganzes erträglich ist. Bezüglich der Methode, dieses Ziel zu erreichen, sollte der Therapeut den Verfolger um Rat bitten. Eine Dynamik des Prozesses der inneren Verfolgung besteht darin, daß der Verfolger die Traumata und Affekte, die er absorbiert hat, um die Patientin zu schützen, zurück zur Gastgeber-Persönlichkeit und zu anderen Identitäten transferiert. Oft geschieht dies in Form eines kindlichen Versuchs, sich der Wiederholung traumatischer Erfahrungen zu entledigen (»Das habe ich für sie übernommen, und jetzt soll sie spüren, wie das war«). Als Therapeut muß man Verfolgern zu verstehen helfen, daß die Patientin als gesamtes Persönlichkeitssystem andere Möglichkeiten hat, sich schmerzhafte Erinnerungen und Affekte wieder zu eigen zu machen.

Vielfach behandelt die Gastgeber-Persönlichkeit die Verfolger im Grunde sehr schlecht. Dies geschieht oft durch unwissentliche Unterdrückung oder durch kaum bewußte Ablehnung. Hilft man der Gastgeber-Persönlichkeit, die Existenz eines Verfolgers anzuerkennen, so führt dies in Verbindung mit der Tatsache, daß der Verfolger-Anteil bestimmte legitime Bedürfnisse und Gefühle verkörpert, oft zur Verringerung der Intensität des inneren Konflikts. Letztlich muß die Patientin als Gesamtsystem alle Verfolger wieder integrieren. Zum Glück sind Verfolger trotz ihrer scheinbaren Versuche, die Patientin zu vernichten, oft bereit, den Schmerz, den sie bewahren, loszulassen und mit den übrigen Identitäten zusammenzuarbeiten. Viele dieser zerstörerischen Identitäten werden zu einem späteren Zeitpunkt der Therapie zu Heilern.

Verfolger auf verschiedenen Ebenen

Wie ISH-Persönlichkeiten existieren auch Verfolger-Persönlichkeiten auf verschiedenen Ebenen des Persönlichkeitssystems. Beginnt ein bestimmter Verfolger weich und kooperativ zu werden, erzählt er dem Therapeuten oft von einem anderen Verfolger, der irgendwo im Hintergrund lauert und »zehnmal schlimmer« als er selbst ist. Der Therapeut sollte sich solche Einschätzungen der Bösartigkeit anderer Identitäten nicht unhinterfragt zu eigen machen, da sie meist ein Produkt der infantilen Allmachtsphantasien und der Wut des Verfolgers sind. Die zunehmende »Wut« von Verfolgern tieferliegender Ebenen hängt damit zusammen, daß sie gewöhnlich Hüter traumatischerer Schichten dissoziierter Erinnerungen und Affekte sind. Weist das Persönlichkeitssystem eine Schichtenstruktur auf (und dies ist bei vielen DIS-Patienten der Fall), muß der Therapeut alle Schichten durcharbeiten und sich auf jeder erneut mit den Alter-Persönlichkeiten auseinandersetzen. Dies ist manchmal eine gewaltige Aufgabe. Andererseits kann er sich nach Durcharbeiten einiger Schichten ein gutes Bild davon machen, wer und was auf den folgenden Ebenen zu erwarten ist.

Graphische Darstellung des Persönlichkeitssystems

Die Idee, das Persönlichkeitssystem von DIS-Patienten zu kartieren, ist nicht neu. Schon Morton Prince (1909a) und Walter Franklin Prince (1917) haben Diagramme ihrer Sicht des Systems der Alter-Persönlichkeiten ihrer Patienten veröffentlicht. Bennett Braun (1986) hat die Idee des *Mapping* zu einer nützlichen therapeutischen Technik weiterentwickelt.

Dabei geht es im Grunde darum, daß das Persönlichkeitssystem aufgefordert wird, in Form einer Landkarte, eines Diagramms oder eines Schemas darzustellen, wie die verschiedenen Alter-Persönlichkeiten nach ihrem eigenen Verständnis oder ihrem Eindruck von ihrer inneren Welt zusammenwirken. Die Art der Gestaltung einer solchen Darstellung sollte dem Persönlichkeitssystem überlassen bleiben. Ich habe schon Mercator-Projektionen, Tortengraphiken, Architektenzeichnungen, Organigramme, zielscheibenartige Arrangements konzentrischer Kreise, Ziffernblätter, Listen sowie einige absolut nicht klassifizierbare Dokumente erhalten. Entscheidend ist, daß alle Persönlichkeiten auf einer solchen Darstellung in irgendeiner Weise repräsentiert sind. Die Resultate können sehr unterschiedlich ausfallen, und ein großer Prozentsatz der DIS-Patienten ist nicht in der Lage, auch nur irgendeine Art von Darstellung zu produzieren. Doch gelegentlich schaffen Patienten nützliche Dokumente, die Therapeuten (und natürlich auch den Patienten selbst) wichtige Erkenntnisse über die Dynamik des Persönlichkeitssystems liefern und sie auf Bereiche aufmerksam machen, in denen noch therapeutisch gearbeitet werden muß.

Zu den nützlichsten Informationen, die eine solche graphische Darstellung liefert, zählen solche über die »weißen« Bereiche, in denen nach dem Gefühl der Patienten eigentlich etwas oder jemand existieren »müßte«. Solchen Hinweisen auf die mögliche Existenz bislang verborgener Alter-Persönlichkeiten sollte der Therapeut nachgehen und sich bemühen, die betreffenden Wesenheiten kennenzulernen. Auch Informationen des Diagramms darüber, welche Alter-Persönlichkeiten innerhalb des Systems benachbart sind, können bei der therapeutischen Arbeit von Nutzen sein, denn sie geben Aufschluß darüber, welche Identitäten sich im Zuge der Teilfusionen, die der abschließenden Fusion vorangehen, miteinander verbinden lassen. Die Art des Diagramms läßt Rückschlüsse darüber zu, welche Metapher das Persönlichkeitssystem favorisiert; diese kann dann für die Arbeit mit ihm genutzt werden. So vergleichen einige DIS-Patienten ihren Körper mit einem Haus, in dem die einzelnen Alter-Persönlichkeiten separate Zimmer bewohnen. Eine Darstellung eines solchen Systems könnte einer Architektenzeichnung ähneln, und das dargestellte Gebäude könnte so strukturiert sein, daß die Räume der einzelnen Identitäten zu einer zentralen Halle oder einem entsprechenden Raum hinführen. Therapeuten können mit Hilfe dieser Struktur die Alter-Persönlichkeiten lokalisieren, Kommunikationsverbindungen zu ihnen aufbauen, Treffen mit ihnen organisieren und dergleichen. Außerdem sollten sie mit Hilfe der Darstellung Metaphern auswählen, um einzelnen Identitäten Sachverhalte und Konzepte auf eine ihnen verständliche Weise erklären zu können. Komplexe Systeme werden von DIS-Patienten häufig in Form mehrerer separater Familien von Persönlichkeiten dargestellt. In solchen Fällen liefert das Diagramm dem Therapeuten Information darüber, welche Alter-Persönlichkeiten Gruppen bilden und welche die Verbindung zwischen den einzelnen Familien aufrechterhalten.

Ist das Diagramm erstellt, sollten sowohl die Patientin als auch der Therapeut eine Kopie davon aufbewahren. Die Darstellung sollte von Zeit zu Zeit auf den aktuellen Stand gebracht werden, und bei dieser Gelegenheit können neu entdeckte »weiße« Bereiche erfaßt, teilweise Integrationen dokumentiert und neu entdeckte Alter-Persönlichkeiten vermerkt werden. Vor einer »abschließenden« Integration sollten Patientin und Therapeut sich das Persönlichkeitsdiagramm noch einmal genau anschauen und feststellen, ob es noch unverbundene Teile oder unklare Bereiche gibt, die auf unentdeckte Alter-Persönlichkeiten hindeuten oder in anderer Weise erkennen lassen, daß bestimmte Aspekte der Arbeit noch nicht abgeschlossen sind.

Widerstand gegen die Behandlung

Definition

Langs (1974a) definiert Widerstand als »alle Mechanismen (d.h. Widerstände), die der Patient benutzt, um den Fortschritt seiner Behandlung zu behindern und den affektiven Ausdruck potentiell belastenden Materials unbewußter, konfliktbezogener Phantasien in der Behandlungssitzung zu verhindern« (S. 464). Wenn es um Patienten mit multipler Persönlichkeit bzw. DIS geht, kann man den in dieser Definition vorkommenden Begriff »Phantasien« durch »dissoziierte Erinnerungen und Affekte« ersetzen. Widerstand tritt bei allen Formen von Psychotherapie auf, und die therapeutische Behandlung von Multiplen ist da keine Ausnahme. Doch manifestiert sich nicht jede Abwehr als Widerstand. Bei DIS-Patienten tritt Widerstand am häufigsten bei der Arbeit an der Enthüllung traumatischer Erinnerungen auf. Wie bei allen Patienten sind Widerstände auch bei Multiplen überdeterminierte, von unbewußten Impulsen gespeiste Prozesse, die der Patientin größtenteils nicht bewußt sind.

Widerstände sind außerdem wichtige Anzeichen für therapeutische Irrtümer. Unkorrekte oder ungeeignete Interventionen können die zum betreffenden Zeitpunkt vorherrschenden Manifestationen von Widerstand verstärken oder zur Entstehung neuer Widerstandsformen führen. Ein Therapeut sollte sich über seinen eventuellen Beitrag zum plötzlichen Erstarken des Widerstandes einer Patientin nach einer »therapeutischen« Intervention Gedanken machen. Nicht alle Formen des Ausdrucks von Widerstand bedrohen die therapeutische Beziehung, doch alle Störungen der therapeutischen Beziehung sind deutliche Formen des Ausdrucks von Widerstand (Langs 1974a).

Manifestationen von Widerstand

Welche Form Widerstand annimmt, hängt von verschiedenen Faktoren ab. Dazu zählen die Beziehung zwischen Patientin und Therapeut, der im Therapieverlauf erreichte Punkt (z.B. der Anfang oder ein späterer Zeitpunkt der Behandlung), das traumatische Material, das durch den Widerstand verborgen werden soll, das Persönlichkeitssystem der Patientin und die Umstände der Behandlung (z.B. ob sie stationär oder ambulant erfolgt), um nur einige wichtige Einflußfaktoren zu nennen. Langs (1974a) hat eine Anzahl typischer Formen von Widerstand beschrieben, die er zu Anfang der Behandlung bei vielen Arten von Patienten beobachtet hat. Dazu zählen das Beschuldigen anderer, Mißtrauen und paranoide Gefühle, Ausagieren, Versuche, mit Hilfe einer wichtigen Bezugsperson eine Gegenposition zur Behandlung aufzubauen, Leugnen emotionaler Probleme, finanzielle oder terminliche Schwierigkeiten sowie Angst vor der Behandlung und vor dem Therapeuten. Bei Multiplen können alle diese klassischen Widerstandsformen auftreten, doch darüber hinaus entwickeln sie einige nur für sie charakteristische Formen von Widerstand bzw. besondere Ausdrucksformen klassischer Widerstandsarten.

Fugues, Trancen und Depersonalisationen

Dissoziation ist die primäre Abwehr, die Multiple gegen Traumata entwickeln. Insofern ist es kaum überraschend, daß bei ihnen Dissoziation auch eine der wichtigsten Formen von Widerstand gegen die Behandlung ist. Innerhalb der Behandlungssituation manifestiert sich Widerstand oft in Form tranceartiger Zustände oder tiefer Depersonalisationsempfindungen. In tranceartigen Zuständen wird die Patientin mehr oder minder teilnahmslos und »starrt Löcher in die Luft«. Zu Patienten, die sich in diesem Zustand befinden, kann ein Therapeut nur sehr schwer Kontakt aufnehmen. Oft tritt nach Ablauf der Behandlungszeit, wenn die nächste Patientin auf ihre Behandlung wartet, eine Krisensituation ein. Es kommt auch vor, daß Patienten tiefe Depersonalisationserfahrungen machen und auf alle Versuche der Kontaktaufnahme mit freischwebender Losgelöstheit reagieren.

Außerhalb der Behandlungssituation manifestiert sich Widerstand häufig in Form von »Mini-Fugue«-Episoden. Die Patientin verläßt die Behandlungssitzung und verfällt danach mehrere Stunden lang in einen dissoziierten Zustand, bis sie schließlich an einem ihr unbekannten Ort »zu sich kommt« und in Panik den Therapeuten anruft. Während der Sitzung hechten Patienten manchmal plötzlich völlig panisch oder in dissoziiertem Zustand zur Tür. Solche Erlebnisse, die gewöhnlich sowohl bei den Patienten als auch beim Therapeuten starkes Unbehagen hervorrufen, erschweren die aktive Offenlegung traumatischen Materials.

Ausagieren

Als eine Form des Widerstandes kann auch das Ausagieren Myriaden von Formen annehmen, doch für den Therapeuten besonders beunruhigend sind Suizid-Gesten, gegen andere Menschen gerichtete Gewalttätigkeit und Selbstverletzungen. Suizid-Gesten und Selbstverletzungen können unmittelbar im Anschluß an Sitzungen auftreten, in denen versucht wurde, an traumatisches Material heranzukommen. Verfolger-Persönlichkeiten, deren Aufgabe es ist, für die Geheimhaltung bestimmter Fakten zu sorgen, sind oft für solche Aktivitäten verantwortlich.

Innerer Aufruhr und akute Regression

Kind- und Baby-Persönlichkeiten veranlassen Multiple zuweilen zu stark regressiven Verhaltensweisen. Taucht in Augenblicken extremer Angst bei ihnen eine Baby-Persönlichkeit auf, verfallen sie manchmal in den präverbalen Zustand des Daumenlutschens. Auf tyrannische Zweijährige oder andere Kind-Persönlichkeiten mit gestörter Realitätsprüfung tauchen gelegentlich auf und halten den Therapeuten mit »Babysitting« beschäftigt, so daß ihm für die eigentliche psychotherapeutische Arbeit keine Zeit bleibt. Oft schickt das Gesamtsystem diese Baby- oder Kind-Persönlichkeiten vor, um die Offenlegung traumatischer Erlebnisse zu verhindern. Eine Persönlichkeit, die nicht reden kann, kann auch kein stark belastendes Material offenlegen. Eine Regression kann auf einen angehenden Therapeuten sehr beunruhigend wirken, weil sie von ihm als Zeichen für eine Verschlechterung im Zustand des Patienten gedeutet wird. Häufig wird der Fehler gemacht, auf solche Regressionen mit »unterstützenden« Interventionen zu reagieren oder sie mit Medikamenten zu behandeln.

Ein innerer Aufruhr, bei dem das Persönlichkeitssystem zu einem brüllenden Mob im Kopf der Patientin (gewöhnlich im Kopf der Gastgeber-Persönlichkeit) degeneriert, macht oft jede weitere Arbeit unmöglich, weil die Patientin dabei von inneren Reizen überflutet wird. Außerdem können Konversionssymptome oder »hysterische« Symptome produziert werden, die ebenfalls leicht anstelle des traumatischen Materials zum Fokus der Therapie werden. Bei DIS-Patienten auftretende Konversionssymptome sind gewöhnlich höchst symbolisch für das, was sie verbergen.

Das Hineinziehen anderer Menschen in die Therapie

Wie bereits früher in diesem Kapitel erwähnt, tendieren DIS-Patienten dazu, andere Menschen in ihre Behandlung hineinzuziehen. Dies ist meist eine Form von Widerstand und verursacht nicht selten erhebliche Störungen der therapeutischen Beziehung. Deshalb sollten alle Versuche, andere Personen, insbesondere aber andere Therapeuten, in die Therapie hineinzuziehen, eingehend daraufhin untersucht werden, ob sie Manifestationen von Widerstand gegen die Behandlung sind.

Leugnen der Multiplizität und/oder Flucht in die Gesundheit

Flucht in die Gesundheit und Leugnen der Multiplizität kommen sehr häufig vor, und zwar gewöhnlich dann, wenn in der Therapie ernsthaft damit begonnen wird, auf die Offenlegung von Traumata hinzuarbeiten. Oft erklären Multiple nach einer schwierigen Sitzung bei der ersten sich bietenden Gelegenheit, nun sei die Fusion eingetreten, und sie wirken dabei tatsächlich sehr ruhig und selbstsicher. David Caul (1985a) stellt fest, daß ein »Therapeut solche erfreulichen Neuigkeiten mit großer Vorsicht aufnehmen sollte« (S. 5). Zwar kommt es bei DIS-Patienten *tatsächlich* gelegentlich spontan zu vollständigen Fusionen, doch daß dies mitten in einer turbulenten Therapie geschieht, in der gerade damit begonnen wird, an bisher verborgenen Traumata zu arbeiten, ist höchst unwahrscheinlich. Caul (1985a) empfiehlt, sorgfältig nach Gründen für das angebliche Eintreten dieser »Fusion« zu suchen. Insbesondere sollte der Therapeut danach fragen, *wie* die »Fusion« eingetreten ist: nach den Umständen, unter denen dies geschehen ist, nach Berichten anderer Persönlichkeiten und danach, auf welche Weise letztendlich die Entscheidung darüber getroffen wurde. Manchmal agieren Patienten den unbewußten Wunsch des Therapeuten aus, die übrigen Identitäten loszuwerden.

Leugnen der Multiplizität kommt im gleichen Kontext häufig vor. Die Patientin »gibt zu«, daß sie »alles nur erfunden hat«. Doch häufig geht dem Leugnen eine eindeutige Demonstration der Multiplizität der Patientin voraus (oder diese folgt dem Leugnen), indem eine oder mehrere Alter-Persönlichkeiten die innere Unterdrückung durchbrechen, um zu bekunden, daß sie nach wie vor existieren. Weder »spontane Fusion« noch Leugnen der Multiplizität sind akzeptable Gründe dafür, die Behandlung zu beenden. Selbst wenn eine Patientin tatsächlich spontan den Zustand der Fusion erreicht hat, bleibt die wichtige Therapiephase nach der Einigung, die für einen erfolgreichen Abschluß der Behandlung unverzichtbar ist.

Persönlichkeiten, die sich nicht an der Behandlung beteiligen

»Geh mir doch weg mit diesem ganzen Therapie-Mist! *Sie* ist die Patientin, nicht ich. Ich bringe sie nur hierher«, hat einmal eine Alter-Persönlichkeit zu mir gesagt. Bei einigen Patienten beharren bestimmte Alter-Persönlichkeiten darauf, daß sie nicht an der Behandlung beteiligt sind. Sie behaupten von sich, sie hätten keinerlei Probleme, und nur die übrigen Persönlichkeiten (insbesondere die Gastgeber-Persönlichkeit) bräuchten eine Therapie. Eine solche Identität ähnelt jenen Patienten, die ihren Therapeuten erklären: »*Ich* habe keine Probleme. Eigentlich sollte *meine Frau* [meine Mutter, mein Chef usw.] zu Ihnen zur Behandlung kommen.« Der Therapeut muß in einem solchen Fall vermitteln, daß alle Identitäten lernen müssen, in irgendeiner Form zusammenzuleben, und daß sie deshalb alle ohne Ausnahme in Behandlung sind.

Bitten um die Verschreibung von Psychopharmaka oder um die Durchführung anderer Interventionen

Bitten um eine Behandlung mit Medikamenten, um die Verabreichung von Elektroschocks oder um andere Formen somatischer Behandlung sind gewöhnlich Manifestationen starken Widerstands gegen die Offenlegung, das erneute Durchleben und die Verarbeitung von Traumata. Daß viele Patienten hoffen, solche Therapiemaßnahmen könnten den erinnerten Schmerz überdecken, ist durchaus verständlich. Gewöhnlich bittet die Gastgeber-Persönlichkeit um derartige Interventionen. Manchmal sucht sie auch nach Möglichkeiten, Identitäten, die ihr als Peiniger oder als in anderer Weise unangenehm erscheinen, zu unterdrücken. Ein Therapeut sollte derartige Bitten zusammen mit der Gastgeber-Persönlichkeit und mit anderen Identitäten sorgfältig untersuchen, denn ihre schlichte Ablehnung wird leicht als Zurückweisung und Deprivation erlebt. Orientierungshilfen für die Anwendung von Medikamenten werden in Kapitel 10 gegeben.

Information ohne Kontext

Bei einer DIS-Therapie fehlt einem großen Teil der Information, die die Patientin zu Beginn der Behandlung liefert, ein eindeutiger Kontext. Erinnerungen, Gefühle und Verhaltensweisen scheinen wie aus dem Nichts zu kommen, und es fällt der Patientin sehr schwer, sie mit früheren Erlebnissen oder aktuellen Situationen in Verbindung zu bringen. Dies ist größtenteils ein Resultat der auf die Dissoziation zurückzuführenden Zerstückelung und Diskontinuität der Erinnerung. Dieser Prozeß wird zu einem Widerstand, wenn bei der Patientin wiederholt wichtiges Material auftaucht, sie jedoch jeden Versuch scheut, dem Therapeuten zu helfen, dieses Material in den umfassenderen Kontext einzuordnen. Tritt dies ein, sollte der Therapeut die Situation mit Hilfe des gesamten Systems untersuchen. Es ist schwierig, ohne Kenntnis eines Kontexts sinnvoll therapeutisch zu arbeiten, und, wie Langs (1974a) erklärt: »Jede effektive psychotherapeutische Arbeit beginnt letztendlich mit den Realitätspräzipitaten und endet mit deren innerpsychischen Auswirkungen« (S. 285).

Der Umgang mit Widerständen

Das Fokussieren auf Widerstände sollte *nicht* zum zentralen Anliegen der psychotherapeutischen Arbeit mit DIS-Patienten werden. Vielmehr geht es in einer solchen Behandlung zunächst darum, den Patienten zu stabilisieren, dann um die Stärkung der inneren Kommunikation und Kooperation und schließlich um die Offenlegung und Reintegration dissoziierter Erinnerungen und Affekte. Widerstände sollten nur dann untersucht und bearbeitet werden, wenn sie die Arbeit an den zentralen therapeutischen Aufgaben behindern. Der erste Schritt bei der Arbeit an Widerständen besteht in der Erkenntnis des Therapeuten, daß Widerstand existiert und daß er die Arbeit an den zentralen therapeutischen Anliegen behindert. Anschließend muß er so gut wie möglich klären, welcher Art der Widerstand ist und welche Antriebskraft ihn speist. Mit Patienten sollte man über Widerstand sehr direkt und einfach sprechen, um das Persönlichkeitssystem darauf aufmerksam zu machen, daß die zentrale therapeutische Arbeit durch ein Hindernis erschwert wird. Der Therapeut sollte feststellen, in welchem Aspekt des therapeutischen Geschehens der Widerstand zum Ausdruck gelangt und wie er die therapeutische Arbeit blockiert. Außerdem sollte er die Patientin über die vom Widerstand verursachten »Kosten« informieren.

Zusammenfassung

In diesem Kapitel wurden einige psychotherapeutische Techniken und Interventionen beschrieben und ihre Anwendung im Hinblick auf das Persönlichkeitssystem als Ganzes und auf bestimmte Alter-Persönlichkeiten aufgezeigt. Das Hineinsprechen in das System, ein sehr nützliches Hilfsmittel, ermöglicht es Therapeuten, sich an das gesamte Persönlichkeitssystem zu wenden und gleichzeitig die Patientin aufzufordern, Kanäle für die innere Kommunikation zu öffnen. Die vollständige Rekonstruktion von Erinnerungen ist eine der wichtigsten Aufgaben einer DIS-Therapie. Der Therapeut muß der Patientin helfen, die Einzelteile richtig zusammenzufügen und den Inhalt der Erinnerung mit den sie begleitenden Affekten zu integrieren. Die Querbefragung *(cross-inventorying)* ist für die gesamte Arbeit mit Multiplen von großem Nutzen, weil der Therapeut sich mit ihrer Hilfe allmählich über das Gesamtsystem der einander ergänzenden Alter-Persönlichkeiten klar werden kann. Träume können den Weg zu nicht erinnerten Traumata weisen und außerdem benutzt werden, um die gemeinsame Grundlage der Alter-Persönlichkeiten zu veranschaulichen. Die Arbeit mit Journalen, Tagebüchern oder Autobiographien hilft Patienten, ihre Lebensgeschichte von außen zu betrachten, was es ihnen erleichtert, sie zu ordnen und zu internalisieren. Weiterhin kann man Patienten auffordern, eine graphische Darstellung des Persönlichkeitssystems zu entwickeln und so ihrem Therapeuten einen Einblick in ihre innere Organisation und in die von ihnen bevorzugten Metaphern zu ermöglichen.

Ein innerer Selbst-Helfer (ISH) kann dem Therapeuten nützliche Dienste als Führer und Lotse erweisen, wobei darauf hinzuweisen ist, daß solche Alter-Persönlichkeiten nicht bei allen DIS-Patienten zu finden sind und daß es auch betrügerische ISHs gibt. Verfolger-Persönlichkeiten erscheinen zwar als destruktiv und gefährlich, doch bewahren sie wichtige Affekte und Energien, die im Dienste der Ganzheit der Patienten genutzt werden müssen. Viele Verfolger haben keine andere Absicht, als sich der Erforschung von Traumata zu widersetzen, und man kann sie gewinnen, indem man ihnen gestattet, ihre Ansichten zu äußern. Bei Multiplen sind sämtliche bekannten Arten von Widerstand gegen die Behandlung zu finden und zusätzlich einige außergewöhnliche Varianten, weshalb die therapeutische Arbeit mit solchen Patienten stets interessant ist.

9

Die Rolle von Hypnose und Abreaktion in der Therapie

Despines erfolgreiche Behandlung der Patientin Estelle im Jahre 1837, einer elfjährigen Schweizerin mit dualer Persönlichkeit und einer Konversionsstörung mit Lähmungserscheinungen ist der erste dokumentierte Fall, in dem bei der Behandlung von DIS Hypnose eingesetzt wurde (Ellenberger 1970). Doch stellte Janet (1889) als erster die Verbindung zwischen hypnotischen Trancezuständen und der multiplen Persönlichkeit her. Kliniker, die mit DIS-Patienten arbeiten, staunen nach wie vor über die besonders ausgeprägte Hypnotisierbarkeit der Multiplen (Bliss 1986; Brandsma u. Ludwig 1974; Braun 1984c; Kluft 1982). Brende und Rinsley (1981) sind meines Wissens die einzigen, die über ihre Arbeit mit einem DIS-Patienten berichten, der *nicht* gut hypnotisierbar war. Bliss (1984b) hat die Hypnotisierbarkeit von DIS-Patienten systematisch erforscht, und seinen Ergebnisse zufolge treffen die oben zitierten anekdotischen Berichte zu.

Einschätzung zur iatrogenen Erzeugung der Störung durch Hypnose

Die Sorge, daß DIS durch mißbräuchliche Anwendung von Hypnose erzeugt werden könnte, läßt sich mindestens bis in die Zeit der Schriften von Janet (1889) und Morton Prince (1890/1975) zurückverfolgen, und auch heute noch beschäftigt diese Möglichkeit viele Therapeuten, die mit DIS-Patienten zu arbeiten beginnen. Artikel von Harriman (1942a, 1942b, 1943), Leavitt (1947) und Kampman (1974, 1975, 1976) werden oft als »Beweis« dafür angeführt, daß DIS mit Hilfe von Hypnose erzeugt werden kann. Braun (1984b), Kluft (1982) und Greaves (1980) haben diese Berichte kritisch untersucht und sind zu der Überzeugung gelangt, daß »Persönlichkeiten«, die durch hypnotische Manipulationen induziert werden, »unter Berücksichtigung aller vernünftigen Kriterien keine multiplen Persönlichkeiten sind« (Braun 1984b, S. 194). Kluft (1982) ist der Auffassung, daß »die mit Hypnose verbundenen Risiken in der Literatur im allgemeinen überschätzt werden« (S. 232). Ich schließe mich den unabhängigen Einschätzungen experimentell geschaffener Wesenheiten durch Greaves, Braun und Kluft an. Die Beschreibungen hypnotisch induzierter Wesenheiten entsprechen absolut nicht dem, womit man in der klinischen Arbeit mit DIS-Patienten konfrontiert wird.

Einige Autoren warnen davor, daß ein Therapeut, ob mit oder ohne Hypnose, unabsichtlich das Verhalten einer Patientin formen oder verstärken und dadurch den dissoziativen Prozeß verschärfen kann (Bowers *et al.* 1971; Gruenewald 1977; Horton u. Miller 1972). Ein statistischer Vergleich der festgestellten Symptome und der jeweiligen Beschaffenheit des Systems der Alter-Persönlichkeiten (z.B. deren Zahl und Art) bei mit Hypnose und bei anderweitig behandelten DIS-Patienten ergab, daß zwischen beiden Gruppen keine signifikanten Unterschiede bestehen (Putnam *et al.* 1986). Das Auftauchen von Identitäten im Laufe der Therapie – im Gegensatz zu den bereits vor der Therapie existierenden – wurde bei etwa 30 Prozent der im Rahmen der NIMH-Übersichtsstudie untersuchten Fälle festgestellt (Putnam *et al.* 1986), und in der klinischen Literatur (Bliss 1980; Brandsma u. Ludwig 1974; Herzog 1984) berichten erfahrene Therapeuten über ähnliche Beobachtungen. Zwischen mit Hypnose und anderweitig behandelten Patienten besteht nach allen vorliegenden Berichten kein statistischer Unterschied hinsichtlich der berichteten Häufigkeit des Neuentstehens von Persönlichkeiten (Putnam *et al.* 1986). Nach den heute vorliegenden Untersuchungsergebnissen ist Hypnose ein effektives Werkzeug für die Behandlung von DIS und trägt nicht zu einer Verschärfung der dissoziativen Pathologie bei.

Induktion von Trancezuständen bei DIS-Patienten

Spontane Trancen

Auf die Möglichkeit des spontanen Eintretens von Trancezuständen wird seit der Publikation der Beobachtungen von De Boismont im Jahre 1835 (Bliss 1983) immer wieder hingewiesen. Breuer und Freud (1895/1957) haben über die Existenz spontaner hypnoider Zustände im Fall der Anna O. berichtet. Später wiesen verschiedene Psychoanalytiker darauf hin, daß ähnliche Zustände bei Patienten vorkommen, die unter frühkindlichen Traumata und insbesondere unter sexuellem Mißbrauch litten (Putnam 1985a). Fagan und McMahon (1984, Kluft (1984b) und ich (zitiert in Elliott 1982) haben alle unabhängig über das Vorkommen spontaner tranceartiger Zustände bei dissoziativen Störungen in der Kindheit berichtet. Über spontane Trancezustände bei normalen Menschen liegen ebenfalls Berichte vor (Wilson u. Barber 1982).

Spontan auftretende Trancephänomene sind die Ursache vieler Krisen im Leben von DIS-Patienten (Kluft 1983), und sie könnten nach der von Bliss (1986) vorgelegten Theorie bei DIS ein wichtiger psychopathologischer Mechanismus sein. Multiple treten in Therapiesitzungen häufig spontan in Trancezustände ein, die sie ebenso schnell auch wieder verlassen können. Bliss (1983) unterscheidet zwei Hauptarten spontaner Trancezustände bei seinen Patienten. Im ersten Fall suchen die Betreffenden Zuflucht in der stillen, entspannten Ruhe eines nach innen gerichteten Fokus. Zur zweiten Art von Induktion kommt es durch überwältigende traumatische Erlebnisse, in deren Verlauf sich die Betroffenen »gefangen, entsetzt und nicht in der Lage, mit den Dingen fertig zu werden, fühlen – die Situation, in der Alter-Persönlichkeiten meist invoziert oder geschaffen werden« (S. 115). Auch Spiegel und Spiegel (1978) erwähnen die Möglichkeit der Induktion von Trance durch Angst.

Bei spontan auftretenden Trancezuständen können die gleichen hypnotherapeutischen Techniken wie bei von Therapeuten induzierten Trancen eingesetzt werden. Generell ist es jedoch besser, eine Hypnose bei DIS-Patienten formell zu induzieren. Die formelle hypnotische Induktion, mit der sich die Patienten explizit einverstanden erklären, ermöglicht eine bessere Kontrolle über den Prozeß. Aufgrund der ungeheuren Sensibilität von Multiplen für alles, was mit Kontrolle und Manipulation zusammenhängt, lassen sich bei ihnen mit informellen oder Ericksonschen Hypnoseinduktionen nur selten gute Resultate erzielen.

Widerstand von Patienten gegen Hypnose

Trotz ihrer generell guten Hypnotisierbarkeit reagieren viele DIS-Patienten auf die ersten Versuche eines Therapeuten, sie in einen hypnotischen Zustand zu versetzen, ängstlich. Manchmal versetzt schon die bloße Erwähnung der Möglichkeit, mit Hypnose zu arbeiten, sie in Panik, und gewöhnlich vermögen sie nicht klar zu beschreiben, warum sie sich so ängstigen. Die Wurzel des Widerstandes vieler Gastgeber-Persönlichkeiten gegen Hypnose scheint Angst vor Kontrollverlust zu sein. Sie fürchten, andere Persönlichkeiten oder der Therapeut könnte dadurch die Kontrolle über sie gewinnen. Zu dieser Sorge hat Braun (1984c) angemerkt: »So oft man diesen Patienten auch versichern mag, daß sie mit Hilfe von Hypnose gar nicht ›kontrolliert‹ werden *können*, [ihre] Angst vor Kontrollverlust bleibt so lange bestehen, bis sie erstmals eine formelle Trance erlebt haben« (S. 36). Die beste Methode, einer Patientin zu helfen, ihre Angst vor Kontrolle durch den Therapeuten zu überwinden, besteht darin, ihr einige positive, den Rapport stärkende Tranceerlebnisse zu ermöglichen, wie sie später in diesem Kapitel beschrieben werden.

Die Angst davor, von anderen Identitäten dominiert zu werden, ist komplexer, und es ist auch schwieriger, an ihr zu arbeiten. Häufig ist die Gastgeber-Persönlichkeit nicht bereit, die Kontrolle aus der Hand zu geben und sich auf eine Trance einzulassen, weil sie fürchtet, eine andere Identität könnte die Macht übernehmen und es ihr unmöglich machen, ihre alte Position jemals wieder einzunehmen. Außerdem schränkt es ihre Möglichkeiten, die Multiplizität generell zu leugnen, ein, wenn sie es einer anderen Identität gestattet, sich zu manifestieren. Die Gastgeber-Persönlichkeit kann den Wechsel zu einer anderen Identität auch als dem eigenen Tod oder dem

Vergessenwerden ähnlich erleben. Oft vergleicht sie das Switching mit dem Hinein-gesaugtwerden in einen entsetzlichen Strudel oder in ein schwarzes Loch. Während einer hypnotischen Induktion können bei ihr zahlreiche beunruhigende somatische Empfindungen auftreten, wobei meist über starken Druck im Kopf oder in der Brust, oft in Verbindung mit einem Kribbeln im Bauch, berichtet wird. Manchmal sehen DIS-Patienten beim Eintritt in eine Trance erschreckende Bilder.

Der Therapeut muß die Gastgeber-Persönlichkeit dazu bringen, diese beunruhi-genden, aber vorübergehenden Phänomene zu ertragen, und er sollte ihr versichern, daß sie am Ende der Sitzungen wieder die Kontrolle über die Situation haben wird. Am Anfang einer Therapie sollte sie mindestens 15 Minuten vor Sitzungsende wieder in die Realität zurückgeführt werden, damit sie die Möglichkeit hat, sich zu reorien-tieren und das Erlebte zu verarbeiten. Unter Umständen gelingt eine Induktion erst nach mehreren Versuchen. Häufig verlassen Patienten während der ersten Indukti-onsversuche plötzlich völlig unerwartet die Trance. Dies ist keineswegs ein Zeichen dafür, daß die Betreffenden für eine Hypnose ungeeignet sind. Im Gegenteil zeigt es ihre besonders gute Hypnotisierbarkeit an und daß sie im Trancezustand zu anderen Identitäten oder zu dissoziiertem traumatischem Material in Kontakt getreten sind.

Horevitz (1983) beschreibt verschiedene Ursachen für Widerstand gegen Hypno-se. Er weist auf die Notwendigkeit hin, das System als Ganzes zu schützen. Man-che »nicht hypnotisierbare« Multiple widersetzen sich einfach deshalb der Hypno-se, weil ihr Persönlichkeitssystem den Therapeuten nicht sehen lassen will, was sich unter der Oberfläche befindet. Mein Eindruck ist, daß solche Hinhaltetaktiken ein Zeichen für eine schlechte Prognose sind. Horevitz (1983) weist darauf hin, daß die Angst vor der Enthüllung lange gehüteter Geheimnisse und vor dem ungeheuren Ver-lust, den das Gesundwerden repräsentiert, ebenfalls Gründe für Widerstand gegen Hypnose sein können. Nach solchen Arten von Widerstand muß geforscht und an ih-nen muß gearbeitet werden, um es der Patientin zu ermöglichen, in Trance zu gehen.

Manchmal täuschen Multiple eine Trance auch nur vor. Orne (1977) hat gezeigt, daß es selbst für einen erfahrenen Hypnotiseur schwierig ist, eine simulierte Tran-ce von einer echten zu unterscheiden. Spiegelt eine Patientin einen Hypnosezustand vor, deutet dies auf starken Widerstand in Verbindung mit Mangel an Vertrauen hin. Auch wenn eine solche Täuschung dazu dienen mag, die Patientin vor der Konfron-tation mit traumatischem Material zu schützen, ist sie prognostisch gewöhnlich ein schlechtes Zeichen, und wahrscheinlich existieren dann ähnliche Täuschungen auch in anderen Bereichen der Therapie und des Lebens der Patientin.

Induktionstechniken

Es gibt zahlreiche Techniken zur Induktion von Trance. Die meisten Standardinduk-tionstechniken sind erfolgreich bei Patienten mit multipler Persönlichkeit bzw. DIS angewandt worden, und es deutet nichts darauf hin, daß eine bestimmte anderen generell überlegen ist. Deshalb sollte ein Therapeut die Techniken benutzen, mit denen er vertraut ist und bei deren Anwendung er sich wohl fühlt.

Bliss (1986) bringt seine Vorliebe für einfache und wenig Zeit beanspruchende hypnotische Techniken zum Ausdruck. Er schreibt, daß er seine Patienten gewöhnlich auffordert, sich zu entspannen und ihren Blick auf einen bestimmten Punkt zu fixieren; unterdessen suggeriert er ihnen, daß ihre Augenlider immer schwerer und schwerer werden. Falls diese Form der Induktion nicht zum gewünschten Erfolg führt, fordert er die Patienten auf, ihm zu berichten, wo sie sich am liebsten aufhalten, und bittet sie dann, sich im Geiste an den betreffenden Ort zu begeben und sich zu entspannen. Ich habe festgestellt, daß dieses Verfahren besonders nützlich ist, wenn Patienten einen starken Widerstand gegen die Vorstellung, in Hypnose versetzt zu werden, haben. Eine Patientin kann einen sicheren und auf sie entspannend wirkenden Ort wählen und sich im Geiste dorthin begeben. Indem man sie auffordert, diese Erfahrung lebendiger werden zu lassen, kann man die Trance vertiefen.

Braun (1980) hält die Frage, mit welcher hypnotischen Technik man arbeiten sollte, für relativ unwichtig, doch empfiehlt er, »Konfusionstechniken« zu meiden. Seiner Meinung nach besteht das Hauptziel zu Beginn einer Behandlung darin, einen »ruhigen, entspannten und angenehmen physiologischen Zustand im Hinblick auf die Beziehung zum Therapeuten und auf die Behandlung zu erzeugen« (S. 211). Er weist auch auf etwas hin, das im Chaos einer hypnotischen Abreaktion leicht übersehen werden kann: daß ein initiierter hypnotischer Zustand vom Therapeuten vor Ende der Sitzung formell wieder »aufgehoben« werden und anschließend noch etwas Zeit für die Reorientierung und die Verarbeitung der Erfahrung bleiben muß. Wie er berichtet, klagen Patienten häufig über einen »Katereffekt«, wenn eine Trance nicht sachgerecht aufgelöst wird (Braun 1984c).

Die Nutzung von Hypnose für die Diagnose

In Kapitel 4 habe ich die Prinzipien der Diagnose von DIS erläutert. Diese bestehen in einem fundierten Wissen über den dissoziativen Prozeß und seine vielfältigen Manifestationen, einer sachkundigen Anamnese und in der sorgfältigen Beobachtung des Patientenverhaltens beim Erstgespräch. Ein Verdacht auf DIS kann nur durch direkten Kontakt mit einer oder mehreren Alter-Persönlichkeiten erhärtet werden. In den meisten Fällen ist ein solcher Kontakt einfach dadurch erreichbar, daß man direkt um ein Zusammentreffen mit vermuteten Alter-Persönlichkeiten bittet. Manchmal – und insbesondere, wenn nur begrenzte Zeit verfügbar ist, so wie in klinischen Notfällen oder bei einer Konsultation – kann man Alter-Persönlichkeiten durch Hypnose dazu bringen, sich zu manifestieren.

Der wichtigste Vorteil der Nutzung von Hypnose bei einer Diagnose liegt darin, daß die unterdrückende Wirkung der Gastgeber-Persönlichkeiten auf die übrigen Identitäten verringert wird. Dies wiederum ermöglicht es Alter-Persönlichkeiten aufzutauchen, die andernfalls den Widerstand der Gastgeber-Persönlichkeit gegen ihr Erscheinen vielleicht nicht hätten überwinden können. Im allgemeinen induziert und vertieft man zu diesem Zweck eine hypnotische Trance und fragt die Patientin dann einfach, »ob in diesem Körper noch ein anderer Gedankenprozeß, ein anderer Teil des Geistes, eine andere Person oder eine andere Kraft existiert« (Braun 1980, S. 213). Nach meiner Erfahrung erlebt eine Gastgeber-Persönlichkeit unter Hypnose eine andere Identität direkter, als wenn ohne einen solchen Trancezustand ein Switch erfolgt. Im letzteren Fall kann die Gastgeber-Persönlichkeit gegenüber der Situation, in der die andere Identität auftaucht und direkt mit dem Therapeuten interagiert, eine vollständige Amnesie entwickeln. In Trance hingegen sieht und hört sie die Geschehnisse, weshalb der Prozeß sie möglicherweise auch stärker belastet. Braun (1980) empfiehlt die Altersregression als weitere nützliche hypnotische Technik, allerdings verbunden mit dem Hinweis, sorgsam zwischen einer Altersregression, bei der es zum realistischen und intensiven Wiedererleben von Ereignissen der Vergangenheit *(revivification)* kommt, und dem Auftauchen echter Alter-Persönlichkeiten zu unterscheiden. Die Techniken der Altersregression und Altersprogression werden später in diesem Kapitel ausführlicher beschrieben.

Hypnotherapeutische Techniken

Es folgt ein Überblick über hypnotische Techniken, die bei der Behandlung der DIS benutzt werden. Aus methodischen Gründen ordne ich diese drei Kategorien zu: 1) Techniken zur Induktion von Trance und zum Aufbau von Rapport; 2) Techniken zur Überwindung amnestischer Barrieren; und 3) Techniken zur Förderung therapeutischer Abreaktionen bzw. der Heilung. Tatsächlich sind die meisten der im folgenden beschriebenen Verfahren bei einer großen Zahl von Problemen, die im Laufe einer Behandlung auftreten können, von Nutzen.

Hypnotische Techniken zur Induktion von Trance und zum Aufbau von Rapport

Techniken zum Aufbau von Rapport dienen der Entwicklung von Vertrauen, der Förderung der Tranceinduktion und der Stärkung der therapeutischen Beziehung. In diesem Abschnitt gehe ich auf die Nutzung positiver Tranceerlebnisse, ideomotorischer Signale, der Ichstärkung und von Induktionstechniken, die Signalwörter nutzen, ein.

Positive Trance-Erlebnisse

Positive Tranceerlebnisse helfen Patienten, Vertrauen zur Hypnose zu entwickeln und sich dabei wohlzufühlen. Durch eine positive Tranceerfahrung erhalten Patienten die Möglichkeiten, die Hypnose kennenzulernen und möglicherweise sogar ein Gefühl der Meisterschaft oder Kontrolle über den hypnotischen Prozeß oder über ein unangenehmes Symptom zu entwickeln. Die klassische positive Tranceerfahrung ist eine erweiterte Form der hypnotischen Induktionstechnik, bei der sich die Patientin vorstellt, daß sie sich an einen sicheren und angenehmen Ort begibt, und dieses geistige Bild immer lebendiger werden läßt. Der Therapeut arbeitet mit ihr daran, die Unmittelbarkeit dieser Erfahrung zu verstärken und das Gefühl der Sicherheit und Entspannung zu steigern. Dabei sollte er der Patientin die Möglichkeit geben, das Bild und die mit ihm verbundenen Wahrnehmungen und Empfindungen selbst zu strukturieren. So könnte sich eine Patientin vorstellen, sie befinde sich am Meeresstrand. Bringt der Therapeut nun von sich aus Details wie die Wärme der Sonne und das Anbranden der Wellen ins Spiel, wird er möglicherweise feststellen, daß die Patientin selbst das Bild einer einsamen Bucht vor Augen hat, an der starker Wind weht, und daß sie das Gefühl der Sicherheit mit dem Niederkauern im wogenden Dünengras, außer Sicht der schäumenden Brandung, verbindet. Mit dem Suggerieren von Bildern sollte man als Therapeut vorsichtig sein, weil eine Inkongruenz zwischen den Bildern, welche die Patientin selbst gewählt hat, und jenen, die vom Therapeuten suggeriert werden, bei ihr ein Gefühl des Unbehagens oder Unmuts hervorrufen kann, was oft in Form von Widerstand gegen die Hypnose Ausdruck findet.

Horevitz (1983) weist darauf hin, daß Hypnose die therapeutische Beziehung verbessern kann, sofern sie »als ein dem Patienten nützliches Werkzeug hingestellt wird, statt als eines, das für die ›Behandlung‹ von Nutzen ist« (S. 141). Er empfiehlt, die Hypnose als eine kognitive Fähigkeit vorzustellen, die die Patientin erlernen kann und die ihr beim Umgang mit Angst, als Entspannungstechnik, bei der Linderung von Symptomen sowie beim Bemühen um Selbstkontrolle und Meisterung des eigenen Lebens zugute kommt. In einem ähnlichen Sinne empfiehlt Braun (1980), DIS-Patienten Selbsthypnosetechniken zur Förderung der Entspannung und zur Verringerung von Angst beizubringen. Herzog (1984) empfiehlt, Patienten zwecks Verstärkung des Rapports einen Aspekt der Hypnose (z.B. den Aufbau bildlicher Vorstellungen oder posthypnotische Suggestion) vorzuführen. Seiner Meinung nach gelingt dies am besten, wenn man die Hypnose als »beiläufige« Übung in die Behandlung einbezieht, statt sie zum Mittelpunkt der therapeutischen Arbeit zu machen. Allgemeine Übereinstimmung besteht hinsichtlich dessen, daß man exploratorische Arbeit wie etwa Versuche, Alter-Persönlichkeiten zu aktivieren oder traumatisches Material wieder zugänglich zu machen, nicht während der anfänglichen, dem Aufbau von Rapport dienenden Phase hypnotischer Arbeit durchführen sollte (Braun 1980; Herzog 1984; Horevitz 1983; Kluft 1982).

Ideomotorische Signale

Die Arbeit mit ideomotorischen Signalen ist generell am nützlichsten, wenn sie zu einem frühen Zeitpunkt der Benutzung hypnotischer Interventionen eingeführt wird. Die Technik selbst läßt sich auf viele hypnotische Situationen anwenden, und sie dient nicht nur der Verstärkung des Rapports. Die Arbeit mit ideomotorischen Signalen besteht darin, daß man mit der Patientin einige Signale vereinbart, mit deren Hilfe sie Fragen nonverbal beantworten kann. Dies ermöglicht ihr ein gewisses Maß an Kommunikation und Kontrolle über die Aktivitäten des Therapeuten während der Hypnose. Meist werden zu diesem Zweck Fingersignale benutzt. Braun (1984c) empfiehlt, daß Bewegungen des Zeigefingers für »ja«, solche des Daumens für »nein« und die des kleinen Fingers für »stop« stehen sollten. Durch das Stopsignal wird der Patientin ermöglicht, in einem gewissen Maße auf das Geschehen Einfluß zu nehmen, und es wird verhindert, daß sie unter Entscheidungsdruck gerät. Alle vereinbarten Signale sollten möglichst von einer Hand gegeben werden, statt beide Hände an dem Code zu beteiligen (Braun 1980). Der Grund ist, daß bei den verschiedenen Alter-Persönlichkeiten jeweils eine andere Hand die dominierende sein und dadurch Verwirrung darüber entstehen kann, was die zwischen den beiden Händen aufgeteilten Signale bedeuten.

Ideomotorische Signale können benutzt werden, um zu Alter-Persönlichkeiten Kontakt aufzunehmen, ohne daß diese selbst offen auftauchen müssen. Viele Patienten, die sich gegen eine vollständige Trance sträuben, sind durchaus bereit, sich zu entspannen und die Kontrolle über einen oder mehrere Finger aufzugeben. Die Einführung der ideomotorischen Signale nutzenden Techniken ermöglicht Identitäten die Kommunikation mit dem Therapeuten und verringert den unmittelbaren Druck, sich zu manifestieren, nachdem sie in Trance versetzt worden sind. Diese Verringerung der inneren Anspannung erhöht oft die Bereitschaft und/oder die Fähigkeit der Patientin, sich zu entspannen, und dies wiederum kommt dem Induktionsprozeß zugute. Die Technik der Arbeit mit ideomotorischen Signalen kann während der gesamten DIS-Therapie nutzbringend eingesetzt werden. Kluft (1983) beschreibt, daß er verschiedenen Alter-Persönlichkeiten gestattet, unterschiedliche Finger als Signalgeber zu verwenden. Dies ermöglich ihm nach eigenem Bekunden, mit einer einzigen Frage eine »riesige Datenmenge« zu sammeln.

Ichstärkung

In seinen Vorlesungen über DIS hat David Caul die Anwendung einer »ichstärkend wirkenden« hypnotischen Technik bei einer erschöpften oder verängstigten Gastgeber-Persönlichkeit beschrieben. Dies beinhaltet, daß man die Gastgeber-Persönlichkeit schwierige Aufgaben mental üben läßt oder ihr die Auseinandersetzung mit phobieauslösenden oder erschreckenden Objekten und Situationen in Trance ermöglicht. Caul führt in diesem Zusammenhang das Beispiel einer Patientin an, die Angst vor

Baumaschinen hatte. Nachdem er sie in Trance versetzt hatte, forderte er sie auf, sich vorzustellen, sie nähere sich einem Kran, steige darin empor und steuere ihn schließlich. Auch ich habe diese Technik schon eingesetzt; sie ähnelt stark den Entspannungs- und Desensibilisierungstechniken, mit denen einige verhaltenstherapeutische Ansätze DIS-Patienten zu helfen versuchen, sich auf Situationen vorzubereiten, die sie für schwierig oder gefährlich halten (z.B. Besuche beim Zahnarzt oder beim Straßenverkehrsamt wegen Problemen mit dem Führerschein).

Signalwörter

Morton und Thoma (1964) haben als erste den Gebrauch bestimmter Wörter zur Aktivierung bestimmter Alter-Persönlichkeiten beschrieben. Der Gebrauch von Signalwörtern *(cue words)*, wie sie gewöhnlich genannt werden, ist eine wichtige Technik zur Förderung des hypnotischen Prozesses. Caul (1978b) benutzte sie ursprünglich, um als Schutzmaßnahme für Patienten und/oder den Therapeuten möglichst schnell eine Trance zu induzieren. In seiner ersten Veröffentlichung zu diesem Thema beschreibt er mehrere Fälle, in denen die sofortige Induktion einer Trance die Patienten oder den Therapeuten vor Schaden bewahrte. Sowohl Braun (1980) als auch Kluft (1983) beschreiben die Nutzung von Signalwörtern zur Elizitation einer zuvor zusammen mit der Patientin ausgewählten Identität, die sich nötigenfalls manifestieren und die Kontrolle übernehmen kann. Signalwörter werden in der allgemeinen hypnotherapeutischen Praxis benutzt, um die für eine Induktion erforderliche Zeitspanne zu verringern. Dies ist insbesondere dann von Nutzen, wenn ein Therapeut Trancearbeit auf mehreren Ebenen gleichzeitig durchführt (Braun 1984c).

Signalwörter erfüllen ihren Zweck allerdings nicht immer, und man sollte sich deshalb auf sie auch nicht als einzige Vorsichtsmaßnahme zum Schutz des Therapeuten oder der Patientin verlassen. Eine Therapeutin in unserer lokalen DIS-Studiengruppe hat berichtet, eine ihrer Patientinnen habe einmal ein Signalwort, das für die Tranceinduktion festgelegt worden war, durch Selbsthypnose entkräftet. Die Therapeutin stellte plötzlich fest, daß ein zuvor wirksames Stichwort keine Trance mehr zu induzieren vermochte. Später berichtete die Patientin, sie habe sich selbst in Trance versetzt und durch Autosuggestion die Wirkung des Stichwortes blockiert. Abgesehen von dieser Einschränkung sind Signalwörter für die schnelle Induktion einer Trance von Nutzen.

Ich habe gute Erfahrungen mit Signalwörtern gemacht, wenn die Patienten sie mit mir gemeinsam ausgewählt hatten. Ich lasse gewöhnlich die Patientin oder eine ihrer Alter-Persönlichkeiten ein geeignetes Stichwort vorschlagen. Dann stellen wir eine Verbindung zwischen diesem und dem Erleben eines tiefen Trancezustandes her, den ich durch eine Standardinduktion initiiere. Ich suggeriere der Patientin, daß sie diesen Zustand augenblicklich erreichen kann, sobald sie das Signalwort hört. Dann verwenden wir einige Zeit darauf, mit Hilfe des Wortes den Trancezustand zu vertie-

fen. Diese Technik wird den Patienten als Möglichkeit der schnellen Tranceinduktion vorgestellt, die der Zeitersparnis während der Therapiesitzung dient. Außerdem
kann ein solches Signalwort in Notfallsituationen benutzt werden. Auf ähnliche
Weise läßt sich eine zuvor festgelegte Alter-Persönlichkeit aktivieren.

Hypnotische Techniken zur Überwindung amnestischer Barrieren

Caul (1978b) hält die Überwindung amnestischer Barrieren für die erste und nahelie-
gendste Art der Verwendung von Hypnose bei DIS. Es gibt viele Möglichkeiten, dieses Ziel mit Hilfe von Hypnose zu erreichen, und ich werde mich mit verschiedenen
Techniken, die diesen Zweck erfüllen, beschäftigen, angefangen mit dem simplen »in
das System hineinsprechen« bis hin zu mehrere Ebenen einschließenden Trancezuständen.

Durch Teil-Identitäten in das System hineinsprechen (talking through)

Diese bereits in Kapitel 8 ausführlich beschriebene Technik ist in Verbindung mit
Hypnose besonders wirksam. Man spricht dabei durch die hypnotisierte Gastgeber-Persönlichkeit hindurch mit den Identitäten, von denen man annimmt, daß sie
im Hintergrund zuhören. Braun (1984c) hält es für wichtig, dabei genau auf Veränderungen des Gesichtsausdrucks, der Haltung, des Auftretens und anderer Reaktionen auf die jeweiligen Diskussionsthemen zu achten. Solche Anzeichen können
auf durch die jeweilige Thematik induziertes verdecktes Switching hinweisen. Kluft
(1982) benutzt das Hineinsprechen in das System auch für die Arbeit an der Besei-
tigung amnestischer Barrieren, indem er sich an Persönlichkeiten wendet, die nicht
»draußen« sind. Er verwendet dabei meist den hypnotischen Befehl »Hört alle zu«.
Seiner Meinung nach fördert diese Technik das innere Zuhören der Alter-Persönlichkeiten, die nicht »draußen« sind, und begünstigt dadurch auch die Entwicklung
innerer Dialoge.

Im allgemeinen erzielt man mit dem Hineinsprechen in das System die beste Wir-
kung, wenn man sich mit Hilfe dieses Verfahrens an das Persönlichkeitssystem als
Ganzes wendet, statt an bestimmte Identitäten, die möglicherweise gar nicht in der
Lage sind, sich das Gesagte anzuhören. Caul (1978b) hat beobachtet:

> Unter Hypnose kann man mit ihnen allen gleichzeitig sprechen, oder man kann
> sich gezielt an zwei oder mehr Persönlichkeiten wenden, um den Verhandlungs-
> prozeß zu fördern. Die Technik mag relativ simpel erscheinen, doch muß der
> Therapeut bei ihrer Anwendung sehr sorgfältig und aufmerksam sein, damit die
> Botschaft so klar wie möglich zum Ausdruck gelangt und damit alle, die sie »emp-
> fangen«, sie trotz der Unterschiede zwischen den einzelnen Identitäten in einer so-
> wohl verständlichen als auch klaren Sprache hören … (S. 3)

Auch Beahrs (1983) empfiehlt, bei DIS-Patienten die Technik des Hineinsprechens in das System anzuwenden, und er erklärt, daß es »nicht nötig ist, eine Alter-Persönlichkeit ausdrücklich in Erscheinung treten zu lassen, damit sie hört, was wir ihr sagen wollen« (S. 107).

Kontaktaufnahme zu Alter-Persönlichkeiten

Hypnose ist bei der Herstellung direkten Kontakts zu Alter-Persönlichkeiten von großem Nutzen. Kluft (1982) berichtet, er habe bei mehr als 95 Prozent seiner DIS-Patienten Hypnose benutzt, um zu Alter-Persönlichkeiten in Kontakt zu treten. Nach der Tranceinduktion können bestimmte Identitäten aufgefordert werden, sich zu manifestieren, innerlich mit der augenblicklich schlafenden Persönlichkeit zu sprechen (die dies als auditive Halluzination wahrnimmt) oder mit Hilfe ideomotorischer Signale mit dem Therapeuten zu kommunizieren. Unter Hypnose kann man auch direkt nach bestimmten Persönlichkeiten fragen, sofern deren Namen bekannt sind, oder zum Zweck ihrer Identifikation eine Handlung beschreiben, an der sie beteiligt waren (z.B.: »Ich möchte gern mit der Persönlichkeit sprechen, die für die Zerstörung von Janes Gemälden verantwortlich ist«). Gelingt es mit Hilfe solcher Aufforderungen nicht, eine Alter-Persönlichkeit zu aktivieren, kann die Patientin im Zustand der Hypnose gebeten werden, in ihrem Geist nach schmerzhaften oder beängstigenden Erlebnissen zu forschen. Findet sie solche, wird sie aufgefordert, sich eines von diesen zu merken. Wird unter Hypnose eine schmerzhafte Erinnerung reaktiviert, sollte die Patientin instruiert werden, nur soviel davon in ihre normal zugängliche Erinnerung einfließen zu lassen, wie sie nach Beendigung der Trance ertragen kann.

Altersregression

Die Altersregression, eine gründlich erforschte hypnotische Technik, ist für die Reaktivierung unterdrückter oder »vergessener« Erinnerungen und für die Einleitung kontrollierter Abreaktionen traumatischer Erfahrungen von Nutzen. Janet benutzte sie in seiner therapeutischen Arbeit, wie seine Beschreibung des Falls der Patientin Marie veranschaulicht, die wegen »großer hysterischer Krisen«, die in Zusammenhang mit ihrer Menstruation auftraten, von ihm behandelt wurde. Die Wechselbeziehung zwischen Altersregression und Hypermnesie (abnorm gesteigerter Gedächtnisleistung) wurde von Hilgard (1965) beschrieben. Hypermnesie scheint auf das intensive Wiedererleben früherer Geschehnisse im Bewußtseinszustand der Altersregression zurückzuführen zu sein. Auf diese Weise reaktivierte Erinnerungen entsprechen nicht immer dem tatsächlichen Geschehen, und sie können unter bestimmten Bedingungen vom Hypnotiseur durch Suggestion erzeugt werden (Hilgard 1965; Spanos *et al*. 1979; Rubenstein u. Newman 1954; Zolik 1958). Ungeachtet dieser Einschränkung hat sich die Altersregression bei DIS-Patienten als eine hochwirksame Methode zur Überwindung amnestischer Barrieren erwiesen.

Am wirksamsten ist die Technik der Altersregression bei besonders gut hypnotisierbaren Menschen, und das sind die meisten DIS-Patienten. Forscher haben festgestellt, daß bei manchen Menschen Erinnerungen, Reaktionen und Reflexe in Form einer Schichtenbildung oder Stratifikation gespeichert und diese Schichten nacheinander reaktiviert werden, wenn die betreffende Person sich mit Hilfe der Technik der Altersregression ihre Lebensgeschichte rückwärts durchläuft. Das Auftauchen von entwicklungsgeschichtlich früh entstandenen neurologischen Reflexen wie des Babinski-Reflexes (Zehenspreizen bei Bestreichen der Fußsohle), des Rooting-Reflexes (Brustsuchen) und von Greifreflexen wurde von Forschern (Spiegel u. Spiegel 1978) dokumentiert. Berichtet wurde auch über den Rückfall ursprünglich nicht englischsprachiger Untersuchungsteilnehmer in ihre Muttersprache während einer im Rahmen einer Altersregression erreichten Lebensphase, in der sie ihre Muttersprache tatsächlich noch gesprochen hatten (Hilgard 1965; Spiegel u. Spiegel 1978). Im Zustand der Altersregression manifestiert sich bei Patienten, die nicht an DIS leiden, oft eine Dualität des Gewahrseins, was dazu führt, daß der in Altersregression befindliche Teil auf kindgemäße Weise antwortet und ein beobachtendes erwachsenes Ich auf andere Weise reagiert. Beispielsweise kann der in Altersregression befindliche Teil einer Probandin, deren Muttersprache nicht Englisch ist, auf Englisch gegebene Anweisungen möglicherweise nicht verstehen, wohingegen der beobachtende erwachsene Teil dazu in der Lage und auch völlig mit den Anweisungen einverstanden ist. Hilgard (1965) vergleicht diesen Prozeß mit einer Art von Dissoziation, die DIS ähnelt.

Eine Altersregression zwecks Wiedergewinnung von Erinnerungen kann mit dem DIS-Patienten als ganzer Person (d.h. mit Hilfe der Gastgeber-Persönlichkeit) oder mit einer bestimmten Identität durchgeführt werden. Im letzteren Fall ist häufig eine mehrere Ebenen umfassende hypnotische Trance von Nutzen (Braun 1984c). Beim einleitenden Gespräch mit der Patientin sollte im voraus ein »Ziel« festgelegt werden, und die Altersregression sollte dann zu diesem Zeitpunkt in der Vergangenheit zurückführen. Als Ziele können beispielsweise wichtige Ereignisse im Leben dienen (Geburtstage, Weihnachtsfeste, Schulabschlüsse, die Geburt von Geschwistern sowie Todesfälle und Verluste), aber auch das erste Auftreten bestimmter Symptome oder beunruhigender Verhaltensweisen.

Nach einer geeigneten hypnotischen Induktion wird die Patientin vom Therapeuten zeitlich rückwärts zu einem zuvor festgelegten Zeitpunkt geführt. Beispielsweise kann der Therapeut sagen: »Sie sind jetzt nicht mehr in der Gegenwart; Sie gehen rückwärts durch die Zeit; Sie werden jünger. Sie sind jetzt 22 Jahre alt ... 18 Jahre ... 12 Jahre ... 7 Jahre. Und jetzt sind Sie 5 Jahre alt. Heute ist Ihr fünfter Geburtstag. Wenn ich Ihre Hand berühre, werden Sie die Augen öffnen und mit mir sprechen. Wenn ich Ihre Hand später erneut berühre, werden sich Ihre Augen schließen.« Dann kann der Therapeut beginnen, zusammen mit dem Patienten oder einer Alter-Persönlichkeit die mit dem gewählten Ziel verbundenen Ereignisse zu erforschen. Anschließend wird der Patient bzw. die betroffene Identität durch Umkehrung der zuvor beschriebenen Rückführungssequenz wieder in die Gegenwart geleitet. Daß die mit Hilfe der Altersregression angestrebte Reaktion eingetreten ist, erkennt man am Verhalten der Patientin, das dem angestrebten Alter entspricht, und an ihren Äußerungen in der Gegenwartsform aus diesem Alter heraus (Spiegel u. Spiegel 1978).

Die Nutzung der Affektbrücke

Die Affektbrücke, eine spezielle Form der Altersregression, wurde erstmals von John Watkins (1971) beschrieben. Sie leistet bei der Rückgewinnung dissoziierter Erinnerungen besonders gute Dienste. Mit Hilfe der Affektbrücke wird die Patientin an einer Folge affektiver und sensorisch-somatischer Assoziationen entlang (statt an »Ideen«-Assoziationen entlang) durch die Zeit geführt. Dieses Verfahren ist besonders empfehlenswert, wenn eine Patientin wiederholt über starke Affekte oder Empfindungen berichtet, die ihr in der Gegenwart Unbehagen bereiten. Unter Hypnose wird der Affekt oder die Empfindung durch Suggestion so lange verstärkt, bis andere Aspekte der Situation überdeckt werden. Anschließend wird die Patientin wie im Fall einer Altersregression zurückgeleitet, wobei der Therapeut ihr die Wahl des Zielpunkts überläßt. Ist beispielsweise das unangenehme somatische Symptom, unter dem die Patientin leidet, eine Übelkeit, die sie überfällt, ohne daß sie klar zu erkennen vermag, durch welchen Reiz dieselbe ausgelöst wird, verstärkt der Therapeut diese Empfindung mittels Suggestion und führt die Patientin anschließend über diese als Brücke fungierende verstärkte Empfindung in eine frühere Zeit zurück: »Sie gehen zurück ... zurück ... zurück ... über eine Brücke der Übelkeit in die Vergangenheit zurück. Alles verändert sich außer der Übelkeit. Die Übelkeit bleibt gleich, und Sie werden jünger und jünger. Sie kehren zurück in die erste Situation, in der Sie dieses Gefühl gehabt haben. Wo sind Sie? Was geschieht dort?« Der Therapeut kennt den Zielpunkt nicht; er bringt nur zum Ausdruck, daß die Patientin zum Zeitpunkt und Ort des ursächlichen Geschehens zurückkehren wird.

Die Affektbrückentechnik kann ebenso wie die der Altersregression sowohl auf die Patientin als Ganzes bezogen als auch im Hinblick auf bestimmte Identitäten benutzt werden. Braun (1984c) hat eine Variante dieser Prozedur beschrieben, bei der er Veränderungen des verstärkten Affekts zuläßt. Dies ermöglicht es dem Therapeuten, zunächst ein Gefühl der Wut zurückzuverfolgen, bis er auf eine Situation stößt, in der sich die Wut in Angst verwandelt; dieser neue Affekt wird auch wieder zu seinem Ursprung zurückverfolgt. Läßt man auf diese Weise zu, daß sich der ursprüngliche Affekt verändert, so ermöglicht dies oft ein besseres Verständnis der Wechselwirkung der komplexen, mehrere Ebenen umfassenden Affekte, die mit bestimmten traumatischen Ereignissen verbunden sind. Affekte oder somatische Empfindungen, die oft von der Erinnerung an Ereignisse abgekoppelt und in speziellen Alter-Persönlichkeiten abgekapselt sind, zu ihrem Ursprung zurückzuverfolgen fördert die Wiederherstellung der Verbindung zwischen Emotionen und Erinnerungen, was bei DIS-Patienten für das Erreichen der Integration unverzichtbar ist.

Hypnose auf mehreren Ebenen

Es ist allgemein bekannt, daß DIS-Patienten hinsichtlich ihrer Hypnotisierbarkeit Naturtalente sind und sich leicht in tiefe Trancezustände versetzen lassen. Die Technik des Induzierens hypnotischer Zustände auf mehreren Ebenen nutzt diese natürliche Fähigkeit, indem sie verschiedene Ebenen des Persönlichkeitssystems in die Trance einbezieht (Braun 1984c). Typischerweise wird zu diesem Zweck mit der Gastgeber-Persönlichkeit eine hypnotische Induktion durchgeführt, und im Anschluß daran wird eine Identität aktiviert. Mit dieser wird dann erneut eine hypnotische Induktion durchgeführt. Bei der zweiten Identität kann die gleiche Induktionsmethode wie bei der Gastgeber-Persönlichkeit verwendet werden, es können aber auch spezielle, für die betreffende Identität zuvor vereinbarte Signalwörter benutzt werden. Die mehrere Ebenen einschließende Hypnose ist bei der Arbeit mit einzelnen Identitäten von Nutzen, und sie kann in Verbindung mit Techniken wie den bereits beschriebenen der Altersregression und der Affektbrücke eingesetzt werden. Dabei ist es wichtig, die Trance auf den einzelnen Ebenen in *umgekehrter* Reihenfolge der Induktion wieder zu beenden (d.h., zuerst wird die zuletzt hypnotisierte Identität aus der Trance geführt, erst dann die Gastgeber-Persönlichkeit).

Hypnotische Techniken, die die Abreaktion bzw. die Heilung fördern

Für DIS-Patienten ist die Rückgewinnung verborgener Erinnerungen gewöhnlich traumatisch. Häufig löst der Akt des Erinnerns eine starke Abreaktion aus, die sowohl die Patientin als auch den Therapeuten sehr belasten kann. Das realistische und intensive Wiedererleben *(revivification)* eines belastenden Ereignisses ist in mancher Hinsicht traumatischer als das ursprüngliche Erlebnis. Viele Patienten haben mir bestätigt, daß die Erinnerung für sie belastender ist, als ihre reale Beteiligung an der ursprünglichen Situation es war. Mit den Prinzipien der therapeutischen Abreaktion werde ich mich später in diesem Kapitel eingehender beschäftigen. Im nun folgenden Abschnitt geht es um bestimmte die psychische Heilung fördernde hypnotherapeutische Techniken, die während einer Abreaktion benutzt werden können.

Bildschirmtechniken

Bildschirmtechniken können Patienten helfen, psychische Distanz zu einem traumatischen Ereignis zu gewinnen, wobei sie jedoch gleichzeitig in der Lage sind, das Erlebte zu sehen, wiederzuerleben und zu beschreiben. Die Patientin oder eine bestimmte Alter-Persönlichkeit wird zu diesem Zweck in Trance versetzt und aufgefordert, sich eine riesige Projektionsleinwand vorzustellen. Das kann eine Filmleinwand, ein Fernsehbildschirm oder auch ein als Projektionsfläche fungierender klarer blauer Himmel sein. Die Ereignisse oder Erfahrungen, die erforscht werden sollen, werden auf diese Fläche projiziert, so daß die Patientin sie aus einem gewissen Abstand und mit einem Gefühl der Distanz betrachten kann. Die projizierten Geschehnisse können durch entsprechende Suggestionen verlangsamt, beschleunigt, rückwärts laufen gelassen oder gestoppt werden, je nachdem, wie es für die Arbeit erforderlich ist. Die Projektionsfläche kann auch einmal oder mehrfach geteilt und so untergliedert werden, was es ermöglicht, nötigenfalls auch mehrere Ereignisse gleichzeitig zu verfolgen. Weiterhin kann die Patientin aufgefordert werden, auf Details »einzuzoomen« oder »auszuzoomen«, damit sie das Geschehen aus anderen Blickwinkeln betrachten kann. Dieses Repertoire an Kameratechniken ist für die Wiedergewinnung von Erinnerungen von großem Nutzen, weil sie es der Patientin ermöglicht, mehr zu »sehen«, als sie aus einer einzigen Perspektive sehen würde.

Bildschirmtechniken lassen sich zur Erforschung potentiell traumatischer Erlebnisse auch mit der Technik der Altersregression oder der Affektbrücke kombinieren. Wird eine Abreaktion ausgelöst, fordert der Therapeut die Patientin immer wieder auf, das Erlebnis auf der Projektionsfläche zu verfolgen, so daß sie es anschauen und beschreiben kann. Oft kommt es bei Patienten an diesem Punkt zu einer psychischen Spaltung, wobei ein Teil das Ereignis emotional wiedererlebt, während der andere es auf der Projektionsfläche verfolgt und das Geschehen distanziert kommentieren kann. Sind Patienten nicht in der Lage, die Erinnerungen auf die »Leinwand« zu projizieren – was manchmal vorkommt –, kann die Situation zu einer unstrukturierten Abreaktion degenerieren. Durch Übung und Beharrlichkeit können Therapeut und Patientin sich jedoch die Möglichkeit erschließen, derartige Bildschirmtechniken bei der Wiedergewinnung und Integration traumatischer Erinnerungen sehr vorteilhaft zu nutzen. Vielfach erlernen Patienten die Nutzung von Bildschirmtechniken für die selbständige Fortsetzung der therapeutischen Arbeit außerhalb der Therapiesitzungen. Diese Fähigkeit zu erlernen ist deshalb so wichtig, weil die meisten DIS-Patienten so viele schreckliche und traumatische Situationen erlebt haben, daß ihre Behandlung ohne eine selbständige Weiterführung der therapeutischen Abreaktionen außerhalb der Therapiesitzungen einige Jahre länger dauern würde.

Gestattete Amnesie

Die gestattete Amnesie ermöglicht die gezielte Milderung schmerzhafter Erinnerungen und Affekte, die durch Explorationen unter Hypnose und mit Hilfe von Abreaktionen wiedergewonnen wurden. Manchmal können Patienten oder Gastgeber-Persönlichkeiten die volle Wucht der wiedererinnerten Traumata nicht ertragen, ohne akut selbstschädigend oder vorübergehend psychotisch zu werden. Wenn traumatisches Material im hypnotischen Zustand wiedergewonnen wurde, kann der Therapeut der Patientin, der Gastgeber-Persönlichkeit, bestimmten Alter-Persönlichkeiten oder dem Persönlichkeitssystem insgesamt gestatten, sich nur an so viel Material zu erinnern, wie die betreffende Wesenheit zu ertragen vermag. Therapeuten können auch suggerieren, daß die wiedergewonnenen Erinnerungen in einer Geschwindigkeit in das Bewußtsein »zurücktröpfeln« werden, bei der die Patientin in der Lage ist, das Material aufzunehmen und zu verarbeiten. Auf diese Weise gelangt der gesamte Inhalt der wiedergewonnenen Erinnerung in einem Zeitraum, der einige Stunden bis hin zu mehreren Monaten umfassen kann, in das Bewußtsein des Patienten und wird von diesem allmählich integriert.

Patienten scheinen dieses allmähliche Einsickern von traumatischem Material in erstaunlichem Maße steuern zu können, so daß Schmerz, Entsetzen, Abscheu und Traurigkeit für sie erträglich werden. Während das traumatische Material in das Bewußtsein der Patientin zurückgelangt, können bei ihnen vorübergehend Reaktionen wie Katatonie, starke emotionale Reaktionen, Mini-Abreaktionen und suizidale bzw. homizidale Vorstellungen auftreten. Der Therapeut und wichtige Bezugspersonen sollten diesen Prozeß und durch solche Reaktionen möglicherweise verursachte Probleme sehr aufmerksam verfolgen.

Symptomsubstitution

Symptomsubstitution ist manchmal bei der Entschärfung gefährlicher oder selbstschädigender Verhaltensweisen von Nutzen. Der Therapeut ersetzt das gefährliche Verhalten mittels hypnotischer Suggestion durch ein unschädliches symbolisches Äquivalent. Beispielsweise beschreibt Kluft (1983), wie er einen physischen Kampf zwischen zwei Alter-Persönlichkeiten, die jeweils die Macht über einen schlagenden Arm hatten, in einen Kampf zwischen den vierten und fünften Fingern der nichtdominierenden Hand des betreffenden Patienten transformierte.

Mit Hilfe hypnotischer Suggestion kann man einige Identitäten in einen Schlafzustand versetzen, um eine bestimmte Krise zu entschärfen oder um die betreffenden Wesenheiten an einen imaginierten sicheren Ort zu versetzen. Einige mir bekannte Multiple nutzen diese Möglichkeit spontan, wenn sie an Forschungsprojekten teilnehmen. Sie lassen diejenigen unter ihren Alter-Persönlichkeiten, die sich ängstigen würden oder die nicht an dem Projekt teilnehmen wollen, zu Hause oder an einem imaginierten Ort. Will man eine Identität mittels einer hypnotischen Suggestion zu einem sicheren Ort schicken, sollte man darauf achten, daß das Persönlichkeitssystem der Patientin an der Definition dieses Ortes beteiligt wird. DIS-Therapeuten müssen die Topographie der inneren Welt des Patienten kennen und diese Kenntnis bei der Auswahl therapeutischer Metaphern und Interventionen nutzen. Wie bereits früher erwähnt, sollte man unangenehme Alter-Persönlichkeiten nicht gewaltsam unterdrücken oder »begraben«. Kluft (1982) ist der Auffassung, daß Versuche, solche Identitäten hypnotisch zu verdrängen oder zu unterdrücken, aufgrund der zeitweiligen Unterdrückung zwar eine gewisse vorübergehende Entlastung bewirken können, jedoch oft nur zu einem schmerzhaften Preis, weil die betreffende Identität sich wegen dieser Behandlung oft zu einem späteren Zeitpunkt rächt.

Altersprogression

Die Altersprogression kann von Nutzen sein, wenn man Kleinkind- oder Kind-Identitäten, nachdem die therapeutische Arbeit mit ihnen abgeschlossen ist, »aufzuziehen« versucht. Mittels hypnotischer Suggestion kann man ihnen helfen, erwachsen zu werden. In welchem Maße mit der Altersprogression gearbeitet werden sollte, hängt von den Zielen einer bestimmten Intervention ab. Häufig wird die Technik der Altersprogression benutzt, um Alter-Persönlichkeiten »erwachsen werden« zu lassen, bevor sie mit anderen fusioniert werden. Man kann verschiedene Metaphern und Bilder benutzen, um Identitäten zu helfen, sich in der Zeit »vorwärts« zu bewegen. Kluft (1982, 1984b) beschreibt die Nutzung von »Zeitmaschinen«-Phantasien für die Altersprogression bestimmter Identitäten. Andere Metaphern oder Bilder, beispielsweise eine Fahrt auf dem Fluß der Zeit, das Durchblättern eines Kalenders oder eine Jagd durch Tage und Nächte, sind ebenso nützlich, sofern die Identität, die zu einem fortgeschrittenen Lebensalter geführt werden soll, sie als überzeugend empfindet. Beim Anwenden dieser Technik kann man – wie übrigens auch bei der Nutzung der meisten anderen – die Kraft der hypnotischen Intervention erheblich verstärken, indem man es der Identität, mit der gearbeitet wird, ermöglicht, an der Wahl eines Bildes oder einer Metapher aktiv teilzunehmen.

Selbsthypnose

Die Beziehung zwischen dem bei DIS auftretenden und dem im Fall einer selbstinduzierten Hypnose oder Autohypnose stattfindenden dissoziativen Prozeß ist seit hundert Jahren Gegenstand immer neuer Mutmaßungen. Ungeachtet ihrer Beziehung zu dem für DIS typischen umfassenderen dissoziativen Prozeß ist Selbsthypnose eine Technik, mit der man Patienten helfen kann, ihr eigenes Leben in stärkerem Maße zu beeinflussen. Selbsthypnose wird gewöhnlich zur Beeinflussung von Symptomen benutzt. Caul (1978b) beschreibt, wie er seinen Patienten die Technik der Selbsthypnose beibringt. Sie lernen, sich selbst in Trance zu versetzen und vorher festgelegte hypnotische Suggestionen zu aktivieren, um Angstanfälle oder das Auftreten bestimmter psychosomatischer Symptome zu unterbinden. Er beschreibt auch, wie er mit Hilfe dieser Technik bei einer Multiplen eine Dentalanästhesie herbeiführte, weil die Betreffende eine für die Zahnbehandlung erforderliche lokale Betäubung nicht ertragen konnte. Auch Braun (1980) und Kluft (1982) beschreiben, wie sie Patienten Selbsthypnosetechniken beibrachten, um ihnen zu ermöglichen, die Wirkung von Symptomen zu verringern oder den inneren Dialog zu verbessern.

Auch über bestimmte Schwierigkeiten mit der Selbsthypnose wurde berichtet. Kluft (1982) schreibt, drei seiner Patienten hätten diese als Widerstand gegen die Behandlung benutzt. Einer der Patienten blockierte mit ihrer Hilfe die Therapie, ein anderer setzte sie ein, um Konflikte zu vermeiden, und ein dritter verursachte eine schwierige Situation, indem er mit Hilfe der Selbsthypnose eine neue Identität schuf, die sich am Therapeuten orientierte. Auch Miller (1984) berichtet, daß Selbsthypnose zur Verhinderung einer Fusion und zur Vermeidung von Angst benutzt werden kann. Wie bereits erwähnt, berichtete eine Therapeutin der DIS-Studiengruppe in Washington, eine Patientin habe mit Hilfe von Selbsthypnose von ihr [der Therapeutin] formulierte hypnotische Suggestionen aufgelöst. Wegen dieser Möglichkeit des Mißbrauchs von Selbsthypnosetechniken empfiehlt Kluft (1982), Patienten solche Techniken nur dann beizubringen, wenn die therapeutische Beziehung »gefestigt ist und bereits ausgiebigen Prüfungen standgehalten hat« (S. 237).

Förderung von Co-Bewußtheit

Hypnose kann benutzt werden, um Co-Bewußtheit zu fördern, von der die meisten Experten glauben, sie sei eine unverzichtbare Voraussetzung für eine erfolgreiche Fusion bzw. Integration und äußerst wichtig für die Gewährleistung der alltäglichen Kooperation innerhalb des Persönlichkeitssystem von Multiplen vor der Integration. Der von Morton Prince (1906) geprägte Begriff Co-Bewußtheit *(Co-Consciousness)* bezeichnet einen Bewußtheitszustand, in dem eine Identität die Gedanken, Gefühle und Handlungen einer anderen direkt erfahren kann (Kluft 1984c). Caul (1978c) berichtet, daß Co-Bewußtheit gefördert werden kann, indem man Klienten in Trance versetzt, dann die Identitäten, die in den Prozeß einbezogen werden sollen, direkt anspricht und ihnen die Anweisung gibt, alle übrigen Probleme und alles, was ablenken könnte, auszublenden. Anschließend suggeriert der Therapeut, daß die Identitäten einander bewußt werden und daß sie all die Dinge werden sehen und hören können, die jede einzelne von ihnen sieht oder hört. Weiterhin kann suggeriert werden, daß die Identitäten in Zeiten, in denen ein niedriges Streßniveau besteht, im Zustand der Co-Bewußtheit verbleiben werden. Caul (1978b) warnt, der Verlauf dieser Prozedur sei nicht immer voraussehbar und sie könne eine Verstärkung von Angst infolge des Verlustes amnestischer Barrieren zwischen verschiedenen Identitäten zur Folge haben. Er äußert sich jedoch überzeugt, daß ihre Anwendung zu einem Zeitpunkt, zu dem sich die Therapie der Auflösung der Multiplizität nähert, für die Patienten sehr positive Auswirkungen haben kann.

Tiefe Trance

Tiefe Trance scheint eine unspezifische heilende Wirkung auf DIS-Patienten zu haben und außerdem amnestische Barrieren durchlässiger zu machen (Kluft 1982). Kluft (1982) und Braun (1984c) beziehen sich auf frühere Arbeiten von Margaretta Bowers zu diesem Thema. Auch Bliss (1980) berichtet über DIS-Patienten, die durch Erfahrungen tiefer Trance verursachte positive Gefühle erlebten. Braun (1984c) beschreibt, wie er Patienten in Trance versetzte und diese dann allmählich immer weiter vertiefte. Den Patienten wird in solchen Fällen gesagt, ihr Geist bleibe bis zum Ertönen eines zuvor festgelegten Signals leer. Kluft (1982) hält es für notwendig, alle Alter-Persönlichkeiten an solchen Erlebnissen tiefer Trance teilhaben zu lassen. Auch ich habe den Eindruck gewonnen, daß die Erfahrung tiefer Trance auf Patienten mit einer DIS ebenso wie auf andere beruhigend und heilend wirkt.

Abreaktion

Eine Abreaktion wird definiert als:

> Freisetzung oder Entladung von Emotionen nach Reaktivierung der Erinnerung an ein schmerzhaftes Erlebnis, das unterdrückt wurde, weil es im bewußten Zustand nicht zu ertragen war. Eine therapeutische Wirkung tritt bei einer Abreaktion manchmal durch den teilweisen Abbau oder die Desensibilisierung schmerzhafter Emotionen und durch die Steigerung der Einsicht ein. (American Psychiatric Association 1980b, S. 1)

Der Begriff *Abreaktion* stammt aus der frühesten Arbeit von Breuer und Freud über Hysterie. Die beiden Forscher beobachteten, daß es Patienten half, Dinge »einfach auszusprechen« (Shorvon u. Sargant 1947, S. 47). Später verbanden sie diesen Prozess mit Hypnose zwecks Förderung einer emotionalen Katharsis (Breuer u. Freud 1985/1957). Kurz nach der Veröffentlichung von *Studien über Hysterie* wandte sich Freud vom Gebrauch der Hypnose ab und befürwortete fortan die Anwendung der freien Assoziation und der psychoanalytischen Technik.

Während des Ersten Weltkriegs jedoch erwies sich die Abreaktion als wichtiges therapeutisches Werkzeug der Behandlung von »Schützengrabenschock« und akuten traumatischen Neurosen (Shorvon u. Sargang 1947). Culpin (1931) beobachtete:

> Sobald der bewußte Widerstand eines Mannes gegen ein Gespräch über seine Kriegserlebnisse überwunden war, folgte dem Bericht über die mit starken Affekten verbundenen Erlebnisse eine starke psychische Entlastung. Es war, als ob die durch den bewußten Widerstand aufgestauten Emotionen aufgrund der Spannungen, die sie verursachten, Symptome erzeugt hätten. Daraufhin trat die gewöhnlich von mir in dieser Form nicht vermutete Erinnerung zutage, wobei sich ihre Rückkehr meist beispielsweise durch Blutandrang im Gesicht, durch Drücken der Hände gegen das Gesicht, durch Zittern und durch andere körperliche Anzeichen für das Auftauchen einer Emotion ankündigte. (S. 27)

Culpin stellt fest, daß selbst dann, wenn die Details eines Ereignisses erinnert werden, dessen emotionaler Inhalt oft abgespalten und unterdrückt ist. Eine therapeutische Wirkung kann nur dann erzielt werden, wenn letzterer wiedergewonnen und erneut durchlebt wird.

Nach Ende des Ersten Weltkriegs verlor die Abreaktion als therapeutisches Werkzeug ihre Popularität. In den 1930er Jahren begannen Blackwenn und andere in den Vereinigten Staaten mit der Nutzung von Natriumamytal und ähnlichen Mitteln in der Psychotherapie (Shorvon u. Sargant 1947). Ihre Arbeit fand wenig Beachtung, bis Sargant und Slater (1941) zu Beginn des Zweiten Weltkriegs erstmals über den Wert einer chemisch induzierten Abreaktion bei der Behandlung psychiatrischer Notfälle nach dem Rückzug der britischen Truppen aus Dünkirchen berichteten. Viele der Soldaten litten unter Amnesien und starken Konversionssymptomen. Grinker und Spiegel (1943) leisteten ebenfalls wichtige Beiträge zur Erforschung der Nutzung chemisch induzierter Abreaktionen für die psychotherapeutische Arbeit während des Nordafrika-Feldzugs, wobei sie dieses Verfahren *Narkosynthese* nannten. Aufgrund der erstaunlichen Erfolge wurde die Anwendung der Methode bald in vielen Kriegen zur Behandlung psychiatrischer Notfälle eingesetzt.

Nach dem Zweiten Weltkrieg versuchte man, die im Krieg mit der chemisch induzierten Abreaktion gesammelten Erfahrungen für zahlreiche psychiatrische Störungen zu nutzen, jedoch ohne nennenswerten Erfolg (Kolb 1985). Auch bei der Behandlung von chronischen posttraumatischen Belastungsreaktionen, wie sie bei Opfern des Holocaust vorgefunden wurden, erwies sich die therapeutische Nutzung der Abreaktion als weitgehend erfolglos (Kolb 1985). Diese Mißerfolge in Verbindung mit Erkenntnissen von Redlich *et al.* (1951), die Zweifel an der Zutreffendheit der unter chemischem Einfluß wiedergewonnenen Erinnerungen aufkommen ließen, führte zu einer mehrere Jahrzehnte langen allgemeinen Abkehr von der therapeutischen Nutzung von Abreaktionen. Kolb (1985) hat kürzlich erneut mit chemisch induzierten therapeutischen Abreaktionen im Rahmen der Behandlung chronischer posttraumatischer Belastungsstörungen bei Vietnam-Veteranen begonnen, und in Israel mit der therapeutischen Abreaktion im Rahmen von Kurzzeitbehandlungen akuter Streßreaktionen erzielte Erfolge (Maoz u. Pincus 1979) haben zum Wiederaufleben des Interesses an diesem therapeutischen Werkzeug sicherlich ebenso beigetragen wie die Entdeckung des Nutzens (abgesehen von der Unvermeidlichkeit) dieses Phänomens bei der Behandlung von DIS.

Der nun folgende Teil dieses Kapitels beschäftigt sich mit den Prinzipien, Techniken, Indikationen und Kontraindikationen der therapeutischen Abreaktion, wobei den für die Behandlung von DIS und verwandter dissoziativer Störungen wichtigen Aspekten besondere Aufmerksamkeit geschenkt wird.

Prinzipien therapeutischer Abreaktionen

Spontane Abreaktionen und abreaktionsähnliche Phänomene kommen bei Traumaopfern sehr häufig vor. Die bekanntesten Beispiele hierfür sind jene *Flashbacks*, die Kriegsveteranen häufig erleben, doch ähnliches ist auch bei Opfern vieler anderer Arten von Traumata beobachtet worden, beispielsweise bei Menschen, die durch Naturkatastrophen, durch Gewaltverbrechen wie Überfälle und Vergewaltigungen, durch Feuersbrünste, Flugzeugabstürze sowie durch Autounfälle traumatisiert wurden. Blank (1985) unterscheidet vier Arten intrusiver Erinnerung, die in Zusammenhang mit der posttraumatischen Belastungsstörung vorkommen: 1) lebhafte Träume und Alpträume über die traumatischen Erlebnisse; 2) lebhafte Träume, aus denen die Träumenden noch unter Einfluß des Trauminhalts aufwachen, so daß es ihnen schwerfällt, Kontakt zur Wirklichkeit herzustellen; 3) bewußte Flashbacks, bei denen Menschen von intrusiven Erinnerungen an traumatische Erlebnisse heimgesucht werden, in Verbindung mit lebhaften multimodalen Halluzinationen, wobei eventuell auch der Kontakt zur Wirklichkeit gestört wird; und 4) unbewußte Flashbacks, bei denen Menschen plötzlich eine aus dem Zusammenhang gelöste Erfahrung machen, aufgrund derer sie etwas tun, wodurch ein traumatisches Ereignis sich erneut manifestiert oder sich wiederholt, ohne daß die Agierenden sich zum betreffenden Zeitpunkt und später in welcher Form auch immer über eine Verbindung zwischen ihrer Aktivität und dem in der Vergangenheit real erlebten Trauma im klaren sind.

Alle vier beschriebenen Formen intrusiver Erinnerung kommen bei DIS-Patienten vor. Flashbacks und intrusive Erinnerungen sind oft der Grund für ihr manchmal zu beobachtendes regressives und quasi-psychotisches Verhalten. Der spontane, unkontrollierte und weitgehend unbewußte Charakter dieser abreaktionsähnlichen Phänomene verhindert oder behindert zumindest jede emotionale Entlastung, zu der es durch das Freiwerden der mit dem Flashback verbundenen Erinnerungen und Affekte kommen könnte. Therapeut und Patientin müssen lernen, solche Abreaktionen zu induzieren, zu kontrollieren und zu verarbeiten, weil nur dann aus denselben therapeutischer Nutzen gezogen werden kann.

Das Induzieren von Abreaktionen

Abreaktionen werden durch das Wiederauftauchen unterdrückter, verdrängter oder dissoziierter Erinnerungen und Affekte ausgelöst. Wie bereits weiter oben erwähnt wurde, tritt dieser Prozeß bei Traumaopfern häufig spontan auf. Aufmerksame Therapeuten können spontane Abreaktionen für therapeutische Zwecke nutzen. Außerdem können viele DIS-Patienten lernen, außerhalb der Therapie auftretende spontane Abreaktionen für die Selbstheilung zu nutzen. Generell ist es jedoch vor allem am Anfang einer Behandlung nützlicher und sicher auch der Vermeidung von Komplikationen dienlicher, wenn Patientin und Therapeut gemeinsam eine kontrollierte Abreaktion zu induzieren und durchzuarbeiten versuchen.

Durch äußere Reize ausgelöste Abreaktionen

Das Wiedererinnern traumatischen Materials, das sich vollständig oder teilweise außerhalb des Bewußtseins befindet, kann mit Hilfe verschiedener Techniken gefördert und beeinflußt werden. Daß äußere Hinweisreize ein lebhaftes Wiedererinnern auszulösen vermögen, ist Klinikern seit langem bekannt, und man hat diese Tatsache sowohl in der Therapie als auch im Rahmen experimenteller Untersuchungen über die Neurophysiologie von Abreaktionen genutzt (Putnam 1988c). Die auslösenden äußeren Hinweisreize können Anblicke, Geräusche, Gerüche, Verhaltensweisen oder Kombinationen der genannten Faktoren sein. Vielfach handelt es sich um normale alltägliche Objekte oder Erfahrungen, die einem unbeteiligten Betrachter als harmlos erscheinen mögen. Daß äußere Hinweisreize Unbehagen erzeugen und intrusive Erinnerungen auslösen können, kann Traumaopfer zu Vermeidungsverhalten und phobischem Verhalten veranlassen. Geräusche und Gerüche sind besonders starke Trigger und schwieriger zu vermeiden. Bei Vietnam-Veteranen wirken Hubschraubergeräusche, die in großen Städten heutzutage immer häufiger zu hören sind, oft als unvorhersehbare Auslöser von Flashback-Erfahrungen (Sonnenberg *et al.* 1985).

Therapeuten haben schon vor langer Zeit gelernt, die Tatsache, daß Erinnerungen durch bestimmte Trigger aktiviert werden können, für therapeutische Zwecke zu nutzen. Schon Janet nutzte äußere Reize auf diese Weise, ebenso wie er für seine Patienten bestimmte Rollen zu spielen pflegte, um bei ihnen Abreaktionen zu induzieren (Ellenberger 1970). Maoz und Pincus (1979) beschreiben die Nutzung von Geräuschen (beispielsweise solchen von Bombenexplosionen), um die Erinnerung an Erlebtes zu wecken. Sie erwähnen auch eine Technik, die darin besteht, daß der Therapeut selbst zu einem Teilnehmer des Kampfgeschehens wird, indem er die Rolle eines Kameraden oder Offiziers des Patienten übernimmt. Sie stellten fest, daß oft das »bloße Erwähnen« relevanter Hinweisreize (Trigger) ausreicht, um unterdrückte Traumata zu reaktivieren. Bei DIS-Patienten bewirken äußere Hinweisreize oft das Auftauchen einer bestimmten Alter-Persönlichkeit, die das traumatische Material bewahrt. Diese Identität durchlebt die traumatische Erfahrung gewöhnlich sehr lebensecht. Es kommt auch vor, daß eine ganze Gruppe von Identitäten eine solche Erfahrung gleichzeitig wiedererlebt.

Äußere Reize sind zur Induktion von Abreaktionen besonders dann nützlich, wenn sie sehr situationsspezifisch sind, relativ häufig erlebt werden oder mit traumatischen Erlebnissen assoziiert sind. Bei Multiplen sind Hinweisreize oft sehr idiosynkratisch und können unzuverlässig und unvorhersehbar sein. Am nützlichsten sind sie bei der Arbeit an einer Phobie oder einem Vermeidungsverhalten. Durch äußere Reize ausgelöste Abreaktionen werden bei der therapeutischen Arbeit mit Multiplen jedoch gelegentlich auch unvorhergesehen wirksam. Die Patientin sieht ein Objekt im Raum, oder der Therapeut benutzt unwissentlich ein Signalwort, zeigt einen bestimmten Ausdruck, nimmt eine bestimmte Haltung ein oder gibt der Patientin auf andere Weise unabsichtlich ein »Stichwort«. Auf diese Weise initiierte Abreaktionen können auf Therapeuten sehr beunruhigend wirken, wenn sie merken, daß sie durch einen solchen Auslöser auf irgendeine Weise das aktuelle Leiden der Patientin verursacht haben.

Durch Suggestion induzierte Abreaktionen

Sobald ein geeigneter therapeutischer Kontext geschaffen worden ist (z.B. mit Hilfe der hypnotischen Bildschirmtechnik) und nachdem bestimmte Alter-Persönlichkeiten beauftragt wurden, zu beobachten und zu berichten, was sie sehen, ist Suggestion in Verbindung mit Hypnose oder der chemischen Induktion von Abreaktionen zur Strukturierung der Verarbeitung verschütteter Erinnerungen bei DIS-Patienten besser geeignet, weil kontrollierbarer. Für die therapeutische Arbeit können bestimmte Erfahrungen oder Zeiten im Leben der Patientin gezielt angesteuert werden. Altersregressionstechniken sind in diesem Zusammenhang ebenfalls nützlich, weil sie es dem Therapeuten ermöglichen, die Patientin zu einem Zeitpunkt *vor* dem fraglichen Ereignis zurückzuleiten, ihr Gelegenheit zu geben, psychisch davon Abstand zu nehmen (z.B. durch Anwendung der an früherer Stelle beschriebenen Bildschirmtechniken) und dann mit dem sequentiellen erneuten Durchleben des Traumas fortzufahren. Eine solche Strukturierung der Abreaktion ermöglicht es sowohl der Patientin als auch dem Therapeuten, auf diesen machtvollen psychophysiologischen Prozeß in stärkerem Maße Einfluß zu nehmen. Gleichzeitig vermittelt dies sowohl der Patientin als auch dem Therapeuten ein stärkeres Gefühl der Sicherheit, und es erhöht die Bereitschaft aller Beteiligten, die therapeutische Arbeit mit Abreaktionen fortzusetzen. Außerdem eröffnet die Strukturierung die Möglichkeit, die Erinnerung an das Trauma auf zusammenhängende Weise wiederzugewinnen, was der psychotherapeutischen Verarbeitung und Integration dieses Materials zugute kommt.

Hypnoseunterstützte Abreaktionen   Hypnose und chemisch induzierte entspannte Bewußtseinszustände sind die therapeutischen Modalitäten, die am häufigsten zur Strukturierung von Abreaktionen benutzt werden. Mit DIS-Patienten arbeitende Therapeuten bevorzugen im allgemeinen die Anwendung von Hypnose gegenüber dem Einsatz chemischer Mittel (Putnam *et al.* 1986). Hypnose kann bei kooperativen DIS-Patienten schnell induziert werden, ihr stehen keine medizinischen Kontraindikationen im Wege, die ihre Anwendung fragwürdig machen, und sie läßt sich leicht den Gegebenheiten und Erfordernissen der speziellen Situation anpassen. Chemisch induzierte Abreaktionen hingegen erfordern gewöhnlich medizinische bzw. anästhesistische Betreuung, sie können bei bestimmten medizinischen Problemen kontraindiziert sein, und bei ihrer Anwendung ist schwer zu kontrollieren, ob das, was die Patientin sagt, der Wahrheit entspricht, weil eine starke Sedierung der Phase der bewußten Verarbeitung bei einer Abreaktion häufig hinderlich ist. Rosen und Myers (1947) haben die Resultate hypnotisch und chemisch induzierter Abreaktionen in einem militärischen Zusammenhang untersucht und sind zu dem Schluß gekommen, daß Hypnose im allgemeinen die geeignetere Modalität ist, abgesehen von seltenen Fällen, in denen Patienten ungewöhnlich starken Widerstand entwickeln oder medizinische oder rechtliche Gründe die Anwendung von Hypnose als nicht geboten erscheinen lassen.

Unter Hypnose lassen sich bei DIS-Patienten unter Zuhilfenahme verschiedener hypnotherapeutischer Techniken Abreaktionen induzieren. Häufig ist dazu nichts weiter erforderlich, als in der Hypnose Kontakt zu bestimmten Alter-Persönlichkeiten aufzunehmen und sie zu veranlassen, in Erscheinung zu treten. Die Techniken der Altersregression und der Affektbrücke, von denen in diesem Kapitel schon an früherer Stelle die Rede war, sind für die Erforschung traumatischen Materials und für die Auslösung therapeutischer Abreaktionen ebenfalls sehr nützlich. Andere hypnotherapeutische Techniken können zur Strukturierung der Wiedergewinnung traumatischen Materials und zur Integration desselben in das umfassende Bewußtsein der Patientin benutzt werden.

Chemisch induzierte Abreaktionen   Chemisch induzierte Abreaktionen werden seit den Bemühungen von Hurst und Kollegen während des Ersten Weltkriegs, hysterische Konversionssymptome zu »ätherisieren«, durchgeführt (Shorvon u. Sargant 1947). Dieses Verfahren ermöglicht, Abreaktionen schnell zu induzieren (nötigenfalls unter Kriegsbedingungen), und es ist nicht erforderlich, das gleiche Maß an Vertrauen oder Rapport aufzubauen wie bei der hypnotischen Arbeit. Natriumamytal und Natriumpentothal sind die am häufigsten für diesen Zweck benutzten Mittel, wobei zu erwähnen ist, daß es noch eine große Zahl weiterer Stoffe gibt, die ebenfalls Abreaktionen zu induzieren vermögen. Horsley (1943) prägte für die Benutzung chemischer Stoffe zu diesem Zweck den Begriff *Narkoanalyse*. Weitere Begriffe zur Beschreibung des Verfahrens, die in der Literatur mehr oder weniger synonym verwendet werden, sind unter anderem »Narkosynthese«, »Narkosuggestion« und »Narkokatharsis«.

Für die Verwendung speziell von Natriumamytal scheint zu sprechen, daß bei diesem Mittel der Spielraum zwischen der therapeutischen und der sedierenden Wirkung größer ist als bei Natriumpentothal, weshalb sich bei Gabe des erstgenannten Mittels der Sedierungsgrad besser kontrollieren läßt. Andererseits hat Natriumamytal eine längere Wirkzeit und kann sich deshalb störend auf die Verarbeitungsphase der Abreaktion auswirken (Walker 1982). Bei Natriumpentothal hingegen setzt die Wirkung schneller ein, die Wirkungszeit ist kürzer, und die sedierende Wirkung nach der Abreaktion läßt schneller nach (Walker 1982). Absolut kontraindiziert ist der Gebrauch solcher Mittel bei Porphyrie, und bei schweren Herz-, Lungen-, Leber- oder Nierenerkrankungen sowie bei Barbituratsucht ist ihr Einsatz zumindest fragwürdig (Marcos u. Trujillo 1978). Horsley (1943) berichtete über eine Sterblichkeitsrate von null bei mehr als 2000 unter dem Einfluß solcher chemischer Stoffe durchgeführter Interviews, und Hart *et al.* (1945) berichten über nur einen Fall von Atemstillstand, der aufgrund der zu schnellen Gabe eintrat, bei einer Gesamtzahl von 500 Interviews.

Das Mittel wird durch intravenöse Infusion in eine an der Oberfläche liegende Arm- oder Handvene verabreicht, und die Patienten liegen während dieses Vorgangs. Marcos und Trujillo (1978) empfehlen eine 21 Gauge Butterfly und eine zehnprozentige Lösung von 500 mg Natriumamytal in destilliertem Wasser. Perry und Jacobs (1982) empfehlen eine fünfprozentige Natriumamytal-Lösung. Die Tropfgeschwindigkeit sollte während der ersten zwei Minuten 1 cc pro Minute betragen und danach der Reaktion des Patienten angepaßt werden. Gewöhnlich reichen 400 mg aus, und 1 Gramm ist in den meisten Fällen die maximale Obergrenze für die erfolgreiche Durchführung eines Interviews (Marcos u. Trujillo 1978; Perry u. Jacobs 1982). Man verabreicht das Mittel in der Regel, bis ein schnelles laterales Augenzittern (Nystagmus) auftritt oder Schläfrigkeit zu erkennen ist. Auch die Aussprache der Patienten wird in diesem Stadium etwas undeutlich. Normalerweise wird dieser Zustand nach Verabreichung einer Dosis von 150-350 mg Natriumamytal erreicht (Perry u. Jacos 1982). Man sollte die Patienten nicht so schläfrig werden lassen, daß es schwierig wird, Kontakt zu ihnen aufzunehmen. Sobald das Bewußtsein auf ein zweckdienliches Niveau abgesenkt ist, wird dieser Zustand durch Gaben von 25-50 mg Natriumamytal etwa alle fünf Minuten aufrechterhalten.

Das Interview gliedert sich gewöhnlich in eine einleitende Phase, in welcher der Kliniker beruhigend mit der Patientin spricht und ihr suggeriert, daß sie bald das Bedürfnis haben wird, zu reden, und in der er während des Einstechens der Nadel und des Beginns der Infusion allgemeine Fragen stellt. Nach dem Eintreten der Patientin in den angestrebten Dämmerzustand beginnt die exploratorische Phase. Man kann sie dann mit Hilfe einer Altersregression in die Vergangenheit zurückführen und dann mit der Exploration beginnen. Der Therapeut sollte sich stark affektbelastetem oder traumatischem Material sehr vorsichtig nähern, wobei er eine traumatische Episode mehrmals durcharbeitet, um weitere Einzelheiten zu enthüllen. Bei der Wiedergewinnung des traumatischen Materials kann er mit der Patientin auf zwei Ebenen arbeiten: derjenigen der Vergangenheit und derjenigen der Gegenwart. Er hilft ihr, die mit in der Vergangenheit Erlebtem verbundenen Gefühle des Schmerzes, der Wut, der Schuld, des Entsetzens, der Scham, der Angst, der Isolation, der Hoffnungslosigkeit und der Hilflosigkeit zu verarbeiten und wirkt im Hier und Jetzt unterstützend und beruhigend auf sie ein (Maoz u. Pincus 1979).

Chemisch induzierte Abreaktionen bzw. Interviews unter chemischer Beeinflussung dauern gewöhnlich 30 bis 60 Minuten, und sie werden beendet, wenn das gewonnene Material ausreicht, um damit eine oder mehrere Psychotherapiesitzungen im Wachzustand zu bestreiten. In der Abschlußphase des Interviews wird die Patientin in den Zustand völliger Wachheit zurückgeleitet, so daß sie sich wieder ihres augenblicklichen Aufenthaltsorts und des realen Zeitpunktes bewußt ist (Maoz u. Pincus 1979). Der Therapeut kann auch Bemerkungen einfließen lassen und Suggestionen geben, die beinhalten, daß das wiedergewonnene Material in den folgenden psychotherapeutischen Sitzungen gründlich verarbeitet werden wird, und er kann außerdem unterstützende und ermutigende Kommentare geben. Anschließend sollte die Patientin 15 Minuten oder länger liegen bleiben, bis sie wieder in der Lage ist, (zunächst unter strikter Aufsicht) zu gehen (Perry u. Jacobs 1982). Die Verarbeitung des wiedergewonnenen Materials in anschließenden psychotherapeutischen Sitzungen ist zur Erzielung einer therapeutischen Wirkung unverzichtbar und wird im folgenden detaillierter beschrieben.

Regression / Wiedererleben *(revivificacion)*

Völlig unabhängig von der gewählten Induktionsmethode sind Regression und intensives Wiedererleben von Traumata fast unvermeidliche Begleiterscheinungen von Abreaktionen. Regression ist von einer Reihe von Faktoren abhängig. Traumata, die normale psychische Abwehrmechanismen außer Kraft setzen, erzeugen bei den meisten Menschen Verhaltensregressionen. DIS-Patienten haben ihre Traumata gewöhnlich in der frühen oder mittleren Kindheit erlebt, so daß Identitäten, die geschaffen wurden, um diese Traumata zu absorbieren, häufig auf das Lebensalter fixiert sind, in dem sich die Patientin zum Zeitpunkt des traumatischen Erlebnisses befand. Oft werden durch Abreaktionen diese Kind- und Kleinkind-Persönlichkeiten aktiviert, und sie verhalten sich auf Weisen, die man bei einem Erwachsenen als deutlich regressiv bezeichnen würde. Altersregression und andere Techniken, die zur Induktion von Abreaktionen benutzt werden, fördern bei den meisten für Hypnose besonders empfänglichen Menschen auch die Verhaltensregression, selbst wenn bei den Betreffenden kein Trauma vorliegt.

Manchmal ist es sehr schwierig, zwischen einer in Zusammenhang mit einer therapeutischen Abreaktion auftretenden, positiv wirkenden und einer pathologischen Regression zu unterscheiden. Im Rahmen ihrer narkoanalytischen Arbeit mit Soldaten, die während des arabisch-israelischen Kriegs des Jahres 1973 unter Kampfnachwirkungen litten, stießen Maoz und Pincus (1979) auf mehrere Fälle, bei denen sie ein wiederholtes »regressives Verhalten« beobachteten, beispielweise infantiles Weinen oder Selbstmitleid, das stereotyp geworden war, so daß in der Behandlung keine Fortschritte mehr erzielt werden konnten. In solchen Fällen brachen die Autoren ihre narkoanalytischen Sitzungen ab. Auch ich habe festgestellt, daß die Fixierung repetitiven regressiven Verhaltens in Verbindung mit dem Ausbleiben therapeutischer Fortschritte ein verläßlicher Indikator für eine pathologische Regression ist. Man sollte sich jedoch hüten, regressives Verhalten zu schnell als pathologisch abzustempeln. Bei vielen traumatischen Erfahrungen sind wiederholte Abreaktionen erforderlich, um das Leid der Patienten in seinem ganzen Ausmaß offenzulegen und um vielschichtige Affekte abzubauen. Stellt ein Therapeut jedoch wiederholt fest, daß eine bestimmte Alter-Persönlichkeit in einem stereotypen regredierten Zustand verharrt und kein neues Material mehr zutage gefördert wird, sollte er das System am besten nach anderen Identitäten durchforschen, welche die zur Durcharbeitung der traumatischen Erfahrung erforderlichen Einsichten zu liefern vermögen.

Das intensive Wiedererleben früherer Erfahrungen *(revivification)* ist das besondere Merkmal der Abreaktion. Die klinische Literatur über Abreaktionen, Flashbacks und die posttraumatische Belastungsstörung enthält zahlreiche Vignetten, die schildern, wie Patienten traumatische Erlebnisse aus ihrer Vergangenheit plastisch wiedererleben. Zur Verwechslung zwischen Vergangenheit und Gegenwart kommt es während solcher Episoden sehr häufig. Allerdings berichten manche Patienten, sie sähen das Geschehen auf einem zweigeteilten Bildschirm, dessen eine Hälfte die Vergangenheit und dessen andere die Gegenwart zeige. Die Lebendigkeit solchen Wiedererlebens hängt mit den multisensorischen halluzinatorischen und illusionären Phänomenen zusammen, die Erlebnisse dieser Art begleitet. Die Betreffenden sehen, hören, fühlen, riechen und schmecken, was sie in der Vergangenheit real erlebt haben. Bei einer Abreaktion können Menschen auch Objekte und Personen aus der realen Umgebung in ihr Erleben einbeziehen. Nachdem ich einmal mit knapper Not dem mörderischen Angriff eines ehemaligen *Long-range-reconnaissance-patrol*-Führers entkommen bin, der mich für einen der Nordvietnamesen hielt, die ihn gefangen genommen hatten, und in dessen Augen der mit einem Fliesenboden und mit Wandschränken ausgestattete Untersuchungsraum in einem Gebäude der *Veterans Administration* ein Dschungelgefängnis aus Bambusstangen war, vermag ich aus eigener Erfahrung zu bezeugen, daß ein Mensch, der eine Abreaktion durchlebt, seine momentane reale Umgebung in die Szenerie, die der Ursprungsort seines zuvor erlebten Entsetzens ist, einbeziehen kann.

Die mit einer Abreaktion verbunden Affekte können ebenso intensiv sein. Ihnen ist die Frische des traumatischen Augenblicks eigen, und sie sind durch jahrelange Unterdrückung und Dissoziation komprimiert. Mein Eindruck ist, daß die meisten Patienten, ob sie nun unter DIS leiden oder nicht, weniger die erinnerten Inhalte als vielmehr das Wiedererleben der mit ersteren verbundenen Affekte als besonders schmerzhaft empfinden. Manchmal war die Erinnerung an die Details eines traumatischen Ereignisses den Betreffenden eine Zeitlang zugänglich, und die mit dem Geschehen assoziierten Affekte müssen offengelegt und abreagiert werden, um therapeutische Fortschritte zu erzielen. Diese Affekte können auf eine sehr explosive Weise zum Ausdruck gelangen, was für die Patientin wie auch für den Therapeuten sehr beängstigend sein kann. Befindet sich traumatisches Material in Bewußtseinsnähe, kann die Patientin mit hypnotischer oder chemischer Unterstützung augenblicklich in eine Abreaktion eintreten. Allerdings glückt dies nach meiner Erfahrung häufiger bei Anwendung der letztgenannten Möglichkeit. Bei plötzlichem Auftauchen eines intensiven Affekts, insbesondere wenn dieser nicht eindeutig mit den aktuellen Umständen zusammenhängt, sollte der Therapeut sich über die Möglichkeit des Stattfindens einer Abreaktion bei der Patientin Gedanken machen.

Die Wiedergewinnung traumatischen Materials

Dissoziierte und verdrängte Erinnerungen und Affekte müssen wieder zugänglich gemacht werden, damit die Patientin dieses Material auf verschiedenen Ebenen durcharbeiten kann. Der Prozeß der Abreaktion muß von der Patientin und dem Therapeuten gemeinsam strukturiert werden, damit das erforderliche Material in einer Form wiedergewonnen wird, die seine Verarbeitung in der Psychotherapie möglich macht. Die Beachtung einiger Prinzipien und Empfehlungen kann bei der Strukturierung dieser Erfahrungen von Nutzen sein.

Meist ist es von Nutzen, wenn der Prozeß der Abreaktion so strukturiert wird, daß er einen Anfang, einen mittleren Teil und ein Ende hat und wenn diese Teile der zeitlichen Folge der traumatischen Erfahrung entsprechen. Natürlich verläuft etwas so Komplexes wie eine Abreaktion nicht unbedingt zeitlich linear! Abgesehen von Verwechslungen zwischen Vergangenheit und Gegenwart bewegt sich die Patientin in einer solchen Situation auch innerhalb der Vergangenheit zeitlich sehr willkürlich. DIS-Patienten können während einer Abreaktion blitzschnell zwischen verschiedenen Alter-Persönlichkeiten wechseln, die alle in irgendeiner Weise mit der traumatischen Erfahrung verbunden sind. Möglicherweise glaubt jede Identität, sie befände sich in einer anderen Zeit und an einem anderen Ort. Außerdem kann ein Patient während einer Abreaktion zwischen verschiedenen traumatischen Erlebnissen, die thematisch mit der im Zentrum der Arbeit stehenden Erfahrung zusammenhängen, hin- und herwechseln. Dies hat man bei Kriegsveteranen beobachtet, die zuweilen die Abreaktion eines *vor* dem Krieg erlebten Traumas durchleben, während sie sich wegen kriegsbedingter Belastungsreaktionen in Behandlung befinden.

Trotzdem muß der Therapeut alles in seiner Macht Stehende tun, um die Patientin auf eine möglichst sequentielle Weise durch eine wiedererlebte traumatische Erfahrung zu geleiten. Einer der Gründe dafür, daß die spontanen Flashbacks, die Traumaopfer erleben, den mit der Trauma-Episode verbundenen Affekt nicht auflösen, ist, daß die Betroffenen immer wieder plötzlich in einen Flashback versetzt und ebenso plötzlich wieder aus ihm herauskatapultiert werden, jedoch nicht in der Lage sind, das Erlebte linear von Anfang bis Ende durchzuarbeiten. Meiner Erfahrung nach sind linearer verlaufende Abreaktionen in einer Psychotherapie leichter durchzuarbeiten und können von der Patientin leichter in das Bewußtsein integriert werden.

Ein Therapeut kann die Linearität einer Abreaktion fördern, indem er die Patientin in einer Altersregression bis zu einem Zeitpunkt vor dem Trauma führt und sie dann von dort aus zeitlich vorwärts geleitet. Dabei ist allerdings zu bedenken, daß er leider häufig gar nicht weiß, wo ein Trauma beginnt oder ein anderes endet. Es gelingt der Patientin jedoch gewöhnlich selbst, diesen Punkt zu finden, wenn man ihr den Auftrag gibt, »bis unmittelbar vor dem Zeitpunkt, zu dem das Ereignis geschah, zurückzugehen«. Ist sie dort angelangt, kann der Therapeut sie auffordern, »sich umzuschauen« und den Ort, die genauen Umstände und sich selbst in der Situation zu beschreiben (d.h., wie alt sie ist, was sie tut usw.) Dies hilft sowohl ihr als auch dem Therapeuten, sich zu orientieren, und außerdem wird auf diese Weise ein Ausgangspunkt geschaffen. Anschließend kann der Therapeut die Patientin auffordern, sich zeitlich vorwärts zu bewegen, während sie das Geschehen auf einer geistigen Leinwand verfolgt und beschreibt, was sie sieht. Springt sie zeitlich, oder ist der Therapeut aufgrund dessen, was geschieht, verwirrt, kann er sie auffordern, ihre augenblickliche Aktivität »erstarren« zu lassen und die genauen Umstände der Situation zu beschreiben. Manchmal ist es nützlich, die Patientin »zurückzoomen« oder »hineinzoomen« und den erstarrten Augenblick genau betrachten zu lassen, um ihr selbst und dem Therapeuten eine bessere Orientierung zu ermöglichen.

Der Therapeut sollte sich bemühen, seine Orientierung auf Zeit, Ort und Umstände der Abreaktion aufrechtzuerhalten. Allerdings ist das manchmal einfach nicht möglich. Oft ist es von Nutzen, die Sequenz, um die es in der Abreaktion geht, im Verlauf einer Therapiesitzung mehrmals zu rekapitulieren. Die Patientin kann die Anweisung erhalten, bei jedem erneuten Durchleben das betreffende Trauma aus einer anderen Perspektive oder einer anderen Kameraposition zu betrachten. Bei jedem dieser Durchläufe fallen dem Therapeuten wie auch der Patientin neue Details auf, und es werden widersprüchliche Wahrnehmungen und Emotionen sichtbar. Dabei sollte der Therapeut genau darauf achten, ob an irgendwelchen Punkten die Linearität des zeitlichen Verlaufs der Situation gestört ist. Kommt die Patientin plötzlich auf einen erst zu einem späteren Zeitpunkt wichtigen Punkt zu sprechen, und sagt sie beispielsweise, die Dinge seien »schwierig zu sehen« oder die Leinwand sei leer, oder deuten andere Aspekte dessen, was sie tut oder sagt, auf eine Unterbrechung der Kontinuität der Sequenz hin, sollte der Therapeut sich diesen Punkt merken und beim nächsten Durchlauf darauf zu sprechen kommen. Brüche in der Kontinuität einer Abreaktion zeigen im allgemeinen die Existenz einer tieferen Traumaebene an, die möglicherweise noch stärker unterdrückt, verdrängt oder dissoziiert ist.

Die Beobachtung, daß eine Abreaktion oft mehrmals wiederholt werden muß, um traumatisches Material wieder vollständig zugänglich zu machen, wird in der Literatur über die Behandlung kriegsbedingter Störungen mehrfach erwähnt (Rosen u. Myers 1947; Shorvon u. Sargant 1947; Walker 1982). Kluft (1982) hat diese Beobachtung auf DIS-Patienten und die bei ihnen vorgefundenen Zustände ausgeweitet. Er sagt: »Eine einzige Intervention (Abreaktion), so intensiv und langwierig sie auch sein mag, hat wohl so gut wie nie eine ausreichende Verarbeitung und Entlastung herbeigeführt. Manchmal durchleben mehrere Persönlichkeiten separat Abreaktionen des gleichen Ereignisses oder Affekts« (S. 235). Therapeut und Patientin müssen eine bestimmte Erfahrung möglicherweise in mehreren separaten Sitzungen mittels Abreaktion durcharbeiten. Oft bemerken sie einen Bruch oder eine Diskontinuität, die auf fehlendes Material hindeutet, erst in der Phase der integrativen Psychotherapie, die einer Abreaktion folgt.

Man muß eine Abreaktion ihren Lauf nehmen lassen, wann immer dies möglich ist. Wird sie vom Therapeuten oder durch äußeres Einwirken unterbrochen, setzt sie häufig zu einem späteren, ungünstigeren Zeitpunkt in voller Stärke wieder ein. Dies kann die Patientin in große Schwierigkeiten bringen, und selbst wenn dies nicht passiert, wird ihr verständlicher Widerstand gegen die Offenlegung des traumatischen Materials dadurch verstärkt. Leider lassen sich Abreaktionen nicht problemlos in die übliche fünfzigminütige psychotherapeutische Behandlungssitzung einpassen. Selbst wenn es gelänge, eine Sequenz im Laufe einer Sitzung mehrmals vollständig ablaufen zu lassen, erlebt die Patientin wahrscheinlich anschließend »Nachbeben« oder Mini-Abreaktionen, Flashbacks, intrusive Bilder und traumatische Alpträume. Dies liegt einfach in der Natur der Sache.

Intuitiv wissen Patienten, daß es schwierig oder sogar unmöglich ist, zuvor unterdrücktes traumatisches Material, wenn es erst einmal zutage getreten ist, wieder vollständig zu unterdrücken. Nun ist eine undichte Stelle im Deich, und das nicht vollständig abreagierte oder neu hinzukommendes dissoziiertes traumatisches Material wird fortan weiter ins Bewußtsein durchsickern. Der Therapeut sollte auf diesen Prozeß gefaßt sein und auch die Patientin darauf vorbereiten. Die Patientin sollte aufgefordert werden, mit Hilfe der bereits erlernten Bildschirmtechniken eventuell auftretende Flashbacks und intrusive Erinnerungen zu beobachten und zu registrieren und dieses Material in die nächste Therapiesitzung mitzubringen.

Die wiederholte Abreaktion eines bestimmten traumatischen Ereignisses fördert Widersprüche zutage. Es kann sein, daß die Patientin dabei das gleiche Ereignis in sehr unterschiedlichen Versionen schildert und bezüglich des Geschehens sehr stark divergierende Gefühle zum Ausdruck bringt. Bei DIS-Patienten verkörpern verschiedene Identitäten häufig solche widersprüchlichen Wahrnehmungen. Manchmal enthalten bestimmte Ereignisse oder bestimmte Versionen eines Ereignisses deutlich erkennbare Phantasiekomponenten; in vielen anderen Fällen werden Therapeut und Patientin nie mit letzter Sicherheit herausfinden, was tatsächlich geschehen und was eine Phantasie ist. Mir persönlich ist keine Möglichkeit bekannt, in solchen Fällen

Wahrheit und Phantasie voneinander zu unterscheiden. Man könnte nun einwenden: »Für die Patientin ist alles real« und daraus folgern, daß die Frage der tatsächlichen Richtigkeit keine Rolle spiele. Doch beobachteten Maoz und Pincus (1979) im Rahmen ihrer Arbeit mit Abreaktionen bei israelischen Soldaten, daß es »Situationen gibt, in denen es offenbar ungeheuer wichtig ist, die Wahrheit herauszufinden« (S. 95). Wenn Widersprüche sichtbar werden, sollte während der integrativen psychotherapeutischen Verarbeitung des durch die Abreaktion gewonnenen Materials darauf fokussiert werden. Das Verstehen und die Auflösung von Widersprüchen sind oft entscheidende Voraussetzungen dafür, daß es der Patientin gelingt, das offengelegte Material zu akzeptieren und zu integrieren.

Beendigung von Abreaktionen

Wie eine Abreaktion beendigt werden sollte, hängt teilweise davon ab, mit Hilfe welcher Technik sie initiiert wurde. Bei chemisch induzierten Abreaktionen wird die Beendigung durch den Abbruch der Infusion eingeleitet. Der Stoffwechsel baut den Spiegel des aktiven chemischen Stoffs dann so weit ab, daß die Patientin wieder völlig zu Bewußtsein kommt und in der Lage ist, ohne Hilfe zu gehen. Manche Befürworter therapeutischer Interviews unter Natriumamytal-Einfluß empfehlen, den Patienten am Ende der Abreaktion eine zusätzliche Dosis des chemischen Stoffs zu geben, um sie in Schlaf zu versetzen (Marcos u. Trujillo 1978). Meiner Meinung nach ist dies jedoch in den meisten Fällen nicht von Nutzen; für sinnvoller halte ich, die Patienten wieder in den Wachzustand zu versetzen, weil dies die Bewußterhaltung des während des Interviews wiedergewonnenen Materials begünstigt.

Bei hypnotisch induzierten Abreaktionen muß der Therapeut den hypnotischen Zustand spiegelbildlich zur Induktion beenden. Wurde die Patientin also zunächst hypnotisiert, und anschließend wurden bestimmte Alter-Persönlichkeiten aktiviert, hypnotisiert und durch eine Altersregression geleitet, sollten die betreffenden Identitäten am Ende der Arbeit zunächst mit Hilfe einer Altersprogression in die Gegenwart geleitet, anschließend sollte ihre Trance und schließlich auch die Trance der Patientin beendet werden. Erlaubte Amnesie und andere Formen posthypnotischer Suggestion können vor Beendigung der Trance den aktivierten Alter-Persönlichkeiten, der Gastgeber-Persönlichkeit, anderen Identitäten oder irgendwelchen Kombinationen von Wesenheiten gegeben werden. Nach einer Abreaktion beende ich die Hypnose gewöhnlich, indem ich die Patientin langsam aus der Trance geleite, meist mit Hilfe der Umkehrversion der Metapher oder des Bildes, die oder das ich zuvor zur Vertiefung der Trance benutzt habe. Zwar machen manche Therapeuten, die mit der Hypnose nicht vertraut sind, sich Sorgen darüber, eine Patientin könne in der Trance »steckenbleiben« oder in einer endlosen Abreaktion gefangen bleiben, doch kann ich versichern, daß so etwas nicht passiert.

Kehrt die Patientin in den Zustand des Wachbewußtseins zurück, sollte der Therapeut sie wiederholt auf den aktuellen Ort, die aktuelle Zeit und die aktuelle Situation hin orientieren (d.h. auf die Tatsache hin, daß sie soeben eine Abreaktion durchlebt hat). Außerdem sollte er sie fragen, was sie in diesem Moment erlebt. Abreaktionen hinterlassen oft starke Restaffekte, und indem man sich ein wenig Zeit nimmt, um sie zu identifizieren und zu verarbeiten, hilft man der Patientin, die soeben gemachte Erfahrung zu einem Abschluß zu bringen. Im Idealfall sollte nach einer Abreaktion noch genügend Zeit bleiben, um die Patientin in der Gegenwart zu orientieren, sie zu erden, eventuelle Restaffekte zu erkennen und das wiedergewonnene Material einer vorbereitenden Verarbeitung zu unterziehen. Letzteres kann notfalls auf die nächste Sitzung verschoben werden, doch Reorientierung, Erdung und Identifikation von Restaffekten sind absolut unverzichtbar. Nur wenn eine Abreaktion auf diese Weise adäquat abgeschlossen ist, vermag die Patientin ohne nennenswerten Bruch in die normale Alltagsexistenz zurückzukehren. Die Notwendigkeit eines solchen adäquaten Abschlusses wird von unerfahrenen Therapeuten oft übersehen, weil sie selbst noch unter dem Eindruck der Intensität der Abreaktion stehen. Ein adäquater Abschluß ist jedoch wichtig, damit sich die therapeutische Wirkung einer Abreaktion entfalten kann. Wird es versäumt, einen solchen Abschluß zu ermöglichen, wird dadurch der Widerstand gegen weitere therapeutische Abreaktionen verstärkt.

Reintegration des durch die Abreaktion wiedergewonnenen Materials

Die Notwendigkeit einer begleitenden Psychotherapie zur Verarbeitung des durch die Abreaktion wiedergewonnenen Materials erkennen seit langem praktisch alle in diesem Bereich tätigen Kliniker an (Rosen u. Myers 1947). Grinker und Spiegel (1943) schreiben: »Die Vorstellung, daß zur Behandlung akuter Kriegsneurosen nichts weiter als eine Narkosetherapie oder irgendeine andere Form von Abreaktion erforderlich sei, ist ein Irrtum, wie die Tatsache erkennen läßt, daß solche Patienten, wenn nichts anderes mit ihnen geschieht, einen Rückfall erleiden. ... Man muß mit ihnen sobald wie möglich [nach der Abreaktion] psychotherapeutisch arbeiten« (S. 23). Die Erkenntnisse über die Bedeutung integrativer Psychotherapie, die zunächst im Kontext chemisch induzierter Abreaktionen gesammelt wurden, ist mittlerweile von Klinikern, die Vietnam-Veteranen mit Hypnotherapie behandeln, aufgegriffen und ergänzt worden (Brende u. Benedict 1980; Spiegel 1981). Wird das durch eine Abreaktion wiedergewonnene traumatische Material nicht kurz nach der Abreaktion ins Wachbewußtsein überführt, wird der größte Teil davon erneut dissoziiert, verdrängt oder auf andere Weise aus dem Teil des Gedächtnisses verbannt, der dem Bewußtsein zugänglich ist.

Der Therapeut kann der Patientin auf verschiedene Weisen helfen, sich an dieses mit starken Affekten verbundene Material zu erinnern. Die erste und wohl wichtigste Intervention besteht darin, ihr zu helfen, das Material in irgendeiner kohärenten Form zu organisieren. Das weiter oben beschriebene Verfahren, eine zeitliche Kontinuität zu kreieren, ist ein Beispiel für eine strukturelle therapeutische Intervention, die Patienten hilft, das Material zwecks künftiger Verfügbarkeit im Wachbewußtsein zu organisieren. Dies gelingt in einigen Fällen, jedoch nicht bei allen. Andere Organisationsstrukturen – beispielsweise aufgrund von Affektbrücken – sind manchmal nützlicher. Bei DIS haben Patientin und Therapeut soviel Gelegenheit zur gemeinsamen Durchführung von Abreaktionen, daß sie die Möglichkeit haben, im Laufe der Zeit einen individuellen Lösungsansatz zu entwickeln, mit dessen Hilfe sie ihr Unbehagen verringern und die Resultate optimieren können.

Viele Therapeuten sind unabhängig voneinander auf die Idee gekommen, Audio- und Videoaufnahmen zu machen, um den Patienten über das während einer Abreaktion wiedergewonnene Material direktes Feedback geben zu können. Hall *et al.* (1978) haben diesen Ansatz als erste in ihrer Einzelfallstudie beschrieben; später hat David Caul (1984) die Nutzung von Videoaufnahmen bei der Behandlung von DIS kreativ weiterentwickelt. Ebenso wie bei vielen anderen für die Behandlung von DIS entwickelten Techniken basiert auch der empirische Beweis für die klinische Wirksamkeit von Videoaufzeichnungen auf der unabhängigen Entdeckung und der weitverbreiteten Anwendung dieser Methode durch viele Therapeuten mit unterschiedlichster beruflicher Orientierung (Putnam 1986b).

Auch die »Erlaubnis zu fühlen« ist eine therapeutische Intervention, die die Integration von Affekten und somatischen Empfindungen unterstützt. Oft haben Patienten während Mißbrauchserlebnissen, Mißhandlungen und anderen traumatischen Ereignissen schmerzhafte Verletzungen erlitten, den damit verbundenen körperlichen Schmerz jedoch dissoziiert und zum betreffenden Zeitpunkt nicht vollständig gespürt. Später können solche dissoziierten Schmerzen in Form psychosomatischer Beschwerden wieder auftauchen oder sogar durch die Therapie reaktiviert werden (Brende u. Benedict 1980). Ebenso sind durch das Geschehene starke Affekte wie Angst, Wut, Hilflosigkeit und Hoffnungslosigkeit entstanden, aber dissoziiert worden, weshalb sie zum aktuellen Zeitpunkt nicht direkt erfahren wurden, aber später in stark belastenden Situationen periodisch auftauchten. Der Therapeut sollte der Patientin während der Abreaktion helfen, diese dissoziierten Affekte und körperlichen Empfindungen zu »fühlen«. Dies kann geschehen, indem er die Patientin während der Abreaktion einfach von Zeit zu Zeit fragt, was sie fühlt – abgesehen von Fragen nach den Details der Erfahrung. Der Therapeut sollte keine Anstrengung scheuen, um der Patientin zu helfen, abgetrennte Affekte und somatische Empfindungen wiederzuentdecken, erneut zu erfahren und zu integrieren, da sie wahrscheinlich die stärksten Ursachen täglichen Unbehagens und dissoziativen Verhaltens sind.

Der Therapeut kann der Patientin auch helfen, unterdrücktes oder dissoziiertes Material zu integrieren, indem er in der Psychotherapie die beim mehrmaligen Wiederholen eines traumatischen Erlebnisses zutage tretenden widersprüchlichen Versionen durcharbeitet. Manchmal erzählen Patienten dem Therapeuten in der Therapie eine Version des Geschehens, und während einer Abreaktion zeigt sich eine völlig andere Version. Das »gleiche« Ereignis wird, wenn verschiedene Alter-Persönlichkeiten einer DIS-Patientin eine entsprechende Abreaktion durchleben, völlig unterschiedlich erfahren. Beispielsweise wurde eine Inzest-Episode von mehreren Alter-Persönlichkeiten als brutale Vergewaltigung erfahren, von einer Identität so, als hätte eine völlig unbekannte Person das Ganze erlebt, und von einer weiteren als Ausdruck väterlicher Zuneigung. Solange eine solche Erfahrung für die Patientin mehrere nicht integrierte Repräsentationen beinhaltet, darf sie nicht so stehengelassen, sondern muß weiter durchgearbeitet werden.

Der Therapeut muß der Patientin helfen, die Gleichzeitigkeit und Validität einander ausschließender Repräsentationen zu erkennen, und mit ihr auf die Auflösung solcher Widersprüche hinarbeiten. Die verschiedenen Identitäten müssen sich die unterschiedlichen, von ihrer eigenen abweichenden Darstellungen anhören und lernen, auf nichturteilende Weise zu akzeptieren, daß jede Version ihre eigene Wertigkeit hat und daß es möglich ist, sie alle zu einem umfassenderen Verständnis des Ereignisses zu vereinen, ohne die spezifischen Erfahrungen einzelner Alter-Persönlichkeiten zu negieren. Bevor zwischen den Alter-Persönlichkeiten jenes Geben und Nehmen entstehen kann, das für die Integration des traumatischen Materials erforderlich ist, müssen die inneren Kommunikationsverbindungen innerhalb des Persönlichkeitssystems gut entwickelt werden. Dies ist einer der Gründe, aus denen ein verfrühter Versuch, mit durch Abreaktionen gewonnenem Material zu arbeiten, gewöhnlich uneffektiv ist.

Widerstand gegen die Arbeit mit Abreaktionen

Das Wiederzugänglichmachen von Erinnerungen, wie es mit Hilfe der therapeutischen Abreaktion verfolgt wird, weckt bei DIS-Patienten natürlich starken Widerstand. Ihr Persönlichkeitssystem, das entstanden ist, um traumatische Erinnerungen und schmerzhafte Affekte in dissoziierter Form zu bewahren, fungiert als globale Abwehr gegen die Bewußtmachung und Bewußthaltung der schmerzhaften Erfahrungen. All die üblichen Abwehrmechanismen, die für die Patienten problematisches Material vom Bewußtsein fernhalten sollen, sind dabei ebenso im Spiel wie einige für DIS einzigartige Phänomene – beispielsweise Verfolger-Persönlichkeiten, die die Gastgeber-Persönlichkeit bestrafen, weil und wenn sie »Geheimnisse« verrät.

Die ohnehin schon sehr starken Sorgen und Ängste der Patientin, vom Therapeuten verlassen zu werden, werden noch stärker, wenn in der Therapie aktiv auf die Offenlegung verborgener Erinnerungen hingearbeitet wird. Dies ist im Kontext der Kindheitsgeschichte einer typischen DIS-Patientin verständlich, weil diese Patienten häufig von ihren Eltern oder anderen nahen Bezugspersonen vernachlässigt, mißhandelt oder mißbraucht worden sind. Deshalb wird die Sensibilität solcher Menschen gegenüber Ablehnung und Verlassenwerden in dieser Therapiephase deutlich verstärkt. Sobald die Arbeit mit Hilfe von Abreaktionen richtig in Gang gekommen ist, überfällt die meisten Patienten die Angst, ihr Therapeut werde sie diese Traumata in der gleichen schrecklichen Isolation wiedererleben lassen, in der sie den Erlebnissen ursprünglich ausgesetzt waren. Aus diesem und anderen Gründen lassen die meisten Multiplen erst zu, daß in der Therapie an der Offenlegung ihrer traumatischen Erlebnisse gearbeitet wird, nachdem sie das Engagement des Therapeuten viele Male auf die Probe gestellt haben. Ein Therapeut muß damit rechnen, daß die Situationen, die üblicherweise Gefühle des Abgelehnt- und Im-Stich-gelassen-Werdens heraufbeschwören (z.B. Urlaub), in dieser Behandlungsphase eine besonders starke Wirkung haben. Deshalb muß er sie im voraus im Blick haben und vorbereitend auf ihre Bewältigung hinarbeiten.

Als eine der wichtigsten Ursachen für das Fehlschlagen therapeutischer Abreaktionen bezeichnen viele Experten die Unvollständigkeit einer solchen Abreaktion traumatischen Materials (Kline 1976; Kluft 1982; Maoz u. Pincus 1979; Rosen u. Myers 1947; Shorvon u. Sargant 1947). Zeichen und Symptome, die darauf hindeuten, daß die Abreaktion eines traumatischen Ereignisses unvollständig geblieben ist, sind unter anderem: 1) Lücken in der Kontinuität der bewußten Erinnerung an eine Episode; 2) das Auftreten starker Abreaktionen sowie von Flashbacks und intrusiven Erinnerungen an den Vorfall außerhalb der Therapiesituation; 3) die Unmöglichkeit, widersprüchliche Versionen des Ereignisses im Rahmen der Psychotherapie durchzuarbeiten; 4) das Fehlschlagen partieller Integrationen, an denen Alter-Persönlichkeiten beteiligt sind, die das Material bewahren, dessen Verarbeitung mit Hilfe von Abreaktionen fehlgeschlagen ist; und 5) zunehmender Widerstand gegen die weitere therapeutische Arbeit mit Abreaktionen. Hat ein Therapeut den Verdacht, eine Abreaktion könnte unvollständig geblieben sein, sollte er das betreffende Ereignis mit der Patientin sorgfältig Schritt für Schritt durcharbeiten und nach Inkongruenzen, Diskontinuitäten, starken Affekten ohne klare Beziehung zum Inhalt und nach anderen Anzeichen für die Existenz verborgenen Materials Ausschau halten. Dies kann zunächst im Rahmen der integrativen psychotherapeutischen Arbeit an dem Vorfall geschehen und später nötigenfalls mit zusätzlichen, speziell der Arbeit mit Abreaktionen vorbehaltenen Sitzungen fortgesetzt werden.

Schon allein die Häufung von Traumata, die typische DIS-Patienten erlebt haben, hat Einfluß auf die Stärke des Widerstands, den solche Patienten entwickeln. Sobald zuvor verschlossene Türen sich durch die Bemühungen um die Wiedergewinnung verborgener traumatischer Inhalte zu öffnen beginnen, wird es für die Patientin schwieriger, das belastende Material vom Bewußtsein fernzuhalten. Dieser Prozeß entwickelt offenbar eine Eigendynamik. Oft werden dabei anfangs zu ungeeigneten

Zeitpunkten der Verdrängung und Dissoziation dienende Barrieren angegriffen, was im Alltagsleben der Patientin schwerwiegende Probleme verursacht. Der Therapeut muß sich gemeinsam mit der Patientin darum bemühen, für die Arbeit ein Tempo zu finden, in dem letztere die Erinnerung an das Trauma zu ertragen und an ihrer Integration zu arbeiten vermag, so daß sie nicht über lange Zeit mit großen Mengen unverarbeiteten Materials alleingelassen wird. Im Idealfall gelingt es, jeweils nur soviel traumatisches Material zu reaktivieren, wie die Patientin aufnehmen und dann durcharbeiten und so integrieren kann.

Die Rolle des Therapeuten bei der Arbeit mit Abreaktionen

Ein Therapeut tut vieles, um seinen Patienten zu helfen, und das meiste davon ist schwer zu beschreiben. Bei der Arbeit mit Abreaktionen sollte er versuchen, eine Situation zu schaffen, in der sich seine Patientin sicher, unterstützt und von einer Struktur gehalten fühlt. Ein Gefühl der Sicherheit ist eine absolut notwendige Voraussetzung dafür, daß DIS-Patienten in einer Therapie ernsthaft mitarbeiten. Ihr Persönlichkeitssystem testet das Engagement des Therapeuten, seine Fähigkeit, mit der Schilderung drastischer Einzelheiten der traumatischen Episoden fertig zu werden, und seine Bereitschaft, mit vermeintlich böswilligen Alter-Persönlichkeiten auf unparteiische Weise zu arbeiten, bevor es ihm gestattet wird, tief in ihre Vergangenheit einzutauchen. Die Patientin muß davon überzeugt sein, daß der Therapeut in der Lage ist, die Situation unter Kontrolle zu behalten und alle Beteiligten vor echtem Schaden zu bewahren. Sie muß erleben, daß er sich gegenüber dem wiedergewonnenen Material und seinen Auswirkungen auf sie als Betroffene liebevoll und sensibel verhält. Angst vor einer verurteilenden Reaktion des Therapeuten schürt den Widerstand gegen die Bemühungen um Freilegung des verborgenen Materials, und das gleiche gilt für die Bestätigung oder Leugnung bestimmter Selbst-Repräsentationen (insbesondere für die Bestätigung derjenigen, die Gefühle der Scham und Demütigung bewahren).

Die äußeren Gegebenheiten der Therapiesituation haben eine starke Wirkung auf das Sicherheitsgefühl der Patientin. Ihre Privatsphäre muß garantiert sein, Störungen von außen müssen so weit wie möglich ausgeschlossen werden, und es sollten keinerlei Gegenstände greifbar sein, die leicht als Waffen benutzt werden können (z.B. Scheren und Brieföffner) oder die andere gefährliche Handlungen möglich machen (z.B. offene Fenster in hohen Gebäuden). Die Patientin steht kurz davor, die Kontrolle an starke Kräfte abzugeben, und obwohl das Ausagieren erfahrungsgemäß nur selten gefährliche Formen annimmt, fürchten sich doch viele Patienten selbst vor dieser Möglichkeit. Beschützer- und Helfer-Persönlichkeiten sollten schon früh in der Behandlung bei auftauchenden Sorgen um die Sicherheit und bei der Suche nach Lösungen zu Rate gezogen werden. Manche Therapeuten führen die Arbeit mit

Abreaktionen in einer speziellen äußeren Umgebung durch, beispielsweise in einem Raum, der keine Möbel, dafür aber zahlreiche Kissen und Stofftiere enthält. Young (1986) beschreibt, wie er Patienten mit deren Einwilligung in ihrer Bewegungsfreiheit einschränkt, um ihre Sicherheit garantieren zu können. Zwar habe ich selbst noch nicht in solchen speziell strukturierten äußeren Situationen gearbeitet, doch kann ich mir vorstellen, daß dies bei manchen Patienten von Nutzen ist.

Abgesehen von Sicherheit und Unterstützung muß der Therapeut auch für eine Struktur sorgen, die die zu therapeutischen Zwecken initiierte Abreaktion in Grenzen hält und kanalisiert. Eine sequentielle Zeitlinie oder ein anderer Rahmen stellt die Erfahrung der Abreaktion in eine Kontinuität und trägt außerdem dazu bei, sicherzustellen, daß es zu einem umfassenderen Abbau des aufgestauten Affekts kommt. Der Therapeut hilft der Patientin bei der Suche nach fehlenden Einzelheiten, indem er sie mehrmals durch das Material führt und sie dabei immer wieder auffordert, an bestimmten Punkten innezuhalten und Anhaltspunkten nachzugehen, sobald Hinweise auf verborgenes Materials sichtbar werden. Außerdem hilft er ihr, sich zwischen Vergangenheit und Gegenwart hin- und herzubewegen. Wenn Patienten Abreaktionen durchleben – und dies gilt insbesondere für DIS-Patienten –, verlieren sie oft die Orientierung, und es ist dann Aufgabe des Therapeuten, sie an wichtigen Punkten im Laufe dieses Prozesses zu erden. Maoz und Pincus (1979) beschreiben den Prozeß des Hin- und Herwechselns zwischen den traumatischen Erinnerungen an das Kampfgeschehen und dem therapeutischen Dialog in der Gegenwart während einer Abreaktion. Am Ende der Abreaktion hilft der Therapeut der Patientin, sich wieder in der Gegenwart zu orientieren und jenen Zustand stärkerer Verschlossenheit zu erreichen, der im Hier und Jetzt des Alltagslebens erforderlich ist.

Sollte an jedem Trauma mit Hilfe von Abreaktion gearbeitet werden?

Die Experten sind sich nicht einig darüber, ob es notwendig ist, jedes größere Trauma mit Hilfe einer Abreaktion durchzuarbeiten. Bei den meisten DIS-Patienten ist dies wahrscheinlich im Laufe der Behandlung ohnehin nicht möglich. Allerdings entwickeln viele DIS-Patienten im Laufe der Behandlung die Fähigkeit, diese Art von Verarbeitung selbständig durchzuführen. Schon allein die große Zahl von Traumata, die viele DIS-Patienten erlebt haben, macht es wahrscheinlich unmöglich, in einer Therapie an jeder einzelnen Episode zu arbeiten. Manchmal ermöglicht das Initiieren der Abreaktion einer einzigen Episode, die eine bestimmte Form wiederholt erlebten Mißbrauchs repräsentiert, die Auflösung des dissoziierten Materials zahlreicher gleichartiger Episoden. Dennoch gilt, daß unverarbeitete und unvollständig verarbeitete Traumata der Hauptgrund für das Fehlschlagen von Versuchen der Fusionierung von Alter-Persönlichkeiten sind. Deshalb rate ich Therapeuten, sich darauf einzustellen, daß sie die meisten größeren Traumata, die eine Patientin erlebt hat, mit Hilfe von Abreaktionen oder anderen spezifischen Prozessen durcharbeiten müssen, um ihre Patienten zu einer adäquaten therapeutischen Auflösung zu führen.

Zusammenfassung

In diesem Kapitel ging es um die Nutzung durch Hypnose herbeigeführter oder chemisch induzierter veränderter Bewußtseinszustände bei der Arbeit an den traumatischen Affekten und Erinnerungen, die dissoziatives Verhalten speisen. Am Anfang stand eine Untersuchung der von Therapeuten häufig zum Ausdruck gebrachten Ängste, Hypnose könne eine DIS »erzeugen«, die zum dem Ergebnis kam, daß keinerlei Beweise für die Berechtigung dieser Sorge vorliegen. Von Multiplen ist jedoch bekannt, daß sie hinsichtlich ihrer Hypnotisierbarkeit regelrechte Virtuosen sind und daß sie im Laufe einer Therapie oft spontan in Trancezustände eintreten und diese ebenso spontan wieder verlassen. Ungeachtet dessen entwickeln sie gegen formelle hypnotische Induktionen oft Widerstand. Trotzdem ist eine formell induzierte Trance die beste Möglichkeit, in der Behandlung solcher Patienten hypnotische Techniken zu nutzen. Falls sie sich vor der Arbeit mit Hypnose fürchten, kann man ihnen helfen, diese Furcht zu überwinden, indem man ihnen erklärt, daß sie ein Werkzeug ist, und indem man ihnen die Möglichkeit gibt, positive Erfahrungen mit Trance zu machen. Ihre Ängste, sie könnten sich durch Hypnose der Macht äußerer Kräfte überantworten, sollten akzeptiert werden; sie werden so lange bestehen bleiben, bis sie zum ersten Male eine formell induzierte Trance erlebt haben.

Zwar scheint die Art der Tranceinduktion nicht von Bedeutung zu sein, doch werden einige spezifische Trancetechniken empfohlen, die Patienten positive Tranceerfahrungen ermöglichen und die der Stärkung des Rapports dienen. Ein großer Teil der Arbeit mit DIS-Patienten zielt auf die Wiedergewinnung der Erinnerung an dissoziierte Traumata. Hypnose hat sich bei Bemühungen um Kontakt zu Alter-Persönlichkeiten und um die Offenlegung verborgener Erinnerungen als äußerst nützlich erwiesen. Altersregression, die Affektbrücke, die Induktion hypnotischer Zustände auf mehreren Ebenen, Bildschirmtechniken, erlaubte Amnesie, Symptomsubstitution und andere Techniken können Patienten und Therapeuten helfen, das Ziel ihrer gemeinsamen Arbeit zu erreichen.

In der zweiten Hälfte dieses Kapitels wurden die Prinzipien der Nutzung von Abreaktionen für die Verarbeitung von Traumata untersucht. Zwar kommen spontane Abreaktionen häufig vor, doch erzeugen sie meist Unbehagen und bringen den Patienten kaum Linderung. Nur wenn eine Abreaktion mit Hilfe bestimmter Techniken herbeigeführt und gesteuert wird, lassen sich mit ihrer Hilfe Behandlungsfortschritte erzielen. Therapeutische Abreaktionen können mit Hilfe von Altersregression, Affektbrücken und anderen Techniken hypnotischer und chemischer Induktion initiiert werden. Generell sind hypnotische Verfahren der chemischen Induktion von Abreaktionen vorzuziehen, da letztere medizinische Unterstützung erfordern und bei Vorliegen bestimmter medizinischer Probleme ohnehin kontraindiziert sind.

Im Verlauf von Abreaktionen tauchen intensive Erinnerungen auf, und es kommt zum Wiedererleben früherer Geschehnisse. Der Therapeut muß versuchen, den Verlauf dieses chaotischen Prozesses zu strukturieren, um die Durcharbeitung des wiedergewonnenen Materials mit psychotherapeutischen Methoden zu erleichtern. Dies geschieht durch Etablieren einer linearen Chronologie der Ereignisse und durch die Sorge für einen unterstützenden, realitätsbezogenen Anker in der Gegenwart während der Rückversetzung der Patientin in die Vergangenheit. Oft erfordert ein Trauma mehrere Abreaktionen, und einander widersprechende Versionen des Ereignisses müssen miteinander in Einklang gebracht werden, damit eine therapeutische Wirkung eintritt. Wenn irgend möglich, sollte man Abreaktionen ungehindert ihren Lauf nehmen lassen. Nach ihrem Abschluß muß alles getan werden, um die Patientin in die Gegenwart zurückzuführen.

Nach einer Abreaktion unterstützt der Therapeut das Erreichen eines Abschlusses, indem er eventuelle Restaffekte identifiziert und das wiedergewonnene Material einer vorläufigen Verarbeitung unterzieht. Oft erfordert eine angemessene Durcharbeitung des durch die Abreaktion gewonnenen Materials mehrere psychotherapeutische Sitzungen. Unvollständige Abreaktionen sind ein häufiger Grund für therapeutische Mißerfolge. Anzeichen dafür, daß die Abreaktion eines Traumas unvollständig geblieben ist, sind unter anderem: 1) Lücken in der Kontinuität der Erinnerung an eine Episode, 2) das Auftreten starker Flashbacks sowie intrusiver Gedanken, Affekte und Bilder außerhalb der Therapiesituation, 3) das Fehlschlagen von Bemühungen, einander widersprechende Versionen des Ereignisses miteinander in Einklang zu bringen, 4) das Fehlschlagen der Fusion von Alter-Persönlichkeiten und 5) verstärkter Widerstand gegen die weitere therapeutische Arbeit mit Abreaktionen. Obgleich diese Arbeit sehr intensiv sein kann, verschaffen nur wenige andere Interventionen Patienten ein entsprechendes Maß an Linderung.

10 | Ergänzende Therapien

Der Einsatz von Psychopharmaka

Einleitung

Bisher liegen keine kontrollierten Untersuchungen über den Einsatz von Medikamenten bei der Behandlung von Patienten mit multipler Persönlichkeit bzw. DIS vor. Allerdings haben in diesem Bereich tätige Kliniker im Laufe der Jahre ein umfangreiches praktisches Wissen gesammelt und untereinander ausgetauscht. In näherer Zukunft sind umfangreiche kontrollierte Untersuchungen zur Behandlung von DIS mit Psychopharmaka nicht zu erwarten. Die Planung und Umsetzung solcher Studien konfrontiert Wissenschaftler mit einigen schwierigen methodologischen und ethischen Problemen (Putnam 1986b). Solange keine adäquate Methodologie existiert, bleibt die Behandlung von DIS mit Psychopharmaka eine pragmatische Kunst. Allerdings können wir den Resultaten kontrollierter Studien, an denen PTBS-Patienten teilnahmen, gewisse Hinweise entnehmen.

Wenn man Patienten, die unter einer dissoziativen Störung leiden, medikamentös behandeln will, muß man sich zunächst darüber klar werden, auf welche Symptome diese Behandlung zielen soll. Es liegen keinerlei plausible Beweise dafür vor, daß irgendwelche Psychopharmaka eine unmittelbare therapeutische Wirkung auf den dissoziativen Prozeß haben, so wie er sich bei der DIS manifestiert (Barkin *et al.* 1986; Kline u. Angst 1979; Kluft 1984d; Ross 1984). Ross (1984) und andere (Barkin *et al.* 1986) haben darauf hingewiesen, daß der Einsatz von Medikamenten Dissoziationen sogar noch verstärken könnte, weil die dissoziierten Alter-Persönlichkeiten dadurch isoliert werden und ihre Reintegration verhindert wird. Allerdings gibt es auch Hinweise darauf, daß Medikamente bei der Therapie der DIS als Zusatzmaßnahme manchmal von Nutzen sind. In dieser Rolle werden sie hauptsächlich zur Linderung oder Unterdrückung bestimmter nichtdissoziativer Symptome benutzt (z.B. Depression und Angst), die bei der vorrangigen psychotherapeutischen Arbeit störend wirken könnten. Allerdings sollten sich Kliniker nicht zu sehr auf den Einsatz von Medikamenten zur Behandlung von Symptomen verlassen, die meist psychosomatischer Natur sind und die psychodynamische Hinweise auf in der Vergangenheit von den Patienten erlebte Traumata liefern können.

Allgemeine Prinzipien des Medikamenteneinsatzes bei der dissoziativen Identitätsstörung

Sowohl aus anekdotischen Berichten als auch aus zwei unveröffentlichten Fallstudien, bei denen im Rahmen eines Doppelblindtests Psychopharmaka verabreicht wurden, geht hervor, daß der Gabe von Medikamenten bei DIS-Patienten oft unspezifische Placebo-ähnliche Reaktionen folgen (Putnam 1986b). Während ich die Behandlung von über hundert DIS-Fällen verfolgte, habe ich Kliniker oft enthusiastisch über die segensreiche Wirkung bestimmter Medikamente bei ihren DIS-Patienten schwärmen hören. Solche positiven Reaktionen halten meist nicht länger als ein bis zwei Monate an. Kluft (1984d) berichtet, er habe bei der Auswertung seiner großen Fallsammlung ein ähnliches Muster beobachtet.

Anekdotische Berichte über unterschiedliche Reaktionen und Reaktionsempfindlichkeiten verschiedener Alter-Persönlichkeiten auf Medikamente oder Allergene sind Klinikern, die solche Patienten betreuen, seit langem bekannt (Barkin *et al.* 1986; Braun 1983a; Kluft 1984d; Putnam *et al.* 1986). Es kann sein, daß eine Identität positiv auf ein bestimmtes Medikament reagiert, wohingegen eine andere unter einer potentiell lebensgefährlichen Nebenwirkung leidet und eine dritte kaum eine Reaktion oder gar keine zeigt. Bisher hat sich noch niemand die Mühe gemacht, diese unterschiedlichen Reaktionen verschiedener Identitäten in einer anderen Form als in der klinischer Beobachtungen zu beschreiben, doch legt die Häufigkeit derartiger Berichte die Annahme nahe, daß spezifische Reaktionen einzelner Alter-Persönlichkeiten auf Medikamente bei der psychopharmakologischen Behandlung von DIS ein zu berücksichtigender Faktor sind. Beispielsweise beschrieben 46 Prozent der Therapeuten, deren Arbeit in der NIMH-Übersichtsstudie untersucht wurde, die unterschiedliche Reaktionsempfindlichkeit verschiedener Alter-Persönlichkeiten (Putnam *et al.* 1986).

Nach meiner persönlichen Erfahrung manifestieren sich bei DIS-Patienten belastende Nebenwirkungen eines Medikaments ohnehin häufiger als bei anderen Psychiatriepatienten. Vielfach bestehen diese Nebenwirkungen in subjektiven somatischen Beschwerden, die nicht verifizierbar sind, allerdings scheinen auch Blutdyskrasien und andere beobachtbare Zeichen gemessen an der statistisch zu erwartenden Häufigkeit relativ verbreitet zu sein. Das Auftreten von Nebenwirkungen ist bei DIS-Patienten offenbar nicht so eindeutig dosisabhängig, wie es oft bei anderen Psychiatriepatienten beobachtet wird.

Zwar liegen keine Untersuchungsdaten über den Aspekt des Einverständnisses *(compliance)* von DIS-Patienten mit einer medikamentösen Behandlung vor, doch legen die klinische Erfahrung und der gesunde Menschenverstand den Schluß nahe, daß DIS-Patienten mit jeder Aktivität, die das Einhalten von Zeitplänen und das Tun bestimmter Dinge zu bestimmten Zeiten erforderlich macht, große Schwierigkeiten haben. Wer einmal über eine beliebige Zeitspanne Medikamente eingenommen hat, weiß, wie schwierig es ist, immer an deren rechtzeitige Einnahme zu denken, und daß man sich manchmal *partout* nicht daran erinnern kann, ob man das Mittel tatsächlich schon eingenommen hat. Insofern liegt es auf der Hand, daß es DIS-Patienten mit ihrem gestörten Zeitgefühl, ihren häufigen Amnesien und ihrem unter dem Einfluß ihrer Multiplizität beeinträchtigten Verantwortungsgefühl besonders schwerfällt, sich an irgendeine Regelmäßigkeit bei der Medikamenteneinnahme zu halten. Außerdem sind gewöhnlich eine oder mehrere Identitäten von ihnen vehement gegen eine solche Behandlung, was dazu führt, daß sie entweder die Zustimmung zu dieser Maßnahme verweigern oder die Pillen horten in der Absicht, sich selbst oder anderen Alter-Persönlichkeiten irgendwann eine Überdosis davon zu verabreichen. Nach meiner Erfahrung nehmen die meisten DIS-Patienten Medikamente nur sporadisch ein. Barkin *et al.* (1986) weisen darauf hin, daß extreme *Over-Compliance*-Probleme auftreten können, wenn mehr als eine Alter-Persönlichkeit die Verantwortung für die Einnahme eines Medikaments übernimmt. Ein weiteres mit *Compliance* zusammenhängendes Problem ist die Möglichkeit unerkannter iatrogener Wechselwirkungen zwischen verschiedenen Medikamenten, die auftreten, weil verschiedene Identitäten sich von unterschiedlichen Ärzten behandeln lassen (Putnam 1985b).

Aufgrund der Häufigkeit von Substanzmißbrauch, die bei DIS-Patienten festgestellt wurde, müssen Ärzte auch diese Möglichkeit in Betracht ziehen, wenn sie Medikamente verschreiben, die als Suchtdrogen verwendet werden können. Dies gilt beispielsweise für Benzodiazepine, Barbiturate sowie Schmerz- und Schlafmittel. Abgesehen von den vielen allgemein bekannten Gründen für Medikamentenmißbrauch können Multiple verschreibungspflichtige Medikamente auch benutzen, um mit ihrer Hilfe bestimmte Alter-Persönlichkeiten zu unterdrücken und andere zu aktivieren.

DIS-Patienten bitten Therapeuten häufig, ihnen Medikamente zu verschreiben, und als Therapeut sollte man solche Bitten weder erfüllen noch dies ablehnen, ohne daß man sich zuvor sorgfältig mit der Situation auseinandergesetzt hat. Richard Kluft (1984d) hat als erster einen Fragenkatalog zusammengestellt, mit dem man sich beschäftigen sollte, wenn man in Erwägung zieht, einem DIS-Patienten ein Medikament zu verschreiben. Zunächst muß festgestellt werden, ob überhaupt zu erwarten ist, daß irgendeines der Symptome des Patienten auf ein Medikament reagiert. Falls Symptome wie Angst oder Depression vorliegen, die wahrscheinlich auf die Gabe von Psychopharmaka reagieren, muß man sich fragen, ob diese im gesamten Persönlichkeitssystem ein so hohes Maß an Belastung erzeugen, daß es gerechtfertigt ist, mögliche nachteilige Wirkungen eines Medikaments in Kauf zu nehmen. Wird das Leiden der Patientin durch dissoziative oder nichtspezifische Symptome verursacht, die auf eine Behandlung mit Medikamenten nicht ansprechen, geht es dem Therapeuten dann einfach nur darum, »etwas zu tun«, oder ist sein Motiv bei der Verordnung eines Medikaments, auf die Ängste der Patientin und Nahestehender einzugehen? Gibt es außer Psychopharmaka andere Behandlungsmöglichkeiten, die möglicherweise ebenso wirksam sind wie das für die beabsichtigte Verordnung ausgewählte Medikament und deren Anwendung nicht mit Risiken verbunden ist? Beispielsweise lassen sich bei DIS-Patienten auftretende chronische Schmerzen erfolgreich mit hypnotherapeutischen Interventionen behandeln. Hat die Patientin schon einmal eine Überdosis irgendeines Mittels eingenommen? Zum Abschluß fragt Kluft (1984d): »Rechtfertigen nach Abwägen all dieser Faktoren die zu erwartenden positiven Auswirkungen die potentiellen Risiken?« (S. 53).

Arten von Psychopharmaka

Neuroleptika

Bei DIS-Patienten wird oft fälschlich Schizophrenie oder eine Form von Psychose diagnostiziert, und sie erhalten aufgrund dieser Diagnose Neuroleptika. Nichts deutet darauf hin, daß Neuroleptika sich auf den dissoziativen Prozeß positiv auswirken, obgleich sie das gestörte Verhalten manchmal vorübergehend zu unterdrücken vermögen. Kluft (1984d) und Barkin *et al.* (1986) haben über eine große Häufigkeit ungünstiger physiologischer und psychischer Wirkungen von Neuroleptika bei DIS berichtet. Zu den physiologischen Auswirkungen zählen oft extreme Anfälligkeit für tardive Dyskinesie und extrapyramidale Symptome sowie für [unerwünschte] autonome und [vegetative] antimuskarinerge Wirkungen.

Zu den psychischen Wirkungen zählen eine selektive Unterdrückung oder Schwächung rationaler und/oder beschützender Identitäten, eine Störung der Realitätsprüfung des Patienten und ein verstärktes Switching der Alter-Persönlichkeiten infolge des Bemühens, die Kontrolle über die Situation wiederzuerlangen. Es liegen auch anekdotische Berichte über die Schaffung neuer Alter-Persönlichkeiten in Reaktion auf die Gabe von Neuroleptika vor (Barkin *et al.* 1986). Und die Verabreichung von Neuroleptika kann von Patienten als Angriff des Therapeuten oder als von ihm initiierte Mißhandlung verstanden werden. Aus all diesen Gründen empfehle ich, auf Neuroleptika bei der Behandlung der DIS generell zu verzichten. Die einzige vertretbare Ausnahme ist meiner Meinung nach der Einsatz geringer Dosen solcher Mittel zur Sedierung, weil dies manchmal einer stationären Behandlung vorzuziehen ist (Barkin *et al.* 1986; Kluft 1984d). Vor dem ausgiebigen Gebrauch von Neuroleptika warnen erfahrene Therapeuten generell.

Oft wird die Diagnose auf DIS erstellt, nachdem eine Patientin bereits eine Zeitlang, manchmal sogar schon einige Jahre lang mit einem Neuroleptikum behandelt worden ist. In solchen Fällen empfehle ich Therapeuten, zunächst an der Entwicklung einer therapeutischen Beziehung zum gesamten Persönlichkeitssystem zu arbeiten und erst danach mit der allmählichen Absetzung des Mittels zu beginnen. Das Medikament kann bestimmte Alter-Persönlichkeiten unterdrückt haben, die erst nach Aufhebung dieser Unterdrückung zutage treten. Die Gabe des Mittels sollte allmählich verringert werden, und es sollte immer wieder an einigen Alter-Persönlichkeiten überprüft werden, wie sich diese Reduzierung auswirkt. Vielen Identitäten behagt die Einnahme eines antipsychotisch wirkenden Mittels nicht, wohingegen die Gastgeber-Persönlichkeit dessen Wirkung manchmal als stabilisierend empfindet und deshalb fürchtet, die Kontrolle zu verlieren, sobald das Medikament abgesetzt wird. Wenn mit der Absetzung eines zuvor über lange Zeit eingenommenen Neuroleptikums begonnen wird, kommt es oft zunächst zu einem deutlichen Anstieg des Angstniveaus der Gastgeber-Persönlichkeit sowie zum verstärkten Ausagieren zuvor unterdrückter Alter-Persönlichkeiten.

Antidepressiva

Antidepressiva spielen bei der Behandlung der multiplen Persönlichkeit eine Rolle. Wahrscheinlich haben sie zwar keinen unmittelbaren Einfluß auf den dissoziativen Prozeß, doch verringern sie oft die belastende Wirkung der mit schweren dissoziativen Störungen häufig einhergehenden Depression. Weitere mit dissoziativen Störungen oft verbundene Co-Morbiditäten, die auf Antidepressiva ansprechen, sind unter anderem Agoraphobie, Panikattacken, Anorexie, Bulimie und chronische Schmerzen. Weist die Gastgeber-Persönlichkeit, die zur Behandlung erschienene Alter-Persönlichkeit oder eine andere wichtige Identität als einzige depressive Symptome auf, sollte von der Verordnung eines Antidepressivums abgesehen werden. Nur wenn die Anzeichen und Symptome einer Depression bei der Gastgeber-Persönlichkeit *und* beim überwiegenden Teil der anderen Identitäten zu erkennen sind, ist der Einsatz eines Antidepressivums als Zusatzbehandlung sinnvoll. In solchen Fällen können polyzyklische Antidepressiva die Stimmung deutlich aufhellen und die psychotherapeutische Behandlung günstig beeinflussen (Barkin *et al.* 1986; Kluft 1984d). Die vorzeitige Absetzung eines solchen Medikaments kann zu einem Rückfall führen, wodurch sowohl die depressiven als auch die dissoziativen Symptome verstärkt werden.

Barkin *et al.* (1986) berichten, daß polyzyklische Antidepressiva auf die verschiedenen Alter-Persönlichkeiten von DIS-Patienten inkonsistent wirken und daß die depressionslindernde Wirkung nicht immer bei allen depressiven Identitäten im System der Patientin erzielt wird. Vom Gebrauch von Monoamin-Oxidase-Hemmern (MAO-Hemmern) zur Behandlung von Depression oder anderer Symptome bei DIS-Patienten ist dringend abzuraten (Barkin *et al.* 1986; Putnam 1985b). Diese Mittel können mit anderen Medikamenten und mit Nahrungsmitteln, die einen hohen Tyraminanteil enthalten, in Wechselwirkung treten und potentiell tödliche Bluthochdruckkrisen auslösen. Anekdotische Berichte über DIS-Patienten, bei denen es aufgrund eines Konflikts zwischen Alter-Persönlichkeiten zur Sabotage einer Behandlung mit MAO-Hemmern durch Aufnahme unzuträglicher Nahrungsmittel kam, kursieren unter Therapeuten seit Jahren. Selbst wenn man die Möglichkeit offener Sabotage einer solchen Behandlung nicht für ein Problem hält, bleiben unabsichtliche Ernährungsfehler von Kind- oder anderen Alter-Persönlichkeiten in Zusammenhang mit der Einnahme von MAO-Hemmern eine ernste Gefahr.

Obgleich bei einem hohen Anteil von DIS-Patienten eine bipolare Störung diagnostiziert wird, ist die übergeordnete Diagnose in den meisten Fällen in Wahrheit DIS (Putnam *et al.* 1984). Allerdings wurden einige DIS-Fälle beschrieben, in denen tatsächlich zugleich eine affektive Störung bestand (Kluft 1984d). Über die Behandlung von DIS-Patienten mit Lithium liegen nur sehr spärliche Erkenntnisse vor, und diesen zufolge sprechen die meisten DIS-Patienten auf Lithium nicht an (Barkin *et al.* 1986). Es gibt jedoch auch gewisse Hinweise, denen zufolge Lithium bei einigen DIS-Patienten Persönlichkeitswechsel unterdrücken könnte (Barkin *et al.* 1986).

Anxiolytika

Wie Antidepressiva spielen auch Anxiolytika (z.B. Benzodiazepin, Hydroxyzin und Meprobamat) eine Rolle bei der Linderung einiger Symptome einer generalisierten Angststörung sowie bei Panik und bei phobischen Zuständen, wie sie bei DIS-Patienten vorkommen. Die genannten Mittel helfen DIS-Patienten gelegentlich, mit Angstzuständen, die sie in Zusammenhang mit größeren Krisen erleben, fertig zu werden. Barkin *et al.* (1986) empfehlen den umsichtigen Gebrauch von Benzodiazepin, wenn alle Alter-Persönlichkeiten ein hohes Angstniveau zeigen oder wenn Angst die Funktionsfähigkeit einer wichtigen Identität (z.B. die einer organisatorisch oder beruflich wichtigen Persönlichkeit) schwerwiegend beeinträchtigt; außerdem weisen die Forscher darauf hin, daß Medikamente dieser Art benutzt werden können, um Patienten als Gesamtsystem in der ersten Zeit der Behandlung zu beruhigen, um in besonders intensiven Behandlungsperioden oder während der Fusion die Angst zu verringern und um Patienten zu helfen, in der postintegrativen Phase nichtdissoziative Bewältigungsstrategien zu entwickeln. Diese Art von Psychopharmaka verschreibe ich DIS-Patienten am häufigsten, und ich habe festgestellt, daß sie bei einigen Patienten Alpträume und Nachtangst verringern.

Antikonvulsiva

Die allem Anschein nach höher als statistisch zu erwartende Zahl abnormer EEG-Befunde bei DIS-Patienten (Benson *et al.* 1986; Putnam 1986a) und die unverhältnismäßig hohe Zahl von Berichten über DIS und gleichzeitiges Auftreten von Epilepsie in der klinischen Literatur haben einige Kliniker dazu veranlaßt, Antikonvulsiva einzusetzen. Mesulam (1981) sowie Schenk und Bear (1981) berichten unabhängig voneinander über ein Abnehmen dissoziativer Episoden bei der gleichen Handvoll Patienten mit DIS-artigen dissoziativen Symptomen oder mit einer eindeutigen DIS und gleichzeitigen EEG-Abnormitäten im Schläfenlappenbereich bei der Behandlung der Betreffenden mit Antikonvulsiva. Diese Erkenntnisse basieren nicht auf kontrollierten Untersuchungen, und auch Nachkontrollen wurden in den betreffenden Fällen nur in beschränktem Maße durchgeführt. Ich selbst habe die Behandlung einiger DIS-Patienten verfolgt, denen Antikonvulsiva, speziell Carbamazepin, verabreicht wurde (Devinsky *et al.* 1988). Meinen Beobachtungen zufolge sind anhaltende positive Reaktionen auf Antikonvulsiva bei DIS, sofern EEG-Untersuchungen keine Anzeichen für das gleichzeitige Bestehen einer Epilepsie zutage fördern, nicht gegeben. Außerdem habe ich das Auftreten einiger lebensbedrohlicher Nebenwirkungen von Carbamazepin bei DIS-Patienten miterlebt. Kluft (1984d) berichtet über ähnliche Beobachtungen.

Sedativa und Schlafmittel

Schlafstörungen sind bei DIS-Patienten sehr verbreitet (Barkin *et al.* 1986; Putnam *et al.* 1986). Gewöhnlich ähneln sie denjenigen, die in Zusammenhang mit der posttraumatischen Belastungsstörung auftreten, wobei Alpträume, Nachtangst sowie hypnagoge und wachtraumartige Phänomene vorkommen und Benzodiazepin von Nutzen sein kann. Um »Schlaftabletten« bitten gewöhnlich gepeinigte Gastgeber-Persönlichkeiten, und vielen Klinikern fällt es schwer, diese Bitte nicht zu erfüllen. Doch ist die positive Wirkung solcher Mittel auf die Schlafstörungen der Patienten bestenfalls eine vorübergehende. Außerdem werden Sedativa und Schlafmittel immer wieder für Selbstmordversuche mißbraucht und sollten deshalb DIS-Patienten generell nicht verschrieben werden, es sei denn, man handelt mit ihnen entsprechende Verträge aus und testet, ob sie auch eingehalten werden. DIS-Patienten müssen dazu erzogen werden, langanhaltende Schlafstörungen zu akzeptieren. Abgesehen davon kann man mit bestimmten Alter-Persönlichkeiten arbeiten und sie dazu bringen, die Gastgeber-Persönlichkeit nachts ihren Frieden finden zu lassen.

Andere Medikamente

Schmerzlindernde Mittel, die DIS-Patienten häufig gegen die bei ihnen vorkommenden Schmerzsyndrome verschrieben werden, führen manchmal zu Mißbrauch und Abhängigkeit (Coons 1984; Barkin *et al.* 1986). Häufig sind solche Schmerzsyndrome funktionell und repräsentieren die Somatisierung der Mißbrauchs- oder Mißhandlungserlebnisse. Kliniker sollten die Ätiologie der Schmerzen sorgsam evaluieren, bevor sie schmerzlindernde Medikamente verschreiben. Es kann nützlich sein, nach dem Ursprung des Schmerzes zu suchen und zu diesem Zweck hypnotische Techniken wie die der Affektbrücke zu benutzen.

Bei einigen DIS-Patienten scheint es schwierig zu sein, eine für chirurgische Eingriffe und Zahnbehandlungen ausreichende Betäubung durchzuführen (Barkin *et al.* 1986; Putnam 1985b). Nach in Fachkreisen kursierenden anekdotischen Berichten kann es offenbar vorkommen, daß einige Alter-Persönlichkeiten tatsächlich betäubt werden, andere hingegen auf dem Operationstisch aufwachen, das Operationsteam in große Schwierigkeiten bringen und Verwirrung stiften. Manchmal müssen in solchen Fällen die Narkosemittel höher dosiert werden, um alle Identitäten in einen ausreichend tiefen Betäubungszustand zu versetzen. Ist bei einer DIS-Patientin eine chirurgische Operation oder eine Zahnbehandlung beabsichtigt, deren Durchführung eine örtliche Betäubung oder Narkose erforderlich macht, sollte der behandelnde Kliniker das Operationsteam oder den Zahnarzt über die eventuelle Notwendigkeit einer höheren Dosierung der Betäubungsmittel informieren. Ebenso sollte das Personal des Aufweckraums von der Multiplizität der Patientin in Kenntnis gesetzt werden, weil Kind-Persönlichkeiten oft als erste aus einer Vollnarkose erwachen.

Gruppentherapie

Gruppentherapie im Rahmen einer heterogenen Gruppe

Die therapeutische Arbeit mit DIS-Patienten in heterogenen Gruppen ist, wie David Caul (1984) es ausgedrückt hat, »schwierig und kaum erforscht« (S. 50). Caul (1985b) berichtet, daß seiner Erfahrung nach die Einbeziehung von Multiplen in eine solche gemischte Gruppe für die Multiplen selbst katastrophal ist und auch den Gruppenprozeß sehr belastet. Zwar ist er der Auffassung, diese Situation könnte durch eine bessere Vorbereitung sowohl der Gruppe als auch der Multiplen abgemildert werden, doch kann dies durch starke Dynamiken unmöglich gemacht werden. Ich habe drei Jahre lang mit einer Gruppe von Klinikpatienten gearbeitet, unter denen sich stets eine oder mehrere DIS-Patienten befanden, und im Rahmen dieser Arbeit habe ich ähnliche Erfahrungen gemacht wie die von Caul beschriebenen. Andere Gruppenmitglieder sind gewöhnlich der Meinung, Multiple seien »egozentrisch, versuchten, ständig die Aufmerksamkeit auf sich zu ziehen, schwindelten, logen, täuschten und versuchten generell sich aufzuspielen, indem sie die anderen Gruppenmitglieder andauernd auf die Besonderheit ihrer Krankheit hinweisen, die ihrerseits das, was sie sahen und was ihnen gesagt wurde, kaum zu verstehen oder zu tolerieren vermochten« (Caul 1984, S. 50). Nicht unter DIS leidende Gruppenmitglieder werden in solchen gemischten Gruppen oft durch die dramatischen Veränderungen, die DIS-Patienten durchlaufen, in Angst und Schrecken versetzt. Aus verschiedenen Gründen neigen nicht unter DIS leidende Gruppenmitglieder dazu, sich gegen DIS-Patienten zusammenzuschließen. Caul (1984) berichtet, daß die Feindseligkeiten zwischen Multiplen und den übrigen Gruppenmitgliedern auch dann auftreten, wenn die Kontrahenten außerhalb der Gruppensituation gute Beziehungen zueinander haben. Aus diesen und anderen Gründen möchte ich dringend davon abraten, wissentlich DIS-Patienten in eine allgemeine Therapiegruppe aufzunehmen.

Gruppentherapie im Rahmen einer homogenen Gruppe

Einige Therapeuten haben mit homogenen Gruppen von Multiplen gearbeitet. Zwar liegen keine veröffentlichten Berichte über die Effektivität von Gruppenarbeit als Ergänzung einer Einzeltherapie vor, doch behaupten die meisten Therapeuten, mit denen ich über ihre Erfahrungen mit dieser Art von Arbeit gesprochen habe, auf diese Weise ließen sich bescheiden bis mittelmäßig positive Resultate erzielen. Die Reaktionen einiger Mitglieder solcher Gruppen, mit denen ich ebenfalls gesprochen habe, klangen positiver. Coons und Bradley (1985) berichten, daß die Mitglieder ihrer Multiplengruppen die Gruppenbehandlung als sehr nützlich bezeichneten, und sie führen die heilsame Wirkung dieser Behandlung auf die allen Teilnehmern gemeinsame Diagnose und Dynamik zurück. Auch einige von Multiplen selbst gegründete und geleitete Selbsthilfegruppen sind [zum Zeitpunkt der Entstehung des Originalbuches, Anm. d. Übers.] in den Vereinigten Staaten im Entstehen begriffen. Ähnliche Gruppen empfinden auch andere Traumaopfer als nützlich, beispielsweise Kriegsveteranen, Vergewaltigungsopfer, Inzestüberlebende, Mißbrauchsopfer, Überlebende von Konzentrationslagern, Krebspatienten und Familienangehörige von Selbstmordopfern (Smith 1985).

Therapeuten, die mit homogenen Gruppen von Multiplen arbeiten, beschreiben teilweise ähnliche Erfahrungen. Eine der am häufigsten erwähnten ist, daß Gruppenmitglieder versuchen, einander hinsichtlich ihrer Multiplizität zu »übertrumpfen« (Caul 1984). Die Arbeit zu Beginn des Gruppenprozesses konzentriert sich unter anderem auf dissoziative Symptome (Coons u. Bradley 1985). Häufiges und schnelles Switching bei allen Gruppenmitgliedern kann zuweilen Chaos hervorrufen, wobei Coons und Bradley (1985) festgestellt haben, daß bei ihren Patienten durchschnittlich nur einmal pro Gruppensitzung ein Persönlichkeitswechsel stattfand. Auch gleichzeitige Abreaktionen mehrerer Gruppenmitglieder, die von anderen ausgelöst wurden, werden häufig erwähnt. Herman (1986) berichtet über ihre Gruppenarbeit mit Inzestüberlebenden ähnliches. Der Versuch, mehrere in einer Abreaktion befindliche Patienten gleichzeitig therapeutisch zu betreuen, ist einer der schwierigsten Aspekte der Arbeit mit homogenen Gruppen von DIS-Patienten.

Offenbar kann die Rivalität zwischen den Gruppenmitgliedern um die Aufmerksamkeit des Therapeuten sehr stark werden (Coons u. Bradley 1985). Wenn bei einem Patienten bestimmte Arten von Alter-Persönlichkeiten auftauchen, können dadurch bei anderen Gruppenmitgliedern ähnliche Identitäten aktiviert werden; beispielsweise können Kind-Persönlichkeiten das Auftauchen anderer Kind-Persönlichkeiten verursachen, und die Manifestation feindseliger Alter-Persönlichkeiten kann das Auftreten anderer von Haß besessener Identitäten zur Folge haben. Auch Konflikte zwischen verschiedenartigen Alter-Persönlichkeiten kommen vor (Coons u. Bradley 1985). Versuche, Co-Therapeuten zu entzweien, sind ebenfalls häufig beobachtet worden und werden oft außerhalb der Gruppensituation initiiert. Daß Therapeuten, die solche Gruppen betreuen, oft berichten, sie fühlten sich zeitweilig überfordert, kann kaum überraschen. Sachs und Braun (1985) haben versucht, mit Hilfe von Videoaufnahmen Gruppenprozesse zu verfolgen und auf diese Weise Ereignisse zu dokumentieren, die sie in der aktuellen Situation nicht bemerkt hatten.

In der individuellen Betreuung von DIS-Patienten unerfahrene Therapeuten sollten nicht versuchen, eine ausschließlich aus Multiplen bestehende Gruppe zu leiten. Es ist schon schwierig genug, einem einzigen DIS-Patienten in einer normalen Einzeltherapiesitzung zu folgen. In der Einzelbehandlung von DIS-Patienten erfahrene Therapeuten können zunächst versuchen, mit einer kleinen homogenen Gruppe zu arbeiten, wenn die Nachfrage nach Behandlungsmöglichkeiten die verfügbaren Ressourcen übertrifft. Dabei sollten sie anstreben, eine Gruppenatmosphäre zu schaffen, in der Traumata und die mit ihnen verbundenen Affekte entdeckt, erforscht, bewußt untersucht und transformiert werden können. Trotz der in solchen Gruppen gewöhnlich herrschenden turbulenten Dynamik ist Caul (1984) der Meinung, daß Multiple in homogenen Gruppen signifikante Fortschritte erzielen können, sofern die Patienten und der Therapeut sich wirklich kontinuierlich und längerfristig für die Arbeit engagieren.

Therapie mit einer »inneren Gruppe« (TIG)

Therapie mit einer »inneren Gruppe« (TIG) ist eine innovative und vielversprechende Behandlungstechnik, die von David Caul (1984) entwickelt wurde. Obgleich Caul selbst unumwunden zugibt, daß die Technik selbst weniger wichtig ist als der ihr zugrunde liegende Prozeß, hat er in ihr eine Möglichkeit gefunden, pathologischem Verhalten in bestimmten Fällen auf sensible Weise zu einem konstruktiven und therapeutisch wirkenden Ausdruck zu verhelfen. Bei der TIG bilden ausgewählte Alter-Persönlichkeiten eines einzigen DIS-Patienten eine formelle Therapiegruppe, die sich mit den Problemen der Patientin auseinandersetzt. Caul ist überzeugt, daß die TIG besonders für diejenigen DIS-Patienten geeignet ist, die ihre Diagnose weitgehend akzeptieren, aber trotzdem keine signifikanten therapeutischen Fortschritte erzielen. Ich persönlich halte diese Intervention insbesondere in späteren Phasen der Behandlung für äußerst nützlich und empfehle deshalb, sie in diesem Stadium auszuprobieren.

Der Therapeut erklärt der Patientin zunächst den Zweck und die Verfahrensweise der TIG. Dabei wendet er sich an das gesamte Persönlichkeitssystem. Es wird aufgefordert, eine Identität auszuwählen, die als Gruppenleiterin fungieren soll, weiterhin die für die Teilnahme an der Gruppe vorgesehenen Alter-Persönlichkeiten zu benennen und über die Dauer der Sitzungen und die Art, wie sie beendet werden sollen, zu entscheiden. Der Patientin wird gesagt, der Therapeut sei als Beobachter anwesend und stehe für Ratschläge oder Interventionen zur Verfügung, falls die Gruppe ihn darum bittet. Der Therapeut sollte nicht intervenieren, ohne daß die innere Gruppe ihn darum gebeten hat, es sei denn, es handelt sich um einen Notfall. Wenn irgend möglich, sollten die Sitzungen der inneren Gruppe auf Videoband aufgezeichnet werden, so daß sich Patientin und Therapeut später die Aufnahmen anschauen können. Hat die Patientin diese Regelungen verstanden und sich bereit erklärt, sich daran zu halten, kann versuchsweise eine Sitzung durchgeführt werden. Generell sollte jede TIG-Sitzung die Lösung eines bestimmten, vorher festgelegten Problems zum Thema haben.

Patienten, die sich für eine TIG eignen, haben oft schon vorher gelernt, die für die Teilnahme an der Gruppe ausgewählten Alter-Persönlichkeiten spontan auftreten zu lassen, sobald eine innere Gruppensitzung beginnt. Ist eine Patientin dazu nicht in der Lage, kann der Therapeut sie in Trance versetzen, die Trance vertiefen und die Patientin dann bitten, die Gruppenleiterin und die übrigen Gruppenmitglieder zu benennen. Der Therapeut wiederholt, daß er bei Bedarf für Beratungen und Notfälle zur Verfügung steht, jedoch nicht aktiv an der Therapie teilnehmen wird. Dann zieht er sich zurück und überläßt es der Gruppe, mit der Arbeit zu beginnen.

Gewöhnlich entscheidet die als Gruppenleiterin eingesetzte Persönlichkeit, oft ein innerer Selbst-Helfer (ISH), darüber, welche anderen Persönlichkeiten in der Gruppe aktiv sein und wo sie »sitzen« sollen. Die Videobänder von Cauls Arbeit mit inneren Gruppen, die ich gesehen habe, zeigen, daß er die Gruppensituation durch einen Kreis von Stühlen andeutet und daß die Gruppenleiterin die ausgewählten Alter-Persönlichkeiten häufig auffordert, auf bestimmten Stühlen zu »sitzen«. Eine solche formelle Gruppensituation ist nicht immer notwendig, und die Alter-Persönlichkeiten können auch von einem einzigen Stuhl aus an einem Gruppenprozeß teilnehmen. Meiner Erfahrung mit dieser Technik zufolge switcht die Patientin gewöhnlich zwischen den als Gruppenmitgliedern fungierenden Identitäten hin und her, während diese sich abwechselnd zu Wort melden. Eine meiner Patientinnen nahm tatsächlich abwechselnd auf zwei Stühlen platz, während verschiedene Alter-Persönlichkeiten auftraten und miteinander sprachen.

Videotechniken

Die Nutzung von Film- oder Videoaufnahmen zur Erfassung der bei multiplen Persönlichkeiten beobachtbaren Phänomene geht bis auf die Stummfilmzeit zurück. C.C. Wholey (1926) hat einen mittlerweile klassischen Stummfilm über eine DIS-Patientin aufgenommen, in dem diese zu einer Kind-Persönlichkeit und zu männlichen Erwachsenen-Persönlichkeiten wechselte. Diesen Film stellte er 1926 anläßlich der Jahreskonferenz der *American Psychiatric Association* vor. Das dissoziative Verhalten der Patientin und ihre Interaktion mit dem Arzt vor der Kamera vor mehr als einem halben Jahrhundert ähneln in verblüffender Weise dem, was auf heute aufgenommenen Videobändern zu sehen ist. Zahlreiche Kliniker haben unabhängig voneinander die Nützlichkeit von Video- und Audioaufzeichnungen für die DIS-Behandlung entdeckt. Auch die Prinzipien der Nutzung von Videoaufzeichnungen bei der Behandlung von DIS-Patienten hat David Caul (1984) erläutert und sich für eine systematische Anwendung dieser Möglichkeit ausgesprochen. In bestimmten Fällen kann die Arbeit mit Video- oder Audioaufnahmen und deren anschließende Vorführung die therapeutische Arbeit mit diesen Patienten sehr günstig beeinflussen. Allerdings müssen Therapeuten beim Einsatz solcher Aufzeichnungen alles in ihrer Macht stehende tun, um eine der Therapie förderliche Wirkung dieser Arbeit zu sichern.

Allgemeine Prinzipien der Nutzung von Videoaufzeichnungen in der DIS-Therapie

Mein Eindruck ist, daß Videoaufnahmen leider häufig nur als eine Art Beweis für die Multiplizität von Patienten benutzt werden. Hingegen wird meist kaum darüber nachgedacht, wie die Aufnahmen später genutzt und wem sie vorgeführt werden sollen. Weil es aufgrund der heutigen technischen Möglichkeiten sehr einfach geworden ist, Videoaufnahmen zu machen, wird über die Frage, *weshalb* solche Aufnahmen überhaupt gemacht werden, kaum noch nachgedacht. Wenn ein Therapeut in Erwägung zieht, Videoaufnahmen von Therapiesitzungen mit DIS-Patienten zu machen, sollte er eine klare Vorstellung davon entwickeln, wie diese Aufnahmen genutzt werden sollen: ob sie den Patienten vorgeführt werden sollen und ob noch anderen Personen gestattet werden soll, sie sich anzuschauen. Die Antworten auf diese Fragen sollten mit der Patientin im Rahmen der Verständigung über die gemeinsame Arbeit besprochen werden.

Die Patientin sollte darüber informiert werden, weshalb die Aufnahmen gemacht werden, wie sie genutzt werden sollen, wem gestattet werden soll, sie sich anzuschauen, ob sie selbst sie vollständig oder in Teilen sehen soll, ob sie eine Kopie für den persönlichen Gebrauch erhalten soll und in welcher Form der Therapeut die Wahrung der Vertraulichkeit garantieren kann. Da es unrealistisch wäre, zu erwarten, daß es gelingen wird, sämtliche Alter-Persönlichkeiten zur Unterzeichnung einer Einverständniserklärung zu bewegen, kann die Patientin eine summarische Einverständniserklärung unterschreiben, sofern das Persönlichkeitssystem als Ganzes mit der Aufzeichnung von Therapiesitzungen einverstanden ist (Putnam 1984b). Eine Kopie dieser Einverständniserklärung sollte die Patientin erhalten.

Einige Therapeuten haben die Möglichkeit, für die Aufnahme solcher Videobänder gut ausgestattete Fernsehstudios zu benutzen, doch den meisten steht nichts weiter als eine Amateurausrüstung und ein normaler Behandlungsraum zur Verfügung. Die Aufnahmen, die man unter diesen Voraussetzungen herstellen kann, reichen für die Nutzung innerhalb einer Therapie völlig aus, für Lehr- und Forschungszwecke jedoch sind sie häufig ungeeignet. Die meisten DIS-Patienten gewöhnen sich schnell an die Präsenz einer Videokamera oder eines Tonbandgeräts während der Therapiesitzung (Caul 1984). Ich habe zwar in einigen Fällen einen Kameramann eingesetzt, doch bin ich zu der Überzeugung gelangt, daß dies unnötig ist und auf Patienten intrusiv wirken kann. Wenn ich eine Videoaufzeichnung von einer Therapiesitzung machen will, stelle ich die Kamera meist mit einer Weitwinkellinse in eine Ecke des Raumes, fokussiere so, daß die Patientin sich in der Bildmitte befindet, schalte den Recorder ein und beginne mit der Sitzung, ohne noch lange an der Kamera herumzufummeln. Ich versuche, die Kamera zu vergessen und keine wertvolle Behandlungszeit mit Justieren zu vergeuden. Falls die Patientin aus irgendeinem Grund den Aufnahmebereich der Kamera verläßt, dokumentiert die Audiospur der Aufnahme immer noch, was geschieht, und liefert für therapeutische Zwecke ausreichendes Feedback.

Die Auswirkung des Anschauens von Videoaufnahmen auf die Patienten

Die therapeutische Wirkung der Nutzung von Videoaufnahmen basiert darauf, daß die Patienten sich die Bänder anschauen, dadurch neue Informationen über sich selbst erhalten und diese in ihr derzeitiges Selbstgefühl integrieren. Tatsächlich kann sich das Anschauen eines solchen Videobandes auf vielfältige Weisen auswirken. Caul (1984) warnt davor, mit Videoaufnahmen schon zu Beginn der Therapie zu arbeiten, weil die Patienten dadurch verängstigt werden können. Fisher (1973) weist darauf hin, daß die meisten Menschen, die einen Raum betreten und unerwartet in einem Spiegel mit ihrem Ebenbild konfrontiert werden, sich einen Augenblick lang so fühlen, als ständen sie einem ihnen unbekannten und irgendwie fremdartigen Menschen gegenüber. In Anbetracht dieser normalen Reaktion ist es wohl verständlich, daß das Anschauen eines greifbaren Beweises dafür, daß man aus einer Anzahl sehr unterschiedlicher und einander widersprechender »Selbste« besteht, auf eine DIS-Patientin eine sehr tiefgreifende Wirkung haben muß. Als Abwehr gegen das Akzeptieren dieses neuen Bildes von sich selbst können verstärkt dissoziative Verhaltensweisen auftreten. Depersonalisationsempfindungen, Fugues und panische Fluchtreaktionen kommen vor und müssen vom Therapeuten als mögliche Reaktionen auf das Anschauen des Videos einkalkuliert werden. Allerdings reagieren die meisten Patienten nicht so stark, und gewöhnlich switchen sie zu einer anderen Identität, wenn das, was sie sehen, für sie zu beängstigend wird.

Meist führe ich Patienten Videobänder nicht unmittelbar nach ihrer Produktion vor. Ich schaue sie mir zuerst selbst an und wähle dann oft einen Teil aus, den ich der

Patientin vorführe. Bevor wir uns die Aufnahme gemeinsam anschauen, gehe ich den Inhalt des Abschnitts, den ich vorführen will, durch und beschreibe und bespreche das Material mit der Patientin. Oft schauen wir uns dann nur eine Passage von einigen Minuten Dauer an. Hat die Patientin sich daran gewöhnt, Alter-Persönlichkeiten zu sehen, vermag sie sich auch längere Passagen anzuschauen. In einigen Fällen habe ich Patienten Kopien von Aufnahmen angefertigt und sie ihnen mit dem Auftrag, sie sich zu Hause anzuschauen, mitgegeben. Ich editiere Aufnahmen aus Therapiesitzungen grundsätzlich nicht, weil die dadurch entstehenden Verzerrungen und Unterbrechungen dem Ziel zuwiderlaufen, den Patienten die trotz des Switchings der Alter-Persönlichkeiten bestehende Kontinuität des Selbst zu veranschaulichen. Ich glaube nicht, daß Techniken der Videotherapie wie *Self-Modeling*[*], deren Anwendung sich bei körperlichen Behinderungen bewährt hat, bei DIS von Nutzen sind, weil durch starkes Editieren der Aufnahmen die Kontinuität des Geschehens verzerrt wird. Sachgerecht genutzt, kann die Arbeit mit Videoaufnahmen Patienten helfen, zu sehen und zu akzeptieren, was andere bereits über sie wissen, und ihnen außerdem eine effektive Möglichkeit der inneren Kommunikation über dissoziative Barrieren hinweg ermöglichen.

Familientherapie

Die klinische Literatur über die Anwendung familientherapeutischer Modelle und Behandlungsverfahren bei multiplen Persönlichkeiten bzw. bei DIS ist sehr spärlich. Bis heute existieren keine Beschreibungen familientherapeutischer Arbeit mit der Ursprungsfamilie erwachsener DIS-Patienten. Es liegen allerdings einige Berichte über Interventionen für die Behandlung der Ursprungsfamilie von DIS-Patienten im Kindesalter vor (Fagan u. McMahon 1984; Kluft 1984b, 1985b; Sachs u. Braun 1986). Mehrere andere Aufsätze beschäftigen sich mit der Anwendung familientherapeutischer Modelle bei der Gestaltung von Interventionen in der Ehe- und Familientherapie mit Multiplen (Beal 1978; Davis u. Osherson 1977; Kluft *et al.* 1984; Levenson u. Berry 1983; Sachs u. Braun 1986). Diese Arbeiten beschreiben im allgemeinen eine beschränkte Familienbehandlung, die nur selten mehr als ein halbes Dutzend Sitzungen umfaßt, mit nur minimaler *Follow-up*-Betreuung. Roberta Sachs (Sachs u. Braun 1986) und andere Therapeuten mit großer klinischer Erfahrung in der Behandlung von DIS haben beobachtet, daß familientherapeutische und das soziale Milieu von DIS-Patienten beeinflussende Interventionen als primäre Behandlungsmodalität ungeeignet sind, im Rahmen einer patientenorientierten Therapie jedoch eine

---

[*] Editieren von Videosequenzen des Verhaltens von Menschen zwecks Verstärkung positiver oder adaptiver Verhaltensweisen, Anm. d. Übers.

wichtige Zusatzmaßnahme sein können. Die folgende Erörterung der Rolle der Familientherapie bei der DIS basiert auf der Voraussetzung, daß die primäre Behandlungsmodalität eine patientzentrierte Psychotherapie ist und daß die zusätzliche familientherapeutische Behandlung als wichtige Unterstützung fungiert.

Therapie mit der Ursprungsfamilie

Es liegen zwar noch keine Berichte von Therapeuten über ihre Arbeit mit den Ursprungsfamilien von DIS-Patienten vor, doch haben zahlreiche Kliniker, Forscher und Theoretiker, die sich mit DIS befassen, starkes Interesse an den Charakteristika dieser Familien gezeigt. Extreme Inkonsistenz im elterlichen Verhalten und widersprüchliche Erwartungen der Eltern an das Kind werden in der Literatur wiederholt als für die familiäre Situation von DIS-Patienten in ihrer Kindheit charakteristisch bezeichnet (Allison 1974b; Greaves 1980; Saltman u. Solomon 1982; Braun u. Sachs 1985). Die Eltern wechseln in solchen Fällen häufig zwischen liebevoll-nährendem und extrem sadistischem Verhalten. Die Kinder werden in verschiedenen Situationen für das gleiche Verhalten einmal gelobt und ein anderes Mal bestraft. Der eine Pol des elterlichen Verhaltens ist oft durch extrem fundamentalistische Religiosität und Perfektionismus gekennzeichnet, der andere durch Substanzmißbrauch und Promiskuität. Die Beziehung zwischen den Eltern ist gewöhnlich sehr kontrovers und bringt das Kind häufig in Double-bind-Situationen (Allison 1974b; Greaves 1980). Daß es in dieser Situation verschiedene Alter-Persönlichkeiten entwickelt, wird teilweise für eine adaptive Reaktion auf die ihm auferlegten inkonsistenten und manchmal völlig gegensätzlichen Forderungen gehalten.

Heimlichkeit, Leugnen von Mißbrauchs- oder Mißhandlungserlebnissen und äußeres Zur-Schau-Stellen einer »Einheitsfront« sind charakteristisch für die Art, wie die Ursprungsfamilie von Multiplen sich der Außenwelt präsentiert (Kluft *et al.* 1984; Sachs u. Braun 1986). Vom Kind wird innerhalb der Familie erwartet, daß es einem bestimmten Verhaltensstandard entspricht, der Außenwelt gegenüber jedoch einem völlig anderen Bild genügt. Die Inkongruenz dieser widersprüchlichen Verhaltensweisen bewältigen DIS-Patienten, indem sie spezifische Alter-Persönlichkeiten schaffen, die den unterschiedlichen Zusammenhängen gerecht werden. Die »Einheitsfront«-Dynamik, mit deren Hilfe die Ursprungsfamilie den Eindruck aufrechtzuerhalten versucht, daß abgesehen von den Problemen des Familienmitglieds, das der Therapeut in der Rolle der Patientin kennengelernt hat, alles in bester Ordnung ist, ist sehr stark und kann anläßlich der Bemühungen eines Therapeuten, das Verhalten der Familie zu untersuchen, selbst wenn dies erst Jahrzehnte nach den fraglichen Vorfällen geschieht, schnell wieder in Funktion gesetzt werden.

Ist eine Patientin erwachsen und lebt von ihrer Ursprungsfamilie getrennt, mögen sie und ihr Therapeut sich fragen, ob es der Mühe wert ist, die Ursprungsfamilie in den therapeutischen Prozeß einzubeziehen. Zwar zeigen insbesondere Therapeuten, die sich theoretisch und klinisch sehr stark mit Familienarbeit befaßt haben, gewöhnlich eine sehr starke Tendenz, die Ursprungsfamilie in die primäre Behandlung einzubeziehen, doch taucht dieses Thema an irgendeinem Punkt der Behandlung bei den meisten DIS-Patienten auf.

Zwei Dynamiken tragen dazu bei, daß sich diese Frage in der Therapie stellt. Die erste ist der Wunsch der Patientin und/oder des Therapeuten, Eltern und Täter mit den Folgen ihres Verhaltens zu konfrontieren und sie auf irgendeine Weise zu »bestrafen«. Außerdem gibt es im Persönlichkeitssystem der Patientin einige Persönlichkeiten, die Versöhnung, Liebe und andere positive Ziele anstreben. Den Therapeuten hingegen geht es häufig nur darum, der »Gerechtigkeit« genüge zu tun. Die zweite Dynamik ist der Wunsch der Patientin und/oder des Therapeuten, für die Berichte der Patientin über Erinnerungen an erlebten Mißbrauch eine Bestätigung von anderer Seite zu erhalten. Das Bedürfnis, herauszufinden, »was tatsächlich geschehen ist«, spielt bei der aufklärenden therapeutischen Arbeit unterschwellig stets eine wichtige Rolle. Patienten wie Therapeuten befinden sich oft in der Situation, daß sie sich über Traumaberichte wundern, diese bezweifeln, ihnen mißtrauen oder fest an ihre Richtigkeit glauben. Und irgendwann im Laufe ihrer Behandlung versuchen viele Multiple, sich direkt oder indirekt darüber zu informieren, »was wirklich passiert ist«. Deshalb nehmen sie häufig Kontakt zu Geschwistern oder Verwandten auf, die nichts mit dem Mißbrauch, den sie selbst erlebt haben, zu tun hatten, oder sie besuchen ihre Heimatstadt, um zu Freunden aus ihrer Kindheit, Lehrern, Ärzten, Priestern und anderen nicht zu ihrer Ursprungsfamilie gehörenden Personen Kontakt aufzunehmen, die sich möglicherweise noch an bestimmte Vorfälle erinnern. Zur direkten Konfrontation mit einem Täter kommt es, wenn überhaupt, gewöhnlich viel später.

Ich habe manchmal zu bestimmten Therapiesitzungen Mitglieder der erweiterten Ursprungsfamilie von Patienten hinzugezogen, jedoch mit sehr unterschiedlichem Erfolg. Die beiden Hauptziele der meisten Sitzungen dieser Art waren die Validierung von Patientenberichten und Bemühungen um Versöhnung. Ich habe die Erfahrung gemacht, daß Mitglieder der erweiterten Familie bei der Validierung der Mißbrauchs- oder Mißhandlungserlebnisse von Patienten gewöhnlich keine guten Dienste leisten. Entweder gehören sie nicht der »Einheitsfront« an und glauben deshalb dem Bild, das diese der Außenwelt präsentiert, oder sie gehören dieser an und sind deshalb als Zeugen der tatsächlichen Verhältnisse ungeeignet. Auch wenn sie sich an bestimmte Vorfälle erinnern, die Erinnerungen der Patientin bestätigen, interpretieren sie die betreffenden Ereignisse häufig völlig anders. Versöhnungsversuche verlaufen oft wesentlich erfolgreicher. Tatsächlich besteht ein großer Teil meiner Arbeit an Themen, die die Ursprungsfamilie betreffen, darin, den Patienten zu helfen, sich vor weiteren Übergriffen oder Mißbrauchserlebnissen zu schützen.

Geschwister bleiben oft während ihres ganzen Erwachsenenlebens bei der von der »Einheitsfront« vertretenen Sichtweise. Sie verweisen gewöhnlich einerseits auf die Krankheit und die mangelnde Stabilität der Eltern und streiten andererseits gleichzeitig jede Erinnerung an Mißhandlungen oder Mißbrauchsvorfälle ab. Manchmal gestehen Geschwister derartige Vorkommnisse zwar im privaten Gespräch ein, bleiben aber »offiziell« beim allgemeinen Familienkonsens. Viele Multiple hören von Geschwistern Äußerungen wie: »Ja, du bist mißbraucht bzw. mißhandelt worden, aber der gute Ruf der Familie ist wichtiger als du!« Ich habe nie versucht, Täter persönlich in die therapeutische Arbeit mit Patienten einzubeziehen, und alle Berichte anderer Therapeuten über Versuche dieser Art bestärken mich in meiner Überzeugung, daß dies insbesondere zu Anfang einer Behandlung in den meisten Fällen nicht von Nutzen ist.

Es kommt nicht selten vor, daß DIS-Patienten zu ihren Tätern Kontakt haben, doch werden Auseinandersetzungen wegen des vorangegangenen Mißbrauchs und seiner Folgen gewöhnlich von beiden Seiten vermieden. Im schlimmsten Fall kehren erwachsene Patienten von Zeit zu Zeit immer noch zum Täter zurück und manifestieren in dieser Situation eine Kind-Persönlichkeit, die dann erneut mißbraucht wird. Solange etwas Derartiges geschieht, ist es unmöglich, diese Patienten erfolgreich zu behandeln. Der Mißbrauch muß in jedem Fall unterbunden werden, bevor weitere sinnvolle Interventionen möglich sind. In mehreren Fällen, in denen ich als Berater fungierte, unterhielten erwachsene Patienten nach wie vor eine Inzestbeziehung, die in ihrer Kindheit begonnen hatte. Nach Treffen mit dem Täter waren bei ihnen deutlich stärkere Symptome zu erkennen, und sie wirkten depressiver und suizidal. Diese Möglichkeit sollte in Betracht gezogen werden, wenn bei einem DIS-Patienten nach einem Täterkontakt plötzlich eine starke Verschlechterung der allgemeinen Funktionsfähigkeit auffällt.

Zu Beginn einer Therapie ist eine Konfrontation mit einem Täter meiner Meinung nach nicht von Nutzen und kann sich sogar sehr negativ auf die Behandlung auswirken. Die Familie setzt in solchen Fällen oft alles daran, um die Patientin darauf festzulegen, die so lange verborgen gebliebenen Geheimnisse auch weiterhin nicht preiszugeben. Kein Therapeut kann eine Patientin adäquat vor dem schädlichen Einfluß einer solchen traumatisierenden Familie schützen. Oft tritt bei Patienten auf solche Kontakt hin eine Verschlimmerung des dissoziativen Verhaltens, ihrer Depression und selbstschädigender oder mörderischer Impulse ein. Es kommt sogar vor, daß sie auf eine entsprechende Aufforderung der Familie hin oder um sich dem durch die Konfrontation entstandenen inneren und äußeren Aufruhr zu entziehen, die Therapie beenden. Manchmal werden Patienten von ihren Familien auch offen zurückgewiesen (Kluft 1984d). Ist zu einem späteren Zeitpunkt der Therapie eine Form von Vereinigung [der verschiedenen Identitäten] erreicht worden, äußern Patienten manchmal den Wunsch, sich im Rahmen des mit der entstehenden Selbstrepräsentation verbundenen Prozesses der Modifikation von Außenbeziehungen mit dem oder den Tätern auseinanderzusetzen. Sie fühlen sich dann oft so sicher, daß sie in der Lage zu sein glauben, den Tätern gegenüberzutreten, wenn auch oft unter starken Ängsten. Selbst eine Konfrontation unter diesen Voraussetzungen erweist sich meist im nachhinein als traumatisch und vermag außerdem die Täter oft nicht zu einer förderlichen Reaktion zu bewegen – was nichts an dem Bedürfnis mancher Patienten, im Rahmen der Arbeit nach der Auflösung der Multiplizität einen solchen Versuch zu unternehmen, ändert.

Therapie mit Ehe- und Lebenspartnern sowie mit anderen Mitgliedern der von den Patienten selbst gegründeten Familie

Mehrere Therapeuten berichten über Erfahrungen, die sie im Rahmen der Ehe- und Familientherapie mit Ehepartnern, Geliebten und Kindern von DIS-Patienten gesammelt haben (Beal 1978; Davis u. Osherson 1977; Levenson u. Berry 1983; Kluft *et al.* 1984; Sachs u. Braun 1986). Es besteht kein Zweifel daran, daß die Symptome und Verhaltensweisen der meisten DIS-Patienten eine starke Wirkung auf andere Mitglieder ihrer Familie haben. Coons' (1985) Entdeckung, daß Kinder von DIS-Patienten signifikant häufiger unter psychopathologischen Störungen leiden als die Kinder anderer Psychiatriepatienten, kann als eine Auswirkung der DIS-Erkrankung eines Elternteils der Betreffenden interpretiert werden. Da die eigene Familie für DIS-Patienten zumeist das wichtigste soziale Unterstützungssystem ist, ist es vielfach notwendig und wünschenswert, Familienmitglieder in die therapeutische Arbeit einzubeziehen. Die dabei benutzten Interventionen sollten dem Wohl der Patientin ebenso wie der übrigen und anderer Familienmitglieder dienen.

Arbeit mit Ehe- und Lebenspartnern von DIS-Patienten

Sachs und Braun (1986) halten Partnertherapie bei verheirateten DIS-Patienten für eine wichtige ergänzende Therapiemaßnahme. Der Therapeut kann mit dem Paar an der Störung der ehelichen oder partnerschaftlichen Beziehung arbeiten und gleichzeitig auf spezielle eheliche/partnerschaftliche bzw. familiäre Themen eingehen, die bei der DIS-Patientin dissoziatives Verhalten auslösen. Außerdem kann er respektvoll eventuelle pathologische Verhaltensweisen des Partners identifizieren und intervenieren, wenn letzterer versucht, die Krankheit der Patientin für eigene Zwecke auszunutzen.

Es kann kaum überraschen, daß DIS-Patienten oft Partner mit ebenfalls starken Psychopathologien wählen. Anekdotischen Berichten zufolge sind Depressionen, Alkoholismus, Charakterstörungen und Geschlechtsidentitätsstörungen bei ehelichen und nichtehelichen Partnern von DIS-Patienten nicht selten zu finden. Ein selbst psychisch gestörter Partner kann große Befriedigung daraus ziehen, daß er die Patientin zu dissoziativem Verhalten animiert. Frauen, die als Kinder mißbraucht worden sind, heiraten oft Männer, die sie mißhandeln, und Sachs und Braun (1986) weisen darauf hin, daß man als Therapeut die Möglichkeit in Betracht ziehen muß, daß die Patientin lediglich aus einer problematischen Umgebung in eine andere gewechselt ist.

Eine weitere Dynamik, die ich bei Männern beobachtet habe, die wissentlich eine unter DIS leidende Frau geheiratet hatten, besteht darin, daß die Betreffenden die dissoziativen Tendenzen der Patientin um ihrer eigenen sexuellen Befriedigung willen fördern. Ein solcher Ehemann hat mir einmal erklärt: »Es ist besser, als einen Harem zu haben. Man braucht nämlich nur eine zu ernähren!« Viele dieser Ehemännern haben gelernt, bestimmte Alter-Persönlichkeiten zu ihrem eigenen sexuellen Vergnügen zu aktivieren, indem sie bestimmte Signale geben oder sich auf Situationen beziehen, die bei ihrer Frau die Erinnerung an den früher erlebten sexuellen Mißbrauch wecken. In solchen Fällen sabotieren Ehemänner häufig bewußt die Therapie. Sachs und Braun (1986) empfehlen, die Betreffenden mit den negativen Folgen ihres Verhaltens zu konfrontieren. Meine Erfahrung lehrt mich jedoch, daß die so Konfrontierten meist trotzdem bei ihrem Verhalten bleiben, weil ihnen an Fortschritten der Patientin nicht gelegen ist. Erst wenn eine solche Patientin ein Maß an innerer Kohäsion erreicht hat, das es ihr ermöglicht, ihre eigene Pathologie aktiv von der ihres Ehepartners zu unterscheiden, ist sie in der Lage, sich unterstützt vom Therapeuten mit der Pathologie ihres Ehepartners auseinanderzusetzen. Allerdings widersetzen sich auch weniger pathologische Partner oft der Therapie, weil sie fürchten, auf ihre Lieblingspersönlichkeiten verzichten zu müssen oder dem ungemilderten Einfluß feindseliger Persönlichkeiten ausgesetzt zu werden. Einem selbst psychisch gesunden Ehepartner gelingt es meist, zu den Identitäten der Patientin, die nicht glauben, daß sie mit ihm verheiratet sind, oder die sich in anderer Weise feindselig verhalten, eine Beziehung aufzubauen. Dem Ehepartner sollte erklärt werden, daß nach Auflösung der Spaltung viele Charakteristika von Persönlichkeiten, die ihm besonders nahestehen, sich manifestieren werden (Sachs u. Braun 1986).

Eine Paartherapie sollte sich auf aktuelle Probleme in der Beziehung konzentrieren. Sachs und Braun (1986) empfehlen, den Ehepartner eingehend über das Wesen von DIS aufzuklären und ihn darauf vorzubereiten, daß er im Laufe der Therapie bei der Patientin starke Veränderungen erleben wird. Außerdem sollte das Paar aufgefordert werden, über alle eventuell auftretenden mit DIS zusammenhängenden Probleme miteinander zu reden. Viele Ehepartner erklären, nach der Diagnose der DIS bei ihren Lebensgefährten sei ihnen deren Verhalten plötzlich verständlich geworden. Ich habe verschiedentlich kurz nach Erstellen der DIS-Diagnose bei einer Patientin und nachdem ich deren Partner die Dynamik von DIS erklärt hatte, von letzterem einen Brief oder Anruf erhalten, in dem er erklärte, einige bisher »unerklärliche« Erfahrungen »machten nun Sinn«. Wenn man mit dem Betreffenden einige Beispiele dieser Art durcharbeitet, kann er zu einer wichtigen Stütze der Therapie werden.

Arbeit mit den Kindern von DIS-Patienten

Interviews und Interventionen mit der Familie einer DIS-Patientin spielen bei deren Behandlung eine wichtige Rolle. Wenn ein Therapeut die Familie einer Patientin kennenlernt, kann er die Wirkung der Störung der Patientin auf die Familie und deren Beitrag zum dissoziativen Verhalten der Patientin beurteilen. Obgleich bei den meisten DIS-Patienten, die selbst Eltern sind, nährende elterliche Identitäten existieren, gibt es manchmal auch andere, die sich feindselig oder sogar gewalttätig gegenüber ihren Kindern verhalten. Erfahrene DIS-Therapeuten machen es sich zur Regel, die Kinder *aller* DIS-Patienten, die sie behandeln, zu evaluieren (Braun 1985; Kluft 1985b; Sachs u. Braun 1986). Entdeckt ein Therapeut im Rahmen einer solchen Evaluation bei den Kindern Hinweise auf Mißbrauch oder Mißhandlungen, muß er alle notwendigen und vom Gesetz geforderten Schritte einleiten, um den Mißbrauch bzw. die Mißhandlung zu unterbinden. Wie häufig es vorkommt, daß unter DIS leidende Eltern ihre Kinder mißhandeln oder mißbrauchen, ist unbekannt; möglicherweise ist die Zahl dieser Fälle nicht größer als die in jeder anderen Gruppe von Eltern, die als Kinder selbst mißbraucht wurden (Brown 1983; Coons 1985; Kluft 1984d).

Kinder von DIS-Patienten sind gewöhnlich auf die Veränderungen, die in ihren Eltern vorgehen, perfekt eingestellt. Ihnen ist klar, daß sie mehrere »Mamis« oder »Papis« haben, und sie verändern oft ihr Verhalten, um sich den Persönlichkeitswechseln ihrer Eltern anzupassen. In manchen Fällen fördern Kinder DIS-kranker Eltern deren dissoziatives Verhalten, weil es ihren eigenen Bedürfnissen entgegenkommt. Der Bericht von Levenson und Berry (1983) über eine Familientherapie mit einer DIS-Patientin, ihren Kindern und ihrem Lebenspartner dokumentiert, in wie starkem Maße Familienmitglieder das Switching und die dissoziativen Tendenzen von DIS-Patienten aus eigennützigen Motiven fördern können. Beispielsweise lernten die Kinder in jenem Fall, sich bei permissiveren Alter-Persönlichkeiten die Erlaubnis für bestimmte Aktivitäten zu holen oder die Amnesie ihrer Mutter zu nutzen, um ihre eigenen Fehler zu verbergen. Lebenson und Barry (1983) stellten fest, daß die »Qualität der Über-Ich-Funktion der einzelnen Familienmitglieder davon abzuhängen schien, welche Persönlichkeit gerade präsent war« (S. 79).

Ein Therapeut sollte mit den Kindern einer DIS-Patientin arbeiten, um die Wahrnehmungen der Kinder von Veränderungen und inkonsistenten Verhaltensweisen des DIS-kranken Elternteils zu bestätigen und zu erklären. Man muß diesen Kindern zu verstehen helfen, daß das Verhalten des Elternteils auf eine Krankheit zurückzuführen ist, also nichts ist, was sie zum Spaß imitieren oder gar manipulieren sollten. In Krisensituationen sollte der Therapeut mit den Kindern über ihre Ängste und Phantasien, ihre Ambivalenz und ihre Verwirrung sprechen, wenn sie mit merkwürdigen Verhaltensweisen des kranken Elternteils konfrontiert werden und unter Schuldgefühlen leiden, weil sie sich wünschen, nicht mehr dessen Obhut unterstellt zu sein. Er sollte mit diesen Kindern realitätsorientierte Gespräche führen, deren Schwerpunkt auf der Erörterung realistischer Einstellungen und Verhaltensweisen liegen sollte. Der Therapeut kann auch helfen, das Verhalten der Eltern zu entmystifizieren, und er kann magischen oder abergläubischen Interpretationen der Kinder entgegentreten.

Stationäre Behandlung

Gründe für eine stationäre Behandlung

Die meisten diagnostizierten Multiplen werden zur stationären Behandlung eingewiesen, weil die Gefahr besteht, daß sie die Kontrolle über ihre Gedanken oder ihr Verhalten verlieren und sich selbst schädigen. Suizidale Impulse sind der Hauptgrund für die Einweisung dieser Patienten in psychiatrische Institutionen, gefolgt von Depression und Androhung von Gewalttätigkeit (Caul 1985c; Kluft 1984d; Putnam *et al.* 1986). Allerdings können auch zahlreiche andere Gründe zu einer solchen Einweisung führen, darunter Fugues, (nichtsuizidale) Selbstverletzungen sowie das Fehlen von Möglichkeiten zur Durchführung einer ambulanten Therapie (Caul 1985c; Kluft 1984d). Weiterhin können DIS-Patienten im Rahmen des Behandlungsplans zwecks Durchführung bestimmter Interventionen (z.B. langwieriger Abreaktionen) in eine Klinik überstellt werden oder um ihnen in bestimmten Phasen der Behandlung eine Struktur und Sicherheit bieten zu können (Kluft 1984d). Diese Möglichkeit wird wahrscheinlich in Zukunft zu einem immer wichtigeren Aspekt der DIS-Behandlung werden. Allerdings gelangen Multiple auch auf eine andere Weise in psychiatrische Institutionen: Oft werden sie aufgrund anderer Diagnose aufgenommen, und die korrekte Diagnose wird erst im Laufe ihres Klinikaufenthalts gestellt. Manche Multiple haben viele Jahre in psychiatrischen Einrichtungen zugebracht.

Probleme, die bei stationärer Behandlung von DIS-Patienten durch deren Interaktion mit Stationsmitarbeitern entstehen

Die Anwesenheit einer Multiplen in einer psychiatrischen Klinik führt unabhängig davon, ob bei der Betreffenden bereits DIS diagnostiziert wurde, gewöhnlich zu starken Lagerbildungen und Konflikten unter dem Stationspersonal. Am St. *Elizabeths Hospital* entdeckten wir einige DIS-Patienten, die aufgrund anderer Diagnosen seit langem in dieser Institution lebten. In allen Fällen dieser Art hatte es wegen der Patienten ständig Schwierigkeiten und Auseinandersetzungen unter dem Betreuungspersonal gegeben, und oft waren die Verursacher dieser Unruhen auf eine andere Station verlegt worden. In einem Fall war ein Patient innerhalb von weniger als zwei Jahren auf drei verschiedenen Stationen für Langzeitpatienten gewesen. Diesen Verlegungen waren jeweils schwere Konflikte zwischen den Stationsmitarbeitern vorangegangen, die jede effektive Arbeit auf der Station unmöglich gemacht hatten.

Falls die Stationsmitarbeiter sich in solchen Fällen nicht wegen der Diagnose entzweien, treten andere Schwierigkeiten auf. Mangelnde Teilnahme der Patientin an den Vorgängen in ihrer Umgebung, der Sonderstatus, der ihr aus den verschiedensten Gründen zugestanden wird, die Auswirkungen solcher Privilegien auf andere Patienten, offensichtlich manipulatives Verhalten und noch viele andere Dinge können unter Ärzten, Therapeuten und Pflegepersonal einer Station Spannungen erzeugen. Mancher Leser mag nun denken, ich sähe diese Dinge zu scharf; doch was eine einzige DIS-Patientin unter den Mitarbeitern einer Station anrichten kann, erscheint mir als so imposant, daß ich mich nicht anders zu dieser Problematik äußern kann. Als Berater habe ich dieses Phänomen in den unterschiedlichsten Situationen beobachten können, sowohl in abgelegenen ländlichen psychiatrischen Institutionen als auch in elitären psychoanalytisch orientierten Privatkliniken.

Die Reaktion von DIS-Patienten auf die Kliniksituation

Nicht selten bitten DIS-Patienten irgendwann im Laufe ihrer Behandlung selbst um die Aufnahme in eine psychiatrische Institution, und manchmal flehen sie sogar regelrecht darum. Aus der Entfernung erscheint ihnen eine solche Einrichtung als sicherer Ort. Sie glauben oft, die ermüdende innere Wachsamkeit, die sie aufbieten, um gefährliche Alter-Persönlichkeiten zu hindern, Schaden anzurichten, werde aufgrund der äußeren Wachsamkeit des Krankenhauspersonals weniger wichtig oder könne durch diese sogar ersetzt werden. Patienten halten die Klinik manchmal für einen Ort, an dem sie sich ausruhen oder gar eine Weile schlafen können. Sie sehen in ihr eine Zuflucht vor aufdringlichen Familienangehörigen oder äußeren Bedrohungen. Es kann auch sein, daß sie nach einem sicheren Ort suchen, an dem sie ihre gefährlichsten Identitäten, die sich in der Praxis des Therapeuten nicht herauswagen, zutage treten lassen können. Diese und andere Gründe bringen DIS-Patienten häufig dazu, um die Aufnahme in eine psychiatrische Klinik zu bitten.

Nach der Aufnahme einer Patientin in eine solche Einrichtung verändert sich ihre Wahrnehmung der neuen Situation oft sehr schnell dramatisch. Innerhalb kürzester Zeit tauchen bei den meisten Multiplen Identitäten auf, die die Klinik als erschreckend und traumatisierend erleben. An solchen Orten normale Dinge wie die Vergabe von Medikamenten, Details des Klinikalltags, Privilegienstatus, Einschränkungen der Bewegungsfreiheit und andere Regeln werden von ihnen als Zwänge und als traumatisierend empfunden. Die für geschlossene Abteilungen typischen Einschränkungen sind für Multiple besonders schwer zu ertragen, da viele von ihnen in ihrer Kindheit eingesperrt wurden. Sie brauchen eine ausgeprägte Privatsphäre und ertragen es nur schwer, rund um die Uhr den Blicken des Personals und anderer Patienten ausgesetzt zu sein. Viele verborgene Identitäten, die sich nur manifestieren, wenn die Patienten allein sind, können oder wollen in einer solchen Situation nicht »herauskommen«. Im Laufe der Zeit geraten sie unter zunehmenden inneren Druck seitens dieser Identitäten, weil diese sich manifestieren wollen. Was auch immer einige Alter-Persönlichkeiten wollen – beispielsweise auch eine stationäre Behandlung –, lehnen andere empört ab. Persönlichkeiten, die dem Aufenthalt in eine psychiatrische Institution und ihrem Zweck ablehnend gegenüberstehen, treten oft an die Stelle derer, die um die Aufnahme in diese Einrichtung gebeten haben. Nicht selten fühlt eine Patientin, die in der Zeit ihrer ambulanten Behandlung um die Aufnahme in eine Klinik gebeten hat, sich an diesem Ort gefangen und kämpft gegen die Institution und den Therapeuten.

Die wichtigste Dynamik, die im Verhältnis zwischen stationär behandelten Multiplen und dem Behandlungspersonal auftritt, ist das »Spalten«. Verschiedene Faktoren tragen zur entzweienden Wirkung dieser Patienten bei. Ihre an ein Chamäleon erinnernde Fähigkeit, die in einer Situation am besten geeignete Alter-Persönlichkeit zu manifestieren, führt gewöhnlich dazu, daß verschiedene Alter-Persönlichkeiten Beziehungen zu verschiedenen Mitgliedern des Behandlungsteams aufnehmen. So können alle Mitglieder des Stationsteams fest davon überzeugt sein, daß sie die Patientin »verstehen«, obwohl sie alle sehr unterschiedliche Aspekte von ihr sehen. Dieser Prozeß wird noch verkompliziert durch die Fähigkeit von Multiplen, denjenigen, die sich um sie kümmern, das Gefühl zu vermitteln, sie seien »ganz besondere Menschen«. DIS-Patienten verfügen über eine geradezu unheimliche Fähigkeit, bei anderen Menschen hochtrabende und selbstgerechte Rettergefühle zu aktivieren. Insofern ist es naheliegend, daß Mitglieder des Behandlungsteams einer Station sich zuweilen unversehens in dem Konflikt befinden, wer von ihnen die Autorität darin ist, einzuschätzen, was für eine bestimmte Patientin das »Beste« ist oder was die Betreffende in einer bestimmten Situation »wirklich will«. Machen sich mehrere Behandler die Mühe, die von einer DIS-Patientin präsentierten verschiedenen Darstellungen eines Sachverhalts miteinander zu vergleichen, kann das Ergebnis sein, daß sie sich von der Patientin getäuscht und manipuliert fühlen.

Multiple können tatsächlich manipulativ sein, insbesondere wenn sie sich bedroht fühlen. Ihre grundlegende Bewältigungsstrategie war stets: »Teile und herrsche«, und in bestimmten Situationen versuchen sie, diese Maxime auch äußerlich anzuwenden. Sie sind ungeheuer sensibel für Meinungsverschiedenheiten innerhalb des Behandlungsteams und schüren oft latente Konflikte innerhalb der Gruppe. Manchmal fühlen sie sich sicherer, wenn die Mitglieder des Teams miteinander darüber streiten, was mit ihnen, den Patienten, »los ist« oder was sie »wirklich brauchen«. Dies empfinden sie als beruhigender, als wenn sie es mit einer Gruppe zu tun haben, die sich einig ist. Außerdem gibt der Klinikalltag mit seinen vielen sozialen Interaktionen feindseligen Alter-Persönlichkeiten großen Spielraum, das Leben und die Behandlung der Patientin zu sabotieren oder zu verkomplizieren.

Reaktionen von Stationsmitarbeitern auf DIS-Patienten

Die meisten Klinikmitarbeiter reagieren auf Multiple sehr stark – in welcher Form, hängt von vielen Faktoren ab, doch fast immer haben diese Patienten eine sehr intensive Wirkung auf die Menschen in ihrer Umgebung. Gewöhnlich bringen Stationsmitarbeiter diese Wirkung durch vehementes Akzeptieren oder Ablehnen der DIS-Diagnose zum Ausdruck. Diejenigen unter ihnen, die die Diagnose akzeptieren, sind oft deutlich fasziniert vom Phänomen der Multiplizität, was dazu führen kann, daß sie eine besondere Beziehung zu der Patientin oder zu bestimmten ihrer Alter-Persönlichkeiten anknüpfen. Manchmal versuchen sie auch, die Patientin in unangemessener Weise für ihre Zwecke zu instrumentalisieren (beispielsweise indem sie Arbeiten über DIS schreiben, in denen eine bestimmte Patientin als Beispiel angeführt wird).

Wenn Stationsmitarbeiter die DIS-Diagnose ablehnen, tun sie dies oft mit ebensolcher Vehemenz, wie die Befürworter der Diagnose ihre Position vertreten. Meist bringen sie ihre Einstellung sowohl gegenüber den Kollegen als auch gegenüber der Patientin selbst sehr deutlich zum Ausdruck. Oft manifestiert sich dies in Form von Kämpfen darum, daß die Alter-Persönlichkeiten der Patientin mit unterschiedlichen Namen angesprochen werden wollen. Mitarbeiter, die die Diagnose ablehnen, weigern sich strikt, zwischen verschiedenen Identitäten zu unterscheiden, und behandeln alle, als wären sie eins. Natürlich hat die Multiple infolgedessen das Gefühl, zurückgewiesen und in ihrer Wesensnatur abgelehnt zu werden. Zahlreiche Krisen sind die unvermeidliche Folge solchen Verhaltens. Einem anderen Szenario gemäß zweifeln Mitglieder des Behandlungsteams die Mißbrauchserlebnisse der Patientin an und bezeichnen ihren Bericht über diese Vorfälle als ein Beispiel für ihr notorisches dreistes Lügen. In Kleinstadtkrankenhäusern kommt es sogar gelegentlich vor, daß Mitglieder des Behandlungsteams die Person kennen, von der eine Patientin behauptet, sie habe sie mißbraucht, und sie nutzen ihre persönliche Beziehung zu dieser Person, um die Glaubwürdigkeit der Patientin als zweifelhaft erscheinen zu lassen (Quimby *et al.* 1986). Auch in solchen Fällen fühlen sich Multiple gewöhnlich in ihrem innersten Wesen in Frage gestellt, weshalb mit einer sehr vehementen Reaktion ihrerseits gerechnet werden muß.

Skeptische Mitarbeiter sehen in der Inkonsistenz von Multiplen den Beweis dafür, daß diese Patienten bestimmte Symptome oder Verhaltensweisen nach Belieben steuern können, und werfen ihnen deshalb vor, sie würden »alles nur vorspiegeln« oder könnten das betreffende Verhalten nach Belieben »ein- und auszuschalten«. In einem Fall waren die auf der Station hauptsächlich auftauchenden Alter-Persönlichkeiten entweder regredierte Kinder, die sich einkoteten oder kataton waren, oder es tauchte eine Alter-Persönlichkeit auf, die großes Interesse an teuren Kleidern hatte. Die Patientin verließ dann den katatonen Zustand, wurde problemlos mit der komplizierten Prozedur einer telefonischen Kleiderbestellung fertig und verfiel anschließend erneut in katatone Trance. Diese Fähigkeit, scheinbar »nach Gutdünken« den Zustand der Katatonie zu verlassen und später wieder in ihn einzutreten, versetzte viele Mitglieder des Behandlungsteams, die für die Hygiene der Patientin zuständig waren, in Rage. Stationsmitarbeiter, die an die DIS-Diagnose nicht glauben, führen solche Verhaltensweisen nicht auf die Existenz unterschiedlicher Alter-Persönlichkeiten zurück, sondern schreiben sie absichtlicher Manipulation und Täuschung zu. Deshalb sind sie gegen die Multiple und gegen Kollegen eingestellt, die ersterer nach ihrer Auffassung »schmeicheln«.

Multiple können bei Stationsmitarbeitern primitive Ängste wecken. Eine schlanke weibliche Multiple hatte eine ständig fluchende, feindselige männliche Alter-Persönlichkeit mit tiefer Stimme, die spät abends auftauchte und im Flur auf- und abging. Wenn dies passierte, schlossen sich die Mitarbeiter der Nachtschicht, die glaubten, die Patientin sei von Dämonen besessen, in der Pflegestation ein und beteten. Sie empfanden während dieser Vorfälle große Angst und waren nicht in der Lage, zu der Frau als einer Psychiatriepatientin in Kontakt zu treten. Sie sahen in ihr ein satanisches Monster. So extrem dieses Beispiel erscheinen mag, so häufig sind solche unausgesprochenen Ängste zu finden.

Die Wirkung von DIS-Patienten auf das Klima einer psychiatrischen Station

Multiple beanspruchen die Ressourcen einer psychiatrischen Klinik in erheblichem Maße. Sie nehmen die Zeit des Behandlungspersonals wesentlich stärker in Anspruch als die meisten anderen Patienten, und oft wird ihnen vorgeworfen, sie versuchten, die gesamte Aufmerksamkeit auf sich zu ziehen. Der Verwaltungschef eines staatlichen Krankenhauses berichtete mir einmal: »Wir haben hier über dreihundert Patienten, und ich möchte wetten, daß sie [eine Multiple] etwa zehn Prozent der Zeit unserer Mitarbeiter in Anspruch nimmt.« Oft bringen Mitarbeiter solcher Institutionen ihren Groll darüber zum Ausdruck, wieviel Zeit, Aufmerksamkeit und Mühe viele Multiple ihnen abfordern.

Andere Patienten sind von Multiplen fasziniert und/oder fürchten sich vor ihnen. Manchmal glaubt eine Patientin zu Recht, sie leide unter DIS, es kommt aber auch vor, daß Patienten dies absichtlich vortäuschen (Coons 1980; Kluft 1983). Ressentiments wegen der Sonderstellung von Multiplen und wegen ihrer Neigung, die gesamte Aufmerksamkeit des Personals für sich in Beschlag zu nehmen, sind unter den übrigen Patienten einer Station sehr verbreitet. Sie sind wütend, weil es ihnen als ein übler Trick erscheint, daß die Multiplen sich der Verantwortung für ihr Verhalten entziehen, indem sie anderen Identitäten die Schuld geben, wohingegen sie selbst vom Personal weiterhin für jedes Fehlverhalten verantwortlich gemacht werden. Außerdem sind sie aufgrund der ständig wechselnden Reaktionen der Multiplen ihnen gegenüber oft verletzt und verwirrt. Versuche, zu Multiplen Freundschaften anzuknüpfen, werden von diesen manchmal zunächst erwidert, später aber ohne jeden ersichtlichen Grund wütend abgewiesen. Kluft (1983) weist darauf hin, daß DIS-

Patienten andere Patienten auch dadurch beunruhigen, daß sie Konflikte offen zum Ausdruck bringen oder Verhaltensweisen ausagieren, die andere Patienten zu unterdrücken versuchen.

Auswirkungen der stationären Behandlung auf die therapeutische Beziehung

In einer psychiatrischen Klinik manifestiert sich wahrscheinlich eine große Zahl von Alter-Persönlichkeiten, die der Therapeut nicht gut oder überhaupt nicht kennt. Feindselige und wütende Identitäten können durch die empfundenen Mißstände eines Lebens in einer psychiatrischen Institution aktiviert werden. Verängstigte und traumatisierte Alter-Persönlichkeiten werden durch das erneute Durchleben von Traumata in der Klinik aktiviert. Auch Identitäten, die von der Patientin als so mächtig oder gefährlich empfunden werden, daß sie sich in der Praxis des Therapeuten nicht manifestierten, können entfesselt werden. Beschützer-Persönlichkeiten, soziale Alter-Persönlichkeiten und andere Wesenheiten, die in einer ambulanten Behandlung gewöhnlich nicht erforderlich sind, treten nun zutage, um die vielen im Rahmen einer stationären Behandlung stattfindenden intensiven und komplexen sozialen Interaktionen zu bewältigen. Außerdem scheinen in einer solchen Institution viele Alter-Persönlichkeiten, zu denen der Therapeut in der Zeit der ambulanten Therapie eine gute Beziehung hatte, schwächer zu werden oder ganz zu verschwinden. Er kann im Rahmen der Institution mit einer völlig anderen Konstellation von Identitäten konfrontiert werden als zuvor. Die radikale Veränderung der Patientin in Verbindung mit den Schwierigkeiten, die der Versuch mit sich bringt, eine Multiple sozusagen »in aller Öffentlichkeit« zu behandeln, während ihm kritische Kollegen und anderes Klinikpersonal über die Schultern schauen, können selbst den besten Therapeuten stark belasten und ihn in der Anwendung seiner Fähigkeiten behindern.

Natürlich erreicht die Wirkung der Multiplen auf die Station, auf der sie behandelt wird, den Therapeuten in vielfältiger Weise. Oft richten die Stationsmitarbeiter ihre Wut und Frustration über die Patientin gegen den behandelnden Therapeuten, wodurch sie den ohnehin schwierigen Umgang mit der Situation noch weiter verkomplizieren. Initiiert der Therapeut im Krankenhaus intensive Abreaktionen, werden ihm die Kollegen und Mitarbeiter direkt oder indirekt vorwerfen, er verschlimmere den Zustand der Patientin. Solche Vorwürfe können indirekt in Form von Bedenken gegen den Gebrauch von Hypnose zum Ausdruck kommen. Manche Stationsmitarbeiter versuchen, die speziellen Regelungen, die der Therapeut für die Patientin getroffen hat, zu hintertreiben. Solche Versuche werden manchmal mit Begriffen wie »Fairneß« oder der Sonderrolle des Patienten gerechtfertigt. Der Therapeut erscheint dann als jemand, der die Atmosphäre auf der Station und die dort geltenden Regeln sabotiert. Manchmal werfen Stationsmitarbeiter einem behandelnden Therapeuten gegenüber auch die Frage auf, ob die Patientin wirklich auf die betreffende Station »gehört« oder besser in eine andere Einheit oder Institution verlegt werden sollte.

Es gibt Fälle, in denen Patienten um stationäre Behandlung ersucht haben, um die ambulante Behandlung bei einem bestimmten Therapeuten zu beenden. Sofern ein Therapeut in einer psychiatrischen Institution keine Privilegien genießt, führt die Aufnahme einer Patientin in eine solche Klinik automatisch zur Unterbrechung oder sogar zur Beendigung der vorherigen therapeutischen Beziehung, und andere Personen übernehmen den Behandlungsprozeß, was zu diversen Komplikationen führen kann. Versucht eine Patientin, einen Klinikaufenthalt zur Beendigung der ambulanten Behandlung bei einem Therapeuten zu nutzen, und diesem wird es aufgrund seiner Privilegien in der betreffenden Institution gestattet, die Patientin weiterhin zu betreuen, kann es sein, daß die Patientin ihr Ziel weiterverfolgt, indem sie eine große Zahl von Klinikmitarbeitern in ihre Therapie hineinzieht und so einen Streit über die Frage provoziert, wer denn nun für die Behandlung der Patientin tatsächlich verantwortlich ist. Auch das Gegenteil kommt vor: Manche Therapeuten versuchen, schwierige oder gefährliche Patienten loszuwerden, indem sie eine stationäre Behandlung für sie veranlassen und sich so formell völlig korrekt ihrer Verantwortung entledigen. Multiple reagieren auf solche Bemühungen sehr sensibel, und die Zurückweisung, die sie dabei erfahren, kann große Schwierigkeiten zur Folge haben.

Ungeachtet der im Vorangegangenen angeführten Warnungen kann eine stationäre Behandlung die therapeutische Beziehung auch stärken. Manchmal erleben Patienten die Aufnahme in eine psychiatrische Institution, die wegen selbstschädigender Verhaltensweisen veranlaßt wurde, als einen Akt der Fürsorge und als Rettung. Läßt ein Therapeut eine Patientin in eine Klinik einweisen, weil es ihm nicht gelingt, gefährliche Verhaltensweisen der Betreffenden durch einen Vertrag auf zufriedenstellende Weise unter Kontrolle zu bringen, trägt das in dieser Aktion zum Ausdruck kommende Grenzensetzen längerfristig zur Entstehung einer besser fundierten therapeutischen Beziehung bei. Eine Verbesserung der therapeutischen Beziehung ist im übrigen einer der besten Indikatoren dafür, wann eine Patientin aus einer stationären Behandlung entlassen werden kann.

Empfehlungen für den Umgang mit DIS-Patienten im Rahmen einer psychiatrischen Institution

1. Wenn eben möglich, sollte vor der Einweisung in eine psychiatrische Klinik ein Vertrag ausgehandelt werden, der folgende Aspekte umfaßt: die Gründe für die Aufnahme; das Einverständnis, sich an die innerhalb der Institution geltenden Regeln und Bestimmungen zu halten; und die Kriterien für die Entlassung (z.B. der Abschluß eines Vertrages mit dem Persönlichkeitssystem über selbstschädigende Verhaltensweisen).

2. DIS-Patienten sollten in einer Klinik wenn eben möglich einen Privatraum erhalten (Caul 1978a; Kluft 1984d). Dieser Raum dient ihnen als Zuflucht vor der Un-

ruhe des Lebens auf der Station und ermöglicht bestimmten Alter-Persönlichkeiten, sich zu manifestieren, ohne Aufsehen zu erregen. Mehrere Identitäten müssen
darüber informiert werden, wo dieser Privatraum ist und wo in diesem Raum sich
bestimmte Objekte oder Besitztümer befinden (Caul 1978a). Insbesondere Kind-
Persönlichkeiten können den Raum benutzen, um sich gefahrlos zu manifestieren,
zu spielen oder Abreaktionen zuzulassen. Außerdem werden durch einen solchen
Privatraum viele Probleme vermieden, die im Zusammenleben von DIS-Patienten
mit anderen auf der Station Behandelten gewöhnlich auftreten.

3. Die Stationsmitarbeiter sollten so früh wie möglich über die Diagnose der DIS-
   Patientin informiert werden. Dies ist ein guter Anlaß, um sie über DIS und über
   die möglichen Auswirkungen der Anwesenheit von Multiplen auf Zusammenleben und Arbeit innerhalb der Station aufzuklären. Dabei sollte so intensiv wie
   möglich auf ihre Sorgen eingegangen werden. Angebracht ist es auch, in diesem Zusammenhang darauf hinzuweisen, daß starke Kontroversen wegen der
   DIS-Diagnose nicht ungewöhnlich sind (Kluft 1984d). Weiterhin sollten sie darauf vorbereitet werden, daß sie als Mitglieder des Behandlungsteams die Klien-
   tin und was mit ihr geschieht, wahrscheinlich unterschiedlich sehen werden und
   daß es diesbezüglich mit hoher Wahrscheinlichkeit zu Meinungsverschiedenheiten kommen wird. Dies erwähnt der Therapeut, damit er, sollte dieser Fall tatsächlich eintreten, dem Personal erklären kann, daß sich die Multiple so verhält,
   wie es eigentlich zu erwarten war. Weiterhin sollte er Gründe für mögliche Krisen
   nennen und die Stationsmitarbeiter bitten, ihn anzurufen, falls eine Krise dramatische Züge annimmt. Caul (1978a) empfiehlt, die Stationsmitarbeiter über etwa-
   ige posthypnotische Suggestionen zu informieren, die der Therapeut im Hinblick
   auf die Bewältigung etwaiger Krisen induziert hat.

4. Die Stationsmitarbeiter sollten auch darüber informiert werden, daß sie die Alter-
   Persönlichkeiten nicht als separate Wesenheiten anerkennen und nicht mit ihnen
   interagieren müssen. Und der Patientin sollte klargemacht werden, daß sie nicht
   erwarten kann, daß die Betreuer sich auf ihre verschiedenen Identitäten als separate und unterschiedliche Wesenheiten beziehen. Zwar können einige narzißtische
   Alter-Persönlichkeiten durch diese Verweigerung der Anerkennung provoziert
   werden, doch ist es wichtig, mit dieser »sozialen« Situation wie mit jeder anderen
   umzugehen, in der Alter-Persönlichkeiten mit Menschen, die nichts über DIS wissen, zurechtkommen müssen. Außerdem dämpft ein solcher Hinweis die Faszination mancher Mitarbeiter hinsichtlich der Getrenntheit von Identitäten und bringt
   die Alter-Persönlichkeiten selbst davon ab, sich die Getrenntheit um ihrer selbst
   willen zugute zu halten.

5. Caul (1978a) empfiehlt, auf der Station einen Bezugstherapeuten einzusetzen, der
   die Betreuung der Patientin koordiniert. Dies sollte während jeder Schicht eine zuvor festgelegte Person übernehmen, die gleichzeitig als wichtigste Kontaktperson

der Patientin fungiert. Die tonangebenden Alter-Persönlichkeiten der Patientin sollten mit diesen Mitarbeitern bekanntgemacht und aufgefordert werden, sich insbesondere in Krisensituationen an sie zu wenden. Der Bezugstherapeut oder die leitende Pflegerin einer Schicht kann an den auf der Station stattfindenden Therapiesitzungen teilnehmen.

6. Der Therapeut sollte dem Persönlichkeitssystem der Patientin auch die auf der Station geltenden Regeln und Verfahrensweisen erklären, wobei er darauf achten sollte, daß alle Identitäten sich diese Erklärung anhören. Auch über Erwartungen und Grenzen sollte in diesem Rahmen gesprochen werden. Verstößt eine Alter-Persönlichkeit gegen eine Regel, sollten auf eine nicht strafende Weise die für den Verstoß festgelegten Konsequenzen umgesetzt werden. Caul (1978a) weist darauf hin, daß man Beurlaubungen und andere Privilegien, die es der Patientin ermöglichen, die Station zu verlassen, so lange stark einschränken sollte, bis sie sich auf der Station eingelebt hat und keine Selbstmord- oder Fluchtgefahr mehr besteht.

7. Es wird dringend empfohlen, DIS-Patienten nicht an allgemeinen gruppentherapeutischen Sitzungen teilnehmen zu lassen (Caul 1978a; Kluft 1984d). Wie bereits früher in diesem Kapitel erwähnt, verursachen Multiple innerhalb solcher Gruppen oft sehr starke Konflikte, und die positive Wirkung derartiger Veranstaltungen auf sie selbst ist bestenfalls äußerst begrenzt. Hingegen sollten sie an nicht therapeutischen Zwecken dienenden Gemeinschaftsveranstaltungen der Stationsbewohner teilnehmen. Von nonverbalen Gruppentherapien wie z.B. Kunst-, Musik-, Ergo- oder Bewegungstherapie können sie profitieren (Kluft 1984d).

8. Caul (1978a) verweist auf die besonderen Möglichkeiten in der Stations- und Kliniksituation, das Verhalten von Multiplen zu dokumentieren. Möglicherweise werden vorher noch nicht bekannte Alter-Persönlichkeiten von Klinikmitarbeitern entdeckt, die die Patientin über Tage kontinuierlich beobachten können. In einem von mir betreuten Fall fand das Stationspersonal durch sorgfältige Beobachtung heraus, daß der motorischen Schwäche einer Patientin keine neurologischen Ursachen zugrunde lagen. Die Betreffende war wegen dieser Symptome zuvor mehrmals gründlich untersucht worden. Das Stationspersonal sollte auch über alle spezifischen Verhaltenssymptome informiert werden, die von Interesse sind, und es sollte vereinbart werden, wie diese dokumentiert werden sollen.

Strategien für die Entlassung

Bei akuter Einweisung

Wenn Multiple kurzfristig in eine Klinik eingewiesen werden, geht es gewöhnlich darum, selbstschädigende Verhaltensweisen zu unterbinden oder andere Krisensituationen zu bewältigen. Die Auflösung der Krise oder das Wiederinkrafttreten der inneren Kontrolle über das gefährliche Verhalten ist in solchen Fällen gewöhnlich ein ausreichendes Entlassungskriterium. Die Auslöser der Krise sind meist erkannt und durchgearbeitet worden. Zuvor unverdächtige Alter-Persönlichkeiten sind als Verursacher des selbstschädigenden Verhaltens oder von Fugue-Episoden identifiziert und in den Therapieprozeß einbezogen worden. Aufgrund der mit der Patientin ausgehandelten Verträge kann der Therapeut deren Entlassung aus der Klinik beruhigt entgegensehen. Für soziale Unterstützung, durch die Probleme behoben oder die Patientin vor dem Einfluß wichtiger Bezugspersonen mit pathologischen Tendenzen geschützt wird, ist gesorgt. Diese oder andere Lösungen einer Krise lassen es zu, Multiple in ihre vorherige Situation zurückkehren und ihre ambulante Therapie fortsetzen zu lassen. Wurde eine Patientin zwecks Durchführung bestimmter therapeutischer Interventionen in eine Klinik aufgenommen – beispielsweise wegen besonders langwieriger therapeutischer Abreaktionen –, sollte sich der behandelnde Therapeut genügend Zeit nehmen, um die Wirkung der durchgeführten Interventionen zu beurteilen, bevor er die Entlassung empfiehlt.

Das wahrscheinlich wichtigste Kriterium für eine Entscheidung über die Entlassung ist der Zustand der therapeutischen Beziehung. Der Therapeut sollte hinsichtlich seiner Beziehung zu den verschiedenen Alter-Persönlichkeiten ein gutes Gefühl haben, bevor er der Patientin gestattet, die relativ sichere Kliniksituation zu verlassen. Geeignete Verträge sollten geschlossen worden und die Beschützer- oder Helfer-Persönlichkeiten der Patientin davon überzeugt sein, daß eine Entlassung der Patientin aus der Klinik für sie gefahrlos ist.

Bei psychiatrischen Langzeitpatienten

Aufgrund des wachsenden Interesses an DIS werden mittlerweile Patienten, die unter dieser Störung leiden, in vielen unterschiedlichen Zusammenhängen entdeckt, so auch in Betreuungseinrichtungen für psychiatrische Langzeitpatienten. Bliss und Jeppsen (1985) stellten beispielsweise fest, daß 13 Prozent der Langzeitpatienten, die sie in ihrer Untersuchung erfaßten, die Kriterien des DSM-III für MPS, den Vorläufer von DIS, erfüllten. Daß eine psychiatrische Langzeitpatientin an DIS leidet, kann nach jahrelangem Aufenthalt in einer solchen Institution entdeckt werden und verursacht meist zusätzlich zu den üblichen Problemen erhebliche Schwierigkeiten. Die meisten Langzeitpflegeeinrichtungen sind chronisch überlastet und mit zu wenig Personal ausgestattet, und sie verfügen kaum über Möglichkeiten, jene Form intensiver Psychotherapie, die DIS-Patienten benötigen, durchzuführen. Auch die Auswirkungen eines langen Psychiatrieaufenthalts können die Behandlung solcher Patienten zusätzlich erschweren. Doch lehrt uns andererseits die Erfahrung, daß bei einigen von ihnen eine erhebliche Verbesserung der allgemeinen Funktionsfähigkeit zu erreichen ist, wenn sie als Multiple und auf DIS hin behandelt werden (Quimby *et al.* 1986).

Innerhalb von Behandlungsteams, wie sie für die Betreuung von psychiatrischen Langzeitpatienten eingesetzt werden, ist das Akzeptieren der DIS-Diagnose ein noch komplexerer Vorgang als im Rahmen einer ambulanten Einzeltherapie. Nicht nur die Patientin selbst kämpft dann mit dieser Frage, sondern noch viele andere Parteien sind involviert, darunter diejenigen, die sie behandeln, das Betreuungspersonal der Station, die Kostenträger und letztendlich auch die Verwaltung der Institution. Um eine Patientin effektiv als Multiple behandeln zu können, muß der Therapeut gewöhnlich zunächst darauf hinarbeiten, daß die Mehrzahl der direkt und indirekt an ihrer Pflege und Versorgung Beteiligten die Diagnose akzeptiert. Besonders wichtig ist es, der Verwaltung ein Verständnis der Diagnose, der damit verbundenen Dynamik und der angestrebten Behandlungsziele zu vermitteln. Zuverlässige administrative Unterstützung ist während des turbulenten Prozesses der Vorbereitung der Patientin auf eine ambulante Behandlung von größter Bedeutung. Oft ist es nützlich, zwecks Bestätigung der Diagnose und Information des Stationspersonals über einen sachdienlichen Umgang mit der Patientin einen außenstehenden Experten heranzuziehen. Bestätigt ein Außenstehender, daß es sich bei einer bestimmten Patientin tatsächlich um eine Multiple handelt, hat dies eine geradezu magische Wirkung. Nachdem der Experte die Patientin kennengelernt hat, sollte er mit den wichtigsten Mitgliedern des Behandlungsteams zusammentreffen und diesen, soweit die Umstände es zulassen, einen einigermaßen repräsentativen Überblick über das Phänomen DIS geben.

Sobald eine gewisse institutionelle Unterstützung für die Diagnose gegeben ist, muß ein Behandlungsplan unter Berücksichtigung der Multiplizität erstellt und mit seiner Umsetzung begonnen werden. Dabei sollte das langfristige Ziel sein, die Patientin so weitgehend zu stabilisieren, daß sie aus der Institution entlassen und ihre Behandlung in ambulanter Form fortgesetzt werden kann. Dieses Ziel mag anfangs als ziemlich unrealistisch erscheinen, doch sollte seine Umsetzung trotzdem versucht werden. Ich habe bei etlichen psychiatrischen Langzeitpatienten erlebt, daß durch ihre Behandlung unter der Prämisse ihrer Multiplizität außerordentliche Erfolge erzielt wurden (Quimby *et al.* 1986). Kurzfristige Behandlungsziele können in einem solchen Fall unter anderem sein, die Patientin aus einer geschlossenen Abteilung in eine offene zu verlegen oder sie in einem betreuten Wohnprojekt unterzubringen. Man sollte an die Situation mit der Erwartung herangehen, daß die Betreffende einen wesentlich höheren Grad allgemeiner Funktionsfähigkeit erreichen kann, als bisher möglich erschien.

Das wichtigste Behandlungsziel ist zu diesem Zeitpunkt die Verbesserung der Kommunikation und Kooperation innerhalb des Persönlichkeitssystems. Zwar läßt sich die Arbeit mit Abreaktionen bzw. an Traumata nicht völlig vermeiden, doch sollte mit der gezielten Suche nach traumatischen Erlebnissen so lange gewartet werden, bis diese Arbeit unterstützende Verträge geschlossen worden und gut funktionierende Kommunikationskanäle entstanden sind, und im Idealfall sollte der größte Teil der Traumaverarbeitung in der ambulanten Therapie durchgeführt werden. Die zuständigen Sozialbehörden sollten schon früh einbezogen werden, und die Frage, wie sie ihren Lebensunterhalt bestreiten und außerhalb der psychiatrischen Institution leben soll, müssen möglichst rasch geklärt werden.

Es ist sehr schwierig, für psychiatrische Langzeitpatienten eine unterstützende Lebenssituation zu organisieren. Meist finden sie sich in Gruppenwohnprojekten nicht gut zurecht und können in solchen ebensoviele Probleme kreieren wie auf einer Station in einer Klinik. Da die meisten Wohnprojekte die Bedeutung des Gruppenprozesses besonders hervorheben und ihre Betreuung durch Fachkräfte gewöhnlich nicht sehr intensiv ist, ist ein längerer Aufenthalt von Multiplen in einer solchen Gruppe für diese meist eine sehr große Belastung. Die Unterbringung in Apartments und andere Formen des Wohnens, die eher eine Privatsphäre garantieren, sind für Multiple oft sinnvoller. Allerdings ist es in vielen Fällen erheblich schwieriger, für eine solche Lösung die notwendige finanzielle Unterstützung zu organisieren.

Außerdem müssen Langzeitpatienten wahrscheinlich von ihrem Leben in der Institution entwöhnt werden. Manchmal läßt es sich regeln, daß sie sich tagsüber auf ihrer vertrauten Station aufhalten und an den therapeutischen Aktivitäten in der Klinik teilnehmen, die Nächte jedoch schon außerhalb der Klinik verbringen. Allerdings bedürfen solche ungewöhnlichen Arrangements des Verständnisses und der Zustimmung der Klinikverwaltung. Unter Umständen müssen solche Patienten mehrmals entlassen und wieder aufgenommen werden, bevor sie sich in ihrem neuen Status als ambulante Patienten stabilisieren.

Zusammenfassung

In diesem Kapitel wurden Zusatztherapien beschrieben, die bei der Behandlung von DIS nützlich sein können. Viele Therapeuten und Patienten halten zuerst nach Medikamenten zur Linderung von Symptomen Ausschau. Leider gibt es kein Allheilmittel gegen Dissoziation. Der größte Nutzen von Medikamenten besteht darin, daß sie Depression oder Angst verringern, wenn diese Symptome bei vielen Alter-Persönlichkeiten auftreten. Allerdings ist die regelmäßige Einnahme von Medikamenten für DIS-Patienten ein großes Problem. Das Mittel kann auf die verschiedenen Identitäten unterschiedlich wirken, die Einwilligung aller Alter-Persönlichkeiten in eine solche Behandlung ist meist schwierig zu bekommen, und falscher Gebrauch und gar Mißbrauch von Medikamenten sind sehr verbreitet. Medikamente sollten generell nur zur Behandlung spezifischer Symptome eingesetzt werden. Halluzinationen und psychoseähnliche Symptome sprechen auf Neuroleptika – die bei DIS-Patienten weitgehend kontraindiziert sind – grundsätzlich nicht an. Depression und Angst können durch maßvollen Gebrauch entsprechender Mittel verringert werden, und traumabedingte Schlafstörungen lassen sich manchmal durch Benzodiazepin beheben.

Verschiedene Formen von Gruppentherapie für Multiple wurden durch Versuch und Irrtum entwickelt. Erfahrene Therapeuten sind übereinstimmend der Meinung, daß es nicht sinnvoll ist, DIS-Patienten in gemischten Therapiegruppen – mit Nicht-DIS-Patienten zusammen – zu behandeln. Eine Therapie in einer ausschließlich aus DIS-Patienten bestehenden Gruppe kann als ergänzende und unterstützende therapeutische Maßnahme nützlich sein, allerdings sollten solche Gruppen nur von Therapeuten geleitet werden, die in der Behandlung von DIS bereits über beträchtliche Erfahrung verfügen. David Cauls TIG-Techniken haben sich bei einigen DIS-Patienten in späteren Stadien der Behandlung als nützlich erwiesen. Auch die Arbeit mit Videoaufzeichnungen ist bei der TIG von Nutzen, und sie kann den verschiedenen Alter-Persönlichkeiten in einer Einzeltherapie wichtiges direktes Feedback liefern. Allerdings muß ein Therapeut, der mit Videoaufnahmen arbeitet, sich genau darüber im klaren sein, was er mit dieser Arbeit bezweckt, weil ein zu früher oder inadäquater Einsatz solcher Möglichkeiten verheerende Auswirkungen haben kann.

Familientherapie spielt bei der Behandlung der DIS nur eine sehr beschränkte Rolle. Im allgemeinen ist die Arbeit mit der Ursprungsfamilie zu traumatisch, als daß sie während der Einzeltherapie stattfinden könnte, es sei denn zu einem sehr späten Zeitpunkt der Behandlung. Der Konfrontation mit Tätern, Bemühungen um die Bestätigung von Erinnerungen an erlebten Mißbrauch und Versuchen der Versöhnung mit Tätern sind gewöhnlich bestenfalls beschränkter Erfolg beschieden, und sie können sich auf andere Aspekte der Behandlung sehr schädlich auswirken. Bei den meisten Patienten ist es dringender, ihnen zu helfen, sich von ihrer Ursprungsfamilie zu lösen, als daß Energie übrig wäre, um ihnen zu helfen, den Kontakt zu derselben wieder aufzunehmen. Ehe- und Partnertherapie kann wichtig sein, um Patienten die Unterstützung ihrer Ehepartner oder anderer wichtiger Kontaktpersonen zu sichern. Ehepartnern und Kindern von Multiplen kann man auf diese Weise helfen, die Dynamik der Dissoziation zu verstehen, und auch über jede Form der Manipulation der Patienten durch ihnen Nahestehende um sekundärer Ziele willen kann in diesem Rahmen gesprochen werden.

Eine stationäre Behandlung ist eine wichtige therapeutische Option, wenn es um die Unterbindung selbstschädigenden Verhaltens oder um die Durchführung intensiver therapeutischer Abreaktionen geht. Allerdings erzeugen Multiple häufig starke Spannungen oder Zwistigkeiten unter dem Betreuungspersonal einer psychiatrischen Institution. Deshalb sollten Therapeuten vor einer stationären Behandlung sowohl in Zusammenarbeit mit den Patienten gewisse Vorbereitungen treffen als auch das Behandlungspersonal über die mögliche störende Wirkung der Patientin aufklären. Wird bei psychiatrischen Langzeitpatienten DIS diagnostiziert, ist dies eine besonders schwierige Situation, doch wenn es gelingt, die Institution in die Bemühungen um die Rückführung der Betreffenden in eine ambulante Behandlungssituation einzubeziehen, lassen sich bei ihnen erhebliche Zustandsverbesserungen erzielen.

Krisenmanagement und therapeutische Auflösung

Krisenmanagement

Krisen kommen bei der Behandlung von DIS sehr häufig vor und sind fast nicht zu vermeiden. Selbst den besten Therapeuten gelingt es nicht immer, sie zu verhindern (Kluft 1984d). Sie müssen sogar mit einer erschreckenden Regelmäßigkeit erwartet werden! Allerdings ist es möglich, bestimmte Krisen in einem gewissen Maße vorauszusehen und entsprechende Gegenmaßnahme zu treffen. Eine Krise entsteht, sobald sich innerlich oder äußerlich ein Ereignis oder ein Druck manifestiert, das Persönlichkeitssystem dadurch aus dem Gleichgewicht gebracht wird und die Bewältigungsmechanismen der Patientin den normalen Gleichgewichtszustand nicht wiederherzustellen vermögen. Das Minimalziel ist in einem solchen Fall die Auflösung der Krise und die Wiederherstellung der Funktionsfähigkeit und des inneren Gleichgewichts. Ein weiterreichendes und erstrebenswerteres Ziel ist die Verbesserung der Funktionsfähigkeit über das vor der Krise bestehende Maß hinaus (Kluft 1983).

Zahlreiche Faktoren können bei DIS-Patienten zur Entstehung von Krisen beitragen. Ihre Amnesien, plötzliche psychophysiologische Umschwünge, ihre gespaltene Selbst- und Objektwahrnehmung, das Fehlen einer beobachtenden Ichfunktion und ihre Anfälligkeit für durch äußere Reize ausgelöste Abreaktionen und Flashbacks sind direkte Auswirkungen des dissoziativen Prozesses. Auch Kämpfe um Kontrolle und Dominanz zwischen den verschiedenen Alter-Persönlichkeiten lösen Krisen aus. Und Verfolger-Persönlichkeiten können Krisen hervorrufen, indem sie die Gastgeber-Persönlichkeit beleidigen oder bestimmte Alter-Persönlichkeiten, die Geheimnisse über frühere Traumata preisgeben, bestrafen. Trotz ihrer oft erstaunlichen individuellen Kompetenz und ihres darauf beruhenden Erfolgs leidet die große Mehrheit in der Gruppe der DIS-Patienten unter vielen der stigmatisierenden Merkmale einer chronischen Krankheit, beispielsweise unter geringer gesellschaftlicher Unterstützung und unter großen finanziellen Problemen. Alkoholismus und Substanzmißbrauch sind unter ihnen ebenfalls nicht selten und verursachen Krisen eigener Art. Und selbst die Behandlung, auch wenn die besten DIS-Therapeuten sie durchführen, wirkt auf ihre Weise traumatisierend.

Allgemeine Prinzipien

Prävention

Bei der Behandlung von DIS ersparen ebenso wie in vielen anderen Fällen einige Minuten, die ein Therapeut auf Präventivmaßnahmen verwendet, viele für die Bewältigung einer Krise aufzuwendende Stunden. Man sollte Krisen vorauszusehen und abzuwehren versuchen, und wenn dies nicht gelingt, kann man immer noch darauf hinarbeiten, ihre Stärke zu verringern, indem man sich rechtzeitig auf ihr bevorstehendes Ausbrechen einstellt. Bestimmte Situationen beschwören mit ziemlicher Sicherheit Krisen herauf, und Therapeut und Patientin können sich gemeinsam bemühen, den Auswirkungen so gefährlicher Anlässe wie einer Reise zum Wohnsitz der Ursprungsfamilie, des Anschauens einer Videoaufzeichnung von einer feindseligen Alter-Persönlichkeit und der Wiedergewinnung lange verschütteter Traumaerinnerungen vor ihrem Auftreten entgegenzuarbeiten.

Prävention erfordert vorausschauende Exploration und Planung. Es muß im voraus festgestellt werden, über welche Ressourcen die Patientin verfügt und in welchen Bereichen sie besonders verletzlich ist. Auch sollte eingeschätzt werden, welche Beiträge bestimmte Alter-Persönlichkeiten entweder zum Chaos oder zu dessen Auflösung leisten können. Weiterhin können Helfer-Persönlichkeiten, die oft vor drohenden Konflikten warnen oder bei der Einschätzung der Wirkung bestimmter Situationen helfen, im voraus identifiziert werden. Der Therapeut sollte sich die Zeit nehmen, diese Alter-Persönlichkeiten regelmäßig zu Problemen zu befragen, mit denen die Patientin konfrontiert werden könnte. Ich bin immer wieder erstaunt, daß DIS-Patienten große Tumulte, zu denen es in ihrem Alltagsleben gekommen ist, in den Therapiesitzungen *nicht* erwähnen. Der Zugang zu den Helfer-Persönlichkeiten, die dem Therapeuten bekannt sind, mittels festgelegter hypnotischer Signale kann vorbereitet werden, so daß es möglich wird, diese nötigenfalls sogar am Telefon schnell zu aktivieren. Außerdem sollte der Therapeut sich in den bevorzugten Metaphern des Persönlichkeitssystems und in seiner Struktur auskennen. Oft gibt es in dieser eine »Höhle« oder einen »sicheren Ort«, wohin Persönlichkeiten geschickt werden können, wenn sie Angst haben oder Probleme verursachen.

Die Häufigkeit von Krisen kann durch sehr langsames und vorsichtiges Vorgehen in der Therapie verringert werden. Der Therapeut sollte mit der Einleitung intensiver therapeutischer Abreaktionen nicht beginnen, bevor die in Kapitel 6 beschriebenen therapeutischen Interventionen für die Anfangsphasen der Therapie durchgeführt worden sind. Zu Beginn der Therapie geht es um die Stärkung der inneren Kommunikation des Persönlichkeitssystems sowie darum, die Stärken und Fähigkeiten der Patientin zur Verbesserung der Selbstachtung und der Lebenssituation zu nutzen. Eine gewisse praktische Erfahrung mit dem Abschließen von Verträgen sollte der Patientin schon zu Beginn der Behandlung vermittelt werden. Es dauert einige Zeit, bis an die Stelle der oft intensiven und unrealistischen Initialbindung, die von den von Verzweiflung geprägten Bedürfnissen und Hoffnungen des Patienten getragen wird, eine realistische und tragfähige therapeutische Beziehung tritt. Außerdem muß der Therapeut der Patientin helfen, indem er ihr eine Struktur anbietet, und bei der Arbeit mit dem Persönlichkeitssystem Einschränkungen und Grenzen umschiffen.

Die therapeutische Arbeit sollte sehr umsichtig fortschreiten. Es muß geduldig erforscht werden, in welchem Maße das Persönlichkeitssystem belastende Arbeit zu ertragen vermag. Wann immer der Therapeut beabsichtigt, mit der Arbeit neue Bereiche zu erschließen, sollte er der Patientin die bevorstehenden Schritte erklären und außerdem versuchen, die wahrscheinlichen Reaktionen der verschiedenen Alter-Persönlichkeiten auf dieses Vorhaben einzuschätzen (Kluft 1983). Der Rat von Helfer-Persönlichkeiten ist in solchen Situationen besonders nützlich. Der Patientin sollte auch erklärt werden, daß sie mit schwierigen und schmerzhaften Reaktionen auf die Therapie rechnen muß und daß diese Fortschritte anzeigen – denn oft sehen Patienten in der manchmal verheerenden Wirkung schmerzlicher Emotionen und Erinnerungen einen Beweis dafür, daß ihre Situation sich verschlimmert hat. Zu Beginn der hypnotischen Arbeit sollten der Patientin einige positive Erfahrungen mit Hypnose ermöglicht werden, um die Alter-Persönlichkeiten gewogener zu machen, Hypnose als Methode zu akzeptieren. Auch die in Kapitel 9 erwähnten Signalwörter sollten schon früh festgelegt werden.

Krisenintervention

Krisen beginnen nach meiner Erfahrung gewöhnlich mit einem ungestümen Telefonanruf entweder der Patientin oder einer ihr nahestehenden Person, der mich auf eine akute Situation hinweist, um mich in den Prozeß einzubeziehen. Oft ist damit die unrealistische explizite oder implizite Aufforderung verbunden, ich solle sofort etwas tun, um das akute Problem zu lösen oder die Patientin vor drohender Vernichtung zu retten. Einer der schwierigen Aspekte der Arbeit mit Multiplen ist, daß diese so oft die Verantwortung für die Behandlung abzugeben und auf den Therapeuten zu übertragen versuchen (Kluft 1984d). Diese Tendenz tritt in Krisensituation besonders deutlich zutage. Auf dem Therapeuten lastet oft, daß die Patientin oder ihr Nahestehende ihn als den einzigen Menschen ansehen, der die Multiple retten kann. Außerdem treten Krisen natürlich oft zu den ungünstigsten Zeitpunkten auf.

Über die Frage, ob DIS-Patienten in der Lage sind, auf die Häufigkeit und/oder Intensität ihrer Krisen Einfluß zu nehmen, wird unter Therapeuten heftig diskutiert. Ganz sicher lassen einige Patienten gelegentlich die Fähigkeit erkennen, problematische Situationen »abzumildern«, und sie scheinen selbst dann über ein gewisses Maß an Kontrolle zu verfügen, wenn sie auf den ersten Blick den Eindruck erwecken, völlig außer sich zu sein. Kluft (1984d) hat beobachtet, daß Therapeuten, die Krisen entweder fürchten oder aber genießen, diese gewöhnlich häufiger erleben. Doch nicht alle Multiplen verfügen über die Fähigkeit, ihre Krisen zu modulieren. Sehr desorganisierte und/oder fragmentierte Patienten, oft solche mit psychotischen Alter-Persönlichkeiten, sind nicht unbedingt in der Lage, während einer Krisensituation ihr Verhalten zu steuern. Doch viele DIS-Patienten können nötigenfalls die Dinge wieder selbst in Hand nehmen.

Krisen erfordern vom Therapeuten ein höheres Maß an zeitlicher Verfügbarkeit und an Engagement. Manchmal sind in solchen Situationen Therapiesitzungen zu ungewöhnlichen Tageszeiten erforderlich, und es kann notwendig sein, besonders lange Sitzungen, tägliche Sitzungen oder gar mehrere Sitzungen am Tag durchzuführen. Der Therapeut muß grundsätzlich bereit sein, diese Zeit und Energie aufzuwenden, doch braucht er sich andererseits auch nicht übertrieben zu verausgaben. Erhöhter Zeitaufwand allein vermag eine Krise nicht zu lösen, kann sie vielmehr sogar perpetuieren, weil dies dem Bestreben der Alter-Persönlichkeiten entgegenkommt, den Therapeuten ganz für sich zu haben. Die Grenzen der Therapiesituation müssen insbesondere in Krisenzeiten strikt gewahrt werden. Viele Krisen sind im Grunde eine Form des Testens von Grenzen. Deshalb muß der Therapeut klar zu verstehen geben, zu welchem Engagement er bereit ist und unter welchen Umständen er eine Überstellung der Patientin an einen Kollegen oder ihre Einweisung zur stationären Behandlung für erforderlich hält. Diese Grenzen und die Alternativen, deren Anwendung der Therapeut in Erwägung zieht, sollten der Patientin klar vor Augen stehen.

Im Krisenfall muß der Therapeut so viele Informationen wie möglich über die auslösenden Umstände und über die Reaktionen der einzelnen Alter-Persönlichkeiten sammeln. Zu letzteren kann er mit Hilfe von Hypnose direkt in Kontakt treten, um jede Identität zu befragen, was sie über die Krise weiß, was nach ihrer Meinung im Gange ist und was noch geschehen könnte. Von Interesse ist für den Therapeuten auch, ob bestimmte Identitäten während einer Krise Zeitverluste erleben und ob sie in dieser Situation irgendwelche anderen Identitäten bemerken, die aktiv sind oder die Kontrolle über den Körper übernehmen. Der Therapeut sollte die Informationen möglichst vieler Identitäten nutzen. Es kommt allerdings vor, daß keine von ihnen sich des Geschehenen bewußt ist. In solch einem Fall sind wahrscheinlich Persönlichkeiten, die noch nicht offen zutage getreten sind, für die Entstehung der Krise verantwortlich, und es sollte versucht werden, Kontakt zu diesen aufzunehmen und einen Dialog mit ihnen zu beginnen. Man kann nach einer unbekannten Identität mit Hilfe einer Beschreibung fragen, beispielsweise: »Ich würde gern direkt mit derjenigen sprechen, die gestern Abend einen Mann mit in das Apartment gebracht hat.« Abgesehen von der Möglichkeit direkter oder hypnosegestützter Befragung kann der Therapeut die Patientin auffordern, den in ihrem Inneren stattfindenden Dialogen zu lauschen, oder er kann im Umgang mit einer bestimmten Identität Techniken wie automatisches Schreiben, Phantasiearbeit oder Altersregression benutzen, um sich Informationen über die Krise und ihre Ursachen zu beschaffen.

Es sollte jede erforderliche Anstrengung unternommen werden, um die Identitäten ausfindig zu machen, die für Symptome und Verhaltensweisen, welche die Krise verursacht haben, verantwortlich sind. Führt dies nicht zum Erfolg, kann der Therapeut die betreffenden Identitäten mit Hilfe des Persönlichkeitssystems und mittels Hypnose in Schlaf versetzen oder sie an einen besonders sicheren Ort innerhalb des Persönlichkeitssystems schicken. Versuche, eine Fusion zu erzwingen oder die unruhestiftende Persönlichkeit mit Hilfe von Exorzismus oder anderer auf Unterdrückung zielender Techniken zu neutralisieren, mögen das Problem zwar für eine Weile entschärfen, doch mit großer Wahrscheinlichkeit folgt ihnen ein Rückschlag, der den Konflikt- und Krisenzustand innerhalb des Systems noch verschärft. Außerdem belasten solche Methoden die therapeutische Beziehung ungeheuer stark.

Auch die Methode der Symptom- und Zielsubstitution kann in Krisensituationen von Nutzen sein. Selbstschädigende Verhaltensweisen können durch nichtschädigende Aktivitäten ersetzt werden. Dies ist insbesondere bei Alter-Persönlichkeiten, die zur Selbstverletzung neigen, von Nutzen. Angriffe auf den eigenen Körper können auf Ersatzobjekte gelenkt werden, beispielsweise auf Kissen oder auf Lehmmodelle. Ein roter Markerstift kann statt einer Rasierklinge benutzt werden, um Selbstverletzungsimpulse abzubauen. Manchmal ist es von Nutzen, wenn Therapeuten Symptome wie Lähmungszustände oder Amnesien suggerieren, um Patienten vor selbstschädigenden Verhaltensweisen oder schmerzhaften Erinnerungen zu schützen. Die letztgenannten Interventionen sind zwar von nur begrenztem Nutzen, können aber in Krisensituationen durchaus sinnvoll sein. Kluft (1983) beschreibt, wie man eine Patientin oder bestimmte Alter-Persönlichkeiten hypnotisch in der Zeit rückwärts oder vorwärts führen und auf diese Weise eine Krise, mit der die Patientin noch nicht fertig wird, überspringen kann. Weiterhin kann man sorgsam ausgewählten Alter-Persönlichkeiten die Anwendung von Selbsthypnose zum eigenen Gebrauch oder zwecks Erlangen hypnotischer Kontrolle über andere Identitäten beibringen.

Der Umgang mit bestimmten Arten von Krisen

Selbstschädigendes Verhalten

Suizidale oder selbstschädigende Impulse oder Handlungen stehen in der Liste der bei DIS häufig vorkommenden Krisensituationen an erster Stelle. Gefühle der Patienten, den Schmerz und das Chaos in ihrem Leben nicht mehr ertragen zu können, die Angst, vom Therapeuten oder von anderen wichtigen Bezugspersonen abgelehnt oder verlassen zu werden, und Wut und Dysphorie, die sie nicht zum Ausdruck bringen können, sind häufige Gründe für Suizidgesten. Bei den meisten DIS-Patienten lauern selbst in ruhigeren Lebensphasen im Hintergrund sehr starke suizidale Vorstellungen, und das Pendel kann sehr leicht in Richtung eines aktiveren Ausdrucks solcher Gesten ausschlagen. Beispielsweise kann die Gastgeber-Persönlichkeit suizidal oder depressiv werden; oder suizidale Alter-Persönlichkeiten versuchen, die Kontrolle zu übernehmen; und Identitäten, deren Ziel ist, andere zu schädigen, können ebenfalls die Situation zu dominieren versuchen. Oft berichten Identitäten, die als Gegengewichte zu pathologischeren Alter-Persönlichkeiten fungieren, daß sie der Lage nicht mehr Herr oder »zu müde« sind, um gefährliche Wesenheiten abzuwehren. Bei solchen massiven Störungen der inneren Ordnung und damit verbundenen Beeinträchtigungen des inneren Gleichgewichts ist es Aufgabe des Therapeuten, eine Katastrophe zu verhindern und die Ordnung wiederherzustellen. Doch häufig sind ihm aufgrund anderer Faktoren (z.B. weil die Krankenversicherung der Patientin eine Behandlung in einer psychiatrischen Klinik nicht abdeckt) die Hände gebunden.

Suizidversuche und -gesten kommen häufig vor. Mehr als 61 Prozent der in der NIMH-Untersuchung erfaßten Therapeutenstichprobe berichtete über ernstliche Selbstmordversuche ihrer Patienten, und 71 Prozent berichteten über Suizidgesten ohne tödlichen Ausgang (Putnam *et al.* 1986). Meist greifen DIS-Patienten bei Suizidversuchen zu den gebräuchlichsten Methoden wie Durchschneiden der Pulsadern und Einnehmen von Medikamentenüberdosen, doch auch über ungewöhnlichere Methoden wird zuweilen berichtet. Beispielsweise greifen suizidale Alter-Persönlichkeiten ins Lenkrad und provozieren einen Autounfall, während eine andere Identität fährt, oder sie versuchen, irgendeine andere harmlose Aktivität in eine selbstschädigende Handlung zu verwandeln. Die Zahl der vorzeitigen Todesfälle in der Gruppe der Multiplen ist unbekannt. Zwar endeten die in der NIMH-Studie erfaßten Suizidversuche bzw. -gesten nur selten tödlich, doch sind durchaus vollendete Selbstmorde von DIS-Patienten bekannt. Es existieren zahlreiche anekdotische Berichte über Suizidversuche, die von anderen Identitäten vereitelt wurden, indem diese im letzten Moment die Kontrolle übernahmen und so das Schlimmste verhinderten. Kluft (1983) beschreibt diese Dynamik als dissoziative Version einer Kompromißfindung, wobei auf die selbstschädigende Handlung einer Identität hin eine andere versucht, Hilfe herbeizurufen.

Auch der »innere Mord« ist eine Art Suizid; in diesem Fall versucht eine Identität, eine andere zu töten. Diejenige, die den Mordversuch unternimmt, begreift nicht, daß bei erfolgreichem Ausgang ihres Bemühens auch sie selbst sterben würde. Entsprechende Hinweise bleiben meist fruchtlos. Kluft (1984d) bezeichnet dieses Phänomen als »Pseudo-Wahn« der Getrenntheit. Aufgrund ihrer Intensität und Festigkeit muß die Überzeugung, eigenständig zu sein, bei vielen Patienten jedoch schlicht als wahnhaft beurteilt werden. Die Illusion der Eigenständigkeit wird den Therapeuten im Laufe der Zeit zu zahlreichen Äußerungen und Interpretationen veranlassen, die beinhalten, daß alles, was eine bestimmte Alter-Persönlichkeit erlebt, letztendlich allen widerfährt. Über versuchte innere Morde berichtete im Rahmen der NIMH-Studie mehr als die Hälfte der erfaßten Patienten, und diesen Handlungen lagen stets die üblichen Dynamiken innerer Konflikte zugrunde (Putnam *et al.* 1986).

Manchmal ist der Versuch eines inneren Mords eine direkte Handlung, durch die eine Identität eine andere zu töten versucht oder ihren Tod plant. In anderen Fällen handelt es sich um einen indirekten Versuch: Die Identität, die den Mord plant, drängt eine suizidale Alter-Persönlichkeit oder die Gastgeber-Persönlichkeit, sich selbst zu töten, oder befiehlt ihr dies sogar. Ein innerer Mordversuch kann von Co-Präsenz-Phänomenen begleitet werden, so daß die Identität, die getötet werden soll, hilflos zuschaut, während die Identität, die den Mord geplant hat, die Tat ausführt. Beispielsweise hat mir eine Patientin erzählt, sie habe sich selbst dabei zugeschaut, wie sie ihren Chef anrief, um ihm zu sagen, sie werde nicht zur Arbeit kommen, weil es »einen Todesfall in der Familie« gebe, und anschließend habe sie mit hilflosem Entsetzen mitangesehen, wie sie sich mit einer Plastiktüte zu ersticken versuchte. Wie viele andere DIS-Patienten wurde auch sie im letzten Augenblick durch eine Beschützer-Persönlichkeit gerettet.

Welche therapeutischen Interventionen man in einer Krise, bei der selbstschädigendes Verhalten im Spiel ist, am besten wählt, hängt von einigen schwer faßbaren Faktoren ab, die bei jeder Patientin individuell eingeschätzt werden müssen. Der Therapeut sollte die Vorgeschichte der Patientin auf eine Reihe von Faktoren hin überprüfen. Was hat sich bei ihr in ähnlichen Situationen in der Vergangenheit bewährt, und was hat sich als ungeeignet erwiesen? In welchem Maße besteht bei ihr die Gefahr, daß sie mit ihren Selbstmordabsichten ernst macht? Zu den üblichen Prädiktoren für die Wahrscheinlichkeit eines Suizids kommen bei DIS noch einige für diese Störung typische hinzu.

Beispielsweise ist das bisherige Verhalten der Patientin im Hinblick auf die Einhaltung von Verträgen von Bedeutung. Kann darauf vertraut werden, daß das gesamte Persönlichkeitssystem oder daß bestimmte Alter-Persönlichkeiten sich an Verträge, in die sie eingewilligt haben, auch tatsächlich halten? Wie intensiv ist die innere Kommunikation zwischen den verschiedenen Identitäten? Zum Zusammenbruch der inneren Kommunikation kommt es während einer Krise häufig, und der Therapeut sollte sich schon früh im Prozeß der Krisenbewältigung mit diesem Problem befassen. Auch die Stärke der Beschützer-Persönlichkeiten ist von Bedeutung. Sind sie in der Lage, selbstschädigende Tendenzen im Zaum zu halten oder zu unterbinden? Oder können sie den Therapeuten rechtzeitig warnen, so daß er etwas zur Wahrung der Sicherheit des Patienten unternehmen kann? Was denken die Beschützer- und Helfer-Persönlichkeiten? Fürchten sie die Macht der selbstschädigenden Identität? Sehen sie gefährliche Situationen voraus? Sind die zur Selbstschädigung tendierenden Persönlichkeiten unerbittlich der Vernichtung der Patientin verpflichtet, oder zeigen sie eine gewisse Kompromißbereitschaft? Sind sie von wahnhaften Vorstellungen der Eigenständigkeit besessen? Deuten die Antworten auf diese Fragen darauf hin, daß die Patientin stark gefährdet ist, sollte die Einweisung in eine psychiatrische Institution oder eine andere schützende Maßnahme veranlaßt werden.

Die Details der Krise selbst legen bestimmte Interventionen nahe und lassen andere Möglichkeiten ausscheiden. Handelt es sich um eine akute Krise oder um eine neue Episode im Rahmen einer chronischen Krise? Im letzteren Fall sollte der Therapeut Interventionen wählen, deren Anwendung er über lange Zeit fortsetzen kann, ohne seine therapeutischen Ressourcen oder seine Energie zu erschöpfen. Handelt es sich um eine akute Krise, können intensive Kurzzeitinterventionen angewandt werden. Welchen Einfluß haben äußere Faktoren auf die Auslösung und Aufrechterhaltung der Krise? Spielen Täter oder pathologische Bezugspersonen eine wichtige Rolle, mit der sich der Therapeut direkt auseinandersetzen muß?

Auch die Erfahrung des Therapeuten und ob er sich bei der Ausführung bestimmter Interventionen wohlfühlt, sind wichtige Faktoren. Ist er beispielsweise unerfahren in der Anwendung von Hypnose, sollte er in einer Krisensituation keine hypnotischen Techniken ausprobieren. Ebenso wichtig ist die Beschaffenheit der therapeutischen Beziehung. Zu Beginn der Behandlung, wenn Patientin und Therapeut sich noch nicht gut kennen, ist höchste Vorsicht und ein sehr konsequentes und risikovermeidendes Vorgehen in Krisensituationen absolut angemessen. Später sind Therapeut und Patientin besser in der Lage, die Schwere einer Krise und die Dimensionierung der erforderlichen Reaktion richtig einzuschätzen. Zu berücksichtigen ist auch, in welchem Maße der Therapeut Angst und Unsicherheit zu tolerieren vermag. Sich um eine Multiple mit selbstschädigenden Tendenzen in einer ambulanten Behandlungssituation zu kümmern, kann für einen Therapeuten eine sehr qualvolle und erschöpfende Erfahrung sein und die therapeutische Beziehung ernstlich belasten. Jeder Kliniker hat eine individuelle Belastbarkeitsgrenze, die er bei Überlegungen bezüglich der Vor- und Nachteile von Interventionen berücksichtigen muß.

Bei der Arbeit mit DIS-Patienten, die zu selbstschädigenden Verhaltensweisen tendierenden, können Therapeuten auf verschiedene therapeutische Interventionen zurückgreifen. Die erste, über die sie nachdenken sollten, ist die Einweisung in eine psychiatrische Klinik. Wie bereits in Kapitel 10 angemerkt wurde, ist die stationäre Behandlung von DIS sehr kompliziert und schwierig, und im Verlauf eines solchen Versuchs entstehen oft weitere, mit der Kliniksituation selbst zusammenhängende Krisen. Trotzdem sind stationäre Behandlungen in manchen Fällen unverzichtbar. Auch das Abschließen von Verträgen ist eine für die Eindämmung gefährlicher Verhaltensweisen wichtige Intervention. Die Grundformel für Verträge dieser Art lautet: »Ich werde weder mich noch irgend jemand anders, weder äußerlich noch innerlich, weder zufällig noch absichtlich und zu keiner Zeit verletzen oder töten.« Verträge können auch bezogen auf bestimmte Verhaltensweisen oder für bestimmte Zeitspannen geschlossen werden. Um noch einmal auf die bereits in Kapitel 6 angeführten Punkte hinzuweisen: Versucht ein Therapeut mit Hilfe von Verträgen gefährliche Verhaltensweisen zu eliminieren, muß er den Vertragstext sehr präzise formulieren und den Geltungszeitraum des Vertrags sehr genau definieren.

Oft lassen sich selbstschädigende Verhaltensweisen abbauen, indem man es einer bestimmten Identität ermöglicht, sich zu manifestieren, ihre Gefühle zum Ausdruck zu bringen und sie durchzuarbeiten (Kluft 1983). Diese Methode eignet sich insbesondere, wenn Verfolger-Persönlichkeiten andere Identitäten zu selbstschädigenden Aktivitäten anzustiften versuchen. Eine Krise läßt sich in solchen Fällen oft entschärfen, indem man die von der betreffenden Identität ausgedrückten Gefühle und die Bedeutung dieser Wesenheit innerhalb des Persönlichkeitssystem anerkennt und dann Verhandlungen zwischen dieser selbstschädigenden Alter-Persönlichkeit und anderen Identitäten im Gesamtsystem in die Wege leitet. Ist die wahnhafte Vorstellung der Eigenständigkeit bei selbstschädigenden Alter-Persönlichkeiten nicht zu stark, gelingt es manchmal, ihnen klarzumachen, daß ihre destruktiven Aktivitäten zwangsläufig auch ihren eigenen Tod zur Folge haben werden. Manchmal können zu selbstschädigenden Verhaltensweisen tendierende Identitäten dazu gebracht werden, ihre Kontrolle oder Verantwortung an eine nichtdestruktive Alter-Persönlichkeit abzugeben.

Auch die Nutzung und Stärkung von Beschützer- und Helfer-Persönlichkeiten ist bei Krisen infolge chronischer Selbstschädigungstendenzen eine wichtige Möglichkeit. Diese Alter-Persönlichkeiten können eingesetzt werden, um für die Sicherheit der Patientin zu sorgen und selbstschädigenden Identitäten Einhalt zu gebieten. In den Persönlichkeitssystemen mancher Multipler, und zwar meist in größeren und komplizierteren, gibt es Körperbeschützer-Persönlichkeiten, die für die Sicherheit des Körpers sorgen sollen – unabhängig davon, welche anderen Persönlichkeiten in einem bestimmten Augenblick »draußen« sind. Diese Körperbeschützer überwachen meist mehr oder weniger permanent Status und Situation der Patientin, und sie sind bereit, bei Auftauchen einer Gefahr aktiv zu werden und die Dinge in die Hand zu nehmen. Körperbeschützer müssen allerdings vor Eintreten einer Krisensituation aufgespürt werden, und ihre Fähigkeiten müssen taxiert worden sein. Einige von ihnen sind sehr stark, andere erheblich schwächer, und manchmal brauchen sie Hilfe bei der Entwicklung einer Strategie zur Übernahme der Kontrolle über den Körper in Krisenzeiten. Die Arbeit mit hypnotischen Bildvorstellungen und manchmal auch die Schulung von Beschützern in der hypnotischen Beeinflussung anderer Identitäten kann zu ihrer Stärkung beitragen. Helfer-Persönlichkeiten sind meist schwächer und erhalten vom Persönlichkeitssystem oft keinen so klaren Auftrag, die Patientin zu schützen. Ihre Nützlichkeit liegt eher in ihrer Funktion als Berater und Warner vor Gefahren.

Kluft (1983) erwähnt noch einige andere Interventionen für den Umgang mit selbstschädigenden Alter-Persönlichkeiten. Er ist der Meinung, daß in manchen Fällen »Phantasiereisen in Verbindung mit Suggestionen von Meisterschaft« von Nutzen sein können. Meiner Erfahrung zufolge können Interventionen dieser Art besonders bei Kind-Persönlichkeiten sehr nützlich sein, bei denen phobisches Verhalten oder Vermeidungsverhalten Panikattacken auslöst. Unter Hypnose kann Alter-Persönlichkeiten geholfen werden, mit den Objekten oder Situationen, vor denen sie sich fürchten, fertig zu werden. In diesem Zusammenhang sind die in Kapitel 9 beschriebenen und von David Caul entwickelten Techniken zur Stärkung des Ich von Nutzen. Selbstschädigende Alter-Persönlichkeiten können hypnotisch »in Schlaf versetzt« werden, um sie für kurze Zeit »aus dem Verkehr zu ziehen«. Allerdings ist bei der Anwendung dieser Technik darauf zu achten, daß sie nicht benutzt wird, um Patienten zu etwas zu drängen. Deshalb ist sie wahrscheinlich am nützlichsten bei Alter-Persönlichkeiten, deren Selbstmordanwandlungen auf unerträgliche Schmerzen zurückzuführen sind und die den Schlaf als eine Ruhepause empfinden.

Fugues, Amnesien und schnelles Switching

Fugues, Amnesien und Trancen oder Depersonalisationszustände sind bei DIS-Patienten häufig Ausdrucksformen von Krisen und treten oft nach der Wiedergewinnung schmerzhafter, beängstigender oder beunruhigender Erinnerungen auf, die zu akzeptieren Patienten nicht in der Lage sind. Nicht selten verfällt eine Patientin nach einer besonders intensiven Abreaktion in einen benommenen, tranceähnlichen Zustand. Es liegt dann in der Verantwortung des Therapeuten, sie wieder »zurückzuholen«, damit sie ungefährdet die Praxis verlassen kann. Nach einigen Erlebnissen dieser Art zögern viele Therapeuten, weiter mit Abreaktionen zu arbeiten. Ebenso häufig folgen der Wiedergewinnung traumatischen Materials oder der Konfrontation mit einer nicht anerkannten Identität Fugue-Episoden, bei denen die betroffenen Patienten ihren Therapeuten einige Zeit später in Panik von einem weit entfernten Ort aus anrufen.

Solche dissoziativen Erfahrungen sind sehr beunruhigend. Insbesondere Fugue-Episoden lösen oft Panik und Verwirrung aus und verstärken den Widerstand gegen weitere Versuche, traumatische Erinnerungen wiederzugewinnen. Erlebnisse dieser Art beängstigen Patienten, weil sie merken, daß sie etwas getan haben – und oft etwas so Dramatisches wie eine Reise über große Entfernung –, ohne daß sie sich erinnern können, wie es dazu kam. Viele Patienten fürchten, sie könnten während so langer Zeitverluste etwas Schreckliches getan haben. Beispielsweise war eine Patientin besorgt, sie sei für eine Serie von Morden, die in ihrer Stadt begangen worden waren, verantwortlich. Tatsächlich finden Patienten manchmal Beweise dafür, daß ihr Verhalten während solcher Episoden ihrem eigenen Urteil gemäß moralisch verwerflich war. Außerdem fürchten sie Fugue-Episoden, weil sie nach diesen oft in einer beängstigenden oder unangenehmen Situation aufwachen und sich gezwungen sehen, mit den Konsequenzen der Situation fertig zu werden.

Mittels direkter oder unter Hypnose durchgeführter Nachforschungen gelingt es oft, die für die Fugue verantwortlichen Alter-Persönlichkeiten hervorzulocken. Manchmal handelt es sich um verängstigte Alter-Persönlichkeiten, die vor in der

Therapie wiedererlebten Traumata oder vor anderen intrusiven Phänomenen zu fliehen versuchen. In anderen Fällen sind die verantwortlichen Alter-Persönlichkeiten
Verfolger, die die Patientin bestrafen, und zwar oft, indem sie Situationen provozieren, durch die erlebte Traumata rekapituliert werden. Kluft (1983) weist darauf hin,
daß die Ursache solcher Fugue-Episoden gewöhnlich leicht zu erkennen ist; falls es
nicht gelingt, sie innerhalb einiger Stunden zu finden, benötigt die Patientin möglicherweise eine schützende Umgebung.

Therapeuten werden mit einer solchen Krise oft durch den Telefonanruf einer verängstigten und verwirrten Gastgeber-Persönlichkeit oder einer anderen Alter-Persönlichkeit konfrontiert, die gerade entdeckt hat, daß sie sich an einem ihr nicht bekannten Ort befindet. Interventionen am Telefon durchzuführen ist zwar riskant, doch
bleibt dem Therapeuten meist keine andere Möglichkeit, als dies zu versuchen. Kluft
(1983) gibt eine Reihe wertvoller Anregungen für die Arbeit mit Multiplen in Krisensituationen am Telefon. Er rät, mit den Patienten unablässig weiterzureden. Einfach
nur die Stimme des Therapeuten zu hören wirkt offenbar beruhigend auf sie. Ist der
Therapeut auf diese Weise lange genug am Telefon präsent, gelingt es wahrscheinlich
irgendwann Beschützer- oder Helfer-Persönlichkeiten, die Situation unter Kontrolle
zu bringen. Am Telefon sollte der Therapeut durch die Alter-Persönlichkeit, die sich
gemeldet hat, mit dem gesamten Persönlichkeitssystem sprechen. Dabei sollte unbedingt vermieden werden, feindselige Alter-Persönlichkeiten zu provozieren.

Von hypnotischen Induktionen am Telefon ist abzuraten, weil diese bei einigen
Alter-Persönlichkeiten Ängste vor drohendem Kontrollverlust schüren können. Hingegen ist es unproblematisch, hypnotische Induktionen mit Hilfe zuvor festgelegter
Signalwörter oder eines unspezifischen beruhigenden Dialogs durchführen. Manchmal lassen sich verängstigte Alter-Persönlichkeiten auch beruhigen, indem man sie
an die nächste Sitzung erinnert und ihnen versichert, daß der Therapeut wenn nötig
für sie da ist. Kluft (1983) weist auf seine Erfahrung hin, daß Multiple mit Border-
line-Tendenzen sowie starken masochistischen oder narzißtischen Zügen auf solche
Interventionen nicht ansprechen. In solchen Fällen sollte der Therapeut versuchen,
sich von der Patientin Informationen zu beschaffen, mit deren Hilfe die Polizei oder
ein Rettungsdienst sie finden kann.

Schnelles Switching tritt gewöhnlich auf, wenn eine Patientin sich in einer für sie
sehr beängstigenden Situation befindet oder wenn sie sich mit zwei konträren Forderungen konfrontiert sieht. Levenson und Berry (1983) beschreiben ein klassisches
Beispiel für schnelles Switching: Eine ihrer Patientinnen tauchte mit zwei lesbischen
Geliebten in der Notaufnahme auf, die beide darauf beharrten, sie seien mit der Patientin verheiratet. Diese hatte angefangen, »sehr schnell zwischen verschiedenen
Persönlichkeiten zu wechseln, und die Geschwindigkeit dieser Wechsel verängstigte
sie selbst, ihre Kinder und ihre Geliebten« (S. 76). Wenn eine Patientin sich in einer
durch schnelles Switching charakterisierten Krise befindet, möchte entweder keine

ihrer Identitäten »draußen« sein, weshalb dieselben versuchen, andere zur Manifestation zu zwingen, woraufhin die Betreffenden sofort alles daransetzen, sich wieder zurückzuziehen, oder zwei oder mehr Persönlichkeiten kämpfen um die Kontrolle über den Körper, und beide versuchen in ständigem Wechsel, die gerade dominierende zu ersetzen.

Patienten, die sich in einer solchen durch schnelles Switching gekennzeichneten Krise befinden, wirken meist sehr beunruhigt und erwecken nicht selten den Eindruck, psychotisch zu sein. Der schnelle Wechsel der Persönlichkeiten erzeugt eine extreme affektive Labilität, was im Vorbeihuschen verängstigter, lachender, wütender und deprimierter Alter-Persönlichkeiten zum Ausdruck kommt. Die Betreffenden sind nicht in der Lage, ein zusammenhängendes Gespräch zu führen, und ihre Redeweise ähnelt jenem »Wortsalat«, der beim schnellen Wechseln zwischen verschiedenen Sendekanälen des Fernsehens entsteht. Der Therapeut muß hinter dieses verstörte Verhalten blicken, um herauszufinden, ob eine ganze Gruppe von Alter-Persönlichkeiten daran beteiligt ist oder ob das schnelle Switching sich auf zwei oder drei Identitäten beschränkt. Im letzteren Fall handelt es sich wahrscheinlich um einen Kampf, der die Kontrolle über den Körper und das Verhalten zum Ziel hat. Im ersteren Fall ist eher davon auszugehen, daß keine Persönlichkeit »draußen« sein und die Kontrolle übernehmen möchte.

Ist der Grund für schnelles Switching ein Kampf um Kontrolle über den Körper, sollte der Therapeut versuchen, die Alter-Persönlichkeiten zur Übergabe der Kontrolle an eine neutrale Partei und zur Lösung ihres Konflikts durch Kommunikation und Kooperation zu veranlassen. Man sollte eine solche Krise als Chance ansehen, die dem Persönlichkeitssystem die Möglichkeit gibt, Erfahrungen im Verhandeln und im Finden von Kompromissen zu sammeln. Manchmal sind am Kampf zwischen zwei Identitäten eine selbstschädigende und ein beschützende beteiligt, wobei letztere Schaden abzuwenden versucht. Ist dies der Fall, sollten Vorkehrungen zum Schutz des Körpers getroffen werden, bevor man die Beschützer-Persönlichkeit auffordert, die Kontrolle abzugeben.

Ist das schnelle Switchen eine Resultat mangelnder Bereitschaft *aller* Identitäten, »draußen« zu sein, sollte der Therapeut nach einer unmittelbaren äußeren Ursache für dieses Verhalten suchen. Das Auftreten des schnellen Switching ist gewöhnlich eine Reaktion auf einen akuten situativen Trigger; deshalb läßt es sich durch Elimination dieses Auslöserreizes und durch Schaffung einer sicheren Umgebung zum Stillstand bringen. Weiterhin kann schnelles Switching ein Versuch sein, eine bevorstehende Abreaktion abzuwenden. Beispielsweise setzte es bei einem Patienten kurz nach einem unerwarteten Besuch seines Vaters ein. Dieser war gerade aus dem Gefängnis entlassen worden, wo er wegen sexueller Belästigung einer Tochter, der Schwester des Patienten, eine Strafe abgesessen hatte. Der Leiter der Wohngruppe brachte den Patienten in die Klinik, wo es uns gelang, das schnelle Switchen zu stoppen, indem wir die Abreaktion einer bestimmten Mißbrauchsepisode einleiteten, die durch den Besuch des Vaters aktiviert worden war.

Akute somatische Symptome

Akute somatische Symptome sind eine weitere Krisenmanifestation, die bei Multiplen auftreten kann. Sie sind oft schlicht hysterisch, können allerdings echten medizinischen Notfällen stark ähneln, und in seltenen Fällen sind sie tatsächlich lebensbedrohlich. Kopfschmerzen sind die bei Multiplen am häufigsten vorkommenden somatischen Beschwerden (Bliss 1984b; Greaves 1980; Putnam *et al.* 1986). Oft ähneln sie aufgrund ihres einseitigen Auftretens und des mit ihnen verbundenen Gesichtsfeldausfalls (Skotom) einer Migräne, und sie werden häufig als »blindmachend« beschrieben. Unerklärliche Schmerzen, insbesondere solche, die im Bauch- oder Beckenbereich auftreten, Kolitis und andere »funktionelle« Magen-Darm-Störungen kommen ebenfalls häufig vor (Bliss 1984b; Putnam *et al.* 1986). Auch klassische hysterische Lähmungserscheinungen, Aphonie (Verlust der Stimme), psychogene Taubheit, Blindheit und pseudoepileptische Anfälle sind nicht selten (Bliss 1984b; Putnam *et al.* 1986). Die Patienten können unter Herz- und Atembeschwerden sowie unter neurologischen Krisen leiden, die manchmal eine medizinische Akutversorgung erfordern, auch wenn sich später häufig eine psychogene Ätiologie herausstellt. Insbesondere bei Frauen sind auch starke Schwankungen des Körpergewichts zu beobachten. Weiterhin sind bei einem erstaunlich hohen Prozentsatz der DIS-Fälle Anorexien festgestellt worden, und in geringerem Maße gilt dies für Bulimie (Putnam *et al.* 1986). Bei manchen Patienten können sich solche Symptome zu lebensbedrohlichen Krisen ausweiten.

Die Ursachen solcher Krisen sind meist Konflikte zwischen Alter-Persönlichkeiten, das Wiedererinnern und Wiedererleben früherer Traumata (dies verursacht häufig unerklärliche Schmerzen) sowie Selbstschädigungstendenzen. Der Therapeut sollte zunächst so weit wie möglich klären, ob nur wenige Persönlichkeiten, alle oder zumindest viele die Symptome erfahren. Im ersteren Fall ist meist davon auszugehen, daß die Symptome psychosomatischer Natur sind. Im letzteren Fall sollte eine gründliche medizinische Untersuchung erfolgen, um eventuelle organische Erkrankungen auszuschließen und um mit höchstmöglicher Sicherheit festzustellen, ob die auftretenden Erscheinungen tatsächlich psychogen sind.

Bei der Suche nach Interventionen, die zur Bewältigung somatischer Krisen geeignet sind, muß zwischen Krisen mit akuter Ursache und Manifestationen chronischer Probleme unterschieden werden. Akute Krisen sprechen gewöhnlich gut auf Interventionen an, die auf Probleme des gesamten Persönlichkeitssystems gerichtet sind. Es kann sehr nützlich sein, die in die Krise involvierten Alter-Persönlichkeiten zu suchen und ihnen zu ermöglichen, ihre Gefühle zum Ausdruck zu bringen und durchzuarbeiten. Oft sind akute somatische Symptome ein körperlicher Ausdruck eines unterdrückten Traumas, das mittlerweile dem Bewußtsein nahe ist und darauf wartet, vollständig offengelegt und mit Hilfe von Abreaktion verarbeitet zu werden. Eine Altersregression des Gesamtsystems oder bestimmter Persönlichkeiten bis zurück zu der Situation, in der das Symptom zum ersten Mal auftrat, oder die Nutzung der Affektbrücke (beide Techniken werden in Kapitel 9 beschrieben) ermöglichen oft die Enthüllung des Ursprungs somatischer Symptome. Kluft (1983) weist darauf hin, daß direkte oder indirekte Suggestionen bei dem Bemühen, solche Symptome abzuschwächen, von Nutzen sein können.

Seit langem bestehende somatische Symptome spiegeln oft tief dissoziierte Körpererinnerungen an Traumata, uralte Konflikte innerhalb des Persönlichkeitssystems und chronisches selbstschädigendes Verhalten. Auf die verbesserte innere Kommunikation, zu der es hoffentlich im Laufe der Therapie kommt, reagieren sie oft nur sehr zögerlich. Durch den Ausdruck von Gefühlen, inneren Dialog, Kompromisse und die Wiedergewinnung verdrängter Traumata verschwinden diese Symptome allmählich. Chronische Kopfschmerzen sind ein besonders unangenehmes Symptom und oft ein Anzeichen für verdeckte Kämpfe um die Kontrolle über Körper und Verhalten. Im akuten Fall kann man sie zu beseitigen versuchen, indem man die involvierten Persönlichkeiten auffordert, »beiseite zu treten«, und ihnen dann nacheinander die Möglichkeit gibt, den Körper in Besitz zu nehmen. Auf die Dauer und mit Zunehmen der Kommunikation innerhalb des Persönlichkeitssystems und des Vertrauens wird die Bereitschaft der Alter-Persönlichkeiten, die Kontrolle über ihr Verhalten abzugeben, größer, weil sie wissen, daß die übrigen Identitäten sie ihnen bei passender Gelegenheit und an einem geeigneten Ort zurückgeben werden.

In seltenen, aber durchaus vorkommenden Fällen treten chronische medizinische Symptome auf, weil eine Identität sie einer amnestischen Gastgeber-Persönlichkeit künstlich induziert. Shelley (1981) beschreibt den Fall einer Frau, die unter einer schweren, auf ihren linken Arm beschränkten unerklärlichen Dermatitis litt. Während eines Krankenhausaufenthalts zwecks eingehender medizinischer Untersuchung wegen Verdachts auf eine vaskuläre Ätiologie wurde entdeckt, daß die Patientin unter DIS litt und daß eine ihrer Alter-Persönlichkeiten mit einer behandschuhten rechten Hand frische Giftsumachblätter auf ihren linken Arm gelegt hatte. Diese Identität war auch in zwei Fällen für die Entstehung großer, geheimnisvoller Hämatome verantwortlich. Die Möglichkeit einer absichtlichen Erzeugung muß bei der medizinischen Untersuchung mysteriöser somatischer Symptome von Multiplen stets als Möglichkeit einbezogen werden.

In manchen Fällen (z.B. bei schweren anorektischen Krisen) werden psychosomatische Symptome lebensbedrohlich und erfordern eine medizinische Intervention. Allerdings kann eine solche in dieser Situation schnell eine komplizierte chronische Krise verursachen. Medizinische Behandlungen sind aus verschiedenen Gründen gefährlich: Erstens kann der Konflikt innerhalb des Persönlichkeitssystems, der diese

Art von Krisen schürt, sich dabei zwischen dem medizinischen Personal und der Patientin manifestieren. Ich habe schon viele langwierige Schlachten zwischen selbstschädigenden Alter-Persönlichkeiten und Angehörigen medizinischer Behandlungsteams erlebt, wobei letztere entschlossen waren, die Patientin um jeden Preis zu »retten«, selbst zu den Preis, sie im Zuge dieses Bemühen töten zu müssen. Solche Kämpfe verlaufen einem Muster zyklischer Eskalation entsprechend, wobei die Kontrahenten allmählich alle noch vorhandenen Hemmungen verlieren. Der Höhepunkt eines solchen Kampfes war, daß der Patientin eine Zwangsjacke angelegt wurde. Außerdem war eine Sonde für die künstliche Ernährung durch die Nase in ihren Magen gelegt worden, und man hatte eine Pflegerin beauftragt, ständig neben ihr zu sitzen und sie daran zu hindern, den Schlauch aus der Nase zu ziehen. Die anorektische und die selbstschädigende Identität hatten zwei sehr gefährliche Suizidversuche unternommen, obwohl strenge Vorkehrungen zur Suizidverhinderung getroffen worden waren, und sie hatten es geschafft, das Körpergewicht der Patientin so stark zu verringern, daß die Frau schon unter Anämie und allgemeiner Unterernährung litt. Obwohl beide Seiten schon erschöpft waren, waren sie immer noch fest entschlossen, aus diesem Kampf als »Gewinner« hervorzugehen.

Die zweite mit medizinischen Interventionen verbundene Schwierigkeit ist, daß bestimmte Arten medizinischer Interventionen (z.B. gynäkologische Behandlungen) oft symbolisch als Wiederholung des ursprünglichen Traumas verstanden werden. Dies erscheint Alter-Persönlichkeiten zuweilen als erstrebenswert und kann die Krise auf einen neuen Höhepunkt treiben. Man sollte sich darüber im klaren sein, daß diese Möglichkeit besteht, wenn eine Patientin wiederholt unter somatischen Symptomen leidet, die dann medizinisch behandelt werden. Das dritte mit medizinischen Interventionen in Zusammenhang stehende Problem ist, daß sie langfristig von nur begrenztem Wert sind. Sie mögen kurzfristig notwendig sein, um das Vorliegen schwerer organischer Krankheiten auszuschließen oder sogar um eine Patientin am Leben zu erhalten; doch werden sie durch andere Dynamiken schnell verkompliziert und bringen die psychotherapeutische Arbeit von ihrem Kurs ab. Jeder Kliniker muß alles Erforderliche tun, um sicherzustellen, daß eine Patientin nicht unter einem medizinischen Problem oder unter einer anderen Dynamik leidet. Doch sobald eine medizinische Erkrankung mit einem vernünftigen Maß an Gewißheit ausgeschlossen werden kann, sollten somatische Symptome und Krisen mit Hilfe psychotherapeutischer und hypnotherapeutischer Interventionen behandelt werden.

Die Entdeckung neuer Alter-Persönlichkeiten oder das Fehlschlagen vorangegangener Fusionen

Die Entdeckung neuer Alter-Persönlichkeiten kann eine Krise auslösen. Oft geschieht dies, wenn bei einer Patientin, die glaubte, sie kenne bereits die meisten ihrer Identitäten, plötzlich eine ganze neue »Familie« entdeckt wird. Das Auftauchen der neuen

Gruppe, die oft als fremdartig und verglichen mit den »bekannten« Identitäten bösartig erscheint, versetzt die Patientin in einen Schockzustand, weil ihr dadurch klar wird, daß noch wesentlich mehr Arbeit zu tun ist, und weil die bisher unbekannten Alter-Persönlichkeiten ihre Ängste wecken. Die Gleichgewichtszustände und Kompromisse, die zwischen den bis zu jenem Zeitpunkt bekannten Identitäten ausgehandelt worden waren, können durch Neuentdeckungen ebenfalls hinfällig werden, mit der möglichen Folge, daß das gesamte Persönlichkeitssystem aus den Fugen gerät. Auch die Entdeckung, daß Persönlichkeiten, von denen angenommen wurde, sie seien bereits integriert, obwohl sie in Wahrheit weiterhin getrennt geblieben waren, kann eine Krise auslösen, verbunden mit dem Gefühl, versagt zu haben oder verraten worden zu sein, sowie in Begleitung von Verzweiflung und Hoffnungslosigkeit.

Auch Therapeuten werden oft von Mutlosigkeit befallen, wenn sie entdecken, daß neue Gruppen von Alter-Persönlichkeiten aufgetaucht sind oder daß ein Integrationsversuch fehlgeschlagen ist. Die Frage »Wann wird dies denn jemals ein Ende haben?« wird in unserer lokalen Supervisionsgruppe immer wieder gestellt. Die Entdeckung neuer Alter-Persönlichkeiten und insbesondere ganzer Familien solcher Identitäten sollte nicht als Rückschlag gedeutet werden, sondern als ein Hinweis auf Forschritte in der Therapie, aufgrund derer diese Alter-Persönlichkeiten nun zur Manifestation bereit sind. Obwohl die neu auftauchenden Identitäten das vorherige Gleichgewicht des Systems stören, lassen sie sich meist relativ leicht in die laufende Arbeit einbeziehen, und sie erschließen viele der noch fehlenden Details, durch die wiederum stabilere Fusionen und Integrationen möglich werden. Deshalb sollte man ihr Auftauchen in der Therapie begrüßen.

Dies ist eine der Arten von Krisen, die sich am besten bewältigen lassen, indem man sich vorausschauend darauf einstellt und sich gezielt auf ihr Eintreten vorbereitet. Im übrigen sollte man Patienten raten, sich darauf einzustellen, daß im Laufe der Therapie neue Alter-Persönlichkeiten auftauchen werden. Einige Identitäten bleiben – obwohl sie den Therapeuten ständig beobachten und die Therapie aktiv verfolgen – so lange verborgen, bis sie sich bereit fühlen, sich zu zeigen; andere existieren in einem Schlafzustand und werden erst aktiviert, wenn die Therapie sich Aspekten zuwendet, durch die ihnen Energie zufließt. Als Therapeut sollte man stets davon ausgehen, daß Alter-Persönlichkeiten existieren, denen man noch nicht begegnet ist. Wendet der Therapeut sich an das gesamte Persönlichkeitssystem oder spricht er durch eine bestimmte Alter-Persönlichkeit mit dem gesamten System, kann er solche Identitäten ausdrücklich einbeziehen, indem er Aussagen macht wie: »Ich spreche zu allen, die ich kenne, und auch zu denjenigen, die ich noch nicht kennengelernt habe.« Werden neue Identitäten entdeckt, oder das Fehlschlagen einer zuvor versuchten Fusion wird erkannt, und die Patientin reagiert mit Gefühlen wie Verzweiflung, extremer Aufregung und Hoffnungslosigkeit darauf, sollte der Therapeut sie daran erinnern, daß diese Erfahrungen zu erwarten waren und daß in der Vergangenheit bereits über diese Möglichkeit gesprochen wurde. Die meisten Patienten reagieren auf solche Erklärungen und Beruhigungsversuche, insbesondere wenn auch der Therapeut auf die Situation vorbereitet ist und nicht seinerseits Gefühle der Verzweiflung und Hoffnungslosigkeit zeigt.

Massive Einflußnahme oder Ablehnung von seiten der Ursprungsfamilie

Krisen im Anschluß an Begegnungen mit der Ursprungsfamilie sind sehr häufig (Kluft 1983). Die Dynamiken und Interaktionen zwischen den Familienmitgliedern ähneln oft stark denjenigen im Persönlichkeitssystem der Patienten, weshalb Familienkrisen oft spiegelbildliche Krisen bei den Patienten erzeugen (Kluft *et al.* 1984). Kontakt zu dem oder den Tätern sowie zu anderen Familienmitgliedern und selbst die gedankliche Vorwegnahme eines solchen Kontakts können eine massive Regression auslösen (Kluft 1983). Gewöhnlich entsprechen die Familien von DIS-Patienten in ihrem Wesen den Beschreibungen, die auf Familien, in denen Mißbrauch vorkommt, generell zutreffen – was sich beispielsweise in Phänomenen wie dem der familiären »Einheitsfront« oder des »pseudonormalen Auftretens« manifestiert (Kluft *et al.* 1984). Dieses Bemühen, um jeden Preis eine Fassade extremer Rechtschaffenheit aufrechtzuerhalten, veranlaßt solche Familien dazu, in das Leben von DIS-Patienten einzugreifen und jede Behandlung zu sabotieren oder zu unterminieren, durch welche die Pathologie der Familie an Licht kommen könnte. Oft schlüpfen Alter-Persönlichkeiten in ihre alten Rollen, verbünden sich insgeheim mit Familienmitgliedern im Leugnen des erlebten Mißbrauchs und unterminieren alle Bemühungen, im Rahmen der Therapie zu klären, was tatsächlich vorgefallen ist (Kluft *et al.* 1983). Krisen können auch durch die vehemente Ablehnung von Patienten durch ihre Familie entstehen, wobei die Angehörigen manchmal zuvor den Anschein erweckten, sie würden die Bemühungen im Rahmen der Behandlung unterstützen (Kluft 1983). Realer Mißbrauch erwachsener DIS-Patienten durch Mitglieder ihrer Ursprungsfamilie kommt ebenfalls vor und kann verheerende Krisen auslösen. Auch mit dieser Möglichkeit sollte gerechnet werden. Sogar junge, athletische männliche Patienten können durch ihre alten und kränklichen Eltern erneut traumatisiert werden, wenn sie aufgrund der familiären Dynamik in die Identität eines hilflosen Kindes regredieren.

Krisen, die durch Intrusion oder Ablehnung seitens der Familie oder durch andere Arten familiärer Einflußnahme entstehen, lassen sich am besten durch Prävention bewältigen, also indem man verhindert, daß sie überhaupt zustande kommen. In Fällen, in denen das Trauma einer Patientin durch Mitglieder ihrer Ursprungsfamilie verursacht oder begünstigt wurde (und dies ist bei den meisten DIS-Patienten so), trete ich dafür ein, die Betreffende bis zu einem sehr fortgeschrittenen Stadium der Behandlung von ihrer Ursprungsfamilie fernzuhalten (sofern die Traumata der Patientin in dieser ihren Ursprung haben). Leider ist es oft schwierig, eine solche zeitweilige strikte Trennung durchzusetzen, und bestimmte Alter-Persönlichkeiten sabotieren oft alle diesbezüglichen Bemühungen. Ist ein Kontakt zur Ursprungsfamilie in naher Zukunft zu erwarten, sollten Therapeut und Patientin im Rahmen der Therapie sich auf diese Situation vorbereiten. Zu diesem Zweck können mit bestimmten Alter-Persönlichkeiten Notfallpläne entwickelt werden, die der Patientin die Flucht ermöglichen, falls ihr Mißbrauch oder eine andere Form erneuter Traumatisierung droht. Auch der Fokus des Kontakts sollte festgelegt werden, es sollten Vereinbarungen über Beschränkungen getroffen werden, und Patientin und Therapeut sollten versuchen, die Situation, in welcher der Kontakt stattfinden soll, vorzustrukturieren, um zu verhindern, daß die Patientin in alte Interaktionsmuster zurückfällt. Außerdem sollte für die Zeit kurz nach dem Kontakt zur Ursprungsfamilie eine Therapiesitzung anberaumt werden, um der Patientin die Möglichkeit zu geben, das Erlebte zu verarbeiten und das Gleichgewicht innerhalb ihres Systems wiederherzustellen.

Krisen durch Mitanwesenheit (Co-Präsenz) einer Alter-Persönlichkeit

Co-Präsenz-Phänomene, die bei DIS-Patienten auftreten, erinnern gewöhnlich an alte Beschreibungen von Zuständen »luzider Besessenheit« (Kluft 1983, 1987). Dies ist eine Form von Besessenheit, bei der sich die Betroffenen ständig ihrer selbst bewußt bleiben, jedoch »einen Geist in ihrem eigenen Geist« spüren, den sie nicht daran hindern können, zu sprechen oder zu agieren (Ellenberger 1970, S. 36). Durch Co-Präsenz verursachte Krisen sind gewöhnlich durch einige oder alle der im folgenden aufgezählten Phänomene charakterisiert: 1) Zustände extremer Depersonalisation; 2) Störungen oder Beeinträchtigungen der normalen autonomen Ichfunktionen; 3) Veränderungen der Wahrnehmung (z.B. auditive oder visuelle Verzerrungen, Illusionen oder Halluzinationen, bei denen Alter-Persönlichkeiten eine Rolle spielen); und 4) kognitive Beeinträchtigungen (z.B. Gedankeneingebungen, Rückzug vom Denken und intrusive Kommentare) (Kluft 1983). Zu Beginn der Therapie können durch Co-Präsenz hervorgerufene Krisen auf die Gastgeber-Persönlichkeit, die von der Existenz anderer Identitäten noch nichts weiß und diese auch nicht akzeptiert, sehr erschreckend wirken.

Durch Co-Präsenz ausgelöste Krisen sind vielfach Manifestationen eines Machtkampfes zwischen zwei oder mehr Alter-Persönlichkeiten. Meist reagieren diese auf irgendeine Art von Kompromiß, der es der intrusiven Identität ermöglicht, ihre Meinungen zum Ausdruck zu bringen und mit der Gastgeber-Persönlichkeit, mit dem Therapeuten oder mit wichtigen Bezugspersonen zu kommunizieren. Kluft (1983) ist der Ansicht, daß die meisten durch Co-Präsenz verursachten Krisen bewältigt werden können, indem man 1) die Gastgeber-Persönlichkeit bzw. die andere Identität, die »draußen« ist, dazu bringt, zuzuhören, und 2) indem man Kontakt zur intrusiven Co-Präsenz-Identität herstellt. Oft läßt sich eine solche Krise durch Aushandeln eines Vertrags lösen, wodurch der intrusiven Identität die Möglichkeit gegeben wird, ihre Sichtweise vorzutragen und sich anschließend wieder zurückzuziehen. Die Kommunikation kann durch Sprechen, Schreiben oder mit Hilfe ideomotorischer Signale erfolgen. In schwierigen Fällen müssen intrusive Alter-Persönlichkeiten manchmal unter Hypnose befragt werden. Zuweilen ist tiefe Trance auch von Nutzen, um gefährliche Verhaltensweisen unter Kontrolle zu bringen oder um die Angst der Gastgeber-Persönlichkeit zu verringern.

Therapeutische Resultate

Mangel an Daten über Behandlungsresultate

Bei sorgfältiger Lektüre der vielen Einzelfallbeschreibungen, Berichte und Artikel über Interventionen für die Behandlung von DIS stellt man fest, daß es mit wenigen Ausnahmen (z.B. Coons 1986; Kluft 1984a, 1985e, 1986b) keine klaren Hinweise auf die Art der aufgrund dieser Behandlungen erzielten Resultate gibt. Dies ist sowohl überraschend als auch bedauerlich. In der Arbeit mit Multiplen erfahrene Kliniker sind im allgemeinen der Auffassung, daß DIS eine gute Prognose hat, sofern die Patienten die Behandlung wirklich bis zu ihrem Ende fortsetzen (Kluft 1985d; Putnam 1986b). Doch abgesehen von einer Anzahl romanhafter oder autobiographischer Berichte über Behandlungen liegen nur wenige wissenschaftliche Artikel vor, die positive Behandlungsresultate dokumentieren. Wie Kluft (1984a) beobachtet, liefern diese Quellen »zwar frustrierende Hinweise, können aber wohl kaum als handfeste Daten verstanden werden« (S. 9).

Die offensichtliche Diskrepanz zwischen der allgemeinen Überzeugtheit von einer günstigen Prognose und dem fast völligen Fehlen handfester Forschungsergebnisse, die diese Sicht stützen, hat ihren Grund teilweise darin, daß viele erfolgreiche Kliniker ihre Erkenntnisse auf Konferenzen, im Laufe von Kursen und in Workshops, in anderer Form als in der wissenschaftlicher Publikationen, vorgestellt haben. Die Beschreibung der Behandlung von Sibyl durch Cornelia Wilbur beispielsweise mußte in einem Publikumsverlag erscheinen, nachdem ihr Aufsatz über den Fall in der Dokumentation des Fachsymposiums, anläßlich dessen sie ihre Arbeit vorgestellt hatte, absichtlich ausgelassen worden war. Im Rahmen dieses mündlichen Expertenaustauschs über die DIS-Arbeit werden die Genesungsaussichten bei der Behandlung dieser Störung als generell gut eingeschätzt. Kluft (1985d) schreibt: »Es besteht weiterhin Einigkeit darüber, daß die Prognose für die meisten DIS-Patienten recht gut ist, sofern sie die Möglichkeit zu einer intensiven und langen Behandlung bei einem erfahrenen Therapeuten erhalten« (S. 3). Weiterhin beobachtet er, daß im Fall schlechter Behandlungsresultate nicht grundsätzliche Unbehandelbarkeit, sondern die konkreten Möglichkeiten einer Behandlung bzw. deren Mangel den Erfolg verhindert.

Ich hingegen bin der Meinung, daß man die Erfolge einiger sehr erfahrener Kliniker nicht als repräsentativ für die Genesungsaussichten bei DIS-Behandlungen ansehen sollte. Die von Coons (1986) veröffentlichte Follow-up-Studie, in der die Erfolge bei Patienten, die von zahlreichen Experten mit den unterschiedlichsten Ausbildungs- und Praxisvoraussetzungen behandelt worden waren, vermittelt wahrscheinlich einen realistischeren Eindruck von der generellen Prognose bei DIS. Zwar lassen auch die von Coons veröffentlichten Untersuchungsergebnisse eine signifikante Verbesserung der Situation von DIS-Patienten aufgrund einer adäquaten Behandlung erkennen, doch kommt es offenbar in den meisten Fällen nicht zu jener vollständigen Integration, die so oft als das übliche Resultat einer erfolgreichen Multiplenbehandlung hingestellt wird. Meiner Meinung nach ist durch den derzeitigen Mangel an systematischen Auswertungen von Behandlungsresultaten ein Vakuum entstanden, das gewöhnlich mit unrealistischen Erwartungen und Annahmen über die Integration gefüllt wird, so wie sie in dem Buch *The Three Faces of Eve* dargestellt werden.

Mögliche Behandlungsresultate

Die multiple Persönlichkeit bleibt bestehen

Wenn man es versteht, in den vorliegenden Fallberichten »zwischen den Zeilen zu lesen«, ahnt man, daß viele DIS-Patienten die Therapie wahrscheinlich beenden, bevor sie zur vollständigen Fusion/Integration gelangt sind. Vor die Entscheidung, ob sie Multiple bleiben oder versuchen wollen, die vollständige Integration zu erreichen, sehen sich praktisch alle DIS-Patienten irgendwann im Laufe ihrer Behandlung gestellt. Meist taucht diese Frage zunächst verdeckt und später offen auf, sobald die Patientin ein gewisses Maß an innerer Kommunikation und Kooperation sowie ein höheres Funktionsniveau erreicht hat. Einige Multiple entscheiden sich an diesem Punkt dafür, die Therapie zu beenden und Multiple zu bleiben oder sich einen anderen Therapeuten zu suchen und mit diesem die Behandlung fortzusetzen. Andere beenden die Therapie, bevor irgendwelche Fusionen/Integrationen eingetreten sind; wieder andere erreichen einige teilweise Integrationen, wodurch die Größe und Komplexität ihres Persönlichkeitssystems reduziert wird, ihre psychische Organisation als multiple Persönlichkeit jedoch erhalten bleibt.

Für das Beenden der Therapie vor Erreichen der vollständigen Fusion/Integration und vor Abschluß der dem Erreichen der Vereinigung folgenden Behandlung geben Multiple vielfältige Gründe an. Einige häufiger genannte werden im folgenden beschrieben. Die Wahrnehmungen der Multiplen und ihrer Therapeuten unterscheiden sich oft sehr stark, und was ein Therapeut als Widerstand gegen die Fortsetzung der Arbeit versteht, kann einer Patientin als die »logischste« Sache der Welt erscheinen. Nur zu oft jedoch werden Therapien eindeutig zu früh beendet, und die erkennbaren Verbesserungen der allgemeinen Funktionsfähigkeit der Patientin sind nicht ausreichend gefestigt, so daß ein neuer Zyklus von Chaos und selbstschädigendem Verhalten beginnt.

Viele Multiple scheinen Therapien zu beenden, weil sie den Prozeß der Offenlegung und Durcharbeitung erlebter Traumata nicht fortsetzen wollen. Diese Arbeit ist schmerzhaft und verursacht im Leben der Patienten auch außerhalb der Behandlungssituation große Schwierigkeiten. Das Persönlichkeitssystem ist sich gewöhnlich in einem gewissen Maße über das Bevorstehende im klaren und trifft manchmal die Entscheidung, die Patientin vor der Offenlegung weiterer Traumata zu »schützen«. Nicht selten treten Patienten deshalb die Flucht in die Gesundheit an, statt sich mit besonders schmerzhaften Erinnerungen und Affekten auseinanderzusetzen.

Es kann auch sein, daß das Persönlichkeitssystem als Ganzes oder bestimmte Alter-Persönlichkeiten sich vor dem Verlust der Eigenständigkeit fürchten oder daß sie die Fusion für gleichbedeutend mit dem Tod halten. Viele Alter-Persönlichkeiten glauben, die Eigenständigkeit aufgeben bedeute, zu sterben oder zumindest nicht mehr in der Lage zu sein, sich auf ihre ureigene Weise auszudrücken und zu vergnügen. Außerdem können die einzelnen Identitäten oder das gesamte Persönlichkeitssystem fürchten, die Fusion/Integration habe zur Folge, daß bestimmte Alter-Persönlichkeiten ihre Talente oder Fähigkeiten verlieren. Künstlerisch arbeitende Patienten sorgen sich oft, ihre Kreativität könnte unter der Fusion/Integration leiden. Kluft (1984d) und andere Therapeuten, die große Erfahrung mit den Folgen der Fusion/Integration haben, berichten, die Fähigkeiten oder Talente bestimmter Alter-Persönlichkeiten würden durch die Fusion zwar zeitweilig gestört, doch sei dieser Verlust nicht von Dauer, und die verschwundenen Fähigkeiten würden sich im Laufe der Zeit wieder einstellen. Zuweilen lieben und schätzen Multiple bestimmte Alter-Persönlichkeiten so sehr, daß sie sie nicht durch die Fusion/Integration »verlieren« wollen. Therapeuten müssen einen sehr schmalen Mittelweg finden zwischen ihrem Bemühen, die Patienten zu Respekt vor der Bedeutung der einzelnen Identitäten anzuhalten, was die Voraussetzung dafür ist, daß ihnen klar wird, was diese jeweils verkörpern, – und der Schaffung einer Situation, in der die einzelnen Identitäten so wichtig werden, daß die Patienten sich nicht mehr von ihnen lösen mögen.

Patienten machen sich oft Sorgen, die Fusion/Integration werde drastische Veränderungen in ihren Beziehungen zu den für sie wichtigen Menschen, einschließlich des Therapeuten, zur Folge haben. Bestimmte Alter-Persönlichkeiten können Beziehungen unterhalten, von denen die Patientin glaubt, nur die Betreffenden vermöchten sie aufrechtzuerhalten. Manche Patienten machen sich auch Sorgen, ihr Therapeut oder andere für sie wichtige Menschen könnten das Interesse an ihnen verlieren, sobald es ihnen »besser gehe«. Einige Multiple haben mir gegenüber diese Sorgen ausdrücklich als den Hauptgrund dafür genannt, daß sie den erfolgreichen Verlauf einer abschließenden Fusion niemals zulassen würden. Sie glauben, ihr Therapeut werde das Interesse an ihnen verlieren, sobald sie keine Multiplen mehr seien.

Andere Multiple brechen die Therapie aufgrund äußerer Einflußnahme vorzeitig ab. Oft versuchen Mitglieder der Ursprungsfamilie – in vielen Fällen der oder die

Verursacher des ursprünglichen Traumas – die Behandlung zu sabotieren. Geben Patienten einem solchen äußeren Einfluß nach, haben sie sich wahrscheinlich während der gesamten Behandlung nicht aus ihrer Verstrickung mit ihrer Ursprungsfamilie gelöst. Auch aufgrund der Sabotage eines Ehe- oder Lebenspartners, der eine Verbesserung des Zustandes der Patientin nicht wünscht, kann es zum Abbruch einer Behandlung kommen. Ich habe einige Male erlebt, daß Behandlungen auf Drängen von »Freunden« oder Mitgliedern einer Kirche beendet wurden, weil sie die betreffenden Multiplen ihrer Kontrolle zu unterwerfen versuchten oder weil diese in ihren Augen von Dämonen besessen waren.

Manche Multiple beenden die Behandlung vor Erreichen der abschließenden Fusion, weil es für sie ich-synton ist, multipel zu sein. Diese Patienten haben in den meisten Fällen eine sehr gute Kooperation und Kommunikation zwischen vielen (jedoch nicht allen) ihrer Identitäten entwickelt, und sie beziehen beträchtlichen Sekundärgewinn aus öffentlichen Demonstrationen ihrer Multiplizität. Sie produzieren sich als Übermenschen, die über Fähigkeiten verfügen, die jene bloßer »Singles« bei weitem übertreffen. Ihre extrem starke narzißtische Investition in ihre Multiplizität schließt jeden Versuch, die Fusion/Integration völlig abzuschließen, aus. Multiple durchlaufen während ihrer Behandlung manchmal ein Stadium, in dem sie sich mit ihrer Multiplizität wohlzufühlen beginnen, doch gewöhnlich ist dies eine vorübergehende Phase ohne dauerhafte Folgen. Von den Patienten, die sich entscheiden, Multiple zu bleiben, tun einige dies offen, andere hingegen verdeckt, indem sie ihre Multiplizität selbst vor dem Therapeuten absichtlich verbergen. Manchmal glaubt eine Patientin allerdings tatsächlich, sie sei vollständig integriert, und sie ist sich der Identitäten, die während der ganzen Therapie verborgen geblieben sind, gar nicht bewußt. In beiden genannten Fällen entdecken selbst erfahrene Therapeuten zuweilen keinerlei Beweis für Multiplizität, solange sie die betreffenden Patienten nicht einer systematischen Befragung unterziehen, so wie Kluft (1985c) es in dem von ihm entwickelten Protokoll zur Beurteilung der Stabilität einer Fusion/Integration demonstriert hat.

Trotz der übereinstimmenden Ansicht erfahrener Therapeuten, die vollständige Integration der Alter-Persönlichkeiten sei ein erstrebenswertes Ziel, könnte es in vielen Fällen schlicht unrealistisch sein, dies von Klienten zu erwarten. Kluft (1985d) hat als erster anerkannt: »In einem konkreten Fall ist es schwer, etwas gegen die folgende pragmatische Aussage Cauls einzuwenden: ›Mir scheint, daß man nach der Behandlung eine funktionelle Einheit erreicht haben möchte, ob es sich dabei nun um eine Körperschaft, eine Partnerschaft oder ein Ein-Mann-Unternehmen handeln mag‹« (S. 3). Es ist ein Fehler, die Integration zum unbedingten Ziel der Therapie zu machen. Die Behandlung sollte darauf gerichtet sein, dysfunktionale Verhaltensweisen durch geeignetere Bewältigungsstrategien zu ersetzen. Im Idealfall kommt es im Laufe dieses Prozesses zur Integration der Alter-Persönlichkeiten; aber auch wenn diese nicht eintritt, kann die Therapie durchaus als erfolgreich bezeichnet werden, sofern es gelungen ist, das Funktionsniveau der Patientin deutlich zu verbessern.

Fusion/Integration

Die Begriffe »Fusion« und »Integration« werden oft synonym verwendet, um die Vereinigung der Alter-Persönlichkeiten zu einer einzigen Wesenheit zu beschreiben (Kluft 1984c). Erfahrene Therapeuten unterscheiden jedoch oft zwischen diesen beiden Ereignissen. Als Integration bezeichnet man eine »umfassendere und gründlichere psychische Neustrukturierung«, wohingegen der Begriff Fusion die Bezeichnung für einen anfänglichen Konsolidierungsprozeß ist, der die Voraussetzungen für die Integration schafft (Kluft 1984c). Dieser Sicht gemäß kann man die Fusion als Entfernung der dissoziativen Barrieren, die einzelne Alter-Persönlichkeiten voneinander trennen, verstehen. Zur Integration kommt es im Laufe von Wochen oder Monaten, und sie vereint alle zuvor getrennten Elemente, die einzelnen Alter-Persönlichkeiten, zu einer einheitlichen Persönlichkeitsstruktur.

Kluft (1984a) hat eine Anzahl von Kriterien genannt, die seiner Meinung nach insgesamt eine praxistaugliche Definition von »Fusion« ergeben. Seiner Auffassung nach müssen vor einer Fusion mindestens drei Monate lang folgende Voraussetzungen erfüllt sein:

> 1) die Kontinuität der lebensgeschichtlichen Erinnerung, 2) das Fehlen von Verhaltensweisen, die eindeutig auf Multiplizität hinweisen, 3) ein subjektives Gefühl innerer Einheit, 4) das Fehlen von Hinweisen auf die Existenz von Alter-Persönlichkeiten bei erneuter Exploration unter Hypnose, 5) die Veränderung von Übertragungsphänomenen aufgrund der Zusammenführung der Alter-Persönlichkeiten und 6) klinische Hinweise darauf, daß die Selbstrepräsentation der im Zustand der Einheit befindlichen Patientin die Anerkennung der Einstellungen und der Bewußtheit einschließt, die zuvor in separaten Alter-Persönlichkeiten bewahrt wurden. (S. 12)

Kluft unterscheidet zwischen einer *augenscheinlichen (apparent)* Fusion, womit das Auftreten der genannten Kriterien über einen Zeitraum von weniger als drei Monaten gemeint ist, und einer *stabilen* Fusion, was die Erfüllung der Kriterien über mindesten 27 Monate beinhaltet.

Die genannten Kriterien gelten eigentlich nur für *abschließende* oder endgültige Fusionen, in die alle Alter-Persönlichkeiten einbezogen sind. Oft durchlaufen DIS-Patienten vor der abschließenden Fusion einige *partielle* Fusionen, die zahlreiche Persönlichkeiten und Persönlichkeitsfragmente zu einigen wenigen eigenständigen Wesenheiten vereinen, die dann wiederum im Prozeß der abschließenden Fusion miteinander verschmelzen. Partielle Fusionen können sowohl innerhalb als auch außerhalb der Therapiesituation spontan auftreten, wenn nach Verstärkung der inneren Kommunikation und Kooperation die dissoziativen Barrieren zwischen den Alter-Persönlichkeiten zerfallen. Sie können aber auch im Zuge der Bemühungen des Therapeuten, die Zahl der Alter-Persönlichkeiten zu verringern und die endgültige Vereinigung zu erreichen, absichtlich herbeigeführt werden. Für die Beurteilung des Erfolgs partieller Fusionen existieren keine konkreten Kriterien. Abgesehen von Beobachtungen des Geschehens und den subjektiven Berichten von Patienten ist über den Prozeß der Fusion oder Integration praktisch nichts bekannt.

Die spontane abschließende Fusion / Integration

Die wenigen vorliegenden Hinweise lassen erkennen, daß spontane partielle Fusionen von Alter-Persönlichkeiten zwar auch unabhängig von einer Behandlung vorkommen, spontane abschließende Fusionen hingegen bei erwachsenen DIS-Patienten nicht oder zumindest nur äußerst selten (Caul 1985a; Kluft 1985a, 1986b). Kluft (1985a) hat über zwölf Multiple berichtet, die ihre Behandlung abbrachen und drei bis zehn Jahre danach erneut evaluiert wurden. Alle diese Patienten waren zum Zeitpunkt der Überprüfung immer noch Multiple, doch hatte die Erscheinungsform der Krankheit sich zu diesem Zeitpunkt verglichen mit dem ersten Eindruck zu Beginn der Therapie verändert. Coons' (1986) Untersuchungsresultate stützen im übrigen die Ansicht, daß spontane Fusionen extrem selten vorkommen. Caul (1985a) weist darauf hin, daß Multiple gewöhnlich dann behaupten, eine spontane Fusion sei eingetreten, wenn die Situation in der Therapie für sie sehr schwierig und beängstigend ist. Mit einer Flucht in die Gesundheit und der Behauptung, eine spontane Fusion sei eingetreten, muß bei Patienten, denen eine lange, schwierige und schmerzhafte Behandlung bevorsteht, gerechnet werden. Der Therapeut sollte sich dem auf diese Weise zum Ausdruck gelangenden Wunsch gegenüber mitfühlend verhalten und sich gleichzeitig darüber im klaren sein, daß sich in solchen Behauptungen Widerstand manifestiert. Bei alldem ist es jedoch empfehlenswert, sich die Position zu eigen zu machen, daß selbst im Fall des tatsächlichen Zustandekommens einer spontanen Fusion dies keineswegs das Ende der Behandlung, sondern nur ein wichtiger Meilenstein derselben ist. Die Behandlung ist mit der Fusion bzw. Integration nicht zu Ende, sondern sie tritt nur in eine neue Phase ein.

Das Verschwinden von Alter-Persönlichkeiten

Im Laufe der Behandlung »verschwinden« von Zeit zu Zeit Alter-Persönlichkeiten, die jedoch mit wenigen Ausnahmen meist später wieder auftauchen. Dieses Verschwinden von Identitäten wird von der Patientin zuweilen als sehr belastend empfunden, und wenn eine solche von ihr als Helfer oder Beschützer angesehen wird, empfindet möglicherweise auch der Therapeut diese Situation als schwierig und unangenehm. Die verschwundene Alter-Persönlichkeit ist nicht tot oder aufgelöst worden, sondern sie schläft nur, durch die umfassendere Dynamik des Persönlichkeitssystems deaktiviert. Das Persönlichkeitssystem von DIS-Patienten ist eine dynamische Struktur, die sich unablässig weiterentwickelt und somit verändert. Wie alles in der Natur verabscheut es Vakuen. Wenn Alter-Persönlichkeiten verschwinden, übernehmen andere die Funktionen und Rollen der fehlenden.

Manchmal kommt es bei Multiplen zu einer Krise, in der alle Identitäten behaupten, sie würden sich auflösen oder verschwinden. Eine solche vollständige Auflösung des Selbstgefühls kann bei Patienten starke Angst auslösen, und in Verbindung damit können starke Depersonalisations- oder Derealisationsgefühle auftreten. Auch in diesem Fall wirkt die äußerlich spürbare Angst von Patienten ungeheuer ansteckend. Der Therapeut sollte ein solches Ereignis als Bestandteil des Gesamtphänomens der dissoziativen Identitätsstörung verstehen und entsprechend damit umgehen. Beruhigung und Unterstützung, aus der festen Überzeugung heraus vermittelt, daß die Patientin ungeachtet der Existenz oder des Verschwindens irgendwelcher oder sogar aller Alter-Persönlichkeiten auch weiterhin existieren wird, hilft dieser gewöhnlich, eine solche Krise beizulegen.

In sehr seltenen Fällen verschwinden bestimmte Alter-Persönlichkeiten offenbar tatsächlich für immer. Doch dies kommt in der Regel nur bei sehr fragmentarischen Identitäten vor, gewöhnlich bei solchen, die nach der Abreaktion des Traumas, durch das sie entstanden sind, nicht mehr unabhängig existieren. Kluft (1985a) berichtet über eine Untergruppe von DIS-Patienten, deren Persönlichkeitssystem aus diesen »ziemlich bröckeligen Alter-Persönlichkeiten zu bestehen scheint, die aufgrund bestimmter traumatischer Erlebnisse entstanden sind« (S. 16). Seiner Meinung nach könnten diese Patienten durch hypnoseinduzierte Abreaktionen sehr schnell den Zustand der Fusion erreichen. Außerdem gibt es DIS-Patienten, die der neu entwickelten *Second-split*-Kategorie zuzurechnen sind: Die Betreffenden waren bereits in ihrer Kindheit Multiple, erreichten jedoch schon früh eine Art spontaner Integration und erlebten viel später im Leben infolge eines besonderen Streßerlebnisses eine zweite Spaltung bzw. einen Zusammenbruch der Fusion/Integration. Auch bei ihnen kann spontan oder nach einer begrenzten Behandlung die Reintegration eintreten, sobald der Streß aufgelöst ist.

Erzwungene Fusionen

Zwar besteht bei der Behandlung von DIS generell die Möglichkeit, Patienten zu Fusionen zu überreden oder sogar zu zwingen (Brandsma u. Ludwig 1974), doch haben verschiedene Autoren unmißverständlich erklärt, daß solche Praktiken generell kontraindiziert sind, es sei denn, sie werden in lebensbedrohlichen Situationen als letzte Notmaßnahme eingesetzt (Herzog 1984; Kluft 1983). Erzwungene Fusionen kommen entweder gar nicht zustande oder zerfallen sehr schnell wieder, und oft intensivieren sie genau die Zwistigkeiten innerhalb des Systems, die sie eigentlich unterbinden sollten. Ich habe nie erlebt, daß eine erzwungene Fusion länger als ein paar Wochen hielt, und die meisten zerfallen sogar innerhalb weniger Tage. Außerdem kann eine erzwungene Fusion einen schwerwiegenden Bruch in der therapeutischen Beziehung zur Folge haben.

Faktoren, die die Prognose beeinflussen

Aufgrund der spärlichen Erkenntnisse über die Resultate von DIS-Behandlungen ist es schwierig, Aussagen darüber zu machen, welche Faktoren die Prognose bei dieser Störung in besonderem Maße beeinflussen. Äußerungen über Faktoren, aus denen eine schlechte Prognose resultiert, liegen hauptsächlich in Form klinischer Erfahrungen versierter Therapeuten vor. Caul (1985d) wirft diesbezüglich eine Reihe plausibler Fragen auf, von denen die erste lautet: »Akzeptiert die Patientin die Diagnose?« (S. 1). Ist dies nicht der Fall, stagniert die Therapie im allgemeinen schon zu einem frühen Zeitpunkt, und es kann kaum noch produktiv auf eine Einigung hingearbeitet werden. Meine persönlichen Erfahrungen wie auch Coons' (1986) Erkenntnisse stützen die Ansicht, daß das Akzeptieren der Diagnose von seiten der Patientin eines der ersten Probleme ist, mit denen man sich in einer Behandlung beschäftigen und das man lösen muß, um einen erfolgreichen Behandlungsverlauf zu ermöglichen. Wurde bei der Patientin bereits früher DIS diagnostiziert? Und wenn ja, wie lange besteht der Zustand dann bereits? Und wie viele Therapeuten haben schon versucht, dem Problem beizukommen? Die klinische Erfahrung lehrt, daß die Prognose um so schlechter ist, je länger die Multiplizität von Patienten bereits besteht. Wie hoch ist maximal die Zahl der Alter-Persönlichkeiten? Gibt es unter ihnen solche, die extreme oder hochspezialisierte Funktionen übernehmen, und ist die Patientin während der gesamten Therapie auf die Eigenständigkeit der verschiedenen Identitäten fixiert? Große Zahlen von Alter-Persönlichkeiten, hochspezialisierte Funktionen bei diesen und langfristige Fixierung auf deren Eigenständigkeit sind allesamt schlechte Vorzeichen für das Erreichen einer Fusion (Coons 1986; Kluft 1986b; Putnam *et al.* 1986). Eine von Caul (1985d) angeführte, verwandte Frage lautet: »Benutzt die Patientin während der gesamten Therapie ausschließlich ihre Alter-Persönlichkeiten zur Lösung von Problemen?« (S. 1). Multiple, die gar nicht erst versuchen, Streß mit Hilfe nichtdissoziativer Methoden zu verringern, sind wahrscheinlich nicht bereit, ihre Multiplizität aufzugeben.

Cauls nächste drei Fragen lauten: »Versucht die Patientin ständig, Methode, Zielrichtung und Verlauf der Therapie zu beeinflussen?« (1985d, S. 1); »Versucht sie, den Therapeuten zu beeinflussen?« (1985d, S. 2); und: »Zielt die Therapie in stärkerem Maße auf ›Entdeckung‹ als auf das Erreichen der Einigung?« (1985d, S. 2). Die für die therapeutische Arbeit so wichtige Thematik der Kontrolle wurde bereits in Kapitel 7 ausführlich behandelt. Gelingt es Patienten, entweder offen oder verdeckt starken Einfluß auf ihre Therapie zu nehmen, sind hinsichtlich der Enthüllung und des Durcharbeitens schmerzhafter Erinnerungen und Affekte kaum Fortschritte zu erwarten. Wenn es einer Multiplen gelingt, einen Therapeuten massiv zu beeinflussen, vertraut sie dem Therapeuten nicht, und dieser Vertrauensmangel spiegelt sich in der Tatsache, daß in ihrer Therapie keine nennenswerten Forschritte erzielt werden. Caul sieht das Engagement von Patienten im Rahmen ihrer Behandlung als den entscheidenden Faktor für das Erreichen eines positiven Resultats an. Engagiert sich eine Patientin nicht emotional für eine Veränderung, und arbeitet sie nicht auf die Einigung hin, sind die Chancen eines positiven Abschlusses der Therapie gleich null.

Kluft deckt mit seiner Beschreibung einer Reihe von Beobachtungen, die er im Rahmen seiner Arbeit mit über hundert DIS-Patienten machte, ganz ähnliche Aspekte ab. Er stellt fest, daß »Patienten, deren [Alter-]Persönlichkeiten auf Kooperation und Integration hinarbeiteten, wesentlich bessere Resultate erzielten als solche, deren Alter-Persönlichkeiten zwar zu kooperieren versuchten, aber ungeachtet dessen fanatisch an ihrer Getrenntheit festhielten« (Kluft 1986b, S. 36). Im Laufe der Zeit beobachtete er, daß in Fällen, in denen durch Unterdrückung, Verdrängung, Verbannung oder die Vortäuschung des Verschwindens von Alter-Persönlichkeiten dem äußeren Anschein nach ein Zustand der Einheit erreicht wurde, fast immer ein Rückfall eintrat (Kluft 1982, 1986b). Er beobachtete auch eine gewisse Relation zwischen der Komplexität der Fälle und der Rückfallhäufigkeit, wobei drei Viertel der Rückfälle, die er miterlebte, bei Patienten auftraten, die 18 oder mehr Alter-Persönlichkeiten hatten. Darüber hinaus besteht seiner Meinung nach keine signifikante Beziehung zwischen höheren Komplexitätsgraden und einer schlechten Prognose. Bei männlichen DIS-Patienten sind seinen Beobachtungen zufolge meist weniger Alter-Persönlichkeiten zu finden als bei Frauen, und entsprechend ist die Behandlungszeit bei Männern im allgemeinen kürzer, und Rückfälle sind seltener.

Mit Ausnahme von Patienten, die sich im Kindesalter oder in der Adoleszenz befinden, glaubt Kluft (1986d) nicht, daß das Lebensalter Einfluß auf die Prognose hat. Bei Kindern scheint das Lebensalter insofern ein wichtiger prognostischer Faktor zu sein, als kleinere Kinder sehr schnell eine Fusion erreichen können. Kluft konnte nicht feststellen, daß die Existenz einer gleichzeitig bestehenden und medikamentös behandelbaren affektiven Störung negativen Einfluß auf die Prognose hatte. Er führt unveröffentlichte Untersuchungsergebnisse an, aus denen hervorgeht, daß »problematische Ichstärke« – ein hohes Maß an Masochismus und ein starkes Beharren der Alter-Persönlichkeiten auf ihrer Getrenntheit – eine schlechtere Prognose nahelegt (Kluft 1986b). Auch die Verstärkung der Multiplizität durch wichtige Bezugspersonen der Patientin ist eine schlechte Voraussetzung für das Erreichen der Integration. Schwere Psychopathologien entsprechend der Achse II des DSM-III oder die Existenz einer »weiträumigen inneren Welt von Persönlichkeiten, in der die verschiedenen Identitäten in äußerst komplexen Beziehungen und/oder mit hoher Intensität miteinander interagieren« oder beides zusammen erschweren die Behandlung (Kluft 1986d, S. 55).

Generell scheint die Voraussetzung für eine gute Prognose zu sein, daß sich die Patientin für die Behandlung und für die Auflösung der Getrenntheit emotional engagiert. Wichtig sind außerdem: ein geringes Interesse an der Getrenntheit und Eigenständigkeit der Alter-Persönlichkeiten; die Bereitschaft der Patientin, nichtdissoziative Möglichkeiten der Problembewältigung zu erproben; und der Aufbau einer therapeutischen Beziehung, in der die Patientin dem Therapeuten so starkes Vertrauen schenkt, daß sie bereit ist, die Kontrolle an ihn abzugeben. Eine relativ geringe Zahl von Alter-Persönlichkeiten, eine geringere innere Komplexität und die Tatsache, daß gleichzeitig keine schweren Persönlichkeits- oder Entwicklungsstörungen (Achse II) bestehen, sind ebenfalls positive prognostische Indikatoren. Coons' (1986) Studie zufolge muß alldem noch ein weiterer Punkt hinzugefügt werden: in welchem Maße es im Laufe der Therapie zu Retraumatisierungen kommt. Coons stellte fest, daß Patienten, denen die Integration nicht gelang, zweimal so viele traumatische Ereignisse (z.B. Todesfälle innerhalb der Familie, Ehescheidungen, finanzieller Bankrott, Reviktimisierung usw.) erlebt hatten wie diejenigen, die Klufts Kriterien zufolge die Integration erreichten.

Techniken für die Herbeiführung der Fusion/Integration

Vorbereitung

Seit Allison (1978a) den ersten umfassenden Behandlungsplan vorgelegt hat, ist klar, daß die DIS-Therapie eine Reihe von Themen abdeckt und bestimmte Phasen durchläuft (Braun 1986; Coons 1986; Caul 1978a; Kluft 1985d; Wilbur 1984b). Zwar mag es geringfügige Meinungsverschiedenheiten bezüglich der Reihenfolge, in der an bestimmten Punkten gearbeitet werden sollte, und bezüglich der Bedeutung derselben geben, doch sind die meisten DIS-Experten sich über die zentralen Aspekte der Behandlung dieser Störung einig: 1) Diagnose der Störung und Unterstützung der Patientin in ihrem Bemühen, die Diagnose zu akzeptieren; 2) Aufnahme des Kontakts zu den erreichbaren Alter-Persönlichkeiten und Aufbau einer Arbeitsbeziehung zu ihnen; 3) Sammeln von Information über Ursprung, Funktionen, Attribute, Beziehungen und Ziele der Alter-Persönlichkeiten; 4) Abschließen von Verträgen über problematische Verhaltensweisen; 5) Förderung der Kommunikation innerhalb des Persönlichkeitssystems; 6) Durcharbeiten von Traumata und Problemen der verschiedenen Identitäten; 7) Arbeit am Erreichen eines höheren Maßes an Einheit bis hin zu Fusionen und zur Integration; und 8) Konsolidieren des Erreichten und Ersatz der dissoziativen durch nichtdissoziative Möglichkeiten, mit Alltagsstreß fertig zu werden. Mit der Arbeit auf Fusion und Integration hin wird gewöhnlich erst zu einem späteren Zeitpunkt der Therapie begonnen.

Anzeichen dafür, daß der Patient bereit ist für Fusionen Teilfusionen kommen sowohl innerhalb als auch außerhalb der Behandlung vor. Manchmal treten sie spontan auf, in anderen Fällen werden sie vom Therapeuten herbeigeführt. Bevor er mit der Arbeit an einer teilweisen oder an der abschließenden Fusion beginnt, sollte er festzustellen versuchen, ob die Alter-Persönlichkeiten dazu bereit sind. Werden Fusionen erzwungen, oder wird die Patientin zu diesen gedrängt, ohne daß sie angemessen darauf vorbereitet wurde, ist der Zustand meist nur von kurzer Dauer und löst sich fast immer schon bald wieder auf. Zeichen, die darauf hindeuten, daß zwei oder mehr Alter-Persönlichkeiten bereit sind, eine Fusion einzugehen, beinhalten gewöhnlich, daß die dissoziativen Barrieren, welche die Getrenntheit der verschiedenen Identitäten garantieren, so durchlässig geworden sind, daß eine Fusion möglich ist. In solchen Fällen können Alter-Persönlichkeiten über Co-Bewußtheit oder andere Formen gemeinsamer Bewußtheit berichten. Ein nichtdysphorisches, anhaltendes Gefühl der Co-Präsenz ist ein deutlicher Hinweis darauf, daß zwei oder mehr Alter-Persönlichkeiten bereit sind, sich auf einen Fusionsversuch einzulassen. Manchmal berichten die Alter-Persönlichkeiten über eine »Identitätskrise«, weil sie sich nicht wie gewohnt fühlen und weil ihr Identitätsgefühl unklar ist und sich mit dem anderer Alter-Persönlichkeiten überschneidet. Es kommt auch vor, daß bestimmte Identitäten erklären, sie seien zur Fusion bereit, oder daß sie den Therapeuten bitten, ihnen zu helfen, die Fusion zu erreichen. Und gelegentlich bitten Identitäten um die Fusion, weil sie den Zustand ständiger Getrenntheit als unangenehm empfinden (Kluft 1984a).

Vorbereitung von Patienten auf die Fusion Generell sollten die Identitäten, die fusioniert werden sollen, ungefähr gleichaltrig sein. Altersunterschiede sind wahrscheinlich am schwierigsten zu bewältigen, wenn zwei oder mehr Kind-Persönlichkeiten an einer Fusion beteiligt sind, wohingegen dieses Problem bei Fusionen zwischen Identitäten im Erwachsenenalter von geringerer Bedeutung ist. Bei erheblichen Altersunterschieden kann man jüngere Identitäten mit Hilfe der in Kapitel 9 beschriebenen hypnotherapeutischen Techniken eine Altersprogression durchlaufen lassen.

Falls Therapeut und Patientin gemeinsam ein Diagramm des Persönlichkeitssystems erstellt und dieses regelmäßig dem aktuellen Stand angepaßt haben (siehe Kapitel 8), sollten diese Skizzen vor Beginn eines Fusionsversuchs zu Rate gezogen werden. Im allgemeinen lassen sich Identitäten, die der Darstellung zufolge einander benachbart sind oder zwischen denen eine Verbindung besteht, leichter fusionieren als solche, die unterschiedlichen Familien angehören oder die in unterschiedlichen Bereichen des Diagramms angesiedelt sind. Im letzteren Fall sollte eine Fusion ähnlicher Identitäten versucht und die so entstehenden Konstellationen dann über die Bereiche hinweg fusioniert werden. Falls es in der Darstellung weiße Stellen gibt, die fusionsbereite Alter-Persönlichkeiten voneinander trennen, müssen diese erkundet werden. Weiße Bereiche können auf unerkannte Identitäten hindeuten, deren verborgene Existenz die Fusion behindert.

Auch das Persönlichkeitssystem der Patientin als Ganzes muß auf den Fusionsprozeß vorbereitet sein. Sind umfangreiche Fusionen geplant oder erfüllen die an einer Fusion beteiligten Alter-Persönlichkeiten im Alltagsleben der Patientin wichtige Funktionen (beispielsweise für die berufliche Tätigkeit), sollte der Therapeut dieser raten, sich eine Zeitlang von der Arbeit beurlauben und von anderen anspruchsvollen Aktivitäten suspendieren zu lassen. Am besten empfiehlt man ihr gleich zu Beginn der Behandlung, rechtzeitig mit dem Sammeln von Urlaubstagen für die Zeit der Fusion oder für die Durchführung umfangreicher Abreaktionen zu beginnen. Die Fusion kann zeitweilig bestimmte Fähigkeiten beeinträchtigen und es Patienten erschweren, Aufgaben zu erfüllen, die ebendiese Fähigkeiten erfordern. Kommen die Betreffenden dann in eine Situation, in der sie die nicht verfügbaren Fähigkeiten benötigen, müssen sie möglicherweise erneut dissoziieren, um die zeitweilig unterdrückten Fähigkeiten nutzen zu können.

Prinzipien von Fusionstechniken

Die meisten Fusionen betreffen zwei Alter-Persönlichkeiten; allerdings sind auch Fusionen zwischen mehr als zwei Identitäten nicht ungewöhnlich (Kluft 1982). Fusionen können erst erfolgreich verlaufen, nachdem die dissoziativen Barrieren, die Identitäten voneinander trennen, aufgrund der psychotherapeutischen Arbeit, gewöhnlich verstärkt durch hypnotherapeutische Techniken, deutlich durchlässiger geworden sind. Die Alter-Persönlichkeiten fangen in diesem Zustand an, einander zu akzeptieren und ein Gefühl für eine gemeinsame Identität zu entwickeln. Außerdem akzeptieren beide die Erinnerungen des Fusionspartners sowie andere Dinge, die ihnen zuvor nicht zugänglich waren oder über die sie nichts wissen wollten. An diesem Punkt geben die involvierten Alter-Persönlichkeiten oft zu erkennen, daß ihnen ihre Getrenntheit nicht mehr behagt, und sie berichten über Erfahrungen von Co-Bewußtheit und das Gefühl, überflüssig zu sein (Kluft 1982). Der Therapeut forscht nun eine Weile nach zwischen den Identitäten eventuell noch bestehenden Konflikten. Allen Beteiligten sollte ermöglicht werden, über noch bestehende latente Probleme zu sprechen und nach verborgenen Konflikten zu forschen. Diese müssen so lange durchgearbeitet werden, bis zwischen den Identitäten, deren Fusionierung beabsichtigt ist, nichts Trennendes mehr steht.

Der nächste Schritt besteht gewöhnlich in einer Zeremonie oder einem Ritual, häufig verstärkt durch Hypnose. Allerdings kann es in dieser Situation auch zu spontanen Fusionen kommen, sofern die beteiligten Identitäten ihre Schwierigkeiten völlig durchgearbeitet und beigelegt haben (Braun 1984c). Bei den meisten in der Literatur beschriebenen Zeremonien (und auch bei denjenigen, die ich selbst miterlebt oder durchgeführt habe) werden visuelle Bilder und Metaphern verwendet, und meist befinden die beteiligten Alter-Persönlichkeiten sich während der Durchführung in Trance. Welche Bilder oder Metaphern verwendet werden, sollte zuvor mit den Alter-Persönlichkeiten und der Patientin (als Gesamtsystem) abgesprochen werden. Manche scheinbar harmlosen Bilder haben für bestimmte Alter-Persönlichkeiten oder für die Patientin eine ganz bestimmte Bedeutung, die den Fusionsprozeß behindern kann.

Kluft (1982) berichtet über die Verwendung von Bildern wie solchen von Umarmungen, Tanz und anderen Gemeinschaftsaktivitäten. Er weist darauf hin, daß seine Patienten Darstellungen, auf denen verschiedene Lichtquellen überblendet werden, oder solche des Zusammenfließens von Wasser bevorzugen. Er fordert die beiden zu fusionierenden Identitäten auf, sich nebeneinander zu »stellen«, und bezieht sie dann in die hypnotisch verstärkte Imagination ein. Anschließend kann ihnen suggeriert werden, daß sie von einer strahlenden Lichtkugel umgeben sind und daß sie, sobald ihr Licht sich verbindet, zu einer einzigen strahlenden Lichtkugel verschmelzen. Kluft weist ausdrücklich darauf hin, daß Bilder des Verschmelzens, bei denen alle Elemente erhalten bleiben und im größeren Ganzen repräsentiert sind, Bildern und Metaphern, die Tod, Auslöschung, Entfernung oder Verbannung suggerieren, vorzuziehen sind. Braun (1984c) benutzt ähnliche Metaphern und Bilder; er verwendet die Vorstellung des Vermischens verschiedener Farben zum Erreichen einer »Einigung«, die von allen beteiligten Alter-Persönlichkeiten gefärbt ist.

Auch ich benutze bei Fusionszeremonien gewöhnlich Bilder des Vermischens von Licht oder Flüssigkeiten. Die Patienten scheinen solche Zeremonien zu brauchen oder zu wünschen, obgleich der Fusionsprozeß meist von selbst einsetzt, sobald sich Co-Bewußtheit entwickelt, die dissoziativen Barrieren erodieren und die Alter-Persönlichkeiten sich in ihrem Zustand der Getrenntheit zunehmend unwohl fühlen. Ehrlich gesagt weiß ich eigentlich nicht, was eine Fusion ist oder worum es dabei geht. Manchmal stehe ich dem gesamten Fusionsprozeß sehr skeptisch gegenüber und frage mich, ob wir bezüglich des Behandlungsergebnisses eine magische Erwartung entwickelt haben. Alles, was wir über psychopathologische Entwicklungsprozesse wissen, deutet darauf hin, daß diese Patienten durch die frühen Traumata, die sie erlitten haben, irreparabel geschädigt worden sind; deshalb können sie eigentlich später als Erwachsene kein einheitliches Selbstgefühl mehr entwickeln (Putnam 1988a). Ungeachtet dessen habe ich erlebt, daß bei manchen Patienten im Laufe der Behandlung eine Transformation stattfindet, bei der die Abgetrenntheit bestimmter Alter-Persönlichkeiten aufgehoben wird und ein umfassenderes Selbstgefühl zu entstehen scheint. Francie Howland hat mich vor langer Zeit gelehrt, die Integration bei Multiplen nicht generell als Behandlungsziel anzusehen, sondern sie als erfreuliches Resultat zu begrüßen, das in manchen Fällen erreicht wird.

Abschließende Fusionen

Abschließende Fusionen sind solche, bei denen alle Alter-Persönlichkeiten zu einem einzigen Wesen verschmolzen werden. Es handelt sich dabei um nichts anderes als eine erweiterte Anwendung der bereits beschriebenen Techniken. Gewöhnlich gehen abschließenden Fusionen einige Teilfusionen voraus, durch welche die Alter-Persönlichkeiten zu zwei oder mehr zusammengesetzten Persönlichkeiten vereint werden, die sich dann in der abschließenden Fusion verbinden. Braun (1983b) beschreibt eine Folge von Fusionen/Integrationen bei der Behandlung zweier Patienten, ein Vorgang, der sich bis zur abschließenden Fusion über mehrere Jahre hinzog. Abschließende Fusionen können die Sinneswahrnehmung verändern (Braun 1983b; 1984c). Mehrere Patienten haben mir spontan berichtet, sie hätten danach Geräusche klarer (»weniger gedämpft«), Farben leuchtender und Bilder schärfer wahrgenommen.

Das Fehlschlagen von Fusionen

Die Notwendigkeit, die Stabilität einer Fusion einzuschätzen

Wer schon mit mehreren DIS-Patienten gearbeitet oder die Entwicklung solcher Patienten verfolgt hat, weiß, daß viele sogenannte »abschließende« Fusionen alles andere als endgültig sind. Braun sagt in DIS-Workshops häufig: »Die erste abschließende Fusion ist keine!« Kluft (1985e) stellt stoisch fest: »Ich habe gelernt, mit Rückfällen zu rechnen« (S. 66). Bei der ersten »abschließenden« Fusion muß man in jedem Fall damit rechnen, daß diese entweder wieder zerfällt oder gar nicht erst zustandekommt und nur *scheinbar* eine Fusion ist. Daß sich Fusionen wieder auflösen oder daß sie erst gar nicht zustandekommen, sind im Laufe einer Therapie normale Erscheinungen, und man sollte Patienten auf diese Möglichkeiten vorbereiten. Wenn Therapeuten und Patienten lernen, an Fusionen skeptisch und vorsichtig heranzugehen, kommen sie über Mißerfolge hinweg, ohne unnötig enttäuscht zu sein.

Manchmal ist das Fehlschlagen von Fusionen klar am Wiederauftauchen einer Alter-Persönlichkeit zu erkennen, von der man annahm, sie sei fusioniert worden. Häufig entsteht der Eindruck, Fusionen seien erfolgreich verlaufen, und der Therapeut glaubt ebenso wie die Patientin selbst, letztere sei nun »ganz«. Diese Illusion bleibt aufgrund verschiedener Dynamiken eine Weile bestehen. Möglicherweise ist sich die Patientin der Existenz nicht fusionierter Identitäten nicht bewußt, weil diese nicht offen auftreten und keine Amnesien oder Zeitverluste verursachen; sie können das Verhalten der Patientin aber trotzdem beeinflussen. In anderen Fällen ist sich die Patientin der Existenz solcher Identitäten durchaus bewußt, verbirgt dies jedoch vor dem Therapeuten.

Multiple haben viele Gründe, ihre Therapeuten hinsichtlich des erfolgreichen Verlaufs einer Fusion zu täuschen. Nicht selten behaupten sie, den Zustand der Fusion erreicht zu haben, weil sie dem Therapeuten gefällig sein wollen. Manchmal spüren sie ein starkes Bedürfnis seinerseits, eine erfolgreiche Fusion durchgeführt zu haben, oder sie fürchten, die Entdeckung des Fehlschlags einer Fusion könnte dazu führen, daß der Therapeut sich von ihnen abwendet oder das Interesse an ihnen verliert. Außerdem ist Täuschung eine Abwehr gegen weitere schmerzhafte Enthüllungen und weitere Arbeit an Abreaktionen. Bei manchen Patienten sind mit dem Vortäuschen einer Fusion wichtige Sekundärgewinne verbunden (z.B. die Entlassung aus der Klinik, der Fortbestand einer Beziehung oder die Möglichkeit, eine Arbeit wieder aufzunehmen, was allerdings nur möglich ist, sofern die Patientin als »geheilt« gelten kann). Da Täuschungen ein fester Bestandteil der Lebensweise solcher Patienten sind, muß in der Behandlung ebenso wie in vielen anderen Bereichen ihres Lebens damit gerechnet werden. Kluft (1985e) stellt verständnisvoll fest, daß man die Gewohnheit von DIS-Patienten, zu täuschen, »als eine Wiederholung eines verzweifelten Coping-Stils in der Übertragung, nicht als Beweis für einen ›schlechten Charakter‹ verstehen sollte« (S. 66).

Anzeichen für das Fehlschlagen von Fusionen

Ob die abschließende Fusion bei einer Patientin fehlgeschlagen ist, läßt sich auf ähnliche Weise feststellen, wie man auch die Möglichkeit des Bestehens von DIS untersucht. Von Vorteil ist in diesem Fall jedoch, daß der Therapeut nun mit dem Persönlichkeitssystem der Patientin und mit ihren Dynamiken vertraut ist. Die meisten der Zeichen, Symptome und Strategien, die beim Diagnoseprozeß eine Rolle spielen, sind auch für die Beurteilung des Erfolgs einer Fusion von Nutzen. Ebenso wie beim Diagnoseprozeß ist es auch dabei wichtig, stets mit der Möglichkeit der Existenz weiterer Alter-Persönlichkeiten zu rechnen.

Hinweise auf weiterhin bestehende Amnesien sind das deutlichste Zeichen für das Fehlschlagen einer abschließenden Fusion. Solche Hinweise können unerklärliche Verhaltensweisen und Vorfälle sein, die der Patientin rätselhaft sind oder für die sie Erklärungen liefert, die sie sich offensichtlich ausgedacht hat. Der Therapeut muß auf Anzeichen für das Vorliegen einer Amnesie sowohl innerhalb als auch außerhalb der Therapiesituation achten. In der Behandlungssituation kommt dies in Form von Mikro-Amnesien im Laufe einer Sitzung zum Ausdruck, was bedeutet, daß die Patientin den Eindruck erweckt, etwas soeben Geschehenes vergessen zu haben, oder daß sie die gleiche Frage mehrmals stellt, sowie auch in Form von Amnesien, die von einer Sitzung zur nächsten erkennbar werden, weil die Patientin wichtige Einzelheiten aus vorangegangenen Sitzungen vergessen oder Änderungen von Sitzungsterminen nicht registriert zu haben scheint. Amnesien außerhalb der Behandlungssituation manifestieren sich auf jene direkten und indirekten Weisen, die auch im Rahmen der diagnostischen Beurteilung zutage treten.

Therapeuten sollten auch stets aufmerksam auf Zeichen für Switching während der Sitzungen achten. Plötzliche Veränderungen des Stimmcharakters, der Sprechweise, des Gesichtsausdrucks, der Körpersprache, des äußeren Auftretens und des Affekts können auf verdecktes Switching hindeuten. Wenn der Therapeut den Verdacht hat, daß es zu einem Persönlichkeitswechsel gekommen ist, sollte er mit Hilfe von Fragen feststellen, ob eventuell eine Amnesie im Hinblick auf vor dem potentiellen Switch liegende Ereignisse besteht oder im Hinblick auf Material, das vor diesem Zeitpunkt in der Therapie bearbeitet wurde. Weil dem Switching gewöhnlich Streß vorausgeht, muß bei jeder deutlichen Intensivierung des Therapieprozesses mit dieser Möglichkeit gerechnet werden. Außerdem sollten Therapeuten auf Anzeichen für Beeinflussungserlebnisse innerhalb oder außerhalb der Behandlungssituation achten.

Auch das Fortbestehen selbstschädigenden oder suizidalen Verhaltens deutet darauf hin, daß nach wie vor Abspaltungen existieren. Nach meiner Erfahrung ist dies eines der häufigsten Anzeichen für das Fehlschlagen einer Fusion. Der Therapeut sollte die Chronologie jeder stattfindenden selbstschädigenden Handlung durcharbeiten und dabei auf Anzeichen für Amnesien oder Beeinflussungserlebnisse achten. Selbst wenn keine Hinweise auf Amnesien zu erkennen sind, sollte mit der Möglichkeit gerechnet werden, daß das selbstschädigende Verhalten auf eine bislang unentdeckte Alter-Persönlichkeit zurückzuführen ist.

Starke und inadäquate Affekte können ebenfalls Anzeichen für unentdeckte Alter-Persönlichkeiten sein. Depression spielt zwar im Laufe der Behandlung der meisten DIS-Patienten eine Rolle, doch kann sie auch die Existenz verborgener Alter-Persönlichkeiten anzeigen, sofern sie plötzlich und ohne erkennbare Ursache auftritt. Inadäquate soziale Verhaltensweisen (wenn beispielsweise eine zuvor eher zurückhaltende Patientin plötzlich in der Öffentlichkeit flucht) sollten den Verdacht, daß unerkannte Alter-Persönlichkeiten existieren, ebenfalls wecken. Auch sozialer Rückzug kann ein Hinweis darauf sein, daß eine Patientin versucht, die Existenz von Alter-Persönlichkeiten zu verbergen. Das Auftreten neuer psychosomatischer Symptome, das Wiederauftauchen alter somatischer Phänomene sowie das Nichtverschwinden eines offensichtlich psychosomatischen Symptoms nach der Fusion sollten gleichfalls als Hinweise auf die Existenz verborgener Alter-Persönlichkeiten verstanden werden.

Auch die Dynamik des Therapieprozesses kann die Existenz verborgener Identitäten zutage fördern. Nach einer »erfolgreichen« abschließenden Fusion versucht die Patientin möglicherweise, den Therapieprozeß zu beenden, wobei sie behauptet, die Behandlung brauche nicht mehr fortgesetzt zu werden, und alles sei nun in bester Ordnung. Leider sind nur zu viele Therapeuten aus subjektiven Gründen bereit, das Leugnen solcher Patienten unhinterfragt zu akzeptieren. Kluft (1985e) hat festgestellt: »Die häufigsten Gründe für das Stagnieren oder völlige Fehlschlagen von Behandlungen sind die Existenz weiterer, unvermuteter Persönlichkeiten, das Fortbestehen von Alter-Persönlichkeiten, von denen angenommen wurde, sie seien fusioniert worden, sowie die Angst von Klinikern, Nachforschungen anzustellen, um die Existenz weiterer Identitäten abzuklären oder eine Scheinfusion zu entlarven« (S. 66). Ist die therapeutische Arbeit zum Stillstand gekommen oder die Situation von einem nie endenden Chaos geprägt, das jede produktive Arbeit unmöglich macht, sollte der Therapeut nach verborgenen Alter-Persönlichkeiten forschen.

Auch Übertragungs- und Gegenübertragungsphänomene können auf die Existenz verborgener Identitäten hinweisen. Falls Patienten weiterhin eine für Multiple charakteristische Übertragungsreaktion auf den Therapeuten erkennen lassen, indem sie diesen beispielsweise weiterhin in Situationen bringen, die als Wiederholungen früherer Mißbrauchserlebnisse aufgefaßt werden können, oder indem sie weiterhin an sehr gegensätzlichen und eigentlich nicht zu vereinbarenden Ansichten über den Therapeuten festhalten, sollte man die Existenz unentdeckter Alter-Persönlichkeiten vermuten. Außerdem sollten Therapeuten ihre eigenen Reaktionen auf genau die Möglichkeit, daß sie Hinweise auf Alter-Persönlichkeiten übersehen haben, überprüfen, und sie müssen einkalkulieren, daß sie unbewußt auf verdeckte Alter-Persönlichkeiten reagieren. Eine wirklich erfolgreiche abschließende Fusion müßte sich eigentlich deutlich auf die Übertragungsreaktion der Patientin auswirken; insofern ist die Fortsetzung der für Multiplizität typischen Dynamik in der Therapie ein deutlicher Hinweis auf die Existenz verdeckter Alter-Persönlichkeiten.

Wie sich die Stabilität einer Fusion feststellen läßt

Angesichts der hohen Zahl fehlschlagender Fusionen ist es generell ratsam, die Stabilität einer erreichten Fusion/Integration zu überprüfen. Kluft (1985e) hat für diesen Zweck einen Fragenkatalog und ein damit verbundenes Protokoll entwickelt. An dessen Anfang stehen Fragen nach allgemeinen Symptomen und Anzeichen für DIS, dann konzentriert sich die Untersuchung auf Zeichen und Symptome, die im Laufe der Behandlung für die betreffenden Patienten typisch waren. Daraufhin werden die Befragten gebeten, chronologisch zu erzählen, was sie seit der Fusion erlebt haben, und die Beobachtungen und Meinungen anderer bezüglich der Fusion zu schildern. Anschließend versucht Kluft, ohne Hypnoseunterstützung alle Identitäten der Patientin, die er im Laufe der Therapie kennengelernt oder von denen er gehört hat, zu aktivieren. Zu diesem Zweck benutzt er nichthypnotische Techniken oder Signale, mit denen er bei der Patientin in der Vergangenheit die besten Erfolge erzielt hat. Lassen sich so keine Beweise für Multiplizität mehr finden, führt er eine Untersuchung unter Hypnose durch. Kluft (1985e) hält dies für den nützlichsten Bestandteil des Protokolls. Er hat die Erfahrung gemacht, daß pragmatisch betrachtet am besten ist, zu vermuteten Alter-Persönlichkeiten mit Hilfe ideomotorischer Signale oder innerer Vokalisation in Kontakt zu treten, statt zu versuchen, sie zur offenen Manifestation zu bewegen. Durch diese Taktik werden die Ängste der Patientin vor Kontrollverlust verringert, und außerdem wird die zur Überprüfung der Liste früherer Alter-Persönlichkeiten erforderliche Zeitspanne verkürzt. Diese Vorgehensweise mag einige Patienten beunruhigen, doch weist Kluft ausdrücklich darauf hin, daß »sehr brisante Ereignisse« dabei nur selten vorkommen.

Die Stabilität einer erreichten Fusion läßt sich auch auf andere Weisen überprüfen. Nach einer abschließenden Fusion müßte sich die Patientin wieder relativ vollständig an ihre traumatischen Erlebnisse erinnern können. Behaupten Patienten von sich, sie hätten den Zustand der Fusion erreicht, kann man sie bitten, die Ereignisse, die zur Entstehung ihrer Alter-Persönlichkeiten geführt haben, vollständig zu schildern. Ist die Fusion fehlgeschlagen, fällt es den Betreffenden gewöhnlich sehr schwer, die erbetene zusammenhängende Schilderung zu liefern. Außerdem kann man Patienten sequentielle Aufgaben wie die in Zusammenhang mit der Diagnose in Kapitel 4 beschriebenen stellen.

Eine Reihe interessanter vorläufiger Beobachtungen bezüglich der unterschiedlichen Reaktionen fusionierter Alter-Persönlichkeiten und nichtfusionierter Multipler auf hypnotische Altersregression läßt vermuten, daß diese Technik für die Feststellung der Stabilität einer Fusion/Integration sehr nützlich sein könnte (Kluft 1986c). Kluft beobachtete, daß subjektive Erlebnisse und die Erinnerung an historische Ereignisse während einer hypnotisch induzierten Altersregression bei Patienten im fusionierten und im nichtfusionierten Zustand unterschiedlich ausfielen. Bei nichtfusionierten Multiplen waren die Erinnerungen an lebensgeschichtliche Ereignisse, die im Zustand der Altersregression erinnert wurden, mit starken Affekten jener Alter-Persönlichkeiten verbunden, die behaupteten, die Ereignisse wiederzuerleben. Hingegen berichteten Identitäten, die die Ereignisse nicht direkt erlebten, sie hätten sie »beobachtet«, oder das Material war für sie aufgrund einer Amnesie nicht zugänglich.

Bei Patienten, die nach Klufts Auffassung integriert waren (sie hatten die weiter oben beschriebene Überprüfung bestanden), konnten keine zuvor separat existierenden Alter-Persönlichkeiten mehr aktiviert werden, und bei Ereignissen, die zuvor in Verbindung mit starken Affekten erinnert worden waren, geschah dies nun mit »weniger Kraft und Unmittelbarkeit« (Kluft 1986c, S. 151). Auch die Identifikation mit den Ereignissen veränderte sich, wobei die Hälfte der Patienten das Geschehene als persönliche Erfahrungen bezeichnete und die andere Hälfte ihre Erinnerungen mit Aussagen wie der folgenden charakterisierte: »Das ist X passiert, aber jetzt ist es so, als wäre es etwas, das mir passiert ist« (S. 151). Kluft spekuliert: »Mit Beginn der Integration setzt ein Prozeß der kognitiven Neustrukturierung ein, durch den die Erinnerung, das affektive Empfinden vergangener Ereignisse, das Selbstgefühl und der Standpunkt, von dem aus vergangene Ereignisse erfahren werden, sich verändern« (1986c, S. 153). Er erweitert diese Aussage so, daß auch Situationen außerhalb der Therapie, in denen es zum Erodieren der dissoziativen Barrieren kommt, in diesen Neustrukturierungsprozeß einbezogen werden können, beispielsweise im Falle forensischer oder diagnostischer Evaluationen.

Wie Fusionen fehlschlagen können und wie es zu Fusionsfehlschlägen kommen kann

Die meisten »Fusionen« sind wahrscheinlich nie zustande gekommen; deshalb kann in solchen Fällen die Entdeckung nichtfusionierter und separater Alter-Persönlichkeiten eigentlich auch nicht als Rückfall bezeichnet werden. In anderen Fällen scheint es zeitweilig zum Verschmelzen der Alter-Persönlichkeiten zu kommen, doch ist dieser Zustand nicht von Dauer, und die Identitäten treten nach einer Weile wieder als separate Wesenheiten auf. Daß Fusionen nicht »halten« oder sich nach kurzer Zeit wieder auflösen, hängt gewöhnlich mit der unvollständigen Durcharbeitung von traumatischem Material zusammen, das in einer oder mehreren der involvierten Alter-Persönlichkeiten abgekapselt ist (Kluft 1986b). Manchmal lösen Patienten eine Fusion auch schon selbst nach kurzer Zeit absichtlich wieder auf, um dissoziative Abwehrmechanismen zur Bewältigung aktueller Belastungen nutzen zu können. In der Zeit unmittelbar nach der abschließenden Fusion verfügen viele Patienten kaum über nichtdissoziative Abwehrmechanismen, mit denen sie sich vor den Belastungen und Schmerzen des für sie noch ungewohnten »Single«-Lebens schützen können. Insofern ist es naheliegend, daß einige sich dafür entscheiden, zu dem ihnen vertrauteren Zustand des Lebens als Multiple zurückzukehren.

Eine weitere Ursachen für Rückfälle ist die Reaktivierung fusionierter Alter-Persönlichkeiten durch außerhalb der Behandlung auftauchende Schwierigkeiten, insbesondere solche, die mit traumatischem Material zusammenhängen. Der Tod eines Täters ist ein besonders wirksamer Aktivator bereits fusionierter Alter-Persönlichkeiten und kann noch Jahre nach der abschließenden Fusion zum Wiederauftreten von DIS bei einer zuvor stabil integrierten Patientin führen. Manche Patienten sind in der Lage, Alter-Persönlichkeiten zu unterdrücken oder eine Fusion für längere Zeit vorzutäuschen. In einem besonders ungewöhnlichen Fall, den ich verfolgt habe, tauchten drei Jahre nach der mutmaßlichen Integration erneut Alter-Persönlichkeiten auf. Allerdings hatte die Betreffende in dieser relativ ruhigen Periode signifikante Fortschritte erzielt, und diese blieben trotz des offenen Wiederauftauchens von Alter-Persönlichkeiten erhalten.

Therapeutische Interventionen beim Fehlschlagen von Fusionen

Wie die meisten Aspekte des therapeutischen Geschehens ist auch die Reaktion von Patienten auf fehlgeschlagene abschließende Fusionen komplex und facettenreich. Bestimmte Identitäten (z.B. die Gastgeber-Persönlichkeit) lassen angesichts der vollzogenen Fusion oft tiefe Enttäuschung erkennen, die sich schnell in Verzweiflung und Hoffnungslosigkeit verwandelt, in das Gefühl, daß sich nie etwas nennenswert verändern wird. Erneuerte oder neue Beweise für Gespaltenheit können in solchen Fällen Krisen und suizidales Verhalten verursachen. Die betroffenen Multiplen machen sich oft Sorgen darüber, daß der Therapeut sie ablehnen oder das Interesse an ihnen verlieren könnte, weil sie keinen »Erfolg« gehabt haben oder weil sie Hinweise auf das Fortbestehen abgetrennter Alter-Persönlichkeiten verborgen haben. Andere Identitäten mögen triumphieren, sich hämisch freuen und das Fehlschlagen der Fusion als ein Zeichen ihrer Macht und als einen Sieg im Kampf um die Kontrolle über das Leben des Patienten und über die Therapie ansehen.

Oft verstehen Multiple die Fusion und deren Fehlschlagen als einen großen Test. Zu allem Unglück verstärken Kliniker diese Einstellung oft noch, indem sie die Bedeutung der Fusion zu Lasten anderer Aspekte therapeutischen Fortschritts überbetonen. Fragen, die der Test unter anderem klären soll, sind: Ist der Therapeut in der Lage, die verdeckte Gespaltenheit zu entdecken, und stellt er auf dieser Grundlage seine Sensibilität gegenüber der inneren Welt der Patientin unter Beweis? Akzeptiert er, daß er im Hinblick auf die Fusion irregeführt oder belogen wurde? Akzeptiert er die Multiple auch dann noch, wenn klar ist, daß sie die Fusion nur vorgetäuscht hat? Wie wirkt es sich auf das Gefühl der Kompetenz bzw. der eigenen Großartigkeit des Therapeuten aus, wenn sich herausstellt, daß die Fusion nur vorgetäuscht war? Verfällt er in eine strafende Haltung, wenn er die Täuschung entdeckt? Diese und viele anderen Fragen können Gegenstand des Tests sein, der in den Augen von Multiplen nach dem Fehlschlagen oder dem Zusammenbrechen der vermeintlich abschließenden Fusion stattfindet.

Aufgrund jenes Verschwimmens der Therapiegrenzen, das Multiple oft verursachen, spiegeln die Reaktionen des Therapeuten oft diejenigen ihrer Patienten. Ich habe immer wieder beobachtet, wie kompetente Therapeuten von Gefühlen der Verzweiflung, Hilflosigkeit und Hoffnungslosigkeit überfallen wurden, als sie feststellten, daß eine Fusion fehlgeschlagen war, obwohl sie zuvor sicher gewesen waren, daß ihre Patientin durch dieselbe »geheilt« worden sei. Wut darüber, getäuscht worden zu sein, und die als beschämend empfundene eigene »Leichtgläubigkeit« verwandeln sich manchmal in Groll auf die Patientin und haben deren Ablehnung zur Folge. In einem extremen Fall kann es sein, daß der Therapeut die Behandlung an einen anderen Therapeuten abgibt, weil er sich nicht mehr in der Lage fühlt, der Patientin zu »helfen«.

Die Entdeckung neuer Alter-Persönlichkeiten und anderer Schichtenphänomene können Therapeuten zeitweilig sehr belasten. Sie sollten sich stets ihrer Gegenübertragungswünsche und ihres Bedürfnisses, ihre Patienten »heilen« zu können und die Behandlung »erfolgreich« abzuschließen, bewußt sein. Die meisten Therapeuten verspüren im Laufe der Behandlung vermutlich von Zeit zu Zeit das Bedürfnis, sich von DIS-Patienten zu trennen, und das beste Mittel, dies zu erreichen, wäre zweifellos, die Patienten zur Fusion zu geleiten und sie auf diese Weise zu »heilen«. Weil Multiple extrem sensibel für zwischenmenschliche Vorgänge sind, fangen sie solche Botschaften auf. Die Folge kann sein, daß sie ihrem Therapeuten zum Gefallen – oder um ihn zu einem späteren Zeitpunkt zu Fall zu bringen – eine Fusion vorspiegeln.

Stellt ein Therapeut fest, daß eine abschließende Fusion entweder fehlgeschlagen ist oder sich später wieder aufgelöst hat, muß er dies der betroffenen Patientin klar mitteilen. Hat die Multiple die Fusion bewußt vorgetäuscht, wird sie daraufhin Widerstand zeigen oder über die »Fakten« zu rechten beginnen. Der Therapeut sollte ihr daraufhin sagen, welche Beobachtungen seine Einschätzung, daß die Gespaltenheit weiterhin besteht, stützen. Dabei sollte man allerdings einen offenen Streit ebenso vermeiden, wie man den Forderungen der Patientin, zu »beweisen«, daß sie immer noch eine Multiple ist, nicht Rechnung tragen sollte. Dies ist nichts weiter als eine Variante der altbekannten Schwierigkeit, die Diagnose zu akzeptieren, die schon in der Anfangsphase der Behandlung eine so wichtige Rolle gespielt hat.

Die nächsten Schritte im Umgang mit einer fehlgeschlagenen Fusion sind im Grunde Wiederholungen bereits bekannter Verfahrensweisen. Zu neu entdeckten Alter-Persönlichkeiten sollte der Therapeut einzeln in Kontakt treten, er sollte Informationen über ihre Lebensgeschichte, ihre Funktion und ihre Stellung innerhalb des Persönlichkeitssystems sammeln und gleichzeitig die therapeutische Beziehung stärken. Bereits bekannte Identitäten, deren Fusion fehlgeschlagen ist oder die eine Fusion vorgetäuscht haben, müssen direkt angesprochen und alle noch nicht aufgelösten Traumata vollständig durchgearbeitet werden. Verbliebene Traumaerinnerungen und -affekte, die noch nicht adäquat untersucht wurden, sind wichtige Gründe für das Fehlschlagen von Fusionen. Andererseits ist ein solcher Fehlschlag kein Zeichen für einen schweren Rückschlag, sondern er unterstreicht nur, daß in der Therapie mit der Offenlegung und Durcharbeitung der schweren Traumata, die die Patientin erlebt hat, fortgefahren werden muß.

Erfahrungen mit Patienten, die nach langen Perioden scheinbarer Fusion Rückfälle erleiden, deuten darauf hin, daß die meisten dieser relativ spät eintretenden Zerfallserscheinungen keine vollständigen Rückfälle in die Multiplizität sind und sich oft auch leicht behandeln lassen (Kluft 1986b). Alter-Persönlichkeiten, die sich nach der Fusion anderer Identitäten verborgen gehalten haben, sind nach einer gewissen Vorbereitungsarbeit oft zur Fusion bereit. Vielfach haben diese Nachzügler abgewartet, um beobachten zu können, was mit den fusionierten Alter-Persönlichkeiten geschehen würde, und das, was sie beobachtet haben, hat ihre Sorgen beschwichtigt. Latente Alter-Persönlichkeiten, die durch die Fusion anderer reaktiviert worden und die daraufhin aufgetaucht sind, um das durch die Fusion entstandene Vakuum auszufüllen, sind gewöhnlich weniger energievoll und legen weniger Wert auf ihre Eigenständigkeit als jene, an deren Stelle sie getreten sind; folglich sind sie auch eher bereit, ihre Autonomie aufzugeben und zu fusionieren. Jene Alter-Persönlichkeiten, die durch die Fusion miteinander verbunden wurden und deren Fusion später durch unaufgelöste Probleme wieder hinfällig geworden ist, sind oft darauf aus, erneut fusioniert zu werden. Ich habe immer wieder erlebt, daß Alter-Persönlichkeiten nach einer fehlgeschlagenen Fusion zur Beschreibung dieses Erlebnisses die Metapher des

Puzzles benutzten. Sie berichteten über ein Gefühl des »Zusammenpassens«, das sie als natürlich und angenehm bezeichneten. Den Prozeß der wiederholten »abschließenden« Fusion verglichen sie mit dem Abrunden der Kanten eines Objekts, so daß dessen Einzelteile schließlich gut zusammenpassen.

Die Elemente der Behandlung nach einer Fusion

Warum es wichtig ist, die Behandlung nach der Fusion fortzusetzen

Unter erfahrenen DIS-Therapeuten besteht Einigkeit darüber, daß die abschließende Fusion aller Identitäten zwar ein wichtiger Meilenstein, aber nicht das Ende der Behandlung ist. Braun (1984c) schätzt, daß mit dem Erreichen der abschließenden Fusion etwa 70 Prozent der Behandlung bewältigt sind. Kluft (1984a) hat beobachtet, daß diese Vereinigung nur »ein Aspekt« der Behandlung und bei einigen Patienten sogar nebensächlich ist. kann. Patienten sollten die Behandlung so lange fortsetzen, bis bei ihnen ein neues Identitätsgefühl fest verankert ist und die durch die Fusion/Integration hervorgerufenen Probleme und Reaktionen durchgearbeitet sind.

Die Zeit nach der Fusion ist wichtig für die Konsolidierung der inneren Einheit und für die Entwicklung eines neuen und integrierten Selbstgefühls. Außerdem müssen die Patienten in dieser Zeit nichtdissoziative Bewältigungsmechanismen entwickeln und dieselben für den Umgang mit Streß und Krisen zu nutzen lernen. In der meist mindestens mehrere Monate umfassenden Periode nach der Fusion erleben die Patienten gewöhnlich eine Anzahl vorhersehbarer Reaktionen auf ihre neue Existenzform. Diese oft dysphorischen Reaktionen müssen verarbeitet werden, damit der Zustand der Fusion erhalten bleibt und die Patienten ihre Funktionsfähigkeit nicht verlieren. Der Therapeut muß in dieser Zeit aufmerksam jedes Anzeichen für verdeckte Multiplizität registrieren, und er täte außerdem gut daran, mit Hilfe von Klufts Protokoll und/oder anderer Verfahren zur Aufspürung verborgener Alter-Persönlichkeiten den Zustand der Patientin regelmäßig systematisch zu evaluieren.

Streßursachen in der Zeit nach der Fusion

Veränderungen in wichtigen Beziehungen Der neue Status der Patientin als fusionierte Multiple erfordert eine Veränderung ihres Selbstgefühls. Abgesehen von den Beobachtungen von Therapeuten, die mit solchen Patienten gearbeitet haben, ist über diesen Prozeß so gut wie nichts bekannt. Wie leicht es Patienten fällt, sich auf ihren neuen Seinszustand einzustellen, hängt vermutlich von verschiedenen Faktoren ab. Aufgrund meiner zugegebenermaßen begrenzten Erfahrung mit Patienten im Zustand der Fusion habe ich den Eindruck gewonnen, daß denjenigen, die eine Anzahl abschließender Fusionen und Rückfälle durchgemacht haben, bevor sie sich im Zustand der Fusion stabilisierten, ihre neue »Single«-Identität mehr behagte als Patienten, die nicht so viele Chancen erhalten hatten, das neue Selbstgefühl zu erleben. Im Gegensatz zu Kluft (1986b) bin ich der Meinung, daß das Lebensalter erwachsener DIS-Patienten sich auf deren Fähigkeit auswirkt, sich auf ihr neues Leben als Single umzustellen und für die Bewältigung von Streß nichtdissoziative Abwehrstrategien einzusetzen. Patienten, die zwanzig oder mehr Jahre ihres Erwachsenenlebens als Multiple verbracht haben, fällt es offenbar wesentlich schwerer, ihr Selbstbild umzustrukturieren, als Patienten, die den Zustand der Fusion in ihren Zwanzigern bis Mitte ihrer Dreißiger erreichen.

Die durch ein neues Identitätsgefühl aufgeworfenen Probleme sind gewöhnlich am deutlichsten und problematischsten, wenn Patienten sich mit der Notwendigkeit konfrontiert sehen, wichtige Beziehungen umzustrukturieren. Oft wird ihnen erst in dieser Situation klar, daß es vielen für sie wichtigen Bezugspersonen lieber wäre, wenn sie im Zustand der Gespaltenheit verblieben wären. Sie sehen sich starkem offenem oder verdecktem Druck ausgesetzt, »wieder so wie früher zu werden«. Einer der Vorteile, in deren Genuß Multiple aufgrund der Besonderheit ihres Zustandes gelangen, ist ihre Fähigkeit, sich einer für sie wichtigen Bezugsperson gegenüber stets zufriedenstellend verhalten zu können. Ursprungsfamilien reagieren oft sehr heftig auf eine gelungene Fusion und versuchen, sie rückgängig zu machen, die Behandlung zu unterminieren und die Patientin zu zwingen, wieder in ihren vorherigen Zustand zurückzukehren. Leider versuchen auch Ehepartner, Freunde und Kinder von Multiplen manchmal, die in der Behandlung erzielten Fortschritte zu revidieren, um weiterhin in den Genuß der Vorteile zu kommen, die sie aus der Multiplizität der Patientin ziehen. Multiple mit ihrer starken Tendenz, alte Traumata in aktuellen Beziehungen wiederaufleben zu lassen, unterhalten oft pathologische oder zumindest problematische Beziehungen, die diesen Prozeß der Neustrukturierung erschweren.

Therapeuten können den Patienten helfen, sich mit der von wichtigen Bezugspersonen offen und verdeckt an sie gestellten Forderung, weiterhin Multiple zu bleiben, kritisch auseinanderzusetzen. In ihrem neuen und noch fragilen Zustand der Einigung geben viele Patienten weiterhin sich selbst die gesamte Schuld an Problemen, die in ihren Beziehungen auftreten, und oft haben sie das Gefühl, daß *sie* sich verändern müssen, um einer Bezugsperson gerecht zu werden. Therapeuten sollten diesen Patienten helfen, die notwendigen Veränderungen in ihren Beziehungen durchzuführen, und ihnen vermitteln, wie sie erkennen können, wann andere Menschen unangemessene und pathologische Forderungen an sie stellen. Die Patienten benötigen in dieser Zeit viel Unterstützung und Bestätigung, und sie müssen lernen, den Druck und die Anforderungen, die auf ihnen lasten, in einem neuen Licht zu sehen.

Die Konfrontation mit Problemen, die zuvor durch Dissoziation vermieden wurden

Einer der schwierigsten Aspekte des Fusions- bzw. Integrationsprozesses ist, daß die Patienten dadurch mit vielen schmerzhaften Problemen konfrontiert werden, denen sie zuvor durch Dissoziation aus dem Weg gegangen sind. Wenn sich nach der Fusion der Nebel der Dissoziation lichtet und die Patientin ihr früheres und gegenwärtiges Leben zum ersten Mal als Ganzes sieht, tritt gewöhnlich die gewaltige Unordnung in diesem Leben zutage. Die mit dem Erreichen der Einheit verbundene anfängliche Euphorie weicht bald einer tiefen Depression, weil die Patientin sich gezwungen sieht, sich mit all den Problemen auseinanderzusetzen, derer sie sich zuvor nicht bewußt war oder die sie durch dissoziative Verhaltensweisen gemieden hat. Jede Patientin hat ihre eigene Last zu tragen, doch die meisten sehen sich damit konfrontiert, einerseits die Realität ihrer Traumata oder Mißbrauchserlebnisse zu akzeptieren und andererseits die Verantwortung für den Schmerz und das Leiden, die sie selbst verursacht haben, zu übernehmen.

Auch wenn eine Multiple während eines großen Teils der Therapie mit der Verarbeitung erlebter Traumata beschäftigt war, steht ihr immer noch bevor, nach der Fusion/Integration zu einem neuen Verstehen und Akzeptieren dieser Erlebnisse zu gelangen. Die retrospektive Betrachtung dieser Erfahrungen in ihrem lebensgeschichtlichen Zusammenhang statt als Erinnerungssplitter verändert ihre Sichtweise vollständig. Möglicherweise empfindet sie die Auswirkungen dieser neuen Art, die Dinge zu sehen, zeitweilig als verheerend, weil sie das Schreckliche, das ihr angetan wurde, nun besser versteht. Solange sie noch Multiple war, vermochte sie widersprüchliche Gefühle dem Täter gegenüber problemlos nebeneinander stehen zu lassen. Im Zustand der Fusion ist dies nicht mehr so leicht möglich, weil dieser sie zwingt, sich mit den unterschiedlichen Sichtweisen auseinanderzusetzen und mit ihrer Gegensätzlichkeit fertig zu werden. Der Therapeut muß der Patientin helfen, ihre Lebensgeschichte als kontinuierliche Erfahrung und Erinnerung zu assimilieren und gleichzeitig das neue kontinuierliche Selbstgefühl zu integrieren, das nun den Lauf der Ereignisse begleitet. Nicht selten werden in dieser Phase weitere Traumata – nun jedoch nicht mehr durch separate Identitäten personifiziert – entdeckt und mit Hilfe von Abreaktionen verarbeitet.

Außerdem muß sich die Patientin mit den Konsequenzen ihres eigenen Tuns auseinandersetzen. Vermutlich hat sie als Multiple die Verantwortung für einen großen Teil der Traumata, unter denen sie gelitten hat, sich selbst gegeben, obwohl sie auf diese Geschehnisse kaum Einfluß hatte. Hingegen hat sie in ihrer Zeit als Multiple oft die Verantwortung für ihre eigenen verletzenden oder schädigenden Handlungen anderen gegenüber ignoriert. Nach der Fusion müssen diese Diskrepanzen aufgelöst werden. Die Verantwortung für das eigene Tun zu übernehmen ist für Patienten oft sehr schmerzhaft, insbesondere wenn die Betroffenen der Ehepartner oder die Kinder sind. Wenn sie diese Verantwortung auf sich nehmen, müssen sie vom Therapeuten getröstet und unterstützt und ihnen muß zu verstehen geholfen werden, daß sie krank waren und oft reflexhaft anderen das angetan haben, womit ursprünglich sie selbst gepeinigt wurden.

Trauerarbeit Neu fusionierte/integrierte Multiple müssen auch Trauerarbeit leisten. Die Patienten müssen ihre Vergangenheit betrauern, den Verlust einer idealisierten Sicht ihrer Eltern bzw. der Täter und den Verlust dessen, was sie hätten sein und tun können, wären sie nicht durch Dissoziation gespalten gewesen. Auch müssen sie den Verlust der Alter-Persönlichkeiten betrauern. Kluft (1983) hat diese Situation als die »Einsamkeit nach der Fusion« bezeichnet. Für Patienten, die vor der Fusion ein isoliertes Leben führten, fungierten die Alter-Persönlichkeiten häufig als Gefährten. Eine Patientin hat gesagt: »Ich konnte ganz mit mir allein sein und war doch nie allein. Jetzt fühle ich mich einsam.« Ein Therapeut muß das Trauern um den verlorenen Zustand der Teilung unterstützen. Man sollte nie vergessen, daß das Leben als Multiple für die Patientin zwar schmerzhaft und schwierig war, aber andererseits auch eine lebensrettende Lösung und Zuflucht in unerträglichen Augenblicken. Die innere Welt vieler Mutipler enthält Elemente von feenhafter Schönheit, der Vollkommenheit und des Friedens, die die Betreffenden nach der Fusion aufgeben müssen. Über diesen Verlust sollte gesprochen und er sollte betrauert werden.

Meine Erfahrung lehrt mich, daß bei dieser Trauerarbeit auch noch ein weiterer Bereich zu berücksichtigen ist: die Enttäuschung des Patienten über die Erfahrung der Fusion/Integration. Selbst wenn die Bedeutung der Fusion/Integration von Patienten bewußt heruntergespielt wird, haben die Betreffenden starke Erwartungen bezüglich dessen, welche Freuden sie als vereinigte Persönlichkeit erwarten. Viele Multiple bringen ihre Frustration über die Unfähigkeit von »Singles«, ihren Welten gegenüber Anteilnahme zu zeigen, zum Ausdruck, doch haben sie selbst meinen Beobachtungen zufolge ebenso große Schwierigkeiten damit, zu verstehen, was es bedeutet, eine vereinigte Persönlichkeit zu sein. Sie verbinden den Zustand der Fusion oft mit sehr unrealistischen Erwartungen. Nach der Fusion setzt dann sehr bald eine Desillusionierung ein, weshalb man den Betroffenen helfen sollte, die damit für sie verbundene Enttäuschung zu durchleben und auszudrücken. Diese realistischen Gefühle sind mit dem Loslassen der Geteiltheit und dem Akzeptieren der Unvollkommenheiten und des Schmerzes der Welt, so wie »Singles« sie kennen, fest verbunden.

Erwägungen zur therapeutischen Arbeit in der Zeit nach der Fusion

Ebenso wie mit dem Aspekt der Fusion/Integration beschäftigt sich die klinische Literatur auch mit der Therapie in der Phase nach der Fusion nur sehr flüchtig. Alle Autoren sind sich darin einig, daß die Behandlung auch nach der abschließenden Fusion fortgesetzt werden muß und daß dies den Patienten von Anfang an klargemacht werden muß. Kluft (1983) weist darauf hin, daß man bei nach der Fusion auftretenden Schwierigkeiten beruhigend und bestärkend auf die Patienten einwirken muß, eventuell unter Verwendung ichstärkend wirkender hypnotischer Techniken. Braun (1984c) weist auf einige hypnotische Techniken hin, die nach seiner Auffassung für die Arbeit nach der Fusion von Nutzen sind. Er empfiehlt, den Patienten Techniken der Selbsthypnose beizubringen, falls sie diese noch nicht beherrschen. Seiner Meinung nach sind diese nützlich zur Förderung der Entspannung, für die Entwicklung von Selbstsicherheit und für das Durchspielen von Situationen in der Phantasie. Die in Kapitel 9 beschriebenen Techniken zur Induktion tiefer Trancezustände werden allgemein als nützlich sowohl vor als auch nach Erreichen der Integration angesehen (Braun 1984c). Brassfield (1983) weist auf die Notwendigkeit hin, weiter an der Aufdeckung und Bewältigung von Traumata zu arbeiten und Verluste zu betrauern, damit es nicht zu Rückfällen in dissoziative Bewältigungsmethoden kommt.

Ein Bereich, in dem frisch fusionierte/integrierte Patienten viel Hilfe zu benötigen scheinen, ist das Erkennen und die Identifikation von Gefühlen. In der Vergangenheit waren starke Affekte für sie wichtige Gründe für die Erzeugung neuer Alter-Persönlichkeiten, so daß dieselben hinter dissoziative Barrieren verbannt wurden. Patienten, die soeben den Zustand der Vereinigung erreicht haben, fällt es gewöhnlich schwer, ihre Gefühle auch nur zu identifizieren, und sie fürchten sich vor der Intensität mancher Affekte. Ein Therapeut sollte diesem Problem gegenüber wachsam sein und seinen Patienten helfen, Gefühle zu benennen und zwischen ihnen und früheren Erlebnissen Beziehungen herzustellen. Sie müssen lernen, Gefühle in angemessener Weise auszudrücken und ebenso angemessen auf die Gefühle anderer Menschen zu reagieren, insbesondere wenn es sich um starke Affekte handelt. Die Fähigkeit, starke Gefühle zu identifizieren, auszudrücken und adäquat und auf nichtdissoziative Weise zu beantworten, ist eine der wichtigsten Aufgaben, mit denen Patienten sich in der Zeit nach der Fusion auseinandersetzen müssen.

Mit uneindeutigen Gefühlen kommen Patienten, die soeben den Zustand der Einheit erreicht haben, meist besonders schlecht zurecht. Als Multiple konnten sie in solch einem Fall zwischen verschiedenen Identitäten hin- und herwechseln, wobei jede von diesen relativ rein ein bestimmtes Gefühl oder eine bestimmte Sichtweise personifizierte. Gewöhnlich blieb es den Patienten so erspart, mit dem gleichzeitigen Erleben intensiver widersprüchlicher Gefühle fertig zu werden. Als fusionierte Multiple sind sie gezwungen, die Angst und die innere Unruhe zu empfinden, die mit gemischten oder ambivalenten Gefühlen verbunden sind. Die Intensität und Belastung, die mit dem Erleben gemischter Gefühlszustände einhergehen, werden von der Patientin und/oder dem Therapeuten manchmal als neue dissoziative Spaltung mißverstanden.

Die Sozialisation soeben fusionierter/integrierter Multipler ist eine komplexe und sehr umfassende Aufgabe, an deren Bewältigung sich ein Therapeut nicht ohne Unterstützung heranwagen sollte. Dies ist ein guter Zeitpunkt, um die Patientin zur Arbeit in Gruppen, die sich mit bestimmten Problemen befassen – beispielsweise mit Selbstsicherheitstraining, sozialer Kompetenz und elterlichen Pflichten –, aufzufordern. Außerdem sollte sie angespornt werden, ihre sozialen Beziehungen zu pflegen und den Kontakt zu alten oder entfremdeten Freunden wieder aufzunehmen. Die meisten integrierten Patienten, die ich kenne, berichten, daß sie sich auf die Dauer besser und glücklicher fühlen als in ihrer Zeit als Multiple.

Zusammenfassung

Das letzte Kapitel dieses Buches beschäftigte sich mit zwei der kompliziertesten Bereiche der Behandlung von DIS: der Krisenintervention und der therapeutischen Auflösung. Krisen treten während einer DIS-Behandlung so häufig auf, daß man geradezu mit ihnen rechnen muß. Sie entstehen, wenn irgendein Ereignis oder ein Druckfaktor das fragile Gleichgewicht des Persönlichkeitssystems stört oder seine Fähigkeit, mit Schwierigkeiten fertig zu werden, außer Funktion setzt. Multiple sind extrem anfällig für Krisen und verfügen meist über nur geringe äußere Ressourcen und wenig Unterstützung, die ihnen in solchen schwierigen Augenblicken helfen.

Das Voraussehen möglicher Probleme und die Vorbereitung auf sie sind die besten Möglichkeiten, die Entstehung von Krisen zu verhindern. Abtasten des Persönlichkeitssystem auf seine Schwächen und Stärken, Voraussehen der Existenz verborgener Alter-Persönlichkeiten und des Fehlschlagens von Fusionen sowie die Entwicklung von Plänen für den Umgang mit potentiellen Traumata tragen alle zur Verhinderung und zur Bewältigung von Krisen bei. Einige Krisen kann man im voraus kommen sehen, darunter solche, die durch die Entdeckung neuer Alter-Persönlichkeiten, das Fehlschlagen von Fusionen und die Behelligung durch Traumaverursacher hervorgerufen werden. Außerdem müssen Therapeuten ein hohes Maß an »Hintergrundgeräuschen« tolerieren können, und sie müssen sehr umsichtig auf Provokationen, Drohungen und Kämpfe um Kontrolle von seiten der Patienten reagieren.

Im Krisenfall sollte keine Mühe gescheut werden, die beteiligten Alter-Persönlichkeiten zu identifizieren und mit ihnen zu verhandeln. Suizidversuche und selbstschädigendes Verhalten sind die wichtigsten Krisenauslöser. Eine stationäre Behandlung kann in Krisenfällen notwendig sein, doch sollten zuvor verschiedene andere Interventionen versucht werden, darunter das Schließen von Verträgen, der Versuch, wütenden Alter-Persönlichkeiten die Möglichkeit zur Abreaktion zu geben, Symptomsubstitution, Stärkung von Beschützer-Persönlichkeiten und die Anwendung hypnotischer Techniken. Dissoziative Krisen (z.B. Fugues und schnelles Switching) werden gewöhnlich durch Konflikte innerhalb des Persönlichkeitssystems gespeist oder durch die Intrusion überwältigender traumatischer Erinnerungen ausgelöst. Systemkonflikte lassen sich gut durch direkte Arbeit mit den involvierten Alter-Persönlichkeiten beilegen, wohingegen man an intrusiven Traumaerinnerungen mit Hilfe von Abreaktion arbeiten kann. Krisen, bei denen akute somatische Symptome auftreten, können auf ähnliche Weise überwunden werden. Medizinische und äußere Interventionen sind zwar manchmal erforderlich, doch verkomplizieren sie die

Problematik häufig noch und wirken sich außerdem oft erschwerend auf die Behandlung aus.

Obwohl momentan viele Kliniker hinsichtlich der bei der DIS erzielbaren Behandlungsergebnisse aufgrund eigener Erfahrungen optimistisch sind, ist über die generellen therapeutischen Resultate von DIS-Behandlungen kaum etwas Handfestes bekannt. Eine gute Prognose scheint vom Engagement der Patientin für die Therapie und für die angestrebten Veränderungen abzuhängen, weiterhin von ihrer Bereitschaft, nichtdissoziative Bewältigungsstrategien zu nutzen, sowie von ihrem Mangel an Interesse an der Aufrechterhaltung des Zustandes der Multiplizität und der Einzigartigkeit und Eigenständigkeit der Alter-Persönlichkeiten. In weniger kompliziert gelagerten Fällen, wenn die Zahl der Alter-Persönlichkeiten sowie der Traumata begrenzt ist und auch keine zusätzliche Pathologie der Achse II des DSM besteht, bestehen bessere Heilungsaussichten. Doch selbst bei adäquater Behandlung erreichen viele DIS-Patienten wahrscheinlich kein einheitliches Selbstgefühl, obgleich im allgemeinen eine deutliche Funktionsverbesserung eintritt. Wenn es zur Fusion kommt, ist dieser eine ausgedehnte Phase des Wiedergewinnens und Durcharbeitens dissoziierter Affekte und Erinnerungen vorausgegangen, und auch ein Unbehagen darüber, weiterhin geteilt zu bleiben, hat sich manifestiert. Fusionszeremonien haben sich als nützlich zur Konkretisierung dieser psychischen Neustrukturierung erwiesen.

Mit Rückfällen und der Entdeckung verborgener Schichten von Alter-Persönlichkeiten muß nach einer Fusion gerechnet werden. Ob dieselbe wirklich stabil ist, kann durch regelmäßige systematische Überprüfungen des Persönlichkeitssystems festgestellt werden. Selbst bei Erreichen der abschließenden Fusion bleibt noch viel Arbeit. Neue Möglichkeiten zur Bewältigung der Belastungen des Lebens müssen entwickelt werden, Neudefinitionen wichtiger Beziehungen ausgehandelt und pathologische Forderungen, den Zustand der Geteiltheit wiederherzustellen, müssen bearbeitet werden. Der Verlust der Alter-Persönlichkeiten erfordert oft Trauerarbeit, und neue, ungewohnte Gefühle der Ambivalenz müssen aufgespürt und bewältigt werden. Trotz ihrer Komplexität und aller Schwierigkeiten kann die Behandlung von DIS-Patienten eine sehr befriedigende und für einen Therapeuten in vielerlei Hinsicht sehr lehrreiche Erfahrung sein.

Literatur

Abeles, M. u. Schilder, P. (1935). Psychogenic loss of personal identity. *Archives of Neurology and Psychiatry, 34:* 587-604.

Akhtar, S. u. Brenner, I. (1979). Differential diagnosis of fugue-like states. *Journal of Clinical Psychiatry, 40:* 381-385.

Alexander, V. K. (1956). A case study of a multiple personality. *Journal of Abnormal and Social Psychology, 52:* 272-276.

Allison, R. B. (1974a). A new treatment approach for multiple personalities. *American Journal of Clinical Hypnosis, 17:* 15-32.

—, 1974b). A guide to parents: How to raise your daughter to have multiple personalities. *Family Therapy, 1:* 83-88.

—, (1978a). A rational psychotherapy plan for multiplicity. *Svensk Tidskrift für Hypnos, 3-4:* 9-16.

—, (1978b). Psychotherapy of multiple personality. Paper presented at the annual meeting of the American Psychiatric Association, Atlanta, May.

—, (1978c). On discovering multiplicity. *Svensk Tidskrift für Hypnos, 2:* 4-8.

—, u. Schwartz, T. (1980). *Minds in Many Pieces.* New York, Rawson, Wade.

Ambrose, G. (1961). *Hypnotherapy with Children.* London, Staples Press.

American Psychiatric Association (1980a). *Diagnostic and Statistical Manual of Mental Disorders, Third Edition.* Washington, DC, APA.

—, (1980b). *A Psychiatric Glossary, Fifth Edition.* Washington, DC, APA.

—, (1987). *Diagnostic and Statistical Manual of Mental Disorders, Third Edition Revised.* Washington, DC, APA.

Andorfer, J. C. (1985). Multiple personality in the human information-processor: A case history and theoretical formulation. *Journal of Clinical Psychology, 41:* 309-324.

Archibald, H. C. u. Tuddenham, R. D. (1965). Persistent stress reaction after combat: A 20 year follow-up. *Archives of General Psychiatry, 12:* 475-481.

Azam, E. E. (1887). *Hpynotisme, Double Conscience et Altération de la Personnalité* (Préface de J. M. Charcot). Paris, J. B. Ballière.

Barkin, R. u. Braun, B. G. u. Kluft, R. P. (1986). The dilemma of drug treatment for multiple personality disorder patients. In Braun, B. G. (Ed.), *The Treatment of Multiple Personality Disorder.* Washington, DC, American Psychiatric Press.

Baum, E. A. (1978). Imaginary companions of two children. *Journal of the American Academy of Child Psychiatry, 49:* 324-330.

Beahrs, J. O. (1982). *Unity and Multiplicity.* New York, Brunner/Mazel.

—, (1983). Co-consciousness: A common denominator in hypnosis, multiple personality, and normalcy. *American Journal of Clinical Hypnosis, 26:* 100-113.

Beal, E. W. (1978). Use of the extended family in the treatment of multiple personality. *American Journal of Psychiatry, 135:* 539-542.

Benson, D. F. u. Miller, B. L. u. Signer, S. F. (1986). Dual personality associated with epilepsy. *Archives of Neurology, 43:* 471-474.

Benson, R. M. u. Pryor, D. B. (1973). »When friends fall out«: Developmental interference with the function of some imaginary companions. *Journal of the American Psychoanalytic Association,* 21: 457-473.

Berman, E. (1974). Multiple personality: Theoretical approaches. *Journal of the Bronx State Hospital,* 2: 99-107.

Bernheim, K. F. u. Levine, R. R. J. (1979). *Schizophrenia: Symptoms, Causes, Treatments.* New York, Norton.

Bernstein, E. u. Putnam, F. W. (1986). Development, reliability and validity of a dissociation scale. *Journal of Nervous and Mental Disease, 174:* 727-735.

Berrington, W. P. u. Liddell, D. W. u. Foulds, G. A. (1956). A re-evaluation of the fugue. *Journal of Mental Science, 102:* 208-286.

Bettelheim, B. (1979). *Surviving and Other Essays.* New York, Harcourt Brace Jovanovich.

Blank, A. S. (1985). The unconscious flashback to the war in Viet Nam veterans: Clinical mystery, legal defense, and community problem. In Sonnenberg, S. M. u. Blank, A. S. u. Talbot, J. A. (Eds.), *The Trauma of War.* Washington, DC, American Psychiatric Press.

Bliss, E. L. (1980). Multiple personalities: A report of 14 cases with implications for schizophrenia and hysteria. *Archives of General Psychiatry, 37:* 1388-1397.

—, (1983). Multiple personalities, related disorders, and hypnosis. *American Journal of Clinical Hypnosis, 26:* 114-123.

—, (1984a). Spontaneous self-hypnosis in multiple personality disorder. *Psychiatric Clinics of North America, 7:* 135-148.

—, (1984b). A symptom profile of patients with multiple personalities, including MMPI results. *Journal of Nervous and Mental Disease, 172:* 197-202.

—, (1986). *Multiple Personality, Allied Disorders and Hypnosis.* N. Y., Oxford University Press.

—, u. Bliss, J. (1985). *Pris: Andrea's World.* New York, Stein u. Day.

—, u. Jeppsen, E. A. (1985). Prevalence of multiple personality among inpatients and outpatients. *American Journal of Psychiatry, 142:* 250-251.

—, u. Larson, E. M. (1985). Sexual criminality and hypnotizability. *Journal of Nervous and Mental Disease, 173:* 522-526.

—, u. Larson, E. M. u. Nakashima, S. R. (1983). Auditory hallucinations and schizophrenia. *Journal of Nervous and Mental Disease, 171:* 30-33.

Bluhm, H. (1949). How did they survive? *American Journal of Psychotherapy, 2:* 3-32.

Boor, M. (1982). The multiple personality epidemic: Additional cases and inferences regarding diagnosis, etiology, dynamics and treatment. *Journal of Nervous and Mental Disease, 170:* 302-304.

—, u. Coons, P. M. (1983). A comprehensive bibliography of literature pertaining to multiple personality. *Psychological Reports, 53:* 295-310.

Bowers, M. K. u. Brecher-Marer, S. u. Newton, B. W. u. Piotrowski, Z. u. Spyer, T. C. u. Taylor, W. S. u. Watkins, J. G. (1971). Therapy of multiple personality. *International Journal of Clinical and Experimental Hypnosis, 19:* 57-65.

Brandsma, J. M. u. Ludwig, A. M. (1974). A case of multiple personality: Diagnosis and therapy. *International Journal of Clinical and Experimental Hypnosis, 22:* 216-233.

Brassfield, P. A. (1980). *A discriminative study of a multiple personality.* Ann Arbor, MI, University Microfilms International.

—, (1983). Unfolding patterns of the multiple personality through hypnosis. *American Journal of Clinical Hypnosis, 26:* 146-152.

Braun, B. G. (1980). Hypnosis for multiple personalities. In Wain, H. (Ed.), *Clinical Hypnosis in Medicine.* Chicago, Year Book Medical.

—, (1983a). Psychophysiologic phenomena in multiple personality and hypnosis. *American Journal of Clinical Hypnosis, 26:* 124-137.

—, (1983b). Neurophysiological changes in multiple personality due to integration: A preliminary report. *American Journal of Clinical Hypnosis, 26:* 84-92.

—, (1984a). Foreword to symposium on multiple personality. *Psychiatric Clinics of North America, 7:* 1-2.

—, (1984b). Hypnosis creates multiple personality: Myth or reality? *International Journal of Clinical and Experimental Hypnosis, 32:* 191-197.

—, (1984c). Uses of hypnosis with multiple personalities. *Psychiatric Annals, 14:* 34-40.

—, (1984d). Towards a theory of multiple personality and other dissociative phenomena. *Psychiatric Clinics of North America, 7:* 171-193.

—, (1985). The transgenerational incidence of dissociation and multiple personality disorder: A preliminary report. In Kluft, R.P. (Ed.), *The Childhood Antecedents of Multiple Personality.* Washington, DC, American Psychiatric Press.

—, (1986). Issues in the psychotherapy of multiple personality. In Braun, B.G. (Ed.), *The Treatment of Multiple Personality Disorder.* Washington, DC, American Psychiatric Press.

—, u. Braun, R. (1979). Clinical aspects of multiple personality. Paper presented at the annual meeting of the American Psychiatric Association, Chicago, May.

—, u. Sachs, R.G. (1985). The development of multiple personality disorder: Predisposing, precipitation, and perpetuating factors. In Kluft, R.P. (Ed.), *The Childhood Antecedents of Multiple Personality.* Washington, DC, American Psychiatric Press.

Brende, J.O. (1984). The psychophysiologic manifestations of dissociation. *Psychiatric Clinics of North America, 7:* 41-50.

—, u. Benedict, B.D. (1980). The Vietnam combat delayed stress response syndrome: Hypnotherapy of »dissociative symptoms«. *American Journal of Clinical Hypnosis, 23:* 34-40.

—, u. Rinsley, D.B. (1981). A case of multiple personality with psychological automatisms. *Journal of the American Academy of Psychoanalysis, 2:* 129-151.

Brenman, M. u. Gill, M.M. u. Knight, R. (1952). Spontaneous fluctuations in depth of hypnosis and their implications for ego function. *International Journal of Psycho-Analysis, 33:* 22-23.

Breuer, J. u. Freud, S. (1895). *Studies on hysteria.* New York, Basic Books, 1957. (dt.: Studien über Hysterie. Frankfurt a. M., Fischer, 1991.)

Brown, G.W. (1983). Multiple personality disorder, a perpetrator of child abuse. *Child Abuse and Neglect, 7:* 123-126.

Browne, A. u. Finkelhor, D. (1986). Impact of child sexual abuse: A review of the research. *Psychological Bulletin, 99:* 66-77.

Burks, B.S. (1942). A case of primary and secondary personalities showing co-operation toward mutual goals. *Psychological Bulletin, 39:* 462.

Carlson, E.T. (1981). The history of multiple personalities in the United States: I. The beginnings. *American Journal of Psychiatry, 138:* 666-668.

—, (1982). Jane C. Rider and her somnambulistic vision. *Histoire des Sciences Médicales, 17:* 110-114.

—, (1984). The history of multiple personality in the United States: Mary Reynolds and her subsequent reputation. *Bulletin of the History of Medicine, 58:* 72-82.

—, u. Putnam, F.W. (1988). Unpublished data.

Caul, D. (1978a). Treatment philosophies in the management of multiple personality. Paper presented at the annual meeting of the American Psychiatric Association, Atlanta, May.

—, (1978b). Hypnotherapy in the treatment of multiple personality. Paper presented at the annual meeting of the American Psychiatric Association, Atlanta, May.

—, (1983). On relating to multiple personalities. Paper presented at the annual meeting of the American Psychiatric Association, New York.

—, (1984). Group and videotape techniques for multiple personality disorder. *Psychiatric Annals, 14:* 43-50.

—, (1985a). Caveat curator: Let the caretaker beware. Paper presented at the annual meeting of the American Psychiatric Association, Dallas, May.

—, (1985b). Group therapy and the treatment of MPD. Paper presented at the annual meeting of the American Psychiatric Association, Dallas, May.

—, (1985c). Inpatient management of multiple personality disorder. Paper presented at the annual meeting of the American Psychiatric Association, Dallas, May.

—, (1985d). Determining the prognosis in the treatment of multiple personality disorder. Paper presented at the annual meeting of the American Psychiatric Association, Dallas, May.

Cocores, J. u. Santa, W. u. Patel, M. (1984). The Ganser syndrome: Evidence suggesting its classification as a dissociative disorder. *International Journal of Psychiatry in Medicine, 14:* 47-56.

Confer, W. N. u. Ables, B. S. (1983). *Multiple Personality: Etiology, Diagnosis, and Treatment.* New York, Human Sciences Press.

Congdon, M. H. u. Hain, J. u. Stevenson, I. (1961). A case of multiple personality illustrating the transition from role-playing. *Journal of Nervous and Mental Disease, 132:* 497-504.

Coons, P. M. (1980). Multiple personality: Diagnostic considerations. *Journal of Clinical Psychiatry, 41:* 330-336.

—, (1984). The differential diagnosis of multiple personality: A comprehensive review. *Psychiatric Clinics of North America, 7:* 51-65.

—, (1985). Children of parents with multiple personality disorder. In Kluft, R. P. (Ed.), *The Childhood Antecedents of Multiple Personality.* Washington, DC, American Psychiatric Press.

—, (1986). Treatment progress in 20 patients with multiple personality disorder. *Journal of Nervous and Mental Disease, 174:* 715-721.

—, u. Bradley, K. (1985). Group psychotherapy with multiple personality patients. *Journal of Nervous and Mental Disease, 173:* 515-521.

—, u. Milstein, V. (1984). Rape and post-traumatic stress in multiple personality. *Psychological Reports, 55:* 839-845.

—, u. Milstein, V. (1986). Psychosexual disturbances in multiple personality: Characteristics, etiology and treatment. *Journal of Clinical Psychiatry, 47:* 106-110.

—, u. Sterne, A. L. (1986). Initial and follow-up psychological testing on a group of patients with multiple personality disorder. *Psychological Reports; 58:* 43-49.

Cory, C. E. (1919). A divided self. *Journal of Abnormal Psychology, 14:* 281-291.

Crabtree, A. (1986). Dissociation: Explanatory concepts in the first half of the twentieth century. In Quen, J. M. (Ed.), *Split Minds / Split Brains.* New York, New York University Press.

Culpin, M. (1931). *Recent Advances in the Study of the Psychoneuroses.* London, J. u. A. Churchill.

Cutler, B. u. Reed, J. (1975). Multiple personality: A single case study with a 15 year follow-up. *Psychological Medicine, 5:* 18-26.

Damgaard, J. u. Benschoten, S. V. u. Fagan, J. (1985). An updated bibliography of literature pertaining to multiple personality. *Psychological Reports, 57:* 131-137.

Danesino, A. u. Daniels, J. u. McLaughlin, T. J. (1979). Jo-Jo, Josephine, and Jonanne: A study of multiple personality by means of the Rorschach test. *Journal of Personality Assessment, 43:* 300-313.

Davidson, K. (1964). Episodic depersonalization: Observations on 7 patients. *British Journal of Psychiatry, 110:* 505-513.

Davis, P. H. u. Osherson, A. (1977). The concurrent treatment of a multiple-personality woman and her son. *American Journal of Psychotherapy, 31:* 504-515.

Devinsky, O. u. Putnam, F. W. u. Grafman, J. u. Bromfield, E. u. Theodore, W. H. (1988). Dissociative states and epilepsy. Unpublished manuscript.

Dickes, R. (1965). The defensive function of an altered state of consciousness. A hypnotic state. *Journal of the American Psychoanalytic Association, 13:* 356-403.

Dixon, J. C. (1963). Depersonalization phenomena in a sample population of college students. *British Journal of Psychiatry, 109:* 371-375.

Dor-Shav, K. N. (1978). On the long-range effects of concentration camp internment on Nazi victims. 35 years later. *Journal of Consulting and Clinical Psychology, 46:* 1-11.

Ellenberger, H. F. (1970). *The Discovery of the Unconscious: The History and Evolution of Dynamic Psychiatry.* New York, Basic Books.

Elliot, D. (1982). State intervention and childhood multiple personality disorder. *Journal of Psychiatry and the Law, 10:* 441-456.

Emde, R. N. u. Gaensbauer, T. J. u. Harmon, R. J. (1976). *Emotional Expression in Infancy: A Biobehavioral Study (Psychological Issues,* Monograph 37, Vol. 10). New York, International Universities Press.

Enoch, M. D. u. Trethowan, W. H. (1979). *Uncommon Psychiatric Syndromes.* Bristol, Wright.

Erickson, M. H. u. Erickson, E. M. (1941). Concerning the nature and character of post-hypnotic behavior. *Journal of General Psychology, 24:* 95-133.

—, u. Kubie, L. S. (1939). The permanent relief of an obsessional phobia by means of communications with an unsuspected dual personality. *Psychoanalytic Quarterly, 8:* 471-509.

Ewalt,. J. R. u. Crawford, D. (1981). Posttraumatic stress syndrome. *Current Psychiatric Therapy, 20:* 145-153.

Fagan, J. u. McMahon, P. (1984) Incipient multiple personality in children: Four cases. *Journal of Nervous and Mental Disease, 172:* 26-36.

Fenichel, O. (1945). *The Psychoanalytic Theory of Neurosis.* New York, Norton. (dt.: Psychoanalytische Neurosenlehre. Bd. 1-3. Düsseldorf, Walter, 1988.)

Ferenczi, S. (1934). Gedanken über das Trauma. *Internationale Zeitschrift für Psychoanalyse, 20:* 5-12.

Fischer, K. W. u. Pipp, S. L. (1984). Development of the structures of unconscious thought. In Bowers, K. u. Meichenbaum, D. (Eds.), *The Unconscious Reconsidered.* New York, Wiley.

Fisher, C. (1945). Amnesic states in war neuroses: The psychogenesis of fugues. *Psychoanalytic Quarterly, 14:* 437-468.

—, (1947). The psychogenesis of fugue states. *American Journal of Psychotherapy, 1:* 211-220.

Fisher, S. (1973). *Body Consciousness.* London, Calder u. Boyars.

Fliess, R. (1953). The hypnotic evasion: A clinical observation. *Psychoanalytic Quarterly, 22:* 497-511.

Frankel, F. H. (1976). *Hypnosis: Trance as a Coping Mechanism.* New York, Plenum.

—, (1979). Scales measuring hypnotic responsivity: A clinical perspective. *American Journal of Clinical Hypnosis, 21:* 208-218.

—, u. Orne, M. T. (1976). Hypnotizability and phobic behavior. *Archives of General Psychiatry, 37:* 1036-1040.

Frankenthal, K. (1969). Autohypnosis and other aids for survival in situations of extreme stress. *International Journal of Clinical and Experimental Hypnosis, 17:* 153-159.

Frankl, V. E. (1962). *Man's Search for Meaning: An Introduction to Logotherapy.* Boston, Beacon. (dt.: Der Mensch vor der Frage nach dem Sinn. Auswahl aus dem GW. München, Piper, 1985.)

Freud, S. (1941). A disturbance of memory on the Acropolis. *International Journal of Psycho-Analysis, 22:* 93-101. (dt.: Eine Erinnerungsstörung auf der Akropolis. Brief an Romain Rolland. In: Almanach der Psychoanalyse 1937, Wien 1936.)

—, u. Breuer, J. (1893). On the psychical mechanism of hysterical phenomena. In *Collected Papers, Vol. 1.* London, International Psychoanalytic Press, 1924. (dt.: [1893]. Über den psychischen Mechanismus hysterischer Phänomene. *Neurologisches Zeitblatt, 12:* 4-10, 43-47.)

Fullerton, D. T. u. Harvy, R. F. u. Klein, M. H. u. Howell, T. (1981). Psychiatric disorders in patients with spinal cord injuries. *Archives of General Psychiatry, 38:* 1369-1371.

Gardner, G. G. (1974). Hypnosis with children and adolescents. *International Journal of Clinical and Experimental Hypnosis, 22:* 20-38.

—, (1977). Hypnosis with infants and preschool children. *American Journal of Clinical Hypnosis, 19:* 158-162.

—, u. Olness, K. (1981). *Hypnosis and Hypnotherapy with Children.* New York, Grune u. Stratton.

Geleerd, E.R. (1956). Clinical contribution to the problem of the early mother-child relationship. *Psychoanalytic Study of the Child, 11:* 336-351.

—, u. Hacker, F.J. u. Rapaport, D. (1945). Contribution to the study of amnesia and allied conditions. *Psychoanalytic Quarterly, 14:* 199-220.

Goddard, H.H. (1926). A case of dual personality. *Journal of Abnormal and Social Psychology, 21:* 170-191.

Greaves, G.B. (1980). Multiple personality: 165 years after Mary Reynolds. *Journal of Nervous and Mental Disease, 168:* 577-596.

Green, C. (1968). *Out-of-the-Body Experiences.* London, Hamish Hamilton.

Green, R. u. Money, J. (1969). *Transsexualism and Sex Reassignment.* Baltimore, Johns Hopkins University Press.

Greyson, B. (1985). A typology of near-death experiences. *American Journal of Psychiatry, 142:* 967-969.

Grinker, R.R. u. Spiegel, J.P. (1943). *War Neuroses in North America.* New York, Josiah, Macy, Jr., Foundation.

Gruenewald, D. (1977). Multiple personality and splitting phenomena: A reconceptualization. *Journal of Nervous and Mental Disease, 164:* 385-393.

Hale, E. (1983). Inside the divided mind. *New York Times Magazine,* April 17, pp. 100-106.

Halifax, J. (1982). *Shaman: The Wounded Healer.* New York, Crossroad.

Hall, R.C. u. LeCann, A.F. u. Schoolar, J.C. (1978). Amobarbital treatment of multiple personality. *Journal of Nervous and Mental Disease, 166:* 666-670.

Harner, M. (1982). *The Way of the Shaman.* New York, Bantam.

Harper, M. (1969). Deja vu and depersonalization in normal subjects. *Australian and New Zealand Journal of Psychiatry, 3:* 67-74.

Harriman, P.L. (1937). Some imaginary companions of older subjects. *American Journal of Orthopsychiatry, 7:* 368-370.

—, (1942a). The experimental production of some phenomena related to the multiple personality. *Journal of Abnormal and Social Psychology, 37:* 244-255.

—, (1942b). The experimental induction of a multiple personality. *Psychiatry, 5:* 179-186.

—, (1943). A new approach to multiple personalities. *American Journal of Orthopsychiatry, 13:* 638-643.

Hart, B. (1926). The concept of dissociation. *British Journal of Medical Psychology, 10:* 241-263.

Hart, H. (1954). ESP projection: Spontaneous cases and the experimental method. *Journal of the American Society for Psychical Research, 48:* 121-141.

Hart, W.L. u. Ebaugh, F. u. Morgan, D.C. (1945). The amytal interview. *American Journal of Medical Sciences, 210:* 125-131.

Henderson, J.L. u. Moore, M. (1944). The psychoneuroses of war. *New England Journal of Medicine, 230:* 273-279.

Herman, J. (1986). Recovery and verification of memories of childhood sexual trauma. Paper presented at the annual meeting of the American Psychiatric Association, Washington, DC, May.

Herold, C.M. (1941). Critical analysis of the elements of psychic functions. Part I. *Psychoanalytic Quarterly, 10:* 513-544.

Herzog, A. (1984). On multiple personality: Comments on diagnosis and therapy. *International Journal of Clinical and Experimental Hypnosis, 22:* 216-233.

Hilgard, E.R. (1965). *Hypnotic Susceptibility.* New York, Harcourt Brace Jovanovich.

—, (1973). A neodissociation interpretation of pain reduction in hypnosis. *Psychological Review, 80:* 396-411.

—, (1977). *Divided Consciousness: Multiple Controls in Human Thought and Action.* N. Y., Wiley.

—, (1984). The hidden observer and multiple personality. *International Journal of Clinical and Experimental Hypnosis, 32:* 248-253.

Horevitz, R.P. (1983). Hypnosis for multiple personality disorder: A framework for beginning. *American Journal of Clinical Hypnosis, 26:* 138-145.

—, u. Braun, B.G. (1984). Are multiple personalities borderline? *Psychiatric Clinics of North America, 7:* 69-88.

Horowitz, M.J. (1985). Disasters and psychological responses to stress. *Psychiatric Annals, 15:* 161-167.

Horsley, J.S. (1943). *Narcoanalysis.* New York, Oxford Medical Publications.

Horton, P. u. Miller, D. (1972). The etiology of multiple personality. *Comprehensive Psychiatry, 13:* 151-159.

Hurlock, E.B. u. Burstein, W. (1932). The imaginary playmate. *Journal of General Psychology, 41:* 380-392.

Irwin, H.J. (1980). Out of the body down under: Some cognitive characteristics of Australian students reporting OOBEs. *Journal of the Society for Psychical Research, 50:* 448-459.

Jacobson, E. (1977). Depersonalization. *Journal of the American Psychoanalytic Association, 7:* 581-609.

Jahoda, G. (1969). *The Psychology of Superstition.* London, Hogarth Press.

Janet, P. (1889). *L'Automatisme Psychologique.* Paris, Alcan.

—, (1890). *The Major Symptoms of Hysteria.* New York, Macmillan.

Jeans, R.F. (1976). The three faces of Evelyn: A case report. I. An independently validated case of multiple personalities. *Journal of Abnormal Psychology, 85:* 249-255.

John, R. u. Hollander, B. u. Perry, C. (1983). Hypnotizability and phobic behavior: Further supporting data. *Journal of Abnormal Psychology, 92:* 390-392.

Kales, A. u. Kales, J.D. (1974). Sleep disorders: Recent findings in the diagnosis and treatment of disturbed sleep. *New England Journal of Medicine, 290:* 487-499.

—, u. Paulson, M. u. Jacobson, A. u. Kales, J.D. (1966a). Somnambulism: Psychophysiological correlates. II. Psychiatric interviews, psychological testing, and discussion. *Archives of General Psychiatry, 14:* 595-604.

—, u. Paulson, M. u. Jacobson, A. u. Kales, J.D. u. Walter, R.D. (1966b). Somnambulism: Psychophysiological correlates. I. All-night EEG studies. *Archives of General Psychiatry, 14:* 586-594.

—, u. Soldatos, C.R. u. Caldwell, A.B. u. Kales, J.B. u. Humphery, F.J. u. Charney, D.S. u. Schweitzer, P.K. (1980). Somnambulism. *Archives of General Psychiatry, 37:* 1406-1410.

Kampman, R. (1974). Hypnotically induced multiple personality: An experimental study. *Psychiatria Fennica, 10:* 201-209.

—, (1975). The dynamic relation of the secondary personality induced by hypnosis to the present personality. *Psychiatria Fennica, 11:* 169-172.

—, (1976). Hypnotically induced multiple personality: An experimental study. *International Journal of Clinical and Experimental Hypnosis, 24:* 215-227.

Kanzer, M. (1939). Amnesia: A statistical study. *American Journal of Psychiatry, 96:* 711-716.

Kempe, C.H. u. Silverman, F.N. u. Steele, B.F. u. Droegemueller, W. u. Silver, H.K. (1962). The battered-child syndrome. *Journal of the American Medical Association, 181:* 17-24.

Kempf, E.F. (1915). Some studies in the psychopathology of acute dissociation of the personality. *Psychoanalytic Review, 2:* 361-389.

Kennedy, A. u. Neville, J. (1957). Sudden loss of memory. *British Medical Journal, vii:* 428-433.

Kenny, M.G. (1981). Multiple personality and spirit possession. *Psychiatry, 44:* 337-358.

—, (1984). »Miss Beauchamp's« true identity. *American Journal of Psychiatry, 141:* 920.

Kirshner, L.A. (1973). Dissociative reactions: An historical review and clinical study. *Acta Psychiatrica Scandinavica, 49:* 698-711.

Kiraly, S. J. (1975). Folie à deux. *Canadian Psychiatric Association Journal, 20:* 223-227.

Kline, M. V. (1976). Emotional flooding: A technique in sensory hypnoanalysis. In Olsen, P. (Ed.), *Emotional Flooding.* New York, Human Sciences Press.

Kline, N. u. Angst, J. (1979). *Psychiatric Syndroms and Drug Treatment.* New York, Jason Aronson.

Kluft, R. P. (1982). Varieties of hypnotic interventions in the treatment of multiple personality. *American Journal of Clinical Hypnosis, 24:* 230-240.

—, (1983). Hypnotherapeutic crisis intervention in multiple personality. *American Journal of Clinical Hypnosis, 26:* 73-83.

—, (1984a). Treatment of multiple personality disorder. A study of 33 cases. *Psychiatric Clinics of North America, 7:* 9-29.

—, (1984b). Multiple personality disorder in childhood. *Psychiatric Clinics of North America, 7:* 135-148.

—, (1984c). An introduction to multiple personality disorder. *Psychiatric Annals, 14:* 19-24.

—, (1984d). Aspects of the treatment of multiple personality disorder. *Psychiatric Annals, 14:* 51-55.

—, (1985a). The natural history of multiple personality disorder. In Kluft, R. P. (Ed.), *The Childhood Antecedents of Multiple Personality.* Washington, DC, American Psychiatric Press.

—, (1985b). Childhood multiple personality disorder: Predictors, clinical findings, and treatment results. In Kluft, R. P. (Ed.), *The Childhood Antecedents of Multiple Personality.* Washington, DC, American Psychiatric Press.

—, (1985c). On malingering and MPD: Myths and realities. Paper presented at Multiple Personality Disorder and the Legal System, a workshop given at the annual meeting of the American Psychiatric Association, Dallas, May.

—, (1985d). The treatment of multiple personality disorder (MPD): Current concepts. In Flach, F. F. (Ed.), *Directions in Psychiatry.* New York, Hatherleigh.

—, (1985e). Using hypnotic inquiry protocols to monitor treatment progress and stability in multiple personality disorder. *American Journal of Clinical Hypnosis, 28:* 63-75.

—, (1986a). The simulation and dissimulation of multiple personality disorder by defendants. Paper presented at the annual scientific meeting of the American Society of Clinical Hypnosis, Seattle, March 20.

—, (1986b). Personality unification in multiple personality disorder (MPD). In Braun, B. G. (Ed.), *The Treatment of Multiple Personality Disorder.* Washington, DC, American Psychiatric Press.

—, (1986c). Preliminary observations on age regression in multiple personality disorder patients before and after integration. *American Journal of Clinical Hypnosis, 28:* 147-156.

—, (1987). First-rank symptoms as a diagnostic clue to multiple personality disorder. *American Journal of Psychiatry, 144:* 293-298.

—, u. Braun, B. G. u. Sachs, R. (1984). Multiple personality, intrafamilial abuse and family psychiatry. *International Journal of Family Psychiatry, 5:* 283-301.

Kolb, L. C. (1985). The place of narcosynthesis in the treatment of chronic and delayed stress reactions of war. In Sonnenberg, S. M. u. Blank, A. S. u. Talbott, J. A. (Eds.), *The Trauma of War.* Washington, DC, American Psychiatric Press.

Krystal, H. (1969). *Massive Psychic Trauma.* New York, International Universities Press.

Langs, R. J. (1974a). *The Technique of Psychoanalytic Psychotherapy, Vol. 1.* N. Y., Jason Aronson.

—, (1974b). *The Technique of Psychoanalytic Psychotherapy, Vol. 2.* New York, Jason Aronson.

Larmore, K. u. Ludwig, A. M. u. Cain, R. L. (1977). Multiple personality – An objective case study. *British Journal of Psychiatry, 131:* 35-40.

Leavitt, H. C. (1947). A case of hypnotically produced secondary and tertiary personalities. *Psychoanalytic Review, 34:* 274-295.

Levenson, J. u. Berry, S. L. (1983). Family intervention in a case of multiple personality. *Journal of Marital and Family Therapy, 9:* 73-80.

Levitan, H. (1980). The dream in traumatic states. In Natterson, J.M. (Ed.), *The Dream in Clinical Practice*. New York, Jason Aronson.

Lief, H.I. u. Dingman, J.F. u. Bishop, M.P. (1962). Psychoendocrinologic studies in a male with cyclic changes in sexuality. *Psychosomatic Medicine, 24:* 357-368.

Lindy, J.B. (1985). The Trauma membrane and other clinical concepts derived from psychotherapeutic work with survivors of natural disasters. *Psychiatric Annals, 15:* 153-160.

Lipton, S.D. (1943). Dissociated personality: A case report. *Psychiatric Quarterly, 17:* 33-56.

Lister, E.D. (1982). Forced silence: A neglected dimension of trauma. *American Journal of Psychiatry, 139:* 872-876.

Loewald, H.W. (1955). Hypnoid state, repression, abreaction and recollection. *Journal of the American Psychoanalytic Association, 3:* 201-210.

Loewenstein, R.J. u. Hamilton, J. u. Alagna, S. u. Reid, N. u. Devries, M. (1987). Experiential sampling in the study of multiple personality disorder. *American Journal of Psychiatry, 144:* 19-21.

—, u. Putnam, F.W. u. Duffy, C. u. Escobar, J. u. Gerner, R. (1986). Males with mutiple personality disorder. Paper presented at the 3rd annual meeting of the International Society for the Study of Multiple Personality and Dissociative States, Chicago, September.

London, P. (1965). Developmental experiments in hypnosis. *Journal of Projective Techniques and Personality Assessment, 29:* 189-199.

—, u. Cooper, L.M. (1969). Norms of hypnotic susceptibility in children. *Developmental Psychology, 1:* 113-124.

Lovinger, S.L. (1983). Multiple personality: A theoretical view. *Psychotherapy: Theory, Research, and Practice, 20:* 425-434.

Lovitt, R. u. Lefkof, G. (1985). Understanding multiple personality with the comprehensive Rorschach system. *Journal of Personality Assessment, 49:* 289-294.

Ludlow, C. u. Putnam, F. W. (1988). Unpublished data.

Ludwig, A.M. (1966). Altered states of consciousness. *Archives of General Psychiatry, 15:* 225-234.

—, (1983). The psychobiological functions of dissociation. *American Journal of Clinical Hypnosis, 26:* 93-99.

—, u. Brandsma, J.M u. Wilbur, C.B. u. Bendfeldt, F. u. Jameson, H. (1972). The objective study of a multiple personality. *Archives of General Psychiatry, 26:* 298-310.

Luparello, T.J. (1970). Features of fugue: A unified hypothesis of regression. *Journal of the American Psychoanalytic Association, 18:* 379-398.

Maoz, B. u. Pincus, C. (1979). The therapeutic dialogue in narco-analytic treatments. *Psychotherapy: Theory, Research, and Practice, 16:* 91-97.

Marcos, L.R. u. Trujillo, M. (1978). The sodium amytal interview as a therapeutical modality. *Current Psychiatric Therapies, 18:* 129-136.

Marmer, S.S. (1980a). The dream in dissociative states. In: Natterson, J. M. (Ed.). *The Dream in Clinical Practice*. New York, Jason Aronson.

—, (1980b). Psychoanalysis of multiple personality. *International Journal of Psycho-Analysis, 61:* 439-459.

Mason, R.O. (1893). Duplex personality. *Journal of Nervous and Mental Disease, 18:* 593-598.

—, (1895). Duplex personality: Its relation to hypnotism and to lucidity. *Journal of Nervous and Mental Disease, 22:* 420-423.

Mayeux, R. u. Alexander, M. u. Benson, F. u. Brandt, J. u. Rosen, J. (1979). Poriomania. *Neurology, 29:* 1616-1619.

Mayo, T. (1845). Case of double consciousness. *Medical Gazette* (London, New Series), *1:* 1202-1203.

McKellar, P. (1977). Autonomy, imagery, and dissociation. *Journal of Mental Imagery, 1:* 93-108.

Messerschmidt, R. (1927-1928). A quantitative investigation of the alleged independent operation of conscious and subconscious processes. *Journal of Abnormal and Social Psychology, 23:* 325-340.

Mesulam, M.M. (1981). Dissociative states with abnormal temporal lobe EEG: Multiple personality and the illusion of possession. *Archives of Neurology, 38:* 178-181.

Miller, R.D. (1984). The possible use of auto-hypnosis as a resistance during hypnotherapy. *International Journal of Clinical and Experimental Hypnosis, 32:* 236-247.

Mischel, W. u. Mischel, F. (1958). Psychological aspects of spirit possession. *American Anthropologist, 60:* 249-260.

Mitchell, S.W. (1888). Mary Reynolds: A case of double consciousness. *Transactions of the College of Physicians of Philadelphia, 10:* 366-389.

Money, J. (1974). Two names, two wardrobes, two personalities. *Journal of Homosexuality, 1:* 65-78.

—, u. Primrose, C. (1968). Sexual dimorphism and dissociation in the psychology of male transsexuals. *Journal of Nervous and Mental Disease, 147:* 472-486.

Morselli, G.E. (1930). Sulla dissoziazione mentale. *Rivista Sperimentale di Freniatria, 54:* 209-322.

Morton, J.H. u. Thoma, E. (1964). A case of multiple personality. *American Journal of Clinical Hypnosis, 6:* 216-225.

Murphy, G. (1947). *Personality. A Biosocial Approach to Origins and Structure.* New York, Harper u. Row.

Myers, D. u. Grant, G. (1970). A study of depersonalization in students. *British Journal of Psychiatry, 121:* 59-65.

Myers, F.W.H. (1886). Multiplex personality. *Proceedings of the society for Psychical Research, 4:* 496-514.

Myers, W.A. (1976). Imaginary companions, fantasy twins, mirror dreams and depersonalization. *Psychoanalytic Quarterly, 45:* 503-524.

Nagera, H. (1969). The imaginary companion: Its significance for ego development and conflict solution. *Psychoanalytic Study of the Child, 24:* 165-196.

Nemiah, J.C. (1981). Dissociative disorders. In Freeman, A.M. u. Kaplan, H.I. (Eds.), *Comprehensive Textbook of Psychiatry, Third Edition.* Baltimore, Williams u. Wilkins.

Nissen, M.J. u. Ross, J.L. u. Willingham, D.B. u. MacKenzie, T.B. u. Schacter, D.L. (1988). Memory and awareness in a patient with multiple personality disorder. *Brain and Cognition, 8:* 117-134.

Noyes, R. u. Hoenk, P.R. u. Kupperman, B.A. (1977). Depersonalization in accident victims and psychiatric patients. *Journal of Nervous and Mental Disease, 164:* 401-407.

—, u. Kletti, R. (1977). Depersonalization in response to life-threatening danger. *Psychiatry, 18:* 375-384.

—, u. Slymen, D.J. (1978-1979). The subjective response to life-threatening danger. *Omega, 9:* 313-321.

O'Brien, P. (1985). The diagnosis of multiple personality syndromes: Overt, covert, and latent. *Comprehensive Therapy, 11:* 59-66.

Oesterreich, T.K. (1966). *Possession: Demoniacal and Other among Primitive Races in Antiquity, the Middle Ages, and Modern Times.* New York, New York University Press.

Orne, M.T. (1977). The construct of hypnosis: Implications of the definition for research and practice. *Annals of the New York Academy of Sciences, 296:* 14-33.

Palmer, J. u. Dennis, M. (1975). *A Community Mail Survey of Psychic Experiences in Research in Parapsychology.* Metuchen, NJ, Scarecrow Press.

—, u. Lieberman, R. (1975). The influence of psychological set on ESP and out-of-body experiences. *Journal of the American Society for Psychical Research, 69:* 193-213.

—, u. Vasser, C. (1974). ESP and out-of-body experiences: An exploratory study. *Journal of the American Society for Psychical Research, 68:* 257-280.

Pattison, E.M. u. Wintrob, R.M. (1981). Possession and exorcism in contemporary America. *Journal of Operational Psychiatry, 12:* 13-20.

Peck, M.W. (1922). A case of multiple personality: Hysteria or dementia praecox. *Journal of Abnormal and Social Psychology, 17:* 274-291.

Perry, J.C. u. Jacobs, D. (1982). Overview: Clinical applications of the amytal interview in psychiatric emergency settings. *American Journal of Psychiatry, 139:* 552-559.

Pettinati, H.M. u. Horne, R.L. u. Staats, J.M. (1985). Hypnotizability in patients with anorexia nervosa and bulimia. *Archives of General Psychiatry, 42:* 1014-1016.

Piotrowski, Z.A. (1977). The movement responses. In Rickers-Ovsiankina, M. (Ed.), *Rorschach Psychology.* Huntington, NY, Robert E. Krieger.

Place, M. (1984). Hypnosis and the child. *Journal of Child Psychology and Psychiatry, 25:* 339-347.

Prechtl, H.F.R. u. O'Brien, M.J. (1982). Behavioral states of the full term newborn: Emergence of a concept. In Stratton, P. (Ed.), *Psychobiology of the Human Newborn.* New York, Wiley.

—, u. Theorell, K. u. Blair, A.W. (1973). Behavioral state cycles in abnormal infants. *Developmental Medicine and Child Neurology, 15:* 606-615.

Prince, M. (1890). Some of the revelations of hypnotism. In Hale, N.G. (Ed.), *Morton Prince: Psychotherapy and Multiple Personality, Selected Essays.* Cambridge, MA, Harvard University Press, 1975.

—, (1906). *Dissociation of a Personality.* New York, Longman, Green.

—, (1909a). Experiments to determine co-conscious (subconscious) ideation. *Journal of Abnormal Psychology, 3:* 33-42.

—, (1909b). The psychological principles and field of psychotherapy. In Hale, N.G. (Ed.), *Morton Prince: Psychotherapy and Multiple Personality, Selected Essays.* Cambridge, MA, Harvard University Press, 1975.

—, (1929). *Clinical and Experimental Studies in Personality.* Cambridge, MA, Sci-Art.

—, u. Peterson, F. (1908). Experiments in psycho-galvanic reactions from co-conscious (subconscious) ideas in a case of multiple personality. *Journal of Abnormal Psychology, 3:* 114-131.

Prince, W.F. (1917). The Doris case of quintuple personality. *Journal of Abnormal Psychology, 11:* 73-122.

Putnam, F.W. (1984a). The psychophysiological investigation of multiple personality disorder: A review. *Psychiatric Clinics of North America, 7:* 31-41.

—, (1984b). The study of multiple personality disorder. General strategies and practical considerations. *Psychiatric Annals, 14:* 58-62.

—, (1985a). Dissociation as a response to extreme trauma. In Kluft, R.P. (Ed.), *The Childhood Antecedents of Multiple Personality.* Washington, DC, American Psychiatric Press.

—, (1985b). Multiple personality. *Medical Aspects of Human Sexuality, 19:* 59-74.

—, (1985c). Pieces of the mind: Recognizing the psychological effects of abuse. *Justice for Children, 1:* 6-7.

—, (1986a). The scientific investigation of multiple personality disorder. In Quen, J.M. (Ed.), *Split Minds / Split Brains.* New York, New York University Press.

—, (1986b). The treatment of multiple personality: State of the art. In Braun, B.G. (Ed.), *The Treatment of Multiple Personality Disorder.* Washington, DC, American Psychiatric Press.

—, (1988a). The disturbance of »self« in victims of childhood sexual abuse. In Kluft, R.P. (Ed.), *Incest-Related Syndromes of Adult Psychopathology.* Washington, DC, American Psychiatric Press.

—, (1988b). Unpublished data.

—, (1988c), The switch process in multiple personality disorder and other statechange disorders. *Dissociation, 1:* 24-32.

—, u. Guroff, J.J. u. Silberman, E.K. u. Barban, L. u. Post, R.M. (1986). The clinical phenomenology of multiple personality disorder: A review of 100 recent cases. *Journal of Clinical Psychiatry, 47:* 285-293.

—, u. Loewenstein, R.J. u. Silberman, E.K. u. Post, R.M. (1984). Multiple personality in a hospital setting. *Journal of Clinical Psychiatry, 45:* 172-175.

—, u. Post, R. M. (1988). Multiple personality disorder: An analysis and review of the syndrome. Unpublished manuscript.

Quimby, L. C. u. Andrei, A. u. Putnam, F. W. (1986). De-institutionalization of chronic MPD patients. Paper presented at the 3rd annual meeting of the International Society for the Study of Multiple Personality and Dissociative States, Chicago, September.

Rapaport, D. (1942). *Emotions and Memory*. (Menninger Clinic Monograph Series No. 2). Baltimore, Williams u. Wilkins.

—, (1971). *Emotions and Memory*. New York, International Universities Press.

Ravenscroft, K. (1965). Voodoo possession: A natural experiment in hypnosis. *International Journal of Clinical and Experimental Hypnosis, 13:* 157-182.

Redlich, F. C. u. Ravitz, L. J. u. Dession, G. H. (1951). Narcoanalysis and truth. *American Journal of Psychiatry, 107:* 586-593.

Rendon, M. (1977). The dissociation of dissociation. *International Journal of Social Psychiatry, 23:* 240-243.

Ribot, T. (1910). *The Diseases of Personality*. Chicago, Kegan Paul, Trench, Trubner.

Riggall, R. M. (1931). A case of multiple personality. *Lancet, ii:* 846-848.

Roberts, W. (1960). Normal and abnormal depersonalization. *Journal of Mental Science, 106:* 478-493.

Rosen, H. u. Myers, H. J. (1947). Abreaction in the military setting. *Archives of Neurology and Psychiatry, 57:* 161-172.

Rosenbaum, M. (1980). The role of the term schizophrenia in the decline of multiple personality. *Archives of General Psychiatry, 37:* 1383-1385.

—, u. Weaver, G. M. (1980). Dissociated state: Status of a case after 38 years. *Journal of Nervous and Mental Disease, 168:* 597-603.

Ross, C. A. (1984). Diagnosis of a multiple personality during hypnosis: A case report. *International Journal of Clinical and Experimental Hypnosis, 32:* 222-235.

Rubenstein, R. u. Newman, R. (1954). The living out of »future experiences« under hypnosis. *Science, 119:* 472-473.

Russell, D. (1986). The incest legacy. *The Sciences, 26:* 28-32.

Sabom, M. B. (1982). *Recollections of Death: A Medical Investigation*. New York, Harper u. Row.

Sachs, R. G. u. Braun, B. G. (1985). The evolution of an outpatient multiple personality disorder group: A seven year study. Paper presented at the 2nd annual meeting of the International Society for the Study of Multiple Personality and Dissociative States, Chicago, October.

—, u. Braun, B. G. (1986). The role of social support systems in the treatment of multiple personality disorder. In Braun, B. G. (Ed.), *The Treatment of Multiple Personality Disorder*. Washington, DC, American Psychiatric Press.

Salley, R. D. (1988). Subpersonalities with dreaming functions in a patient with multiple personalities. *Journal of Nervous and Mental Disease, 176:* 112-115.

Saltman, V. u. Solomon, R. (1982). Incest and multiple personality. *Psychological Reports, 50:* 1127-1141.

Sargant, W. u. Slater, E. (1941). Amnesic syndromes in war. *Proceedings of the Royal Society of Medicine, 34:* 757-764.

Schapiro, S. A. (1975-1976). A classification for out-of-body phenomena. *Journal of Altered States of Consciousness, 2:* 259-265.

Schenk, L. u. Bear, D. (1981). Multiple personality and related dissociative phenomena in patients with temporal lobe epilepsy. *American Journal of Psychiatry, 138:* 1311-1315.

Schreiber, F. R. (1974). *Sybil*. New York, Warner Paperbacks.

Sedman, G. (1966). Depersonalization in a group of normal subjects. *British Journal of Psychiatry, 112:* 907-912.

Seeman, M. V. (1980). Name and identity. *Canadian Journal of Psychiatry, 25:* 129-137.

Shelley, W. B. (1981). Dermatitis artefacta induced in a patient by one of her multiple personalities. *British Journal of Dermatology, 105:* 587-589.

Shiels, D. (1978). A cross cultural study of beliefs in out of the body experiences. *Journal of the American Society for Psychical Research, 49:* 697-741.

Shorvon, H. J. (1946). The depersonalization syndrome. *Proceedings of the Royal Society of Medicine, 39:* 779-792.

—, u. Sargant, W. (1947). Excitatory abreaction: With special reference to its mechanism and the use of ether. *Journal of Mental Science, 43:* 709-732.

Silber, A. (1979). Childhood seduction, parental pathology and hysterical symptomatology: The genesis of an altered state of consciousness. *International Journal of Psycho-Analysis, 60:* 109-116.

Silberman, E. K. u. Putnam, F. W. u. Weingartner, H. u. Braun, B. G. u. Post, R. M. (1985). Dissociative states in multiple personality disorder: A quantitative study. *Psychiatry Research, 15:* 253-260.

Simpson, M. M. u. Carlson, E. T. (1968). The strange sleep of Rachel Baker. *Academy Bookman, 21:* 3-13.

Slater, E. u. Roth, M. (1974). *Clinical Psychiatry, Third Edition.* Baltimore, Williams u. Wilkins.

Smith, J. R. (1985). Rap groups and group therapy for Viet Nam veterans. In Sonnenberg, S. M. u. Blank, A. S. u. Talbott, J. A. (Eds.), *The Trauma of War.* Washington, DC, American Psychiatric Press.

Solomon, R. (1983). The use of the MMPI with multiple personality patients. *Psychological Reports, 53:* 1004-1006.

—, u. Solomon, V. (1982). Differential diagnosis of multiple personality. *Psychological Reports, 51:* 1187-1194.

—, u. Solomon, V. (1984). Unusual case: The sexuality of a multiple personality. *Human Sexuality, 18:* 235.

Sonnenberg, S. M. u. Blank, A. S. u. Talbott, J. A. (Eds.) (1985). *The Trauma of War.* Washington, DC, American Psychiatric Press.

Spanos, N. P. u. Ansari, F. u. Henderikus J. S. (1979). Hypnotic age regression and eidetic imagery: A failure to replicate. *Journal of Abnormal Psychology, 88:* 88-91.

—, u. Weekes, J. R. u. Bertrand, L. D. (1985). Multiple personality: A social psychological perspective. *Journal of Abnormal Psychology, 94:* 362-376.

Spiegel, D. (1984). Multiple personality as a post-traumatic stress disorder. *Psychiatric Clinics of North America, 7:* 101-110.

Spiegel, H. (1963). The dissociation-association continuum. *Journal of Nervous and Mental Disease, 136:* 374-378.

—, (1981). Hypnosis: Myth and reality. *Psychiatric Annals, 11:* 16-23.

—, u. Spiegel, D. (1978). *Trance and Treatment.* New York, Basic Books.

Stamm, J. L. (1969). The problems of depersonalization in Freud's »Disturbance of memory on the Acropolis.« *American Imago, 26:* 356-372.

Stengel, E. (1941). On the aetiology of fugue states. *Journal of Mental Science, 87:* 572-599.

—, (1943). Further studies on pathological wandering (fugues with the impulse to wander). *Journal of Mental Science, 89:* 224-241.

Stern, C. R. (1984). The etiology of multiple personalities. *Psychiatric Clinics of North America, 7:* 149-160.

Stevenson, I. u. Pasricha, S. (1979). A case of secondary personality with xenoglossy. *American Journal of Psychiatry, 136:* 1591-1592.

Stone, C. W. (1916). Dual personality. *The Ohio State Medical Journal, 12:* 672-673.

Sutcliffe, J. P. u. Jones, J. (1962). Personal identity, multiple personality, and hypnosis. *International Journal of Clinical and Experimental Hypnosis, 10:* 231-269.

Taylor, E. (1982). *William James on Exceptional Mental States: The 1896 Lowell Lectures.* New York, Scribner's.

Taylor, W. S. u. Martin, M. F. (1944). Multiple personality. *Journal of Abnormal and Social Psychology, 39:* 281-300.

Thames, L. (1984). Limit setting and behavioral contracting with the client with multiple personality disorder. Paper presented at the 1st International Meeting on Multiple Personality and Dissociative Disorders, Chicago, September.

Thigpen, C.H. u. Cleckley, H. (1954). A case of multiple personality. *Journal of Abnormal and Social Psychology, 49:* 135-151.

—, Cleckley, H. (1957). *The Three Faces of Eve.* New York, McGraw-Hill.

Torrie, A. (1944). Psychosomatic casualties in the Middle East. *Lancet, 29:* 139-143.

Tuchman, B.W. (1978). *A Distant Mirror: The Calamitous 14th Century.* New York, Knopf.

Twemlow, S.W. u. Gabbard, G.O. u. Jones, F.C. (1985). The out-of-body experience: A phenomenological typology based on questionnaire responses. *American Journal of Psychiatry, 139:* 450-455.

Varma, V.K. u. Bouri, M. u. Wig, N.N. (1981). Multiple personality in India: Comparisons with hysterical possession state. *American Journal of Psychotherapy, 35:* 113-120.

Victor, G. (1975). Grand hysteria or folie à deux? *American Journal of Psychiatry, 132:* 202.

Vonnegut, K. (1970). *Slaughterhouse Five.* London, Panther Books.

Wagner, E.E. (1978). A theoretical explanation of the dissociative reaction and a confirmatory case presentation. *Journal of Personality Assessment, 42:* 312-316.

—, u. Allison, R.B. u. Wagner, C.F. (1983). Diagnosing multiple personalities with the Rorschach: A confirmation. *Journal of Personality Assessment, 47:* 143-149.

—, u. Heise, M. (1974). A comparison of Rorschach records of three multiple personalities. *Journal of Personality Assessment, 38:* 308-331.

Walker, J.I. (1982). Chemotherapy of traumatic war stress. *Military Medicine, 147:* 1029-1033.

Watkins, J.G. (1971). The affect bridge: A hypnoanalytic technique. *International Journal of Clinical and Experimental Hypnosis, 19:* 21-27.

Weitzenhoffer, A.M. (1980). Hypnotic susceptibility revisited. *American Journal of Clinical Hypnosis, 22:* 130-146.

Weitzman, E.L. u. Shamoain, C.A. u. Golosow, N. (1970). Identity diffusion and the transsexual resolution. *Journal of Nervous and Mental Disease, 151:* 295-302.

West, L.J. (1967). Dissociative reaction. In Freeman, A.M. u. Kaplan, H.I. (Eds.), *Comprehensive Textbook of Psychiatry.* Baltimore, Williams u. Wilkins.

White, R.W. u. Shevach, B.J. (1942). Hypnosis and the concept of dissociation. *Journal of Abnormal and Social Psychology, 37:* 309-328.

Wholey, C.C. (1926). Moving picture demonstration of transition states in a case of multiple personality. *Psychoanalytic Review, 13:* 344-345.

Wilbur, C.B. (1982). Psychodynamic approaches to multiple personality. Paper presented at Multiple Personality: Diagnosis and Treatment, a workshop given at the annual meeting of the American Psychiatric Association, Toronto, May.

—, (1984a). Multiple personality and child abuse. *Psychiatric Clinics of North America, 7:* 3-7.

—, (1984b). Treatment of multiple personality. *Psychiatric Annals, 14:* 27-31.

—, (1985). The effect of child abuse on the psyche. In Kluft, R.P. (Ed.), *The Childhood Antecedents of Multiple Personality.* Washington, DC, American Psychiatric Press.

Williams, D.T. (1985). Hypnosis as a psychotherapeutic adjunct with children and adolescents. *Psychiatric Annals, 11:* 47-54.

Wilson, S.C. u. Barber, T.X. (1982). The fantasy-prone personality: Implications for understanding imagery, hypnosis and parapsychology. In Sheikh, A.A. (Ed.), *Imagery: Current Theory, Research and Application.* New York, Wiley.

Wise, T.N. u. Reading, A.J. (1975). A woman with dermatitis and dissociative periods. *International Journal of Psychiatry in Medicine, 6:* 551-559.

Wittkower, E.D. (1970). Transcultural psychiatry in the Caribbean: Past, present and future. *American Journal of Psychiatry, 127:* 162-166.

Wolff, P.H. (1987). *The Development of Behavioral States and the Expression of Emotions in Early Infancy.* Chicago, University of Chicago Press.

Yap, P.M. (1960). The possession syndrome: A comparison of Hong Kong and French findings. *Journal of Mental Science, 106:* 114-137.

Young, W. C. (1986). Restraints in the treatment of a patient with multiple personality. *American Journal of Psychotherapy, 50:* 601-606.

Zamansky, H.S. u. Bartis, S.P. (1984). Hypnosis as dissociation. Methodological considerations and preliminary findings. *American Journal of Clinical Hypnosis, 26:* 246-251.

Zolik, E.S. (1958). An experimental investigation of psychodynamic implications of the hypnotic »previous existence« fantasy. *Journal of Clinical Psychology, 14:* 179-183.

Personenregister

Sachregister